Grundgesetz

dtv

Schnellübersicht

AEUV – Arbeitsweisevertrag 14
Bundesverfassungsgerichtsgesetz 9
Charta der Grundrechte der Europäischen Union 15
Europäischer Gerichtshof, Verfahrensordnung 8
EU-Vertrag 13
Grundgesetz 1
Menschenrechtskonvention und Protokolle 3 ff.
Parteiengesetz 10
Petitionsausschussgesetz 11
Untersuchungsausschussgesetz 12

Grundgesetz

mit

Menschenrechtskonvention
Verfahrensordnung des Europäischen Gerichtshofs
für Menschenrechte
Bundesverfassungsgerichtsgesetz
Parteiengesetz
Untersuchungsausschussgesetz
Gesetz über den Petitionsausschuss
Vertrag über die Europäische Union
Vertrag über die Arbeitsweise der Europäischen Union
Charta der Grundrechte der Europäischen Union

Textausgabe mit ausführlichem Sachverzeichnis
und einer Einführung
von Professor Dr. Dr. Udo Di Fabio

52. Auflage
Stand: 1. Oktober 2021

dtv

www.dtv.de

www.beck.de

Sonderausgabe
dtv Verlagsgesellschaft mbH & Co. KG,
Tumblingerstraße 21, 80337 München
© 2022. Redaktionelle Verantwortung: Verlag C. H. Beck oHG
Gesamtherstellung: Druckerei C. H. Beck, Nördlingen
(Adresse der Druckerei: Wilhelmstraße 9, 80801 München)
Umschlagtypographie auf der Grundlage
der Gestaltung von Celestino Piatti

chbeck.de/nachhaltig

ISBN 978-3-423-53118-4 (dtv)
ISBN 978-3-406-78372-2 (C. H. Beck)

Inhaltsverzeichnis

		Seite
Einführung von Prof. Dr. Dr. *Udo Di Fabio*		VII
1.	**Grundgesetz** für die Bundesrepublik Deutschland vom 23. Mai 1949 ...	1
2.	**Gesetz über die Konvention zum Schutze der Menschenrechte und Grundfreiheiten** vom 7. August 1952	75
3.	**Konvention zum Schutz der Menschenrechte und Grundfreiheiten** idF der Bek. vom 22. Oktober 2010	77
4.	**Zusatzprotokoll** zur Konvention zum Schutz der Menschenrechte und Grundfreiheiten idF der Bek. vom 22. Oktober 2010	93
5.	**Protokoll Nr. 4** zur Konvention zum Schutz der Menschenrechte und Grundfreiheiten, durch das gewisse Rechte und Freiheiten gewährleistet werden, die nicht bereits in der Konvention oder im ersten Zusatzprotokoll enthalten sind idF der Bek. vom 22. Oktober 2010 ..	95
6.	**Protokoll Nr. 6** zur Konvention zum Schutz der Menschenrechte und Grundfreiheiten über die Abschaffung der Todesstrafe idF der Bek. vom 22. Oktober 2010 ..	98
7.	**Protokoll Nr. 13** zur Konvention zum Schutz der Menschenrechte und Grundfreiheiten über die vollständige Abschaffung der Todesstrafe idF der Bek. vom 22. Oktober 2010	100
8.	**Verfahrensordnung des Europäischen Gerichtshofs für Menschenrechte** idF der Bek. vom 27. Juli 2006	103
9.	Gesetz über das Bundesverfassungsgericht **(Bundesverfassungsgerichtsgesetz – BVerfGG)** idF der Bek. vom 11. August 1993	139
10.	Gesetz über die politischen Parteien **(Parteiengesetz)** idF der Bek. vom 31. Januar 1994 ..	171
11.	Gesetz über die Befugnisse des Petitionsausschusses des Deutschen Bundestages (Gesetz nach Artikel 45 c des Grundgesetzes) **(Petitionsausschussgesetz)** vom 19. Juli 1975	195
12.	Gesetz zur Regelung des Rechts der Untersuchungsausschüsse des Deutschen Bundestages **(Untersuchungsausschussgesetz – PUAG)** vom 19. Juni 2001 ..	197
13.	**Vertrag über die Europäische Union idF des Vertrags von Lissabon** vom 13. Dezember 2007	207
14.	**Vertrag über die Arbeitsweise der Europäischen Union** idF der Bek. vom 9. Mai 2008 ..	239
15.	**Charta der Grundrechte der Europäischen Union** vom 12. Dezember 2007 ..	375
Anhang. Weg der Gesetzgebung		387
Sachregister ..		389

Einführung in das Grundgesetz
Von Prof. Dr. Dr. Udo Di Fabio
Richter des Bundesverfassungsgerichts a. D.

I. Die Verfassung als Ursprung der legitimen Ordnung

1. Das Grundgesetz ist die Verfassung der Deutschen. Am 23. Mai 1949 verkündete Konrad Adenauer als Präsident des Parlamentarischen Rates dieses besondere Gesetz. Mit der Verkündung gründet sich, damals noch unter Besatzungsherrschaft, die Bundesrepublik Deutschland. Auf der Grundlage dieses rechtlichen Gründungsdokuments finden die ersten Wahlen zum Bundestag am 14. August 1949, die Bildung des Bundesrates, die Wahl des Bundespräsidenten und die Bildung der Bundesregierung im September desselben Jahres statt.
2. Eine Verfassung regelt die Form des Staates, zum Beispiel als Republik oder als Demokratie. Sie ist üblicherweise zuerst eine Art Organisationsstatut. Auch das Grundgesetz regelt den föderalen Staatsaufbau, die Bundesorgane, Gesetzgebungs- und Verwaltungskompetenzen, Wahl- und Ernennungsakte. Aber die moderne Idee der Verfassung, wie sie seit der Zeit der Aufklärung, seit der Unabhängigkeit der USA und der französischen Revolution sich Bahn brach, will mehr sein als nur ein Organisationsstatut: Die Verfassung ist auch die Umsetzung der Idee angeborener und unveräußerlicher Menschenrechte, die als Grundrechte in einer unabhängigen politischen Gemeinschaft besonders gestaltet sind und wirksam gemacht werden. Wie schon die Paulskirchenverfassung von 1849 enthält das Grundgesetz deshalb Grundrechte, und zwar der Menschen allgemein und die der Staatsbürger im Besonderen. Bereits damit wird zum Ausdruck gebracht, dass diese Republik das Werk der Bürger ist, die sich selbstbewusst und selbstbestimmt regieren. Sie machen den Staat aus. Die Republik, das sind wir. Der Staat hat für die Deutschen heute längst nichts Mythisches mehr an sich und ist kein Selbstzweck. Erst recht ist er keine Organisation für nationalistischen Gemeinschaftstaumel oder zur Durchsetzung totalitärer Weltbilder. Das Grundgesetz verfasst (konstituiert) den Staat als vernünftigen politischen Herrschaftsverband, es setzt ihn als notwendige Friedens- und Entfaltungsordnung voraus. Das staatliche Gewaltmonopol, die legitime politische Herrschaft wird in eine rechtliche Form gebracht. Die Bindungen der Verfassung sorgen dafür, dass staatliche Herrschaft den Menschen, den Bürgern dient, der Staat für Freiheit, Frieden und Gerechtigkeit steht. Ohne einen wirksamen demokratischen und sozialen Rechtsstaat fehlt es am Garanten für den Schutz von menschlicher Würde und individueller Freiheit. Wir alle, egal ob wir stark, verletzlich oder hilflos sind, brauchen diese politische Organisation, um als Person in Rechtssicherheit frei sein zu können. Wir brauchen diese Republik aber auch um als handlungsfähige Gemeinschaft etwas zu bewegen, um zu gestalten – im eigenen Land, in Europa und der Welt, so wie es die großartige Präambel des Grundgesetzes zum Ausdruck bringt.
3. Die Sprache der Verfassung ist nicht nur in der Präambel von literarischem Rang, auch die Erklärung der Würde des Menschen, der Blick auf die überstaatlichen Menschenrechte und die Formulierung der Grundrechte oder der Demokratie („Alle Staatsgewalt geht vom Volke aus") erlangt ihre Kraft auch

Einführung

durch das Sprachgefühl einer Generation, die aus den Trümmern ihrer Nation heraus einen neuen zivilisatorischen Anfang suchte, indem sie sich auf das Grundgebende zurückbesann. Nicht jede spätere Verfassungsänderung konnte hier mithalten. Wer die Artikel 16a GG oder Art. 23 GG jenseits ihrer ersten Absätze liest, wer einen Blick in die Vorschriften über das Finanzwesen wirft (Art. 104a – 115 GG), fühlt sich eher an technische Vorschriften und Regelungen zum Verwaltungsverfahren erinnert. Vieles davon ist im politischen Kompromiss gewiss unvermeidlich. Umso mehr nötigt die Grundkomposition der Verfassung, ihre systematische Idee auch und gerade heute Respekt ab.

4. Die Grundrechte gehen aus von der Würde eines jeden einzelnen Menschen, der zur freien Entfaltung seiner Persönlichkeit berufen ist. Gefordert ist deshalb die Gleichheit vor dem Gesetz, die Gleichberechtigung von Frau und Mann, sie garantieren für die Staatsbürger gleiche Teilhabe an der demokratischen Selbstregierung des Volkes. Individuelle, gleichberechtigte Freiheit auf der einen Seite und demokratische Selbstregierung in der Formensprache des Rechtsstaats – das sind zwei getrennte Programme, die aber auch aufeinander bezogen sind und voneinander abhängen. Es gibt keine persönliche Freiheit ohne eine politisch garantierte Friedens- und Entfaltungsordnung. Und umgekehrt: Kein politisches Herrschaftssystem wird auf Dauer stabil sein können, wenn sie nicht Grundrechte zur freien Entfaltung der Persönlichkeit gewährleistet und so beschaffen ist, dass tatsächlich alle Staatsgewalt vom Volk ausgeht.

In diesem großartigen Verfassungstext werden zuerst die Grundrechte der Menschen, die Rechte der Bürger gegen den Staat oder auch als Schutzansprüche an den Staat garantiert. Im Text nachfolgend wird geregelt, wie die Regierung ins Amt gelangt, welche Kompetenzen sie besitzt, wer die Gesetze für das Land erlässt und in welchem Verfahren dies geschieht. Im Grundgesetz ist geregelt, in welchem Verhältnis Bund und Länder zueinander stehen, wie Deutschland an der Europäischen Union teilnimmt und wie sich das Land in die internationale Ordnung und in die Bündnisse zur Wahrung kollektiver Sicherheit einfügt.

Das Grundgesetz ist eine liberale Verfassung. Sie ist keine Grundordnung, die die Bürger bevormundet, sondern eine, die von der Selbstverantwortung aller Menschen ausgeht, die es zuallererst für ihre Sache hält, wie sie sich als Persönlichkeit entwerfen und verwirklichen. Damit das in einer vernünftigen Ordnung im Respekt vor dem jeweils anderen gelingen kann, wird die Bundesrepublik Deutschland als demokratischer und als sozialer Rechtsstaat verfasst. Der gerechte Zusammenhalt einer staatlichen Gemeinschaft wird im wirksamen Schutz vor Gewalt und Rechtsbruch, mit Rechtssicherheit und sozialer Sicherung, aber immer auch in der Beachtung von Form und Verfahren garantiert; das ist wichtiger als manch materielle Wohltat aus der Hand des Staates.

5. Entsprechen solch schöne Worte auch den Tatsachen? Ist das Grundgesetz überhaupt eine Verfassung? Wann haben die Deutschen über sie abgestimmt? Ist das Grundgesetz nicht womöglich ein Produkt der Besatzungsherrschaft? Kann die ursprüngliche Entstehung einer neuen Verfassung von ihr selbst geregelt sein? Solange es Monarchen gab, wurde immer wieder diskutiert, ob der König nicht die Verfassung für sein Volk gebe. Aber dem wurde im 19. Jahrhundert das Prinzip der Volkssouveränität entgegengesetzt. Gestützt darauf, wurde 1848 die Paulskirchenversammlung gewählt und die schwarz-rot-goldene Fahne für das freie und demokratische Deutschland gehisst. Es dauerte

Einführung

dennoch lange, bis die verfassungsgebende Gewalt den gekrönten Häuptern, den Fürsten, endgültig aus der Hand genommen wurde: Es dauerte bis 1919. Nach reichsweiten Wahlen vom 19. Januar trat eine Nationalversammlung am 6. Februar 1919 in Weimar zusammen, die eine Verfassung ausarbeitete. Durch den verlorenen Krieg war es außenpolitisch kaum möglich und im Innern auch nicht mehr gewollt, die Monarchie als Staatsform beizubehalten. Das Land wurde Republik und gab sich die Weimarer Reichsverfassung. Sie wurde durch Beschluss der gewählten Nationalversammlung und Verkündung durch den Reichspräsidenten am 11. August 1919 in Kraft gesetzt und dann 1933 in einem Akt des Staatsstreichs von *Hitler* praktisch wieder außer Kraft gesetzt.

Nach Ende des Zweiten Weltkrieges konnten die Deutschen zunächst keine Nationalversammlung wählen, weil das Land besetzt und in vier Besatzungszonen geteilt war und unter alliierter Besatzungsherrschaft stand. Die Demokratie entstand damals von unten nach oben, über die Gemeinden zu den Ländern. Doch die drei westlichen Alliierten wollten 1948 – hundert Jahre nach der Paulskirche –, dass die Deutschen in ihren Besatzungszonen sich eine neue Verfassung für die nationalstaatliche Ebene geben. Sie forderten die Ministerpräsidenten der Länder auf, eine verfassungsgebende Versammlung einzuberufen. Die Westalliierten machten dabei keine inhaltlichen Vorgaben – Demokratie natürlich vorausgesetzt – wiesen aber darauf hin, dass sie keinen übermäßig starken Zentralstaat, sondern eine föderale Gliederung für dienlich hielten. Die deutschen Politiker wollten im Blick auf die Einheit des Landes lediglich andere Begriffe, sie nannten die verfassungsgebende Versammlung den „Parlamentarischen Rat" und dessen Werk nicht Verfassung, sondern „Grundgesetz". Der Parlamentarische Rat war aber natürlich eine verfassungsgebende Versammlung, die nach Vorgabe der Alliierten das Deutsche Volk repräsentieren sollte und deren Mitglieder von den ihrerseits demokratisch gebildeten Landtagen gewählt wurden. Mit dem so repräsentativ-demokratisch zustande gekommenen Grundgesetz konstituierte sich die Bundesrepublik. Auf dieser Grundlage bewegte sich das Land allmählich zurück in die volle völkerrechtliche Souveränität, in den Kreis der friedlichen, offenen und miteinander verbundenen Staaten Europas. Mit dem Grundgesetz verbinden die Deutschen seitdem die Rückkehr in den Kreis der zivilisierten Nationen.

6. Die Staatsverfassung markiert die Quelle für die Legitimation politischer Herrschaft. In der Präambel kommt dieser genau überlegte Anfang zum Ausdruck, wenn dort steht, das Deutsche Volk gebe sich dieses Grundgesetz *„kraft seiner verfassungsgebenden Gewalt"*. Dies ist ein Anfang, der die Realität der Besatzung bereits überschreitet, der keinen Herren um Erlaubnis fragen muss: selbstbewusst und selbstverantwortlich, freier Willensentschluss eines freien Volkes. Das moderne Recht des Westens versteht sich als das Ergebnis der freien Willensbetätigung von Bürgern in völkerrechtlich anerkannten politischen Einheiten, den selbstbestimmten Völkern.

Nach diesem akzentuierten Anfang beginnen allerdings sogleich die Bindung des Rechts und die Selbstbindung der verfassungsgebenden Gewalt. Auch das kommt schon in der Präambel zum Ausdruck. Hinter dem Anfang der beanspruchten Selbstbestimmung steht das Wissen, dass die wahre Freiheit einzelner Menschen und ganzer Völker nie in der isolierten Ungebundenheit, nicht in autokratischer Unbiegsamkeit liegen kann. Die Freiheit vollendet sich erst mit der freiwilligen Bindung, mit der eigenen Einsicht in das Notwendige und in dem Streben gemeinsam etwas zu gründen und zu schaffen. Die moderne Idee der Freiheit erlaubt einen völlig ungebundenen Lebensstil. In ihren tieferen

Einführung

Schichten leben Idee und Wirklichkeit aber von der Fähigkeit zur freiwilligen Bindung. Eingegangene Verpflichtungen und das Band von Gemeinschaften können zwar notfalls aus freiem Entschluss gelöst werden: ein Vertrag gekündigt, eine Ehe geschieden, eine Staatsbürgerschaft aufgegeben, eine Religionsgemeinschaft verlassen werden. Weder in der Gesellschaft noch vom Staat ist hier Zwang oder Gewalt erlaubt. Und doch lebt die Verfassung von der Bereitschaft der Menschen, für sich selbst Verantwortung zu übernehmen, von diesem Fundament aus dann auch für andere da zu sein, und gemeinsam etwas zu bewegen.

Es ist dieser dichte Zusammenhang von betontem Freisein und der Einsicht in die sozialen, kulturellen und politischen Grundlagen der Freiheit, der dazu führt, aus eigenem Entschluss Instanzen zu suchen, vor denen man sich zu verantworten hat. Es geht um Selbstbindung aus eigener Urteilskraft und im Blick auf die sittliche Erfahrung unserer Gesellschaft. Die Deutschen als Subjekt demokratischer Selbstbestimmung betonen die *„Verantwortung vor Gott und den Menschen"*. Dies ist keineswegs hohles Pathos, sondern schöpft aus den tiefsten Quellen unserer Kultur. Mit dem Gottesbezug macht ein Volk seine christliche Identität im Sinne eines Herkommens deutlich: eine Identität, die andere Glaubensrichtungen oder auch die Glaubensablehnung weder ausschließt noch gar bekämpft. Dahinter steht die tolerante Haltung gegenseitigen Respekts. Eine Verfassung wie das Grundgesetz kann nicht gleichgültig sein, wenn die eigenen geistigen und religiösen Wurzeln verkümmern sollten oder gefährdet wären. Ebenso wichtig ist der Gottesbezug aber auch als bewusste Geste der Demut, als Gegengewicht zu den Gefahren einer Selbstvergötterung menschlicher Vernunft und der Evidenz ihrer jeweiligen tagesaktuellen Überzeugungen. Die Väter und Mütter des Grundgesetzes hatten wenige Jahre nach Ende des Zweiten Weltkrieges die moralische Katastrophe ihres Volkes vor Augen. Sie wussten: Jede geistige und politische Konstruktion, die meint, ohne Demut auskommen zu können, führt die Menschen in gefährliche Irrtümer, daran erinnert die „nominatio dei", die Verantwortung vor Gott.

II. Menschenbild und Würde des Menschen

1. Dem Gottesbezug haftet nichts Theokratisches an, er ist lediglich ein ausgleichendes Gewicht neben dem großen humanistischen Leitbild der Verantwortung vor den Menschen. Den Menschen als Einzelwesen zu achten, weil er Teil der menschlichen Gattung ist, macht die Identität unserer Gemeinschaft aus, ist der erste und letzte Zweck des vom Grundgesetz verfassten Staates.

Das Menschenbild des Grundgesetzes ist von entscheidender Bedeutung für das Verständnis dieser Verfassung. Die Deutschen wollen eine staatliche Gemeinschaft freier Bürger sein, die jeder für sich und als politische Gemeinschaft sich gemeinsam entfalten, eine Gemeinschaft, die jedes menschliche Leben in seiner Existenz und Würde achtet, vom ungeborenen Leben angefangen bis zum Sterbenden: Im Kern gilt dies sogar ungeachtet seiner Taten und Untaten, ungeachtet seiner Staatsbürgerschaft, seiner Herkunft, seines Geschlechts oder seiner Religion. Auch der Greis, dem Völkermord vorgeworfen wird, auch der alte und kranke Diktator von einst, auch der Mörder, Gewalttäter und Betrüger: Sie müssen mit gerechter Strafe rechnen, haben aber immer Anspruch auf ein faires Verfahren. Der Respekt vor den Opfern und vor der Rechtsordnung kann durchaus harte und konsequente Strafen rechtfertigen, aber der Täter wird

Einführung

nicht als Feind aus dem Kreis des Menschlichen ausgegrenzt, sonst hätte manch einer in seinem unmenschlichen Hass gegen die Zivilisation dann doch Erfolg gehabt.

Die Würde des Menschen ist vielschichtig: Sie meint den Menschen in seiner angeborenen stolzen Fähigkeit zur Selbstbestimmung ebenso wie das hilflose Geschöpf, dessen Leben und Integrität wir schützen, weil es zur Gemeinschaft der menschlichen Gattung gehört. Der demokratische Gesetzgeber ist dazu berufen, das Bild des Menschen nicht allein der Summe aller individuellen Entscheidungen zu überlassen, sondern hier auch solchen Fehlentwicklungen entgegenzutreten, die letztlich die auf einander angewiesene Beziehung von individueller Selbstbestimmung und dem Selbstbild der menschlichen Gattung zerstören können. Diese sensible Ambiguität zwischen individueller Selbstbestimmung und sittlicher Ordnungsbildung wird nicht von jeder Zeit respektiert.

2. Die grundlegende Gleichheit vor dem Gesetz (Art. 3 Abs. 1 GG) ist nicht so zu verstehen, als dürfe die öffentliche Gewalt nicht zwischen den Menschen unterscheiden. Jede Ordnung ist auf Unterscheidungen angewiesen, zwischen Personen, Gruppen und Sachverhalten. Leistungen und Lasten werden nach Alter, Verdiensten, Leistungsfähigkeit, Bedürftigkeit, Staatsangehörigkeit zugeteilt – sonst gäbe es keine soziale Ordnung. Ganz anders sind dagegen diejenigen Unterscheidungen, die Menschen bereits im Grunde nach aus der Gemeinschaft aussondern. Sie sind ein Frontalangriff auf die Identität unserer Verfassung. Wer Menschen wegen ihrer Rasse, ihrer religiösen Überzeugung oder ihrer Zugehörigkeit zu einer Klasse oder zu einem Geschlecht das Recht zu leben und einen Mindeststandard an Achtung abspricht, trifft auf keine Toleranz des Grundgesetzes. Wer aggressiv die freiheitliche Grundordnung bekämpft, kann seinerseits nur noch den Mindestanspruch an Respekt vor seiner Subjektqualität für sich reklamieren: Dies bringen diejenigen Vorschriften der Verfassung zum Ausdruck, die in aller rechtsstaatlichen Härte den Feinden der Freiheit Grenzen setzen, Art. 9 Abs. 2 GG, Art. 18 GG, Art. 20 Abs. 4 GG und Art. 21 Abs. 2 bis 4 GG.

3. Insofern ist Art. 1 Abs. 1 des Grundgesetzes die entscheidende Weichenstellung zu Beginn der eigentlichen Vorschriften der Verfassung: *„Die Würde des Menschen ist unantastbar. Sie zu achten und zu schützen ist Verpflichtung aller staatlichen Gewalt."* Aus diesem großen Beginn folgen konsequent die Ideen der Freiheit, der Gleichheit, der Demokratie und des sozialen Rechtsstaates. In einem der ersten Urteile des Bundesverfassungsgerichts ist zu lesen: „Dieser Grundordnung liegt letztlich nach der im Grundgesetz getroffenen verfassungspolitischen Entscheidung die Vorstellung zugrunde, dass der Mensch in der Schöpfungsordnung einen eigenen selbständigen Wert besitzt und die Freiheit und Gleichheit dauernde Grundwerte der staatlichen Einheit sind. Daher ist die Grundordnung eine wertgebundene Ordnung. Sie ist das Gegenteil des totalen Staates, der als ausschließliche Herrschaftsmacht Menschenwürde, Freiheit und Gleichheit ablehnt."[1]

Doch darf dieser Quellcode unseres Menschenbildes nicht als juristische oder politische Zauberformel missverstanden werden, mit der jede Unterscheidung von Sachverhalten übertüncht, alle Zerklüftung der modernen Zivilisation überbrückt werden könnte. Die Würde des Menschen ist kein Argumentationsschatz, aus dem man sich beliebig bedienen kann, etwa um einen gut ausgebauten Sozialstaat, Mindesteinkommen oder staatlich befohlene Solidarversiche-

[1] BVerfGE 2, 1 (12).

Einführung

rungen zu verlangen oder ethische Grenzen der Präimplantationsdiagnostik aus einem Rechtstext sicher deduktiv ermitteln zu können. Die rechtsförmliche Diskussion über die Würde des Menschen und die Auslegung durch den Richter sind ihrerseits, weit mehr als man denkt, von den ethischen Auffassungen der Bürger einer Kulturgemeinschaft abhängig. Diese moralische Urteilskraft ist in dem Wissen von gesellschaftlichen Institutionen gespeichert, die das Grundgesetz besonders schützt: Ehe und Familie (Art. 6 GG), die Schulen (Art. 7 GG), die freie Presse, den Rundfunk und die Universitäten (Art. 5 GG), die Religionsgemeinschaften (Art. 4 und Art. 140 GG) oder die politischen Parteien (Art. 21 GG). Das alles kann nicht ersetzt werden durch die Auslegung einer einzigen höchstrangigen Rechtsnorm. Die in Art. 1 Abs. 1 GG für unantastbar erklärte Würde des Menschen ist ein Fundament, aber kein operativer Rechtssatz, der die Grundrechte und das sonstige Gesetzesrecht einfach zur Seite wischen dürfte. Im Gegenteil: Die vernünftige Auslegung einer ebenso fundamentalen wie unbestimmten Aussage bedarf in besonderer Weise der differenzierten Rechtsordnung und auch der kulturellen Prägekräfte, die in einen Dialog treten mit der juristischen Auslegung des Verfassungstextes.

4. Die Würde des Menschen und das Bekenntnis zu den *„unverletzlichen und unveräußerlichen Menschenrechten als Grundlage jeder staatlichen Gemeinschaft, des Friedens und der Gerechtigkeit in der Welt"* (Art. 1 Abs. 2 GG) bedeutet kein Verbot, zwischen Staatsbürgern und Nichtstaatsbürgern zu unterscheiden oder territoriale Grenzen zu kontrollieren. Im Gegenteil gründet jene staatliche Gemeinschaft, von der das Grundgesetz mehr als einmal spricht, auf dieser Unterscheidung. Es gehört zwar zur Gründungsidee der Europäischen Union, dieses Unterscheidungsrecht in einem System der Gegenseitigkeit für wichtige Sachbereiche zu beschränken und den Zusammenhalt unter den Unionsbürgern wachsen zu lassen. Das ändert aber nichts daran, dass eine solche Unterscheidungsfähigkeit erst die Möglichkeit eines demokratischen und offenen Verfassungsstaates begründet[1], weil sonst keine sinnvolle Verteilung von Pflichten und Rechten, von Lasten und Vorzügen in einem politisch repräsentierten Zusammenhang möglich wäre. Wer heute besorgt auf die Wiederkehr der Gewalt in den internationalen Beziehungen und auf den Zerfall staatlicher Ordnungen schaut, wird den Wert des demokratischen Rechtsstaates umso höher schätzen. Denn ohne ihn gibt es auch keinen wirksamen Schutz universeller Menschenrechte.

III. Die Grundrechte: Leitbild des freien Menschen

1. Die Pflicht, die Menschenwürde zu achten und zu schützen (Art. 1 Abs. 1 Satz 2 GG), darf nicht missverstanden werden als Auftrag an den Staat, jedem Menschen ein gutes Leben zu garantieren. Das Menschenbild unserer Verfassung ist von der Vorstellung bestimmt, dass jeder Mensch seinen eigenen Weg zum Glück findet. Auch wenn jeder weiß, wie schwer es sein kann, Arbeit zu finden und gut davon zu leben, so wird doch zu allererst auf jeden Einzelnen vertraut, dass ihm dies gelingt. Das Leitbild lautet: Der Mensch ist eine mit der Fähigkeit zu eigenverantwortlicher Lebensgestaltung begabte Persönlichkeit.[2]

Jeder ist frei, sein Schicksal in die Hand zu nehmen. Das Grundgesetz hat die wichtigsten Grundrechte an den Anfang seines Textes gestellt. Sie haben durch

[1] Udo Di Fabio, Welt aus den Fugen, FAZ v. 14. September 2015.
[2] BVerfGE 5, 85 (204).

Einführung

die Rechtsprechung des Bundesverfassungsgerichts (Art. 93 und Art. 94 GG) eine enorme Bedeutung erlangt, vor allem wenn man sich in Erinnerung ruft, dass noch in der Weimarer Republik die Grundrechte aufs Ganze gesehen eher wie unverbindliche Programmsätze wirkten, gerichtet an einen ihren Inhalt erst festlegenden demokratischen Gesetzgeber. Die Idee der Grundrechte ist heute nicht nur durchdrungen von Bürgerstolz und dem Selbstbewusstsein moderner Personalität, sondern auch durch die Möglichkeit der individuellen (subjektiven) Rechtsdurchsetzung (Art. 19 Abs. 4 GG) gekennzeichnet.

Die dergestalt durch die Rechtsprechung wirksam gemachten Grundrechte zielen vor allem darauf, auch die demokratische Mehrheit davon abzuhalten, dem freiheitlichen Ursprungsprinzip durch ein regulatives Übermaß Schaden zuzufügen. Das wirkt auf den ersten Blick widersprüchlich, weil Demokratie ebenfalls dem Prinzip der Freiheit folgt, wonach die Bürger keiner Hoheitsgewalt unterworfen sein sollen, die sie nicht frei zu gleichen Anteilen bestimmen können.[1]

2. Doch der demokratischen Gestaltungsfreude der Mehrheit wird durch den Verfassungsstaat auch das Korrektiv der Grundrechte mitgegeben. Dahinter steht die Überzeugung einer prinzipiellen Überlegenheit der staatsfreien Gesellschaft, bestehend aus den vielen Menschen, die ihre Persönlichkeit nach eigenen Plänen entfalten. Das klingt seltsam dialektisch und ist es wohl auch. Die staatliche Ordnung dient der Freiheit, ist für jeden einzelnen unentbehrlich, sie schafft den Rahmen, das Recht und gewährleistet die Infrastruktur für Bildung und Wohlstand, garantiert Frieden und Sicherheit. Aber die Republik kann nur dann der Freiheit und dem Zusammenhalt dienen, wenn die Bürger mit Selbstbewusstsein und Tatkraft ihr Leben gestalten. Persönliche Freiheiten sind immer auch mit Mühe, Aufwand und dem Risiko des Scheiterns verbunden. Dieses Risiko nicht ängstlich zu meiden, sondern in Kauf zu nehmen und zu akzeptieren, kennzeichnet freie Bürger und unterscheidet sie von bloßen Konsumenten oder nur „verwalteten Existenzen". Dass der soziale Rechtsstaat (Art. 28 Abs. 1 GG) Chancengleichheit fördert und die Existenz sichert, wenn es erforderlich wird, bekräftigt die Grundidee persönlicher Freiheit.

Die Grundrechte der Artikel 2 bis 19 GG, aber auch die Rechte der Staatsbürger (Art. 33 und Art. 38 Abs. 1 Satz 1 GG) und die Justizgrundrechte (Art. 101 bis 104 GG) sind vorbildlich in ihrer konzeptionellen Klarheit: Sie gewährleisten allgemeine Handlungsfreiheit, auf dass sich der Mensch nach seinem Plan und in seiner Verantwortung entfalte (Art. 2 Abs. 1 GG), schützen dazu sein Leben, seine körperliche Integrität, seine Bewegungsfreiheit (Art. 2 Abs. 2 GG), lassen ihn glauben (Art. 4 GG) und sagen (Art. 5 GG), was er will. Die Grundrechte schützen den Bürger auch in seinem Eigentum (Art. 14 GG) und durch das Recht, in einem Beruf seine wirtschaftliche und soziale Lebensgrundlage zu finden (Art. 12 GG). Mit den Grundrechten kann demnach auch die Mehrheitsentscheidung der Volksvertretung in die Schranken verwiesen werden, damit ein ausreichender Raum an freier Entfaltung der Bürger in der Gesellschaft bleibt.

Wer sich dies in Erinnerung ruft, mag zweifeln, ob trotz der starken Stellung der Grundrechte und des Bundesverfassungsgerichts, trotz des prägnanten Leitbildes der Freiheit nicht doch inzwischen unsere Rechtsordnung in einem erschreckenden Ausmaß überreglementiert ist, ob nicht das Gesetz, das ursprünglich der Verbündete des freien Bürgers war und ist, in seiner großen Zahl und

[1] BVerfGE 123, 267 (340 ff.).

Einführung

seiner dirigierenden, manchmal unsystematischen Vielschichtigkeit auch eine Bedrohung für die Freiheit werden kann. Auf der anderen Seite darf nicht übersehen werden, dass in einer demokratischen Gesellschaft Grundrechte die Rechte der Minderheit gegen Rechte der Mehrheit sind. Auch die Mehrheit kann in einem parlamentarischen Gesetzesbeschluss ihre gemeinsame Freiheitsbekundung sehen und es als schwer erträglich empfinden, wenn Einzelne aus der unterlegenen Minderheit mit Hilfe der Gerichte die Mehrheit zurückweisen. Der Satz: „Mehrheit darf alles" gilt als demokratisches Credo zwar nicht absolut, aber er verlangt richterliche Zurückhaltung. Der Respekt vor der Gestaltungsfreiheit des Gesetzgebers ist die Achtung vor der demokratischen Mehrheitsentscheidung. Die Gerichte müssen aber dennoch Zeichen setzen, wenn ein tagespolitisch handelnder Gesetzgeber einzelne Ziele so übergewichten sollte, dass er den Ordnungsrahmen einer freien Gesellschaft zu eng zieht. Die nicht seltenen Eingriffe in die nicht nur zivilrechtlich hochgehaltene Privatautonomie, aber auch Straftatbestände, denen es an einer klaren Definition des Tatbestandes wie des geschützten Rechtsgutes mangelt, können Anlass zu richterlicher Korrektur sein. Aber auch Gerichte sollten selbstkritisch sein, ob eine Korrektur der parlamentarischen Mehrheit wirklich geboten ist oder ob die Richterinnen und Richter nicht einfach nur mit sehr allgemeinen Maßstäben anders werten wollen.

IV. Deutschland in der europäischen und internationalen Gemeinschaft

1. Der Staat des Grundgesetzes hat seine Rechtsordnung weit geöffnet. Er ist bereit für die internationale Zusammenarbeit und für die europäische Integration. Dies wird belegt durch Art. 1 Abs. 2 GG sowie die Art. 23 bis 26 GG. Schon die Präambel sieht Deutschland als gleichberechtigtes Glied eines vereinten Europas, dem Frieden der Welt dienend. Dies ist kein Dementi der im selben Satz kraftvoll bekundeten Souveränität, sondern Ausdruck der Reife, die auch die Freiheit der Völker nicht als richtungslose, sondern als bindungswillige und bindungsfähige begreift, eingebettet in eine Völkerrechtsordnung, die den Frieden sichert. Die europäische Vereinigung ist nach der Präambel und nach Art. 23 Abs. 1 GG ein Staatsauftrag: Eine Regierung, die die Stabilität und die Entwicklung Europas nicht fördern würde, handelte verfassungswidrig. Das Bundesverfassungsgericht hat mit dem Lissabon-Urteil vom 30. Juni 2009[1] die Europarechtsfreundlichkeit und die Modernität des Grundgesetzes hervorgehoben, einer Verfassung, die sich weit für die Integration in die Europäische Union hinein öffnet, dabei allerdings die eigene Verfassungsidentität nicht aufgeben will.

2. Manchmal ist es gerade das scheinbar Widersprüchliche, das den Weg in die Zukunft weist. Die Selbstbestimmung einer Bürgernation und Behauptung der eigenen Verfassungsidentität auf der einen Seite steht der internationalen Vernetzung und der europäischen Integration auf der anderen Seite gegenüber. Deutschland beteiligt sich nur an einer Europäischen Union, *„die demokratischen, rechtsstaatlichen, sozialen und föderativen Grundsätzen und dem Grundsatz der Subsidiarität verpflichtet ist"* (Art. 23 Abs. 1 Satz 1 GG). Ebenso beteiligt sich Deutschland nur an solchen Systemen gegenseitiger kollektiver Sicherheit wie der NATO, wenn diese Bündnisse dem Frieden dienen. Würde ein Bündnis diesen

[1] Vgl. BVerfGE 123, 267.

Einführung

Charakter in seiner Grundausrichtung verlieren, wäre es nicht mit dem Grundgesetz vereinbar, dass Deutschland dort weiterhin Mitglied bliebe.[1]

Die Europäische Union ist die wichtigste überstaatliche Gemeinschaft, in die sich Deutschland einfügt. Auch mit dem Reformvertrag von Lissabon entstand kein souveräner europäischer Bundesstaat, obwohl er mit EU-Präsident und einem de facto-Außenminister, einschließlich eines eigenen diplomatischen Dienstes, sowie der politischen Kompetenzausstattung schon sehr nahe an die Wirklichkeit des Bundesstaates heranrückt. Und doch sind die Mitgliedstaaten keine Bundesländer der EU, sondern bleiben selbstverantwortliche Subjekte des Völkerrechts, die einen neuartigen Staatenverbund geschaffen haben und fortentwickeln. Es ist ein Verbund, der ohne Vorbild in der reichen Geschichte politischer Herrschaftsformen dasteht. Das Grundgesetz will diese Integration aus der Erfahrung, dass sich scharf voneinander abgrenzende und miteinander rivalisierende europäische Staaten den Frieden und die Freiheit bedrohen. Es will die europäische Integration auch deshalb, weil ein Europa, das in gemeinsamer überstaatlicher Organisation geeint ist, mehr Gewicht in die Waagschale der Weltpolitik werfen kann als die unkoordinierte Summe der einzelnen Staaten. Der im Januar 2020 vollzogene Austritt des Vereinigten Königreichs aus der EU bestätigte die Aussage, dass die Mitgliedstaaten souveräne Völkerrechtssubjekte bleiben, die sich auch gegen eine bestimmte Form der Zusammenarbeit und Gemeinschaftsbildung entscheiden können. Aber es ist auch unverkennbar, dass das britische Referendum und der Austritt eine kalte Dusche für die verbleibenden 27 Mitgliedstaaten waren. Mit abgekühltem Kopf sehen wir den Wert der Union klarer. Niemand will zurück in die alte Welt den nationalen Egoismus und der gewalttätigen Machtspiele, keiner will zurück in die Welt des Protektionismus oder gar der Einrichtung von Diktaturen hinter undurchdringlichen Grenzzäunen. Gleichzeitig wird die EU und ihre Mitgliedstaaten nach Wegen suchen müssen, Einwanderung zu kontrollieren, ohne universelle Werte preiszugeben. Das Personalitäts- und Territorialitätsprinzip bleibt auch für die weltoffene Demokratie eine Voraussetzung ihres Gelingens; der Auftrag zur Sicherung des Friedens und der Menschenrechte ist dazu kein Widerspruch, sondern ein die Volkssouveränität ergänzendes und leitendes Staatsziel, das der Präambel und Art. 1 Abs. 2 GG entnommen werden kann.

3. Das Grundgesetz trägt in seiner ganzen Konzeption nur bis vor die Tore des europäischen Bundesstaates. Die Verfügungsmacht über die Souveränität selbst, also die Entscheidung nicht allein zur Übertragung einzelner Hoheitsrechte, sondern zum Verzicht auf die völkerrechtliche Souveränität eines Volkes und die damit zusammengehende freie Entscheidung, Teil eines neu zu begründenden europäischen Volkes zu werden, kann in einer Demokratie nur den Völkern selbst vorbehalten bleiben (Art. 146 GG).

Es ist ungewiss, ob und wann es zu der klaren Entscheidung für einen föderal orientierten und demokratisch organisierten europäischen Bundesstaat kommt. Er allein könnte womöglich die erhebliche Exekutivlastigkeit und die komplizierte Netzwerkarchitektur der gegenwärtigen EU hinter sich lassen. Dagegen ist gewiss, dass die Verfassungswirklichkeit Deutschlands heute derart stark vom politischen Prozess der Europäischen Union geprägt ist, dass die Verfassung und die europäischen Verträge im Zusammenhang gelesen werden müssen.

4. Die europäischen Grundrechte sind inzwischen in der Europäischen Grundrechtecharta niedergelegt und binden die Unionsgewalt. In ihrem Kern

[1] Vgl. BVerfGE 104, 151 (213).

Einführung

verstehen sie sich als eine Summe der verfassungsrechtlich in den Mitgliedstaaten bestehenden Grundrechte und zugleich als eine Garantie und Erweiterung der europäischen Menschenrechte, wie sie die Europäische Menschenrechtskonvention (EMRK) formuliert. Die Konventionsrechte, also die für Europa auch über die Staaten der EU hinaus verbürgten Menschenrechte, werden durch die Rechtsprechung des Straßburger Menschenrechtsgerichtshofs ausgelegt. Zugleich werden sie auch dem Luxemburger Unionsgerichtshof (EuGH) wichtige Impulse geben. Es wächst so eine enge Beziehung zwischen nationalen Grundrechten, unionsrechtlichen Grundfreiheiten sowie den Grundrechten der Charta und den Menschenrechten der EMRK. Das führt insgesamt gewiss zu einer Verstärkung des grundrechtlichen, die persönliche Freiheit betonenden Ansatzes. Allerdings könnte es auch zunehmend zu Abgrenzungsschwierigkeiten und womöglich zu Normkonflikten kommen. Es könnte sogar ein Wettlauf der Gerichte um den besseren, bürgernahen Grundrechtsschutz entstehen, der die Gestaltungsfreiheit der Gesetzgeber immer enger zieht. Die Rechtsordnung im europäischen Mehrebenensystem wird jedenfalls komplizierter. Es wird schwieriger, die große verantwortliche politische Handlungseinheit zu erkennen.

V. Die Prinzipien der Staatsorganisation

1. Die Staatsorganisation in Bund und Ländern folgt einer Grundidee, deren Inhalte in den Prinzipien des Art. 20 GG verankert sind: Republik, Demokratie, Rechtsstaat, soziale und föderale Grundsätze. Die Grundsätze bestimmen die Ausgestaltung der Verfassungsorgane, ihre Kompetenzen, ihr Verhältnis untereinander. Im Mittelpunkt des deutschen politischen Systems steht der parlamentarisch verantwortliche Kanzler. Auf seine oder ihre Person kommt es in besonderem Maße an; auf die Fähigkeit zu führen, Linie zu geben und zu halten, Menschen anzusprechen und zu überzeugen. Die wahlberechtigten Staatsbürger wählen die Abgeordneten des Deutschen Bundestages (Art. 38 Abs. 1 GG) als repräsentative Vertretung des Volkes. Der Bundestag, das Parlament der Deutschen, wiederum wählt mit einer möglichst stabilen Mehrheit den Kanzler (Art. 63 GG). Der Kanzler oder eine Kanzlerin sollen nach der Vorstellung des Grundgesetzes das Land politisch führen und gestalten. Er oder sie bilden dazu ein Kabinett und setzt sich dort mit seiner Richtlinienkompetenz durch (Art. 65 GG).

Aber kein Kanzler kann allein regieren: Das Grundgesetz mit seinen Kompetenzverteilungen und dem Grundsatz der Gewaltenteilung (Art. 20 Abs. 3 GG) zwingen ihn oder sie zur tagtäglichen Kooperation mit der parlamentarischen Mehrheit, denn ohne deren Gesetze können Kanzler und Regierung nichts Wesentliches durchsetzen. Allerdings ist die Abhängigkeit der Regierung von Gesetzen des Bundestages faktisch gesunken, während andere Bindungen der Regierung zugenommen haben. Die überstaatliche Zusammenarbeit und vor allem die europäische Integration haben die Wege vervielfacht, den Bundestag vor vollendete Tatsachen zu stellen und ihn zum bloßen Nachvollzug völkerrechtlicher Verträge und zur Umsetzung europäischer Gesetzgebung zu bewegen. Das Bundesverfassungsgericht hat diesem Trend mit vielen Entscheidungen entgegengewirkt, damit der Bundestag seine politische Zentralität behaupten kann. Einsätze der Bundeswehr im Ausland sind nur aufgrund eines parlamentarischen Beschlusses möglich,[1] europäische Rettungsschirme

[1] BVerfGE 90, 286 (381 ff.).

Einführung

und Haftungszusagen müssen in der Budgetverantwortung des Parlaments bleiben.[1] Wer genauer hinschaut wird sehen, dass so aus dem angeblichen bloßen Nachvollzug von europäischen Regierungskompromissen in manchen Fällen auch eine Vorwegbindung der Bundesregierung bei europäischen Verhandlungen geworden ist.

2. Kanzler oder Kanzlerin sind bei ihrer Wahl auf den Bestand der Kanzlermehrheit im Parlament, auf die Kraft und den guten Willen der sie tragenden politischen Parteien angewiesen, deren gewählte Abgeordnete sich zu Fraktionen im Bundestag zusammenschließen. Ein guter Kanzler wird sich der Zustimmung der ihn tragenden Parteien stets zu versichern haben, manche Kanzler sind allerdings über ein Verhältnis der Duldung durch ihre Partei nicht hinausgekommen, andere haben die Parteien mit ihrem Machtanspruch geradezu unterworfen und sie mitunter deformiert. Das Verhältnis der Deutschen zu ihren Parteien ist historisch ohnehin nicht ohne Brüche verlaufen und auch heute spannungsvoll, es bleibt ambivalent. Moderne Demokratie kann aber ohne Parteien nicht funktionieren. Im fahlen Licht der vergangenen deutschen Untertanenmentalität sahen viele in den Parteien vor allem egoistische Interessengruppen, gegen die ein starker, davon unabhängiger Staat das Gemeinwohl verteidigen müsse. Heute halten sich Restbestände dieser Auffassung in dem stabilen Vorurteil, das manchmal allerdings auch durch Fehltritte der Parteien bestätigt zu werden scheint, Parteien sähen im Staat nichts anderes als ihre Beute, um an Geld und an persönliche Macht zu kommen. Art. 21 GG zeichnet ein anderes Bild: Danach wirken die Parteien an der politischen Willensbildung des Volkes mit. Sie haben ihre Wurzeln und ihren Boden in der freien Gesellschaft, aber sie wirken in den Staat als unentbehrliche politische Organisationen hinein. Mitglied in einer Partei zu werden, erlaubt es jeder und jedem Einzelnen in einer Organisation zu wirken und die individuelle Kraft zu vervielfältigen, natürlich um den Preis vielfacher Anpassung an die Meinung seiner Parteifreunde. Die Wirklichkeit entspricht der verfassungsrechtlichen Idee weit mehr als dunkle vordemokratische Verschwörungstheorien wahrhaben wollen. Nicht die Parteien sind per se ein Übel, sondern manchmal eine öffentliche Meinung, die jeden Meinungs- und Richtungsstreit in einer Partei höhnisch und als Krisensymptom kommentiert, oder eine Erwartungshaltung, die in den Parteien Dienstleistungsunternehmen sieht, die für ein schönes Leben der Wähler sorgen sollen.

3. Das Demokratieprinzip verlangt, dass alle Staatsgewalt auf förmliche Willensbekundungen des Volkes zurückgeht (Art. 20 Abs. 2 GG), auf Wahlen oder Abstimmungen. Praktisch geschieht dies durch die Wahl des Bundestages. Von diesem Verfassungsorgan und der von ihm getragenen Regierung aus verzweigt sich die öffentliche Gewalt und vermischt sich mit der Länderstaatsgewalt, die die Teilvölker in den Bundesländern ausüben. Bundestag und vor allem die Bundesregierung wirken auch in die Europäische Union hinein, und zwar mit diesem demokratischen Mandat. Das Bundesvolk wählt zudem das deutsche Kontingent der Abgeordneten des Europaparlaments und schafft so einen weiteren unmittelbaren Legitimationspfad hinein in die Europäische Union.

Das Grundgesetz kennt mit Ausnahme der Länderneugliederung (Art. 29 GG) keine Volksabstimmung, kein Plebiszit über Sachfragen. Dies ist gewiss kein Konstruktionsfehler in einem repräsentativen parlamentarischen System, aber dieses System würde durch die Einführung von Plebisziten auch nicht not-

[1] BVerfGE 129, 124 (178).

Einführung

wendig geschwächt. Eine Volksabstimmung, die unter rechtsstaatlich vernünftigen Bedingungen erfolgt, kann die politische Gemeinschaft stärken, ein Faktor der Integration sein. Es stimmt allerdings nachdenklich, dass alle Parteien, auch die, die lauter als andere nach einem Plebiszit rufen, immer bestimmte Themen fürchten, die man lieber nicht dem Volk zur Abstimmung vorlegen dürfe, weil dann falsche Antworten drohten.

Die heutige Demokratie leidet unter den Verzweigungen und Verantwortungsteilungen in einem Mehrebenensystem. Da die Bundesebene – ausweislich der jeweiligen Wahlbeteiligungen – für die meisten Deutschen immer noch und immer wieder die primäre politische Gemeinschaft verkörpert, sucht die öffentliche Meinung auch hier regelmäßig nach Antworten auf drängende gesellschaftliche Fragen. Auf der nationalen Ebene greifen die Funktionselemente der modernen Demokratie am besten zusammen: Hier wirkt ein historisch gewachsener Kulturraum, der das Denken in Horizonten der kritischen Durchdringung, des sprachlichen Verständnisses bis in die Tiefe der Konnotationen hinein ermöglicht, hier ist personelles und sachliches Erkennen und Beurteilen rasch möglich, hier kann sich deshalb die Vernunft einer politischen Gemeinschaft am effektivsten entfalten.

Die kontrollierende Beobachtung der Regierung und des Parlaments wird immer schwieriger, je mehr politische Ebenen sich ergänzen, wechselseitig steuern und beeinflussen. Wer weiß heute schon genau, wo bestimmte Entscheidungen, die unseren Alltag bestimmen, gefallen sind: in Brüssel, Berlin oder einer Landeshauptstadt. Wer Bürgernähe will, muss mit dem Föderalismus zurechtkommen, wer die europäische Einheit will, muss mit einer komplizierten Entscheidungsmechanik leben. In Zukunft werden wir uns jedenfalls darauf einzustellen haben, mehrere politische Herrschaftsebenen zugleich und differenziert zu beobachten und zu kontrollieren. Die Länder des Bundes bekamen durch zwei Föderalismusreformen punktuell wieder mehr Entscheidungskompetenzen, die sie aber im Jahr 2017 teilweise wieder gegen den goldenen Zügel von Finanzzuweisungen des Bundes, sogar erstmals direkt an die Schulen der kommunalen Ebene (Art. 104c GG), eintauschten. Der Einfluss der Europäischen Union auf die mitgliedstaatliche Gesetzgebung und Politik wächst immer noch beständig und im Ganzen ist von einer Deregulierung der Gesellschaft durch den Staat kaum etwas zu spüren. Der scharfe Blick der kritischen Öffentlichkeit muss diesen Entwicklungen folgen, was wiederum keine ganz einfache Aufgabe ist.

VI. Föderale und finanzverfassungsrechtliche Reformen des Grundgesetzes

1. Mit der ersten Föderalismusreform (2006) wurde eine Entflechtung von Bund und Ländern in Angriff genommen, die heute wieder teilweise im Hochschulbereich und bei den Schulen nach Reformen in die andere Richtung gedrängt werden. Die Abgrenzung der Kompetenzen ist etwa im Bildungs- und Universitätsbereich trennschärfer geworden, sie ressortieren seit 2006 noch deutlicher bei den Ländern. Für den Bund war es zunächst schwieriger geworden, mit dem goldenen Zügel politisch zu lenken, also mit zweckgebundenen Finanzzuweisungen an die Länder dort zu gestalten, wo er keine Kompetenz besitzt. Das ist allerdings nicht ohne Kritik geblieben, etwa wenn der Bund Bildungspolitik betreiben will und sich die Erwartung der Öffentlichkeit dann

Einführung

eben doch wieder auf die Bundesebene richtet. Der Neufassung von Artikel 91b GG im Jahr 2014 mit der Lockerung des sogenannten Kooperationsverbots folgte 2017 die Einfügung von Art. 104c GG, wonach der Bund den Ländern Finanzhilfen gewähren kann für gesamtstaatlich bedeutsame Investitionen der finanzschwachen Gemeinden oder Gemeindeverbände im Bereich der kommunalen Bildungsinfrastruktur.

2. Mit der zweiten Föderalismusreform von 2009 war bereits ein schwieriger Teilbereich des Finanzverfassungssystems (Art. 104a bis Art. 115 GG) neu gefasst worden. Die Verschuldung der öffentlichen Haushalte ist zu einem drückenden Problem geworden. Das Zerplatzen der großen Blase im privatwirtschaftlichen Finanzmarkt im Jahre 2008 wurde durch das Aufspannen eines Rettungsschirms aus dem öffentlichen Sektor in den Folgen zwar rasch begrenzt, aber noch immer richten sich bange Blicke auf die Tragfähigkeit und Solidität öffentlicher, staatlicher Haushalte. Der demokratische Prozess fast aller westlichen Staaten hat Probleme, Einnahmen und Ausgaben in ein vernünftiges Gleichgewicht zu bringen. Eine interventionsorientierte Wachstumspolitik versuchte in der Vergangenheit immer wieder, mit Staatsausgaben die Wirtschaft zu befeuern, soziale Konflikte mit Transferleistungen einzudämmen. In diesem dauerhaft bestehenden Dilemma der politischen, sozialen und wirtschaftlichen Mechanik sucht man inzwischen verstärkt nach festen rechtlichen Grenzen, die politisch nicht ohne Weiteres zu überwinden sind. Solche Grenzen für die Verschuldung des Staates kennt das Europarecht im Rahmen der Währungsunion mit den Stabilitätskriterien.[1]

Die im Jahr 2009 neu gefassten Art. 109 und Art. 115 GG regeln die Kreditaufnahme für Bund und Länder. Es gilt deutlicher der Grundsatz, dass die Ausgaben durch echte Einnahmen zu finanzieren sind, der Haushalt also nicht nur formell unter Aufnahme von Krediten auszugleichen ist, sondern auch materiell ohne neue Schulden. Die gleichwohl bestehenden Ausnahmen zum Beispiel im Fall von konjunkturellen Einbrüchen werden enger gefasst.

Der Bund und vor allem die Länder haben sich selbst an eine verhältnismäßig kurze Leine gelegt. Bei näherer Betrachtung jedoch ist die neue Rechtslage gar nicht so weit von dem entfernt, was die Rechtsprechung des Bundesverfassungsgerichts bereits der bislang bestehenden rechtlichen Ausgestaltung entnommen hatte. Wenn man zur Konjunktursteuerung über die Regelkreditermächtigung – bisher der vergleichsweise unbestimmte Investitionssumme, jetzt der exakt bestimmte Anteil am Bruttoinlandsprodukt – hinausgeht, muss man eine Tilgung für die Zeit der unmittelbar folgenden konjunkturellen Erholung vorsehen (Symmetriegebot), das hatte auch das Gericht bereits zweimal eingefordert.[2]

3. Mit Blick auf das Inkrafttreten der Schuldenbremse für die Länder seit dem 1.1.2020 wurde der bisherige Länderfinanzausgleich mit der Änderung von Art. 107 GG (Neufassung 2017) praktisch abgeschafft und durch eine differenzierte Beteiligung der Länder an dem Umsatzsteueraufkommen ersetzt. Ein konkretisierendes Bundesgesetz soll sicherstellen, dass die unterschiedliche Finanzkraft der Länder angemessen ausgeglichen wird, wobei die Finanzkraft und der Finanzbedarf der Gemeinden oder Gemeindeverbände zu berücksichtigen sind. Das Gesetz kann Zuschläge zu und Abschläge von der jeweiligen Finanzkraft bei der Verteilung der Länderanteile am Aufkommen der Umsatzsteuer

[1] Siehe etwa BVerfGE 119, 96 (Verfassungsmäßigkeit des Bundeshaushalts 2004).
[2] BVerfGE 79, 311; 119, 96.

Einführung

regeln. Auch hier kommt es auf Maßstäbe an, die jeweils im Gesetzgebungsverfahren zwischen Bund und Ländern im Blick auf die notwendige Zustimmung des Bundesrates ausgehandelt werden müssen. Flankiert wird die Neugestaltung der Verteilung des Umsatzsteueraufkommens durch die Erweiterung des Anwendungsbereichs von Bundesergänzungszuweisungen.

VII. Akzeptanz und Zukunft des Grundgesetzes

Das Grundgesetz ist die beste Verfassung, die die Deutschen je hatten. Es ist von den Bürgern auch ohne ausdrückliches Plebiszit nachhaltig akzeptiert.[1] Wenn das Land in schwieriges Fahrwasser gerät, schauen die Menschen auf ihre Verfassung – in Grundfragen der europäischen Integration, der internationalen Friedenssicherung, bei neuen Herausforderungen wie der Corona-Pandemie oder der globalen Erwärmung. Leitbild bleibt die Werteordnung der Grundrechte. Wenn eine Gesellschaft sich immer stärker individualisiert oder Spannungen im Gefüge verschiedener Kulturen auftreten, wenn der innere Frieden oder der soziale Zusammenhalt gefährdet scheinen, dann schaut man verstärkt nach einem normativen Kompass. Das Bundesverfassungsgericht hat beinahe jede größere gesellschaftliche Frage irgendwann vorgelegt bekommen und nimmt seine Maßstäbe aus diesem Grundgesetz. Nicht jedes Urteil muss jeden überzeugen. Das ändert aber nichts an der integrativen Wirkung einer freiheitlichen Verfassung, die offen ist für verschiedene Interpretationen, solange sie nicht ihr westlich humanistisches Wertefundament Preis gibt.

Das Grundgesetz ist für Veränderungen offen, aber es hält auch das Verständnis unserer Wurzeln und unserer Identität wach; es ist das Rechtsdokument einer historisch gewachsenen, zur Freiheit strebenden und sozial zusammenstehenden Gemeinschaft. Der Schutz von Würde und Freiheit gleichberechtigter Menschen, die Föderalität, die im Demokratieprinzip verankerte Volkssouveränität und der soziale Rechtsstaat bilden den unveränderlichen Kern der Verfassung (Art. 79 Abs. 3 GG) – auch dies ist eine grundlegende Entscheidung der Verfassung, an die man sich bisweilen erinnern sollte.

Es ist noch nicht lange her, da schien es modern, Patriotismus nur im Blick auf die Verfassung zu empfehlen. Der Grundgedanke ist richtig. Man kann sein Land, sein Vater- oder Mutterland nur dort wirklich finden, ja lieben, wo die Freiheit und die Achtung vor der Würde des einzelnen Menschen herrschen, man denke nur an die Sehnsucht *Heinrich Heines*, an die Verzweiflung und das Hoffen der Emigranten während der Nazidiktatur wie *Thomas Mann, Stefan Zweig* oder *Willy Brandt*, an den Mut der Frauen und Männer im Widerstand wie *Sophie Scholl, Graf Stauffenberg* oder *Carl Goerdeler*. Patriotismus ist aber nicht nur der Glaube an Rechtstexte. Die Verbindung von Menschen, die sich in ihrer Würde und Freiheit als gleichberechtigt achten, die sich selbst im Streit noch verstehen, die sich zusammengehörig fühlen, aus Gründen der Tradition, der Geschichte, der Alltagswelt und einer grundsätzlich geteilten Werteordnung: All das fügt sich zu einem Faktum, das auch vom Verfassungsrecht häufig nur nachvollzogen und vorsichtig entwickelt werden kann. Insofern ist die Verfassung sowohl ein „living instrument", das sich Entwicklungen anpasst, als auch

[1] „Das akzeptierte Grundgesetz" ist der prägnante Titel einer 1990 erschienenen Festschrift für einen der großen ersten Interpreten des Grundgesetzes, für Günter Dürig (hrsg. von Hartmut Maurer).

Einführung

ein unverrückbarer Kompass gegen Verirrungen, auch solche der demokratischen Mehrheit. Das Grundgesetz wirkt auf die gesellschaftliche Entwicklung ein und wird durch sie beeinflusst, weil sie Teil der Veränderung ist. Die Verfassung bleibt aber auch normativ sperrig, wenn es um die Identität der freiheitlichen Demokratie geht. Jedes Ringen um die Bewahrung und Entwicklung der soziokulturellen Lebensgrundlagen einer Gesellschaft nimmt zugleich auch Maß am Wertesystem des Grundgesetzes, das wiederum den Takt der Entwicklung einer offenen Gesellschaft in seinen Text oder die Interpretation seines Textes mit aufnimmt oder eben begrenzt. Das Grundgesetz ist insofern ein bedeutsames Stück des ideellen Fundaments der Deutschen und gibt einen wichtigen Impuls für das zusammenwachsende Europa.

Bonn, im September 2021

1. Grundgesetz für die Bundesrepublik Deutschland

Vom 23. Mai 1949
(BGBl. S. 1)[1]

BGBl. III/FNA 100-1

zuletzt geänd. durch Art. 1 und 2 ÄndG (Art. 104a, 143h) v. 29.9.2020 (BGBl. I S. 2048)

Nichtamtliche Inhaltsübersicht

Präambel

I. Die Grundrechte

- Art. 1 Schutz der Menschenwürde, Menschenrechte, Grundrechtsbindung
- Art. 2 Freie Entfaltung der Persönlichkeit, Recht auf Leben, körperliche Unversehrtheit, Freiheit der Person
- Art. 3 Gleichheit vor dem Gesetz
- Art. 4 Glaubens-, Gewissens- und Bekenntnisfreiheit, Kriegsdienstverweigerung
- Art. 5 Recht der freien Meinungsäußerung, Medienfreiheit, Kunst- und Wissenschaftsfreiheit
- Art. 6 Ehe, Familie, nicht eheliche Kinder
- Art. 7 Schulwesen
- Art. 8 Versammlungsfreiheit
- Art. 9 Vereinigungsfreiheit
- Art. 10 Brief-, Post- und Fernmeldegeheimnis
- Art. 11 Freizügigkeit
- Art. 12 Berufsfreiheit
- Art. 12a Dienstverpflichtungen
- Art. 13 Unverletzlichkeit der Wohnung
- Art. 14 Eigentum, Erbrecht und Enteignung
- Art. 15 Sozialisierung, Überführung in Gemeineigentum
- Art. 16 Ausbürgerung, Auslieferung
- Art. 16a Asylrecht
- Art. 17 Petitionsrecht
- Art. 17a Grundrechtseinschränkungen bei Wehr- und Ersatzdienst
- Art. 18 Verwirkung von Grundrechten
- Art. 19 Einschränkung von Grundrechten; Grundrechtsträger; Rechtsschutz

II. Der Bund und die Länder

- Art. 20 Bundesstaatliche Verfassung; Widerstandsrecht
- Art. 20a Schutz der natürlichen Lebensgrundlagen
- Art. 21 Parteien
- Art. 22 Bundeshauptstadt, Bundesflagge
- Art. 23 Verwirklichung der Europäischen Union; Beteiligung des Bundesrates, der Bundesregierung
- Art. 24 Übertragung von Hoheitsrechten; kollektives Sicherheitssystem; internationale Schiedsgerichtsbarkeit
- Art. 25 Allgemeines Völkerrecht als Bestandteil des Bundesrechts
- Art. 26 Verbot des Angriffskrieges
- Art. 27 Handelsflotte
- Art. 28 Verfassung der Länder
- Art. 29 Neugliederung des Bundesgebietes
- Art. 30 Funktionen der Länder
- Art. 31 Vorrang des Bundesrechts

[1] In der im Bundesgesetzblatt Teil III, Gliederungsnummer 100-1, veröffentlichten bereinigten Fassung.

Die im BGBl. III abgedruckten amtlichen Änderungsnachweise und Verweise auf die Gliederungsnummern anderer Vorschriften sind nur in der online-Version wiedergegeben.

In den redaktionellen Änderungsfußnoten sind abweichend von der üblichen Praxis in Beck'schen Textausgaben alle Änderungen seit dem Erlass des Grundgesetzes aufgeführt, nicht nur diejenigen nach der Bereinigung durch das BGBl. III oder nach zwischenzeitlicher Neufassung von Artikeln.

Art. 32 Auswärtige Beziehungen
Art. 33 Staatsbürgerliche Rechte
Art. 34 Haftung bei Amtspflichtverletzung
Art. 35 Rechts- und Amtshilfe
Art. 36 Beamte der Bundesbehörden
Art. 37 Bundeszwang

III. Der Bundestag

Art. 38 Wahl
Art. 39 Zusammentritt und Wahlperiode
Art. 40 Präsident; Geschäftsordnung
Art. 41 Wahlprüfung
Art. 42 Öffentlichkeit der Sitzungen; Mehrheitsprinzip
Art. 43 Anwesenheit der Bundesregierung
Art. 44 Untersuchungsausschüsse
Art. 45 Ausschuss für die Angelegenheiten der Europäischen Union
Art. 45a Ausschüsse für auswärtige Angelegenheiten und für Verteidigung
Art. 45b Wehrbeauftragter des Bundestages
Art. 45c Petitionsausschuss des Bundestages
Art. 45d Parlamentarisches Kontrollgremium
Art. 46 Indemnität und Immunität der Abgeordneten
Art. 47 Zeugnisverweigerungsrecht der Abgeordneten
Art. 48 Ansprüche der Abgeordneten
Art. 49 *(aufgehoben)*

IV. Der Bundesrat

Art. 50 Aufgabe
Art. 51 Zusammensetzung
Art. 52 Präsident; Beschlussfassung; Bildung einer Europakammer
Art. 53 Teilnahme der Bundesregierung

IVa. Gemeinsamer Ausschuß

Art. 53a Gemeinsamer Ausschuss

V. Der Bundespräsident

Art. 54 Wahl durch die Bundesversammlung
Art. 55 Berufs- und Gewerbeverbot
Art. 56 Amtseid
Art. 57 Vertretung
Art. 58 Gegenzeichnung
Art. 59 Völkerrechtliche Vertretungsmacht
Art. 59a *(aufgehoben)*
Art. 60 Ernennung der Bundesrichter, Bundesbeamten und Soldaten; Begnadigungsrecht
Art. 61 Anklage vor dem Bundesverfassungsgericht

VI. Die Bundesregierung

Art. 62 Zusammensetzung
Art. 63 Wahl des Bundeskanzlers
Art. 64 Ernennung der Bundesminister
Art. 65 Verantwortung
Art. 65a Befehls- und Kommandogewalt über die Streitkräfte
Art. 66 Berufs- und Gewerbeverbot
Art. 67 Misstrauensvotum
Art. 68 Auflösung des Bundestages
Art. 69 Stellvertreter des Bundeskanzlers

VII. Die Gesetzgebung des Bundes

Art. 70 Gesetzgebung des Bundes und der Länder
Art. 71 Ausschließliche Gesetzgebung
Art. 72 Konkurrierende Gesetzgebung
Art. 73 Gegenstände der ausschließlichen Gesetzgebung
Art. 74 Gegenstände der konkurrierenden Gesetzgebung
Art. 74a, 75 *(aufgehoben)*
Art. 76 Gesetzesvorlagen

Grundgesetz GG 1

Art. 77 Verfahren bei Gesetzesbeschlüssen
Art. 78 Zustandekommen von Bundesgesetzen
Art. 79 Änderungen des Grundgesetzes
Art. 80 Erlass von Rechtsverordnungen
Art. 80a Spannungsfall
Art. 81 Gesetzgebungsnotstand
Art. 82 Verkündung und Inkrafttreten der Gesetze

VIII. Die Ausführung der Bundesgesetze und die Bundesverwaltung

Art. 83 Grundsatz der Landeseigenverwaltung
Art. 84 Landeseigenverwaltung und Bundesaufsicht
Art. 85 Landesverwaltung im Bundesauftrag
Art. 86 Bundesverwaltung
Art. 87 Gegenstände der Bundesverwaltung
Art. 87a Streitkräfte
Art. 87b Bundeswehrverwaltung
Art. 87c Bestimmungen über Erzeugung und Nutzung der Kernenergie
Art. 87d Luftverkehrsverwaltung
Art. 87e Eisenbahnen des Bundes
Art. 87f Post und Telekommunikation
Art. 88 Bundesbank
Art. 89 Bundeswasserstraßen
Art. 90 Bundesautobahnen und Bundesstraßen
Art. 91 Abwehr von Gefahren für den Bestand des Bundes oder eines Landes

VIIIa. Gemeinschaftsaufgaben, Verwaltungszusammenarbeit

Art. 91a Mitwirkungsbereiche des Bundes bei Länderaufgaben
Art. 91b Bildungsplanung und Forschungsförderung
Art. 91c Informationstechnische Systeme
Art. 91d Leistungsvergleich
Art. 91e Zusammenwirken hinsichtlich der Grundsicherung für Arbeitsuchende

IX. Die Rechtsprechung

Art. 92 Gerichtsorganisation
Art. 93 Zuständigkeit des Bundesverfassungsgerichts
Art. 94 Zusammensetzung des Bundesverfassungsgerichts
Art. 95 Oberste Gerichtshöfe des Bundes
Art. 96 Weitere Bundesgerichte
Art. 97 Unabhängigkeit der Richter
Art. 98 Rechtsstellung der Richter
Art. 99 Landesrechtliche Zuweisung von Streitigkeiten an das Bundesverfassungsgericht oder die obersten Gerichtshöfe des Bundes
Art. 100 Verfassungswidrigkeit von Gesetzen
Art. 101 Ausnahmegerichte
Art. 102 Abschaffung der Todesstrafe
Art. 103 Grundrechte vor Gericht
Art. 104 Rechtsgarantien bei Freiheitsentziehung

X. Das Finanzwesen

Art. 104a Ausgabenverteilung; Lastenverteilung
Art. 104b Finanzhilfen für bedeutsame Investitionen der Länder
Art. 104c Finanzhilfen für bedeutsame Investitionen der Länder im Bereich der kommunalen Bildungsinfrastruktur
Art. 104d Finanzhilfen für bedeutsame Investitionen der Länder im Bereich des sozialen Wohnungsbaus
Art. 105 Gesetzgebungsrecht
Art. 106 Verteilung des Steueraufkommens und des Ertrages der Finanzmonopole
Art. 106a Bundeszuschuss für öffentlichen Personennahverkehr
Art. 106b Länderanteil an der Kraftfahrzeugsteuer
Art. 107 Finanzausgleich; Ergänzungszuweisungen
Art. 108 Finanzverwaltung
Art. 109 Haushaltswirtschaft in Bund und Ländern
Art. 109a Haushaltsnotlagen

1 GG Grundgesetz

Art. 110 Haushaltsplan des Bundes
Art. 111 Ausgaben vor Beschluss des Haushaltsplans
Art. 112 Überplanmäßige und außerplanmäßige Ausgaben
Art. 113 Ausgabenerhöhungen; Einnahmeminderungen
Art. 114 Rechnungslegung; Bundesrechnungshof
Art. 115 Kreditbeschaffung

Xa. Verteidigungsfall

Art. 115a Feststellung des Verteidigungsfalles
Art. 115b Übergang der Befehls- und Verteidigungsgewalt
Art. 115c Erweiterte Bundesgesetzgebungskompetenz
Art. 115d Vereinfachtes Bundesgesetzgebungsverfahren
Art. 115e Aufgaben des Gemeinsamen Ausschusses
Art. 115f Erweiterte Befugnisse der Bundesregierung
Art. 115g Stellung des Bundesverfassungsgerichts
Art. 115h Wahlperioden und Amtszeiten
Art. 115i Erweiterte Befugnisse der Landesregierungen
Art. 115k Geltung von Gesetzen und Rechtsverordnungen des Verteidigungsfalls
Art. 115l Aufhebung von Maßnahmen und Beendigung des Verteidigungsfalls

XI. Übergangs- und Schlußbestimmungen

Art. 116 Begriff des „Deutschen"; nationalsozialistische Ausbürgerung
Art. 117 Übergangsregelung zu Art. 3 Abs. 2 und Art. 11
Art. 118 Neugliederung der badischen und württembergischen Länder
Art. 118a Neugliederung Berlins und Brandenburgs
Art. 119 Flüchtlinge und Vertriebene
Art. 120 Kriegsfolge- und Sozialversicherungslasten; Ertragshoheit
Art. 120a Lastenausgleich
Art. 121 Begriff der Mehrheit
Art. 122 Bisherige Gesetzgebungskompetenzen
Art. 123 Fortgeltung des alten Rechts
Art. 124 Altes Recht aus dem Gebiet der ausschließlichen Gesetzgebung
Art. 125 Altes Recht aus dem Gebiet der konkurrierenden Gesetzgebung
Art. 125a Fortgeltung von Bundesrecht; Ersetzung durch Landesrecht
Art. 125b Fortgeltung von Bundesrecht; abweichende Regelungen durch die Länder
Art. 125c Fortgeltung von Bundesrecht auf dem Gebiet der Gemeindeverkehrsfinanzierung und der sozialen Wohnraumförderung
Art. 126 Streit über das Fortgelten des alten Rechts
Art. 127 Recht des Vereinigten Wirtschaftsgebietes
Art. 128 Fortbestehen von Weisungsrechten
Art. 129 Fortgeltung von Ermächtigungen zu Rechtsverordnungen
Art. 130 Überleitung von Verwaltungs- und Rechtspflegeeinrichtungen
Art. 131 Frühere Angehörige des Öffentlichen Dienstes
Art. 132 Ausschluss aus dem Öffentlichen Dienst
Art. 133 Rechtsnachfolge, Vereinigtes Wirtschaftsgebiet
Art. 134 Rechtsnachfolge in das Reichsvermögen
Art. 135 Vermögen bei Änderung des Gebietsstandes
Art. 135a Verbindlichkeiten des Reichs und anderer Körperschaften
Art. 136 Erster Zusammentritt des Bundesrates
Art. 137 Beschränkung der Wählbarkeit von Angehörigen des Öffentlichen Dienstes
Art. 138 Süddeutsches Notariat
Art. 139 Entnazifizierungsvorschriften
Art. 140 Übernahme von Glaubensbestimmungen der Weimarer Verfassung
Art. 141 Religionsunterricht
Art. 142 Grundrechte in Landesverfassungen
Art. 142a *(aufgehoben)*
Art. 143 Sondervorschriften für neue Bundesländer und Ost-Berlin
Art. 143a Übergangsvorschriften für Bundeseisenbahnen
Art. 143b Umwandlung der Deutschen Bundespost
Art. 143c Übergangsvorschriften wegen Wegfalls der Finanzhilfen durch den Bund
Art. 143d Übergangsvorschriften zu Konsolidierungs- und Sanierungshilfen

Grundgesetz **Art. 1 GG 1**

Art. 143e Übergangsvorschrift wegen Umwandlung der Auftragsverwaltung für die Bundesautobahnen und Bundesstraßen in Bundesverwaltung
Art. 143f Bedingtes Außerkrafttreten des Art. 143d GG, des FAG und sonstiger aufgrund von Art. 107 Abs. 2 GG erlassener Gesetze
Art. 143g Anwendung des Art. 107 GG
Art. 143h *(aufgehoben)*
Art. 144 Annahme des Grundgesetzes; Beschränkungen in der Anwendung des Grundgesetzes
Art. 145 Inkrafttreten des Grundgesetzes
Art. 146 Geltungsdauer des Grundgesetzes
Anhang: Gemäß Art. 140 GG weitergeltende Artikel der Weimarer Reichsverfassung
Art. 136 Religionsunabhängigkeit von Rechten und Pflichten
Art. 137 Religionsgesellschaften
Art. 138 Staatsleistungen; Kirchengut
Art. 139 Sonn- und Feiertagsruhe
Art. 141 Religiöse Handlungen in öffentlichen Anstalten

[Verkündungsformel]

Der Parlamentarische Rat hat am 23. Mai 1949 in Bonn am Rhein in öffentlicher Sitzung festgestellt, daß das am 8. Mai des Jahres 1949 vom Parlamentarischen Rat beschlossene G r u n d g e s e t z f ü r d i e B u n d e s r e p u b l i k D e u t s c h l a n d in der Woche vom 16. bis 22. Mai 1949 durch die Volksvertretungen von mehr als Zweidritteln der beteiligten deutschen Länder angenommen worden ist.

Auf Grund dieser Feststellung hat der Parlamentarische Rat, vertreten durch seine Präsidenten, das Grundgesetz ausgefertigt und verkündet.

Das Grundgesetz wird hiermit gemäß Artikel 145 Abs. 3 im Bundesgesetzblatt veröffentlicht:

Präambel

[1] Im Bewußtsein seiner Verantwortung vor Gott und den Menschen,

von dem Willen beseelt, als gleichberechtigtes Glied in einem vereinten Europa dem Frieden der Welt zu dienen, hat sich das Deutsche Volk kraft seiner verfassungsgebenden Gewalt dieses Grundgesetz gegeben.

[2] Die Deutschen[1] in den Ländern Baden-Württemberg, Bayern, Berlin, Brandenburg, Bremen, Hamburg, Hessen, Mecklenburg-Vorpommern, Niedersachsen, Nordrhein-Westfalen, Rheinland-Pfalz, Saarland, Sachsen, Sachsen-Anhalt, Schleswig-Holstein und Thüringen haben in freier Selbstbestimmung die Einheit und Freiheit Deutschlands vollendet. [3] Damit gilt dieses Grundgesetz für das gesamte Deutsche Volk.

I.[2] Die Grundrechte

Art. 1[3] **[Schutz der Menschenwürde, Menschenrechte, Grundrechtsbindung]** (1) [1] Die Würde des Menschen ist unantastbar. [2] Sie zu achten und zu schützen ist Verpflichtung aller staatlichen Gewalt.

(2) Das Deutsche Volk bekennt sich darum zu unverletzlichen und unveräußerlichen Menschenrechten als Grundlage jeder menschlichen Gemeinschaft, des Friedens und der Gerechtigkeit in der Welt.

[1] Zum Begriff des „Deutschen" siehe Art. 116 Abs. 1.
[2] Siehe hierzu auch die Konvention zum Schutz der Menschenrechte und Grundfreiheiten (Nr. 3).
[3] Zur Unzulässigkeit der Änderung des Art. 1 siehe Art. 79 Abs. 3.

(3) Die nachfolgenden Grundrechte binden Gesetzgebung, vollziehende Gewalt und Rechtsprechung als unmittelbar geltendes Recht.

Art. 2 [Freie Entfaltung der Persönlichkeit, Recht auf Leben, körperliche Unversehrtheit, Freiheit der Person] (1) Jeder hat das Recht auf die freie Entfaltung seiner Persönlichkeit, soweit er nicht die Rechte anderer verletzt und nicht gegen die verfassungsmäßige Ordnung oder das Sittengesetz verstößt.

(2) [1] Jeder hat das Recht auf Leben und körperliche Unversehrtheit. [2] Die Freiheit der Person ist unverletzlich.[1)] [3] In diese Rechte darf nur auf Grund eines Gesetzes eingegriffen werden.[2)]

Art. 3[3)] [Gleichheit vor dem Gesetz] (1) Alle Menschen sind vor dem Gesetz gleich.

(2) [1] Männer und Frauen sind gleichberechtigt. [2] Der Staat fördert die tatsächliche Durchsetzung der Gleichberechtigung von Frauen und Männern und wirkt auf die Beseitigung bestehender Nachteile hin.

(3)[4)] [1] Niemand darf wegen seines Geschlechtes, seiner Abstammung, seiner Rasse, seiner Sprache, seiner Heimat und Herkunft, seines Glaubens, seiner religiösen oder politischen Anschauungen benachteiligt oder bevorzugt werden. [2] Niemand darf wegen seiner Behinderung benachteiligt werden.

Art. 4 [Glaubens-, Gewissens- und Bekenntnisfreiheit, Kriegsdienstverweigerung] (1) Die Freiheit des Glaubens, des Gewissens und die Freiheit des religiösen und weltanschaulichen Bekenntnisses sind unverletzlich.

(2)[5)] Die ungestörte Religionsausübung wird gewährleistet.

(3) [1] Niemand darf gegen sein Gewissen zum Kriegsdienst mit der Waffe gezwungen werden. [2] Das Nähere regelt ein Bundesgesetz.[6)]

Art. 5 [Recht der freien Meinungsäußerung, Medienfreiheit, Kunst- und Wissenschaftsfreiheit] (1) [1] Jeder hat das Recht, seine Meinung in Wort, Schrift und Bild frei zu äußern und zu verbreiten und sich aus allgemein zugänglichen Quellen ungehindert zu unterrichten. [2] Die Pressefreiheit und die Freiheit der Berichterstattung durch Rundfunk und Film werden gewährleistet. [3] Eine Zensur findet nicht statt.

(2) Diese Rechte finden ihre Schranken in den Vorschriften der allgemeinen Gesetze, den gesetzlichen Bestimmungen zum Schutze der Jugend und in dem Recht der persönlichen Ehre.

[1)] Zur Freiheitsentziehung siehe Art. 104.
[2)] Siehe hierzu ua Buch 7 (§§ 415 ff. – Verfahren in Freiheitsentziehungssachen) des G über das Verfahren in Familiensachen und in den Angelegenheiten der freiwilligen Gerichtsbarkeit (FamFG) v. 17.12.2008 (BGBl. I S. 2586, 2587), zuletzt geänd. durch G v. 10.8.2021 (BGBl. I S. 3436).
[3)] Siehe hierzu auch Art. 33 Abs. 2 GG sowie Art. 136 Abs. 1 und 2 WRV, wiedergegeben im Anschluss an Art. 146.
[4)] Siehe hierzu das Allgemeine GleichbehandlungsG v. 14.8.2006 (BGBl. I S. 1897), zuletzt geänd. durch G v. 3.4.2013 (BGBl. I S. 610).
[5)] Siehe hierzu auch Art. 136 Abs. 3 und 4 WRV, wiedergegeben im Anschluss an Art. 146.
[6)] Siehe das WehrpflichtG idF der Bek. v. 15.8.2011 (BGBl. I S. 1730), zuletzt geänd. durch G v. 28.6.2021 (BGBl. I S. 2250), KriegsdienstverweigerungsG v. 9.8.2003 (BGBl. I S. 1593), zuletzt geänd. durch G v. 28.4.2011 (BGBl. I S. 687) und das ZivildienstG idF der Bek. v. 17.5.2005 (BGBl. I S. 1346, ber. S. 2301), zuletzt geänd. durch G v. 12.12.2019 (BGBl. I S. 2652).

Grundgesetz **Art. 6, 7 GG 1**

(3) ¹Kunst und Wissenschaft, Forschung und Lehre sind frei. ²Die Freiheit der Lehre entbindet nicht von der Treue zur Verfassung.

Art. 6[1] **[Ehe, Familie, nicht eheliche Kinder]** (1) Ehe und Familie stehen unter dem besonderen Schutze der staatlichen Ordnung.

(2) ¹Pflege und Erziehung der Kinder sind das natürliche Recht der Eltern und die zuvörderst ihnen obliegende Pflicht. ²Über ihre Betätigung wacht die staatliche Gemeinschaft.

(3) Gegen den Willen der Erziehungsberechtigten dürfen Kinder nur auf Grund eines Gesetzes von der Familie getrennt werden, wenn die Erziehungsberechtigten versagen oder wenn die Kinder aus anderen Gründen zu verwahrlosen drohen.

(4) Jede Mutter hat Anspruch auf den Schutz und die Fürsorge der Gemeinschaft.

(5) Den unehelichen[2] Kindern sind durch die Gesetzgebung die gleichen Bedingungen für ihre leibliche und seelische Entwicklung und ihre Stellung in der Gesellschaft zu schaffen wie den ehelichen Kindern.

Art. 7 [Schulwesen] (1) Das gesamte Schulwesen steht unter der Aufsicht des Staates.

(2) Die Erziehungsberechtigten haben das Recht, über die Teilnahme des Kindes am Religionsunterricht zu bestimmen.

(3) ¹Der Religionsunterricht ist in den öffentlichen Schulen mit Ausnahme der bekenntnisfreien Schulen ordentliches Lehrfach.[3] ²Unbeschadet des staatlichen Aufsichtsrechtes wird der Religionsunterricht in Übereinstimmung mit den Grundsätzen der Religionsgemeinschaften erteilt. ³Kein Lehrer darf gegen seinen Willen verpflichtet werden, Religionsunterricht zu erteilen.

(4) ¹Das Recht zur Errichtung von privaten Schulen wird gewährleistet. ²Private Schulen als Ersatz für öffentliche Schulen bedürfen der Genehmigung des Staates und unterstehen den Landesgesetzen. ³Die Genehmigung ist zu erteilen, wenn die privaten Schulen in ihren Lehrzielen und Einrichtungen sowie in der wissenschaftlichen Ausbildung ihrer Lehrkräfte nicht hinter den öffentlichen Schulen zurückstehen und eine Sonderung der Schüler nach den Besitzverhältnissen der Eltern nicht gefördert wird. ⁴Die Genehmigung ist zu versagen, wenn die wirtschaftliche und rechtliche Stellung der Lehrkräfte nicht genügend gesichert ist.

(5) Eine private Volksschule ist nur zuzulassen, wenn die Unterrichtsverwaltung ein besonderes pädagogisches Interesse anerkennt oder, auf Antrag von Erziehungsberechtigten, wenn sie als Gemeinschaftsschule, als Bekenntnis- oder Weltanschauungsschule errichtet werden soll und eine öffentliche Volksschule dieser Art in der Gemeinde nicht besteht.

(6) Vorschulen bleiben aufgehoben.

[1] Siehe hierzu das G über die rechtliche Stellung der nichtehelichen Kinder v. 19.8.1969 (BGBl. I S. 1243), zuletzt geänd. durch G v. 12.4.2011 (BGBl. I S. 615).
[2] Der Begriff „unehelich" ist durch Art. 9 § 2 G zur Neuregelung des Rechts der elterlichen Sorge v. 18.7.1979 (BGBl. I S. 1061) in allen Bundesgesetzen mit Ausnahme des GG durch den Begriff „nicht ehelich" ersetzt worden.
[3] Siehe hierzu Art. 141.

1 GG Art. 8–11

Art. 8[1)] **[Versammlungsfreiheit]** (1) Alle Deutschen[2)] haben das Recht, sich ohne Anmeldung oder Erlaubnis friedlich und ohne Waffen zu versammeln.

(2) Für Versammlungen unter freiem Himmel kann dieses Recht durch Gesetz oder auf Grund eines Gesetzes beschränkt werden.

Art. 9[3)] **[Vereinigungsfreiheit]** (1) Alle Deutschen[2)] haben das Recht, Vereine und Gesellschaften zu bilden.

(2) Vereinigungen, deren Zwecke oder deren Tätigkeit den Strafgesetzen zuwiderlaufen oder die sich gegen die verfassungsmäßige Ordnung oder gegen den Gedanken der Völkerverständigung richten, sind verboten.

(3) ¹Das Recht, zur Wahrung und Förderung der Arbeits- und Wirtschaftsbedingungen Vereinigungen zu bilden, ist für jedermann und für alle Berufe gewährleistet. ²Abreden, die dieses Recht einschränken oder zu behindern suchen, sind nichtig, hierauf gerichtete Maßnahmen sind rechtswidrig. ³Maßnahmen nach den Artikeln 12a, 35 Abs. 2 und 3, Artikel 87a Abs. 4 und Artikel 91 dürfen sich nicht gegen Arbeitskämpfe richten, die zur Wahrung und Förderung der Arbeits- und Wirtschaftsbedingungen von Vereinigungen im Sinne des Satzes 1 geführt werden.

Art. 10 [Brief-, Post- und Fernmeldegeheimnis] (1) Das Briefgeheimnis sowie das Post- und Fernmeldegeheimnis sind unverletzlich.

(2) ¹Beschränkungen dürfen nur auf Grund eines Gesetzes[4)] angeordnet werden. ²Dient die Beschränkung dem Schutze der freiheitlichen demokratischen Grundordnung oder des Bestandes oder der Sicherung des Bundes oder eines Landes, so kann das Gesetz bestimmen, daß sie dem Betroffenen nicht mitgeteilt wird und daß an die Stelle des Rechtsweges die Nachprüfung durch von der Volksvertretung bestellte Organe und Hilfsorgane tritt.

Art. 11 [Freizügigkeit] (1) Alle Deutschen[2)] genießen Freizügigkeit im ganzen Bundesgebiet.

(2) Dieses Recht darf nur durch Gesetz[5)] oder auf Grund eines Gesetzes und nur für die Fälle eingeschränkt werden, in denen eine ausreichende Lebensgrundlage nicht vorhanden ist und der Allgemeinheit daraus besondere Lasten entstehen würden oder in denen es zur Abwehr einer drohenden Gefahr für den Bestand oder die freiheitliche demokratische Grundordnung des Bundes oder eines Landes, zur Bekämpfung von Seuchengefahr, Naturkatastrophen oder besonders schweren Unglücksfällen, zum Schutze der Jugend vor Verwahrlosung oder um strafbaren Handlungen vorzubeugen, erforderlich ist.

[1)] Siehe hierzu das VersammlungsG idF der Bek. v. 15.11.1978 (BGBl. I S. 1789), zuletzt geänd. durch G v. 30.11.2020 (BGBl. I S. 2600).
[2)] Zum Begriff des „Deutschen" siehe Art. 116 Abs. 1.
[3)] Siehe hierzu auch Art. 21 und das VereinsG v. 5.8.1964 (BGBl. I S. 593), zuletzt geänd. durch G v. 30.11.2020 (BGBl. I S. 2600).
[4)] Siehe hierzu ua das G zur Beschränkung des Brief-, Post- und Fernmeldegeheimnisses v. 26.6.2001 (BGBl. I S. 1254, ber. S. 2298, 2017 S. 154), zuletzt geänd. durch G v. 5.7.2021 (BGBl. I S. 2274) und das G zur Überwachung strafrechtl. und anderer Verbringungsverbote v. 24.5.1961 (BGBl. I S. 607), zuletzt geänd. durch G v. 8.7.2016 (BGBl. I S. 1594).
[5)] Siehe hierzu ua § 51 WehrpflichtG idF der Bek. v. 15.8.2011 (BGBl. I S. 1730), zuletzt geänd. durch G v. 28.6.2021 (BGBl. I S. 2250) und § 39 ArbeitssicherstellungsG v. 9.7.1968 (BGBl. I S. 787), zuletzt geänd. durch G v. 23.6.2021 (BGBl. I S. 1858).

Grundgesetz **Art. 12, 12a GG 1**

Art. 12 [Berufsfreiheit] (1) [1]Alle Deutschen[1)] haben das Recht, Beruf, Arbeitsplatz und Ausbildungsstätte frei zu wählen. [2]Die Berufsausübung kann durch Gesetz oder auf Grund eines Gesetzes geregelt werden.

(2)[2)] Niemand darf zu einer bestimmten Arbeit gezwungen werden, außer im Rahmen einer herkömmlichen allgemeinen, für alle gleichen öffentlichen Dienstleistungspflicht.

(3) Zwangsarbeit ist nur bei einer gerichtlich angeordneten Freiheitsentziehung zulässig.

Art. 12a [Dienstverpflichtungen] (1) Männer können vom vollendeten achtzehnten Lebensjahr an zum Dienst in den Streitkräften, im Bundesgrenzschutz[3)] oder in einem Zivilschutzverband verpflichtet werden.

(2) [1]Wer aus Gewissensgründen den Kriegsdienst mit der Waffe verweigert, kann zu einem Ersatzdienst verpflichtet werden. [2]Die Dauer des Ersatzdienstes darf die Dauer des Wehrdienstes nicht übersteigen. [3]Das Nähere regelt ein Gesetz[4)], das die Freiheit der Gewissensentscheidung nicht beeinträchtigen darf und auch eine Möglichkeit des Ersatzdienstes vorsehen muß, die in keinem Zusammenhang mit den Verbänden der Streitkräfte und des Bundesgrenzschutzes[3)] steht.

(3) [1]Wehrpflichtige, die nicht zu einem Dienst nach Absatz 1 oder 2 herangezogen sind, können im Verteidigungsfalle durch Gesetz oder auf Grund eines Gesetzes zu zivilen Dienstleistungen für Zwecke der Verteidigung einschließlich des Schutzes der Zivilbevölkerung in Arbeitsverhältnisse verpflichtet werden; Verpflichtungen in öffentlich-rechtliche Dienstverhältnisse sind nur zur Wahrnehmung polizeilicher Aufgaben oder solcher hoheitlichen Aufgaben der öffentlichen Verwaltung, die nur in einem öffentlich-rechtlichen Dienstverhältnis erfüllt werden können, zulässig. [2]Arbeitsverhältnisse nach Satz 1 können bei den Streitkräften, im Bereich ihrer Versorgung sowie bei der öffentlichen Verwaltung begründet werden; Verpflichtungen in Arbeitsverhältnisse im Bereiche der Versorgung der Zivilbevölkerung sind nur zulässig, um ihren lebensnotwendigen Bedarf zu decken oder ihren Schutz sicherzustellen.

(4) [1]Kann im Verteidigungsfalle der Bedarf an zivilen Dienstleistungen im zivilen Sanitäts- und Heilwesen sowie in der ortsfesten militärischen Lazarettorganisation nicht auf freiwilliger Grundlage gedeckt werden, so können Frauen vom vollendeten achtzehnten bis zum vollendeten fünfundfünfzigsten Lebensjahr durch Gesetz oder auf Grund eines Gesetzes zu derartigen Dienstleistungen herangezogen werden. [2]Sie dürfen auf keinen Fall zum Dienst mit der Waffe verpflichtet werden.

(5) [1]Für die Zeit vor dem Verteidigungsfalle können Verpflichtungen nach Absatz 3 nur nach Maßgabe des Artikels 80a Abs. 1 begründet werden. [2]Zur Vorbereitung auf Dienstleistungen nach Absatz 3, für die besondere Kenntnisse oder Fertigkeiten erforderlich sind, kann durch Gesetz oder auf Grund eines

[1)] Zum Begriff des „Deutschen" siehe Art. 116 Abs. 1.
[2)] Siehe hierzu ua §§ 25 ff. WehrpflichtG idF der Bek. v. 15.8.2011 (BGBl. I S. 1730), zuletzt geänd. durch G v. 28.6.2021 (BGBl. I S. 2250) und das ArbeitssicherstellungsG v. 9.7.1968 (BGBl. I S. 787), zuletzt geänd. durch G v. 23.6.2021 (BGBl. I S. 1858).
[3)] Bezeichnung ab 1.7.2005: „Bundespolizei".
[4)] Siehe das KriegsdienstverweigerungsG v. 9.8.2003 (BGBl. I S. 1593), zuletzt geänd. durch G v. 28.4.2011 (BGBl. I S. 687) und das ZivildienstG idF der Bek. v. 17.5.2005 (BGBl. I S. 1346, ber. S. 2301), zuletzt geänd. durch G v. 12.12.2019 (BGBl. I S. 2652).

Gesetzes die Teilnahme an Ausbildungsveranstaltungen zur Pflicht gemacht werden. ³Satz 1 findet insoweit keine Anwendung.

(6) ¹Kann im Verteidigungsfalle der Bedarf an Arbeitskräften für die in Absatz 3 Satz 2 genannten Bereiche auf freiwilliger Grundlage nicht gedeckt werden, so kann zur Sicherung dieses Bedarfs die Freiheit der Deutschen[1], die Ausübung eines Berufs oder den Arbeitsplatz aufzugeben, durch Gesetz oder auf Grund eines Gesetzes eingeschränkt werden. ²Vor Eintritt des Verteidigungsfalles gilt Absatz 5 Satz 1 entsprechend.

Art. 13 [Unverletzlichkeit der Wohnung] (1) Die Wohnung ist unverletzlich.

(2) Durchsuchungen dürfen nur durch den Richter, bei Gefahr im Verzuge auch durch die in den Gesetzen vorgesehenen anderen Organe angeordnet und nur in der dort vorgeschriebenen Form durchgeführt werden.

(3) ¹Begründen bestimmte Tatsachen den Verdacht, daß jemand eine durch Gesetz einzeln bestimmte besonders schwere Straftat begangen hat, so dürfen zur Verfolgung der Tat auf Grund richterlicher Anordnung technische Mittel zur akustischen Überwachung von Wohnungen, in denen der Beschuldigte sich vermutlich aufhält, eingesetzt werden, wenn die Erforschung des Sachverhalts auf andere Weise unverhältnismäßig erschwert oder aussichtslos wäre. ²Die Maßnahme ist zu befristen. ³Die Anordnung erfolgt durch einen mit drei Richtern besetzten Spruchkörper. ⁴Bei Gefahr im Verzug kann sie auch durch einen einzelnen Richter getroffen werden.

(4) ¹Zur Abwehr dringender Gefahren für die öffentliche Sicherheit, insbesondere einer gemeinen Gefahr oder einer Lebensgefahr, dürfen technische Mittel zur Überwachung von Wohnungen nur auf Grund richterlicher Anordnung eingesetzt werden. ²Bei Gefahr im Verzuge kann die Maßnahme auch durch eine andere gesetzlich bestimmte Stelle angeordnet werden; eine richterliche Entscheidung ist unverzüglich nachzuholen.

(5) ¹Sind technische Mittel ausschließlich zum Schutze der bei einem Einsatz in Wohnungen tätigen Personen vorgesehen, kann die Maßnahme durch eine gesetzlich bestimmte Stelle angeordnet werden. ²Eine anderweitige Verwertung der hierbei erlangten Erkenntnisse ist nur zum Zwecke der Strafverfolgung oder der Gefahrenabwehr und nur zulässig, wenn zuvor die Rechtmäßigkeit der Maßnahme richterlich festgestellt ist; bei Gefahr im Verzuge ist die richterliche Entscheidung unverzüglich nachzuholen.

(6) ¹Die Bundesregierung unterrichtet den Bundestag jährlich über den nach Absatz 3 sowie über den im Zuständigkeitsbereich des Bundes nach Absatz 4 und, soweit richterlich überprüfungsbedürftig, nach Absatz 5 erfolgten Einsatz technischer Mittel. ²Ein vom Bundestag gewähltes Gremium übt auf der Grundlage dieses Berichts die parlamentarische Kontrolle aus. ³Die Länder gewährleisten eine gleichwertige parlamentarische Kontrolle.

(7) Eingriffe und Beschränkungen dürfen im übrigen nur zur Abwehr einer gemeinen Gefahr oder einer Lebensgefahr für einzelne Personen, auf Grund eines Gesetzes[2] auch zur Verhütung dringender Gefahren für die öffentliche Sicherheit und Ordnung, insbesondere zur Behebung der Raumnot, zur Be-

[1] Zum Begriff des „Deutschen" siehe Art. 116 Abs. 1.
[2] Siehe ua das JugendschutzG v. 23.7.2002 (BGBl. I S. 2730), zuletzt geänd. durch G v. 9.4.2021 (BGBl. I S. 742), das Lebensmittel- und Futtermittelgesetzbuch idF der Bek. v. 15.9.2021 (BGBl. I →

Grundgesetz **Art. 14–16a GG 1**

kämpfung von Seuchengefahr oder zum Schutze gefährdeter Jugendlicher vorgenommen werden.

Art. 14 [Eigentum, Erbrecht und Enteignung] (1) ¹Das Eigentum und das Erbrecht werden gewährleistet. ²Inhalt und Schranken werden durch die Gesetze bestimmt.

(2) ¹Eigentum verpflichtet. ²Sein Gebrauch soll zugleich dem Wohle der Allgemeinheit dienen.

(3) ¹Eine Enteignung ist nur zum Wohle der Allgemeinheit zulässig. ²Sie darf nur durch Gesetz oder auf Grund eines Gesetzes erfolgen, das Art und Ausmaß der Entschädigung regelt. ³Die Entschädigung ist unter gerechter Abwägung der Interessen der Allgemeinheit und der Beteiligten zu bestimmen. ⁴Wegen der Höhe der Entschädigung steht im Streitfalle der Rechtsweg vor den ordentlichen Gerichten offen.

Art. 15 [Sozialisierung, Überführung in Gemeineigentum] ¹Grund und Boden, Naturschätze und Produktionsmittel können zum Zwecke der Vergesellschaftung durch ein Gesetz, das Art und Ausmaß der Entschädigung regelt, in Gemeineigentum oder in andere Formen der Gemeinwirtschaft überführt werden. ²Für die Entschädigung gilt Artikel 14 Abs. 3 Satz 3 und 4 entsprechend.

Art. 16 [Ausbürgerung, Auslieferung] (1) ¹Die deutsche Staatsangehörigkeit darf nicht entzogen werden.[1] ²Der Verlust der Staatsangehörigkeit darf nur auf Grund eines Gesetzes und gegen den Willen des Betroffenen nur dann eintreten, wenn der Betroffene dadurch nicht staatenlos wird.[2]

(2) ¹Kein Deutscher[3] darf an das Ausland ausgeliefert werden.[4] ²Durch Gesetz[5] kann eine abweichende Regelung für Auslieferungen an einen Mitgliedstaat der Europäischen Union oder an einen internationalen Gerichtshof getroffen werden, soweit rechtsstaatliche Grundsätze gewahrt sind.

Art. 16a [Asylrecht] (1) Politisch Verfolgte genießen Asylrecht.

(2) ¹Auf Absatz 1 kann sich nicht berufen, wer aus einem Mitgliedstaat der Europäischen Gemeinschaften oder aus einem anderen Drittstaat einreist, in dem die Anwendung des Abkommens über die Rechtsstellung der Flüchtlinge und der Konvention zum Schutze der Menschenrechte und Grundfreiheiten[6] sichergestellt ist. ²Die Staaten außerhalb der Europäischen Gemeinschaften, auf die die Voraussetzungen des Satzes 1 zutreffen, werden durch Gesetz, das der Zustimmung des Bundesrates bedarf, bestimmt. ³In den Fällen des Satzes 1

(Fortsetzung der Anm. von voriger Seite)
S. 4253) und das InfektionsschutzG v. 20.7.2000 (BGBl. I S. 1045), zuletzt geänd. durch G v. 10.9.2021 (BGBl. I S. 4147).
[1] Siehe das StaatsangehörigkeitsG v. 22.7.1913 (RGBl. S. 583), zuletzt geänd. durch G v. 12.8.2021 (BGBl. I S. 3538).
[2] Zur Wiedererlangung verlorener deutscher Staatsangehörigkeit siehe Art. 116 Abs. 2.
[3] Zum Begriff des „Deutschen" siehe Art. 116 Abs. 1.
[4] Siehe hierzu das G über die internationale Rechtshilfe in Strafsachen idF der Bek. v. 27.6.1994 (BGBl. I S. 1537), zuletzt geänd. durch G v. 23.11.2020 (BGBl. I S. 2474).
[5] Siehe das G zu dem Übereinkommen vom 27.9.1996 über die Auslieferung zwischen den Mitgliedstaaten der EU v. 7.9.1998 (BGBl. II S. 2253).
[6] Nr. 3.

können aufenthaltsbeendende Maßnahmen unabhängig von einem hiergegen eingelegten Rechtsbehelf vollzogen werden.

(3) [1]Durch Gesetz[1]), das der Zustimmung des Bundesrates bedarf, können Staaten bestimmt werden, bei denen auf Grund der Rechtslage, der Rechtsanwendung und der allgemeinen politischen Verhältnisse gewährleistet erscheint, daß dort weder politische Verfolgung noch unmenschliche oder erniedrigende Bestrafung oder Behandlung stattfindet. [2]Es wird vermutet, daß ein Ausländer aus einem solchen Staat nicht verfolgt wird, solange er nicht Tatsachen vorträgt, die die Annahme begründen, daß er entgegen dieser Vermutung politisch verfolgt wird.

(4) [1]Die Vollziehung aufenthaltsbeendender Maßnahmen wird in den Fällen des Absatzes 3 und in anderen Fällen, die offensichtlich unbegründet sind oder als offensichtlich unbegründet gelten, durch das Gericht nur ausgesetzt, wenn ernstliche Zweifel an der Rechtmäßigkeit der Maßnahme bestehen; der Prüfungsumfang kann eingeschränkt werden und verspätetes Vorbringen unberücksichtigt bleiben. [2]Das Nähere ist durch Gesetz zu bestimmen.

(5) Die Absätze 1 bis 4 stehen völkerrechtlichen Verträgen von Mitgliedstaaten der Europäischen Gemeinschaften untereinander und mit dritten Staaten nicht entgegen, die unter Beachtung der Verpflichtungen aus dem Abkommen über die Rechtsstellung der Flüchtlinge und der Konvention zum Schutze der Menschenrechte und Grundfreiheiten, deren Anwendung in den Vertragsstaaten sichergestellt sein muß, Zuständigkeitsregelungen für die Prüfung von Asylbegehren einschließlich der gegenseitigen Anerkennung von Asylentscheidungen treffen.

Art. 17 [Petitionsrecht] Jedermann hat das Recht, sich einzeln oder in Gemeinschaft mit anderen schriftlich mit Bitten oder Beschwerden an die zuständigen Stellen und an die Volksvertretung zu wenden.

Art. 17a [Grundrechtseinschränkungen bei Wehr- und Ersatzdienst]

(1) Gesetze über Wehrdienst[2]) und Ersatzdienst[3]) können bestimmen, daß für die Angehörigen der Streitkräfte und des Ersatzdienstes während der Zeit des Wehr- oder Ersatzdienstes das Grundrecht, seine Meinung in Wort, Schrift und Bild frei zu äußern und zu verbreiten (Artikel 5 Abs. 1 Satz 1 erster Halbsatz), das Grundrecht der Versammlungsfreiheit (Artikel 8) und das Petitionsrecht (Artikel 17), soweit es das Recht gewährt, Bitten oder Beschwerden in Gemeinschaft mit anderen vorzubringen, eingeschränkt werden.

(2) Gesetze, die der Verteidigung einschließlich des Schutzes der Zivilbevölkerung dienen, können bestimmen, daß die Grundrechte der Freizügigkeit (Artikel 11) und der Unverletzlichkeit der Wohnung (Artikel 13) eingeschränkt werden.

[1]) Siehe das Asylgesetz idF der Bek. v. 2.9.2008 (BGBl. I S. 1798), zuletzt geänd. durch G v. 9.7.2021 (BGBl. I S. 2467).
[2]) Siehe das WehrpflichtG idF der Bek. v. 15.8.2011 (BGBl. I S. 1730), zuletzt geänd. durch G v. 28.6.2021 (BGBl. I S. 2250).
[3]) Siehe das ZivildienstG idF der Bek. v. 17.5.2005 (BGBl. I S. 1346, ber. S. 2301), zuletzt geänd. durch G v. 12.12.2019 (BGBl. I S. 2652).

Grundgesetz **Art. 18–20a GG 1**

Art. 18[1] **[Verwirkung von Grundrechten]** [1] Wer die Freiheit der Meinungsäußerung, insbesondere die Pressefreiheit (Artikel 5 Abs. 1), die Lehrfreiheit (Artikel 5 Abs. 3), die Versammlungsfreiheit (Artikel 8), die Vereinigungsfreiheit (Artikel 9), das Brief-, Post- und Fernmeldegeheimnis (Artikel 10), das Eigentum (Artikel 14) oder das Asylrecht (Artikel 16a) zum Kampfe gegen die freiheitliche demokratische Grundordnung mißbraucht, verwirkt diese Grundrechte. [2] Die Verwirkung und ihr Ausmaß werden durch das Bundesverfassungsgericht ausgesprochen.

Art. 19 [Einschränkung von Grundrechten; Grundrechtsträger; Rechtsschutz] (1) [1] Soweit nach diesem Grundgesetz ein Grundrecht durch Gesetz oder auf Grund eines Gesetzes eingeschränkt werden kann, muß das Gesetz allgemein und nicht nur für den Einzelfall gelten. [2] Außerdem muß das Gesetz das Grundrecht unter Angabe des Artikels nennen.

(2) In keinem Falle darf ein Grundrecht in seinem Wesensgehalt angetastet werden.

(3) Die Grundrechte gelten auch für inländische juristische Personen, soweit sie ihrem Wesen nach auf diese anwendbar sind.

(4) [1] Wird jemand durch die öffentliche Gewalt in seinen Rechten verletzt, so steht ihm der Rechtsweg offen. [2] Soweit eine andere Zuständigkeit nicht begründet ist, ist der ordentliche Rechtsweg gegeben.[2] [3] Artikel 10 Abs. 2 Satz 2 bleibt unberührt.

II. Der Bund und die Länder

Art. 20[3] **[Bundesstaatliche Verfassung; Widerstandsrecht]** (1) Die Bundesrepublik Deutschland ist ein demokratischer und sozialer Bundesstaat.

(2) [1] Alle Staatsgewalt geht vom Volke aus. [2] Sie wird vom Volke in Wahlen und Abstimmungen[4] und durch besondere Organe der Gesetzgebung, der vollziehenden Gewalt und der Rechtsprechung ausgeübt.

(3) Die Gesetzgebung ist an die verfassungsmäßige Ordnung, die vollziehende Gewalt und die Rechtsprechung sind an Gesetz und Recht gebunden.[5]

(4) Gegen jeden, der es unternimmt, diese Ordnung zu beseitigen, haben alle Deutschen[6] das Recht zum Widerstand, wenn andere Abhilfe nicht möglich ist.

Art. 20a [Schutz der natürlichen Lebensgrundlagen] Der Staat schützt auch in Verantwortung für die künftigen Generationen die natürlichen Lebensgrundlagen und die Tiere im Rahmen der verfassungsmäßigen Ordnung durch die Gesetzgebung und nach Maßgabe von Gesetz und Recht durch die vollziehende Gewalt und die Rechtsprechung.

[1] Siehe hierzu § 13 Nr. 1 und §§ 36 ff. BundesverfassungsgerichtsG (Nr. 9); zum Verwirkungsverfahren gegen Abgeordnete siehe Art. 46 Abs. 3.
[2] Zur Schadensersatzpflicht des Staates bei Amtspflichtverletzungen siehe Art. 34.
[3] Zur Unzulässigkeit der Änderung des Art. 20 siehe Art. 79 Abs. 3.
[4] Zu Wahlen siehe Art. 28 und 38, zu Abstimmungen siehe Art. 29 und 118.
[5] Siehe hierzu Art. 1 Abs. 3.
[6] Zum Begriff des „Deutschen" siehe Art. 116 Abs. 1.

Art. 21 [Parteien] (1) ¹Die Parteien wirken bei der politischen Willensbildung des Volkes mit. ²Ihre Gründung ist frei. ³Ihre innere Ordnung muß demokratischen Grundsätzen entsprechen. ⁴Sie müssen über die Herkunft und Verwendung ihrer Mittel sowie über ihr Vermögen öffentlich Rechenschaft geben.

(2)[1]) Parteien, die nach ihren Zielen oder nach dem Verhalten ihrer Anhänger darauf ausgehen, die freiheitliche demokratische Grundordnung zu beeinträchtigen oder zu beseitigen oder den Bestand der Bundesrepublik Deutschland zu gefährden, sind verfassungswidrig.

(3) ¹Parteien, die nach ihren Zielen oder dem Verhalten ihrer Anhänger darauf ausgerichtet sind, die freiheitliche demokratische Grundordnung zu beeinträchtigen oder zu beseitigen oder den Bestand der Bundesrepublik Deutschland zu gefährden, sind von staatlicher Finanzierung ausgeschlossen. ²Wird der Ausschluss festgestellt, so entfällt auch eine steuerliche Begünstigung dieser Parteien und von Zuwendungen an diese Parteien.

(4) Über die Frage der Verfassungswidrigkeit nach Absatz 2 sowie über den Ausschluss von staatlicher Finanzierung nach Absatz 3 entscheidet das Bundesverfassungsgericht.

(5) Das Nähere regeln Bundesgesetze.[2])

Art. 22 [Bundeshauptstadt, Bundesflagge] (1) ¹Die Hauptstadt der Bundesrepublik Deutschland ist Berlin. ²Die Repräsentation des Gesamtstaates in der Hauptstadt ist Aufgabe des Bundes. ³Das Nähere wird durch Bundesgesetz geregelt.

(2) Die Bundesflagge ist schwarz-rot-gold.[3])

Art. 23 [Verwirklichung der Europäischen Union; Beteiligung des Bundesrates, der Bundesregierung] (1) ¹Zur Verwirklichung eines vereinten Europas wirkt die Bundesrepublik Deutschland bei der Entwicklung der Europäischen Union mit, die demokratischen, rechtsstaatlichen, sozialen und föderativen Grundsätzen und dem Grundsatz der Subsidiarität verpflichtet ist und einen diesem Grundgesetz im wesentlichen vergleichbaren Grundrechtsschutz gewährleistet. ²Der Bund kann hierzu durch Gesetz mit Zustimmung des Bundesrates Hoheitsrechte übertragen. ³Für die Begründung der Europäischen Union sowie für Änderungen ihrer vertraglichen Grundlagen und vergleichbare Regelungen, durch die dieses Grundgesetz seinem Inhalt nach geändert oder ergänzt wird oder solche Änderungen oder Ergänzungen ermöglicht werden, gilt Artikel 79 Abs. 2 und 3.

(1a) ¹Der Bundestag und der Bundesrat haben das Recht, wegen Verstoßes eines Gesetzgebungsakts der Europäischen Union gegen das Subsidiaritätsprinzip vor dem Gerichtshof der Europäischen Union Klage zu erheben. ²Der Bundestag ist hierzu auf Antrag eines Viertels seiner Mitglieder verpflichtet.

¹) Siehe hierzu § 13 Nr. 2 und §§ 43 ff. BundesverfassungsgerichtsG (Nr. **9**).
²) Siehe ua das ParteienG (Nr. **10**)
³) Siehe hierzu die AnO über die deutschen Flaggen v. 13.11.1996 (BGBl. I S. 1729), geänd. durch AO v. 22.11.2005 (BGBl. I S. 3181), das FlaggenrechtsG idF der Bek. v. 26.10.1994 (BGBl. I S. 3140), zuletzt geänd. durch G v. 10.8.2021 (BGBl. I S. 3436), die Bek. betr. das Bundeswappen und den Bundesadler v. 20.1.1950 (BGBl. I S. 26), den Erl. über die Dienstsiegel v. 20.1.1950 (BGBl. I S. 26) und den Erl. über die Amtsschilder der Bundesbehörden v. 25.9.1951 (BGBl. I S. 927), geänd. durch Erlass v. 8.6.2021 (BAnz AT 17.06.2021 B2).

Grundgesetz **Art. 24 GG 1**

³ Durch Gesetz, das der Zustimmung des Bundesrates bedarf, können für die Wahrnehmung der Rechte, die dem Bundestag und dem Bundesrat in den vertraglichen Grundlagen der Europäischen Union eingeräumt sind, Ausnahmen von Artikel 42 Abs. 2 Satz 1 und Artikel 52 Abs. 3 Satz 1 zugelassen werden.

(2) ¹ In Angelegenheiten der Europäischen Union wirken der Bundestag und durch den Bundesrat die Länder mit. ² Die Bundesregierung hat den Bundestag und den Bundesrat umfassend und zum frühestmöglichen Zeitpunkt zu unterrichten.

(3) ¹ Die Bundesregierung gibt dem Bundestag Gelegenheit zur Stellungnahme vor ihrer Mitwirkung an Rechtsetzungsakten der Europäischen Union. ² Die Bundesregierung berücksichtigt die Stellungnahmen des Bundestages bei den Verhandlungen. ³ Das Nähere regelt ein Gesetz.[1]

(4) Der Bundesrat ist an der Willensbildung des Bundes zu beteiligen, soweit er an einer entsprechenden innerstaatlichen Maßnahme mitzuwirken hätte oder soweit die Länder innerstaatlich zuständig wären.

(5) ¹ Soweit in einem Bereich ausschließlicher Zuständigkeiten des Bundes Interessen der Länder berührt sind oder soweit im übrigen der Bund das Recht zur Gesetzgebung hat, berücksichtigt die Bundesregierung die Stellungnahme des Bundesrates. ² Wenn im Schwerpunkt Gesetzgebungsbefugnisse der Länder, die Einrichtung ihrer Behörden oder ihre Verwaltungsverfahren betroffen sind, ist bei der Willensbildung des Bundes insoweit die Auffassung des Bundesrates maßgeblich zu berücksichtigen; dabei ist die gesamtstaatliche Verantwortung des Bundes zu wahren. ³ In Angelegenheiten, die zu Ausgabenerhöhungen oder Einnahmeminderungen für den Bund führen können, ist die Zustimmung der Bundesregierung erforderlich.

(6) ¹ Wenn im Schwerpunkt ausschließliche Gesetzgebungsbefugnisse der Länder auf den Gebieten der schulischen Bildung, der Kultur oder des Rundfunks betroffen sind, wird die Wahrnehmung der Rechte, die der Bundesrepublik Deutschland als Mitgliedstaat der Europäischen Union zustehen, vom Bund auf einen vom Bundesrat benannten Vertreter der Länder übertragen. ² Die Wahrnehmung der Rechte erfolgt unter Beteiligung und in Abstimmung mit der Bundesregierung; dabei ist die gesamtstaatliche Verantwortung des Bundes zu wahren.

(7) Das Nähere zu den Absätzen 4 bis 6 regelt ein Gesetz[2], das der Zustimmung des Bundesrates bedarf.

Art. 24 [Übertragung von Hoheitsrechten; kollektives Sicherheitssystem; internationale Schiedsgerichtsbarkeit]

(1) Der Bund kann durch Gesetz Hoheitsrechte auf zwischenstaatliche Einrichtungen übertragen.

(1a) Soweit die Länder für die Ausübung der staatlichen Befugnisse und die Erfüllung der staatlichen Aufgaben zuständig sind, können sie mit Zustimmung der Bundesregierung Hoheitsrechte auf grenznachbarschaftliche Einrichtungen übertragen.

[1] Siehe das G über die Zusammenarbeit von Bundesregierung und Deutschem Bundestag in Angelegenheiten der EU (EUZBBG) v. 4.7.2013 (BGBl. I S. 2170).
[2] Siehe das G über die Zusammenarbeit von Bund und Ländern in Angelegenheiten der EU v. 12.3.1993 (BGBl. I S. 313), zuletzt geänd. durch G v. 22.9.2009 (BGBl. I S. 3031).

(2) Der Bund kann sich zur Wahrung des Friedens einem System gegenseitiger kollektiver Sicherheit einordnen; er wird hierbei in die Beschränkungen seiner Hoheitsrechte einwilligen, die eine friedliche und dauerhafte Ordnung in Europa und zwischen den Völkern der Welt herbeiführen und sichern.

(3) Zur Regelung zwischenstaatlicher Streitigkeiten wird der Bund Vereinbarungen über eine allgemeine, umfassende, obligatorische, internationale Schiedsgerichtsbarkeit beitreten.

Art. 25 [Allgemeines Völkerrecht als Bestandteil des Bundesrechts]
[1] Die allgemeinen Regeln des Völkerrechtes sind Bestandteil des Bundesrechtes.[1]) [2] Sie gehen den Gesetzen vor und erzeugen Rechte und Pflichten unmittelbar für die Bewohner des Bundesgebietes.

Art. 26 [Verbot des Angriffskrieges] (1) [1] Handlungen, die geeignet sind und in der Absicht vorgenommen werden, das friedliche Zusammenleben der Völker zu stören, insbesondere die Führung eines Angriffskrieges vorzubereiten, sind verfassungswidrig. [2] Sie sind unter Strafe zu stellen.

(2) [1] Zur Kriegführung bestimmte Waffen dürfen nur mit Genehmigung der Bundesregierung hergestellt, befördert und in Verkehr gebracht werden. [2] Das Nähere regelt ein Bundesgesetz.[2])

Art. 27 [Handelsflotte] Alle deutschen Kauffahrteischiffe bilden eine einheitliche Handelsflotte.

Art. 28 [Verfassung der Länder] (1) [1] Die verfassungsmäßige Ordnung in den Ländern muß den Grundsätzen des republikanischen, demokratischen und sozialen Rechtsstaates im Sinne dieses Grundgesetzes entsprechen. [2] In den Ländern, Kreisen und Gemeinden muß das Volk eine Vertretung haben, die aus allgemeinen, unmittelbaren, freien, gleichen und geheimen Wahlen hervorgegangen ist. [3] Bei Wahlen in Kreisen und Gemeinden sind auch Personen, die die Staatsangehörigkeit eines Mitgliedstaates der Europäischen Gemeinschaft besitzen, nach Maßgabe von Recht der Europäischen Gemeinschaft wahlberechtigt und wählbar. [4] In Gemeinden kann an die Stelle einer gewählten Körperschaft die Gemeindeversammlung treten.

(2) [1] Den Gemeinden muß das Recht gewährleistet sein, alle Angelegenheiten der örtlichen Gemeinschaft im Rahmen der Gesetze in eigener Verantwortung zu regeln. [2] Auch die Gemeindeverbände haben im Rahmen ihres gesetzlichen Aufgabenbereiches nach Maßgabe der Gesetze das Recht der Selbstverwaltung. [3] Die Gewährleistung der Selbstverwaltung umfaßt auch die Grundlagen der finanziellen Eigenverantwortung; zu diesen Grundlagen gehört eine den Gemeinden mit Hebesatzrecht zustehende wirtschaftskraftbezogene Steuerquelle.

(3) Der Bund gewährleistet, daß die verfassungsmäßige Ordnung der Länder den Grundrechten und den Bestimmungen der Absätze 1 und 2 entspricht.

Art. 29 [Neugliederung des Bundesgebietes] (1) [1] Das Bundesgebiet kann neu gegliedert werden, um zu gewährleisten, daß die Länder nach Größe und

[1]) Siehe hierzu auch Art. 100 Abs. 2.
[2]) Siehe das G über die Kontrolle von Kriegswaffen idF der Bek. v. 22.11.1990 (BGBl. I S. 2506), zuletzt geänd. durch G v. 2.6.2021 (BGBl. I S. 1275).

Grundgesetz **Art. 29 GG 1**

Leistungsfähigkeit die ihnen obliegenden Aufgaben wirksam erfüllen können. ²Dabei sind die landsmannschaftliche Verbundenheit, die geschichtlichen und kulturellen Zusammenhänge, die wirtschaftliche Zweckmäßigkeit sowie die Erfordernisse der Raumordnung und der Landesplanung zu berücksichtigen.

(2) ¹Maßnahmen zur Neugliederung des Bundesgebietes ergehen durch Bundesgesetz, das der Bestätigung durch Volksentscheid bedarf. ²Die betroffenen Länder sind zu hören.

(3) ¹Der Volksentscheid findet in den Ländern statt, aus deren Gebieten oder Gebietsteilen ein neues oder neu umgrenztes Land gebildet werden soll (betroffene Länder). ²Abzustimmen ist über die Frage, ob die betroffenen Länder wie bisher bestehenbleiben sollen oder ob das neue oder neu umgrenzte Land gebildet werden soll. ³Der Volksentscheid für die Bildung eines neuen oder neu umgrenzten Landes kommt zustande, wenn in dessen künftigem Gebiet und insgesamt in den Gebieten oder Gebietsteilen eines betroffenen Landes, deren Landeszugehörigkeit im gleichen Sinne geändert werden soll, jeweils eine Mehrheit der Änderung zustimmt. ⁴Er kommt nicht zustande, wenn im Gebiet eines der betroffenen Länder eine Mehrheit die Änderung ablehnt; die Ablehnung ist jedoch unbeachtlich, wenn in einem Gebietsteil, dessen Zugehörigkeit zu dem betroffenen Land geändert werden soll, eine Mehrheit von zwei Dritteln der Änderung zustimmt, es sei denn, daß im Gesamtgebiet des betroffenen Landes eine Mehrheit von zwei Dritteln die Änderung ablehnt.

(4) Wird in einem zusammenhängenden, abgegrenzten Siedlungs- und Wirtschaftsraum, dessen Teile in mehreren Ländern liegen und der mindestens eine Million Einwohner hat, von einem Zehntel der in ihm zum Bundestag Wahlberechtigten durch Volksbegehren gefordert, daß für diesen Raum eine einheitliche Landeszugehörigkeit herbeigeführt werde, so ist durch Bundesgesetz innerhalb von zwei Jahren entweder zu bestimmen, ob die Landeszugehörigkeit gemäß Absatz 2 geändert wird, oder daß in den betroffenen Ländern eine Volksbefragung stattfindet.

(5) ¹Die Volksbefragung ist darauf gerichtet festzustellen, ob eine in dem Gesetz vorzuschlagende Änderung der Landeszugehörigkeit Zustimmung findet. ²Das Gesetz kann verschiedene, jedoch nicht mehr als zwei Vorschläge der Volksbefragung vorlegen. ³Stimmt eine Mehrheit einer vorgeschlagenen Änderung der Landeszugehörigkeit zu, so ist durch Bundesgesetz innerhalb von zwei Jahren zu bestimmen, ob die Landeszugehörigkeit gemäß Absatz 2 geändert wird. ⁴Findet ein der Volksbefragung vorgelegter Vorschlag eine den Maßgaben des Absatzes 3 Satz 3 und 4 entsprechende Zustimmung, so ist innerhalb von zwei Jahren nach der Durchführung der Volksbefragung ein Bundesgesetz zur Bildung des vorgeschlagenen Landes zu erlassen, das der Bestätigung durch Volksentscheid nicht mehr bedarf.

(6) ¹Mehrheit im Volksentscheid und in der Volksbefragung ist die Mehrheit der abgegebenen Stimmen, wenn sie mindestens ein Viertel der zum Bundestag Wahlberechtigten umfaßt. ²Im übrigen wird das Nähere über Volksentscheid, Volksbegehren und Volksbefragung durch ein Bundesgesetz[1] geregelt; dieses kann auch vorsehen, daß Volksbegehren innerhalb eines Zeitraumes von fünf Jahren nicht wiederholt werden können.

[1] Siehe das G über das Verfahren bei Volksentscheid, Volksbegehren und Volksbefragung v. 30.7.1979 (BGBl. I S. 1317), geänd. durch VO v. 19.6.2020 (BGBl. I S. 1328) und die NeugliederungsdurchführungsVO v. 12.11.1984 (BGBl. I S. 1342), geänd. durch VO v. 19.6.2020 (BGBl. I S. 1328).

1 GG Art. 30–33 Grundgesetz

(7) ¹Sonstige Änderungen des Gebietsbestandes der Länder können durch Staatsverträge der beteiligten Länder oder durch Bundesgesetz mit Zustimmung des Bundesrates erfolgen, wenn das Gebiet, dessen Landeszugehörigkeit geändert werden soll, nicht mehr als 50 000 Einwohner hat. ²Das Nähere regelt ein Bundesgesetz[1], das der Zustimmung des Bundesrates und der Mehrheit[2] der Mitglieder des Bundestages bedarf. ³Es muß die Anhörung der betroffenen Gemeinden und Kreise vorsehen.

(8) ¹Die Länder können eine Neugliederung für das jeweils von ihnen umfaßte Gebiet oder für Teilgebiete abweichend von den Vorschriften der Absätze 2 bis 7 durch Staatsvertrag regeln. ²Die betroffenen Gemeinden und Kreise sind zu hören. ³Der Staatsvertrag bedarf der Bestätigung durch Volksentscheid in jedem beteiligten Land. ⁴Betrifft der Staatsvertrag Teilgebiete der Länder, kann die Bestätigung auf Volksentscheide in diesen Teilgebieten beschränkt werden; Satz 5 zweiter Halbsatz findet keine Anwendung. ⁵Bei einem Volksentscheid entscheidet die Mehrheit der abgegebenen Stimmen, wenn sie mindestens ein Viertel der zum Bundestag Wahlberechtigten umfaßt; das Nähere regelt ein Bundesgesetz. ⁶Der Staatsvertrag bedarf der Zustimmung des Bundestages.

Art. 30 [Funktionen der Länder] Die Ausübung der staatlichen Befugnisse und die Erfüllung der staatlichen Aufgaben ist Sache der Länder, soweit dieses Grundgesetz keine andere Regelung trifft oder zuläßt.[3]

Art. 31 [Vorrang des Bundesrechts] Bundesrecht bricht Landesrecht.[4]

Art. 32 [Auswärtige Beziehungen] (1) Die Pflege der Beziehungen zu auswärtigen Staaten ist Sache des Bundes.[5]

(2) Vor dem Abschlusse eines Vertrages, der die besonderen Verhältnisse eines Landes berührt, ist das Land rechtzeitig zu hören.

(3) Soweit die Länder für die Gesetzgebung zuständig sind, können sie mit Zustimmung der Bundesregierung mit auswärtigen Staaten Verträge abschließen.

Art. 33 [Staatsbürgerliche Rechte] (1) Jeder Deutsche[6] hat in jedem Lande die gleichen staatsbürgerlichen Rechte und Pflichten.

(2) Jeder Deutsche[6] hat nach seiner Eignung, Befähigung und fachlichen Leistung gleichen Zugang zu jedem öffentlichen Amte.

(3) ¹Der Genuß bürgerlicher und staatsbürgerlicher Rechte, die Zulassung zu öffentlichen Ämtern sowie die im öffentlichen Dienste erworbenen Rechte sind unabhängig von dem religiösen Bekenntnis. ²Niemandem darf aus seiner

[1] Siehe das G über das Verfahren bei sonstigen Änderungen des Gebietsbestandes der Länder v. 30.7.1979 (BGBl. I S. 1325), geänd. durch VO v. 19.6.2020 (BGBl. I S. 1328).
[2] Zum Begriff der Mehrheit siehe Art. 121.
[3] Zur Ausführung der Bundesgesetze durch die Länder siehe Art. 83–85.
[4] Gem. Art. 142 bleiben mit den Art. 1–18 übereinstimmende Grundrechtsbestimmungen in Landesverfassungen in Kraft.
[5] Zur Fortgeltung der vom Deutschen Reich abgeschlossenen Verträge siehe Art. 123.
[6] Zum Begriff des „Deutschen" siehe Art. 116 Abs. 1.

Grundgesetz **Art. 34, 35 GG 1**

Zugehörigkeit oder Nichtzugehörigkeit zu einem Bekenntnisse oder einer Weltanschauung ein Nachteil erwachsen.[1]

(4) Die Ausübung hoheitsrechtlicher Befugnisse ist als ständige Aufgabe in der Regel Angehörigen des öffentlichen Dienstes zu übertragen, die in einem öffentlich-rechtlichen Dienst- und Treueverhältnis stehen.

(5)[2] Das Recht des öffentlichen Dienstes ist unter Berücksichtigung der hergebrachten Grundsätze des Berufsbeamtentums zu regeln und fortzuentwickeln.

Art. 34[3] **[Haftung bei Amtspflichtverletzung]** [1] Verletzt jemand in Ausübung eines ihm anvertrauten öffentlichen Amtes die ihm einem Dritten gegenüber obliegende Amtspflicht, so trifft die Verantwortlichkeit grundsätzlich den Staat oder die Körperschaft, in deren Dienst er steht. [2] Bei Vorsatz oder grober Fahrlässigkeit bleibt der Rückgriff vorbehalten. [3] Für den Anspruch auf Schadensersatz und für den Rückgriff darf der ordentliche Rechtsweg nicht ausgeschlossen werden.

Art. 35 [Rechts- und Amtshilfe] (1) Alle Behörden des Bundes und der Länder leisten sich gegenseitig Rechts- und Amtshilfe.

(2) [1] Zur Aufrechterhaltung oder Wiederherstellung der öffentlichen Sicherheit oder Ordnung kann ein Land in Fällen von besonderer Bedeutung Kräfte und Einrichtungen des Bundesgrenzschutzes[4] zur Unterstützung seiner Polizei anfordern, wenn die Polizei ohne diese Unterstützung eine Aufgabe nicht oder nur unter erheblichen Schwierigkeiten erfüllen könnte. [2] Zur Hilfe bei einer Naturkatastrophe oder bei einem besonders schweren Unglücksfall kann ein Land Polizeikräfte anderer Länder, Kräfte und Einrichtungen anderer Verwaltungen sowie des Bundesgrenzschutzes[4] und der Streitkräfte anfordern.

(3) [1] Gefährdet die Naturkatastrophe oder der Unglücksfall das Gebiet mehr als eines Landes, so kann die Bundesregierung, soweit es zur wirksamen Bekämpfung erforderlich ist, den Landesregierungen die Weisung erteilen, Polizeikräfte anderen Ländern zur Verfügung zu stellen, sowie Einheiten des Bundesgrenzschutzes[4] und der Streitkräfte zur Unterstützung der Polizeikräfte einsetzen. [2] Maßnahmen der Bundesregierung nach Satz 1 sind jederzeit auf Verlangen des Bundesrates, im übrigen unverzüglich nach Beseitigung der Gefahr aufzuheben.

[1] Siehe hierzu auch Art. 3 GG und Art. 136 Abs. 3 WRV, wiedergegeben im Anschluss an Art. 146.
[2] Siehe hierzu ua das BeamtenstatusG v. 17.6.2008 (BGBl. I S. 1010), zuletzt geänd. durch G v. 28.6.2021 (BGBl. I S. 2250), das BeamtenrechtsrahmenG idF der Bek. v. 31.3.1999 (BGBl. I S. 654), zuletzt geänd. durch G v. 23.5.2017 (BGBl. I S. 1228), das BundesbeamtenG v. 5.2.2009 (BGBl. I S. 160), zuletzt geänd. durch G v. 28.6.2021 (BGBl. I S. 2250), das BundesdisziplinarG v. 9.7.2001 (BGBl. I S. 1510), zuletzt geänd. durch VO v. 19.6.2020 (BGBl. I S. 1328), das BeamtenversorgungsG idF der Bek. v. 24.2.2010 (BGBl. I S. 150), zuletzt geänd. durch G v. 20.8.2021 (BGBl. I S. 3932) und das SoldatenG idF der Bek. v. 30.5.2005 (BGBl. I S. 1482), zuletzt geänd. durch G v. 20.8.2021 (BGBl. I S. 3932).
[3] Siehe hierzu ua § 75 BundesbeamtenG v. 5.2.2009 (BGBl. I S. 160), zuletzt geänd. durch G v. 28.6.2021 (BGBl. I S. 2250), § 24 SoldatenG idF der Bek. v. 30.5.2005 (BGBl. I S. 1482), zuletzt geänd. durch G v. 20.8.2021 (BGBl. I S. 3932) und das G über die Haftung des Reichs für seine Beamten v. 22.5.1910 (RGBl. S. 798), zuletzt geänd. durch G v. 28.7.1993 (BGBl. I S. 1394).
[4] Bezeichnung ab 1.7.2005: „Bundespolizei".

Art. 36 [Beamte der Bundesbehörden] (1) ¹Bei den obersten Bundesbehörden sind Beamte aus allen Ländern in angemessenem Verhältnis zu verwenden. ²Die bei den übrigen Bundesbehörden beschäftigten Personen sollen in der Regel aus dem Lande genommen werden, in dem sie tätig sind.

(2) Die Wehrgesetze haben auch die Gliederung des Bundes in Länder und ihre besonderen landsmannschaftlichen Verhältnisse zu berücksichtigen.

Art. 37 [Bundeszwang] (1) Wenn ein Land die ihm nach dem Grundgesetze oder einem anderen Bundesgesetze obliegenden Bundespflichten nicht erfüllt, kann die Bundesregierung mit Zustimmung des Bundesrates die notwendigen Maßnahmen treffen, um das Land im Wege des Bundeszwanges zur Erfüllung seiner Pflichten anzuhalten.

(2) Zur Durchführung des Bundeszwanges hat die Bundesregierung oder ihr Beauftragter das Weisungsrecht gegenüber allen Ländern und ihren Behörden.

III. Der Bundestag

Art. 38 [Wahl] (1) ¹Die Abgeordneten des Deutschen Bundestages werden in allgemeiner, unmittelbarer, freier, gleicher und geheimer Wahl gewählt. ²Sie sind Vertreter des ganzen Volkes, an Aufträge und Weisungen nicht gebunden und nur ihrem Gewissen unterworfen.

(2) Wahlberechtigt ist, wer das achtzehnte Lebensjahr vollendet hat; wählbar ist, wer das Alter erreicht hat, mit dem die Volljährigkeit eintritt.

(3) Das Nähere bestimmt ein Bundesgesetz.[1]

Art. 39 [Zusammentritt und Wahlperiode] (1) ¹Der Bundestag wird vorbehaltlich der nachfolgenden Bestimmungen auf vier Jahre gewählt. ²Seine Wahlperiode endet mit dem Zusammentritt eines neuen Bundestages. ³Die Neuwahl findet frühestens sechsundvierzig, spätestens achtundvierzig Monate nach Beginn der Wahlperiode statt. ⁴Im Falle einer Auflösung des Bundestages findet die Neuwahl innerhalb von sechzig Tagen statt.

(2) Der Bundestag tritt spätestens am dreißigsten Tage nach der Wahl zusammen.

(3) ¹Der Bundestag bestimmt den Schluß und den Wiederbeginn seiner Sitzungen. ²Der Präsident des Bundestages kann ihn früher einberufen. ³Er ist hierzu verpflichtet, wenn ein Drittel der Mitglieder, der Bundespräsident oder der Bundeskanzler es verlangen.

Art. 40 [Präsident; Geschäftsordnung] (1) ¹Der Bundestag wählt seinen Präsidenten, dessen Stellvertreter und die Schriftführer. ²Er gibt sich eine Geschäftsordnung.[2]

(2) ¹Der Präsident übt das Hausrecht und die Polizeigewalt im Gebäude des Bundestages aus. ²Ohne seine Genehmigung darf in den Räumen des Bundestages keine Durchsuchung oder Beschlagnahme stattfinden.

[1] Siehe hierzu ua das BundeswahlG idF der Bek. v. 23.7.1993 (BGBl. I S. 1288, ber. S. 1594), zuletzt geänd. durch G v. 3.6.2021 (BGBl. I S. 1482), die BundeswahlO idF der Bek. v. 19.4.2002 (BGBl. I S. 1376), zuletzt geänd. durch VO v. 19.6.2020 (BGBl. I S. 1328) und die BundeswahlgeräteVO v. 3.9.1975 (BGBl. I S. 2459), zuletzt geänd. durch Entsch. v. 3.3.2009 (BGBl. I S. 525).
[2] Siehe die GeschäftsO des Deutschen Bundestages idF der Bek. v. 2.7.1980 (BGBl. I S. 1237), zuletzt geänd. durch Geschäftsordnung v. 24.6.2021 (BGBl. I S. 2868).

Grundgesetz Art. 41–45 GG 1

Art. 41 [Wahlprüfung] (1) ¹Die Wahlprüfung ist Sache des Bundestages. ²Er entscheidet auch, ob ein Abgeordneter des Bundestages die Mitgliedschaft verloren hat.[1]

(2)[2] Gegen die Entscheidung des Bundestages ist die Beschwerde an das Bundesverfassungsgericht zulässig.

(3) Das Nähere regelt ein Bundesgesetz.[3]

Art. 42 [Öffentlichkeit der Sitzungen; Mehrheitsprinzip] (1) ¹Der Bundestag verhandelt öffentlich. ²Auf Antrag eines Zehntels seiner Mitglieder oder auf Antrag der Bundesregierung kann mit Zweidrittelmehrheit die Öffentlichkeit ausgeschlossen werden. ³Über den Antrag wird in nichtöffentlicher Sitzung entschieden.

(2) ¹Zu einem Beschlusse des Bundestages ist die Mehrheit der abgegebenen Stimmen erforderlich, soweit dieses Grundgesetz nichts anderes bestimmt. ²Für die vom Bundestage vorzunehmenden Wahlen kann die Geschäftsordnung Ausnahmen zulassen.

(3) Wahrheitsgetreue Berichte über die öffentlichen Sitzungen des Bundestages und seiner Ausschüsse bleiben von jeder Verantwortlichkeit frei.

Art. 43 [Anwesenheit der Bundesregierung] (1) Der Bundestag und seine Ausschüsse können die Anwesenheit jedes Mitgliedes der Bundesregierung verlangen.

(2) ¹Die Mitglieder des Bundesrates und der Bundesregierung sowie ihre Beauftragten haben zu allen Sitzungen des Bundestages und seiner Ausschüsse Zutritt. ²Sie müssen jederzeit gehört werden.

Art. 44 [Untersuchungsausschüsse] (1) ¹Der Bundestag hat das Recht und auf Antrag eines Viertels seiner Mitglieder die Pflicht, einen Untersuchungsausschuß einzusetzen, der in öffentlicher Verhandlung die erforderlichen Beweise erhebt. ²Die Öffentlichkeit kann ausgeschlossen werden.

(2) ¹Auf Beweiserhebungen finden die Vorschriften über den Strafprozeß sinngemäß Anwendung. ²Das Brief-, Post- und Fernmeldegeheimnis[4] bleibt unberührt.

(3) Gerichte und Verwaltungsbehörden sind zur Rechts- und Amtshilfe verpflichtet.

(4) ¹Die Beschlüsse der Untersuchungsausschüsse sind der richterlichen Erörterung entzogen. ²In der Würdigung und Beurteilung des der Untersuchung zugrunde liegenden Sachverhaltes sind die Gerichte frei.

Art. 45 [Ausschuss für die Angelegenheiten der Europäischen Union]
¹Der Bundestag bestellt einen Ausschuß für die Angelegenheiten der Europäischen Union. ²Er kann ihn ermächtigen, die Rechte des Bundestages gemäß Artikel 23 gegenüber der Bundesregierung wahrzunehmen. ³Er kann ihn auch

[1] Siehe §§ 46, 47 BundeswahlG idF der Bek. v. 23.7.1993 (BGBl. I S. 1288, ber. S. 1594), zuletzt geänd. durch G v. 3.6.2021 (BGBl. I S. 1482).
[2] Siehe § 13 Nr. 3 und § 48 BundesverfassungsgerichtsG (Nr. **9**).
[3] Siehe das WahlprüfungsG v. 12.3.1951 (BGBl. I S. 166), zuletzt geänd. durch VO v. 19.6.2020 (BGBl. I S. 1328).
[4] Siehe Art. 10.

ermächtigen, die Rechte wahrzunehmen, die dem Bundestag in den vertraglichen Grundlagen der Europäischen Union eingeräumt sind.

Art. 45a [Ausschüsse für auswärtige Angelegenheiten und für Verteidigung] (1) Der Bundestag bestellt einen Ausschuß für auswärtige Angelegenheiten und einen Ausschuß für Verteidigung.

(2) ¹Der Ausschuß für Verteidigung hat auch die Rechte eines Untersuchungsausschusses. ²Auf Antrag eines Viertels seiner Mitglieder hat er die Pflicht, eine Angelegenheit zum Gegenstand seiner Untersuchung zu machen.

(3) Artikel 44 Abs. 1 findet auf dem Gebiet der Verteidigung keine Anwendung.

Art. 45b [Wehrbeauftragter des Bundestages] ¹Zum Schutz der Grundrechte und als Hilfsorgan des Bundestages bei der Ausübung der parlamentarischen Kontrolle wird ein Wehrbeauftragter des Bundestages berufen. ²Das Nähere regelt ein Bundesgesetz.[1]

Art. 45c [Petitionsausschuss des Bundestages] (1) Der Bundestag bestellt einen Petitionsausschuß, dem die Behandlung der nach Artikel 17 an den Bundestag gerichteten Bitten und Beschwerden obliegt.

(2) Die Befugnisse des Ausschusses zur Überprüfung von Beschwerden regelt ein Bundesgesetz[2].

Art. 45d Parlamentarisches Kontrollgremium. (1) Der Bundestag bestellt ein Gremium zur Kontrolle der nachrichtendienstlichen Tätigkeit des Bundes.

(2) Das Nähere regelt ein Bundesgesetz.

Art. 46 [Indemnität und Immunität der Abgeordneten] (1) ¹Ein Abgeordneter darf zu keiner Zeit wegen seiner Abstimmung oder wegen einer Äußerung, die er im Bundestage oder in einem seiner Ausschüsse getan hat, gerichtlich oder dienstlich verfolgt oder sonst außerhalb des Bundestages zur Verantwortung gezogen werden. ²Dies gilt nicht für verleumderische Beleidigungen.

(2) Wegen einer mit Strafe bedrohten Handlung darf ein Abgeordneter nur mit Genehmigung des Bundestages zur Verantwortung gezogen oder verhaftet werden, es sei denn, daß er bei Begehung der Tat oder im Laufe des folgenden Tages festgenommen wird.

(3) Die Genehmigung des Bundestages ist ferner bei jeder anderen Beschränkung der persönlichen Freiheit eines Abgeordneten oder zur Einleitung eines Verfahrens gegen einen Abgeordneten gemäß Artikel 18 erforderlich.

(4) Jedes Strafverfahren und jedes Verfahren gemäß Artikel 18 gegen einen Abgeordneten, jede Haft und jede sonstige Beschränkung seiner persönlichen Freiheit sind auf Verlangen des Bundestages auszusetzen.

Art. 47 [Zeugnisverweigerungsrecht der Abgeordneten] ¹Die Abgeordneten sind berechtigt, über Personen, die ihnen in ihrer Eigenschaft als Abge-

[1] Siehe das G über den Wehrbeauftragten des Deutschen Bundestages idF der Bek. v. 16.6.1982 (BGBl. I S. 677), zuletzt geänd. durch G v. 5.2.2009 (BGBl. I S. 160).
[2] Siehe das G über die Befugnisse des Petitionsausschusses des Deutschen Bundestages (Nr. **11**).

Grundgesetz **Art. 48–52 GG 1**

ordnete oder denen sie in dieser Eigenschaft Tatsachen anvertraut haben, sowie über diese Tatsachen selbst das Zeugnis zu verweigern. ²Soweit dieses Zeugnisverweigerungsrecht reicht, ist die Beschlagnahme von Schriftstücken unzulässig.

Art. 48 [Ansprüche der Abgeordneten] (1) Wer sich um einen Sitz im Bundestage bewirbt, hat Anspruch auf den zur Vorbereitung seiner Wahl erforderlichen Urlaub.

(2) ¹Niemand darf gehindert werden, das Amt eines Abgeordneten zu übernehmen und auszuüben. ²Eine Kündigung oder Entlassung aus diesem Grunde ist unzulässig.[1)]

(3) ¹Die Abgeordneten haben Anspruch auf eine angemessene, ihre Unabhängigkeit sichernde Entschädigung. ²Sie haben das Recht der freien Benutzung aller staatlichen Verkehrsmittel. ³Das Nähere regelt ein Bundesgesetz.[2)]

Art. 49 *(aufgehoben)*

IV. Der Bundesrat

Art. 50 [Aufgabe] Durch den Bundesrat wirken die Länder bei der Gesetzgebung und Verwaltung des Bundes und in Angelegenheiten der Europäischen Union mit.

Art. 51 [Zusammensetzung] (1) ¹Der Bundesrat besteht aus Mitgliedern der Regierungen der Länder, die sie bestellen und abberufen. ²Sie können durch andere Mitglieder ihrer Regierungen vertreten werden.

(2) Jedes Land hat mindestens drei Stimmen, Länder mit mehr als zwei Millionen Einwohnern haben vier, Länder mit mehr als sechs Millionen Einwohnern fünf, Länder mit mehr als sieben Millionen Einwohnern sechs Stimmen.

(3) ¹Jedes Land kann so viele Mitglieder entsenden, wie es Stimmen hat. ²Die Stimmen eines Landes können nur einheitlich und nur durch anwesende Mitglieder oder deren Vertreter abgegeben werden.

Art. 52 [Präsident; Beschlussfassung; Bildung einer Europakammer]

(1) Der Bundesrat wählt seinen Präsidenten auf ein Jahr.

(2) ¹Der Präsident beruft den Bundesrat ein. ²Er hat ihn einzuberufen, wenn die Vertreter von mindestens zwei Ländern oder die Bundesregierung es verlangen.

(3) ¹Der Bundesrat faßt seine Beschlüsse mit mindestens der Mehrheit seiner Stimmen. ²Er gibt sich eine Geschäftsordnung.[3)] ³Er verhandelt öffentlich. ⁴Die Öffentlichkeit kann ausgeschlossen werden.

[1)] Zur Beschränkung der Wählbarkeit von Beamten, Richtern usw siehe Art. 137 Abs. 1.
[2)] Siehe das AbgeordnetenG idF der Bek. v. 21.2.1996 (BGBl. I S. 326), zuletzt geänd. durch G v. 9.4.2021 (BGBl. I S. 741).
[3)] Siehe die GeschäftsO des Bundesrates idF der Bek. v. 26.11.1993 (BGBl. I S. 2007), zuletzt geänd. durch Geschäftsordnung v. 26.3.2021 (BGBl. I S. 797).

(3a) Für Angelegenheiten der Europäischen Union kann der Bundesrat eine Europakammer bilden[1], deren Beschlüsse als Beschlüsse des Bundesrates gelten; die Anzahl der einheitlich abzugebenden Stimmen der Länder bestimmt sich nach Artikel 51 Abs. 2.

(4) Den Ausschüssen des Bundesrates können andere Mitglieder oder Beauftragte der Regierungen der Länder angehören.

Art. 53 [Teilnahme der Bundesregierung] ¹Die Mitglieder der Bundesregierung haben das Recht und auf Verlangen die Pflicht, an den Verhandlungen des Bundesrates und seiner Ausschüsse teilzunehmen. ²Sie müssen jederzeit gehört werden. ³Der Bundesrat ist von der Bundesregierung über die Führung der Geschäfte auf dem laufenden zu halten.

IVa. Gemeinsamer Ausschuß

Art. 53a [Gemeinsamer Ausschuss] (1) ¹Der Gemeinsame Ausschuß besteht zu zwei Dritteln aus Abgeordneten des Bundestages, zu einem Drittel aus Mitgliedern des Bundesrates. ²Die Abgeordneten werden vom Bundestage entsprechend dem Stärkeverhältnis der Fraktionen bestimmt; sie dürfen nicht der Bundesregierung angehören. ³Jedes Land wird durch ein von ihm bestelltes Mitglied des Bundesrates vertreten; diese Mitglieder sind nicht an Weisungen gebunden. ⁴Die Bildung des Gemeinsamen Ausschusses und sein Verfahren werden durch eine Geschäftsordnung[2] geregelt, die vom Bundestage zu beschließen ist und der Zustimmung des Bundesrates bedarf.

(2) ¹Die Bundesregierung hat den Gemeinsamen Ausschuß über ihre Planungen für den Verteidigungsfall zu unterrichten. ²Die Rechte des Bundestages und seiner Ausschüsse nach Artikel 43 Abs. 1 bleiben unberührt.

V. Der Bundespräsident[3]

Art. 54 [Wahl durch die Bundesversammlung] (1) ¹Der Bundespräsident wird ohne Aussprache von der Bundesversammlung gewählt. ²Wählbar ist jeder Deutsche[4], der das Wahlrecht zum Bundestage besitzt und das vierzigste Lebensjahr vollendet hat.

(2) ¹Das Amt des Bundespräsidenten dauert fünf Jahre. ²Anschließende Wiederwahl ist nur einmal zulässig.

(3) Die Bundesversammlung besteht aus den Mitgliedern des Bundestages und einer gleichen Anzahl von Mitgliedern, die von den Volksvertretungen der Länder nach den Grundsätzen der Verhältniswahl gewählt werden.

(4) ¹Die Bundesversammlung tritt spätestens dreißig Tage vor Ablauf der Amtszeit des Bundespräsidenten, bei vorzeitiger Beendigung spätestens dreißig

[1] Siehe hierzu §§ 45b ff. der Geschäftsordnung des Bundesrates idF der Bek. v. 26.11.1993 (BGBl. I S. 2007), zuletzt geänd. durch Geschäftsordnung v. 26.3.2021 (BGBl. I S. 797).

[2] Siehe die GeschäftsO für den Gemeinsamen Ausschuss v. 23.7.1969 (BGBl. I S. 1102), zuletzt geänd. durch Bek. v. 20.7.1993 (BGBl. I S. 1500).

[3] Siehe hierzu das G über die Wahl des Bundespräsidenten durch die Bundesversammlung v. 25.4.1959 (BGBl. I S. 230), zuletzt geänd. durch G v. 12.7.2007 (BGBl. I S. 1326) und das G über die Ruhebezüge des Bundespräsidenten v. 17.6.1953 (BGBl. I S. 406), zuletzt geänd. durch G v. 5.2.2009 (BGBl. I S. 160).

[4] Zum Begriff des „Deutschen" siehe Art. 116 Abs. 1.

Grundgesetz **Art. 55–59 GG 1**

Tage nach diesem Zeitpunkt zusammen. ²Sie wird von dem Präsidenten des Bundestages einberufen.

(5) Nach Ablauf der Wahlperiode beginnt die Frist des Absatzes 4 Satz 1 mit dem ersten Zusammentritt des Bundestages.

(6) ¹Gewählt ist, wer die Stimmen der Mehrheit[1] der Mitglieder der Bundesversammlung erhält. ²Wird diese Mehrheit in zwei Wahlgängen von keinem Bewerber erreicht, so ist gewählt, wer in einem weiteren Wahlgang die meisten Stimmen auf sich vereinigt.

(7) Das Nähere regelt ein Bundesgesetz.[2]

Art. 55 [Berufs- und Gewerbeverbot] (1) Der Bundespräsident darf weder der Regierung noch einer gesetzgebenden Körperschaft des Bundes oder eines Landes angehören.

(2) Der Bundespräsident darf kein anderes besoldetes Amt, kein Gewerbe und keinen Beruf ausüben und weder der Leitung noch dem Aufsichtsrate eines auf Erwerb gerichteten Unternehmens angehören.

Art. 56 [Amtseid] ¹Der Bundespräsident leistet bei seinem Amtsantritt vor den versammelten Mitgliedern des Bundestages und des Bundesrates folgenden Eid:

„Ich schwöre, daß ich meine Kraft dem Wohle des deutschen Volkes widmen, seinen Nutzen mehren, Schaden von ihm wenden, das Grundgesetz und die Gesetze des Bundes wahren und verteidigen, meine Pflichten gewissenhaft erfüllen und Gerechtigkeit gegen jedermann üben werde. So wahr mir Gott helfe."

²Der Eid kann auch ohne religiöse Beteuerung geleistet werden.

Art. 57 [Vertretung] Die Befugnisse des Bundespräsidenten werden im Falle seiner Verhinderung oder bei vorzeitiger Erledigung des Amtes durch den Präsidenten des Bundesrates wahrgenommen.

Art. 58 [Gegenzeichnung] ¹Anordnungen und Verfügungen des Bundespräsidenten bedürfen zu ihrer Gültigkeit der Gegenzeichnung durch den Bundeskanzler oder durch den zuständigen Bundesminister. ²Dies gilt nicht für die Ernennung und Entlassung des Bundeskanzlers, die Auflösung des Bundestages gemäß Artikel 63 und das Ersuchen gemäß Artikel 69 Abs. 3.

Art. 59 [Völkerrechtliche Vertretungsmacht] (1) ¹Der Bundespräsident vertritt den Bund völkerrechtlich. ²Er schließt im Namen des Bundes die Verträge mit auswärtigen Staaten.[3] ³Er beglaubigt und empfängt die Gesandten.

(2) ¹Verträge, welche die politischen Beziehungen des Bundes regeln oder sich auf Gegenstände der Bundesgesetzgebung beziehen, bedürfen der Zustimmung oder der Mitwirkung der jeweils für die Bundesgesetzgebung zuständi-

[1] Zum Begriff der Mehrheit siehe Art. 121.
[2] Siehe das G über die Wahl des Bundespräsidenten durch die Bundesversammlung v. 25.4.1959 (BGBl. I S. 230), zuletzt geänd. durch G v. 12.7.2007 (BGBl. I S. 1326).
[3] Zu Verträgen, die die besonderen Verhältnisse eines Landes berühren, siehe Art. 32 Abs. 2; zum Recht der Länder, Verträge mit auswärtigen Staaten abzuschließen, siehe Art. 32 Abs. 3.

gen Körperschaften in der Form eines Bundesgesetzes. ²Für Verwaltungsabkommen gelten die Vorschriften über die Bundesverwaltung entsprechend.

Art. 59a *(aufgehoben)*

Art. 60 [Ernennung der Bundesrichter, Bundesbeamten und Soldaten; Begnadigungsrecht] (1)[1] Der Bundespräsident ernennt und entläßt die Bundesrichter, die Bundesbeamten, die Offiziere und Unteroffiziere, soweit gesetzlich nichts anderes bestimmt ist.

(2)[2] Er übt im Einzelfalle für den Bund das Begnadigungsrecht aus.

(3) Er kann diese Befugnisse auf andere Behörden übertragen.

(4) Die Absätze 2 bis 4 des Artikels 46 finden auf den Bundespräsidenten entsprechende Anwendung.

Art. 61[3] **[Anklage vor dem Bundesverfassungsgericht]** (1) ¹Der Bundestag oder der Bundesrat können den Bundespräsidenten wegen vorsätzlicher Verletzung des Grundgesetzes oder eines anderen Bundesgesetzes vor dem Bundesverfassungsgericht anklagen. ²Der Antrag auf Erhebung der Anklage muß von mindestens einem Viertel der Mitglieder des Bundestages oder einem Viertel der Stimmen des Bundesrates gestellt werden. ³Der Beschluß auf Erhebung der Anklage bedarf der Mehrheit von zwei Dritteln der Mitglieder des Bundestages oder von zwei Dritteln der Stimmen des Bundesrates. ⁴Die Anklage wird von einem Beauftragten der anklagenden Körperschaft vertreten.

(2) ¹Stellt das Bundesverfassungsgericht fest, daß der Bundespräsident einer vorsätzlichen Verletzung des Grundgesetzes oder eines anderen Bundesgesetzes schuldig ist, so kann es ihn des Amtes für verlustig erklären. ²Durch einstweilige Anordnung kann es nach der Erhebung der Anklage bestimmen, daß er an der Ausübung seines Amtes verhindert ist.

VI. Die Bundesregierung

Art. 62 [Zusammensetzung] Die Bundesregierung besteht aus dem Bundeskanzler und aus den Bundesministern.[4]

Art. 63 [Wahl des Bundeskanzlers] (1) Der Bundeskanzler wird auf Vorschlag des Bundespräsidenten vom Bundestage ohne Aussprache gewählt.

(2) ¹Gewählt ist, wer die Stimmen der Mehrheit[5] der Mitglieder des Bundestages auf sich vereinigt. ²Der Gewählte ist vom Bundespräsidenten zu ernennen.

[1] Siehe hierzu die AnO des Bundespräsidenten über die Ernennung und Entlassung der Beamtinnen, Beamten, Richterinnen und Richter des Bundes v. 23.6.2004 (BGBl. I S. 1286) und die AnO des Bundespräsidenten über die Ernennung und Entlassung der Soldaten v. 10.7.1969 (BGBl. I S. 775), zuletzt geänd. durch AnO v. 17.3.1972 (BGBl. I S. 499).

[2] Siehe hierzu die AnO des Bundespräsidenten über die Ausübung des Begnadigungsrechts des Bundes v. 5.10.1965 (BGBl. I S. 1573), zuletzt geänd. durch AnO v. 3.11.1970 (BGBl. I S. 1513).

[3] Siehe hierzu § 13 Nr. 4 und §§ 49 ff. BundesverfassungsgerichtsG (Nr. **9**).

[4] Siehe auch das G über die Rechtsverhältnisse der Parlamentarischen Staatssekretäre v. 24.7.1974 (BGBl. I S. 1538), zuletzt geänd. durch G v. 17.7.2015 (BGBl. I S. 1322).

[5] Zum Begriff der Mehrheit siehe Art. 121.

Grundgesetz **Art. 64–67 GG 1**

(3) Wird der Vorgeschlagene nicht gewählt, so kann der Bundestag binnen vierzehn Tagen nach dem Wahlgange mit mehr als der Hälfte seiner Mitglieder einen Bundeskanzler wählen.

(4) ¹Kommt eine Wahl innerhalb dieser Frist nicht zustande, so findet unverzüglich ein neuer Wahlgang statt, in dem gewählt ist, wer die meisten Stimmen erhält. ²Vereinigt der Gewählte die Stimmen der Mehrheit[1] der Mitglieder des Bundestages auf sich, so muß der Bundespräsident ihn binnen sieben Tagen nach der Wahl ernennen. ³Erreicht der Gewählte diese Mehrheit nicht, so hat der Bundespräsident binnen sieben Tagen entweder ihn zu ernennen oder den Bundestag aufzulösen.

Art. 64 [Ernennung der Bundesminister] (1) Die Bundesminister[2] werden auf Vorschlag des Bundeskanzlers vom Bundespräsidenten ernannt und entlassen.

(2) Der Bundeskanzler und die Bundesminister leisten bei der Amtsübernahme vor dem Bundestage den in Artikel 56 vorgesehenen Eid.

Art. 65 [Verantwortung] ¹Der Bundeskanzler bestimmt die Richtlinien der Politik und trägt dafür die Verantwortung. ²Innerhalb dieser Richtlinien leitet jeder Bundesminister seinen Geschäftsbereich selbständig und unter eigener Verantwortung. ³Über Meinungsverschiedenheiten zwischen den Bundesministern entscheidet die Bundesregierung. ⁴Der Bundeskanzler leitet ihre Geschäfte nach einer von der Bundesregierung beschlossenen und vom Bundespräsidenten genehmigten Geschäftsordnung.[3]

Art. 65a [Befehls- und Kommandogewalt über die Streitkräfte]

(1)[4] Der Bundesminister für Verteidigung hat die Befehls- und Kommandogewalt über die Streitkräfte.

(2)[4]

Art. 66[5] **[Berufs- und Gewerbeverbot]** Der Bundeskanzler und die Bundesminister dürfen kein anderes besoldetes Amt, kein Gewerbe und keinen Beruf ausüben und weder der Leitung noch ohne Zustimmung des Bundestages dem Aufsichtsrate eines auf Erwerb gerichteten Unternehmens angehören.

Art. 67 [Misstrauensvotum] (1) ¹Der Bundestag kann dem Bundeskanzler das Mißtrauen nur dadurch aussprechen, daß er mit der Mehrheit[1] seiner Mitglieder einen Nachfolger wählt und den Bundespräsidenten ersucht, den Bundeskanzler zu entlassen. ²Der Bundespräsident muß dem Ersuchen entsprechen und den Gewählten ernennen.

(2) Zwischen dem Antrage und der Wahl müssen achtundvierzig Stunden liegen.

[1] Zum Begriff der Mehrheit siehe Art. 121.
[2] Siehe hierzu das BundesministerG idF der Bek. v. 27.7.1971 (BGBl. I S. 1166), zuletzt geänd. durch VO v. 19.6.2020 (BGBl. I S. 1328).
[3] Siehe die GeschäftsO der Bundesregierung v. 11.5.1951 (GMBl S. 137, ber. 1976 S. 354), zuletzt geänd. durch Bek. v. 22.10.2002 (GMBl S. 848).
[4] Amtlicher Wortlaut gem. BGBl. III.
[5] Siehe hierzu auch das BundesministerG idF der Bek. v. 27.7.1971 (BGBl. I S. 1166), zuletzt geänd. durch VO v. 19.6.2020 (BGBl. I S. 1328).

Art. 68 [Auflösung des Bundestages] (1) [1] Findet ein Antrag des Bundeskanzlers, ihm das Vertrauen auszusprechen, nicht die Zustimmung der Mehrheit[1)] der Mitglieder des Bundestages, so kann der Bundespräsident auf Vorschlag des Bundeskanzlers binnen einundzwanzig Tagen den Bundestag auflösen. [2] Das Recht zur Auflösung erlischt, sobald der Bundestag mit der Mehrheit seiner Mitglieder einen anderen Bundeskanzler wählt.

(2) Zwischen dem Antrage und der Abstimmung müssen achtundvierzig Stunden liegen.

Art. 69 [Stellvertreter des Bundeskanzlers] (1) Der Bundeskanzler ernennt einen Bundesminister zu seinem Stellvertreter.

(2) Das Amt des Bundeskanzlers oder eines Bundesministers endigt in jedem Falle mit dem Zusammentritt eines neuen Bundestages, das Amt eines Bundesministers auch mit jeder anderen Erledigung des Amtes des Bundeskanzlers.

(3) Auf Ersuchen des Bundespräsidenten ist der Bundeskanzler, auf Ersuchen des Bundeskanzlers oder des Bundespräsidenten ein Bundesminister verpflichtet, die Geschäfte bis zur Ernennung seines Nachfolgers weiterzuführen.

VII. Die Gesetzgebung des Bundes

Art. 70 [Gesetzgebung des Bundes und der Länder] (1) Die Länder haben das Recht der Gesetzgebung, soweit dieses Grundgesetz nicht dem Bunde Gesetzgebungsbefugnisse verleiht.

(2) Die Abgrenzung der Zuständigkeit zwischen Bund und Ländern bemißt sich nach den Vorschriften dieses Grundgesetzes über die ausschließliche und die konkurrierende Gesetzgebung.

Art. 71 [Ausschließliche Gesetzgebung] Im Bereiche der ausschließlichen Gesetzgebung des Bundes haben die Länder die Befugnis zur Gesetzgebung nur, wenn und soweit sie hierzu in einem Bundesgesetze ausdrücklich ermächtigt werden.

Art. 72 [Konkurrierende Gesetzgebung] (1) Im Bereich der konkurrierenden Gesetzgebung haben die Länder die Befugnis zur Gesetzgebung, solange und soweit der Bund von seiner Gesetzgebungszuständigkeit nicht durch Gesetz Gebrauch gemacht hat.

(2) Auf den Gebieten des Artikels 74 Abs. 1 Nr. 4, 7, 11, 13, 15, 19a, 20, 22, 25 und 26 hat der Bund das Gesetzgebungsrecht, wenn und soweit die Herstellung gleichwertiger Lebensverhältnisse im Bundesgebiet oder die Wahrung der Rechts- oder Wirtschaftseinheit im gesamtstaatlichen Interesse eine bundesgesetzliche Regelung erforderlich macht.

(3) [1] Hat der Bund von seiner Gesetzgebungszuständigkeit Gebrauch gemacht, können die Länder durch Gesetz hiervon abweichende Regelungen treffen über:
1. das Jagdwesen (ohne das Recht der Jagdscheine);

[1)] Zum Begriff der Mehrheit siehe Art. 121.

Grundgesetz **Art. 73 GG 1**

2. den Naturschutz und die Landschaftspflege (ohne die allgemeinen Grundsätze des Naturschutzes, das Recht des Artenschutzes oder des Meeresnaturschutzes);
3. die Bodenverteilung;
4. die Raumordnung;
5. den Wasserhaushalt (ohne stoff- oder anlagenbezogene Regelungen);
6. die Hochschulzulassung und die Hochschulabschlüsse;
7. die Grundsteuer.

²Bundesgesetze auf diesen Gebieten treten frühestens sechs Monate nach ihrer Verkündung in Kraft, soweit nicht mit Zustimmung des Bundesrates anderes bestimmt ist. ³Auf den Gebieten des Satzes 1 geht im Verhältnis von Bundes- und Landesrecht das jeweils spätere Gesetz vor.

(4) Durch Bundesgesetz kann bestimmt werden, daß eine bundesgesetzliche Regelung, für die eine Erforderlichkeit im Sinne des Absatzes 2 nicht mehr besteht, durch Landesrecht ersetzt werden kann.

Art. 73 [Gegenstände der ausschließlichen Gesetzgebung] (1) Der Bund hat die ausschließliche Gesetzgebung[1]) über:

1. die auswärtigen Angelegenheiten sowie die Verteidigung einschließlich des Schutzes der Zivilbevölkerung;
2. die Staatsangehörigkeit im Bunde;
3. die Freizügigkeit, das Paßwesen, das Melde- und Ausweiswesen, die Ein- und Auswanderung und die Auslieferung;
4. das Währungs-, Geld- und Münzwesen, Maße und Gewichte sowie die Zeitbestimmung;
5. die Einheit des Zoll- und Handelsgebietes, die Handels- und Schiffahrtsverträge, die Freizügigkeit des Warenverkehrs und den Waren- und Zahlungsverkehr mit dem Auslande einschließlich des Zoll- und Grenzschutzes;
5a. den Schutz deutschen Kulturgutes gegen Abwanderung ins Ausland;
6. den Luftverkehr;
6a. den Verkehr von Eisenbahnen, die ganz oder mehrheitlich im Eigentum des Bundes stehen (Eisenbahnen des Bundes), den Bau, die Unterhaltung und das Betreiben von Schienenwegen der Eisenbahnen des Bundes sowie die Erhebung von Entgelten für die Benutzung dieser Schienenwege;
7. das Postwesen und die Telekommunikation;
8. die Rechtsverhältnisse der im Dienste des Bundes und der bundesunmittelbaren Körperschaften des öffentlichen Rechtes stehenden Personen;
9. den gewerblichen Rechtsschutz, das Urheberrecht und das Verlagsrecht;
9a. die Abwehr von Gefahren des internationalen Terrorismus durch das Bundeskriminalpolizeiamt in Fällen, in denen eine länderübergreifende Gefahr vorliegt, die Zuständigkeit einer Landespolizeibehörde nicht erkennbar ist oder die oberste Landesbehörde um eine Übernahme ersucht;
10. die Zusammenarbeit des Bundes und der Länder
 a) in der Kriminalpolizei,

[1]) Zur Gesetzgebungskompetenz auf dem Gebiet des Finanzwesens siehe Art. 104a–107.

b) zum Schutze der freiheitlichen demokratischen Grundordnung, des Bestandes und der Sicherheit des Bundes oder eines Landes (Verfassungsschutz) und

c) zum Schutze gegen Bestrebungen im Bundesgebiet, die durch Anwendung von Gewalt oder darauf gerichtete Vorbereitungshandlungen auswärtige Belange der Bundesrepublik Deutschland gefährden,

sowie die Einrichtung eines Bundeskriminalpolizeiamtes und die internationale Verbrechensbekämpfung;

11. die Statistik für Bundeszwecke;
12. das Waffen- und das Sprengstoffrecht;
13. die Versorgung der Kriegsbeschädigten und Kriegshinterbliebenen und die Fürsorge für die ehemaligen Kriegsgefangenen;
14. die Erzeugung und Nutzung der Kernenergie zu friedlichen Zwecken, die Errichtung und den Betrieb von Anlagen, die diesen Zwecken dienen, den Schutz gegen Gefahren, die bei Freiwerden von Kernenergie oder durch ionisierende Strahlen entstehen, und die Beseitigung radioaktiver Stoffe.

(2) Gesetze nach Absatz 1 Nr. 9a bedürfen der Zustimmung des Bundesrates.

Art. 74 [Gegenstände der konkurrierenden Gesetzgebung]

(1) Die konkurrierende Gesetzgebung[1] erstreckt sich auf folgende Gebiete:

1. das bürgerliche Recht, das Strafrecht, die Gerichtsverfassung, das gerichtliche Verfahren (ohne das Recht des Untersuchungshaftvollzugs), die Rechtsanwaltschaft, das Notariat und die Rechtsberatung;
2. das Personenstandswesen;
3. das Vereinsrecht;
4. das Aufenthalts- und Niederlassungsrecht der Ausländer;
4a. *(aufgehoben)*
5. *(aufgehoben)*
6. die Angelegenheiten der Flüchtlinge und Vertriebenen;
7. die öffentliche Fürsorge (ohne das Heimrecht);
8. *(aufgehoben)*
9. die Kriegsschäden und die Wiedergutmachung;
10. die Kriegsgräber und Gräber anderer Opfer des Krieges und Opfer von Gewaltherrschaft;
11. das Recht der Wirtschaft (Bergbau, Industrie, Energiewirtschaft, Handwerk, Gewerbe, Handel, Bank- und Börsenwesen, privatrechtliches Versicherungswesen) ohne das Recht des Ladenschlusses, der Gaststätten, der Spielhallen, der Schaustellung von Personen, der Messen, der Ausstellungen und der Märkte;
11a. *(aufgehoben)*
12. das Arbeitsrecht einschließlich der Betriebsverfassung, des Arbeitsschutzes und der Arbeitsvermittlung sowie die Sozialversicherung einschließlich der Arbeitslosenversicherung;
13. die Regelung der Ausbildungsbeihilfen und die Förderung der wissenschaftlichen Forschung;

[1] Zur Gesetzgebungskompetenz auf dem Gebiet des Finanzwesens siehe Art. 104a–107.

Grundgesetz Art. 74 GG 1

14. das Recht der Enteignung, soweit sie auf den Sachgebieten der Artikel 73 und 74 in Betracht kommt;
15. die Überführung von Grund und Boden, von Naturschätzen und Produktionsmitteln in Gemeineigentum oder in andere Formen der Gemeinwirtschaft;
16. die Verhütung des Mißbrauchs wirtschaftlicher Machtstellung;
17. die Förderung der land- und forstwirtschaftlichen Erzeugung (ohne das Recht der Flurbereinigung), die Sicherung der Ernährung, die Ein- und Ausfuhr land- und forstwirtschaftlicher Erzeugnisse, die Hochsee- und Küstenfischerei und den Küstenschutz;
18. den städtebaulichen Grundstücksverkehr, das Bodenrecht (ohne das Recht der Erschließungsbeiträge) und das Wohngeldrecht, das Altschuldenhilferecht, das Wohnungsbauprämienrecht, das Bergarbeiterwohnungsbaurecht und das Bergmannssiedlungsrecht;
19. Maßnahmen gegen gemeingefährliche oder übertragbare Krankheiten bei Menschen und Tieren, Zulassung zu ärztlichen und anderen Heilberufen und zum Heilgewerbe, sowie das Recht des Apothekenwesens, der Arzneien, der Medizinprodukte, der Heilmittel, der Betäubungsmittel und der Gifte;
19a. die wirtschaftliche Sicherung der Krankenhäuser und die Regelung der Krankenhauspflegesätze;
20. das Recht der Lebensmittel einschließlich der ihrer Gewinnung dienenden Tiere, das Recht der Genussmittel, Bedarfsgegenstände und Futtermittel sowie den Schutz beim Verkehr mit land- und forstwirtschaftlichem Saat- und Pflanzgut, den Schutz der Pflanzen gegen Krankheiten und Schädlinge sowie den Tierschutz;
21. die Hochsee- und Küstenschiffahrt sowie die Seezeichen, die Binnenschiffahrt, den Wetterdienst, die Seewasserstraßen und die dem allgemeinen Verkehr dienenden Binnenwasserstraßen;
22. den Straßenverkehr, das Kraftfahrwesen, den Bau und die Unterhaltung von Landstraßen für den Fernverkehr sowie die Erhebung und Verteilung von Gebühren oder Entgelten für die Benutzung öffentlicher Straßen mit Fahrzeugen;
23. die Schienenbahnen, die nicht Eisenbahnen des Bundes sind, mit Ausnahme der Bergbahnen;
24. die Abfallwirtschaft, die Luftreinhaltung und die Lärmbekämpfung (ohne Schutz vor verhaltensbezogenem Lärm);
25. die Staatshaftung;
26. die medizinisch unterstützte Erzeugung menschlichen Lebens, die Untersuchung und die künstliche Veränderung von Erbinformationen sowie Regelungen zur Transplantation von Organen, Geweben und Zellen;
27. die Statusrechte und -pflichten der Beamten der Länder, Gemeinden und anderen Körperschaften des öffentlichen Rechts sowie der Richter in den Ländern mit Ausnahme der Laufbahnen, Besoldung und Versorgung;
28. das Jagdwesen;
29. den Naturschutz und die Landschaftspflege;
30. die Bodenverteilung;
31. die Raumordnung;

32. den Wasserhaushalt;
33. die Hochschulzulassung und die Hochschulabschlüsse.

(2) Gesetze nach Absatz 1 Nr. 25 und 27 bedürfen der Zustimmung des Bundesrates.

Art. 74a *(aufgehoben)*

Art. 75 *(aufgehoben)*

Art. 76 [Gesetzesvorlagen] (1) Gesetzesvorlagen werden beim Bundestage durch die Bundesregierung, aus der Mitte des Bundestages oder durch den Bundesrat eingebracht.

(2) [1] Vorlagen der Bundesregierung sind zunächst dem Bundesrat zuzuleiten. [2] Der Bundesrat ist berechtigt, innerhalb von sechs Wochen zu diesen Vorlagen Stellung zu nehmen. [3] Verlangt er aus wichtigem Grunde, insbesondere mit Rücksicht auf den Umfang einer Vorlage, eine Fristverlängerung, so beträgt die Frist neun Wochen. [4] Die Bundesregierung kann eine Vorlage, die sie bei der Zuleitung an den Bundesrat ausnahmsweise als besonders eilbedürftig bezeichnet hat, nach drei Wochen oder, wenn der Bundesrat ein Verlangen nach Satz 3 geäußert hat, nach sechs Wochen dem Bundestag zuleiten, auch wenn die Stellungnahme des Bundesrates noch nicht bei ihr eingegangen ist; sie hat die Stellungnahme des Bundesrates unverzüglich nach Eingang dem Bundestag nachzureichen. [5] Bei Vorlagen zur Änderung dieses Grundgesetzes und zur Übertragung von Hoheitsrechten nach Artikel 23 oder Artikel 24 beträgt die Frist zur Stellungnahme neun Wochen; Satz 4 findet keine Anwendung.

(3) [1] Vorlagen des Bundesrates sind dem Bundestag durch die Bundesregierung innerhalb von sechs Wochen zuzuleiten. [2] Sie soll hierbei ihre Auffassung darlegen. [3] Verlangt sie aus wichtigem Grunde, insbesondere mit Rücksicht auf den Umfang einer Vorlage, eine Fristverlängerung, so beträgt die Frist neun Wochen. [4] Wenn der Bundesrat eine Vorlage ausnahmsweise als besonders eilbedürftig bezeichnet hat, beträgt die Frist drei Wochen oder, wenn die Bundesregierung ein Verlangen nach Satz 3 geäußert hat, sechs Wochen. [5] Bei Vorlagen zur Änderung dieses Grundgesetzes und zur Übertragung von Hoheitsrechten nach Artikel 23 oder Artikel 24 beträgt die Frist neun Wochen; Satz 4 findet keine Anwendung. [6] Der Bundestag hat über die Vorlagen in angemessener Frist zu beraten und Beschluß zu fassen.

Art. 77 [Verfahren bei Gesetzesbeschlüssen] (1) [1] Die Bundesgesetze werden vom Bundestage beschlossen. [2] Sie sind nach ihrer Annahme durch den Präsidenten des Bundestages unverzüglich dem Bundesrate zuzuleiten.

(2) [1] Der Bundesrat kann binnen drei Wochen nach Eingang des Gesetzesbeschlusses verlangen, daß ein aus Mitgliedern des Bundestages und des Bundesrates für die gemeinsame Beratung von Vorlagen gebildeter Ausschuß einberufen wird. [2] Die Zusammensetzung und das Verfahren dieses Ausschusses regelt eine Geschäftsordnung[1], die vom Bundestag beschlossen wird und der Zustimmung des Bundesrates bedarf. [3] Die in diesen Ausschuß entsandten Mitglieder des Bundesrates sind nicht an Weisungen gebunden. [4] Ist zu einem

[1] Siehe die Gemeinsame GeschäftsO des Bundestages und des Bundesrates für den Vermittlungsausschuss v. 5.5.1951 (BGBl. II S. 103), zuletzt geänd. durch Bek. v. 30.4.2003 (BGBl. I S. 677).

Gesetze die Zustimmung des Bundesrates erforderlich, so können auch der Bundestag und die Bundesregierung die Einberufung verlangen. ⁵ Schlägt der Ausschuß eine Änderung des Gesetzesbeschlusses vor, so hat der Bundestag erneut Beschluß zu fassen.

(2a) Soweit zu einem Gesetz die Zustimmung des Bundesrates erforderlich ist, hat der Bundesrat, wenn ein Verlangen nach Absatz 2 Satz 1 nicht gestellt oder das Vermittlungsverfahren ohne einen Vorschlag zur Änderung des Gesetzesbeschlusses beendet ist, in angemessener Frist über die Zustimmung Beschluß zu fassen.

(3) ¹ Soweit zu einem Gesetze die Zustimmung des Bundesrates nicht erforderlich ist, kann der Bundesrat, wenn das Verfahren nach Absatz 2 beendigt ist, gegen ein vom Bundestage beschlossenes Gesetz binnen zwei Wochen Einspruch einlegen. ² Die Einspruchsfrist beginnt im Falle des Absatzes 2 letzter Satz mit dem Eingange des vom Bundestage erneut gefaßten Beschlusses, in allen anderen Fällen mit dem Eingange der Mitteilung des Vorsitzenden des in Absatz 2 vorgesehenen Ausschusses, daß das Verfahren vor dem Ausschusse abgeschlossen ist.

(4) ¹ Wird der Einspruch mit der Mehrheit[1]) der Stimmen des Bundesrates beschlossen, so kann er durch Beschluß der Mehrheit der Mitglieder des Bundestages zurückgewiesen werden. ² Hat der Bundesrat den Einspruch mit einer Mehrheit von mindestens zwei Dritteln seiner Stimmen beschlossen, so bedarf die Zurückweisung durch den Bundestag einer Mehrheit von zwei Dritteln, mindestens der Mehrheit der Mitglieder des Bundestages.

Art. 78 [Zustandekommen von Bundesgesetzen] Ein vom Bundestage beschlossenes Gesetz kommt zustande, wenn der Bundesrat zustimmt, den Antrag gemäß Artikel 77 Abs. 2 nicht stellt, innerhalb der Frist des Artikels 77 Abs. 3 keinen Einspruch einlegt oder ihn zurücknimmt oder wenn der Einspruch vom Bundestage überstimmt wird.

Art. 79 [Änderungen des Grundgesetzes] (1) ¹ Das Grundgesetz kann nur durch ein Gesetz geändert werden, das den Wortlaut des Grundgesetzes ausdrücklich ändert oder ergänzt.[2]) ² Bei völkerrechtlichen Verträgen, die eine Friedensregelung, die Vorbereitung einer Friedensregelung oder den Abbau einer besatzungsrechtlichen Ordnung zum Gegenstand haben oder der Verteidigung der Bundesrepublik zu dienen bestimmt sind, genügt zur Klarstellung, daß die Bestimmungen des Grundgesetzes dem Abschluß und dem Inkraftsetzen der Verträge nicht entgegenstehen, eine Ergänzung des Wortlautes des Grundgesetzes, die sich auf diese Klarstellung beschränkt.

(2) Ein solches Gesetz bedarf der Zustimmung von zwei Dritteln der Mitglieder des Bundestages und zwei Dritteln der Stimmen des Bundesrates.

(3) Eine Änderung dieses Grundgesetzes, durch welche die Gliederung des Bundes in Länder, die grundsätzliche Mitwirkung der Länder bei der Gesetzgebung oder die in den Artikeln 1 und 20 niedergelegten Grundsätze berührt werden, ist unzulässig.

¹) Zum Begriff der Mehrheit siehe Art. 121.
²) Beachte hierzu auch Art. 81 Abs. 4.

Art. 80 [Erlass von Rechtsverordnungen] (1) ¹Durch Gesetz können die Bundesregierung, ein Bundesminister oder die Landesregierungen ermächtigt werden, Rechtsverordnungen zu erlassen.¹⁾ ²Dabei müssen Inhalt, Zweck und Ausmaß der erteilten Ermächtigung im Gesetze bestimmt werden. ³Die Rechtsgrundlage ist in der Verordnung anzugeben. ⁴Ist durch Gesetz vorgesehen, daß eine Ermächtigung weiter übertragen werden kann, so bedarf es zur Übertragung der Ermächtigung einer Rechtsverordnung.

(2) Der Zustimmung des Bundesrates bedürfen, vorbehaltlich anderweitiger bundesgesetzlicher Regelung, Rechtsverordnungen der Bundesregierung oder eines Bundesministers über Grundsätze und Gebühren für die Benutzung der Einrichtungen des Postwesens und der Telekommunikation, über die Grundsätze der Erhebung des Entgelts für die Benutzung der Einrichtungen der Eisenbahnen des Bundes, über den Bau und Betrieb der Eisenbahnen, sowie Rechtsverordnungen auf Grund von Bundesgesetzen, die der Zustimmung des Bundesrates bedürfen oder die von den Ländern im Auftrage des Bundes oder als eigene Angelegenheit ausgeführt werden.

(3) Der Bundesrat kann der Bundesregierung Vorlagen für den Erlaß von Rechtsverordnungen zuleiten, die seiner Zustimmung bedürfen.

(4) Soweit durch Bundesgesetz oder auf Grund von Bundesgesetzen Landesregierungen ermächtigt werden, Rechtsverordnungen zu erlassen, sind die Länder zu einer Regelung auch durch Gesetz befugt.

Art. 80a [Spannungsfall] (1) ¹Ist in diesem Grundgesetz oder in einem Bundesgesetz über die Verteidigung einschließlich des Schutzes der Zivilbevölkerung bestimmt, daß Rechtsvorschriften nur nach Maßgabe dieses Artikels angewandt werden dürfen, so ist die Anwendung außer im Verteidigungsfalle nur zulässig, wenn der Bundestag den Eintritt des Spannungsfalles festgestellt oder wenn er der Anwendung besonders zugestimmt hat. ²Die Feststellung des Spannungsfalles und die besondere Zustimmung in den Fällen des Artikels 12a Abs. 5 Satz 1 und Abs. 6 Satz 2 bedürfen einer Mehrheit von zwei Dritteln der abgegebenen Stimmen.²⁾

(2) Maßnahmen auf Grund von Rechtsvorschriften nach Absatz 1 sind aufzuheben, wenn der Bundestag es verlangt.

(3) ¹Abweichend von Absatz 1 ist die Anwendung solcher Rechtsvorschriften auch auf der Grundlage und nach Maßgabe eines Beschlusses zulässig, der von einem internationalen Organ im Rahmen eines Bündnisvertrages mit Zustimmung der Bundesregierung gefaßt wird.²⁾ ²Maßnahmen nach diesem Absatz sind aufzuheben, wenn der Bundestag es mit der Mehrheit³⁾ seiner Mitglieder verlangt.

Art. 81 [Gesetzgebungsnotstand] (1) ¹Wird im Falle des Artikels 68 der Bundestag nicht aufgelöst, so kann der Bundespräsident auf Antrag der Bundesregierung mit Zustimmung des Bundesrates für eine Gesetzesvorlage den Gesetzgebungsnotstand erklären, wenn der Bundestag sie ablehnt, obwohl die Bundesregierung sie als dringlich bezeichnet hat. ²Das gleiche gilt, wenn eine

¹⁾ Zur Fortgeltung bestehender Ermächtigungen siehe Art. 129.
²⁾ Siehe hierzu das G über vereinfachte Verkündungen und Bekanntgaben v. 18.7.1975 (BGBl. I S. 1919), zuletzt geänd. durch G v. 24.5.2016 (BGBl. I S. 1217).
³⁾ Zum Begriff der Mehrheit siehe Art. 121.

Gesetzesvorlage abgelehnt worden ist, obwohl der Bundeskanzler mit ihr den Antrag des Artikels 68 verbunden hatte.

(2) [1] Lehnt der Bundestag die Gesetzesvorlage nach Erklärung des Gesetzgebungsnotstandes erneut ab oder nimmt er sie in einer für die Bundesregierung als unannehmbar bezeichneten Fassung an, so gilt das Gesetz als zustande gekommen, soweit der Bundesrat ihm zustimmt. [2] Das gleiche gilt, wenn die Vorlage vom Bundestage nicht innerhalb von vier Wochen nach der erneuten Einbringung verabschiedet wird.

(3) [1] Während der Amtszeit eines Bundeskanzlers kann auch jede andere vom Bundestage abgelehnte Gesetzesvorlage innerhalb einer Frist von sechs Monaten nach der ersten Erklärung des Gesetzgebungsnotstandes gemäß Absatz 1 und 2 verabschiedet werden. [2] Nach Ablauf der Frist ist während der Amtszeit des gleichen Bundeskanzlers eine weitere Erklärung des Gesetzgebungsnotstandes unzulässig.

(4) Das Grundgesetz darf durch ein Gesetz, das nach Absatz 2 zustande kommt, weder geändert, noch ganz oder teilweise außer Kraft oder außer Anwendung gesetzt werden.

Art. 82 [Verkündung und Inkrafttreten der Gesetze] (1) [1] Die nach den Vorschriften dieses Grundgesetzes zustande gekommenen Gesetze werden vom Bundespräsidenten nach Gegenzeichnung ausgefertigt und im Bundesgesetzblatte verkündet. [2] Rechtsverordnungen werden von der Stelle, die sie erläßt, ausgefertigt und vorbehaltlich anderweitiger gesetzlicher Regelung im Bundesgesetzblatte verkündet.[1)]

(2) [1] Jedes Gesetz und jede Rechtsverordnung soll den Tag des Inkrafttretens bestimmen. [2] Fehlt eine solche Bestimmung, so treten sie mit dem vierzehnten Tage nach Ablauf des Tages in Kraft, an dem das Bundesgesetzblatt ausgegeben worden ist.

VIII. Die Ausführung der Bundesgesetze und die Bundesverwaltung

Art. 83 [Grundsatz der Landeseigenverwaltung] Die Länder führen die Bundesgesetze als eigene Angelegenheit aus, soweit dieses Grundgesetz nicht anderes bestimmt oder zuläßt.

Art. 84 [Landeseigenverwaltung und Bundesaufsicht] (1) [1] Führen die Länder die Bundesgesetze als eigene Angelegenheit aus, so regeln sie die Einrichtung der Behörden und das Verwaltungsverfahren. [2] Wenn Bundesgesetze etwas anderes bestimmen, können die Länder davon abweichende Regelungen treffen. [3] Hat ein Land eine abweichende Regelung nach Satz 2 getroffen, treten in diesem Land hierauf bezogene spätere bundesgesetzliche Regelungen der Einrichtung der Behörden und des Verwaltungsverfahrens frühestens sechs Monate nach ihrer Verkündung in Kraft, soweit nicht mit Zustimmung des Bundesrates anderes bestimmt ist. [4] Artikel 72 Abs. 3 Satz 3 gilt entsprechend. [5] In Ausnahmefällen kann der Bund wegen eines besonderen Bedürfnisses nach

[1)] Siehe hierzu das Verkündungs- und BekanntmachungsG v. 30.1.1950 (BGBl. I S. 23), zuletzt geänd. durch G v. 11.6.2019 (BGBl. I S. 754) und das G über vereinfachte Verkündungen und Bekanntgaben v. 18.7.1975 (BGBl. I S. 1919), zuletzt geänd. durch G v. 24.5.2016 (BGBl. I S. 1217).

bundeseinheitlicher Regelung das Verwaltungsverfahren ohne Abweichungsmöglichkeit für die Länder regeln. [6] Diese Gesetze bedürfen der Zustimmung des Bundesrates. [7] Durch Bundesgesetz dürfen Gemeinden und Gemeindeverbänden Aufgaben nicht übertragen werden.

(2) Die Bundesregierung kann mit Zustimmung des Bundesrates allgemeine Verwaltungsvorschriften erlassen.

(3) [1] Die Bundesregierung übt die Aufsicht darüber aus, daß die Länder die Bundesgesetze dem geltenden Rechte gemäß ausführen. [2] Die Bundesregierung kann zu diesem Zwecke Beauftragte zu den obersten Landesbehörden entsenden, mit deren Zustimmung und, falls diese Zustimmung versagt wird, mit Zustimmung des Bundesrates auch zu den nachgeordneten Behörden.

(4) [1] Werden Mängel, die die Bundesregierung bei der Ausführung der Bundesgesetze in den Ländern festgestellt hat, nicht beseitigt, so beschließt auf Antrag der Bundesregierung oder des Landes der Bundesrat, ob das Land das Recht verletzt hat. [2] Gegen den Beschluß des Bundesrates kann das Bundesverfassungsgericht angerufen werden.[1)]

(5) [1] Der Bundesregierung kann durch Bundesgesetz, das der Zustimmung des Bundesrates bedarf, zur Ausführung von Bundesgesetzen die Befugnis verliehen werden, für besondere Fälle Einzelweisungen zu erteilen. [2] Sie sind, außer wenn die Bundesregierung den Fall für dringlich erachtet, an die obersten Landesbehörden zu richten.

Art. 85 [Landesverwaltung im Bundesauftrag] (1) [1] Führen die Länder die Bundesgesetze im Auftrage des Bundes aus, so bleibt die Einrichtung der Behörden Angelegenheit der Länder, soweit nicht Bundesgesetze mit Zustimmung des Bundesrates etwas anderes bestimmen. [2] Durch Bundesgesetz dürfen Gemeinden und Gemeindeverbänden Aufgaben nicht übertragen werden.

(2) [1] Die Bundesregierung kann mit Zustimmung des Bundesrates allgemeine Verwaltungsvorschriften erlassen. [2] Sie kann die einheitliche Ausbildung der Beamten und Angestellten regeln. [3] Die Leiter der Mittelbehörden sind mit ihrem Einvernehmen zu bestellen.

(3) [1] Die Landesbehörden unterstehen den Weisungen der zuständigen obersten Bundesbehörden. [2] Die Weisungen sind, außer wenn die Bundesregierung es für dringlich erachtet, an die obersten Landesbehörden zu richten. [3] Der Vollzug der Weisung ist durch die obersten Landesbehörden sicherzustellen.

(4) [1] Die Bundesaufsicht erstreckt sich auf Gesetzmäßigkeit und Zweckmäßigkeit der Ausführung. [2] Die Bundesregierung kann zu diesem Zwecke Bericht und Vorlage der Akten verlangen und Beauftragte zu allen Behörden entsenden.

Art. 86 [Bundesverwaltung] [1] Führt der Bund die Gesetze durch bundeseigene Verwaltung oder durch bundesunmittelbare Körperschaften oder Anstalten des öffentlichen Rechtes aus, so erläßt die Bundesregierung, soweit nicht das Gesetz Besonderes vorschreibt, die allgemeinen Verwaltungsvorschriften. [2] Sie regelt, soweit das Gesetz nichts anderes bestimmt, die Einrichtung der Behörden.

[1)] Siehe hierzu § 13 Nr. 7 und §§ 68 ff. BundesverfassungsgerichtsG (Nr. **9**).

Grundgesetz **Art. 87, 87a GG 1**

Art. 87[1]) **[Gegenstände der Bundesverwaltung]** (1) ¹In bundeseigener Verwaltung mit eigenem Verwaltungsunterbau werden geführt der Auswärtige Dienst, die Bundesfinanzverwaltung und nach Maßgabe des Artikels 89 die Verwaltung der Bundeswasserstraßen und der Schiffahrt. ²Durch Bundesgesetz können Bundesgrenzschutzbehörden[2)3)], Zentralstellen für das polizeiliche Auskunfts- und Nachrichtenwesen, für die Kriminalpolizei[4]) und zur Sammlung von Unterlagen für Zwecke des Verfassungsschutzes[5]) und des Schutzes gegen Bestrebungen im Bundesgebiet, die durch Anwendung von Gewalt oder darauf gerichtete Vorbereitungshandlungen auswärtige Belange der Bundesrepublik Deutschland gefährden, eingerichtet werden.

(2) ¹Als bundesunmittelbare Körperschaften des öffentlichen Rechtes werden diejenigen sozialen Versicherungsträger geführt, deren Zuständigkeitsbereich sich über das Gebiet eines Landes hinaus erstreckt. ²Soziale Versicherungsträger, deren Zuständigkeitsbereich sich über das Gebiet eines Landes, aber nicht über mehr als drei Länder hinaus erstreckt, werden abweichend von Satz 1 als landesunmittelbare Körperschaften des öffentlichen Rechtes geführt, wenn das aufsichtsführende Land durch die beteiligten Länder bestimmt ist.

(3) ¹Außerdem können für Angelegenheiten, für die dem Bunde die Gesetzgebung zusteht, selbständige Bundesoberbehörden und neue bundesunmittelbare Körperschaften und Anstalten des öffentlichen Rechtes durch Bundesgesetz errichtet werden. ²Erwachsen dem Bunde auf Gebieten, für die ihm die Gesetzgebung zusteht, neue Aufgaben, so können bei dringendem Bedarf bundeseigene Mittel- und Unterbehörden mit Zustimmung des Bundesrates und der Mehrheit[6]) der Mitglieder des Bundestages errichtet werden.

Art. 87a[7]) **[Streitkräfte]** (1) ¹Der Bund stellt Streitkräfte zur Verteidigung auf. ²Ihre zahlenmäßige Stärke und die Grundzüge ihrer Organisation müssen sich aus dem Haushaltsplan ergeben.

(2) Außer zur Verteidigung dürfen die Streitkräfte nur eingesetzt werden, soweit dieses Grundgesetz es ausdrücklich zuläßt.

(3) ¹Die Streitkräfte haben im Verteidigungsfalle und im Spannungsfalle die Befugnis, zivile Objekte zu schützen und Aufgaben der Verkehrsregelung wahrzunehmen, soweit dies zur Erfüllung ihres Verteidigungsauftrages erforderlich ist. ²Außerdem kann den Streitkräften im Verteidigungsfalle und im Spannungsfalle der Schutz ziviler Objekte auch zur Unterstützung polizeilicher Maßnahmen übertragen werden; die Streitkräfte wirken dabei mit den zuständigen Behörden zusammen.

(4) ¹Zur Abwehr einer drohenden Gefahr für den Bestand oder die freiheitliche demokratische Grundordnung des Bundes oder eines Landes kann die Bundesregierung, wenn die Voraussetzungen des Artikels 91 Abs. 2 vorliegen

[1]) Siehe hierzu auch Art. 130.
[2]) Bezeichnung ab 1.7.2005: „Bundespolizei".
[3]) Siehe das BundespolizeiG v. 19.10.1994 (BGBl. I S. 2978, 2979), zuletzt geänd. durch G v. 23.6.2021 (BGBl. I S. 1982).
[4]) Siehe das BundeskriminalamtG v. 1.6.2017 (BGBl. I S. 1354, ber. 2019 S. 400), zuletzt geänd. durch G v. 25.6.2021 (BGBl. I S. 2099).
[5]) Siehe das BundesverfassungsschutzG v. 20.12.1990 (BGBl. I S. 2954, 2970), zuletzt geänd. durch G v. 5.7.2021 (BGBl. I S. 2274).
[6]) Zum Begriff der Mehrheit siehe Art. 121.
[7]) Siehe hierzu das ParlamentsbeteiligungsG v. 18.3.2005 (BGBl. I S. 775).

1 GG Art. 87b–87e

und die Polizeikräfte sowie der Bundesgrenzschutz[1]) nicht ausreichen, Streitkräfte zur Unterstützung der Polizei und des Bundesgrenzschutzes[1]) beim Schutze von zivilen Objekten und bei der Bekämpfung organisierter und militärisch bewaffneter Aufständischer einsetzen. [2] Der Einsatz von Streitkräften ist einzustellen, wenn der Bundestag oder der Bundesrat es verlangen.

Art. 87b [Bundeswehrverwaltung] (1) [1] Die Bundeswehrverwaltung wird in bundeseigener Verwaltung mit eigenem Verwaltungsunterbau geführt. [2] Sie dient den Aufgaben des Personalwesens und der unmittelbaren Deckung des Sachbedarfs der Streitkräfte. [3] Aufgaben der Beschädigtenversorgung und des Bauwesens können der Bundeswehrverwaltung nur durch Bundesgesetz, das der Zustimmung des Bundesrates bedarf, übertragen werden. [4] Der Zustimmung des Bundesrates bedürfen ferner Gesetze, soweit sie die Bundeswehrverwaltung zu Eingriffen in Rechte Dritter ermächtigen; das gilt nicht für Gesetze auf dem Gebiete des Personalwesens.

(2) [1] Im übrigen können Bundesgesetze, die der Verteidigung einschließlich des Wehrersatzwesens und des Schutzes der Zivilbevölkerung dienen, mit Zustimmung des Bundesrates bestimmen, daß sie ganz oder teilweise in bundeseigener Verwaltung mit eigenem Verwaltungsunterbau oder von den Ländern im Auftrage des Bundes ausgeführt werden. [2] Werden solche Gesetze von den Ländern im Auftrage des Bundes ausgeführt, so können sie mit Zustimmung des Bundesrates bestimmen, daß die der Bundesregierung und den zuständigen obersten Bundesbehörden auf Grund des Artikels 85 zustehenden Befugnisse ganz oder teilweise Bundesoberbehörden übertragen werden; dabei kann bestimmt werden, daß diese Behörden beim Erlaß allgemeiner Verwaltungsvorschriften gemäß Artikel 85 Abs. 2 Satz 1 nicht der Zustimmung des Bundesrates bedürfen.

Art. 87c [Bestimmungen über Erzeugung und Nutzung der Kernenergie] Gesetze, die auf Grund des Artikels 73 Abs. 1 Nr. 14 ergehen, können mit Zustimmung des Bundesrates bestimmen, daß sie von den Ländern im Auftrage des Bundes ausgeführt werden.

Art. 87d [Luftverkehrsverwaltung] (1) [1] Die Luftverkehrsverwaltung wird in Bundesverwaltung geführt. [2] Aufgaben der Flugsicherung können auch durch ausländische Flugsicherungsorganisationen wahrgenommen werden, die nach Recht der Europäischen Gemeinschaft zugelassen sind. [3] Das Nähere regelt ein Bundesgesetz.

(2) Durch Bundesgesetz, das der Zustimmung des Bundesrates bedarf, können Aufgaben der Luftverkehrsverwaltung den Ländern als Auftragsverwaltung übertragen werden.

Art. 87e[2]) [Eisenbahnen des Bundes] (1) [1] Die Eisenbahnverkehrsverwaltung für Eisenbahnen des Bundes wird in bundeseigener Verwaltung geführt. [2] Durch Bundesgesetz können Aufgaben der Eisenbahnverkehrsverwaltung den Ländern als eigene Angelegenheit übertragen werden.

[1]) Bezeichnung ab 1.7.2005: „Bundespolizei".
[2]) Siehe hierzu das EisenbahnneuordnungsG v. 27.12.1993 (BGBl. I S. 2378), zuletzt geänd. durch G v. 8.7.2016 (BGBl. I S. 1594).

Grundgesetz **Art. 87f, 88 GG 1**

(2) Der Bund nimmt die über den Bereich der Eisenbahnen des Bundes hinausgehenden Aufgaben der Eisenbahnverkehrsverwaltung wahr, die ihm durch Bundesgesetz übertragen werden.

(3) [1] Eisenbahnen des Bundes werden als Wirtschaftsunternehmen in privatrechtlicher Form geführt. [2] Diese stehen im Eigentum des Bundes, soweit die Tätigkeit des Wirtschaftsunternehmens den Bau, die Unterhaltung und das Betreiben von Schienenwegen umfaßt. [3] Die Veräußerung von Anteilen des Bundes an den Unternehmen nach Satz 2 erfolgt auf Grund eines Gesetzes; die Mehrheit der Anteile an diesen Unternehmen verbleibt beim Bund. [4] Das Nähere wird durch Bundesgesetz geregelt.

(4) [1] Der Bund gewährleistet, daß dem Wohl der Allgemeinheit, insbesondere den Verkehrsbedürfnissen, beim Ausbau und Erhalt des Schienennetzes der Eisenbahnen des Bundes sowie bei deren Verkehrsangeboten auf diesem Schienennetz, soweit diese nicht den Schienenpersonennahverkehr betreffen, Rechnung getragen wird. [2] Das Nähere wird durch Bundesgesetz geregelt.

(5) [1] Gesetze auf Grund der Absätze 1 bis 4 bedürfen der Zustimmung des Bundesrates. [2] Der Zustimmung des Bundesrates bedürfen ferner Gesetze, die die Auflösung, die Verschmelzung und die Aufspaltung von Eisenbahnunternehmen des Bundes, die Übertragung von Schienenwegen der Eisenbahnen des Bundes an Dritte sowie die Stillegung von Schienenwegen der Eisenbahnen des Bundes regeln oder Auswirkungen auf den Schienenpersonennahverkehr haben.

Art. 87f[1]) **[Post und Telekommunikation]** (1) Nach Maßgabe eines Bundesgesetzes, das der Zustimmung des Bundesrates bedarf, gewährleistet der Bund im Bereich des Postwesens und der Telekommunikation flächendeckend angemessene und ausreichende Dienstleistungen.

(2) [1] Dienstleistungen im Sinne des Absatzes 1 werden als privatwirtschaftliche Tätigkeiten durch die aus dem Sondervermögen Deutsche Bundespost hervorgegangenen Unternehmen und durch andere private Anbieter erbracht. [2] Hoheitsaufgaben im Bereich des Postwesens und der Telekommunikation werden in bundeseigener Verwaltung ausgeführt.

(3) Unbeschadet des Absatzes 2 Satz 2 führt der Bund in der Rechtsform einer bundesunmittelbaren Anstalt des öffentlichen Rechts einzelne Aufgaben in bezug auf die aus dem Sondervermögen Deutsche Bundespost hervorgegangenen Unternehmen nach Maßgabe eines Bundesgesetzes aus.

Art. 88[2]) **[Bundesbank]** [1] Der Bund errichtet eine Währungs- und Notenbank als Bundesbank. [2] Ihre Aufgaben und Befugnisse können im Rahmen der Europäischen Union der Europäischen Zentralbank übertragen werden, die unabhängig ist und dem vorrangigen Ziel der Sicherung der Preisstabilität verpflichtet.

[1]) Siehe hierzu auch das PostneuordnungsG v. 14.9.1994 (BGBl. I S. 2325, ber. 1996 S. 103), durch das weitere Bestimmungen im Zuge der Privatisierung der Post erlassen wurden, zB in Art. 1 das Bundesanstalt Post-G v. 14.9.1994 (BGBl. I S. 2325), zuletzt geänd. durch G v. 16.7.2021 (BGBl. I S. 3372), in Art. 3 das PostumwandlungsG v. 14.9.1994 (BGBl. I S. 2325), zuletzt geänd. durch G v. 5.2.2009 (BGBl. I S. 160) und (urspr. in Art. 10) das Post- und TelekommunikationssicherstellungsG v. 24.3.2011 (BGBl. I S. 506, ber. S. 941), zuletzt geänd. durch G v. 23.6.2021 (BGBl. I S. 1858).
[2]) Siehe hierzu das G über die Deutsche Bundesbank idF der Bek. v. 22.10.1992 (BGBl. I S. 1782), zuletzt geänd. durch G v. 28.6.2021 (BGBl. I S. 2250).

Art. 89[1)] **[Bundeswasserstraßen]** (1) Der Bund ist Eigentümer der bisherigen Reichswasserstraßen.

(2) ¹Der Bund verwaltet die Bundeswasserstraßen durch eigene Behörden. ²Er nimmt die über den Bereich eines Landes hinausgehenden staatlichen Aufgaben der Binnenschiffahrt und die Aufgaben der Seeschiffahrt wahr, die ihm durch Gesetz[2)] übertragen werden. ³Er kann die Verwaltung von Bundeswasserstraßen, soweit sie im Gebiete eines Landes liegen, diesem Lande auf Antrag als Auftragsverwaltung übertragen. ⁴Berührt eine Wasserstraße das Gebiet mehrerer Länder, so kann der Bund das Land beauftragen, für das die beteiligten Länder es beantragen.

(3) Bei der Verwaltung, dem Ausbau und dem Neubau von Wasserstraßen sind die Bedürfnisse der Landeskultur und der Wasserwirtschaft im Einvernehmen mit den Ländern zu wahren.

Art. 90[3)] **[Bundesautobahnen und Bundesstraßen]** (1) ¹Der Bund bleibt Eigentümer der Bundesautobahnen und sonstigen Bundesstraßen des Fernverkehrs. ²Das Eigentum ist unveräußerlich.

(2) ¹Die Verwaltung der Bundesautobahnen wird in Bundesverwaltung geführt. ²Der Bund kann sich zur Erledigung seiner Aufgaben einer Gesellschaft privaten Rechts bedienen. ³Diese Gesellschaft steht im unveräußerlichen Eigentum des Bundes. ⁴Eine unmittelbare oder mittelbare Beteiligung Dritter an der Gesellschaft und deren Tochtergesellschaften ist ausgeschlossen. ⁵Eine Beteiligung Privater im Rahmen von Öffentlich-Privaten Partnerschaften ist ausgeschlossen für Streckennetze, die das gesamte Bundesautobahnnetz oder das gesamte Netz sonstiger Bundesfernstraßen in einem Land oder wesentliche Teile davon umfassen. ⁶Das Nähere regelt ein Bundesgesetz.

(3) Die Länder oder die nach Landesrecht zuständigen Selbstverwaltungskörperschaften verwalten die sonstigen Bundesstraßen des Fernverkehrs im Auftrage des Bundes.

(4) Auf Antrag eines Landes kann der Bund die sonstigen Bundesstraßen des Fernverkehrs, soweit sie im Gebiet dieses Landes liegen, in Bundesverwaltung übernehmen.

Art. 91 [Abwehr von Gefahren für den Bestand des Bundes oder eines Landes] (1) Zur Abwehr einer drohenden Gefahr für den Bestand oder die freiheitliche demokratische Grundordnung des Bundes oder eines Landes kann ein Land Polizeikräfte anderer Länder sowie Kräfte und Einrichtungen anderer Verwaltungen und des Bundesgrenzschutzes[4)] anfordern.

[1)] Siehe hierzu das G über die vermögensrechtlichen Verhältnisse der Bundeswasserstraßen v. 21.5.1951 (BGBl. I S. 352), zuletzt geänd. durch VO v. 31.8.2015 (BGBl. I S. 1474) und das BundeswasserstraßenG idF der Bek. v. 23.5.2007 (BGBl. I S. 962, ber. 2008 S. 1980), zuletzt geänd. durch G v. 18.8.2021 (BGBl. I S. 3901).
[2)] Siehe das BinnenschifffahrtsaufgabenG idF der Bek. v. 5.7.2001 (BGBl. I S. 2026), zuletzt geänd. durch G v. 3.6.2021 (BGBl. I S. 1467) und das SeeaufgabenG idF der Bek. v. 17.6.2016 (BGBl. I S. 1489), zuletzt geänd. durch G v. 27.7.2021 (BGBl. I S. 3146).
[3)] Siehe hierzu das G über die vermögensrechtlichen Verhältnisse der Bundesautobahnen und sonstigen Bundesstraßen des Fernverkehrs v. 2.3.1951 (BGBl. I S. 157), zuletzt geänd. durch G v. 29.11.2018 (BGBl. I S. 2237), das BundesfernstraßenG idF der Bek. v. 28.6.2007 (BGBl. I S. 1206), zuletzt geänd. durch G v. 10.9.2021 (BGBl. I S. 4147) und die BundesfernstraßenkreuzungsVO idF der Bek. v. 2.12.1975 (BGBl. I S. 2984).
[4)] Bezeichnung ab 1.7.2005: „Bundespolizei".

(2) ¹Ist das Land, in dem die Gefahr droht, nicht selbst zur Bekämpfung der Gefahr bereit oder in der Lage, so kann die Bundesregierung die Polizei in diesem Lande und die Polizeikräfte anderer Länder ihren Weisungen unterstellen sowie Einheiten des Bundesgrenzschutzes[1] einsetzen. ²Die Anordnung ist nach Beseitigung der Gefahr, im übrigen jederzeit auf Verlangen des Bundesrates aufzuheben. ³Erstreckt sich die Gefahr auf das Gebiet mehr als eines Landes, so kann die Bundesregierung, soweit es zur wirksamen Bekämpfung erforderlich ist, den Landesregierungen Weisungen erteilen; Satz 1 und Satz 2 bleiben unberührt.

VIIIa. Gemeinschaftsaufgaben, Verwaltungszusammenarbeit

Art. 91a [Mitwirkungsbereiche des Bundes bei Länderaufgaben]

(1) Der Bund wirkt auf folgenden Gebieten bei der Erfüllung von Aufgaben der Länder mit, wenn diese Aufgaben für die Gesamtheit bedeutsam sind und die Mitwirkung des Bundes zur Verbesserung der Lebensverhältnisse erforderlich ist (Gemeinschaftsaufgaben):

1. Verbesserung der regionalen Wirtschaftsstruktur,
2. Verbesserung der Agrarstruktur und des Küstenschutzes.

(2) Durch Bundesgesetz[2] mit Zustimmung des Bundesrates werden die Gemeinschaftsaufgaben sowie Einzelheiten der Koordinierung näher bestimmt.

(3) ¹Der Bund trägt in den Fällen des Absatzes 1 Nr. 1 die Hälfte der Ausgaben in jedem Land. ²In den Fällen des Absatzes 1 Nr. 2 trägt der Bund mindestens die Hälfte; die Beteiligung ist für alle Länder einheitlich festzusetzen. ³Das Nähere regelt das Gesetz. ⁴Die Bereitstellung der Mittel bleibt der Feststellung in den Haushaltsplänen des Bundes und der Länder vorbehalten.

Art. 91b [Bildungsplanung und Forschungsförderung]
(1) ¹Bund und Länder können auf Grund von Vereinbarungen in Fällen überregionaler Bedeutung bei der Förderung von Wissenschaft, Forschung und Lehre zusammenwirken. ²Vereinbarungen, die im Schwerpunkt Hochschulen betreffen, bedürfen der Zustimmung aller Länder. ³Dies gilt nicht für Vereinbarungen über Forschungsbauten einschließlich Großgeräten.

(2) Bund und Länder können auf Grund von Vereinbarungen zur Feststellung der Leistungsfähigkeit des Bildungswesens im internationalen Vergleich und bei diesbezüglichen Berichten und Empfehlungen zusammenwirken.

(3) Die Kostentragung wird in der Vereinbarung geregelt.

Art. 91c [Informationstechnische Systeme]
(1) Bund und Länder können bei der Planung, der Errichtung und dem Betrieb der für ihre Aufgabenerfüllung benötigten informationstechnischen Systeme zusammenwirken.

(2) ¹Bund und Länder können auf Grund von Vereinbarungen die für die Kommunikation zwischen ihren informationstechnischen Systemen notwendi-

[1] Bezeichnung ab 1.7.2005: „Bundespolizei".
[2] Siehe die Gesetze über die Gemeinschaftsaufgaben
– „Verbesserung der Agrarstruktur und des Küstenschutzes" idF der Bek. v. 21.7.1988 (BGBl. I S. 1055), zuletzt geänd. durch G v. 11.10.2016 (BGBl. I S. 2231) und
– „Verbesserung der regionalen Wirtschaftsstruktur" v. 6.10.1969 (BGBl. I S. 1861), zuletzt geänd. durch G v. 13.4.2021 (BGBl. I S. 770).

gen Standards und Sicherheitsanforderungen festlegen. ²Vereinbarungen über die Grundlagen der Zusammenarbeit nach Satz 1 können für einzelne nach Inhalt und Ausmaß bestimmte Aufgaben vorsehen, dass nähere Regelungen bei Zustimmung einer in der Vereinbarung zu bestimmenden qualifizierten Mehrheit für Bund und Länder in Kraft treten. ³Sie bedürfen der Zustimmung des Bundestages und der Volksvertretungen der beteiligten Länder; das Recht zur Kündigung dieser Vereinbarungen kann nicht ausgeschlossen werden. ⁴Die Vereinbarungen regeln auch die Kostentragung.

(3) Die Länder können darüber hinaus den gemeinschaftlichen Betrieb informationstechnischer Systeme sowie die Errichtung von dazu bestimmten Einrichtungen vereinbaren.

(4) ¹Der Bund errichtet zur Verbindung der informationstechnischen Netze des Bundes und der Länder ein Verbindungsnetz. ²Das Nähere zur Errichtung und zum Betrieb des Verbindungsnetzes regelt ein Bundesgesetz mit Zustimmung des Bundesrates.

(5) Der übergreifende informationstechnische Zugang zu den Verwaltungsleistungen von Bund und Ländern wird durch Bundesgesetz mit Zustimmung des Bundesrates geregelt.

Art. 91d [Leistungsvergleich] Bund und Länder können zur Feststellung und Förderung der Leistungsfähigkeit ihrer Verwaltungen Vergleichsstudien durchführen und die Ergebnisse veröffentlichen.

Art. 91e [Zusammenwirken hinsichtlich der Grundsicherung für Arbeitsuchende] (1) Bei der Ausführung von Bundesgesetzen auf dem Gebiet der Grundsicherung für Arbeitsuchende wirken Bund und Länder oder die nach Landesrecht zuständigen Gemeinden und Gemeindeverbände in der Regel in gemeinsamen Einrichtungen zusammen.

(2) ¹Der Bund kann zulassen, dass eine begrenzte Anzahl von Gemeinden und Gemeindeverbänden auf ihren Antrag und mit Zustimmung der obersten Landesbehörde die Aufgaben nach Absatz 1 allein wahrnimmt. ²Die notwendigen Ausgaben einschließlich der Verwaltungsausgaben trägt der Bund, soweit die Aufgaben bei einer Ausführung von Gesetzen nach Absatz 1 vom Bund wahrzunehmen sind.

(3) Das Nähere regelt ein Bundesgesetz, das der Zustimmung des Bundesrates bedarf.

IX. Die Rechtsprechung

Art. 92 [Gerichtsorganisation] Die rechtsprechende Gewalt ist den Richtern anvertraut; sie wird durch das Bundesverfassungsgericht, durch die in diesem Grundgesetze vorgesehenen Bundesgerichte und durch die Gerichte der Länder ausgeübt.

Art. 93[1] **[Zuständigkeit des Bundesverfassungsgerichts]** (1) Das Bundesverfassungsgericht entscheidet:
1. über die Auslegung dieses Grundgesetzes aus Anlaß von Streitigkeiten über den Umfang der Rechte und Pflichten eines obersten Bundesorgans oder

[1] Siehe hierzu auch § 13 Nr. 5 ff. und §§ 63 ff. BundesverfassungsgerichtsG (Nr. **9**).

Grundgesetz **Art. 94 GG 1**

anderer Beteiligter, die durch dieses Grundgesetz oder in der Geschäftsordnung eines obersten Bundesorgans mit eigenen Rechten ausgestattet sind;
2. bei Meinungsverschiedenheiten oder Zweifeln über die förmliche und sachliche Vereinbarkeit von Bundesrecht oder Landesrecht mit diesem Grundgesetze oder die Vereinbarkeit von Landesrecht mit sonstigem Bundesrechte auf Antrag der Bundesregierung, einer Landesregierung oder eines Viertels der Mitglieder des Bundestages;
2a. bei Meinungsverschiedenheiten, ob ein Gesetz den Voraussetzungen des Artikels 72 Abs. 2 entspricht, auf Antrag des Bundesrates, einer Landesregierung oder der Volksvertretung eines Landes;
3. bei Meinungsverschiedenheiten über Rechte und Pflichten des Bundes und der Länder, insbesondere bei der Ausführung von Bundesrecht durch die Länder und bei der Ausübung der Bundesaufsicht;
4. in anderen öffentlich-rechtlichen Streitigkeiten zwischen dem Bunde und den Ländern, zwischen verschiedenen Ländern oder innerhalb eines Landes, soweit nicht ein anderer Rechtsweg gegeben ist;
4a. über Verfassungsbeschwerden, die von jedermann mit der Behauptung erhoben werden können, durch die öffentliche Gewalt in einem seiner Grundrechte oder in einem seiner in Artikel 20 Abs. 4, 33, 38, 101, 103 und 104 enthaltenen Rechte verletzt zu sein;
4b. über Verfassungsbeschwerden von Gemeinden und Gemeindeverbänden wegen Verletzung des Rechts auf Selbstverwaltung nach Artikel 28 durch ein Gesetz, bei Landesgesetzen jedoch nur, soweit nicht Beschwerde beim Landesverfassungsgericht erhoben werden kann;
4c. über Beschwerden von Vereinigungen gegen ihre Nichtanerkennung als Partei für die Wahl zum Bundestag;
5. in den übrigen in diesem Grundgesetze vorgesehenen Fällen.

(2) ¹Das Bundesverfassungsgericht entscheidet außerdem auf Antrag des Bundesrates, einer Landesregierung oder der Volksvertretung eines Landes, ob im Falle des Artikels 72 Abs. 4 die Erforderlichkeit für eine bundesgesetzliche Regelung nach Artikel 72 Abs. 2 nicht mehr besteht oder Bundesrecht in den Fällen des Artikels 125a Abs. 2 Satz 1 nicht mehr erlassen werden könnte. ²Die Feststellung, dass die Erforderlichkeit entfallen ist oder Bundesrecht nicht mehr erlassen werden könnte, ersetzt ein Bundesgesetz nach Artikel 72 Abs. 4 oder nach Artikel 125a Abs. 2 Satz 2. ³Der Antrag nach Satz 1 ist nur zulässig, wenn eine Gesetzesvorlage nach Artikel 72 Abs. 4 oder nach Artikel 125a Abs. 2 Satz 2 im Bundestag abgelehnt oder über sie nicht innerhalb eines Jahres beraten und Beschluss gefasst oder wenn eine entsprechende Gesetzesvorlage im Bundesrat abgelehnt worden ist.

(3) Das Bundesverfassungsgericht wird ferner in den ihm sonst durch Bundesgesetz zugewiesenen Fällen tätig.

Art. 94 [Zusammensetzung des Bundesverfassungsgerichts] (1) ¹Das Bundesverfassungsgericht besteht aus Bundesrichtern und anderen Mitgliedern. ²Die Mitglieder des Bundesverfassungsgerichtes werden je zur Hälfte vom Bundestage und vom Bundesrate gewählt. ³Sie dürfen weder dem Bundestage, dem Bundesrate, der Bundesregierung noch entsprechenden Organen eines Landes angehören.

(2) ¹Ein Bundesgesetz[1] regelt seine Verfassung und das Verfahren und bestimmt, in welchen Fällen seine Entscheidungen Gesetzeskraft haben. ²Es kann für Verfassungsbeschwerden die vorherige Erschöpfung des Rechtsweges zur Voraussetzung machen und ein besonderes Annahmeverfahren vorsehen.

Art. 95 [Oberste Gerichtshöfe des Bundes] (1) Für die Gebiete der ordentlichen, der Verwaltungs-, der Finanz-, der Arbeits- und der Sozialgerichtsbarkeit errichtet der Bund als oberste Gerichtshöfe den Bundesgerichtshof[2], das Bundesverwaltungsgericht[3], den Bundesfinanzhof[4], das Bundesarbeitsgericht[5] und das Bundessozialgericht[6].

(2) Über die Berufung der Richter dieser Gerichte entscheidet der für das jeweilige Sachgebiet zuständige Bundesminister gemeinsam mit einem Richterwahlausschuß, der aus den für das jeweilige Sachgebiet zuständigen Ministern der Länder und einer gleichen Anzahl von Mitgliedern besteht, die vom Bundestage gewählt werden.[7]

(3) ¹Zur Wahrung der Einheitlichkeit der Rechtsprechung ist ein Gemeinsamer Senat der in Absatz 1 genannten Gerichte zu bilden. ²Das Nähere regelt ein Bundesgesetz.[8]

Art. 96 [Weitere Bundesgerichte] (1) Der Bund kann für Angelegenheiten des gewerblichen Rechtsschutzes ein Bundesgericht[9] errichten.

(2) ¹Der Bund kann Wehrstrafgerichte für die Streitkräfte als Bundesgerichte errichten. ²Sie können die Strafgerichtsbarkeit nur im Verteidigungsfalle sowie über Angehörige der Streitkräfte ausüben, die in das Ausland entsandt oder an Bord von Kriegsschiffen eingeschifft sind. ³Das Nähere regelt ein Bundesgesetz. ⁴Diese Gerichte gehören zum Geschäftsbereich des Bundesjustizministers. ⁵Ihre hauptamtlichen Richter müssen die Befähigung zum Richteramt haben.

(3) Oberster Gerichtshof für die in Absatz 1 und 2 genannten Gerichte ist der Bundesgerichtshof.

(4) Der Bund kann für Personen, die zu ihm in einem öffentlich-rechtlichen Dienstverhältnis stehen, Bundesgerichte zur Entscheidung in Disziplinarverfahren und Beschwerdeverfahren errichten.[10]

[1] Siehe das BundesverfassungsgerichtsG (Nr. 9).
[2] BGH in Karlsruhe, siehe §§ 12 und 123 GerichtsverfassungsG idF der Bek. v. 9.5.1975 (BGBl. I S. 1077), zuletzt geänd. durch G v. 7.7.2021 (BGBl. I S. 2363).
[3] BVerwG in Leipzig, siehe § 2 VerwaltungsgerichtsO idF der Bek. v. 19.3.1991 (BGBl. I S. 686), zuletzt geänd. durch G v. 16.7.2021 (BGBl. I S. 3026).
[4] BFH in München, siehe § 2 FinanzgerichtsO idF der Bek. v. 28.3.2001 (BGBl. I S. 442, ber. S. 2262, 2002 S. 679), zuletzt geänd. durch G v. 7.7.2021 (BGBl. I S. 2363).
[5] BAG in Erfurt, siehe § 40 ArbeitsgerichtsG idF der Bek. v. 2.7.1979 (BGBl. I S. 853, ber. S. 1036), zuletzt geänd. durch G v. 7.7.2021 (BGBl. I S. 2363).
[6] BSG in Kassel, siehe § 38 SozialgerichtsG idF der Bek. v. 23.9.1975 (BGBl. I S. 2535), zuletzt geänd. durch G v. 20.8.2021 (BGBl. I S. 3932).
[7] Siehe das RichterwahlG v. 25.8.1950 (BGBl. I S. 368), zuletzt geänd. durch VO v. 31.8.2015 (BGBl. I S. 1474).
[8] Siehe das G zur Wahrung der Einheitlichkeit der Rechtsprechung der obersten Gerichtshöfe des Bundes v. 19.6.1968 (BGBl. I S. 661), zuletzt geänd. durch VO v. 31.8.2015 (BGBl. I S. 1474).
[9] Bundespatentgericht (BPatG) in München, siehe § 65 PatentG idF der Bek. v. 16.12.1980 (BGBl. 1981 I S. 1), zuletzt geänd. durch G v. 30.8.2021 (BGBl. I S. 4074).
[10] Siehe hierzu das BundesdisziplinarG v. 9.7.2001 (BGBl. I S. 1510), zuletzt geänd. durch VO v. 19.6.2020 (BGBl. I S. 1328), die Wehrdisziplinarordnung v. 16.8.2001 (BGBl. I S. 2093), zuletzt →

Grundgesetz **Art. 97, 98 GG 1**

(5) Für Strafverfahren auf den folgenden Gebieten kann ein Bundesgesetz mit Zustimmung des Bundesrates vorsehen, dass Gerichte der Länder Gerichtsbarkeit des Bundes ausüben:
1. Völkermord;
2. völkerstrafrechtliche Verbrechen gegen die Menschlichkeit;
3. Kriegsverbrechen;
4. andere Handlungen, die geeignet sind und in der Absicht vorgenommen werden, das friedliche Zusammenleben der Völker zu stören (Artikel 26 Abs. 1);
5. Staatsschutz.

Art. 97 [Unabhängigkeit der Richter] (1) Die Richter sind unabhängig und nur dem Gesetze unterworfen.

(2) [1] Die hauptamtlich und planmäßig endgültig angestellten Richter können wider ihren Willen nur kraft richterlicher Entscheidung und nur aus Gründen und unter den Formen, welche die Gesetze bestimmen, vor Ablauf ihrer Amtszeit entlassen oder dauernd oder zeitweise ihres Amtes enthoben oder an eine andere Stelle oder in den Ruhestand versetzt werden. [2] Die Gesetzgebung kann Altersgrenzen festsetzen, bei deren Erreichung auf Lebenszeit angestellte Richter in den Ruhestand treten. [3] Bei Veränderung der Einrichtung der Gerichte oder ihrer Bezirke können Richter an ein anderes Gericht versetzt oder aus dem Amte entfernt werden, jedoch nur unter Belassung des vollen Gehaltes.

Art. 98 [Rechtsstellung der Richter] (1) Die Rechtsstellung der Bundesrichter ist durch besonderes Bundesgesetz[1] zu regeln.

(2)[2] [1] Wenn ein Bundesrichter im Amte oder außerhalb des Amtes gegen die Grundsätze des Grundgesetzes oder gegen die verfassungsmäßige Ordnung eines Landes verstößt, so kann das Bundesverfassungsgericht mit Zweidrittelmehrheit auf Antrag des Bundestages anordnen, daß der Richter in ein anderes Amt oder in den Ruhestand zu versetzen ist. [2] Im Falle eines vorsätzlichen Verstoßes kann auf Entlassung erkannt werden.

(3) Die Rechtsstellung der Richter in den Ländern ist durch besondere Landesgesetze zu regeln, soweit Artikel 74 Abs. 1 Nr. 27 nichts anderes bestimmt.

(4) Die Länder können bestimmen, daß über die Anstellung der Richter in den Ländern der Landesjustizminister gemeinsam mit einem Richterwahlausschuß entscheidet.

(5)[2] [1] Die Länder können für Landesrichter eine Absatz 2 entsprechende Regelung treffen. [2] Geltendes Landesverfassungsrecht bleibt unberührt. [3] Die Entscheidung über eine Richteranklage steht dem Bundesverfassungsgericht zu.

(Fortsetzung der Anm. von voriger Seite)
geänd. durch G v. 20.8.2021 (BGBl. I S. 3932) sowie die Wehrbeschwerdeordnung idF der Bek. v. 22.1.2009 (BGBl. I S. 81), zuletzt geänd. durch G v. 25.6.2021 (BGBl. I S. 2154).
[1] Siehe das Deutsche RichterG idF der Bek. v. 19.4.1972 (BGBl. I S. 713), zuletzt geänd. durch G v. 25.6.2021 (BGBl. I S. 2154).
[2] Siehe hierzu § 13 Nr. 9 und §§ 58 ff. BundesverfassungsgerichtsG (Nr. **9**).

Art. 99[1] **[Landesrechtliche Zuweisung von Streitigkeiten an das Bundesverfassungsgericht oder die obersten Gerichtshöfe des Bundes]**

Dem Bundesverfassungsgerichte kann durch Landesgesetz die Entscheidung von Verfassungsstreitigkeiten innerhalb eines Landes, den in Artikel 95 Abs. 1 genannten obersten Gerichtshöfen für den letzten Rechtszug die Entscheidung in solchen Sachen zugewiesen werden, bei denen es sich um die Anwendung von Landesrecht handelt.

Art. 100 [Verfassungswidrigkeit von Gesetzen] (1)[2] ¹Hält ein Gericht ein Gesetz, auf dessen Gültigkeit es bei der Entscheidung ankommt, für verfassungswidrig, so ist das Verfahren auszusetzen und, wenn es sich um die Verletzung der Verfassung eines Landes handelt, die Entscheidung des für Verfassungsstreitigkeiten zuständigen Gerichtes des Landes, wenn es sich um die Verletzung dieses Grundgesetzes handelt, die Entscheidung des Bundesverfassungsgerichtes einzuholen. ²Dies gilt auch, wenn es sich um die Verletzung dieses Grundgesetzes durch Landesrecht oder um die Unvereinbarkeit eines Landesgesetzes mit einem Bundesgesetze handelt.

(2) Ist in einem Rechtsstreite zweifelhaft, ob eine Regel des Völkerrechtes Bestandteil des Bundesrechtes ist und ob sie unmittelbar Rechte und Pflichten für den Einzelnen erzeugt (Artikel 25), so hat das Gericht die Entscheidung des Bundesverfassungsgerichtes einzuholen.

(3) Will das Verfassungsgericht eines Landes bei der Auslegung des Grundgesetzes von einer Entscheidung des Bundesverfassungsgerichtes oder des Verfassungsgerichtes eines anderen Landes abweichen, so hat das Verfassungsgericht die Entscheidung des Bundesverfassungsgerichtes einzuholen.

Art. 101 [Ausnahmegerichte] (1) ¹Ausnahmegerichte sind unzulässig. ²Niemand darf seinem gesetzlichen Richter entzogen werden.

(2) Gerichte für besondere Sachgebiete können nur durch Gesetz errichtet werden.

Art. 102 [Abschaffung der Todesstrafe] Die Todesstrafe ist abgeschafft.

Art. 103 [Grundrechte vor Gericht] (1) Vor Gericht hat jedermann Anspruch auf rechtliches Gehör.

(2) Eine Tat kann nur bestraft werden, wenn die Strafbarkeit gesetzlich bestimmt war, bevor die Tat begangen wurde.

(3) Niemand darf wegen derselben Tat auf Grund der allgemeinen Strafgesetze mehrmals bestraft werden.

Art. 104[3] **[Rechtsgarantien bei Freiheitsentziehung]** (1) ¹Die Freiheit der Person kann nur auf Grund eines förmlichen Gesetzes und nur unter Beachtung der darin vorgeschriebenen Formen beschränkt werden. ²Festgehaltene Personen dürfen weder seelisch noch körperlich mißhandelt werden.

[1] Siehe hierzu § 13 Nr. 10 und §§ 73 ff. BundesverfassungsgerichtsG (Nr. **9**).
[2] Siehe hierzu § 13 Nr. 11–13 und §§ 80 ff. BundesverfassungsgerichtsG (Nr. **9**).
[3] Zu den Voraussetzungen der Festnahme von Abgeordneten siehe Art. 46 Abs. 2–4, zu denen der Festnahme des Bundespräsidenten siehe Art. 60 Abs. 4 iVm Art. 46 Abs. 2–4; siehe ferner Art. 5 der Konvention zum Schutz der Menschenrechte und Grundfreiheiten (Nr. **3**).

Grundgesetz **Art. 104a GG 1**

(2) ¹Über die Zulässigkeit und Fortdauer einer Freiheitsentziehung hat nur der Richter zu entscheiden. ²Bei jeder nicht auf richterlicher Anordnung beruhenden Freiheitsentziehung ist unverzüglich eine richterliche Entscheidung herbeizuführen. ³Die Polizei darf aus eigener Machtvollkommenheit niemanden länger als bis zum Ende des Tages nach dem Ergreifen in eigenem Gewahrsam halten. ⁴Das Nähere ist gesetzlich[1]) zu regeln.

(3) ¹Jeder wegen des Verdachtes einer strafbaren Handlung vorläufig Festgenommene ist spätestens am Tage nach der Festnahme dem Richter vorzuführen, der ihm die Gründe der Festnahme mitzuteilen, ihn zu vernehmen und ihm Gelegenheit zu Einwendungen zu geben hat. ²Der Richter hat unverzüglich entweder einen mit Gründen versehenen schriftlichen Haftbefehl zu erlassen oder die Freilassung anzuordnen.

(4) Von jeder richterlichen Entscheidung über die Anordnung oder Fortdauer einer Freiheitsentziehung ist unverzüglich ein Angehöriger des Festgehaltenen oder eine Person seines Vertrauens zu benachrichtigen.

X. Das Finanzwesen[2])

Art. 104a [Ausgabenverteilung; Lastenverteilung] (1) Der Bund und die Länder tragen gesondert die Ausgaben, die sich aus der Wahrnehmung ihrer Aufgaben ergeben, soweit dieses Grundgesetz nichts anderes bestimmt.

(2) Handeln die Länder im Auftrage des Bundes, trägt der Bund die sich daraus ergebenden Ausgaben.

(3) ¹Bundesgesetze, die Geldleistungen gewähren und von den Ländern ausgeführt werden, können bestimmen, daß die Geldleistungen ganz oder zum Teil vom Bund getragen werden. ²Bestimmt das Gesetz, daß der Bund die Hälfte der Ausgaben oder mehr trägt, wird es im Auftrage des Bundes durchgeführt. ³Bei der Gewährung von Leistungen für Unterkunft und Heizung auf

¹) Siehe hierzu Buch 7 (§§ 415 ff. – Verfahren in Freiheitsentziehungssachen) des G über das Verfahren in Familiensachen und in den Angelegenheiten der freiwilligen Gerichtsbarkeit (FamFG) v. 17.12.2008 (BGBl. I S. 2586, 2587), zuletzt geänd. durch G v. 10.8.2021 (BGBl. I S. 3436).
²) Siehe für die Zeit nach der Herstellung der Einheit Deutschlands Art. 7 EVertr. v. 31.8.1990 (BGBl. II S. 885, 889):
„**Art. 7 Finanzverfassung.** (1) Die Finanzverfassung der Bundesrepublik Deutschland wird auf das in Artikel 3 genannte Gebiet erstreckt, soweit in diesem Vertrag nichts anderes bestimmt ist.
(2), (3) *(nicht mehr wiedergegebene Maßgaben für die Anwendung der Art. 106 und 107 GG bis zum 31.12.1994 bzw. 31.12.1996)*
(4) Das in Artikel 3 genannte Gebiet wird in die Regelungen der Artikel 91a, 91b und 104a Abs. 3 und 4 des Grundgesetzes einschließlich der hierzu ergangenen Ausführungsbestimmungen nach Maßgabe dieses Vertrags mit Wirkung vom 1. Januar 1991 einbezogen.
(5) Nach Herstellung der deutschen Einheit werden die jährlichen Leistungen des Fonds „Deutsche Einheit"
1. zu 85 vom Hundert als besondere Unterstützung den Ländern Brandenburg, Mecklenburg-Vorpommern, Sachsen, Sachsen-Anhalt und Thüringen sowie dem Land Berlin zur Deckung ihres allgemeinen Finanzbedarfs gewährt und auf diese Länder im Verhältnis ihrer Einwohnerzahl ohne Berücksichtigung der Einwohnerzahl von Berlin (West) verteilt sowie
2. zu 15 vom Hundert zur Erfüllung zentraler öffentlicher Aufgaben auf dem Gebiet der vorgenannten Länder verwendet.
(6) Bei grundlegender Veränderung der Gegebenheiten werden die Möglichkeiten weiterer Hilfe zum angemessenen Ausgleich der Finanzkraft für die Länder in dem Artikel 3 genannten Gebiet von Bund und Ländern gemeinsam geprüft."

dem Gebiet der Grundsicherung für Arbeitsuchende wird das Gesetz im Auftrage des Bundes ausgeführt, wenn der Bund drei Viertel der Ausgaben oder mehr trägt.

(4) Bundesgesetze, die Pflichten der Länder zur Erbringung von Geldleistungen, geldwerten Sachleistungen oder vergleichbaren Dienstleistungen gegenüber Dritten begründen und von den Ländern als eigene Angelegenheit oder nach Absatz 3 Satz 2 im Auftrag des Bundes ausgeführt werden, bedürfen der Zustimmung des Bundesrates, wenn daraus entstehende Ausgaben von den Ländern zu tragen sind.

(5) [1] Der Bund und die Länder tragen die bei ihren Behörden entstehenden Verwaltungsausgaben und haften im Verhältnis zueinander für eine ordnungsmäßige Verwaltung. [2] Das Nähere bestimmt ein Bundesgesetz, das der Zustimmung des Bundesrates bedarf.

(6) [1] Bund und Länder tragen nach der innerstaatlichen Zuständigkeits- und Aufgabenverteilung die Lasten einer Verletzung von supranationalen oder völkerrechtlichen Verpflichtungen Deutschlands.[1] [2] In Fällen länderübergreifender Finanzkorrekturen der Europäischen Union tragen Bund und Länder diese Lasten im Verhältnis 15 zu 85. [3] Die Ländergesamtheit trägt in diesen Fällen solidarisch 35 vom Hundert der Gesamtlasten entsprechend einem allgemeinen Schlüssel; 50 vom Hundert der Gesamtlasten tragen die Länder, die die Lasten verursacht haben, anteilig entsprechend der Höhe der erhaltenen Mittel. [4] Das Nähere regelt ein Bundesgesetz, das der Zustimmung des Bundesrates bedarf.

Art. 104b [Finanzhilfen für bedeutsame Investitionen der Länder]

(1) [1] Der Bund kann, soweit dieses Grundgesetz ihm Gesetzgebungsbefugnisse verleiht, den Ländern Finanzhilfen für besonders bedeutsame Investitionen der Länder und der Gemeinden (Gemeindeverbände) gewähren, die

1. zur Abwehr einer Störung des gesamtwirtschaftlichen Gleichgewichts oder
2. zum Ausgleich unterschiedlicher Wirtschaftskraft im Bundesgebiet oder
3. zur Förderung des wirtschaftlichen Wachstums

erforderlich sind. [2] Abweichend von Satz 1 kann der Bund im Falle von Naturkatastrophen oder außergewöhnlichen Notsituationen, die sich der Kontrolle des Staates entziehen und die staatliche Finanzlage erheblich beeinträchtigen, auch ohne Gesetzgebungsbefugnisse Finanzhilfen gewähren.

(2) [1] Das Nähere, insbesondere die Arten der zu fördernden Investitionen, wird durch Bundesgesetz, das der Zustimmung des Bundesrates bedarf, oder auf Grund des Bundeshaushaltsgesetzes durch Verwaltungsvereinbarung[2] geregelt. [2] Das Bundesgesetz oder die Verwaltungsvereinbarung kann Bestimmungen über die Ausgestaltung der jeweiligen Länderprogramme zur Verwendung der Finanzhilfen vorsehen. [3] Die Festlegung der Kriterien für die Ausgestaltung der Länderprogramme erfolgt im Einvernehmen mit den betroffenen Ländern. [4] Zur Gewährleistung der zweckentsprechenden Mittelverwendung kann die Bundesregierung Bericht und Vorlage der Akten verlangen und Erhebungen bei allen Behörden durchführen. [5] Die Mittel des Bundes werden zusätzlich zu

[1] Siehe auch das G zur Lastentragung im Bund-Länder-Verhältnis bei Verletzung von supranationalen oder völkerrechtlichen Verpflichtungen (Lastentragungsgesetz – LastG) v. 5.9.2006 (BGBl. I S. 2098).

[2] Siehe hierzu ua die VV Städtebauförderung 2021 v. 18.12.2020 (BAnz AT 28.05.2021 B1).

eigenen Mitteln der Länder bereitgestellt. [6] Sie sind befristet zu gewähren und hinsichtlich ihrer Verwendung in regelmäßigen Zeitabständen zu überprüfen. [7] Die Finanzhilfen sind im Zeitablauf mit fallenden Jahresbeträgen zu gestalten.

(3) Bundestag, Bundesregierung und Bundesrat sind auf Verlangen über die Durchführung der Maßnahmen und die erzielten Verbesserungen zu unterrichten.

Art. 104c [Finanzhilfen für bedeutsame Investitionen der Länder im Bereich der kommunalen Bildungsinfrastruktur] [1] Der Bund kann den Ländern Finanzhilfen für gesamtstaatlich bedeutsame Investitionen sowie besondere, mit diesen unmittelbar verbundene, befristete Ausgaben der Länder und Gemeinden (Gemeindeverbände) zur Steigerung der Leistungsfähigkeit der kommunalen Bildungsinfrastruktur gewähren. [2] Artikel 104b Absatz 2 Satz 1 bis 3, 5, 6 und Absatz 3 gilt entsprechend. [3] Zur Gewährleistung der zweckentsprechenden Mittelverwendung kann die Bundesregierung Berichte und anlassbezogen die Vorlage von Akten verlangen.

Art. 104d [Finanzhilfen für bedeutsame Investitionen der Länder im Bereich des sozialen Wohnungsbaus] [1] Der Bund kann den Ländern Finanzhilfen für gesamtstaatlich bedeutsame Investitionen der Länder und Gemeinden (Gemeindeverbände) im Bereich des sozialen Wohnungsbaus gewähren. [2] Artikel 104b Absatz 2 Satz 1 bis 5 sowie Absatz 3 gilt entsprechend.

Art. 105 [Gesetzgebungsrecht] (1) Der Bund hat die ausschließliche Gesetzgebung über die Zölle und Finanzmonopole.

(2) [1] Der Bund hat die konkurrierende Gesetzgebung über die Grundsteuer. [2] Er hat die konkurrierende Gesetzgebung über die übrigen Steuern, wenn ihm das Aufkommen dieser Steuern ganz oder zum Teil zusteht oder die Voraussetzungen des Artikels 72 Abs. 2 vorliegen.

(2a) [1] Die Länder haben die Befugnis zur Gesetzgebung über die örtlichen Verbrauch- und Aufwandsteuern, solange und soweit sie nicht bundesgesetzlich geregelten Steuern gleichartig sind. [2] Sie haben die Befugnis zur Bestimmung des Steuersatzes bei der Grunderwerbsteuer.

(3) Bundesgesetze über Steuern, deren Aufkommen den Ländern oder den Gemeinden (Gemeindeverbänden) ganz oder zum Teil zufließt, bedürfen der Zustimmung des Bundesrates.

Art. 106 [Verteilung des Steueraufkommens und des Ertrages der Finanzmonopole] (1) Der Ertrag der Finanzmonopole und das Aufkommen der folgenden Steuern stehen dem Bund zu:

1. die Zölle,
2. die Verbrauchsteuern, soweit sie nicht nach Absatz 2 den Ländern, nach Absatz 3 Bund und Ländern gemeinsam oder nach Absatz 6 den Gemeinden zustehen,
3. die Straßengüterverkehrsteuer, die Kraftfahrzeugsteuer und sonstige auf motorisierte Verkehrsmittel bezogene Verkehrsteuern,
4. die Kapitalverkehrsteuern, die Versicherungsteuer und die Wechselsteuer,
5. die einmaligen Vermögensabgaben und die zur Durchführung des Lastenausgleichs erhobenen Ausgleichsabgaben,
6. die Ergänzungsabgabe zur Einkommensteuer und zur Körperschaftsteuer,

1 GG Art. 106 Grundgesetz

7. Abgaben im Rahmen der Europäischen Gemeinschaften.

(2) Das Aufkommen der folgenden Steuern steht den Ländern zu:
1. die Vermögensteuer,
2. die Erbschaftsteuer,
3. die Verkehrsteuern, soweit sie nicht nach Absatz 1 dem Bund oder nach Absatz 3 Bund und Ländern gemeinsam zustehen,
4. die Biersteuer,
5. die Abgabe von Spielbanken.

(3) [1] Das Aufkommen der Einkommensteuer, der Körperschaftsteuer und der Umsatzsteuer steht dem Bund und den Ländern gemeinsam zu (Gemeinschaftsteuern), soweit das Aufkommen der Einkommensteuer nicht nach Absatz 5 und das Aufkommen der Umsatzsteuer nicht nach Absatz 5a den Gemeinden zugewiesen wird. [2] Am Aufkommen der Einkommensteuer und der Körperschaftsteuer sind der Bund und die Länder je zur Hälfte beteiligt. [3] Die Anteile von Bund und Ländern an der Umsatzsteuer werden durch Bundesgesetz, das der Zustimmung des Bundesrates bedarf, festgesetzt. [4] Bei der Festsetzung ist von folgenden Grundsätzen auszugehen:

1. [1] Im Rahmen der laufenden Einnahmen haben der Bund und die Länder gleichmäßig Anspruch auf Deckung ihrer notwendigen Ausgaben. [2] Dabei ist der Umfang der Ausgaben unter Berücksichtigung einer mehrjährigen Finanzplanung zu ermitteln.
2. Die Deckungsbedürfnisse des Bundes und der Länder sind so aufeinander abzustimmen, daß ein billiger Ausgleich erzielt, eine Überbelastung der Steuerpflichtigen vermieden und die Einheitlichkeit der Lebensverhältnisse im Bundesgebiet gewahrt wird.

[5] Zusätzlich werden in die Festsetzung der Anteile von Bund und Ländern an der Umsatzsteuer Steuermindereinnahmen einbezogen, die den Ländern ab 1. Januar 1996 aus der Berücksichtigung von Kindern im Einkommensteuerrecht entstehen. [6] Das Nähere bestimmt das Bundesgesetz nach Satz 3.

(4) [1] Die Anteile von Bund und Ländern an der Umsatzsteuer sind neu festzusetzen, wenn sich das Verhältnis zwischen den Einnahmen und Ausgaben des Bundes und der Länder wesentlich anders entwickelt; Steuermindereinnahmen, die nach Absatz 3 Satz 5 in die Festsetzung der Umsatzsteueranteile zusätzlich einbezogen werden, bleiben hierbei unberücksichtigt. [2] Werden den Ländern durch Bundesgesetz zusätzliche Ausgaben auferlegt oder Einnahmen entzogen, so kann die Mehrbelastung durch Bundesgesetz, das der Zustimmung des Bundesrates bedarf, auch mit Finanzzuweisungen des Bundes ausgeglichen werden, wenn sie auf einen kurzen Zeitraum begrenzt ist. [3] In dem Gesetz sind die Grundsätze für die Bemessung dieser Finanzzuweisungen und für ihre Verteilung auf die Länder zu bestimmen.

(5) [1] Die Gemeinden erhalten einen Anteil an dem Aufkommen der Einkommensteuer, der von den Ländern an ihre Gemeinden auf der Grundlage der Einkommensteuerleistungen ihrer Einwohner weiterzuleiten ist. [2] Das Nähere bestimmt ein Bundesgesetz[1], das der Zustimmung des Bundesrates bedarf.

[1] Siehe das GemeindefinanzreformG idF der Bek. v. 10.3.2009 (BGBl. I S. 502), zuletzt geänd. durch G v. 9.12.2019 (BGBl. I S. 2051).

[3] Es kann bestimmen, daß die Gemeinden Hebesätze für den Gemeindeanteil festsetzen.

(5a) [1] Die Gemeinden erhalten ab dem 1. Januar 1998 einen Anteil an dem Aufkommen der Umsatzsteuer. [2] Er wird von den Ländern auf der Grundlage eines orts- und wirtschaftsbezogenen Schlüssels an ihre Gemeinden weitergeleitet. [3] Das Nähere wird durch Bundesgesetz, das der Zustimmung des Bundesrates bedarf, bestimmt.

(6) [1] Das Aufkommen der Grundsteuer und Gewerbesteuer steht den Gemeinden, das Aufkommen der örtlichen Verbrauch- und Aufwandsteuern steht den Gemeinden oder nach Maßgabe der Landesgesetzgebung den Gemeindeverbänden zu. [2] Den Gemeinden ist das Recht einzuräumen, die Hebesätze der Grundsteuer und Gewerbesteuer im Rahmen der Gesetze festzusetzen. [3] Bestehen in einem Land keine Gemeinden, so steht das Aufkommen der Grundsteuer und Gewerbesteuer sowie der örtlichen Verbrauch- und Aufwandsteuern dem Land zu. [4] Bund und Länder können durch eine Umlage an dem Aufkommen der Gewerbesteuer beteiligt werden. [5] Das Nähere über die Umlage bestimmt ein Bundesgesetz, das der Zustimmung des Bundesrates bedarf. [6] Nach Maßgabe der Landesgesetzgebung können die Grundsteuer und Gewerbesteuer sowie der Gemeindeanteil vom Aufkommen der Einkommensteuer und der Umsatzsteuer als Bemessungsgrundlagen für Umlagen zugrunde gelegt werden.

(7) [1] Von dem Länderanteil am Gesamtaufkommen der Gemeinschaftssteuern fließt den Gemeinden und Gemeindeverbänden insgesamt ein von der Landesgesetzgebung zu bestimmender Hundertsatz zu. [2] Im übrigen bestimmt die Landesgesetzgebung, ob und inwieweit das Aufkommen der Landessteuern den Gemeinden (Gemeindeverbänden) zufließt.

(8) [1] Veranlaßt der Bund in einzelnen Ländern oder Gemeinden (Gemeindeverbänden) besondere Einrichtungen, die diesen Ländern oder Gemeinden (Gemeindeverbänden) unmittelbar Mehrausgaben oder Mindereinnahmen (Sonderbelastungen) verursachen, gewährt der Bund den erforderlichen Ausgleich, wenn und soweit den Ländern oder Gemeinden (Gemeindeverbänden) nicht zugemutet werden kann, die Sonderbelastungen zu tragen. [2] Entschädigungsleistungen Dritter und finanzielle Vorteile, die diesen Ländern oder Gemeinden (Gemeindeverbänden) als Folge der Einrichtungen erwachsen, werden bei dem Ausgleich berücksichtigt.

(9) Als Einnahmen und Ausgaben der Länder im Sinne dieses Artikels gelten auch die Einnahmen und Ausgaben der Gemeinden (Gemeindeverbände).

Art. 106a [Bundeszuschuss für öffentlichen Personennahverkehr]

[1] Den Ländern steht ab 1. Januar 1996 für den öffentlichen Personennahverkehr ein Betrag aus dem Steueraufkommen des Bundes zu. [2] Das Nähere regelt ein Bundesgesetz, das der Zustimmung des Bundesrates bedarf. [3] Der Betrag nach Satz 1 bleibt bei der Bemessung der Finanzkraft nach Artikel 107 Abs. 2 unberücksichtigt.

Art. 106b [Länderanteil an der Kraftfahrzeugsteuer]

[1] Den Ländern steht ab dem 1. Juli 2009 infolge der Übertragung der Kraftfahrzeugsteuer auf den Bund ein Betrag aus dem Steueraufkommen des Bundes zu. [2] Das Nähere regelt ein Bundesgesetz, das der Zustimmung des Bundesrates bedarf.

1 GG Art. 107, 108

Art. 107[1] **[Finanzausgleich; Ergänzungszuweisungen]** (1) ¹Das Aufkommen der Landessteuern und der Länderanteil am Aufkommen der Einkommensteuer und der Körperschaftsteuer stehen den einzelnen Ländern insoweit zu, als die Steuern von den Finanzbehörden in ihrem Gebiet vereinnahmt werden (örtliches Aufkommen). ²Durch Bundesgesetz, das der Zustimmung des Bundesrates bedarf, sind für die Körperschaftsteuer und die Lohnsteuer nähere Bestimmungen über die Abgrenzung sowie über Art und Umfang der Zerlegung des örtlichen Aufkommens zu treffen. ³Das Gesetz kann auch Bestimmungen über die Abgrenzung und Zerlegung des örtlichen Aufkommens anderer Steuern treffen. ⁴Der Länderanteil am Aufkommen der Umsatzsteuer steht den einzelnen Ländern, vorbehaltlich der Regelungen nach Absatz 2, nach Maßgabe ihrer Einwohnerzahl zu.

(2) ¹Durch Bundesgesetz, das der Zustimmung des Bundesrates bedarf, ist sicherzustellen, dass die unterschiedliche Finanzkraft der Länder angemessen ausgeglichen wird; hierbei sind die Finanzkraft und der Finanzbedarf der Gemeinden (Gemeindeverbände) zu berücksichtigen. ²Zu diesem Zweck sind in dem Gesetz Zuschläge zu und Abschläge von der jeweiligen Finanzkraft bei der Verteilung der Länderanteile am Aufkommen der Umsatzsteuer zu regeln. ³Die Voraussetzungen für die Gewährung von Zuschlägen und für die Erhebung von Abschlägen sowie die Maßstäbe für die Höhe dieser Zuschläge und Abschläge sind in dem Gesetz zu bestimmen. ⁴Für Zwecke der Bemessung der Finanzkraft kann die bergrechtliche Förderabgabe mit nur einem Teil ihres Aufkommens berücksichtigt werden. ⁵Das Gesetz kann auch bestimmen, dass der Bund aus seinen Mitteln leistungsschwachen Ländern Zuweisungen zur ergänzenden Deckung ihres allgemeinen Finanzbedarfs (Ergänzungszuweisungen) gewährt. ⁶Zuweisungen können unabhängig von den Maßstäben nach den Sätzen 1 bis 3 auch solchen leistungsschwachen Ländern gewährt werden, deren Gemeinden (Gemeindeverbände) eine besonders geringe Steuerkraft aufweisen (Gemeindesteuerkraftzuweisungen), sowie außerdem solchen leistungsschwachen Ländern, deren Anteile an den Fördermitteln nach Artikel 91b ihre Einwohneranteile unterschreiten.

Art. 108 [Finanzverwaltung] (1) ¹Zölle, Finanzmonopole, die bundesgesetzlich geregelten Verbrauchsteuern einschließlich der Einfuhrumsatzsteuer, die Kraftfahrzeugsteuer und sonstige auf motorisierte Verkehrsmittel bezogene Verkehrsteuern ab dem 1. Juli 2009 sowie die Abgaben im Rahmen der Europäischen Gemeinschaften werden durch Bundesfinanzbehörden verwaltet. ²Der Aufbau dieser Behörden wird durch Bundesgesetz[2] geregelt. ³Soweit Mittelbehörden eingerichtet sind, werden deren Leiter im Benehmen mit den Landesregierungen bestellt.

(2) ¹Die übrigen Steuern werden durch Landesfinanzbehörden verwaltet. ²Der Aufbau dieser Behörden und die einheitliche Ausbildung der Beamten können durch Bundesgesetz[3] mit Zustimmung des Bundesrates geregelt werden. ³Soweit Mittelbehörden eingerichtet sind, werden deren Leiter im Einvernehmen mit der Bundesregierung bestellt.

[1] Zur Anwendung von Art. 107 siehe Art. 143g GG.
[2] Siehe das FinanzverwaltungsG idF der Bek. v. 4.4.2006 (BGBl. I S. 846, ber. S. 1202), zuletzt geänd. durch G v. 25.6.2021 (BGBl. I S. 2056).
[3] Siehe das Steuerbeamten-AusbildungsG idF der Bek. v. 29.10.1996 (BGBl. I S. 1577), zuletzt geänd. durch G v. 9.7.2021 (BGBl. I S. 2442).

Grundgesetz **Art. 109 GG 1**

(3) ¹Verwalten die Landesfinanzbehörden Steuern, die ganz oder zum Teil dem Bund zufließen, so werden sie im Auftrage des Bundes tätig. ²Artikel 85 Abs. 3 und 4 gilt mit der Maßgabe, daß an die Stelle der Bundesregierung der Bundesminister der Finanzen tritt.

(4) ¹Durch Bundesgesetz, das der Zustimmung des Bundesrates bedarf, kann bei der Verwaltung von Steuern ein Zusammenwirken von Bundes- und Landesfinanzbehörden sowie für Steuern, die unter Absatz 1 fallen, die Verwaltung durch Landesfinanzbehörden und für andere Steuern die Verwaltung durch Bundesfinanzbehörden vorgesehen werden, wenn und soweit dadurch der Vollzug der Steuergesetze erheblich verbessert oder erleichtert wird. ²Für die den Gemeinden (Gemeindeverbänden) allein zufließenden Steuern kann die den Landesfinanzbehörden zustehende Verwaltung durch die Länder ganz oder zum Teil den Gemeinden (Gemeindeverbänden) übertragen werden. ³Das Bundesgesetz nach Satz 1 kann für ein Zusammenwirken von Bund und Ländern bestimmen, dass bei Zustimmung einer im Gesetz genannten Mehrheit Regelungen für den Vollzug von Steuergesetzen für alle Länder verbindlich werden.

(4a) ¹Durch Bundesgesetz, das der Zustimmung des Bundesrates bedarf, können bei der Verwaltung von Steuern, die unter Absatz 2 fallen, ein Zusammenwirken von Landesfinanzbehörden und eine länderübergreifende Übertragung von Zuständigkeiten auf Landesfinanzbehörden eines oder mehrerer Länder im Einvernehmen mit den betroffenen Ländern vorgesehen werden, wenn und soweit dadurch der Vollzug der Steuergesetze erheblich verbessert oder erleichtert wird. ²Die Kostentragung kann durch Bundesgesetz geregelt werden.

(5) ¹Das von den Bundesfinanzbehörden anzuwendende Verfahren wird durch Bundesgesetz geregelt. ²Das von den Landesfinanzbehörden und in den Fällen des Absatzes 4 Satz 2 von den Gemeinden (Gemeindeverbänden) anzuwendende Verfahren kann durch Bundesgesetz mit Zustimmung des Bundesrates geregelt werden.

(6) Die Finanzgerichtsbarkeit wird durch Bundesgesetz[1)] einheitlich geregelt.

(7) Die Bundesregierung kann allgemeine Verwaltungsvorschriften erlassen, und zwar mit Zustimmung des Bundesrates, soweit die Verwaltung den Landesfinanzbehörden oder Gemeinden (Gemeindeverbänden) obliegt.

Art. 109 [Haushaltswirtschaft in Bund und Ländern] (1) Bund und Länder sind in ihrer Haushaltswirtschaft selbständig und voneinander unabhängig.

(2) Bund und Länder erfüllen gemeinsam die Verpflichtungen der Bundesrepublik Deutschland aus Rechtsakten der Europäischen Gemeinschaft auf Grund des Artikels 104 des Vertrags zur Gründung der Europäischen Gemeinschaft zur Einhaltung der Haushaltsdisziplin und tragen in diesem Rahmen den Erfordernissen des gesamtwirtschaftlichen Gleichgewichts Rechnung.

(3) ¹Die Haushalte von Bund und Ländern sind grundsätzlich ohne Einnahmen aus Krediten auszugleichen. ²Bund und Länder können Regelungen zur im Auf- und Abschwung symmetrischen Berücksichtigung der Auswirkun-

[1)] Siehe die FinanzgerichtsO idF der Bek. v. 28.3.2001 (BGBl. I S. 442, ber. S. 2262, 2002 S. 679), zuletzt geänd. durch G v. 7.7.2021 (BGBl. I S. 2363).

gen einer von der Normallage abweichenden konjunkturellen Entwicklung sowie eine Ausnahmeregelung für Naturkatastrophen oder außergewöhnliche Notsituationen, die sich der Kontrolle des Staates entziehen und die staatliche Finanzlage erheblich beeinträchtigen, vorsehen. ³Für die Ausnahmeregelung ist eine entsprechende Tilgungsregelung vorzusehen. ⁴Die nähere Ausgestaltung regelt für den Haushalt des Bundes Artikel 115 mit der Maßgabe, dass Satz 1 entsprochen ist, wenn die Einnahmen aus Krediten 0,35 vom Hundert im Verhältnis zum nominalen Bruttoinlandsprodukt nicht überschreiten. ⁵Die nähere Ausgestaltung für die Haushalte der Länder regeln diese im Rahmen ihrer verfassungsrechtlichen Kompetenzen mit der Maßgabe, dass Satz 1 nur dann entsprochen ist, wenn keine Einnahmen aus Krediten zugelassen werden.

(4) Durch Bundesgesetz[1]), das der Zustimmung des Bundesrates bedarf, können für Bund und Länder gemeinsam geltende Grundsätze für das Haushaltsrecht, für eine konjunkturgerechte Haushaltswirtschaft und für eine mehrjährige Finanzplanung aufgestellt werden.

(5) ¹Sanktionsmaßnahmen der Europäischen Gemeinschaft im Zusammenhang mit den Bestimmungen in Artikel 104 des Vertrags zur Gründung der Europäischen Gemeinschaft zur Einhaltung der Haushaltsdisziplin tragen Bund und Länder im Verhältnis 65 zu 35. ²Die Ländergesamtheit trägt solidarisch 35 vom Hundert der auf die Länder entfallenden Lasten entsprechend ihrer Einwohnerzahl; 65 vom Hundert der auf die Länder entfallenden Lasten tragen die Länder entsprechend ihrem Verursachungsbeitrag. ³Das Nähere regelt ein Bundesgesetz, das der Zustimmung des Bundesrates bedarf.

Art. 109a [Haushaltsnotlagen] (1) Zur Vermeidung von Haushaltsnotlagen regelt ein Bundesgesetz, das der Zustimmung des Bundesrates bedarf,
1. die fortlaufende Überwachung der Haushaltswirtschaft von Bund und Ländern durch ein gemeinsames Gremium (Stabilitätsrat),
2. die Voraussetzungen und das Verfahren zur Feststellung einer drohenden Haushaltsnotlage,
3. die Grundsätze zur Aufstellung und Durchführung von Sanierungsprogrammen zur Vermeidung von Haushaltsnotlagen.

(2) ¹Dem Stabilitätsrat obliegt ab dem Jahr 2020 die Überwachung der Einhaltung der Vorgaben des Artikels 109 Absatz 3 durch Bund und Länder. ²Die Überwachung orientiert sich an den Vorgaben und Verfahren aus Rechtsakten auf Grund des Vertrages über die Arbeitsweise der Europäischen Union zur Einhaltung der Haushaltsdisziplin.

(3) Die Beschlüsse des Stabilitätsrats und die zugrunde liegenden Beratungsunterlagen sind zu veröffentlichen.

Art. 110[2]) **[Haushaltsplan des Bundes]** (1) ¹Alle Einnahmen und Ausgaben des Bundes sind in den Haushaltsplan einzustellen; bei Bundesbetrieben und bei Sondervermögen brauchen nur die Zuführungen oder die Ablieferun-

[1]) Siehe das HaushaltsgrundsätzeG v. 19.8.1969 (BGBl. I S. 1273), zuletzt geänd. durch G v. 14.8. 2017 (BGBl. I S. 3122) und das G zur Förderung der Stabilität und des Wachstums der Wirtschaft v. 8.6.1967 (BGBl. I S. 582), zuletzt geänd. durch VO v. 31.8.2015 (BGBl. I S. 1474).
[2]) Siehe die BundeshaushaltsO v. 19.8.1969 (BGBl. I S. 1284), zuletzt geänd. durch G v. 20.8.2021 (BGBl. I S. 3932).

Grundgesetz **Art. 111–113 GG 1**

gen eingestellt zu werden. ²Der Haushaltsplan ist in Einnahme und Ausgabe auszugleichen.

(2) ¹Der Haushaltsplan wird für ein oder mehrere Rechnungsjahre, nach Jahren getrennt, vor Beginn des ersten Rechnungsjahres durch das Haushaltsgesetz festgestellt. ²Für Teile des Haushaltsplanes kann vorgesehen werden, daß sie für unterschiedliche Zeiträume, nach Rechnungsjahren getrennt, gelten.

(3) Die Gesetzesvorlage nach Absatz 2 Satz 1 sowie Vorlagen zur Änderung des Haushaltsgesetzes und des Haushaltsplanes werden gleichzeitig mit der Zuleitung an den Bundesrat beim Bundestage eingebracht; der Bundesrat ist berechtigt, innerhalb von sechs Wochen, bei Änderungsvorlagen innerhalb von drei Wochen, zu den Vorlagen Stellung zu nehmen.

(4) ¹In das Haushaltsgesetz dürfen nur Vorschriften aufgenommen werden, die sich auf die Einnahmen und die Ausgaben des Bundes und auf den Zeitraum beziehen, für den das Haushaltsgesetz beschlossen wird. ²Das Haushaltsgesetz kann vorschreiben, daß die Vorschriften erst mit der Verkündung des nächsten Haushaltsgesetzes oder bei Ermächtigung nach Artikel 115 zu einem späteren Zeitpunkt außer Kraft treten.

Art. 111 [Ausgaben vor Beschluss des Haushaltsplans] (1) Ist bis zum Schluß eines Rechnungsjahres der Haushaltsplan für das folgende Jahr nicht durch Gesetz festgestellt, so ist bis zu seinem Inkrafttreten die Bundesregierung ermächtigt, alle Ausgaben zu leisten, die nötig sind,

a) um gesetzlich bestehende Einrichtungen zu erhalten und gesetzlich beschlossene Maßnahmen durchzuführen,

b) um die rechtlich begründeten Verpflichtungen des Bundes zu erfüllen,

c) um Bauten, Beschaffungen und sonstige Leistungen fortzusetzen oder Beihilfen für diese Zwecke weiter zu gewähren, sofern durch den Haushaltsplan eines Vorjahres bereits Beträge bewilligt worden sind.

(2) Soweit nicht auf besonderem Gesetze beruhende Einnahmen aus Steuern, Abgaben und sonstigen Quellen oder die Betriebsmittelrücklage die Ausgaben unter Absatz 1 decken, darf die Bundesregierung die zur Aufrechterhaltung der Wirtschaftsführung erforderlichen Mittel bis zur Höhe eines Viertels der Endsumme des abgelaufenen Haushaltsplanes im Wege des Kredits flüssig machen.

Art. 112 [Überplanmäßige und außerplanmäßige Ausgaben] ¹Überplanmäßige und außerplanmäßige Ausgaben bedürfen der Zustimmung des Bundesministers der Finanzen. ²Sie darf nur im Falle eines unvorhergesehenen und unabweisbaren Bedürfnisses erteilt werden. ³Näheres kann durch Bundesgesetz bestimmt werden.

Art. 113 [Ausgabenerhöhungen; Einnahmeminderungen] (1) ¹Gesetze, welche die von der Bundesregierung vorgeschlagenen Ausgaben des Haushaltsplanes erhöhen oder neue Ausgaben in sich schließen oder für die Zukunft mit sich bringen, bedürfen der Zustimmung der Bundesregierung. ²Das gleiche gilt für Gesetze, die Einnahmeminderungen in sich schließen oder für die Zukunft mit sich bringen. ³Die Bundesregierung kann verlangen, daß der Bundestag die Beschlußfassung über solche Gesetze aussetzt. ⁴In diesem Fall hat die Bundesregierung innerhalb von sechs Wochen dem Bundestage eine Stellungnahme zuzuleiten.

1 GG Art. 114, 115

(2) Die Bundesregierung kann innerhalb von vier Wochen, nachdem der Bundestag das Gesetz beschlossen hat, verlangen, daß der Bundestag erneut Beschluß faßt.

(3) [1] Ist das Gesetz nach Artikel 78 zustande gekommen, kann die Bundesregierung ihre Zustimmung nur innerhalb von sechs Wochen und nur dann versagen, wenn sie vorher das Verfahren nach Absatz 1 Satz 3 und 4 oder nach Absatz 2 eingeleitet hat. [2] Nach Ablauf dieser Frist gilt die Zustimmung als erteilt.

Art. 114 [Rechnungslegung; Bundesrechnungshof] (1) Der Bundesminister der Finanzen hat dem Bundestage und dem Bundesrate über alle Einnahmen und Ausgaben sowie über das Vermögen und die Schulden im Laufe des nächsten Rechnungsjahres zur Entlastung der Bundesregierung Rechnung zu legen.

(2) [1] Der Bundesrechnungshof, dessen Mitglieder richterliche Unabhängigkeit besitzen, prüft die Rechnung sowie die Wirtschaftlichkeit und Ordnungsmäßigkeit der Haushalts- und Wirtschaftsführung des Bundes. [2] Zum Zweck der Prüfung kann der Bundesrechnungshof auch bei Stellen außerhalb der Bundesverwaltung Erhebungen vornehmen; dies gilt auch in den Fällen, in denen der Bund den Ländern zweckgebundene Finanzierungsmittel zur Erfüllung von Länderaufgaben zuweist. [3] Er hat außer der Bundesregierung unmittelbar dem Bundestage und dem Bundesrate jährlich zu berichten. [4] Im übrigen werden die Befugnisse des Bundesrechnungshofes durch Bundesgesetz[1]) geregelt.

Art. 115 [Kreditbeschaffung] (1) Die Aufnahme von Krediten sowie die Übernahme von Bürgschaften, Garantien oder sonstigen Gewährleistungen, die zu Ausgaben in künftigen Rechnungsjahren führen können, bedürfen einer der Höhe nach bestimmten oder bestimmbaren Ermächtigung durch Bundesgesetz.

(2) [1] Einnahmen und Ausgaben sind grundsätzlich ohne Einnahmen aus Krediten auszugleichen. [2] Diesem Grundsatz ist entsprochen, wenn die Einnahmen aus Krediten 0,35 vom Hundert im Verhältnis zum nominalen Bruttoinlandsprodukt nicht überschreiten. [3] Zusätzlich sind bei einer von der Normallage abweichenden konjunkturellen Entwicklung die Auswirkungen auf den Haushalt im Auf- und Abschwung symmetrisch zu berücksichtigen. [4] Abweichungen der tatsächlichen Kreditaufnahme von der nach den Sätzen 1 bis 3 zulässigen Kreditobergrenze werden auf einem Kontrollkonto erfasst; Belastungen, die den Schwellenwert von 1,5 vom Hundert im Verhältnis zum nominalen Bruttoinlandsprodukt überschreiten, sind konjunkturgerecht zurückzuführen. [5] Näheres, insbesondere die Bereinigung der Einnahmen und Ausgaben um finanzielle Transaktionen und das Verfahren zur Berechnung der Obergrenze der jährlichen Nettokreditaufnahme unter Berücksichtigung der konjunkturellen Entwicklung auf der Grundlage eines Konjunkturbereinigungsverfahrens sowie die Kontrolle und den Ausgleich von Abweichungen der tatsächlichen Kreditaufnahme von der Regelgrenze, regelt ein Bundesgesetz. [6] Im Falle von Naturkatastrophen oder außergewöhnlichen Notsituationen, die sich der

[1]) Siehe das BundesrechnungshofG v. 11.7.1985 (BGBl. I S. 1445), zuletzt geänd. durch G v. 5.2.2009 (BGBl. I S. 160).

Kontrolle des Staates entziehen und die staatliche Finanzlage erheblich beeinträchtigen, können diese Kreditobergrenzen auf Grund eines Beschlusses der Mehrheit der Mitglieder des Bundestages überschritten werden. [7] Der Beschluss ist mit einem Tilgungsplan zu verbinden. [8] Die Rückführung der nach Satz 6 aufgenommenen Kredite hat binnen eines angemessenen Zeitraumes zu erfolgen.

Xa. Verteidigungsfall

Art. 115a [Feststellung des Verteidigungsfalles] (1) [1] Die Feststellung, daß das Bundesgebiet mit Waffengewalt angegriffen wird oder ein solcher Angriff unmittelbar droht (Verteidigungsfall), trifft der Bundestag mit Zustimmung des Bundesrates. [2] Die Feststellung erfolgt auf Antrag der Bundesregierung und bedarf einer Mehrheit von zwei Dritteln der abgegebenen Stimmen, mindestens der Mehrheit[1] der Mitglieder des Bundestages.

(2) Erfordert die Lage unabweisbar ein sofortiges Handeln und stehen einem rechtzeitigen Zusammentritt des Bundestages unüberwindliche Hindernisse entgegen oder ist er nicht beschlußfähig, so trifft der Gemeinsame Ausschuß diese Feststellung mit einer Mehrheit von zwei Dritteln der abgegebenen Stimmen, mindestens der Mehrheit seiner Mitglieder.

(3) [1] Die Feststellung wird vom Bundespräsidenten gemäß Artikel 82 im Bundesgesetzblatte verkündet. [2] Ist dies nicht rechtzeitig möglich, so erfolgt die Verkündung in anderer Weise[2]; sie ist im Bundesgesetzblatte nachzuholen, sobald die Umstände es zulassen.

(4) [1] Wird das Bundesgebiet mit Waffengewalt angegriffen und sind die zuständigen Bundesorgane außerstande, sofort die Feststellung nach Absatz 1 Satz 1 zu treffen, so gilt diese Feststellung als getroffen und als zu dem Zeitpunkt verkündet, in dem der Angriff begonnen hat. [2] Der Bundespräsident gibt diesen Zeitpunkt bekannt, sobald die Umstände es zulassen.

(5) [1] Ist die Feststellung des Verteidigungsfalles verkündet und wird das Bundesgebiet mit Waffengewalt angegriffen, so kann der Bundespräsident völkerrechtliche Erklärungen über das Bestehen des Verteidigungsfalles mit Zustimmung des Bundestages abgeben. [2] Unter den Voraussetzungen des Absatzes 2 tritt an die Stelle des Bundestages der Gemeinsame Ausschuß.

Art. 115b [Übergang der Befehls- und Kommandogewalt] Mit der Verkündung des Verteidigungsfalles geht die Befehls- und Kommandogewalt über die Streitkräfte auf den Bundeskanzler über.

Art. 115c [Erweiterte Bundesgesetzgebungskompetenz] (1) [1] Der Bund hat für den Verteidigungsfall das Recht der konkurrierenden Gesetzgebung auch auf den Sachgebieten, die zur Gesetzgebungszuständigkeit der Länder gehören. [2] Diese Gesetze bedürfen der Zustimmung des Bundesrates.

[1] Zum Begriff der Mehrheit siehe Art. 121.
[2] Siehe das G über vereinfachte Verkündungen und Bekanntgaben v. 18.7.1975 (BGBl. I S. 1919), zuletzt geänd. durch G v. 24.5.2016 (BGBl. I S. 1217).

(2) Soweit es die Verhältnisse während des Verteidigungsfalles erfordern, kann durch Bundesgesetz für den Verteidigungsfall
1. bei Enteignungen abweichend von Artikel 14 Abs. 3 Satz 2 die Entschädigung vorläufig geregelt werden,
2. für Freiheitsentziehungen eine von Artikel 104 Abs. 2 Satz 3 und Abs. 3 Satz 1 abweichende Frist, höchstens jedoch eine solche von vier Tagen, für den Fall festgesetzt werden, daß ein Richter nicht innerhalb der für Normalzeiten geltenden Frist tätig werden konnte.

(3) Soweit es zur Abwehr eines gegenwärtigen oder unmittelbar drohenden Angriffs erforderlich ist, kann für den Verteidigungsfall durch Bundesgesetz mit Zustimmung des Bundesrates die Verwaltung und das Finanzwesen des Bundes und der Länder abweichend von den Abschnitten VIII, VIIIa und X geregelt werden, wobei die Lebensfähigkeit der Länder, Gemeinden und Gemeindeverbände, insbesondere auch in finanzieller Hinsicht, zu wahren ist.

(4) Bundesgesetze nach den Absätzen 1 und 2 Nr. 1 dürfen zur Vorbereitung ihres Vollzuges schon vor Eintritt des Verteidigungsfalles angewandt werden.

Art. 115d [Vereinfachtes Bundesgesetzgebungsverfahren] (1) Für die Gesetzgebung des Bundes gilt im Verteidigungsfalle abweichend von Artikel 76 Abs. 2, Artikel 77 Abs. 1 Satz 2 und Abs. 2 bis 4, Artikel 78 und Artikel 82 Abs. 1 die Regelung für die Absätze 2 und 3.

(2) [1] Gesetzesvorlagen der Bundesregierung, die sie als dringlich bezeichnet, sind gleichzeitig mit der Einbringung beim Bundestage dem Bundesrate zuzuleiten. [2] Bundestag und Bundesrat beraten diese Vorlagen unverzüglich gemeinsam. [3] Soweit zu einem Gesetze die Zustimmung des Bundesrates erforderlich ist, bedarf es zum Zustandekommen des Gesetzes der Zustimmung der Mehrheit seiner Stimmen. [4] Das Nähere regelt eine Geschäftsordnung[1]), die vom Bundestage beschlossen wird und der Zustimmung des Bundesrates bedarf.

(3) Für die Verkündung der Gesetze gilt Artikel 115a Abs. 3 Satz 2 entsprechend.

Art. 115e [Aufgaben des Gemeinsamen Ausschusses] (1) Stellt der Gemeinsame Ausschuß im Verteidigungsfalle mit einer Mehrheit von zwei Dritteln der abgegebenen Stimmen, mindestens mit der Mehrheit seiner Mitglieder fest, daß dem rechtzeitigen Zusammentritt des Bundestages unüberwindliche Hindernisse entgegenstehen oder daß dieser nicht beschlußfähig ist, so hat der Gemeinsame Ausschuß die Stellung von Bundestag und Bundesrat und nimmt deren Rechte einheitlich wahr.

(2) [1] Durch ein Gesetz des Gemeinsamen Ausschusses darf das Grundgesetz weder geändert noch ganz oder teilweise außer Kraft oder außer Anwendung gesetzt werden. [2] Zum Erlaß von Gesetzen nach Artikel 23 Abs. 1 Satz 2, Artikel 24 Abs. 1 oder Artikel 29 ist der Gemeinsame Ausschuß nicht befugt.

Art. 115f [Erweiterte Befugnisse der Bundesregierung] (1) Die Bundesregierung kann im Verteidigungsfalle, soweit es die Verhältnisse erfordern,

[1]) Siehe die GeschäftsO für das Verfahren nach Art. 115d GG v. 23.7.1969 (BGBl. I S. 1100).

1. den Bundesgrenzschutz[1] im gesamten Bundesgebiete einsetzen;
2. außer der Bundesverwaltung auch den Landesregierungen und, wenn sie es für dringlich erachtet, den Landesbehörden Weisungen erteilen und diese Befugnis auf von ihr zu bestimmende Mitglieder der Landesregierungen übertragen.

(2) Bundestag, Bundesrat und der Gemeinsame Ausschuß sind unverzüglich von den nach Absatz 1 getroffenen Maßnahmen zu unterrichten.

Art. 115g [Stellung des Bundesverfassungsgerichts] [1] Die verfassungsmäßige Stellung und die Erfüllung der verfassungsmäßigen Aufgaben des Bundesverfassungsgerichtes und seiner Richter dürfen nicht beeinträchtigt werden. [2] Das Gesetz über das Bundesverfassungsgericht[2] darf durch ein Gesetz des Gemeinsamen Ausschusses nur insoweit geändert werden, als dies auch nach Auffassung des Bundesverfassungsgerichtes zur Aufrechterhaltung der Funktionsfähigkeit des Gerichtes erforderlich ist. [3] Bis zum Erlaß eines solchen Gesetzes kann das Bundesverfassungsgericht die zur Erhaltung der Arbeitsfähigkeit des Gerichtes erforderlichen Maßnahmen treffen. [4] Beschlüsse nach Satz 2 und Satz 3 faßt das Bundesverfassungsgericht mit der Mehrheit der anwesenden Richter.

Art. 115h [Wahlperioden und Amtszeiten] (1) [1] Während des Verteidigungsfalles ablaufende Wahlperioden des Bundestages oder der Volksvertretungen der Länder enden sechs Monate nach Beendigung des Verteidigungsfalles. [2] Die im Verteidigungsfalle ablaufende Amtszeit des Bundespräsidenten sowie bei vorzeitiger Erledigung seines Amtes die Wahrnehmung seiner Befugnisse durch den Präsidenten des Bundesrates enden neun Monate nach Beendigung des Verteidigungsfalles. [3] Die im Verteidigungsfalle ablaufende Amtszeit eines Mitgliedes des Bundesverfassungsgerichtes endet sechs Monate nach Beendigung des Verteidigungsfalles.

(2) [1] Wird eine Neuwahl des Bundeskanzlers durch den Gemeinsamen Ausschuß erforderlich, so wählt dieser einen neuen Bundeskanzler mit der Mehrheit seiner Mitglieder; der Bundespräsident macht dem Gemeinsamen Ausschuß einen Vorschlag. [2] Der Gemeinsame Ausschuß kann dem Bundeskanzler das Mißtrauen nur dadurch aussprechen, daß er mit der Mehrheit von zwei Dritteln seiner Mitglieder einen Nachfolger wählt.

(3) Für die Dauer des Verteidigungsfalles ist die Auflösung des Bundestages ausgeschlossen.

Art. 115i [Erweiterte Befugnisse der Landesregierungen] (1) Sind die zuständigen Bundesorgane außerstande, die notwendigen Maßnahmen zur Abwehr der Gefahr zu treffen, und erfordert die Lage unabweisbar ein sofortiges selbständiges Handeln in einzelnen Teilen des Bundesgebietes, so sind die Landesregierungen oder die von ihnen bestimmten Behörden oder Beauftragten befugt, für ihren Zuständigkeitsbereich Maßnahmen im Sinne des Artikels 115f Abs. 1 zu treffen.

[1] Bezeichnung ab 1.7.2005: „Bundespolizei".
[2] Nr. **9**.

(2) Maßnahmen nach Absatz 1 können durch die Bundesregierung, im Verhältnis zu Landesbehörden und nachgeordneten Bundesbehörden auch durch die Ministerpräsidenten der Länder, jederzeit aufgehoben werden.

Art. 115k [Geltung von Gesetzen und Rechtsverordnungen des Verteidigungsfalls] (1) [1] Für die Dauer ihrer Anwendbarkeit setzen Gesetze nach den Artikeln 115c, 115e und 115g und Rechtsverordnungen, die auf Grund solcher Gesetze ergehen, entgegenstehendes Recht außer Anwendung. [2] Dies gilt nicht gegenüber früherem Recht, das auf Grund der Artikel 115c, 115e und 115g erlassen worden ist.

(2) Gesetze, die der Gemeinsame Ausschuß beschlossen hat, und Rechtsverordnungen, die auf Grund solcher Gesetze ergangen sind, treten spätestens sechs Monate nach Beendigung des Verteidigungsfalles außer Kraft.

(3) [1] Gesetze, die von den Artikeln 91a, 91b, 104a, 106 und 107 abweichende Regelungen enthalten, gelten längstens bis zum Ende des zweiten Rechnungsjahres, das auf die Beendigung des Verteidigungsfalles folgt. [2] Sie können nach Beendigung des Verteidigungsfalles durch Bundesgesetz mit Zustimmung des Bundesrates geändert werden, um zu der Regelung gemäß den Abschnitten VIIIa und X überzuleiten.

Art. 115l [Aufhebung von Maßnahmen und Beendigung des Verteidigungsfalls] (1) [1] Der Bundestag kann jederzeit mit Zustimmung des Bundesrates Gesetze des Gemeinsamen Ausschusses aufheben. [2] Der Bundesrat kann verlangen, daß der Bundestag hierüber beschließt. [3] Sonstige zur Abwehr der Gefahr getroffene Maßnahmen des Gemeinsamen Ausschusses oder der Bundesregierung sind aufzuheben, wenn der Bundestag und der Bundesrat es beschließen.

(2) [1] Der Bundestag kann mit Zustimmung des Bundesrates jederzeit durch einen vom Bundespräsidenten zu verkündenden Beschluß den Verteidigungsfall für beendet erklären. [2] Der Bundesrat kann verlangen, daß der Bundestag hierüber beschließt. [3] Der Verteidigungsfall ist unverzüglich für beendet zu erklären, wenn die Voraussetzungen für seine Feststellung nicht mehr gegeben sind.

(3) Über den Friedensschluß wird durch Bundesgesetz entschieden.

XI. Übergangs- und Schlußbestimmungen

Art. 116[1)] **[Begriff des „Deutschen"; nationalsozialistische Ausbürgerung]** (1) Deutscher im Sinne dieses Grundgesetzes ist vorbehaltlich anderweitiger gesetzlicher Regelung, wer die deutsche Staatsangehörigkeit besitzt oder als Flüchtling oder Vertriebener deutscher Volkszugehörigkeit oder als dessen Ehegatte oder Abkömmling in dem Gebiete des Deutschen Reiches nach dem Stande vom 31. Dezember 1937 Aufnahme gefunden hat.

(2) [1] Frühere deutsche Staatsangehörige, denen zwischen dem 30. Januar 1933 und dem 8. Mai 1945 die Staatsangehörigkeit aus politischen, rassischen oder religiösen Gründen entzogen worden ist, und ihre Abkömmlinge sind auf

[1)] Siehe hierzu das StaatsangehörigkeitsG v. 22.7.1913 (RGBl. S. 583), zuletzt geänd. durch G v. 12.8.2021 (BGBl. I S. 3538) und das G zur Reform des Staatsangehörigkeitsrechts v. 15.7.1999 (BGBl. I S. 1618).

Antrag wieder einzubürgern. ²Sie gelten als nicht ausgebürgert, sofern sie nach dem 8. Mai 1945 ihren Wohnsitz in Deutschland genommen haben und nicht einen entgegengesetzten Willen zum Ausdruck gebracht haben.

Art. 117 [Übergangsregelung zu Art. 3 Abs. 2 und Art. 11] (1) Das dem Artikel 3 Abs. 2 entgegenstehende Recht bleibt bis zu seiner Anpassung an diese Bestimmung des Grundgesetzes in Kraft, jedoch nicht länger als bis zum 31. März 1953.

(2) Gesetze, die das Recht der Freizügigkeit mit Rücksicht auf die gegenwärtige Raumnot einschränken, bleiben bis zu ihrer Aufhebung durch Bundesgesetz in Kraft.

Art. 118 [Neugliederung der badischen und württembergischen Länder] ¹Die Neugliederung in dem die Länder Baden, Württemberg-Baden und Württemberg-Hohenzollern umfassenden Gebiete kann abweichend von den Vorschriften des Artikels 29 durch Vereinbarung der beteiligten Länder erfolgen. ²Kommt eine Vereinbarung nicht zustande, so wird die Neugliederung durch Bundesgesetz¹⁾ geregelt, das eine Volksbefragung vorsehen muß.

Art. 118a [Neugliederung Berlins und Brandenburgs] Die Neugliederung in dem die Länder Berlin und Brandenburg umfassenden Gebiet kann abweichend von den Vorschriften des Artikels 29 unter Beteiligung ihrer Wahlberechtigten durch Vereinbarung beider Länder erfolgen.

Art. 119 [Flüchtlinge und Vertriebene] ¹In Angelegenheiten der Flüchtlinge und Vertriebenen, insbesondere zu ihrer Verteilung auf die Länder, kann bis zu einer bundesgesetzlichen Regelung die Bundesregierung mit Zustimmung des Bundesrates Verordnungen mit Gesetzeskraft erlassen. ²Für besondere Fälle kann dabei die Bundesregierung ermächtigt werden, Einzelweisungen zu erteilen. ³Die Weisungen sind außer bei Gefahr im Verzuge an die obersten Landesbehörden zu richten.

Art. 120 [Kriegsfolge- und Sozialversicherungslasten; Ertragshoheit]
(1) ¹Der Bund trägt die Aufwendungen für Besatzungskosten und die sonstigen inneren und äußeren Kriegsfolgelasten nach näherer Bestimmung von Bundesgesetzen.²⁾ ²Soweit diese Kriegsfolgelasten bis zum 1. Oktober 1969 durch Bundesgesetze geregelt worden sind, tragen Bund und Länder im Verhältnis zueinander die Aufwendungen nach Maßgabe dieser Bundesgesetze. ³Soweit Aufwendungen für Kriegsfolgelasten, die in Bundesgesetzen weder geregelt worden sind noch geregelt werden, bis zum 1. Oktober 1965 von den Ländern, Gemeinden (Gemeindeverbänden) oder sonstigen Aufgabenträgern, die Aufgaben von Ländern oder Gemeinden erfüllen, erbracht worden sind, ist der Bund zur Übernahme von Aufwendungen dieser Art auch nach diesem Zeitpunkt nicht verpflichtet. ⁴Der Bund trägt die Zuschüsse zu den Lasten der Sozialversicherung mit Einschluß der Arbeitslosenversicherung und der Arbeitslosenhilfe. ⁵Die durch diesen Absatz geregelte Verteilung der Kriegsfolge-

¹⁾ So geschehen durch das Zweite G über die Neugliederung in den Ländern Baden, Württemberg-Baden und Württemberg-Hohenzollern v. 4.5.1951 (BGBl. I S. 284).
²⁾ Siehe das Erste G zur Überleitung von Lasten und Deckungsmitteln auf den Bund v. 28.4.1955 (BGBl. I S. 193), zuletzt geänd. durch G v. 20.12.1991 (BGBl. I S. 2317).

lasten auf Bund und Länder läßt die gesetzliche Regelung von Entschädigungsansprüchen für Kriegsfolgen unberührt.

(2) Die Einnahmen gehen auf den Bund zu demselben Zeitpunkte über, an dem der Bund die Ausgaben übernimmt.

Art. 120a [Lastenausgleich] (1) [1] Die Gesetze, die der Durchführung des Lastenausgleichs dienen, können mit Zustimmung des Bundesrates bestimmen, daß sie auf dem Gebiete der Ausgleichsleistungen teils durch den Bund, teils im Auftrage des Bundes durch die Länder ausgeführt werden und daß die der Bundesregierung und den zuständigen obersten Bundesbehörden auf Grund des Artikels 85 insoweit zustehenden Befugnisse ganz oder teilweise dem Bundesausgleichsamt übertragen werden. [2] Das Bundesausgleichsamt bedarf bei Ausübung dieser Befugnisse nicht der Zustimmung des Bundesrates; seine Weisungen sind, abgesehen von den Fällen der Dringlichkeit, an die obersten Landesbehörden (Landesausgleichsämter) zu richten.

(2) Artikel 87 Abs. 3 Satz 2 bleibt unberührt.

Art. 121 [Begriff der Mehrheit] Mehrheit der Mitglieder des Bundestages und der Bundesversammlung im Sinne dieses Grundgesetzes ist die Mehrheit ihrer gesetzlichen Mitgliederzahl.

Art. 122 [Bisherige Gesetzgebungskompetenzen] (1) Vom Zusammentritt des Bundestages an werden die Gesetze ausschließlich von den in diesem Grundgesetze anerkannten gesetzgebenden Gewalten beschlossen.

(2) Gesetzgebende und bei der Gesetzgebung beratend mitwirkende Körperschaften, deren Zuständigkeit nach Absatz 1 endet, sind mit diesem Zeitpunkt aufgelöst.

Art. 123 [Fortgeltung des alten Rechts] (1) Recht aus der Zeit vor dem Zusammentritt des Bundestages gilt fort, soweit es dem Grundgesetze nicht widerspricht.

(2) Die vom Deutschen Reich abgeschlossenen Staatsverträge, die sich auf Gegenstände beziehen, für die nach diesem Grundgesetze die Landesgesetzgebung zuständig ist, bleiben, wenn sie nach allgemeinen Rechtsgrundsätzen gültig sind und fortgelten, unter Vorbehalt aller Rechte und Einwendungen der Beteiligten in Kraft, bis neue Staatsverträge durch die nach diesem Grundgesetze zuständigen Stellen abgeschlossen werden oder ihre Beendigung auf Grund der in ihnen enthaltenen Bestimmungen anderweitig erfolgt.

Art. 124 [Altes Recht auf dem Gebiet der ausschließlichen Gesetzgebung] Recht, das Gegenstände der ausschließlichen Gesetzgebung des Bundes[1] betrifft, wird innerhalb seines Geltungsbereiches Bundesrecht.

Art. 125 [Altes Recht auf dem Gebiet der konkurrierenden Gesetzgebung] Recht, das Gegenstände der konkurrierenden Gesetzgebung des Bundes[2] betrifft, wird innerhalb seines Geltungsbereiches Bundesrecht,

1. soweit es innerhalb einer oder mehrerer Besatzungszonen einheitlich gilt,

[1] Siehe Art. 73 und 105 Abs. 1.
[2] Siehe Art. 74 und 105 Abs. 2.

Grundgesetz **Art. 125a–125c GG 1**

2. soweit es sich um Recht handelt, durch das nach dem 8. Mai 1945 früheres Reichsrecht abgeändert worden ist.

Art. 125a [Fortgeltung von Bundesrecht; Ersetzung durch Landesrecht] (1) ¹Recht, das als Bundesrecht erlassen worden ist, aber wegen der Änderung des Artikels 74 Abs. 1, der Einfügung des Artikels 84 Abs. 1 Satz 7, des Artikels 85 Abs. 1 Satz 2 oder des Artikels 105 Abs. 2a Satz 2 oder wegen der Aufhebung der Artikel 74a, 75 oder 98 Abs. 3 Satz 2 nicht mehr als Bundesrecht erlassen werden könnte, gilt als Bundesrecht fort. ²Es kann durch Landesrecht ersetzt werden.

(2) ¹Recht, das auf Grund des Artikels 72 Abs. 2 in der bis zum 15. November 1994 geltenden Fassung erlassen worden ist, aber wegen Änderung des Artikels 72 Abs. 2 nicht mehr als Bundesrecht erlassen werden könnte, gilt als Bundesrecht fort. ²Durch Bundesgesetz kann bestimmt werden, dass es durch Landesrecht ersetzt werden kann.

(3) ¹Recht, das als Landesrecht erlassen worden ist, aber wegen Änderung des Artikels 73 nicht mehr als Landesrecht erlassen werden könnte, gilt als Landesrecht fort. ²Es kann durch Bundesrecht ersetzt werden.

Art. 125b [Fortgeltung von Bundesrecht; abweichende Regelungen durch die Länder] (1) ¹Recht, das auf Grund des Artikels 75 in der bis zum 1. September 2006 geltenden Fassung erlassen worden ist und das auch nach diesem Zeitpunkt als Bundesrecht erlassen werden könnte, gilt als Bundesrecht fort. ²Befugnisse und Verpflichtungen der Länder zur Gesetzgebung bleiben insoweit bestehen. ³Auf den in Artikel 72 Abs. 3 Satz 1 genannten Gebieten können die Länder von diesem Recht abweichende Regelungen treffen, auf den Gebieten des Artikels 72 Abs. 3 Satz 1 Nr. 2, 5 und 6 jedoch erst, wenn und soweit der Bund ab dem 1. September 2006 von seiner Gesetzgebungszuständigkeit Gebrauch gemacht hat, in den Fällen der Nummern 2 und 5 spätestens ab dem 1. Januar 2010, im Falle der Nummer 6 spätestens ab dem 1. August 2008.

(2) Von bundesgesetzlichen Regelungen, die auf Grund des Artikels 84 Abs. 1 in der vor dem 1. September 2006 geltenden Fassung erlassen worden sind, können die Länder abweichende Regelungen treffen, von Regelungen des Verwaltungsverfahrens bis zum 31. Dezember 2008 aber nur dann, wenn ab dem 1. September 2006 in dem jeweiligen Bundesgesetz Regelungen des Verwaltungsverfahrens geändert worden sind.

(3) Auf dem Gebiet des Artikels 72 Absatz 3 Satz 1 Nummer 7 darf abweichendes Landesrecht der Erhebung der Grundsteuer frühestens für Zeiträume ab dem 1. Januar 2025 zugrunde gelegt werden.

Art. 125c [Fortgeltung von Bundesrecht auf dem Gebiet der Gemeindeverkehrsfinanzierung und der sozialen Wohnraumförderung]

(1) Recht, das auf Grund des Artikels 91a Abs. 2 in Verbindung mit Abs. 1 Nr. 1 in der bis zum 1. September 2006 geltenden Fassung erlassen worden ist, gilt bis zum 31. Dezember 2006 fort.

(2) ¹Die nach Artikel 104a Abs. 4 in der bis zum 1. September 2006 geltenden Fassung in den Bereichen der Gemeindeverkehrsfinanzierung und der sozialen Wohnraumförderung geschaffenen Regelungen gelten bis zum 31. Dezember 2006 fort. ²Die im Bereich der Gemeindeverkehrsfinanzierung

63

für die besonderen Programme nach § 6 Absatz 1 des Gemeindeverkehrsfinanzierungsgesetzes sowie die mit dem Gesetz über Finanzhilfen des Bundes nach Artikel 104a Absatz 4 des Grundgesetzes an die Länder Bremen, Hamburg, Mecklenburg-Vorpommern, Niedersachsen sowie Schleswig-Holstein für Seehäfen vom 20. Dezember 2001 nach Artikel 104a Absatz 4 in der bis zum 1. September 2006 geltenden Fassung geschaffenen Regelungen gelten bis zu ihrer Aufhebung fort. ³Eine Änderung des Gemeindeverkehrsfinanzierungsgesetzes durch Bundesgesetz ist zulässig. ⁴Die sonstigen nach Artikel 104a Absatz 4 in der bis zum 1. September 2006 geltenden Fassung geschaffenen Regelungen gelten bis zum 31. Dezember 2019 fort, soweit nicht ein früherer Zeitpunkt für das Außerkrafttreten bestimmt ist oder wird. ⁵Artikel 104b Absatz 2 Satz 4 gilt entsprechend.

(3) Artikel 104b Absatz 2 Satz 5 ist erstmals auf nach dem 31. Dezember 2019 in Kraft getretene Regelungen anzuwenden.

Art. 126[1] **[Streit über das Fortgelten des alten Rechts]** Meinungsverschiedenheiten über das Fortgelten von Recht als Bundesrecht entscheidet das Bundesverfassungsgericht.

Art. 127 [Recht des Vereinigten Wirtschaftsgebietes] Die Bundesregierung kann mit Zustimmung der Regierungen der beteiligten Länder Recht der Verwaltung des Vereinigten Wirtschaftsgebietes, soweit es nach Artikel 124 oder 125 als Bundesrecht fortgilt, innerhalb eines Jahres nach Verkündung dieses Grundgesetzes in den Ländern Baden, Groß-Berlin, Rheinland-Pfalz und Württemberg-Hohenzollern in Kraft setzen.

Art. 128 [Fortbestehen von Weisungsrechten] Soweit fortgeltendes Recht Weisungsrechte im Sinne des Artikels 84 Abs. 5 vorsieht, bleiben sie bis zu einer anderweitigen gesetzlichen Regelung bestehen.

Art. 129 [Fortgeltung von Ermächtigungen zu Rechtsverordnungen]

(1) ¹Soweit in Rechtsvorschriften, die als Bundesrecht fortgelten, eine Ermächtigung zum Erlasse von Rechtsverordnungen oder allgemeinen Verwaltungsvorschriften sowie zur Vornahme von Verwaltungsakten enthalten ist, geht sie auf die nunmehr sachlich zuständigen Stellen über. ²In Zweifelsfällen entscheidet die Bundesregierung im Einvernehmen mit dem Bundesrate; die Entscheidung ist zu veröffentlichen.

(2) Soweit in Rechtsvorschriften, die als Landesrecht fortgelten, eine solche Ermächtigung enthalten ist, wird sie von den nach Landesrecht zuständigen Stellen ausgeübt.

(3) Soweit Rechtsvorschriften im Sinne der Absätze 1 und 2 zu ihrer Änderung oder Ergänzung oder zum Erlaß von Rechtsvorschriften anstelle von Gesetzen ermächtigen, sind diese Ermächtigungen erloschen.

(4) Die Vorschriften der Absätze 1 und 2 gelten entsprechend, soweit in Rechtsvorschriften auf nicht mehr geltende Vorschriften oder nicht mehr bestehende Einrichtungen verwiesen ist.

Art. 130 [Überleitung von Verwaltungs- und Rechtspflegeeinrichtungen] (1) ¹Verwaltungsorgane und sonstige der öffentlichen Verwaltung oder

[1] Siehe hierzu § 13 Nr. 14 und §§ 86 ff. BundesverfassungsgerichtsG (Nr. 9).

Grundgesetz **Art. 131–133 GG 1**

Rechtspflege dienende Einrichtungen, die nicht auf Landesrecht oder Staatsverträgen zwischen Ländern beruhen, sowie die Betriebsvereinigung der südwestdeutschen Eisenbahnen und der Verwaltungsrat für das Post- und Fernmeldewesen für das französische Besatzungsgebiet unterstehen der Bundesregierung. ²Diese regelt mit Zustimmung des Bundesrates die Überführung, Auflösung oder Abwicklung.

(2) Oberster Disziplinarvorgesetzter der Angehörigen dieser Verwaltungen und Einrichtungen ist der zuständige Bundesminister.

(3) Nicht landesunmittelbare und nicht auf Staatsverträgen zwischen den Ländern beruhende Körperschaften und Anstalten des öffentlichen Rechtes unterstehen der Aufsicht der zuständigen obersten Bundesbehörde.

Art. 131[1]) **[Frühere Angehörige des Öffentlichen Dienstes]** ¹Die Rechtsverhältnisse von Personen einschließlich der Flüchtlinge und Vertriebenen, die am 8. Mai 1945 im öffentlichen Dienste standen, aus anderen als beamten- oder tarifrechtlichen Gründen ausgeschieden sind und bisher nicht oder nicht ihrer früheren Stellung entsprechend verwendet werden, sind durch Bundesgesetz zu regeln. ²Entsprechendes gilt für Personen einschließlich der Flüchtlinge und Vertriebenen, die am 8. Mai 1945 versorgungsberechtigt waren und aus anderen als beamten- oder tarifrechtlichen Gründen keine oder keine entsprechende Versorgung mehr erhalten. ³Bis zum Inkrafttreten des Bundesgesetzes können vorbehaltlich anderweitiger landesrechtlicher Regelung Rechtsansprüche nicht geltend gemacht werden.

Art. 132[2]) **[Ausschluss aus dem Öffentlichen Dienst]** (1) ¹Beamte und Richter, die im Zeitpunkte des Inkrafttretens dieses Grundgesetzes auf Lebenszeit angestellt sind, können binnen sechs Monaten nach dem ersten Zusammentritt des Bundestages in den Ruhestand oder Wartestand oder in ein Amt mit niedrigerem Diensteinkommen versetzt werden, wenn ihnen die persönliche oder fachliche Eignung für ihr Amt fehlt. ²Auf Angestellte, die in einem unkündbaren Dienstverhältnis stehen, findet diese Vorschrift entsprechende Anwendung. ³Bei Angestellten, deren Dienstverhältnis kündbar ist, können über die tarifmäßige Regelung hinausgehende Kündigungsfristen innerhalb der gleichen Frist aufgehoben werden.

(2) Diese Bestimmung findet keine Anwendung auf Angehörige des öffentlichen Dienstes, die von den Vorschriften über die „Befreiung von Nationalsozialismus und Militarismus" nicht betroffen oder die anerkannte Verfolgte des Nationalsozialismus sind, sofern nicht ein wichtiger Grund in ihrer Person vorliegt.

(3) Den Betroffenen steht der Rechtsweg gemäß Artikel 19 Abs. 4 offen.

(4) Das Nähere bestimmt eine Verordnung der Bundesregierung, die der Zustimmung des Bundesrates bedarf.

Art. 133 [Rechtsnachfolge, Vereinigtes Wirtschaftsgebiet] Der Bund tritt in die Rechte und Pflichten der Verwaltung des Vereinigten Wirtschaftsgebietes ein.

[1]) Für das Gebiet der ehem. DDR ist Art. 131 nach Art. 6 EVertr. v. 31.8.1990 (BGBl. II S. 885, 889) vorerst nicht in Kraft gesetzt worden.
[2]) Gegenstandslos durch Zeitablauf.

Art. 134 [Rechtsnachfolge in das Reichsvermögen] (1) Das Vermögen des Reiches wird grundsätzlich Bundesvermögen.

(2) ¹Soweit es nach seiner ursprünglichen Zweckbestimmung überwiegend für Verwaltungsaufgaben bestimmt war, die nach diesem Grundgesetze nicht Verwaltungsaufgaben des Bundes sind, ist es unentgeltlich auf die nunmehr zuständigen Aufgabenträger und, soweit es nach seiner gegenwärtigen, nicht nur vorübergehenden Benutzung Verwaltungsaufgaben dient, die nach diesem Grundgesetze nunmehr von den Ländern zu erfüllen sind, auf die Länder zu übertragen. ²Der Bund kann auch sonstiges Vermögen den Ländern übertragen.

(3) Vermögen, das dem Reich von den Ländern und Gemeinden (Gemeindeverbänden) unentgeltlich zur Verfügung gestellt wurde, wird wiederum Vermögen der Länder und Gemeinden (Gemeindeverbände), soweit es nicht der Bund für eigene Verwaltungsaufgaben benötigt.

(4) Das Nähere regelt ein Bundesgesetz[1], das der Zustimmung des Bundesrates bedarf.

Art. 135 [Vermögen bei Änderung des Gebietsstandes] (1) Hat sich nach dem 8. Mai 1945 bis zum Inkrafttreten dieses Grundgesetzes[2] die Landeszugehörigkeit eines Gebietes geändert, so steht in diesem Gebiete das Vermögen des Landes, dem das Gebiet angehört hat, dem Lande zu, dem es jetzt angehört.

(2) Das Vermögen nicht mehr bestehender Länder und nicht mehr bestehender anderer Körperschaften und Anstalten des öffentlichen Rechtes geht, soweit es nach seiner ursprünglichen Zweckbestimmung überwiegend für Verwaltungsaufgaben bestimmt war, oder nach seiner gegenwärtigen, nicht nur vorübergehenden Benutzung überwiegend Verwaltungsaufgaben dient, auf das Land oder die Körperschaft oder Anstalt des öffentlichen Rechtes über, die nunmehr diese Aufgaben erfüllen.

(3) Grundvermögen nicht mehr bestehender Länder geht einschließlich des Zubehörs, soweit es nicht bereits zu Vermögen im Sinne des Absatzes 1 gehört, auf das Land über, in dessen Gebiet es belegen ist.

(4) Sofern ein überwiegendes Interesse des Bundes oder das besondere Interesse eines Gebietes es erfordert, kann durch Bundesgesetz eine von den Absätzen 1 bis 3 abweichende Regelung getroffen werden.

(5) Im übrigen wird die Rechtsnachfolge und die Auseinandersetzung, soweit sie nicht bis zum 1. Januar 1952 durch Vereinbarung zwischen den beteiligten Ländern oder Körperschaften oder Anstalten des öffentlichen Rechtes erfolgt, durch Bundesgesetz geregelt, das der Zustimmung des Bundesrates bedarf.

(6) ¹Beteiligungen des ehemaligen Landes Preußen an Unternehmen des privaten Rechtes gehen auf den Bund über. ²Das Nähere regelt ein Bundesgesetz, das auch Abweichendes bestimmen kann.

[1] Siehe ua das G zur Regelung der Rechtsverhältnisse des Reichsvermögens und der preußischen Beteiligungen v. 16.5.1961 (BGBl. I S. 597) und das G über die vermögensrechtlichen Verhältnisse der Deutschen Bundesbahn v. 2.3.1951 (BGBl. I S. 155).
[2] Siehe Art. 145.

Grundgesetz • Art. 135a–137 GG 1

(7) Soweit über Vermögen, das einem Lande oder einer Körperschaft oder Anstalt des öffentlichen Rechtes nach den Absätzen 1 bis 3 zufallen würde, von dem danach Berechtigten durch ein Landesgesetz, auf Grund eines Landesgesetzes oder in anderer Weise bei Inkrafttreten des Grundgesetzes verfügt worden war, gilt der Vermögensübergang als vor der Verfügung erfolgt.

Art. 135a[1) **[Verbindlichkeiten des Reichs und anderer Körperschaften]** (1) Durch die in Artikel 134 Abs. 4 und Artikel 135 Abs. 5 vorbehaltene Gesetzgebung des Bundes kann auch bestimmt werden, daß nicht oder nicht in voller Höhe zu erfüllen sind

1. Verbindlichkeiten des Reiches sowie Verbindlichkeiten des ehemaligen Landes Preußen und sonstiger nicht mehr bestehender Körperschaften und Anstalten des öffentlichen Rechts,
2. Verbindlichkeiten des Bundes oder anderer Körperschaften und Anstalten des öffentlichen Rechts, welche mit dem Übergang von Vermögenswerten nach Artikel 89, 90, 134 und 135 im Zusammenhang stehen, und Verbindlichkeiten dieser Rechtsträger, die auf Maßnahmen der in Nummer 1 bezeichneten Rechtsträger beruhen,
3. Verbindlichkeiten der Länder und Gemeinden (Gemeindeverbände), die aus Maßnahmen entstanden sind, welche diese Rechtsträger vor dem 1. August 1945 zur Durchführung von Anordnungen der Besatzungsmächte oder zur Beseitigung eines kriegsbedingten Notstandes im Rahmen dem Reich obliegender oder vom Reich übertragener Verwaltungsaufgaben getroffen haben.

(2) Absatz 1 findet entsprechende Anwendung auf Verbindlichkeiten der Deutschen Demokratischen Republik oder ihrer Rechtsträger sowie auf Verbindlichkeiten des Bundes oder anderer Körperschaften und Anstalten des öffentlichen Rechts, die mit dem Übergang von Vermögenswerten der Deutschen Demokratischen Republik auf Bund, Länder und Gemeinden im Zusammenhang stehen, und auf Verbindlichkeiten, die auf Maßnahmen der Deutschen Demokratischen Republik oder ihrer Rechtsträger beruhen.

Art. 136[2) **[Erster Zusammentritt des Bundesrates]** (1) Der Bundesrat tritt erstmalig am Tage des ersten Zusammentrittes des Bundestages zusammen.

(2) ¹Bis zur Wahl des ersten Bundespräsidenten werden dessen Befugnisse von dem Präsidenten des Bundesrates ausgeübt. ²Das Recht der Auflösung des Bundestages steht ihm nicht zu.

Art. 137 [Beschränkung der Wählbarkeit von Angehörigen des Öffentlichen Dienstes] (1)[3) Die Wählbarkeit von Beamten, Angestellten des öffentlichen Dienstes, Berufssoldaten, freiwilligen Soldaten auf Zeit und Rich-

[1) Siehe hierzu ua das Allgemeine KriegsfolgenG v. 5.11.1957 (BGBl. I S. 1747), zuletzt geänd. durch VO v. 19.6.2020 (BGBl. I S. 1328), das G zur Regelung der Verbindlichkeiten nationalsozialistischer Einrichtungen und der Rechtsverhältnisse an deren Vermögen v. 17.3.1965 (BGBl. I S. 79), zuletzt geänd. durch G v. 12.8.2005 (BGBl. I S. 2354) und das Rechtsträger-AbwicklungsG v. 6.9.1965 (BGBl. I S. 1065), zuletzt geänd. durch VO v. 19.6.2020 (BGBl. I S. 1328).
[2) Gegenstandslos durch Vollzug.
[3) Siehe hierzu auch das AbgeordnetenG idF der Bek. v. 21.2.1996 (BGBl. I S. 326), zuletzt geänd. durch G v. 9.4.2021 (BGBl. I S. 741).

tern im Bund, in den Ländern und den Gemeinden kann gesetzlich beschränkt werden.

(2)[1] Für die Wahl des ersten Bundestages, der ersten Bundesversammlung und des ersten Bundespräsidenten der Bundesrepublik gilt das vom Parlamentarischen Rat zu beschließende Wahlgesetz.

(3)[1] Die dem Bundesverfassungsgerichte gemäß Artikel 41 Abs. 2 zustehende Befugnis wird bis zu seiner Errichtung von dem Deutschen Obergericht für das Vereinigte Wirtschaftsgebiet wahrgenommen, das nach Maßgabe seiner Verfahrensordnung entscheidet.

Art. 138 [Süddeutsches Notariat] Änderungen der Einrichtungen des jetzt bestehenden Notariats in den Ländern *Baden*[2], Bayern, *Württemberg-Baden und Württemberg-Hohenzollern*[2] bedürfen der Zustimmung der Regierungen dieser Länder.

Art. 139 [Entnazifizierungsvorschriften] Die zur „Befreiung des deutschen Volkes vom Nationalsozialismus[3] und Militarismus" erlassenen Rechtsvorschriften werden von den Bestimmungen dieses Grundgesetzes nicht berührt.

Art. 140 [Übernahme von Glaubensbestimmungen der Weimarer Reichsverfassung] Die Bestimmungen der Artikel 136, 137, 138, 139 und 141 der deutschen Verfassung vom 11. August 1919[4] sind Bestandteil dieses Grundgesetzes.

Art. 141 [Religionsunterricht] Artikel 7 Abs. 3 Satz 1 findet keine Anwendung in einem Lande, in dem am 1. Januar 1949 eine andere landesrechtliche Regelung bestand.

Art. 142 [Grundrechte in Landesverfassungen] Ungeachtet der Vorschrift des Artikels 31 bleiben Bestimmungen der Landesverfassungen auch insoweit in Kraft, als sie in Übereinstimmung mit den Artikeln 1 bis 18 dieses Grundgesetzes Grundrechte gewährleisten.

Art. 142a *(aufgehoben)*

Art. 143 [Sondervorschriften für neue Bundesländer und Ost-Berlin]

(1)[5] [1] Recht in dem in Artikel 3 des Einigungsvertrags genannten Gebiet kann längstens bis zum 31. Dezember 1992 von Bestimmungen dieses Grundgesetzes abweichen, soweit und solange infolge der unterschiedlichen Verhältnisse die völlige Anpassung an die grundgesetzliche Ordnung noch nicht erreicht werden kann. [2] Abweichungen dürfen nicht gegen Artikel 19 Abs. 2 verstoßen und müssen mit den in Artikel 79 Abs. 3 genannten Grundsätzen vereinbar sein.

[1] Gegenstandslos durch Vollzug.
[2] Nach Vereinigung der drei Länder durch das 2. NeugliederungsG v. 4.5.1951 (BGBl. I S. 284) seit dem 25.4.1952 „Baden-Württemberg".
[3] Korrekter Wortlaut gem. BGBl. 1949 S. 18 sowie BGBl. III Folge 6 (Stand 1.8.1959) und Folge 113 (Stand 31.12.1963); im BGBl. III Folge 132 (Stand 1.10.1969) fälschlich „Nationalismus".
[4] Wiedergegeben im Anschluss an Art. 146.
[5] Art. 143 Abs. 1 und 2 haben gem. Unterzeichnungsprotokoll zum EVertr. „[...] nur zeitliche Bedeutung; sie sind deshalb keine Vorgabe für die künftige Gesetzgebung."

Grundgesetz **Art. 143a–143c GG 1**

(2)[1] Abweichungen von den Abschnitten II, VIII, VIIIa, IX, X und XI sind längstens bis zum 31. Dezember 1995 zulässig.

(3) Unabhängig von Absatz 1 und 2 haben Artikel 41 des Einigungsvertrags und Regelungen zu seiner Durchführung auch insoweit Bestand, als sie vorsehen, daß Eingriffe in das Eigentum auf dem in Artikel 3 dieses Vertrags genannten Gebiet nicht mehr rückgängig gemacht werden.

Art. 143a [Übergangsvorschriften für Bundeseisenbahnen] (1) ¹Der Bund hat die ausschließliche Gesetzgebung über alle Angelegenheiten, die sich aus der Umwandlung der in bundeseigener Verwaltung geführten Bundeseisenbahnen in Wirtschaftsunternehmen ergeben.[2] ²Artikel 87e Abs. 5 findet entsprechende Anwendung. ³Beamte der Bundeseisenbahnen können durch Gesetz unter Wahrung ihrer Rechtsstellung und der Verantwortung des Dienstherrn einer privat-rechtlich organisierten Eisenbahn des Bundes zur Dienstleistung zugewiesen werden.

(2) Gesetze nach Absatz 1 führt der Bund aus.

(3)[3] ¹Die Erfüllung der Aufgaben im Bereich des Schienenpersonennahverkehrs der bisherigen Bundeseisenbahnen ist bis zum 31. Dezember 1995 Sache des Bundes. ²Dies gilt auch für die entsprechenden Aufgaben der Eisenbahnverkehrsverwaltung. ³Das Nähere wird durch Bundesgesetz geregelt, das der Zustimmung des Bundesrates bedarf.

Art. 143b [Umwandlung der Deutschen Bundespost] (1) ¹Das Sondervermögen Deutsche Bundespost wird nach Maßgabe eines Bundesgesetzes in Unternehmen privater Rechtsform umgewandelt. ²Der Bund hat die ausschließliche Gesetzgebung über alle sich hieraus ergebenden Angelegenheiten.

(2) ¹Die vor der Umwandlung bestehenden ausschließlichen Rechte des Bundes können durch Bundesgesetz für eine Übergangszeit den aus der Deutschen Bundespost POSTDIENST und der Deutschen Bundespost TELEKOM hervorgegangenen Unternehmen verliehen werden. ²Die Kapitalmehrheit am Nachfolgeunternehmen der Deutschen Bundespost POSTDIENST darf der Bund frühestens fünf Jahre nach Inkrafttreten des Gesetzes aufgeben. ³Dazu bedarf es eines Bundesgesetzes mit Zustimmung des Bundesrates.

(3) ¹Die bei der Deutschen Bundespost tätigen Bundesbeamten werden unter Wahrung ihrer Rechtsstellung und der Verantwortung des Dienstherrn bei den privaten Unternehmen beschäftigt. ²Die Unternehmen üben Dienstherrenbefugnisse aus. ³Das Nähere bestimmt ein Bundesgesetz.

Art. 143c[3] [Übergangsvorschriften wegen Wegfalls der Finanzhilfen durch den Bund] (1) ¹Den Ländern stehen ab dem 1. Januar 2007 bis zum 31. Dezember 2019 für den durch die Abschaffung der Gemeinschaftsaufgaben Ausbau und Neubau von Hochschulen einschließlich Hochschulkliniken und Bildungsplanung sowie für den durch die Abschaffung der Finanzhilfen zur Verbesserung der Verkehrsverhältnisse der Gemeinden und zur sozialen Wohnraumförderung bedingten Wegfall der Finanzierungsanteile des Bundes jährlich

[1] Art. 143 Abs. 1 und 2 haben gem. Unterzeichnungsprotokoll zum EVertr. „[…] nur zeitliche Bedeutung; sie sind deshalb keine Vorgabe für die künftige Gesetzgebung."
[2] Siehe das EisenbahnneuordnungsG v. 27.12.1993 (BGBl. I S. 2378), zuletzt geänd. durch G v. 8.7.2016 (BGBl. I S. 1594).
[3] Gegenstandslos durch Zeitablauf.

Beträge aus dem Haushalt des Bundes zu. ²Bis zum 31. Dezember 2013 werden diese Beträge aus dem Durchschnitt der Finanzierungsanteile des Bundes im Referenzzeitraum 2000 bis 2008 ermittelt.

(2) Die Beträge nach Absatz 1 werden auf die Länder bis zum 31. Dezember 2013 wie folgt verteilt:

1. als jährliche Festbeträge, deren Höhe sich nach dem Durchschnittsanteil eines jeden Landes im Zeitraum 2000 bis 2003 errechnet;
2. jeweils zweckgebunden an den Aufgabenbereich der bisherigen Mischfinanzierungen.

(3) ¹Bund und Länder überprüfen bis Ende 2013, in welcher Höhe die den Ländern nach Absatz 1 zugewiesenen Finanzierungsmittel zur Aufgabenerfüllung der Länder noch angemessen und erforderlich sind. ²Ab dem 1. Januar 2014 entfällt die nach Absatz 2 Nr. 2 vorgesehene Zweckbindung der nach Absatz 1 zugewiesenen Finanzierungsmittel; die investive Zweckbindung des Mittelvolumens bleibt bestehen. ³Die Vereinbarungen aus dem Solidarpakt II bleiben unberührt.

(4) Das Nähere regelt ein Bundesgesetz, das der Zustimmung des Bundesrates bedarf.

Art. 143d [Übergangsvorschriften zu Konsolidierungs- und Sanierungshilfen] (1)[1] ¹Artikel 109 und 115 in der bis zum 31. Juli 2009 geltenden Fassung sind letztmals auf das Haushaltsjahr 2010 anzuwenden. ²Artikel 109 und 115 in der ab dem 1. August 2009 geltenden Fassung sind erstmals für das Haushaltsjahr 2011 anzuwenden; am 31. Dezember 2010 bestehende Kreditermächtigungen für bereits eingerichtete Sondervermögen bleiben unberührt. ³Die Länder dürfen im Zeitraum vom 1. Januar 2011 bis zum 31. Dezember 2019 nach Maßgabe der geltenden landesrechtlichen Regelungen von den Vorgaben des Artikels 109 Absatz 3 abweichen. ⁴Die Haushalte der Länder sind so aufzustellen, dass im Haushaltsjahr 2020 die Vorgabe aus Artikel 109 Absatz 3 Satz 5 erfüllt wird. ⁵Der Bund kann im Zeitraum vom 1. Januar 2011 bis zum 31. Dezember 2015 von der Vorgabe des Artikels 115 Absatz 2 Satz 2 abweichen. ⁶Mit dem Abbau des bestehenden Defizits soll im Haushaltsjahr 2011 begonnen werden. ⁷Die jährlichen Haushalte sind so aufzustellen, dass im Haushaltsjahr 2016 die Vorgabe aus Artikel 115 Absatz 2 Satz 2 erfüllt wird; das Nähere regelt ein Bundesgesetz.

(2)[1] ¹Als Hilfe zur Einhaltung der Vorgaben des Artikels 109 Absatz 3 ab dem 1. Januar 2020 können den Ländern Berlin, Bremen, Saarland, Sachsen-Anhalt und Schleswig-Holstein für den Zeitraum 2011 bis 2019 Konsolidierungshilfen aus dem Haushalt des Bundes in Höhe von insgesamt 800 Millionen Euro jährlich gewährt werden. ²Davon entfallen auf Bremen 300 Millionen Euro, auf das Saarland 260 Millionen Euro und auf Berlin, Sachsen-Anhalt und Schleswig-Holstein jeweils 80 Millionen Euro. ³Die Hilfen werden auf der Grundlage einer Verwaltungsvereinbarung nach Maßgabe eines Bundesgesetzes mit Zustimmung des Bundesrates geleistet. ⁴Die Gewährung der Hilfen setzt einen vollständigen Abbau der Finanzierungsdefizite bis zum Jahresende 2020 voraus. ⁵Das Nähere, insbesondere die jährlichen Abbauschritte der Finanzierungsdefizite, die Überwachung des Abbaus der Finanzierungsdefizite durch

[1] Gegenstandslos durch Zeitablauf.

den Stabilitätsrat sowie die Konsequenzen im Falle der Nichteinhaltung der Abbauschritte, wird durch Bundesgesetz mit Zustimmung des Bundesrates und durch Verwaltungsvereinbarung geregelt. ⁶Die gleichzeitige Gewährung der Konsolidierungshilfen und Sanierungshilfen auf Grund einer extremen Haushaltsnotlage ist ausgeschlossen.

(3)¹⁾ ¹Die sich aus der Gewährung der Konsolidierungshilfen ergebende Finanzierungslast wird hälftig von Bund und Ländern, von letzteren aus ihrem Umsatzsteueranteil, getragen. ²Das Nähere wird durch Bundesgesetz mit Zustimmung des Bundesrates geregelt.

(4) ¹Als Hilfe zur künftig eigenständigen Einhaltung der Vorgaben des Artikels 109 Absatz 3 können den Ländern Bremen und Saarland ab dem 1. Januar 2020 Sanierungshilfen in Höhe von jährlich insgesamt 800 Millionen Euro aus dem Haushalt des Bundes gewährt werden. ²Die Länder ergreifen hierzu Maßnahmen zum Abbau der übermäßigen Verschuldung sowie zur Stärkung der Wirtschafts- und Finanzkraft. ³Das Nähere regelt ein Bundesgesetz, das der Zustimmung des Bundesrates bedarf. ⁴Die gleichzeitige Gewährung der Sanierungshilfen und Sanierungshilfen auf Grund einer extremen Haushaltsnotlage ist ausgeschlossen.

Art. 143e [Übergangsvorschrift wegen Umwandlung der Auftragsverwaltung für die Bundesautobahnen und Bundesstraßen in Bundesverwaltung] (1)¹⁾ ¹Die Bundesautobahnen werden abweichend von Artikel 90 Absatz 2 längstens bis zum 31. Dezember 2020 in Auftragsverwaltung durch die Länder oder die nach Landesrecht zuständigen Selbstverwaltungskörperschaften geführt. ²Der Bund regelt die Umwandlung der Auftragsverwaltung in Bundesverwaltung nach Artikel 90 Absatz 2 und 4 durch Bundesgesetz mit Zustimmung des Bundesrates.

(2)¹⁾ Auf Antrag eines Landes, das bis zum 31. Dezember 2018 zu stellen ist, übernimmt der Bund abweichend von Artikel 90 Absatz 4 die sonstigen Bundesstraßen des Fernverkehrs, soweit sie im Gebiet dieses Landes liegen, mit Wirkung zum 1. Januar 2021 in Bundesverwaltung.

(3) Durch Bundesgesetz mit Zustimmung des Bundesrates kann geregelt werden, dass ein Land auf Antrag die Aufgabe der Planfeststellung und Plangenehmigung für den Bau und für die Änderung von Bundesautobahnen und von sonstigen Bundesstraßen des Fernverkehrs, die der Bund nach Artikel 90 Absatz 4 oder Artikel 143e Absatz 2 in Bundesverwaltung übernommen hat, im Auftrage des Bundes übernimmt und unter welchen Voraussetzungen eine Rückübertragung erfolgen kann.

Art. 143f [Bedingtes Außerkrafttreten des Art. 143d GG, des FAG und sonstiger aufgrund von Art. 107 Abs. 2 GG erlassener Gesetze]

¹Artikel 143d, das Gesetz über den Finanzausgleich zwischen Bund und Ländern sowie sonstige auf der Grundlage von Artikel 107 Absatz 2 in seiner ab dem 1. Januar 2020 geltenden Fassung erlassene Gesetze treten außer Kraft, wenn nach dem 31. Dezember 2030 die Bundesregierung, der Bundestag oder gemeinsam mindestens drei Länder Verhandlungen über eine Neuordnung der bundesstaatlichen Finanzbeziehungen verlangt haben und mit Ablauf von fünf Jahren nach Notifikation des Verhandlungsverlangens der Bundesregierung, des

¹⁾ Gegenstandslos durch Zeitablauf.

1 GG Art. 143g–146, Art. 136 WRV Grundgesetz

Bundestages oder der Länder beim Bundespräsidenten keine gesetzliche Neuordnung der bundesstaatlichen Finanzbeziehungen in Kraft getreten ist. ²Der Tag des Außerkrafttretens ist im Bundesgesetzblatt bekannt zu geben.

Art. 143g[1)] **[Anwendung des Art. 107 GG]** Für die Regelung der Steuerertragsverteilung, des Länderfinanzausgleichs und der Bundesergänzungszuweisungen bis zum 31. Dezember 2019 ist Artikel 107 in seiner bis zum Inkrafttreten des Gesetzes zur Änderung des Grundgesetzes vom 13. Juli 2017 geltenden Fassung weiter anzuwenden.

Art. 143h *(außer Kraft)*

Art. 144[2)] **[Annahme des Grundgesetzes; Beschränkungen in der Anwendung des Grundgesetzes]** (1) Dieses Grundgesetz bedarf der Annahme durch die Volksvertretungen in zwei Dritteln der deutschen Länder, in denen es zunächst gelten soll.

(2) Soweit die Anwendung dieses Grundgesetzes in einem der in Artikel 23[3)] aufgeführten Länder oder in einem Teile eines dieser Länder Beschränkungen unterliegt, hat das Land oder der Teil des Landes das Recht, gemäß Artikel 38 Vertreter in den Bundestag und gemäß Artikel 50 Vertreter in den Bundesrat zu entsenden.

Art. 145 [Inkrafttreten des Grundgesetzes] (1) Der Parlamentarische Rat stellt in öffentlicher Sitzung unter Mitwirkung der Abgeordneten Groß-Berlins die Annahme dieses Grundgesetzes fest, fertigt es aus und verkündet es.

(2) Dieses Grundgesetz tritt mit Ablauf des Tages der Verkündung[4)] in Kraft.

(3) Es ist im Bundesgesetzblatte zu veröffentlichen.

Art. 146 [Geltungsdauer des Grundgesetzes] Dieses Grundgesetz, das nach Vollendung der Einheit und Freiheit Deutschlands für das gesamte deutsche Volk gilt, verliert seine Gültigkeit an dem Tage, an dem eine Verfassung in Kraft tritt, die von dem deutschen Volke in freier Entscheidung beschlossen worden ist.

[Anhang: Gemäß Art. 140 GG weitergeltende Artikel der Weimarer Reichsverfassung]

Art. 136 WRV [Religionsunabhängigkeit von Rechten und Pflichten]

(1) Die bürgerlichen und staatsbürgerlichen Rechte und Pflichten werden durch die Ausübung der Religionsfreiheit weder bedingt noch beschränkt.

(2) Der Genuß bürgerlicher und staatsbürgerlicher Rechte sowie die Zulassung zu öffentlichen Ämtern sind unabhängig von dem religiösen Bekenntnis.

(3) ¹Niemand ist verpflichtet, seine religiöse Überzeugung zu offenbaren. ²Die Behörden haben nur soweit das Recht, nach der Zugehörigkeit zu einer

[1)] Gegenstandslos durch Zeitablauf.
[2)] Gegenstandslos durch Vollzug.
[3)] Bezieht sich auf Art. 23 in der durch Art. 4 Nr. 2 EVertr. v. 31.8.1990 (BGBl. II S. 885, 889) aufgehobenen Fassung.
[4)] Verkündet am 23.5.1949.

Religionsgesellschaft zu fragen, als davon Rechte und Pflichten abhängen oder eine gesetzlich angeordnete statistische Erhebung dies erfordert.

(4) Niemand darf zu einer kirchlichen Handlung oder Feierlichkeit oder zur Teilnahme an religiösen Übungen oder zur Benutzung einer religiösen Eidesform gezwungen werden.

Art. 137 WRV [Religionsgesellschaften] (1) Es besteht keine Staatskirche.

(2) [1]Die Freiheit der Vereinigung zu Religionsgesellschaften wird gewährleistet. [2]Der Zusammenschluß von Religionsgesellschaften innerhalb des Reichsgebiets unterliegt keinen Beschränkungen.

(3) [1]Jede Religionsgesellschaft ordnet und verwaltet ihre Angelegenheiten selbständig innerhalb der Schranken des für alle geltenden Gesetzes. [2]Sie verleiht ihre Ämter ohne Mitwirkung des Staates oder der bürgerlichen Gemeinde.

(4) Religionsgesellschaften erwerben die Rechtsfähigkeit nach den allgemeinen Vorschriften des bürgerlichen Rechtes.

(5) [1]Die Religionsgesellschaften bleiben Körperschaften des öffentlichen Rechtes, soweit sie solche bisher waren. [2]Anderen Religionsgesellschaften sind auf ihren Antrag gleiche Rechte zu gewähren, wenn sie durch ihre Verfassung und die Zahl ihrer Mitglieder die Gewähr der Dauer bieten. [3]Schließen sich mehrere derartige öffentlich-rechtliche Religionsgesellschaften zu einem Verbande zusammen, so ist auch dieser Verband eine öffentlich-rechtliche Körperschaft.

(6) Die Religionsgesellschaften, welche Körperschaften des öffentlichen Rechtes sind, sind berechtigt, auf Grund der bürgerlichen Steuerlisten nach Maßgabe der landesrechtlichen Bestimmungen Steuern zu erheben.

(7) Den Religionsgesellschaften werden die Vereinigungen gleichgestellt, die sich die gemeinschaftliche Pflege einer Weltanschauung zur Aufgabe machen.

(8) Soweit die Durchführung dieser Bestimmungen eine weitere Regelung erfordert, liegt diese der Landesgesetzgebung ob.

Art. 138 WRV [Staatsleistungen; Kirchengut] (1) [1]Die auf Gesetz, Vertrag oder besonderen Rechtstiteln beruhenden Staatsleistungen an die Religionsgesellschaften werden durch die Landesgesetzgebung abgelöst. [2]Die Grundsätze hierfür stellt das Reich auf.

(2) Das Eigentum und andere Rechte der Religionsgesellschaften und religiösen Vereine an ihren für Kultus-, Unterrichts- und Wohltätigkeitszwecke bestimmten Anstalten, Stiftungen und sonstigen Vermögen werden gewährleistet.

Art. 139 WRV [Sonn- und Feiertagsruhe] Der Sonntag und die staatlich anerkannten Feiertage bleiben als Tage der Arbeitsruhe und der seelischen Erhebung gesetzlich geschützt.

Art. 141 WRV [Religiöse Handlungen in öffentlichen Anstalten]
Soweit das Bedürfnis nach Gottesdienst und Seelsorge im Heer, in Krankenhäusern, Strafanstalten oder sonstigen öffentlichen Anstalten besteht, sind die Religionsgesellschaften zur Vornahme religiöser Handlungen zuzulassen, wobei jeder Zwang fernzuhalten ist.

2. Gesetz über die Konvention zum Schutze der Menschenrechte und Grundfreiheiten[1]

Vom 7. August 1952

(BGBl. II S. 685, ber. S. 953)

FNB 184-1

Der Bundestag hat das folgende Gesetz beschlossen:

Art. I [Zustimmung] Der in Rom am 4. November 1950 von den Regierungen der Mitgliedstaaten des Europarates unterzeichneten Konvention zum Schutze der Menschenrechte und Grundfreiheiten wird zugestimmt.

Art. II [Veröffentlichung; Anerkennungen] (1) Die Konvention wird nachstehend mit Gesetzeskraft veröffentlicht.

(2) Die Bundesregierung wird ermächtigt, die Zuständigkeit der Kommission für Menschenrechte nach Artikel 25 der Konvention[2] anzuerkennen.

(3) Die Bundesregierung wird ermächtigt, die Gerichtsbarkeit des Europäischen Gerichtshofes für Menschenrechte nach Artikel 46 der Konvention in allen die Auslegung und Anwendung dieser Konvention betreffenden Angelegenheiten als obligatorisch anzuerkennen.

(4) Der Tag, an dem das Abkommen gemäß seinem Artikel 66 in Kraft tritt, ist im Bundesgesetzblatt bekanntzugeben.[3]

Art. III [Geltungsbereich der Konvention] Die Konvention gilt im gesamten Geltungsbereich des Grundgesetzes[4].

Art. IV [Inkrafttreten] Dieses Gesetz tritt am Tage nach seiner Verkündung[5] in Kraft.

[1] Verfahrensordnung hierzu siehe BGBl. 1977 II S. 1277.
[2] Nr. 3.
[3] Die Konvention ist gemäß Bekanntmachung vom 15.12.1953 (BGBl. 1954 II S. 14) für die Bundesrepublik am 3.9.1953 in Kraft getreten; danach gilt für die Bundesrepublik der Vorbehalt, dass Art. 7 Abs. 2 der Konvention nur in den Grenzen von Art. 103 Abs. 2 GG (Nr. **1**) angewendet wird.
[4] Nr. **1**.
[5] Verkündet am 22.8.1952.

3. Konvention zum Schutz der Menschenrechte und Grundfreiheiten

In der Fassung der Bekanntmachung vom 22. Oktober 2010[1)][2)]
(BGBl. II S. 1198)[3)]
geänd. durch 15. EMRK-Protokoll v. 24.6.2013[4)] (BGBl. 2014 II S. 1034, 1035)

(Übersetzung)

Die Unterzeichnerregierungen, Mitglieder des Europarats –

in Anbetracht der Allgemeinen Erklärung der Menschenrechte, die am 10. Dezember 1948 von der Generalversammlung der Vereinten Nationen verkündet worden ist;

in der Erwägung, dass diese Erklärung bezweckt, die universelle und wirksame Anerkennung und Einhaltung der in ihr aufgeführten Rechte zu gewährleisten;

in der Erwägung, dass es das Ziel des Europarats ist, eine engere Verbindung zwischen seinen Mitgliedern herzustellen, und dass eines der Mittel zur Erreichung dieses Zieles die Wahrung und Fortentwicklung der Menschenrechte und Grundfreiheiten ist;

in Bekräftigung ihres tiefen Glaubens an diese Grundfreiheiten, welche die Grundlage von Gerechtigkeit und Frieden in der Welt bilden und die am besten durch eine wahrhaft demokratische politische Ordnung sowie durch ein gemeinsames Verständnis und eine gemeinsame Achtung der diesen Grundfreiheiten zugrunde liegenden Menschenrechte gesichert werden;

entschlossen, als Regierungen europäischer Staaten, die vom gleichen Geist beseelt sind und ein gemeinsames Erbe an politischen Überlieferungen, Idealen, Achtung der Freiheit und Rechtsstaatlichkeit besitzen, die ersten Schritte auf dem Weg zu einer kollektiven Garantie bestimmter in der Allgemeinen Erklärung aufgeführter Rechte zu unternehmen;

in Bekräftigung dessen, dass es nach dem Grundsatz der Subsidiarität in erster Linie Aufgabe der Hohen Vertragsparteien ist, die Achtung der in dieser Konvention und den Protokollen dazu bestimmten Rechte und Freiheiten zu gewährleisten, und dass sie dabei über einen Ermessensspielraum verfügen, welcher der Kontrolle des durch diese Konvention errichteten Europäischen Gerichtshofs für Menschenrechte untersteht –

haben Folgendes vereinbart:

[1)] Neubekanntmachung der Europäischen Menschenrechtskonvention v. 4.11.1950 (BGBl. 1952 II S. 685, ber. S. 953) nach Art. 2 G v. 21.2.2006 (BGBl. II S. 138) in einer sprachlich überarbeiteten deutschen Übersetzung in der ab 1.6.2010 geltenden Fassung.
[2)] Vorbehalte und Erklärungen zu dieser Konvention sind in englischer und französischer Sprache auf der Webseite des Europarats unter www.conventions.coe.int einsehbar. Gleiches gilt für die ggf. gemäß Konvention zu benennenden Zentralen Behörden oder Kontaktstellen.
[3)] Internationale Quelle: UNTS Bd. 213 S. 221.
[4)] Die Bundesrepublik Deutschland hat dem Protokoll Nr. 15 zur Konvention zum Schutz der Menschenrechte und Grundfreiheiten zugestimmt, vgl. G v. 2.12.2014 (BGBl. II S. 1034). Das Protokoll tritt für die Bundesrepublik Deutschland am **1.8.2021** in Kraft; siehe hierzu die Bek. v. 3.5.2021 (BGBl. II S. 522).

Art. 1 Verpflichtung zur Achtung der Menschenrechte. Die Hohen Vertragsparteien sichern allen ihrer Hoheitsgewalt unterstehenden Personen die in Abschnitt I bestimmten Rechte und Freiheiten zu.

Abschnitt I. Rechte und Freiheiten

Art. 2 Recht auf Leben. (1) [1] Das Recht jedes Menschen auf Leben wird gesetzlich geschützt. [2] Niemand darf absichtlich getötet werden, außer durch Vollstreckung eines Todesurteils, das ein Gericht wegen eines Verbrechens verhängt hat, für das die Todesstrafe gesetzlich vorgesehen ist.

(2) Eine Tötung wird nicht als Verletzung dieses Artikels betrachtet, wenn sie durch eine Gewaltanwendung verursacht wird, die unbedingt erforderlich ist, um

a) jemanden gegen rechtswidrige Gewalt zu verteidigen;

b) jemanden rechtmäßig festzunehmen oder jemanden, dem die Freiheit rechtmäßig entzogen ist, an der Flucht zu hindern;

c) einen Aufruhr oder Aufstand rechtmäßig niederzuschlagen.

Art. 3 Verbot der Folter. Niemand darf der Folter oder unmenschlicher oder erniedrigender Behandlung oder Strafe unterworfen werden.

Art. 4 Verbot der Sklaverei und der Zwangsarbeit. (1) Niemand darf in Sklaverei oder Leibeigenschaft gehalten werden.

(2) Niemand darf gezwungen werden, Zwangs- oder Pflichtarbeit zu verrichten.

(3) Nicht als Zwangs- oder Pflichtarbeit im Sinne dieses Artikels gilt:

a) eine Arbeit, die üblicherweise von einer Person verlangt wird, der unter den Voraussetzungen des Artikels 5 die Freiheit entzogen oder die bedingt entlassen worden ist;

b) eine Dienstleistung militärischer Art oder eine Dienstleistung, die an die Stelle des im Rahmen der Wehrpflicht zu leistenden Dienstes tritt, in Ländern, wo die Dienstverweigerung aus Gewissensgründen anerkannt ist;

c) eine Dienstleistung, die verlangt wird, wenn Notstände oder Katastrophen das Leben oder das Wohl der Gemeinschaft bedrohen;

d) eine Arbeit oder Dienstleistung, die zu den üblichen Bürgerpflichten gehört.

Art. 5 Recht auf Freiheit und Sicherheit. (1) [1] Jede Person hat das Recht auf Freiheit und Sicherheit. [2] Die Freiheit darf nur in den folgenden Fällen und nur auf die gesetzlich vorgeschriebene Weise entzogen werden:

a) rechtmäßige Freiheitsentziehung[1] nach Verurteilung durch ein zuständiges Gericht;

b) rechtmäßige Festnahme oder Freiheitsentziehung[1] wegen Nichtbefolgung einer rechtmäßigen gerichtlichen Anordnung oder zur Erzwingung der Erfüllung einer gesetzlichen Verpflichtung;

c) rechtmäßige Festnahme oder Freiheitsentziehung[1] zur Vorführung vor die zuständige Gerichtsbehörde, wenn hinreichender Verdacht besteht, dass die

[1] Österreich und Schweiz: rechtmäßiger Freiheitsentzug.

betreffende Person eine Straftat begangen hat, oder wenn begründeter Anlass zu der Annahme besteht, dass es notwendig ist, sie an der Begehung einer Straftat oder an der Flucht nach Begehung einer solchen zu hindern;

d) rechtmäßige Freiheitsentziehung[1] bei Minderjährigen zum Zweck überwachter Erziehung oder zur Vorführung vor die zuständige Behörde;

e) rechtmäßige Freiheitsentziehung[1] mit dem Ziel, eine Verbreitung ansteckender Krankheiten zu verhindern, sowie bei psychisch Kranken, Alkohol- oder Rauschgiftsüchtigen und Landstreichern;

f) rechtmäßige Festnahme oder Freiheitsentziehung[1] zur Verhinderung der unerlaubten Einreise sowie bei Personen, gegen die ein Ausweisungs- oder Auslieferungsverfahren im Gange ist.

(2) Jeder festgenommenen Person muss innerhalb möglichst kurzer Frist in einer ihr verständlichen Sprache mitgeteilt werden, welches die Gründe für ihre Festnahme sind und welche Beschuldigungen gegen sie erhoben werden.

(3) ¹Jede Person, die nach Absatz 1 Buchstabe c von Festnahme oder Freiheitsentziehung[2] betroffen ist, muss unverzüglich einem Richter oder einer anderen gesetzlich zur Wahrnehmung richterlicher Aufgaben ermächtigten Person vorgeführt werden; sie hat Anspruch auf ein Urteil innerhalb angemessener Frist oder auf Entlassung während des Verfahrens. ²Die Entlassung kann von der Leistung einer Sicherheit für das Erscheinen vor Gericht abhängig gemacht werden.

(4) Jede Person, die festgenommen oder der die Freiheit entzogen ist, hat das Recht zu beantragen, dass ein Gericht innerhalb kurzer Frist über die Rechtmäßigkeit der Freiheitsentziehung[3] entscheidet und ihre Entlassung anordnet, wenn die Freiheitsentziehung[4] nicht rechtmäßig ist.

(5) Jede Person, die unter Verletzung dieses Artikels von Festnahme oder Freiheitsentziehung[2] betroffen ist, hat Anspruch auf Schadensersatz.

Art. 6 Recht auf ein faires Verfahren. (1) ¹Jede Person hat ein Recht darauf, dass über Streitigkeiten in Bezug auf ihre zivilrechtlichen Ansprüche und Verpflichtungen oder über eine gegen sie erhobene strafrechtliche Anklage von einem unabhängigen und unparteiischen, auf Gesetz beruhenden Gericht in einem fairen Verfahren, öffentlich und innerhalb angemessener Frist verhandelt wird. ²Das Urteil muss öffentlich verkündet werden; Presse und Öffentlichkeit können jedoch während des ganzen oder eines Teiles des Verfahrens ausgeschlossen werden, wenn dies im Interesse der Moral, der öffentlichen Ordnung oder der nationalen Sicherheit in einer demokratischen Gesellschaft liegt, wenn die Interessen von Jugendlichen oder der Schutz des Privatlebens der Prozessparteien es verlangen oder – soweit das Gericht es für unbedingt erforderlich hält – wenn unter besonderen Umständen eine öffentliche Verhandlung die Interessen der Rechtspflege beeinträchtigen würde.

(2) Jede Person, die einer Straftat angeklagt ist, gilt bis zum gesetzlichen Beweis ihrer Schuld als unschuldig.

[1] Österreich und Schweiz: rechtmäßiger Freiheitsentzug.
[2] Österreich und Schweiz: Freiheitsentzug.
[3] Österreich und Schweiz: des Freiheitsentzuges.
[4] Österreich und Schweiz: der Freiheitsentzug.

(3) Jede angeklagte Person hat mindestens[1] folgende Rechte:
a) innerhalb möglichst kurzer Frist in einer ihr verständlichen Sprache in allen Einzelheiten über Art und Grund der gegen sie erhobenen Beschuldigung unterrichtet zu werden;
b) ausreichende Zeit und Gelegenheit zur Vorbereitung ihrer Verteidigung zu haben;
c) sich selbst zu verteidigen, sich durch einen Verteidiger ihrer Wahl verteidigen zu lassen oder, falls ihr die Mittel zur Bezahlung fehlen, unentgeltlich den Beistand eines Verteidigers zu erhalten, wenn dies im Interesse der Rechtspflege erforderlich ist;
d) Fragen an Belastungszeugen zu stellen oder stellen zu lassen und die Ladung und Vernehmung von Entlastungszeugen unter denselben Bedingungen zu erwirken, wie sie für Belastungszeugen gelten;
e) unentgeltliche Unterstützung durch einen Dolmetscher zu erhalten, wenn sie die Verhandlungssprache des Gerichts nicht versteht oder spricht.

Art. 7 Keine Strafe ohne Gesetz. (1) [1]Niemand darf wegen einer Handlung oder Unterlassung verurteilt werden, die zur Zeit ihrer Begehung nach innerstaatlichem oder internationalem Recht nicht strafbar war. [2]Es darf auch keine schwerere als die zur Zeit der Begehung angedrohte Strafe verhängt werden.

(2)[2] Dieser Artikel schließt nicht aus, dass jemand wegen einer Handlung oder Unterlassung verurteilt oder bestraft wird, die zur Zeit ihrer Begehung nach den von den zivilisierten Völkern anerkannten allgemeinen Rechtsgrundsätzen strafbar war.

Art. 8 Recht auf Achtung des Privat- und Familienlebens. (1) Jede Person hat das Recht auf Achtung ihres Privat- und Familienlebens, ihrer Wohnung und ihrer Korrespondenz.

(2) Eine Behörde darf in die Ausübung dieses Rechts nur eingreifen, soweit der Eingriff gesetzlich vorgesehen und in einer demokratischen Gesellschaft notwendig ist für die nationale oder öffentliche Sicherheit, für das wirtschaftliche Wohl des Landes, zur Aufrechterhaltung der Ordnung, zur Verhütung von Straftaten, zum Schutz der Gesundheit oder der Moral oder zum Schutz der Rechte und Freiheiten anderer.

Art. 9 Gedanken-, Gewissens- und Religionsfreiheit. (1) Jede Person hat das Recht auf Gedanken-, Gewissens- und Religionsfreiheit; dieses Recht umfasst die Freiheit, seine Religion oder Weltanschauung zu wechseln, und die Freiheit, seine Religion oder Weltanschauung einzeln oder gemeinsam mit anderen öffentlich oder privat durch Gottesdienst, Unterricht oder Praktizieren von Bräuchen und Riten zu bekennen.

(2) Die Freiheit, seine Religion oder Weltanschauung zu bekennen, darf nur Einschränkungen unterworfen werden, die gesetzlich vorgesehen und in einer

[1] Der Wortlaut der englischen Fassung ist: „minimum rights"; in der franz. Sprachfassung heißt es: „notamment".

[2] Bezüglich Art. 7 Abs. 2 hat die Bundesregierung mit Zustimmung des Bundestages und des Bundesrates den nach Art. 57 der Konvention zulässigen Vorbehalt gemacht, dass auf jeden Fall die Grenzen von Art. 103 Abs. 2 GG gewahrt werden, siehe hierzu die Bek. v. 15.12.1953 (BGBl. 1954 II S. 14).

demokratischen Gesellschaft notwendig sind für die öffentliche Sicherheit, zum Schutz der öffentlichen Ordnung, Gesundheit oder Moral oder zum Schutz der Rechte und Freiheiten anderer.

Art. 10 Freiheit der Meinungsäußerung. (1) [1]Jede Person hat das Recht auf freie Meinungsäußerung. [2]Dieses Recht schließt die Meinungsfreiheit und die Freiheit ein, Informationen und Ideen ohne behördliche Eingriffe und ohne Rücksicht auf Staatsgrenzen zu empfangen und weiterzugeben. [3]Dieser Artikel hindert die Staaten nicht, für Hörfunk-[1], Fernseh- oder Kinounternehmen eine Genehmigung vorzuschreiben.

(2) Die Ausübung dieser Freiheiten ist mit Pflichten und Verantwortung verbunden; sie kann daher Formvorschriften, Bedingungen, Einschränkungen oder Strafdrohungen unterworfen werden, die gesetzlich vorgesehen und in einer demokratischen Gesellschaft notwendig sind für die nationale Sicherheit, die territoriale Unversehrtheit oder die öffentliche Sicherheit, zur Aufrechterhaltung der Ordnung oder zur Verhütung von Straftaten, zum Schutz der Gesundheit oder der Moral, zum Schutz des guten Rufes oder der Rechte anderer, zur Verhinderung der Verbreitung vertraulicher Informationen oder zur Wahrung der Autorität und der Unparteilichkeit der Rechtsprechung.

Art. 11 Versammlungs- und Vereinigungsfreiheit. (1) Jede Person hat das Recht, sich frei und friedlich mit anderen zu versammeln und sich frei mit anderen zusammenzuschließen; dazu gehört auch das Recht, zum Schutz seiner Interessen Gewerkschaften zu gründen und Gewerkschaften beizutreten.

(2) [1]Die Ausübung dieser Rechte darf nur Einschränkungen unterworfen werden, die gesetzlich vorgesehen und in einer demokratischen Gesellschaft notwendig sind für die nationale oder öffentliche Sicherheit, zur Aufrechterhaltung der Ordnung oder zur Verhütung von Straftaten, zum Schutz der Gesundheit oder der Moral oder zum Schutz der Rechte und Freiheiten anderer. [2]Dieser Artikel steht rechtmäßigen Einschränkungen der Ausübung dieser Rechte für Angehörige der Streitkräfte, der Polizei oder der Staatsverwaltung nicht entgegen.

Art. 12 Recht auf Eheschließung. Männer und Frauen im heiratsfähigen Alter haben das Recht, nach den innerstaatlichen Gesetzen, welche die Ausübung dieses Rechts regeln, eine Ehe einzugehen und eine Familie zu gründen.

Art. 13 Recht auf wirksame Beschwerde. Jede Person, die in ihren in dieser Konvention anerkannten Rechten oder Freiheiten verletzt worden ist, hat das Recht, bei einer innerstaatlichen Instanz eine wirksame Beschwerde zu erheben, auch wenn die Verletzung von Personen begangen worden ist, die in amtlicher Eigenschaft gehandelt haben.

Art. 14 Diskriminierungsverbot. Der Genuss der in dieser Konvention anerkannten Rechte und Freiheiten ist ohne Diskriminierung insbesondere wegen des Geschlechts, der Rasse, der Hautfarbe, der Sprache, der Religion, der politischen oder sonstigen Anschauung, der nationalen oder sozialen Her-

[1] Schweiz und Liechtenstein: Radio.

kunft, der Zugehörigkeit zu einer nationalen Minderheit, des Vermögens, der Geburt oder eines sonstigen Status zu gewährleisten.

Art. 15 Abweichen im Notstandsfall. (1) Wird das Leben der Nation durch Krieg oder einen anderen öffentlichen Notstand bedroht, so kann jede Hohe Vertragspartei Maßnahmen treffen, die von den in dieser Konvention vorgesehenen Verpflichtungen abweichen, jedoch nur, soweit es die Lage unbedingt erfordert und wenn die Maßnahmen nicht in Widerspruch zu den sonstigen völkerrechtlichen Verpflichtungen der Vertragspartei stehen.

(2) Aufgrund des Absatzes 1 darf von Artikel 2 nur bei Todesfällen infolge rechtmäßiger Kriegshandlungen und von Artikel 3, Artikel 4 Absatz 1 und Artikel 7 in keinem Fall abgewichen werden.

(3) [1] Jede Hohe Vertragspartei, die dieses Recht auf Abweichung ausübt, unterrichtet den Generalsekretär des Europarats umfassend über die getroffenen Maßnahmen und deren Gründe. [2] Sie unterrichtet den Generalsekretär des Europarats auch über den Zeitpunkt, zu dem diese Maßnahmen außer Kraft getreten sind und die Konvention wieder volle Anwendung findet.

Art. 16 Beschränkungen der politischen Tätigkeit ausländischer Personen. Die Artikel 10, 11 und 14 sind nicht so auszulegen, als untersagten sie den Hohen Vertragsparteien, die politische Tätigkeit ausländischer Personen zu beschränken.

Art. 17 Verbot des Missbrauchs der Rechte. Diese Konvention ist nicht so auszulegen, als begründe sie für einen Staat, eine Gruppe oder eine Person das Recht, eine Tätigkeit auszuüben oder eine Handlung vorzunehmen, die darauf abzielt, die in der Konvention festgelegten Rechte und Freiheiten abzuschaffen oder sie stärker einzuschränken, als es in der Konvention vorgesehen ist.

Art. 18 Begrenzung der Rechtseinschränkungen. Die nach dieser Konvention zulässigen Einschränkungen der genannten Rechte und Freiheiten dürfen nur zu den vorgesehenen Zwecken erfolgen.

Abschnitt II. Europäischer Gerichtshof für Menschenrechte

Art. 19 Errichtung des Gerichtshofs. [1] Um die Einhaltung der Verpflichtungen sicherzustellen, welche die Hohen Vertragsparteien in dieser Konvention und den Protokollen dazu übernommen haben, wird ein Europäischer Gerichtshof für Menschenrechte, im Folgenden als „Gerichtshof" bezeichnet, errichtet. [2] Er nimmt seine Aufgaben als ständiger Gerichtshof wahr.

Art. 20 Zahl der Richter. Die Zahl der Richter des Gerichtshofs entspricht derjenigen der Hohen Vertragsparteien.

Art. 21 Voraussetzungen für das Amt. (1) Die Richter müssen hohes sittliches Ansehen genießen und entweder die für die Ausübung hoher richterlicher Ämter erforderlichen Voraussetzungen erfüllen oder Rechtsgelehrte von anerkanntem Ruf sein.

und Grundfreiheiten **Art. 22–25 EMRK 3**

(2)[1] Die Kandidaten dürfen zu dem Zeitpunkt, zu dem die Liste von drei Kandidaten nach Artikel 22 bei der Parlamentarischen Versammlung eingehen soll, das 65. Lebensjahr nicht vollendet haben.

(3) Die Richter gehören dem Gerichtshof in ihrer persönlichen Eigenschaft an.

(4) Während ihrer Amtszeit dürfen die Richter keine Tätigkeit ausüben, die mit ihrer Unabhängigkeit, ihrer Unparteilichkeit oder mit den Erfordernissen der Vollzeitbeschäftigung in diesem Amt unvereinbar ist; alle Fragen, die sich aus der Anwendung dieses Absatzes ergeben, werden vom Gerichtshof entschieden.

Art. 22 Wahl der Richter. Die Richter werden von der Parlamentarischen Versammlung für jede Hohe Vertragspartei mit der Mehrheit der abgegebenen Stimmen aus einer Liste von drei Kandidaten gewählt, die von der Hohen Vertragspartei vorgeschlagen werden.

Art. 23 Amtszeit und Entlassung. (1) [1] Die Richter werden für neun Jahre gewählt. [2] Ihre Wiederwahl ist nicht zulässig.

(2)[2] [1] Die Richter bleiben bis zum Amtsantritt ihrer Nachfolger im Amt. [2] Sie bleiben jedoch in den Rechtssachen tätig, mit denen sie bereits befasst sind.

(3)[2] Ein Richter kann nur entlassen werden, wenn die anderen Richter mit Zweidrittelmehrheit entscheiden, dass er die erforderlichen Voraussetzungen nicht mehr erfüllt.

Art. 24 Kanzlei und Berichterstatter. (1) Der Gerichtshof hat eine Kanzlei, deren Aufgaben und Organisation in der Verfahrensordnung des Gerichtshofs festgelegt werden.

(2) [1] Wenn der Gerichtshof in Einzelrichterbesetzung tagt, wird er von Berichterstattern unterstützt, die ihre Aufgaben unter der Aufsicht des Präsidenten des Gerichtshofs ausüben. [2] Sie gehören der Kanzlei des Gerichtshofs an.

Art. 25 Plenum des Gerichtshofs. Das Plenum des Gerichtshofs

a) wählt seinen Präsidenten und einen oder zwei Vizepräsidenten für drei Jahre; ihre Wiederwahl ist zulässig;

b) bildet Kammern für einen bestimmten Zeitraum;

c) wählt die Präsidenten der Kammern des Gerichtshofs; ihre Wiederwahl ist zulässig;

d) beschließt die Verfahrensordnung des Gerichtshofs;

e) wählt den Kanzler und einen oder mehrere stellvertretende Kanzler;

f) stellt Anträge nach Artikel 26 Absatz 2.

[1] Gem. Art. 8 Abs. 1 des 15. EMRK-Protokolls v. 24.6.2013 (BGBl. 2014 II S. 1034, 1035) gelten die Änderungen in Art. 21 nur für Kandidaten auf Listen, die nach dem Inkrafttreten dieses Protokolls der Parlamentarischen Versammlung gemäß Art. 22 der Konvention vorgelegt werden.
[2] Gem. Art. 8 Abs. 1 des 15. EMRK-Protokolls v. 24.6.2013 (BGBl. 2014 II S. 1034, 1035) gelten die Änderungen in Art. 23 nur für Kandidaten auf Listen, die nach dem Inkrafttreten dieses Protokolls der Parlamentarischen Versammlung gemäß Art. 22 der Konvention vorgelegt werden.

Art. 26 Einzelrichterbesetzung, Ausschüsse, Kammern und Große Kammer. (1) ¹Zur Prüfung der Rechtssachen, die bei ihm anhängig gemacht werden, tagt der Gerichtshof in Einzelrichterbesetzung, in Ausschüssen mit drei Richtern, in Kammern mit sieben Richtern und in einer Großen Kammer mit siebzehn Richtern. ²Die Kammern des Gerichtshofs bilden die Ausschüsse für einen bestimmten Zeitraum.

(2) Auf Antrag des Plenums des Gerichtshofs kann die Anzahl der Richter je Kammer für einen bestimmten Zeitraum durch einstimmigen Beschluss des Ministerkomitees auf fünf herabgesetzt werden.

(3) Ein Richter, der als Einzelrichter tagt, prüft keine Beschwerde gegen die Hohe Vertragspartei, für die er gewählt worden ist.

(4) ¹Der Kammer und der Großen Kammer gehört von Amts wegen der für eine als Partei beteiligte Hohe Vertragspartei gewählte Richter an. ²Wenn ein solcher nicht vorhanden ist oder er an den Sitzungen nicht teilnehmen kann, nimmt eine Person in der Eigenschaft eines Richters an den Sitzungen teil, die der Präsident des Gerichtshofs aus einer Liste auswählt, welche ihm die betreffende Vertragspartei vorab unterbreitet hat.

(5) ¹Der Großen Kammer gehören ferner der Präsident des Gerichtshofs, die Vizepräsidenten, die Präsidenten der Kammern und andere nach der Verfahrensordnung des Gerichtshofs ausgewählte Richter an. ²Wird eine Rechtssache nach Artikel 43 an die Große Kammer verwiesen, so dürfen Richter der Kammer, die das Urteil gefällt hat, der Großen Kammer nicht angehören; das gilt nicht für den Präsidenten der Kammer und den Richter, welcher in der Kammer für die als Partei beteiligte Hohe Vertragspartei mitgewirkt hat.

Art. 27 Befugnisse des Einzelrichters. (1) Ein Einzelrichter kann eine nach Artikel 34 erhobene Beschwerde für unzulässig erklären oder im Register streichen, wenn eine solche Entscheidung ohne weitere Prüfung getroffen werden kann.

(2) Die Entscheidung ist endgültig.

(3) Erklärt der Einzelrichter eine Beschwerde nicht für unzulässig und streicht er sie auch nicht im Register des Gerichtshofs, so übermittelt er sie zur weiteren Prüfung an einen Ausschuss oder eine Kammer.

Art. 28 Befugnisse der Ausschüsse. (1) Ein Ausschuss, der mit einer nach Artikel 34 erhobenen Beschwerde befasst wird, kann diese durch einstimmigen Beschluss

a) für unzulässig erklären oder im Register streichen, wenn eine solche Entscheidung ohne weitere Prüfung getroffen werden kann; oder

b) für zulässig erklären und zugleich ein Urteil über die Begründetheit fällen, sofern die der Rechtssache zugrunde liegende Frage der Auslegung oder Anwendung dieser Konvention oder der Protokolle dazu Gegenstand einer gefestigten Rechtsprechung des Gerichtshofs ist.

(2) Die Entscheidungen und Urteile nach Absatz 1 sind endgültig.

(3) Ist der für die als Partei beteiligte Hohe Vertragspartei gewählte Richter nicht Mitglied des Ausschusses, so kann er von Letzterem jederzeit während des Verfahrens eingeladen werden, den Sitz eines Mitglieds im Ausschuss einzunehmen; der Ausschuss hat dabei alle erheblichen Umstände einschließlich

der Frage, ob diese Vertragspartei der Anwendung des Verfahrens nach Absatz 1 Buchstabe b entgegengetreten ist, zu berücksichtigen.

Art. 29 Entscheidungen der Kammern über die Zulässigkeit und Begründetheit. (1) ¹Ergeht weder eine Entscheidung nach Artikel 27 oder 28 noch ein Urteil nach Artikel 28, so entscheidet eine Kammer über die Zulässigkeit und Begründetheit der nach Artikel 34 erhobenen Beschwerden. ²Die Entscheidung über die Zulässigkeit kann gesondert ergehen.

(2) ¹Eine Kammer entscheidet über die Zulässigkeit und Begründetheit der nach Artikel 33 erhobenen Staatenbeschwerden. ²Die Entscheidung über die Zulässigkeit ergeht gesondert, sofern der Gerichtshof in Ausnahmefällen nicht anders entscheidet.

Art. 30[1) Abgabe der Rechtssache an die Große Kammer. Wirft eine bei einer Kammer anhängige Rechtssache eine schwerwiegende Frage der Auslegung dieser Konvention oder der Protokolle dazu auf oder kann die Entscheidung einer ihr vorliegenden Frage zu einer Abweichung von einem früheren Urteil des Gerichtshofs führen, so kann die Kammer diese Sache jederzeit, bevor sie ihr Urteil gefällt hat, an die Große Kammer abgeben.

Art. 31 Befugnisse der Großen Kammer. Die Große Kammer

a) entscheidet über nach Artikel 33 oder Artikel 34 erhobene Beschwerden, wenn eine Kammer die Rechtssache nach Artikel 30 an sie abgegeben hat oder wenn die Sache nach Artikel 43 an sie verwiesen worden ist,

b) entscheidet über Fragen, mit denen der Gerichtshof durch das Ministerkomitee nach Artikel 46 Absatz 4 befasst wird, und

c) behandelt Anträge nach Artikel 47 auf Erstattung von Gutachten.

Art. 32 Zuständigkeit des Gerichtshofs. (1) Die Zuständigkeit des Gerichtshofs umfasst alle die Auslegung und Anwendung dieser Konvention und der Protokolle dazu betreffenden Angelegenheiten, mit denen er nach den Artikeln 33, 34, 46 und 47 befasst wird.

(2) Besteht Streit über die Zuständigkeit des Gerichtshofs, so entscheidet der Gerichtshof.

Art. 33 Staatenbeschwerden. Jede Hohe Vertragspartei kann den Gerichtshof wegen jeder behaupteten Verletzung dieser Konvention und der Protokolle dazu durch eine andere Hohe Vertragspartei anrufen.

Art. 34 Individualbeschwerden. ¹Der Gerichtshof kann von jeder natürlichen Person, nichtstaatlichen Organisation oder Personengruppe, die behauptet, durch eine der Hohen Vertragsparteien in einem der in dieser Konvention oder den Protokollen dazu anerkannten Rechte verletzt zu sein, mit einer Beschwerde befasst werden. ²Die Hohen Vertragsparteien verpflichten sich, die wirksame Ausübung dieses Rechts nicht zu behindern.

[1)] Gem. Art. 8 Abs. 2 des 15. EMRK-Protokolls v. 24.6.2013 (BGBl. 2014 II S. 1034, 1035) gilt die Änderung nicht für anhängige Rechtssachen, bei denen eine der Parteien vor dem Inkrafttreten dieses Protokolls dem Vorschlag einer Kammer des Gerichtshofs widersprochen hat, die Rechtssache an die Große Kammer abzugeben.

Art. 35 Zulässigkeitsvoraussetzungen. (1)[1] Der Gerichtshof kann sich mit einer Angelegenheit erst nach Erschöpfung aller innerstaatlichen Rechtsbehelfe[2] in Übereinstimmung mit den allgemein anerkannten Grundsätzen des Völkerrechts und nur innerhalb einer Frist von vier Monaten nach der endgültigen innerstaatlichen Entscheidung befassen.

(2) Der Gerichtshof befasst sich nicht mit einer nach Artikel 34 erhobenen Individualbeschwerde, die

a) anonym ist oder

b) im Wesentlichen mit einer schon vorher vom Gerichtshof geprüften Beschwerde übereinstimmt oder schon einer anderen internationalen Untersuchungs- oder Vergleichsinstanz unterbreitet worden ist und keine neuen Tatsachen enthält.

(3) Der Gerichtshof erklärt eine nach Artikel 34 erhobene Individualbeschwerde für unzulässig,

a) wenn er sie für unvereinbar mit dieser Konvention oder den Protokollen dazu, für offensichtlich unbegründet oder für missbräuchlich hält oder

b)[1] wenn er der Ansicht ist, dass dem Beschwerdeführer kein erheblicher Nachteil entstanden ist, es sei denn, die Achtung der Menschenrechte, wie sie in dieser Konvention und den Protokollen dazu anerkannt sind, erfordert eine Prüfung der Begründetheit der Beschwerde.

(4) [1]Der Gerichtshof weist eine Beschwerde zurück, die er nach diesem Artikel für unzulässig hält. [2]Er kann dies in jedem Stadium des Verfahrens tun.

Art. 36 Beteiligung Dritter. (1) In allen bei einer Kammer oder der Großen Kammer anhängigen Rechtssachen ist die Hohe Vertragspartei, deren Staatsangehörigkeit der Beschwerdeführer besitzt, berechtigt, schriftliche Stellungnahmen abzugeben und an den mündlichen Verhandlungen teilzunehmen.

(2) Im Interesse der Rechtspflege kann der Präsident des Gerichtshofs jeder Hohen Vertragspartei, die in dem Verfahren nicht Partei ist, oder jeder betroffenen Person, die nicht Beschwerdeführer ist, Gelegenheit geben, schriftlich Stellung zu nehmen oder an den mündlichen Verhandlungen teilzunehmen.

(3) In allen bei einer Kammer oder der Großen Kammer anhängigen Rechtssachen kann der Kommissar für Menschenrechte des Europarats schriftliche Stellungnahmen abgeben und an den mündlichen Verhandlungen teilnehmen.

[1] Gem. Art. 8 Abs. 3 des 15. EMRK-Protokolls v. 24.6.2013 (BGBl. 2014 II S. 1034, 1035) tritt diese Änderung nach Ablauf eines Zeitabschnitts von sechs Monaten nach dem Inkrafttreten dieses Protokolls in Kraft. Die Änderung gilt nicht für Beschwerden, bei denen die endgültige Entscheidung im Sinne des Art. 35 Abs. 1 der Konvention vor dem Inkrafttreten des Art. 4 dieses Protokolls ergangen ist.
[2] Vorbehalt Österreichs, „Rechtsmittel" zu setzen.

Art. 37 Streichung von Beschwerden. (1) ¹Der Gerichtshof kann jederzeit während des Verfahrens entscheiden, eine Beschwerde in seinem Register zu streichen, wenn die Umstände Grund zur Annahme geben, dass

a) der Beschwerdeführer seine Beschwerde nicht weiterzuverfolgen beabsichtigt;
b) die Streitigkeit einer Lösung zugeführt worden ist oder
c) eine weitere Prüfung der Beschwerde aus anderen vom Gerichtshof festgestellten Gründen nicht gerechtfertigt ist.

²Der Gerichtshof setzt jedoch die Prüfung der Beschwerde fort, wenn die Achtung der Menschenrechte, wie sie in dieser Konvention und den Protokollen dazu anerkannt sind, dies erfordert.

(2) Der Gerichtshof kann die Wiedereintragung einer Beschwerde in sein Register anordnen, wenn er dies den Umständen nach für gerechtfertigt hält.

Art. 38 Prüfung der Rechtssache. Der Gerichtshof prüft die Rechtssache mit den Vertretern der Parteien und nimmt, falls erforderlich, Ermittlungen vor; die betreffenden Hohen Vertragsparteien haben alle zur wirksamen Durchführung der Ermittlungen erforderlichen Erleichterungen zu gewähren.

Art. 39 Gütliche Einigung. (1) Der Gerichtshof kann sich jederzeit während des Verfahrens zur Verfügung der Parteien halten mit dem Ziel, eine gütliche Einigung auf der Grundlage der Achtung der Menschenrechte, wie sie in dieser Konvention und den Protokollen dazu anerkannt sind, zu erreichen.

(2) Das Verfahren nach Absatz 1 ist vertraulich.

(3) Im Fall einer gütlichen Einigung streicht der Gerichtshof durch eine Entscheidung, die sich auf eine kurze Angabe des Sachverhalts und der erzielten Lösung beschränkt, die Rechtssache in seinem Register.

(4) Diese Entscheidung ist dem Ministerkomitee zuzuleiten; dieses überwacht die Durchführung der gütlichen Einigung, wie sie in der Entscheidung festgehalten wird.

Art. 40 Öffentliche Verhandlung und Akteneinsicht. (1) Die Verhandlung ist öffentlich, soweit nicht der Gerichtshof auf Grund besonderer Umstände anders entscheidet.

(2) Die beim Kanzler verwahrten Schriftstücke sind der Öffentlichkeit zugänglich, soweit nicht der Präsident des Gerichtshofs anders entscheidet.

Art. 41 Gerechte Entschädigung. Stellt der Gerichtshof fest, dass diese Konvention oder die Protokolle dazu verletzt worden sind, und gestattet das innerstaatliche Recht der Hohen Vertragspartei nur eine unvollkommene Wiedergutmachung für die Folgen dieser Verletzung, so spricht der Gerichtshof der verletzten Partei eine gerechte Entschädigung zu, wenn dies notwendig ist.

Art. 42 Urteile der Kammern. Urteile der Kammern werden nach Maßgabe des Artikels 44 Absatz 2 endgültig.

Art. 43 Verweisung an die Große Kammer. (1) Innerhalb von drei Monaten nach dem Datum des Urteils der Kammer kann jede Partei in Ausnahmefällen die Verweisung der Rechtssache an die Große Kammer beantragen.

(2) Ein Ausschuss von fünf Richtern der Großen Kammer nimmt den Antrag an, wenn die Rechtssache eine schwerwiegende Frage der Auslegung oder Anwendung dieser Konvention oder der Protokolle dazu oder eine schwerwiegende Frage von allgemeiner Bedeutung aufwirft.

(3) Nimmt der Ausschuss den Antrag an, so entscheidet die Große Kammer die Sache durch Urteil.

Art. 44 Endgültige Urteile. (1) Das Urteil der Großen Kammer ist endgültig.

(2) Das Urteil einer Kammer wird endgültig,

a) wenn die Parteien erklären, dass sie die Verweisung der Rechtssache an die Große Kammer nicht beantragen werden;

b) drei Monate nach dem Datum des Urteils, wenn nicht die Verweisung der Rechtssache an die Große Kammer beantragt worden ist; oder

c) wenn der Ausschuss der Großen Kammer den Antrag auf Verweisung nach Artikel 43 abgelehnt hat.

(3) Das endgültige Urteil wird veröffentlicht.

Art. 45 Begründung der Urteile und Entscheidungen. (1) Urteile sowie Entscheidungen, mit denen Beschwerden für zulässig oder für unzulässig erklärt werden, werden begründet.

(2) Bringt ein Urteil ganz oder teilweise nicht die übereinstimmende Meinung der Richter zum Ausdruck, so ist jeder Richter berechtigt, seine abweichende Meinung darzulegen.

Art. 46 Verbindlichkeit und Durchführung[1] der Urteile. (1) Die Hohen Vertragsparteien verpflichten sich, in allen Rechtssachen, in denen sie Partei sind, das endgültige Urteil des Gerichtshofs zu befolgen.

(2) Das endgültige Urteil des Gerichtshofs ist dem Ministerkomitee zuzuleiten; dieses überwacht seine Durchführung.

(3) [1] Wird die Überwachung der Durchführung eines endgültigen Urteils nach Auffassung des Ministerkomitees durch eine Frage betreffend die Auslegung dieses Urteils behindert, so kann das Ministerkomitee den Gerichtshof anrufen, damit er über diese Auslegungsfrage entscheidet. [2] Der Beschluss des Ministerkomitees, den Gerichtshof anzurufen, bedarf der Zweidrittelmehrheit der Stimmen der zur Teilnahme an den Sitzungen des Komitees berechtigten Mitglieder.

(4) Weigert sich eine Hohe Vertragspartei nach Auffassung des Ministerkomitees, in einer Rechtssache, in der sie Partei ist, ein endgültiges Urteil des Gerichtshofs zu befolgen, so kann das Ministerkomitee, nachdem es die betreffende Partei gemahnt hat, durch einen mit Zweidrittelmehrheit der Stimmen der zur Teilnahme an den Sitzungen des Komitees berechtigten Mitglieder gefassten Beschluss den Gerichtshof mit der Frage befassen, ob diese Partei ihrer Verpflichtung nach Absatz 1 nachgekommen ist.

(5) [1] Stellt der Gerichtshof eine Verletzung des Absatzes 1 fest, so weist er die Rechtssache zur Prüfung der zu treffenden Maßnahmen an das Ministerkomitee zurück. [2] Stellt der Gerichtshof fest, dass keine Verletzung des Absatzes 1

[1] Schweiz: Vollzug.

vorliegt, so weist er die Rechtssache an das Ministerkomitee zurück; dieses beschließt die Einstellung seiner Prüfung.

Art. 47 Gutachten. (1) Der Gerichtshof kann auf Antrag des Ministerkomitees Gutachten über Rechtsfragen erstatten, welche die Auslegung dieser Konvention und der Protokolle dazu betreffen.

(2) Diese Gutachten dürfen keine Fragen zum Gegenstand haben, die sich auf den Inhalt oder das Ausmaß der in Abschnitt I dieser Konvention und in den Protokollen dazu anerkannten Rechte und Freiheiten beziehen, noch andere Fragen, über die der Gerichtshof oder das Ministerkomitee auf Grund eines nach dieser Konvention eingeleiteten Verfahrens zu entscheiden haben könnte.

(3) Der Beschluss des Ministerkomitees, ein Gutachten beim Gerichtshof zu beantragen, bedarf der Mehrheit der Stimmen der zur Teilnahme an den Sitzungen des Komitees berechtigten Mitglieder.

Art. 48 Gutachterliche Zuständigkeit des Gerichtshofs. Der Gerichtshof entscheidet, ob ein vom Ministerkomitee gestellter Antrag auf Erstattung eines Gutachtens in seine Zuständigkeit nach Artikel 47 fällt.

Art. 49 Begründung der Gutachten. (1) Die Gutachten des Gerichtshofs werden begründet.

(2) Bringt das Gutachten ganz oder teilweise nicht die übereinstimmende Meinung der Richter zum Ausdruck, so ist jeder Richter berechtigt, seine abweichende Meinung darzulegen.

(3) Die Gutachten des Gerichtshofs werden dem Ministerkomitee übermittelt.

Art. 50 Kosten des Gerichtshofs. Die Kosten des Gerichtshofs werden vom Europarat getragen.

Art. 51 Vorrechte[1] und Immunitäten der Richter. Die Richter genießen bei der Ausübung ihres Amtes die Vorrechte[1] und Immunitäten, die in Artikel 40 der Satzung des Europarats und den auf Grund jenes Artikels geschlossenen Übereinkünften vorgesehen sind.

Abschnitt III. Verschiedene Bestimmungen

Art. 52 Anfragen des Generalsekretärs. Auf Anfrage des Generalsekretärs des Europarats erläutert jede Hohe Vertragspartei, auf welche Weise die wirksame Anwendung aller Bestimmungen dieser Konvention in ihrem innerstaatlichen Recht gewährleistet wird.

Art. 53 Wahrung anerkannter Menschenrechte. Diese Konvention ist nicht so auszulegen, als beschränke oder beeinträchtige sie Menschenrechte und Grundfreiheiten, die in den Gesetzen einer Hohen Vertragspartei oder in einer anderen Übereinkunft, deren Vertragspartei sie ist, anerkannt werden.

[1] Österreich und Schweiz: Privilegien.

Art. 54 Befugnisse des Ministerkomitees. Diese Konvention berührt nicht die dem Ministerkomitee durch die Satzung des Europarats übertragenen Befugnisse.

Art. 55 Ausschluss anderer Verfahren zur Streitbeilegung. Die Hohen Vertragsparteien kommen überein, dass sie sich vorbehaltlich besonderer Vereinbarungen nicht auf die zwischen ihnen geltenden Verträge, sonstigen Übereinkünfte oder Erklärungen berufen werden, um eine Streitigkeit über die Auslegung oder Anwendung dieser Konvention einem anderen als dem in der Konvention vorgesehenen Beschwerdeverfahren zur Beilegung zu unterstellen.

Art. 56 Räumlicher Geltungsbereich. (1) Jeder Staat kann bei der Ratifikation oder jederzeit danach durch eine an den Generalsekretär des Europarats gerichtete Notifikation erklären, dass diese Konvention vorbehaltlich des Absatzes 4 auf alle oder einzelne Hoheitsgebiete Anwendung findet, für deren internationale Beziehungen er verantwortlich ist.[1]

(2) Die Konvention findet auf jedes in der Erklärung bezeichnete Hoheitsgebiet ab dem dreißigsten Tag nach Eingang der Notifikation beim Generalsekretär des Europarats Anwendung.

(3) In den genannten Hoheitsgebieten wird diese Konvention unter Berücksichtigung der örtlichen Notwendigkeiten angewendet.

(4) Jeder Staat, der eine Erklärung nach Absatz 1 abgegeben hat, kann jederzeit danach für eines oder mehrere der in der Erklärung bezeichneten Hoheitsgebiete erklären, dass er die Zuständigkeit des Gerichtshofs für die Entgegennahme von Beschwerden von natürlichen Personen, nichtstaatlichen Organisationen oder Personengruppen nach Artikel 34 anerkennt.

Art. 57 Vorbehalte. (1) [1]Jeder Staat kann bei der Unterzeichnung dieser Konvention oder bei der Hinterlegung seiner Ratifikationsurkunde einen Vorbehalt zu einzelnen Bestimmungen der Konvention anbringen, soweit ein zu dieser Zeit in seinem Hoheitsgebiet geltendes Gesetz mit der betreffenden Bestimmung nicht übereinstimmt.[2] [2]Vorbehalte allgemeiner Art sind nach diesem Artikel nicht zulässig.

(2) Jeder nach diesem Artikel angebrachte Vorbehalt muss mit einer kurzen Darstellung des betreffenden Gesetzes verbunden sein.

Art. 58 Kündigung. (1) Eine Hohe Vertragspartei kann diese Konvention frühestens fünf Jahre nach dem Tag, an dem sie Vertragspartei geworden ist, unter Einhaltung einer Kündigungsfrist von sechs Monaten durch eine an den Generalsekretär des Europarats gerichtete Notifikation kündigen; dieser unterrichtet die anderen Hohen Vertragsparteien.

(2) Die Kündigung befreit die Hohe Vertragspartei nicht von ihren Verpflichtungen aus dieser Konvention in Bezug auf Handlungen, die sie vor dem

[1] Die Konvention findet Anwendung auf folgende Gebiete, für deren internationale Beziehungen Vertragsstaaten verantwortlich sind (vgl. BGBl. 1966 II S. 773; 1970 II S. 1016): Surinam und Niederländische Antillen auf Grund einer Erklärung der niederländischen Regierung mWv 31.12.1955 (unter Ausschluss des Art. 6 Abs. 3 Buchst. c); Grönland auf Grund einer Erklärung der dänischen Regierung mWv 3.9.1953; die sog. abhängigen Gebiete Großbritanniens auf Grund einer Erklärung der britischen Regierung v. 3.4.1984 (BGBl. II S. 564).
[2] Zum Vorbehalt der Bundesrepublik Deutschland v. 5.12.1952 siehe Fußnote zu Art. 7 Abs. 2.

und Grundfreiheiten **Art. 59, Anl. EMRK 3**

Wirksamwerden der Kündigung vorgenommen hat und die möglicherweise eine Verletzung dieser Verpflichtungen darstellen.

(3) Mit derselben Maßgabe scheidet eine Hohe Vertragspartei, deren Mitgliedschaft im Europarat endet, als Vertragspartei dieser Konvention aus.

(4) Die Konvention kann in Bezug auf jedes Hoheitsgebiet, auf das sie durch eine Erklärung nach Artikel 56 anwendbar geworden ist, nach den Absätzen 1 bis 3 gekündigt werden.

Art. 59 Unterzeichnung und Ratifikation. (1) [1]Diese Konvention liegt für die Mitglieder des Europarats zur Unterzeichnung auf. [2]Sie bedarf der Ratifikation. [3]Die Ratifikationsurkunden werden beim Generalsekretär des Europarats hinterlegt.

(2) Die Europäische Union kann dieser Konvention beitreten.

(3) Diese Konvention tritt nach Hinterlegung von zehn Ratifikationsurkunden in Kraft.

(4) Für jeden Unterzeichner, der die Konvention später ratifiziert, tritt sie mit der Hinterlegung seiner Ratifikationsurkunde in Kraft.[1]

(5) [1]Der Generalsekretär des Europarats notifiziert allen Mitgliedern des Europarats das Inkrafttreten der Konvention, die Namen der Hohen Vertragsparteien, die sie ratifiziert haben, und jede spätere Hinterlegung einer Ratifikationsurkunde.

Geschehen zu Rom am 4. November 1950 in englischer und französischer Sprache, wobei jeder Wortlaut gleichermaßen verbindlich[2] ist, in einer Urschrift, die im Archiv des Europarats hinterlegt wird. Der Generalsekretär übermittelt allen Unterzeichnern beglaubigte Abschriften.[3]

Nichtamtliche Anlage. Geltungsbereich[4]

Vertragsparteien	Konvention in Kraft am	BGBl. Jg.	S.
Albanien	2. 10. 1996	97 II	1738
Andorra	22. 1. 1996	97 II	733
Armenien	26. 4. 2002	03 II	1575
Aserbaidschan	15. 4. 2002	03 II	1575
Belgien	14. 6. 1955	55 II	832
Bosnien und Herzegowina	12. 7. 2002	03 II	1575
Bulgarien	7. 9. 1992	93 II	808
Dänemark	3. 9. 1953	54 II	14
Estland	16. 4. 1996	97 II	733
Finnland	10. 5. 1990	90 II	806
Frankreich	3. 5. 1974	75 II	1346
Georgien	20. 5. 1999	03 II	1575
Griechenland	28. 11. 1974	75 II	1144

[1] Inkrafttreten für die Bundesrepublik Deutschland am 3.9.1953 gem. Bek. v. 15.12.1953 (BGBl. 1954 II S. 14). Zum weiteren Geltungsbereich siehe die Übersicht in der nichtamtlichen Anlage.
[2] Österreich: authentisch.
[3] Die Verkündungsformel ist in der Neubekanntmachung amtlich nicht mehr enthalten.
[4] Nach FNB Stand 31.12.2014, redaktionell fortgeführt.

3 EMRK Anl. Europäische Menschenrechtskonvention

Vertragsparteien	Konvention in Kraft am	BGBl. Jg.	S.
Irland	3. 9. 1953	54 II	14
Island	3. 9. 1953	54 II	14
Italien	26. 10. 1955	55 II	942
Kroatien	5. 11. 1997	98 II	898
Lettland	27. 6. 1997	98 II	898
Liechtenstein	8. 9. 1982	83 II	628
Litauen	20. 6. 1995	97 II	733
Luxemburg	3. 9. 1953	54 II	14
Malta	23. 1. 1967	67 II	2051
Moldau, Republik	12. 9. 1997	98 II	898
Monaco	30. 11. 2005	09 II	358
Montenegro	6. 6. 2006	09 II	358
Niederlande	31. 8. 1954	54 II	1044
Nordmazedonien	10. 4. 1997	97 II	1738
Norwegen	3. 9. 1953	54 II	14
Österreich	3. 9. 1958	59 II	107
Polen	19. 1. 1993	93 II	808
Portugal	9. 11. 1978	79 II	1040
Rumänien	20. 6. 1994	94 II	3623
Russische Föderation	5. 5. 1998	98 II	2932
San Marino	22. 3. 1989	89 II	619
Schweden	3. 9. 1953	54 II	14
Schweiz	28. 11. 1974	75 II	910
Serbien	3. 3. 2004	05 II	87
Slowakei	1. 1. 1993	94 II	352
Slowenien	28. 6. 1994	94 II	3623
Spanien	4. 10. 1979	86 II	78
Tschechische Republik	1. 1. 1993	94 II	352
Tschechoslowakei, ehemalige	18. 3. 1992	92 II	1064
Türkei	18. 5. 1954	54 II	719
Ukraine	11. 9. 1997	98 II	898
Ungarn	5. 11. 1992	93 II	808
Vereinigtes Königreich	3. 9. 1953	54 II	14
Zypern	6. 10. 1962	68 II	847

4. Zusatzprotokoll zur Konvention zum Schutz der Menschenrechte und Grundfreiheiten

In der Fassung der Bekanntmachung vom 22. Oktober 2010[1]
(BGBl. II S. 1198, 1218)

(Übersetzung)

Die Unterzeichnerregierungen, Mitglieder des Europarats –
entschlossen, Maßnahmen zur kollektiven Gewährleistung gewisser Rechte und Freiheiten zu treffen, die in Abschnitt I der am 4. November 1950 in Rom unterzeichneten Konvention zum Schutz der Menschenrechte und Grundfreiheiten[2] (im Folgenden als „Konvention" bezeichnet) noch nicht enthalten sind –

haben Folgendes vereinbart:

Art. 1 Schutz des Eigentums. *[1]* [1]Jede natürliche oder juristische Person hat das Recht auf Achtung ihres Eigentums. [2]Niemandem darf sein Eigentum entzogen werden, es sei denn, dass das öffentliche Interesse es verlangt, und nur unter den durch Gesetz und durch die allgemeinen Grundsätze des Völkerrechts vorgesehenen Bedingungen.

[2] Absatz 1 beeinträchtigt jedoch nicht das Recht des Staates, diejenigen Gesetze anzuwenden, die er für die Regelung der Benutzung des Eigentums im Einklang mit dem Allgemeininteresse oder zur Sicherung der Zahlung der Steuern oder sonstigen Abgaben oder von Geldstrafen für erforderlich hält.

Art. 2 Recht auf Bildung. [1]Niemandem darf das Recht auf Bildung verwehrt werden. [2]Der Staat hat bei Ausübung der von ihm auf dem Gebiet der Erziehung und des Unterrichts übernommenen Aufgaben das Recht der Eltern zu achten, die Erziehung und den Unterricht entsprechend ihren eigenen religiösen und weltanschaulichen Überzeugungen sicherzustellen.

Art. 3 Recht auf freie Wahlen. Die Hohen Vertragsparteien verpflichten sich, in angemessenen Zeitabständen freie und geheime Wahlen unter Bedingungen abzuhalten, welche die freie Äußerung der Meinung des Volkes bei der Wahl der gesetzgebenden Körperschaften gewährleisten.

Art. 4 Räumlicher Geltungsbereich. *[1]* Jede Hohe Vertragspartei kann im Zeitpunkt der Unterzeichnung oder Ratifikation dieses Protokolls oder zu jedem späteren Zeitpunkt an den Generalsekretär des Europarats eine Erklärung darüber richten, in welchem Umfang sie sich zur Anwendung dieses Protokolls auf die in der Erklärung angegebenen Hoheitsgebiete verpflichtet, für deren internationale Beziehungen sie verantwortlich ist.

[2] Jede Hohe Vertragspartei, die eine Erklärung nach Absatz 1 abgegeben hat, kann jederzeit eine weitere Erklärung abgeben, die den Inhalt einer

[1] Neubekanntmachung des Zusatzprotokolls v. 20.3.1952 (BGBl. 1956 II S. 1879, 1880) in einer sprachlich überarbeiteten deutschen Übersetzung in der ab 1.6.2010 geltenden Fassung.
[2] Nr. 3.

früheren Erklärung ändert oder die Anwendung der Bestimmungen dieses Protokolls auf irgendein Hoheitsgebiet beendet.

[3] Eine nach diesem Artikel abgegebene Erklärung gilt als eine Erklärung im Sinne des Artikels 56 Absatz 1 der Konvention[1].

Art. 5 Verhältnis zur Konvention. Die Hohen Vertragsparteien betrachten die Artikel 1, 2, 3 und 4 dieses Protokolls als Zusatzartikel zur Konvention[1]; alle Bestimmungen der Konvention sind dementsprechend anzuwenden.

Art. 6 Unterzeichnung und Ratifikation. *[1]* [1]Dieses Protokoll liegt für die Mitglieder des Europarats, die Unterzeichner der Konvention[1] sind, zur Unterzeichnung auf; es wird gleichzeitig mit der Konvention oder zu einem späteren Zeitpunkt ratifiziert. [2]Es tritt nach Hinterlegung von zehn Ratifikationsurkunden in Kraft. [3]Für jeden Unterzeichner, der das Protokoll später ratifiziert, tritt es mit der Hinterlegung seiner Ratifikationsurkunde in Kraft.[2]

[2] Die Ratifikationsurkunden werden beim Generalsekretär des Europarats hinterlegt, der allen Mitgliedern die Namen derjenigen Staaten, die das Protokoll ratifiziert haben, notifiziert.

Geschehen zu Paris am 20. März 1952 in englischer und französischer Sprache, wobei jeder Wortlaut gleichermaßen verbindlich ist, in einer Urschrift, die im Archiv des Europarats hinterlegt wird. Der Generalsekretär übermittelt allen Unterzeichnerregierungen beglaubigte Abschriften.

[1] Nr. 3.
[2] Inkrafttreten für die Bundesrepublik Deutschland gemäß Bek. v. 13.4.1957 (BGBl. I S. 226) am 13.2.1957. Zum weiteren Geltungsbereich siehe die Übersicht in der nichtamtlichen Anlage.

5. Protokoll Nr. 4 zur Konvention zum Schutz der Menschenrechte und Grundfreiheiten, durch das gewisse Rechte und Freiheiten gewährleistet werden, die nicht bereits in der Konvention oder im ersten Zusatzprotokoll enthalten sind

In der Fassung der Bekanntmachung vom 22. Oktober 2010[1]
(BGBl. II S. 1198, 1220)

(Übersetzung)

Die Unterzeichnerregierungen, Mitglieder des Europarats –

entschlossen, Maßnahmen zur kollektiven Gewährleistung gewisser Rechte und Freiheiten zu treffen, die in Abschnitt I der am 4. November 1950 in Rom unterzeichneten Konvention zum Schutz der Menschenrechte und Grundfreiheiten[2] (im Folgenden als „Konvention" bezeichnet) und in den Artikeln 1 bis 3 des am 20. März 1952 in Paris unterzeichneten ersten Zusatzprotokolls zur Konvention[3] noch nicht enthalten sind –

haben Folgendes vereinbart:

Art. 1 Verbot der Freiheitsentziehung wegen Schulden. Niemandem darf die Freiheit allein deshalb entzogen werden, weil er nicht in der Lage ist, eine vertragliche Verpflichtung zu erfüllen.

Art. 2 Freizügigkeit. (1) Jede Person, die sich rechtmäßig im Hoheitsgebiet eines Staates aufhält, hat das Recht, sich dort frei zu bewegen und ihren Wohnsitz frei zu wählen.

(2) Jeder Person steht es frei, jedes Land, einschließlich des eigenen, zu verlassen.

(3) Die Ausübung dieser Rechte darf nur Einschränkungen unterworfen werden, die gesetzlich vorgesehen und in einer demokratischen Gesellschaft notwendig sind für die nationale oder öffentliche Sicherheit, zur Aufrechterhaltung der öffentlichen Ordnung, zur Verhütung von Straftaten, zum Schutz der Gesundheit oder der Moral oder zum Schutz der Rechte und Freiheiten anderer.

(4) Die in Absatz 1 anerkannten Rechte können ferner für bestimmte Gebiete Einschränkungen unterworfen werden, die gesetzlich vorgesehen und in einer demokratischen Gesellschaft durch das öffentliche Interesse gerechtfertigt sind.

Art. 3 Verbot der Ausweisung eigener Staatsangehöriger. (1) Niemand darf durch eine Einzel- oder Kollektivmaßnahme aus dem Hoheitsgebiet des Staates ausgewiesen werden, dessen Angehöriger er ist.

[1] Neubekanntmachung des Protokolls Nr. 4 v. 16.9.1963 (BGBl. 1968 II S. 422, 423) in einer sprachlich überarbeiteten deutschen Übersetzung in der ab 1.6.2010 geltenden Fassung.
[2] Nr. 3.
[3] Nr. 4.

(2) Niemandem darf das Recht entzogen werden, in das Hoheitsgebiet des Staates einzureisen, dessen Angehöriger er ist.

Art. 4 Verbot der Kollektivausweisung ausländischer Personen. Kollektivausweisungen ausländischer Personen sind nicht zulässig.

Art. 5 Räumlicher Geltungsbereich. (1) Jede Hohe Vertragspartei kann im Zeitpunkt der Unterzeichnung oder Ratifikation dieses Protokolls oder zu jedem späteren Zeitpunkt an den Generalsekretär des Europarats eine Erklärung darüber richten, in welchem Umfang sie sich zur Anwendung dieses Protokolls auf die in der Erklärung angegebenen Hoheitsgebiete verpflichtet, für deren internationale Beziehungen sie verantwortlich ist.

(2) Jede Hohe Vertragspartei, die eine Erklärung nach Absatz 1 abgegeben hat, kann jederzeit eine weitere Erklärung abgeben, die den Inhalt einer früheren Erklärung ändert oder die Anwendung der Bestimmungen dieses Protokolls auf irgendein Hoheitsgebiet beendet.

(3) Eine nach diesem Artikel abgegebene Erklärung gilt als eine Erklärung im Sinne des Artikels 56 Absatz 1 der Konvention[1].

(4) Das Hoheitsgebiet eines Staates, auf das dieses Protokoll aufgrund der Ratifikation oder Annahme durch diesen Staat Anwendung findet, und jedes Hoheitsgebiet, auf welches das Protokoll aufgrund einer von diesem Staat nach diesem Artikel abgegebenen Erklärung Anwendung findet, werden als getrennte Hoheitsgebiete betrachtet, soweit die Artikel 2 und 3 auf das Hoheitsgebiet eines Staates Bezug nehmen.

(5) Jeder Staat, der eine Erklärung nach Absatz 1 oder 2 abgegeben hat, kann jederzeit danach für eines oder mehrere der in der Erklärung bezeichneten Hoheitsgebiete erklären, dass er die Zuständigkeit des Gerichtshofs, Beschwerden von natürlichen Personen, nichtstaatlichen Organisationen oder Personengruppen nach Artikel 34 der Konvention entgegenzunehmen, für die Artikel 1 bis 4 dieses Protokolls insgesamt oder für einzelne dieser Artikel annimmt.

Art. 6 Verhältnis zur Konvention[1]. Die Hohen Vertragsparteien betrachten die Artikel 1 bis 5 dieses Protokolls als Zusatzartikel zur Konvention; alle Bestimmungen der Konvention sind dementsprechend anzuwenden.

Art. 7 Unterzeichnung und Ratifikation. (1) [1]Dieses Protokoll liegt für die Mitglieder des Europarats, die Unterzeichner der Konvention[1] sind, zur Unterzeichnung auf; es wird gleichzeitig mit der Konvention oder zu einem späteren Zeitpunkt ratifiziert. [2]Es tritt nach Hinterlegung von fünf Ratifikationsurkunden in Kraft. [3]Für jeden Unterzeichner, der das Protokoll später ratifiziert, tritt es mit der Hinterlegung der Ratifikationsurkunde in Kraft.[2]

(2) Die Ratifikationsurkunden werden beim Generalsekretär des Europarats hinterlegt, der allen Mitgliedern die Namen derjenigen Staaten, die das Protokoll ratifiziert haben, notifiziert.

[1] Nr. 3.
[2] Inkrafttreten für die Bundesrepublik Deutschland gemäß Bek. v. 18.11.1968 (BGBl. II S. 1109) am 1.6.1968. Zum weiteren Geltungsbereich siehe die Übersicht in der nichtamtlichen Anlage.

Zu Urkund dessen haben die hierzu gehörig befugten Unterzeichneten dieses Protokoll unterschrieben.

Geschehen zu Straßburg am 16. September 1963 in englischer und französischer Sprache, wobei jeder Wortlaut gleichermaßen verbindlich ist, in einer Urschrift, die im Archiv des Europarats hinterlegt wird. Der Generalsekretär übermittelt allen Unterzeichnerstaaten beglaubigte Abschriften.

… # 6. Protokoll Nr. 6 zur Konvention zum Schutz der Menschenrechte und Grundfreiheiten über die Abschaffung der Todesstrafe

In der Fassung der Bekanntmachung vom 22. Oktober 2010[1]
(BGBl. II S. 1198, 1223)

(Übersetzung)

Die Mitgliedstaaten des Europarats, die dieses Protokoll zu der am 4. November 1950 in Rom unterzeichneten Konvention zum Schutz der Menschenrechte und Grundfreiheiten[2] (im Folgenden als „Konvention" bezeichnet) unterzeichnen –

in der Erwägung, dass die in verschiedenen Mitgliedstaaten des Europarats eingetretene Entwicklung eine allgemeine Tendenz zugunsten der Abschaffung der Todesstrafe zum Ausdruck bringt –

haben Folgendes vereinbart:

Art. 1 Abschaffung der Todesstrafe. [1] Die Todesstrafe ist abgeschafft. [2] Niemand darf zu dieser Strafe verurteilt oder hingerichtet werden.

Art. 2 Todesstrafe in Kriegszeiten. [1] Ein Staat kann in seinem Recht die Todesstrafe für Taten vorsehen, die in Kriegszeiten oder bei unmittelbarer Kriegsgefahr begangen werden; diese Strafe darf nur in den Fällen, die im Recht vorgesehen sind, und in Übereinstimmung mit dessen Bestimmungen angewendet werden. [2] Der Staat übermittelt dem Generalsekretär des Europarats die einschlägigen Rechtsvorschriften.

Art. 3 Verbot des Abweichens. Von diesem Protokoll darf nicht nach Artikel 15 der Konvention[2] abgewichen werden.

Art. 4 Verbot von Vorbehalten. Vorbehalte nach Artikel 57 der Konvention[2] zu Bestimmungen dieses Protokolls sind nicht zulässig.

Art. 5 Räumlicher Geltungsbereich. (1) Jeder Staat kann bei der Unterzeichnung oder bei der Hinterlegung seiner Ratifikations-, Annahme- oder Genehmigungsurkunde einzelne oder mehrere Hoheitsgebiete bezeichnen, auf die dieses Protokoll Anwendung findet.

(2) [1] Jeder Staat kann jederzeit danach durch eine an den Generalsekretär des Europarats gerichtete Erklärung die Anwendung dieses Protokolls auf jedes weitere in der Erklärung bezeichnete Hoheitsgebiet erstrecken. [2] Das Protokoll tritt für dieses Hoheitsgebiet am ersten Tag des Monats in Kraft, der auf den Eingang der Erklärung beim Generalsekretär folgt.

(3) [1] Jede nach den Absätzen 1 und 2 abgegebene Erklärung kann in Bezug auf jedes darin bezeichnete Hoheitsgebiet durch eine an den Generalsekretär

[1] Neubekanntmachung des Protokolls Nr. 6 v. 28.4.1983 (BGBl. 1988 II S. 662, 663) in einer sprachlich überarbeiteten deutschen Übersetzung in der ab 1.6.2010 geltenden Fassung.
[2] Nr. 3.

gerichtete Notifikation zurückgenommen werden. ²Die Rücknahme wird am ersten Tag des Monats wirksam, der auf den Eingang der Notifikation beim Generalsekretär folgt.

Art. 6 Verhältnis zur Konvention[1]**.** Die Vertragsstaaten betrachten die Artikel 1 bis 5 dieses Protokolls als Zusatzartikel zur Konvention; alle Bestimmungen der Konvention sind dementsprechend anzuwenden.

Art. 7 Unterzeichnung und Ratifikation. ¹Dieses Protokoll liegt für die Mitgliedstaaten des Europarats, welche die Konvention[1] unterzeichnet haben, zur Unterzeichnung auf. ²Es bedarf der Ratifikation, Annahme oder Genehmigung. ³Ein Mitgliedstaat des Europarats kann dieses Protokoll nur ratifizieren, annehmen oder genehmigen, wenn er die Konvention gleichzeitig ratifiziert oder sie früher ratifiziert hat. ⁴Die Ratifikations-, Annahme- oder Genehmigungsurkunden werden beim Generalsekretär des Europarats hinterlegt.

Art. 8 Inkrafttreten. (1) Dieses Protokoll tritt am ersten Tag des Monats in Kraft, der auf den Tag folgt, an dem fünf Mitgliedstaaten des Europarats nach Artikel 7 ihre Zustimmung ausgedrückt haben, durch das Protokoll gebunden zu sein.

(2) Für jeden Mitgliedstaat, der später seine Zustimmung ausdrückt, durch das Protokoll gebunden zu sein, tritt es am ersten Tag des Monats in Kraft, der auf die Hinterlegung der Ratifikations-, Annahme- oder Genehmigungsurkunde folgt.[2]

Art. 9 Aufgaben des Verwahrers. Der Generalsekretär des Europarats notifiziert den Mitgliedstaaten des Rates

a) jede Unterzeichnung;

b) jede Hinterlegung einer Ratifikations-, Annahme- oder Genehmigungsurkunde;

c) jeden Zeitpunkt des Inkrafttretens dieses Protokolls nach den Artikeln 5 und 8;

d) jede andere Handlung, Notifikation oder Mitteilung im Zusammenhang mit diesem Protokoll.

Zu Urkund dessen haben die hierzu gehörig befugten Unterzeichneten dieses Protokoll unterschrieben.

Geschehen zu Straßburg am 28. April 1983 in englischer und französischer Sprache, wobei jeder Wortlaut gleichermaßen verbindlich[3] ist, in einer Urschrift, die im Archiv des Europarats hinterlegt wird. Der Generalsekretär des Europarats übermittelt allen Mitgliedstaaten des Europarats beglaubigte Abschriften.

[1] Nr. **3**.
[2] Inkrafttreten für die Bundesrepublik Deutschland gemäß Bek. v. 27.9.1989 (BGBl. II S. 814) am 1.8.1989. Zum weiteren Geltungsbereich siehe die Übersicht in der nichtamtlichen Anlage.
[3] Österreich: authentisch.

7. Protokoll Nr. 13 zur Konvention zum Schutz der Menschenrechte und Grundfreiheiten über die vollständige Abschaffung der Todesstrafe

In der Fassung der Bekanntmachung vom 22. Oktober 2010[1]
(BGBl. II S. 1198, 1226)

(Übersetzung)

Die Mitgliedstaaten des Europarats, die dieses Protokoll unterzeichnen,

in der Überzeugung, dass in einer demokratischen Gesellschaft das Recht jedes Menschen auf Leben einen Grundwert darstellt und die Abschaffung der Todesstrafe für den Schutz dieses Rechts und für die volle Anerkennung der allen Menschen innewohnenden Würde von wesentlicher Bedeutung ist;

in dem Wunsch, den Schutz des Rechts auf Leben, der durch die am 4. November 1950 in Rom unterzeichnete Konvention zum Schutz der Menschenrechte und Grundfreiheiten[2] (im Folgenden als „Konvention" bezeichnet) gewährleistet wird, zu stärken;

in Anbetracht dessen, dass das Protokoll Nr. 6 zur Konvention über die Abschaffung der Todesstrafe[3], das am 28. April 1983 in Straßburg unterzeichnet wurde, die Todesstrafe nicht für Taten ausschließt, die in Kriegszeiten oder bei unmittelbarer Kriegsgefahr begangen werden;

entschlossen, den letzten Schritt zu tun, um die Todesstrafe vollständig abzuschaffen,

haben Folgendes vereinbart:

Art. 1 Abschaffung der Todesstrafe. [1]Die Todesstrafe ist abgeschafft. [2]Niemand darf zu dieser Strafe verurteilt oder hingerichtet werden.

Art. 2 Verbot des Abweichens. Von diesem Protokoll darf nicht nach Artikel 15 der Konvention[2] abgewichen werden.

Art. 3 Verbot von Vorbehalten. Vorbehalte nach Artikel 57 der Konvention[2] zu diesem Protokoll sind nicht zulässig.

Art. 4 Räumlicher Geltungsbereich. (1) Jeder Staat kann bei der Unterzeichnung oder bei der Hinterlegung der Ratifikations-, Annahme- oder Genehmigungsurkunde einzelne oder mehrere Hoheitsgebiete bezeichnen, auf die dieses Protokoll Anwendung findet.

(2) [1]Jeder Staat kann jederzeit danach durch eine an den Generalsekretär des Europarats gerichtete Erklärung die Anwendung dieses Protokolls auf jedes weitere in der Erklärung bezeichnete Hoheitsgebiet erstrecken. [2]Das Protokoll tritt für dieses Hoheitsgebiet am ersten Tag des Monats in Kraft, der auf einen Zeitabschnitt von drei Monaten nach Eingang der Erklärung beim Generalsekretär folgt.

[1] Neubekanntmachung des Protokolls Nr. 13 v. 3.5.2002 (BGBl. 2004 II S. 982, 983) in einer sprachlich überarbeiteten deutschen Übersetzung in der ab 1.6.2010 geltenden Fassung.
[2] Nr. 3.
[3] Nr. 6.

(3) ¹Jede nach den Absätzen 1 und 2 abgegebene Erklärung kann in Bezug auf jedes darin bezeichnete Hoheitsgebiet durch eine an den Generalsekretär gerichtete Notifikation zurückgenommen oder geändert werden. ²Die Rücknahme oder Änderung wird am ersten Tag des Monats wirksam, der auf einen Zeitabschnitt von drei Monaten nach Eingang der Notifikation beim Generalsekretär folgt.

Art. 5 Verhältnis zur Konvention[1]). Die Vertragsstaaten betrachten die Artikel 1 bis 4 dieses Protokolls als Zusatzartikel zur Konvention; alle Bestimmungen der Konvention sind dementsprechend anzuwenden.

Art. 6 Unterzeichnung und Ratifikation. ¹Dieses Protokoll liegt für die Mitgliedstaaten des Europarats, welche die Konvention[1]) unterzeichnet haben, zur Unterzeichnung auf. ²Es bedarf der Ratifikation, Annahme oder Genehmigung. ³Ein Mitgliedstaat des Europarats kann dieses Protokoll nur ratifizieren, annehmen oder genehmigen, wenn er die Konvention gleichzeitig ratifiziert oder bereits zu einem früheren Zeitpunkt ratifiziert hat. ⁴Die Ratifikations-, Annahme- oder Genehmigungsurkunden werden beim Generalsekretär des Europarats hinterlegt.

Art. 7 Inkrafttreten. (1) Dieses Protokoll tritt am ersten Tag des Monats in Kraft, der auf einen Zeitabschnitt von drei Monaten nach dem Tag folgt, an dem zehn Mitgliedstaaten des Europarats nach Artikel 6 ihre Zustimmung ausgedrückt haben, durch das Protokoll gebunden zu sein.

(2) Für jeden Mitgliedstaat, der später seine Zustimmung ausdrückt, durch dieses Protokoll gebunden zu sein, tritt es am ersten Tag des Monats in Kraft, der auf einen Zeitabschnitt von drei Monaten nach der Hinterlegung der Ratifikations-, Annahme- oder Genehmigungsurkunde folgt.[2])

Art. 8 Aufgaben des Verwahrers. Der Generalsekretär des Europarats notifiziert allen Mitgliedstaaten des Europarats

a) jede Unterzeichnung;

b) jede Hinterlegung einer Ratifikations-, Annahme- oder Genehmigungsurkunde;

c) jeden Zeitpunkt des Inkrafttretens dieses Protokolls nach Artikel 4 und 7;

d) jede andere Handlung, Notifikation oder Mitteilung im Zusammenhang mit diesem Protokoll.

Zu Urkund dessen haben die hierzu gehörig befugten Unterzeichneten dieses Protokoll unterschrieben.

Geschehen zu Wilna am 3. Mai 2002 in englischer und französischer Sprache, wobei jeder Wortlaut gleichermaßen verbindlich ist, in einer Urschrift, die im Archiv des Europarats hinterlegt wird.

Der Generalsekretär des Europarats übermittelt allen Mitgliedstaaten des Europarats beglaubigte Abschriften.

[1]) Nr. 3.
[2]) Inkrafttreten für die Bundesrepublik Deutschland gemäß Bek. v. 23.11.2004 (BGBl. II S. 1722) am 1.2.2005. Zum weiteren Geltungsbereich siehe die Übersicht in der Anlage.

8. Verfahrensordnung des Europäischen Gerichtshofs für Menschenrechte

In der Fassung der Bekanntmachung vom 27. Juli 2006
(BGBl. II S. 693)

(Übersetzung)

Inhaltsverzeichnis

Artikel 1 Begriffsbestimmungen

Titel I. Organisation und Arbeitsweise des Gerichtshofs
Kapitel I. Die Richter
Artikel 2 Berechnung der Amtszeit
Artikel 3 Eid oder feierliche Erklärung
Artikel 4 Unvereinbarkeit
Artikel 5 Rangordnung
Artikel 6 Rücktritt
Artikel 7 Entlassung

Kapitel II. Präsidialämter des Gerichtshofs und Rolle des Präsidiums
Artikel 8 Wahl des Präsidenten und der Vizepräsidenten des Gerichtshofs sowie der Präsidenten und Vizepräsidenten der Sektionen
Artikel 9 Aufgaben des Präsidenten des Gerichtshofs
Artikel 9A Rolle des Präsidiums
Artikel 10 Aufgaben der Vizepräsidenten des Gerichtshofs
Artikel 11 Vertretung des Präsidenten und der Vizepräsidenten des Gerichtshofs
Artikel 12 Präsidenten der Sektionen und Kammern
Artikel 13 Ausschluss vom Vorsitz
Artikel 14 Ausgewogene Vertretung der Geschlechter

Kapitel III. Die Kanzlei
Artikel 15 Wahl des Kanzlers
Artikel 16 Wahl der Stellvertretenden Kanzler
Artikel 17 Aufgaben des Kanzlers
Artikel 18 Organisation der Kanzlei

Kapitel IV. Die Arbeitsweise des Gerichtshofs
Artikel 19 Sitz des Gerichtshofs
Artikel 20 Sitzungen des Plenums
Artikel 21 Andere Sitzungen des Gerichtshofs
Artikel 22 Beratungen
Artikel 23 Abstimmungen
Artikel 23A Entscheidung durch stillschweigende Zustimmung

Kapitel V. Zusammensetzung des Gerichtshofs
Artikel 24 Zusammensetzung der Großen Kammer
Artikel 25 Bildung der Sektionen
Artikel 26 Bildung der Kammern
Artikel 27 Komitees
Artikel 28 Verhinderung, Ablehnung, Freistellung
Artikel 29 Richter ad hoc
Artikel 30 Interessengemeinschaft

Titel II. Das Verfahren
Kapitel I. Allgemeine Vorschriften
Artikel 31 Möglichkeit von Abweichungen im Einzelfall
Artikel 32 Verfahrensanordnungen
Artikel 33 Öffentlichkeit der Unterlagen
Artikel 34 Gebrauch der Sprachen

Artikel 35 Vertretung der Vertragsparteien
Artikel 36 Vertretung der Beschwerdeführer
Artikel 37 Mitteilungen, Zustellungen, Ladungen
Artikel 38 Schriftsätze
Artikel 38A Prüfung von Verfahrensfragen
Artikel 39 Vorläufige Maßnahmen
Artikel 40 Dringliche Mitteilung über eine Beschwerde
Artikel 41 Reihenfolge bei der Behandlung der Beschwerden
Artikel 42 Verbindung und gleichzeitige Prüfung von Beschwerden
Artikel 43 Streichung und Wiedereintragung im Register
Artikel 44 Beteiligung Dritter
Artikel 44A Pflicht zur Zusammenarbeit mit dem Gerichtshof
Artikel 44B Nichtbefolgung einer Anordnung des Gerichtshofs
Artikel 44C Fehlende Mitwirkung
Artikel 44D Unangemessene Stellungnahmen einer Partei
Artikel 44E Nichtweiterverfolgung einer Beschwerde

Kapitel II. Die Einleitung des Verfahrens

Artikel 45 Unterschriften
Artikel 46 Inhalt einer Staatenbeschwerde
Artikel 47 Inhalt einer Individualbeschwerde

Kapitel III. Die Bericht erstattenden Richter

Artikel 48 Staatenbeschwerden
Artikel 49 Individualbeschwerden
Artikel 50 Verfahren vor der Großen Kammer

Kapitel IV. Das Verfahren bei der Prüfung der Zulässigkeit

Staatenbeschwerden

Artikel 51 Zuweisung von Beschwerden und anschließendes Verfahren

Individualbeschwerden

Artikel 52 Zuweisung einer Beschwerde an eine Sektion
Artikel 53 Verfahren vor einem Komitee
Artikel 54 Verfahren vor einer Kammer
Artikel 54A Gemeinsame Prüfung der Zulässigkeit und Begründetheit

Staatenbeschwerden und Individualbeschwerden

Artikel 55 Einreden der Unzulässigkeit
Artikel 56 Entscheidung der Kammer
Artikel 57 Sprache der Entscheidung

Kapitel V. Das Verfahren nach Zulassung der Beschwerde

Artikel 58 Staatenbeschwerden
Artikel 59 Individualbeschwerden
Artikel 60 Ansprüche auf gerechte Entschädigung
Artikel 61 *(aufgehoben)*
Artikel 62 Gütliche Einigung

Kapitel VI. Die mündliche Verhandlung

Artikel 63 Öffentlichkeit der mündlichen Verhandlung
Artikel 64 Leitung der mündlichen Verhandlung
Artikel 65 Nichterscheinen
Art. 66–69 *(aufgehoben)*
Artikel 70 Verhandlungsprotokoll

Kapitel VII. Das Verfahren vor der Großen Kammer

Artikel 71 Anwendbarkeit der Verfahrensvorschriften
Artikel 72 Abgabe der Rechtssache an die Große Kammer
Artikel 73 Verweisung an die Große Kammer auf Antrag einer Partei

Kapitel VIII. Die Urteile

Artikel 74 Inhalt des Urteils
Artikel 75 Entscheidung über eine gerechte Entschädigung
Artikel 76 Sprache des Urteils
Artikel 77 Unterzeichnung, Verkündung und Zustellung des Urteils

Artikel 78 Veröffentlichung der Urteile und anderer Schriftstücke
Artikel 79 Antrag auf Auslegung des Urteils
Artikel 80 Antrag auf Wiederaufnahme des Verfahrens
Artikel 81 Berichtigung von Fehlern in Entscheidungen und Urteilen

Kapitel IX. Gutachten

Artikel 82 [Erstattung von Gutachten]
Artikel 83 [Antrag auf Erstattung]
Artikel 84 [Weiterleitung des Antrags]
Artikel 85 [Fristen]
Artikel 86 [Erläuterung der Stellungnahmen]
Artikel 87 [Bildung einer Großen Kammer]
Artikel 88 [Abstimmung]
Artikel 89 [Verkündung]
Artikel 90 [Unterzeichnung; Urschrift]

Kapitel X. Prozesskostenhilfe

Artikel 91 [Gewährung]
Artikel 92 [Voraussetzungen]
Artikel 93 [Finanzielle Mittel des Beschwerdeführers]
Artikel 94 [Honorare für Rechtsbeistand]
Artikel 95 [Höhe der Kosten]
Artikel 96 [Rücknahme der Bewilligung]

Titel III. Übergangsbestimmungen

Artikel 97, 98 *(aufgehoben)*
Artikel 99 Verhältnis zwischen Gerichtshof und Kommission
Artikel 100 Verfahren vor einer Kammer und der Großen Kammer
Artikel 101 Bewilligung der Prozesskostenhilfe
Artikel 102 Antrag auf Wiederaufnahme des Verfahrens

Titel IV. Schlussbestimmungen

Artikel 103 Änderung oder Aussetzung der Anwendung von Bestimmungen
Artikel 104 Inkrafttreten der Verfahrensordnung

Der Europäische Gerichtshof für Menschenrechte –

gestützt auf die Konvention zum Schutz der Menschenrechte und Grundfreiheiten[1] und deren Protokolle–

erlässt die folgende Verfahrensordnung:

Art. 1 Begriffsbestimmungen Für die Zwecke dieser Verfahrensordnung bezeichnet, wenn sich aus dem Zusammenhang nichts anderes ergibt,

a) „Konvention" die Konvention zum Schutz der Menschenrechte und Grundfreiheiten[1] und deren Protokolle;

b) „Plenum" den Europäischen Gerichtshof für Menschenrechte in Plenarsitzung;

c) „Große Kammer" die Große Kammer mit 17 Richtern, die nach Artikel 27 Absatz 1 der Konvention gebildet wird;

d) „Sektion" eine Kammer, die vom Plenum nach Artikel 26 Buchstabe b der Konvention für einen bestimmten Zeitraum gebildet wird, und „Sektionspräsident" den Richter, der vom Plenum nach Artikel 26 Buchstabe c der Konvention der Konvention zum Präsidenten dieser Sektion gewählt wird;

[1] Nr. 3.

e) „Kammer" eine Kammer mit sieben Richtern, die nach Artikel 27 Absatz 1 der Konvention gebildet wird, und „Kammerpräsident" den Richter, der in einer solchen „Kammer" den Vorsitz führt;

f) „Komitee" einen Ausschuss mit drei Richtern, der nach Artikel 27 Absatz 1 der Konvention gebildet wird;

g) „Gerichtshof" gleichermaßen das Plenum, die Große Kammer, eine Sektion, eine Kammer, ein Komitee oder den in Artikel 43 Absatz 2 der Konvention erwähnten Ausschuss von fünf Richtern;

h) „Richter ad hoc" jede Person, die nicht gewählter Richter ist und die von einer Vertragspartei nach Artikel 27 Absatz 2 der Konvention als Mitglied der Großen Kammer oder einer Kammer benannt wird;

i) „Richter" die Richter, die von der Parlamentarischen Versammlung des Europarats gewählt werden, und die Richter ad hoc;

j) „Bericht erstattender Richter" einen Richter, der mit den in den Artikeln 48 und 49 vorgesehenen Aufgaben betraut ist;

k) „Delegierter" einen Richter, den die Kammer zum Mitglied einer Delegation ernennt, und „Delegationsleiter" den Delegierten, den die Kammer zum Leiter ihrer Delegation ernennt;

l) „Delegation" ein Organ, das sich zusammensetzt aus Delegierten, Angehörigen der Kanzlei und jeder anderen Person, welche die Kammer zur Unterstützung der Delegation ernennt;

m) „Kanzler" je nach Zusammenhang den Kanzler des Gerichtshofs oder den Kanzler einer Sektion;

n) „Partei" und „Parteien"
 – die Beschwerde führenden oder die beschwerdegegnerischen Vertragsparteien;
 – den Beschwerdeführer (natürliche Person, nichtstaatliche Organisation oder Personengruppe), der den Gerichtshof nach Artikel 34 der Konvention anruft;

o) „Drittbeteiligter" jede Vertragspartei oder jede betroffene Person, die nach Artikel 36 Absätze 1 und 2 der Konvention von ihrem Recht Gebrauch macht oder der Gelegenheit gegeben wird, schriftlich Stellung zu nehmen oder an einer mündlichen Verhandlung teilzunehmen;

p) „mündliche Verhandlung" und „mündliche Verhandlungen" die mündlichen Verfahren, welche die Zulässigkeit und/oder die Begründetheit einer Beschwerde zum Gegenstand haben oder in Zusammenhang mit einem Antrag auf Wiederaufnahme des Verfahrens, auf Auslegung eines Urteils oder auf Erstattung eines Gutachtens durchgeführt werden;

q) „Ministerkomitee" das Ministerkomitee des Europarats;

r) „früherer Gerichtshof" und „Kommission" den Europäischen Gerichtshof und die Europäische Kommission für Menschenrechte nach dem früheren Artikel 19 der Konvention.

Titel I. Organisation und Arbeitsweise des Gerichtshofs

Kapitel I. Die Richter

Art. 2 Berechnung der Amtszeit. (1) ¹Die Amtszeit eines gewählten Richters wird vom Zeitpunkt seiner Wahl an gerechnet. ²Wird jedoch ein Richter

nach Ablauf seiner Amtszeit wiedergewählt oder wird er an Stelle eines Richters gewählt, dessen Amtszeit abgelaufen ist oder abläuft, so wird seine Amtszeit vom Zeitpunkt des Ablaufs der betreffenden Amtszeit an gerechnet.

(2) Wird ein Richter an Stelle eines Richters gewählt, dessen Amtszeit noch nicht abgelaufen ist, so übt er sein Amt nach Artikel 23 Absatz 5 der Konvention für die restliche Amtszeit seines Vorgängers aus.

(3) Ein gewählter Richter bleibt nach Artikel 23 Absatz 7 der Konvention[1)] im Amt, bis sein Nachfolger den Eid geleistet oder die Erklärung abgegeben hat, die in Artikel 3 dieser Verfahrensordnung vorgesehen sind.

Art. 3 Eid oder feierliche Erklärung. (1) Jeder gewählte Richter hat vor Aufnahme seiner Tätigkeit in der ersten Sitzung des Plenums, an der er nach seiner Wahl teilnimmt, oder nötigenfalls vor dem Präsidenten des Gerichtshofs folgenden Eid zu leisten oder folgende feierliche Erklärung abzugeben:
„Ich schwöre," – oder „Ich erkläre feierlich," – „dass ich mein Amt als Richter ehrenhaft, unabhängig und unparteiisch ausüben und das Beratungsgeheimnis wahren werde."

(2) Hierüber wird ein Protokoll aufgenommen.

Art. 4 Unvereinbarkeit. [1] Nach Artikel 21 Absatz 3 der Konvention[1)] dürfen die Richter während ihrer Amtszeit keine politische, administrative oder berufliche Tätigkeit ausüben, die mit ihrer Unabhängigkeit und Unparteilichkeit oder mit den Erfordernissen der Vollzeitbeschäftigung in diesem Amt unvereinbar ist. [2] Jeder Richter hat dem Präsidenten des Gerichtshofs jede Nebentätigkeit anzuzeigen. [3] Bei Meinungsverschiedenheit zwischen dem Präsidenten und dem betroffenen Richter entscheidet das Plenum alle sich stellenden Fragen.

Art. 5 Rangordnung. (1) Die gewählten Richter folgen im Rang dem Präsidenten und den Vizepräsidenten des Gerichtshofs sowie den Sektionspräsidenten; untereinander bestimmt sich ihr Rang nach dem Tag ihrer Wahl; im Fall der Wiederwahl, auch wenn diese nicht unmittelbar erfolgt, wird die Dauer der früheren Amtsausübung als gewählter Richter berücksichtigt.

(2) [1] Der Rang der Vizepräsidenten des Gerichtshofs, die am selben Tag in dieses Amt gewählt werden, richtet sich nach der Dauer ihrer Amtsausübung als Richter. [2] Bei gleicher Dauer bestimmt sich ihr Rang nach dem Lebensalter. [3] Die gleiche Regelung gilt für die Sektionspräsidenten.

(3) Der Rang der am selben Tag gewählten Richter richtet sich nach ihrem Lebensalter.

(4) Die Richter ad hoc folgen im Rang den gewählten Richtern; untereinander bestimmt sich ihr Rang nach dem Lebensalter.

Art. 6 Rücktritt. [1] Die Rücktrittserklärung eines Richters wird an den Präsidenten des Gerichtshofs gerichtet, der sie an den Generalsekretär des Europarats weiterleitet. [2] Vorbehaltlich des Artikels 24 Absatz 4 am Ende und des Artikels 26 Absatz 3 wird durch den Rücktritt der Sitz des Richters frei.

[1)] Nr. 3.

Art. 7 Entlassung. ¹Ein Richter kann nur entlassen werden, wenn die anderen Richter im Plenum mit der Mehrheit von zwei Dritteln der im Amt befindlichen gewählten Richter beschließen, dass er die erforderlichen Voraussetzungen nicht mehr erfüllt. ²Der betroffene Richter ist zuvor vom Plenum anzuhören. ³Jeder Richter kann das Amtsenthebungsverfahren in Gang setzen.

Kapitel II. Präsidialämter des Gerichtshofs und Rolle des Präsidiums

Art. 8 Wahl des Präsidenten und der Vizepräsidenten des Gerichtshofs sowie der Präsidenten und Vizepräsidenten der Sektionen. (1) Das Plenum wählt seinen Präsidenten, seine beiden Vizepräsidenten und die Sektionspräsidenten für eine Amtszeit von drei Jahren, die sich jedoch nicht über ihre Amtszeit als Richter hinaus erstrecken kann.

(2) Ebenso wählt jede Sektion für eine Amtszeit von drei Jahren einen Vizepräsidenten, der den Sektionspräsidenten im Verhinderungsfall ersetzt.

(3) ¹Ein nach Absatz 1 oder 2 gewählter Richter kann in ein gleichrangiges Amt nur einmal wiedergewählt werden. ²Diese Begrenzung der Zahl der Amtszeiten steht der einmaligen Wiederwahl eines Richters, der am Tag des Inkrafttretens[1)] dieser Änderung des Artikels 8 ein in den Absätzen 1 und 2 beschriebenes Amt innehat, in ein gleichrangiges Amt nicht entgegen.

(4) Die Präsidenten und die Vizepräsidenten führen ihre Geschäfte bis zur Wahl ihrer Nachfolger weiter.

(5) ¹Die in diesem Artikel vorgesehenen Wahlen finden in geheimer Abstimmung statt; stimmberechtigt sind nur die anwesenden gewählten Richter. ²Erreicht kein Bewerber die absolute Mehrheit der anwesenden gewählten Richter, so finden ein oder mehrere weitere Wahlgänge statt, bis ein Kandidat die absolute Mehrheit erreicht hat. ³Nach jedem Wahlgang scheidet der Bewerber aus, der die wenigsten Stimmen erhalten hat. ⁴Erhalten mehrere Bewerber die wenigsten Stimmen, so scheidet nur der nach Artikel 5 rangjüngste Bewerber aus. ⁵Bei Stimmengleichheit zwischen zwei Bewerbern im letzten Wahlgang wird dem nach Artikel 5 rangälteren Richter der Vorzug gegeben.

Art. 9 Aufgaben des Präsidenten des Gerichtshofs. (1) ¹Der Präsident leitet Arbeit und Verwaltung des Gerichtshofs. ²Er vertritt den Gerichtshof und nimmt insbesondere dessen Beziehungen zu den Dienststellen des Europarats wahr.

(2) Er hat den Vorsitz in den Sitzungen des Plenums, der Großen Kammer und des Ausschusses von fünf Richtern.

(3) An der Prüfung der Rechtssachen, die von den Kammern behandelt werden, nimmt der Präsident nicht teil, es sei denn, er ist der für die betroffene Vertragspartei gewählte Richter.

Art. 9A Rolle des Präsidiums. (1)

a) Der Gerichtshof hat ein Präsidium, bestehend aus dem Präsidenten und den Vizepräsidenten des Gerichtshofs sowie den Sektionspräsidenten. Ist ein Vizepräsident oder ein Sektionspräsident verhindert, an einer Sitzung des Präsidiums teilzunehmen, so wird er durch den Vizepräsidenten der Sektion

[1)] **Amtl. Anm.:** 1. Dezember 2005

vertreten, andernfalls durch das Mitglied der Sektion, das ihm in der Rangordnung nach Artikel 5 unmittelbar folgt.

b) Das Präsidium kann jedes andere Mitglied des Gerichtshofs oder jede andere Person, deren Anwesenheit es für erforderlich hält, zu seinen Sitzungen laden.

(2) Das Präsidium wird vom Kanzler und von den Stellvertretenden Kanzlern unterstützt.

(3) [1] Aufgabe des Präsidiums ist die Unterstützung des Präsidenten bei der Erfüllung seiner Aufgabe, Arbeit und Verwaltung des Gerichtshofs zu leiten. [2] Zu diesem Zweck kann der Präsident das Präsidium mit jeder Verwaltungs- oder außergerichtlichen Angelegenheit befassen, die in seinen Zuständigkeitsbereich fällt.

(4) Das Präsidium erleichtert ferner die Abstimmung zwischen den Sektionen des Gerichtshofs.

(5) Der Präsident kann das Präsidium konsultieren, bevor er nach Artikel 32 Verfahrensanordnungen praktischer Natur erlässt oder die nach Artikel 17 Absatz 4 vom Kanzler vorbereitete allgemeine Weisung genehmigt.

(6) [1] Das Präsidium kann dem Plenum zu jeder Frage Bericht erstatten. [2] Es kann dem Plenum ferner Vorschläge unterbreiten.

(7) [1] Über jede Sitzung des Präsidiums wird ein Protokoll in den beiden Amtssprachen des Gerichtshofs aufgenommen und an die Richter verteilt. [2] Der Sekretär des Präsidiums wird vom Kanzler im Einvernehmen mit dem Präsidenten bestimmt.

Art. 10 Aufgaben der Vizepräsidenten des Gerichtshofs. [1] Die Vizepräsidenten des Gerichtshofs unterstützen den Präsidenten des Gerichtshofs. [2] Sie vertreten ihn, wenn er verhindert oder das Amt des Präsidenten nicht besetzt ist oder wenn er darum ersucht. [3] Die Vizepräsidenten sind auch als Sektionspräsidenten tätig.

Art. 11 Vertretung des Präsidenten und der Vizepräsidenten des Gerichtshofs. Sind der Präsident und die Vizepräsidenten des Gerichtshofs gleichzeitig verhindert oder sind ihre Ämter gleichzeitig nicht besetzt, so werden die Amtspflichten des Präsidenten von einem der Sektionspräsidenten oder, falls keiner von ihnen verfügbar ist, von einem anderen gewählten Richter entsprechend der in Artikel 5 festgelegten Rangordnung wahrgenommen.

Art. 12 Präsidenten der Sektionen und Kammern. [1] Die Sektionspräsidenten haben den Vorsitz in den Sitzungen der Sektion und der Kammern, deren Mitglieder sie sind, und leiten die Arbeit der Sektion. [2] Die Vizepräsidenten der Sektionen vertreten sie im Verhinderungsfall oder wenn das Amt des Sektionspräsidenten nicht besetzt ist oder auf dessen Ersuchen hin. [3] Andernfalls vertreten die Richter der Sektion und der Kammern den Sektionspräsidenten entsprechend der in Artikel 5 festgelegten Rangordnung.

Art. 13 Ausschluss vom Vorsitz. Die Richter des Gerichtshofs sind vom Vorsitz in Rechtssachen ausgeschlossen, in denen eine Vertragspartei, deren Staatsangehörige sie sind oder für die sie gewählt wurden, Partei ist, oder an

denen sie als nach Artikel 29 Absatz 1 Buchstabe a oder Artikel 30 Absatz 1 benannte Richter mitwirken.

Art. 14 Ausgewogene Vertretung der Geschlechter. Bei den nach diesem und dem folgenden Kapitel vorzunehmenden Ernennungen verfolgt der Gerichtshof eine Politik, die auf eine ausgewogene Vertretung der Geschlechter gerichtet ist.

Kapitel III. Die Kanzlei

Art. 15 Wahl des Kanzlers. (1) [1] Das Plenum wählt den Kanzler des Gerichtshofs. [2] Die Bewerber müssen hohes sittliches Ansehen genießen und über die juristischen, administrativen und sprachlichen Kenntnisse sowie die Erfahrung verfügen, die zur Ausübung dieser Tätigkeit erforderlich sind.

(2) [1] Der Kanzler wird für eine Amtszeit von fünf Jahren gewählt und kann wiedergewählt werden. [2] Er kann seines Amtes nur enthoben werden, wenn die Richter in Plenarsitzung mit der Mehrheit von zwei Dritteln der im Amt befindlichen gewählten Richter beschließen, dass er die erforderlichen Voraussetzungen nicht mehr erfüllt. [3] Er ist zuvor vom Plenum anzuhören. [4] Jeder Richter kann das Amtsenthebungsverfahren in Gang setzen.

(3) [1] Die in diesem Artikel vorgesehenen Wahlen finden in geheimer Abstimmung statt; stimmberechtigt sind nur die anwesenden gewählten Richter. [2] Erreicht kein Bewerber die absolute Mehrheit der anwesenden gewählten Richter, so findet zwischen den beiden Bewerbern, die die meisten Stimmen erhalten haben, eine Stichwahl statt. [3] Bei Stimmengleichheit wird, sofern vorhanden, der Bewerberin der Vorzug gegeben, sonst der älteren Person.

(4) [1] Vor Aufnahme seiner Tätigkeit hat der Kanzler vor dem Plenum oder nötigenfalls vor dem Präsidenten des Gerichtshofs folgenden Eid zu leisten oder folgende feierliche Erklärung abzugeben:
„Ich schwöre," – oder „Ich erkläre feierlich," – „dass ich meine Aufgaben als Kanzler des Europäischen Gerichtshofs für Menschenrechte mit größter Pflichttreue, Verschwiegenheit und Gewissenhaftigkeit erfüllen werde." [2] Hierüber wird ein Protokoll aufgenommen.

Art. 16 Wahl der Stellvertretenden Kanzler. (1) [1] Das Plenum wählt außerdem zwei Stellvertretende Kanzler unter den Voraussetzungen, nach dem Verfahren und für die Amtszeit, die in Artikel 15 vorgeschrieben sind. [2] Das für die Amtsenthebung des Kanzlers vorgesehene Verfahren findet auch für die Amtsenthebung der Stellvertretenden Kanzler Anwendung. [3] Der Gerichtshof hört in beiden Fällen zuvor den Kanzler an.

(2) [1] Vor Aufnahme ihrer Tätigkeit haben die Stellvertretenden Kanzler vor dem Plenum oder nötigenfalls vor dem Präsidenten des Gerichtshofs entsprechend den für den Kanzler geltenden Vorschriften einen Eid zu leisten oder eine feierliche Erklärung abzugeben. [2] Hierüber wird ein Protokoll aufgenommen.

Art. 17 Aufgaben des Kanzlers. (1) [1] Der Kanzler unterstützt den Gerichtshof bei der Erfüllung seiner Aufgaben. [2] Er trägt die Verantwortung für Organisation und Tätigkeit der Kanzlei, wobei er dem Präsidenten des Gerichtshofs untersteht.

(2) Der Kanzler bewahrt das Archiv des Gerichtshofs; die beim Gerichtshof aus- und eingehende Korrespondenz und die Zustellungen betreffend die beim Gerichtshof anhängigen oder anhängig zu machenden Rechtssachen werden über ihn geleitet.

(3) Soweit es mit der ihm durch sein Amt auferlegten Schweigepflicht vereinbar ist, erteilt der Kanzler Auskunft auf Anfragen über die Tätigkeit des Gerichtshofs, insbesondere gegenüber der Presse.

(4) Die Arbeit der Kanzlei wird durch eine vom Kanzler vorbereitete und vom Präsidenten des Gerichtshofs genehmigte allgemeine Weisung geregelt.

Art. 18 Organisation der Kanzlei. (1) Die Kanzlei besteht aus ebenso vielen Sektionskanzleien wie der Gerichtshof Sektionen bildet, sowie aus den Stellen, die erforderlich sind, um die vom Gerichtshof benötigten rechtlichen und administrativen Dienstleistungen zu erbringen.

(2) [1] Der Sektionskanzler unterstützt die Sektion bei der Erfüllung ihrer Aufgaben. [2] Dabei kann ihm ein Stellvertretender Sektionskanzler zur Seite stehen.

(3) Mit Ausnahme des Kanzlers und der Stellvertretenden Kanzler werden die Kanzleibediensteten einschließlich der wissenschaftlichen Mitarbeiter mit Zustimmung des Präsidenten des Gerichtshofs oder des auf dessen Anweisung handelnden Kanzlers vom Generalsekretär des Europarats eingestellt.

Kapitel IV. Die Arbeitsweise des Gerichtshofs

Art. 19 Sitz des Gerichtshofs. (1) [1] Der Gerichtshof hat seinen Sitz in Straßburg, dem Sitz des Europarats. [2] Der Gerichtshof kann jedoch, wenn er es für zweckmäßig hält, seine Tätigkeit an einem anderen Ort im Hoheitsgebiet der Mitgliedstaaten des Europarats ausüben.

(2) Der Gerichtshof kann in jedem Stadium der Prüfung einer Beschwerde beschließen, dass es notwendig ist, selbst oder durch eines oder mehrere seiner Mitglieder an einem anderen Ort eine Untersuchung vorzunehmen oder jede andere Aufgabe zu erledigen.

Art. 20 Sitzungen des Plenums. (1) [1] Der Präsident beruft den Gerichtshof zu einer Plenarsitzung ein, sobald es die dem Gerichtshof nach der Konvention und dieser Verfahrensordnung obliegenden Aufgaben erfordern. [2] Der Präsident beruft eine Plenarsitzung ein, wenn mindestens ein Drittel der Mitglieder des Gerichtshofs es verlangt, jedenfalls aber einmal im Jahr zur Erörterung von Verwaltungsfragen.

(2) Für die Beschlussfähigkeit des Plenums ist die Anwesenheit von mindestens zwei Dritteln der im Amt befindlichen gewählten Richter erforderlich.

(3) Wird die für die Beschlussfähigkeit erforderliche Zahl nicht erreicht, so vertagt der Präsident die Sitzung.

Art. 21 Andere Sitzungen des Gerichtshofs. (1) [1] Die Große Kammer, die Kammern und die Komitees tagen ständig. [2] Der Gerichtshof legt jedoch jedes Jahr auf Vorschlag seines Präsidenten Sitzungsperioden fest.

(2) In dringenden Fällen kann der Präsident die Große Kammer und die Kammern auch außerhalb dieser Sitzungsperioden einberufen.

Art. 22 Beratungen. (1) ¹Der Gerichtshof berät in nichtöffentlicher Sitzung. ²Seine Beratungen bleiben geheim.

(2) ¹Nur die Richter nehmen an den Beratungen teil. ²Der Kanzler oder die als sein Vertreter bestimmte Person sowie diejenigen weiteren Kanzleibediensteten und Dolmetscher, deren Hilfe für erforderlich erachtet wird, sind bei den Beratungen anwesend. ³Die Zulassung anderer Personen bedarf einer besonderen Entscheidung des Gerichtshofs.

(3) Vor jeder Abstimmung über eine Frage, die dem Gerichtshof vorgelegt wird, fordert der Präsident die Richter auf, ihre Meinung zu äußern.

Art. 23 Abstimmungen. (1) ¹Die Entscheidungen des Gerichtshofs werden von den anwesenden Richtern mit Stimmenmehrheit getroffen. ²Bei Stimmengleichheit wird erneut abgestimmt, und liegt weiterhin Stimmengleichheit vor, so gibt die Stimme des Präsidenten den Ausschlag. ³Dieser Absatz gilt, soweit diese Verfahrensordnung nichts anderes bestimmt.

(2) ¹Die Entscheidungen und Urteile der Großen Kammer und der Kammern werden von den jeweils tagenden Richtern mit Stimmenmehrheit getroffen. ²Bei den Schlussabstimmungen über Zulässigkeit und Begründetheit einer Beschwerde sind Enthaltungen nicht zulässig.

(3) ¹In der Regel erfolgen die Abstimmungen durch Handzeichen. ²Der Präsident kann eine namentliche Abstimmung durchführen, und zwar in umgekehrter Reihenfolge der Rangordnung.

(4) Jede Frage, über die abzustimmen ist, wird genau formuliert.

Art. 23A Entscheidung durch stillschweigende Zustimmung. ¹Hat der Gerichtshof außerhalb einer angesetzten Sitzung über eine Verfahrensfrage oder eine andere Frage zu entscheiden, so kann der Präsident anordnen, dass den Richtern die Entscheidung im Entwurf zuzuleiten und für ihre Stellungnahme eine Frist zu setzen ist. ²Erheben die Richter keine Einwände, so gilt der Vorschlag nach Ablauf der Frist als angenommen.

Kapitel V. Zusammensetzung des Gerichtshofs

Art. 24 Zusammensetzung der Großen Kammer. (1) Die Große Kammer besteht aus 17 Richtern und mindestens drei Ersatzrichtern.

(2)

a) Der Großen Kammer gehören der Präsident und die Vizepräsidenten des Gerichtshofs sowie die Sektionspräsidenten an. Ist ein Vizepräsident des Gerichtshofs oder ein Sektionspräsident an der Teilnahme an einer Sitzung der Großen Kammer verhindert, so wird er durch den Vizepräsidenten der betreffenden Sektion vertreten.

b) Der für die betroffene Vertragspartei gewählte Richter oder gegebenenfalls der nach Artikel 29 oder Artikel 30 benannte Richter gehört der Großen Kammer nach Artikel 27 Absätze 2 und 3 der Konvention[1] von Amts wegen an.

c) In Rechtssachen, die nach Artikel 30 der Konvention an die Große Kammer abgegeben werden, gehören der Großen Kammer auch die Mitglieder der Kammer an, welche die Sache abgegeben hat.

[1] Nr. 3.

d) In Rechtssachen, die nach Artikel 43 der Konvention an die Große Kammer verwiesen werden, gehört der Großen Kammer kein Richter an, der an den Beratungen der ursprünglich befassten Kammer über die Zulässigkeit oder Begründetheit der Rechtssache teilgenommen hat, mit Ausnahme des Präsidenten jener Kammer und des Richters, der ihr für die betroffene Vertragspartei angehörte.

e) Die Richter und Ersatzrichter, welche die Große Kammer jeweils in einer ihr vorgelegten Rechtssache vervollständigen sollen, werden aus dem Kreis der verbleibenden Richter vom Präsidenten des Gerichtshofs im Beisein des Kanzlers durch das Los bestimmt. Die Einzelheiten des Losverfahrens werden unter gebührender Berücksichtigung der Notwendigkeit einer geographisch ausgewogenen Zusammensetzung, die den unterschiedlichen Rechtssystemen der Vertragsparteien Rechnung trägt, vom Plenum festgelegt.

f) Bei der Prüfung eines Antrags auf Erstattung eines Gutachtens nach Artikel 47 der Konvention wird die Große Kammer nach Absatz 2 Buchstaben a und e gebildet.

(3) Sind Richter verhindert, so werden sie durch Ersatzrichter vertreten, die in der Reihenfolge nach Absatz 2 Buchstabe e bestimmt werden.

(4) [1] Die so bestimmten Richter und Ersatzrichter bleiben für die Prüfung der Rechtssache Mitglieder der Großen Kammer, bis das Verfahren abgeschlossen ist. [2] Sie setzen ihre Tätigkeit in einer Rechtssache auch nach Ablauf ihrer Amtszeit fort, wenn sie an der Prüfung der Begründetheit teilgenommen haben. [3] Diese Bestimmungen gelten auch für das Verfahren zur Erstattung von Gutachten.

(5)

a) Der Ausschuss von fünf Richtern der Großen Kammer, der einen nach Artikel 43 der Konvention vorgelegten Antrag zu prüfen hat, besteht aus
- dem Präsidenten des Gerichtshofs; ist der Präsident des Gerichtshofs verhindert, so wird er durch den rangälteren Vizepräsidenten des Gerichtshofs vertreten;
- zwei Sektionspräsidenten, die im Rotationsverfahren bestimmt werden; ist ein so bestimmter Sektionspräsident verhindert, so wird er durch den Vizepräsidenten der Sektion vertreten;
- zwei Richtern, die im Rotationsverfahren aus dem Kreis der Richter bestimmt werden, die von den verbleibenden Sektionen zur Mitwirkung im Ausschuss für sechs Monate gewählt wurden;
- mindestens zwei Ersatzrichtern, die im Rotationsverfahren aus dem Kreis der Richter bestimmt werden, die von den Sektionen zur Mitwirkung im Ausschuss für sechs Monate gewählt wurden.

b) Prüft der Ausschuss einen Antrag auf Verweisung, so gehört ihm kein Richter an, der an der Prüfung der Zulässigkeit oder der Begründetheit der betreffenden Rechtssache teilgenommen hat.

c) Ein Richter, der für eine von einem Antrag auf Verweisung betroffene Vertragspartei gewählt wurde oder Staatsangehöriger einer solchen ist, kann nicht Mitglied des Ausschusses sein, wenn der Ausschuss diesen Antrag prüft. Ein gewählter Richter, der von der betroffenen Vertragspartei nach Artikel 29 oder 30 benannt worden ist, ist von der Prüfung eines solchen Antrags ebenfalls ausgeschlossen.

d) Ist ein Mitglied des Ausschusses aus einem unter Buchstabe b oder c genannten Grund verhindert, so wird es durch einen Ersatzrichter vertreten, der im Rotationsverfahren aus dem Kreis der Richter bestimmt wird, die von den Sektionen zur Mitwirkung im Ausschuss für sechs Monate gewählt wurden.

Art. 25 Bildung der Sektionen. (1) [1] Die in Artikel 26 Buchstabe b der Konvention[1]) vorgesehenen Kammern (in dieser Verfahrensordnung als „Sektionen" bezeichnet) werden auf Vorschlag des Präsidenten vom Plenum gebildet, und zwar für drei Jahre, von der Wahl der in Artikel 8 dieser Verfahrensordnung genannten Inhaber der Präsidialämter an gerechnet. [2] Es werden mindestens vier Sektionen gebildet.

(2) [1] Jeder Richter ist Mitglied einer Sektion. [2] Die Zusammensetzung der Sektionen soll sowohl in geographischer Hinsicht als auch in Bezug auf die Vertretung der Geschlechter ausgewogen sein und den unterschiedlichen Rechtssystemen der Vertragsparteien Rechnung tragen.

(3) Scheidet ein Richter vor Ablauf des Zeitabschnitts, für den die Sektion gebildet wurde, aus dem Gerichtshof aus, so wird er durch seinen Nachfolger beim Gerichtshof als Mitglied der Sektion ersetzt.

(4) Wenn es die Umstände erfordern, kann der Präsident des Gerichtshofs ausnahmsweise die Zusammensetzung der Sektionen ändern.

(5) Auf Vorschlag des Präsidenten kann das Plenum eine zusätzliche Sektion bilden.

Art. 26 Bildung der Kammern. (1) Die Kammern mit sieben Richtern, die in Artikel 27 Absatz 1 der Konvention[1]) für die Prüfung der beim Gerichtshof anhängig gemachten Rechtssachen vorgesehen sind, werden wie folgt aus den Sektionen gebildet:

a) Der Kammer gehören vorbehaltlich des Absatzes 2 sowie des Artikels 28 Absatz 4, letzter Satz, für jede Rechtssache der Sektionspräsident und der für eine betroffene Vertragspartei gewählte Richter an. Ist der Letztere nicht Mitglied der Sektion, der die Beschwerde nach Artikel 51 oder 52 dieser Verfahrensordnung zugeteilt wurde, so gehört er der Kammer nach Artikel 27 Absatz 2 der Konvention von Amts wegen an. Ist dieser Richter verhindert oder befangen, so findet Artikel 29 dieser Verfahrensordnung Anwendung.

b) Die anderen Mitglieder der Kammer werden vom Sektionspräsidenten im Rotationsverfahren aus dem Kreis der Mitglieder der Sektion bestimmt.

c) Die Mitglieder der Sektion, die nicht auf diese Weise bestimmt wurden, sind in der betreffenden Rechtssache Ersatzrichter.

(2) [1] Der für eine betroffene Vertragspartei gewählte Richter oder gegebenenfalls der nach Artikel 29 oder 30 benannte gewählte Richter oder Richter ad hoc kann vom Kammerpräsidenten von der Teilnahme an Sitzungen, die der Vorbereitung oder Verfahrensfragen gewidmet sind, befreit werden. [2] Für die Zwecke solcher Sitzungen wird vermutet, die betroffene Vertragspartei habe nach Artikel 29 Absatz 1 an Stelle dieses Richters den ersten Ersatzrichter benannt.

(3) Auch nach Ende ihrer Amtszeit bleiben die Richter in den Rechtssachen tätig, in denen sie an der Prüfung der Begründetheit teilgenommen haben.

[1]) Nr. 3.

Art. 27 Komitees. (1) ¹Nach Artikel 27 Absatz 1 der Konvention[1] werden Komitees aus drei derselben Sektion angehörenden Richtern gebildet. ²Die Zahl der Komitees wird vom Präsidenten des Gerichtshofs nach Anhörung der Sektionspräsidenten bestimmt.

(2) Die Komitees werden im Rotationsverfahren aus dem Kreis der Mitglieder jeder Sektion mit Ausnahme ihres Präsidenten für zwölf Monate gebildet.

(3) Sektionsmitglieder, die nicht Mitglieder eines Komitees sind, können berufen werden, verhinderte Mitglieder zu ersetzen.

(4) Den Vorsitz im Komitee führt jeweils das innerhalb der Sektion rangälteste Mitglied.

Art. 28 Verhinderung, Ablehnung, Freistellung. (1) Jeder Richter, der verhindert ist, an Sitzungen teilzunehmen, zu denen er einberufen wurde, hat dies umgehend dem Kammerpräsidenten mitzuteilen.

(2) Ein Richter darf an der Prüfung einer Rechtssache nicht teilnehmen,

a) wenn er an der Rechtssache ein persönliches Interesse hat, zum Beispiel wegen einer ehelichen, elterlichen oder sonstigen engen verwandtschaftlichen, persönlichen oder beruflichen Beziehung oder eines Unterordnungsverhältnisses zu einer der Parteien;

b) wenn er an der Rechtssache vorher mitgewirkt hat, sei es als Prozessbevollmächtigter, Rechtsbeistand oder Berater einer Partei oder einer an der Sache interessierten Person, sei es als Mitglied eines anderen Gerichts oder einer Untersuchungskommission auf nationaler oder internationaler Ebene oder in anderer Eigenschaft;

c) wenn er als Richter ad hoc oder als ehemaliger gewählter Richter, der nach Artikel 26 Absatz 3 weiter tätig ist, eine politische oder administrative Tätigkeit oder eine mit seiner Unabhängigkeit und Unparteilichkeit unvereinbare berufliche Tätigkeit aufnimmt;

d) wenn er über die Medien, schriftlich, durch öffentliches Handeln oder in anderer Weise in der Öffentlichkeit Ansichten geäußert hat, die objektiv geeignet sind, seine Unparteilichkeit zu beeinträchtigen;

e) wenn aus einem anderen Grund berechtigte Zweifel an seiner Unabhängigkeit oder Unparteilichkeit bestehen.

(3) Ist ein Richter aus einem der genannten Gründe befangen, so teilt er dies dem Kammerpräsidenten mit; dieser stellt ihn von der Teilnahme an der Rechtssache frei.

(4) ¹Hat der betroffene Richter oder der Kammerpräsident Zweifel, ob einer der in Absatz 2 genannten Ablehnungsgründe vorliegt, so entscheidet die Kammer. ²Nach Anhörung des betroffenen Richters berät die Kammer und stimmt ab; dabei ist der betroffene Richter nicht anwesend. ³Für die Zwecke der Beratungen und der Abstimmung der Kammer über diese Frage wird er durch den ersten Ersatzrichter der Kammer vertreten. ⁴Dasselbe gilt, wenn Richter der Kammer für eine betroffene Vertragspartei angehört. ⁵In diesem Fall wird vermutet, die betroffene Vertragspartei habe für die Mitwirkung in

[1] Nr. 3.

der Kammer an seiner Stelle nach Artikel 29 Absatz 1 den ersten Ersatzrichter benannt.

(5) Die Absätze 1 bis 4 gelten auch für die Mitwirkung eines Richters in einem Komitee; in diesem Fall ist die nach Absatz 1 oder 3 vorgeschriebene Mitteilung an den Sektionspräsidenten zu richten.

Art. 29 Richter ad hoc.

(1)
a) Wenn der für eine betroffene Vertragspartei gewählte Richter verhindert, befangen oder freigestellt ist oder wenn es einen solchen Richter nicht gibt, fordert der Kammerpräsident diese Partei auf, ihm binnen 30 Tagen mitzuteilen, ob sie entweder einen anderen gewählten Richter oder einen Richter ad hoc für die Mitwirkung als Richter an dem Verfahren benennen will; in diesem Fall fordert er sie auf, gleichzeitig den Namen der Person anzugeben, die sie benennt.
b) Die gleiche Regelung gilt, wenn die benannte Person verhindert oder befangen ist.
c) Ein Richter ad hoc muss die in Artikel 21 Absatz 1 der Konvention[1] vorgeschriebenen Voraussetzungen erfüllen, darf in der betreffenden Rechtssache nicht aus einem der in Artikel 28 dieser Verfahrensordnung genannten Gründe verhindert sein und muss in der Lage sein, den in Absatz 5 vorgesehenen Erfordernissen in Bezug auf Verfügbarkeit und Anwesenheit zu entsprechen.

(2) [1]Antwortet die betroffene Vertragspartei nicht innerhalb von 30 Tagen oder bis zum Ablauf einer vom Kammerpräsidenten gewährten Verlängerung dieser Frist, so gilt dies als Verzicht auf dieses Benennungsrecht. [2]Benennt die betroffene Vertragspartei zweimal als Richter ad hoc Personen, die nach Feststellung der Kammer die Voraussetzungen nach Absatz 1 Buchstabe c nicht erfüllen, so gilt dies ebenfalls als Verzicht auf das Benennungsrecht.

(3) [1]Der Kammerpräsident kann beschließen, die betroffene Vertragspartei zu einer Benennung nach Absatz 1 Buchstabe a erst dann aufzufordern, wenn ihr die Beschwerde nach Artikel 54 Absatz 2 zur Kenntnis gebracht wird. [2]In diesem Fall wird angenommen, die betroffene Vertragspartei habe, bis sie eine Benennung vornimmt, an Stelle des gewählten Richters den ersten Ersatzrichter benannt.

(4) [1]Zu Beginn der ersten Sitzung in der betreffenden Rechtssache nach seiner Benennung leistet der Richter ad hoc den Eid oder gibt die feierliche Erklärung ab, die in Artikel 3 vorgesehen sind. [2]Hierüber wird ein Protokoll aufgenommen.

(5) Richter ad hoc müssen sich zur Verfügung des Gerichtshofs halten und vorbehaltlich des Artikels 26 Absatz 2 an den Sitzungen der Kammer teilnehmen.

Art. 30 Interessengemeinschaft.

(1) [1]Haben zwei oder mehr Beschwerde führende oder beschwerdegegnerische Vertragsparteien ein gemeinsames Interesse, so kann der Kammerpräsident sie auffordern, sich untereinander über die Benennung nur eines der für sie gewählten Richter als Richter der Interessengemeinschaft zu verständigen; dieser wird von Amts wegen zum Kammer-

[1] Nr. 3.

mitglied berufen. ²Kommt eine Einigung nicht zustande, so bestimmt der Präsident den Richter der Interessengemeinschaft aus der Zahl der von diesen Parteien vorgeschlagenen Richter durch das Los.

(2) Der Kammerpräsident kann beschließen, die betroffenen Vertragsparteien zu einer Benennung nach Absatz 1 erst dann aufzufordern, wenn die Beschwerde den beschwerdegegnerischen Vertragsparteien nach Artikel 54 Absatz 2 zur Kenntnis gebracht worden ist.

(3) Besteht Streit über das Vorliegen einer Interessengemeinschaft oder über eine damit zusammenhängende Frage, so entscheidet die Kammer, nötigenfalls nach Einholung schriftlicher Stellungnahmen der betroffenen Vertragsparteien.

Titel II. Das Verfahren

Kapitel I. Allgemeine Vorschriften

Art. 31 Möglichkeit von Abweichungen im Einzelfall. Der Gerichtshof kann im Einzelfall bei der Prüfung einer Rechtssache von den Vorschriften dieses Titels abweichen; wenn es angezeigt ist, hört er zuvor die Parteien an.

Art. 32 Verfahrensanordnungen. Der Präsident des Gerichtshofs kann Verfahrensanordnungen praktischer Natur erlassen, insbesondere hinsichtlich des Erscheinens zu mündlichen Verhandlungen und der Einreichung von Schriftsätzen oder sonstigen Unterlagen.

Art. 33 Öffentlichkeit der Unterlagen. (1) Alle bei der Kanzlei von den Parteien oder Drittbeteiligten im Zusammenhang mit einer Beschwerde eingereichten Unterlagen mit Ausnahme derjenigen, die im Rahmen von Verhandlungen über eine gütliche Einigung nach Artikel 62 vorgelegt werden, sind der Öffentlichkeit nach den vom Kanzler bestimmten Regelungen zugänglich, soweit nicht der Kammerpräsident aus den in Absatz 2 genannten Gründen anders entscheidet, sei es von Amts wegen, sei es auf Antrag einer Partei oder einer anderen betroffenen Person.

(2) Der Zugang der Öffentlichkeit zu Unterlagen oder Teilen davon kann eingeschränkt werden, wenn dies im Interesse der Moral, der öffentlichen Ordnung oder der nationalen Sicherheit in einer demokratischen Gesellschaft liegt, wenn die Interessen von Jugendlichen oder der Schutz des Privatlebens der Parteien es verlangen oder – soweit der Kammerpräsident es für unbedingt erforderlich hält – wenn unter besonderen Umständen die Öffentlichkeit von Unterlagen die Interessen der Rechtspflege beeinträchtigen würde.

(3) Anträge auf Vertraulichkeit nach Absatz 1 sind zu begründen; dabei ist anzugeben, ob sämtliche Unterlagen oder nur ein Teil davon der Öffentlichkeit nicht zugänglich sein sollen.

(4) ¹Entscheidungen und Urteile einer Kammer sind der Öffentlichkeit zugänglich. ²Der Gerichtshof macht der Öffentlichkeit in regelmäßigen Abständen allgemeine Informationen über Entscheidungen zugänglich, die von den Komitees nach Artikel 53 Absatz 2 getroffen wurden.

Art. 34 Gebrauch der Sprachen. (1) Die Amtssprachen des Gerichtshofs sind Englisch und Französisch.

(2) ¹Wird eine Beschwerde nach Artikel 34 der Konvention[1] erhoben, so erfolgen, solange diese Beschwerde noch keiner Vertragspartei nach dieser Verfahrensordnung zur Kenntnis gebracht worden ist, die Kommunikation mit dem Beschwerdeführer oder seinem Vertreter sowie die mündlichen und schriftlichen Stellungnahmen des Beschwerdeführers oder seines Vertreters, soweit nicht in einer der Amtssprachen des Gerichtshofs, in einer der Amtssprachen der Vertragsparteien. ²Wird nach Maßgabe dieser Verfahrensordnung eine Vertragspartei über eine Beschwerde informiert oder eine Beschwerde ihr zur Kenntnis gebracht, so sind ihr die Beschwerde und alle beigefügten Unterlagen in der Sprache zu übermitteln, in der sie vom Beschwerdeführer bei der Kanzlei eingereicht wurden.

(3)

a) Die Kommunikation mit dem Beschwerdeführer oder seinem Vertreter sowie die mündlichen und schriftlichen Stellungnahmen des Beschwerdeführers oder seines Vertreters in Bezug auf eine mündliche Verhandlung oder nachdem einer Vertragspartei die Beschwerde zur Kenntnis gebracht worden ist, erfolgen in einer der Amtssprachen des Gerichtshofs, wenn nicht der Kammerpräsident den weiteren Gebrauch der Amtssprache einer Vertragspartei erlaubt.

b) Wird diese Erlaubnis erteilt, so trifft der Kanzler die notwendigen Vorkehrungen dafür, dass die mündlichen und schriftlichen Stellungnahmen des Beschwerdeführers ganz oder teilweise ins Englische oder Französische gedolmetscht beziehungsweise übersetzt werden, soweit dies nach Auffassung des Kammerpräsidenten im Interesse einer ordnungsgemäßen Durchführung des Verfahrens ist.

c) Ausnahmsweise kann der Kammerpräsident die Erteilung der Erlaubnis davon abhängig machen, dass der Beschwerdeführer die dadurch entstehenden Kosten ganz oder teilweise trägt.

d) Wenn der Kammerpräsident nichts anderes bestimmt, gilt eine Entscheidung nach diesem Absatz auch für alle späteren Verfahrensabschnitte, einschließlich derer, die durch Anträge auf Verweisung der Rechtssache an die Große Kammer oder durch Anträge auf Auslegung des Urteils oder Wiederaufnahme des Verfahrens nach Artikel 73, 79 beziehungsweise 80 ausgelöst werden.

(4)

a) Die Kommunikation mit einer Vertragspartei, die in der Rechtssache Partei ist, sowie die mündlichen und schriftlichen Stellungnahmen einer solchen Vertragspartei erfolgen in einer der Amtssprachen des Gerichtshofs. Der Kammerpräsident kann der betreffenden Vertragspartei den Gebrauch einer ihrer Amtssprachen für mündliche und schriftliche Stellungnahmen erlauben.

b) Wird diese Erlaubnis erteilt, so hat die ersuchende Vertragspartei

i) innerhalb einer vom Kammerpräsidenten zu bestimmenden Frist eine Übersetzung ihrer schriftlichen Stellungnahmen in einer der Amtssprachen des Gerichtshofs einzureichen. Reicht diese Vertragspartei innerhalb dieser Frist die Übersetzung nicht ein, so kann der Kanzler auf Kosten der

[1] Nr. 3.

ersuchenden Vertragspartei die notwendigen Vorkehrungen für diese Übersetzung treffen;
ii) die Kosten für das Dolmetschen ihrer mündlichen Stellungnahmen ins Englische oder Französische zu tragen. Der Kanzler ist dafür verantwortlich, die notwendigen Vorkehrungen für das Dolmetschen zu treffen.

c) Der Kammerpräsident kann anordnen, dass eine Vertragspartei, die in der Rechtssache Partei ist, innerhalb einer bestimmten Frist eine englische oder französische Übersetzung oder Zusammenfassung aller oder bestimmter Anlagen zu ihren schriftlichen Stellungnahmen oder anderer einschlägiger Unterlagen oder von Auszügen daraus vorzulegen hat.

d) In Bezug auf die Beteiligung Dritter nach Artikel 44 dieser Verfahrensordnung und den Gebrauch einer Sprache, die nicht eine der Amtssprachen ist, durch Drittbeteiligte sind die Buchstaben a bis c entsprechend anzuwenden.

(5) Der Kammerpräsident kann die beschwerdegegnerische Vertragspartei auffordern, eine Übersetzung ihrer schriftlichen Stellungnahmen in einer ihrer Amtssprachen vorzulegen, um dem Beschwerdeführer das Verständnis dieser Stellungnahmen zu erleichtern.

(6) [1] Zeugen, Sachverständige und andere Personen, die vor dem Gerichtshof auftreten, können sich ihrer eigenen Sprache bedienen, wenn sie keine der beiden Amtssprachen hinreichend beherrschen. [2] In diesem Fall trifft der Kanzler die notwendigen Vorkehrungen für die mündliche und schriftliche Übersetzung.

Art. 35 Vertretung der Vertragsparteien. Die Vertragsparteien werden durch Prozessbevollmächtigte vertreten, die zu ihrer Unterstützung Rechtsbeistände oder Berater hinzuziehen können.

Art. 36 Vertretung der Beschwerdeführer. (1) Die in Artikel 34 der Konvention[1] genannten natürlichen Personen, nichtstaatlichen Organisationen und Personengruppen können eine Beschwerde zunächst selbst oder durch einen Vertreter einreichen.

(2) Sobald der beschwerdegegnerischen Vertragspartei die Beschwerde nach Artikel 54 Absatz 2 Buchstabe b zugestellt ist, muss der Beschwerdeführer nach Absatz 4 vertreten sein, wenn der Kammerpräsident nichts anderes bestimmt.

(3) Auf diese Weise muss der Beschwerdeführer in jeder von der Kammer beschlossenen mündlichen Verhandlung vertreten sein, wenn der Kammerpräsident ihm nicht ausnahmsweise erlaubt, seine Interessen selbst zu vertreten, falls erforderlich mit Unterstützung eines Rechtsbeistands oder einer anderen zugelassenen Person.

(4)

a) Der nach den Absätzen 2 und 3 im Namen des Beschwerdeführers handelnde Vertreter muss ein in einer Vertragspartei zugelassener Rechtsbeistand mit Wohnsitz im Hoheitsgebiet einer Vertragspartei sein oder aber eine andere Person, die der Kammerpräsident zulässt.

b) Unter außergewöhnlichen Umständen kann der Kammerpräsident, wenn er der Meinung ist, dass die Umstände oder das Verhalten des Rechtsbeistands

[1] Nr. 3.

oder der anderen Person, die nach dem vorangehenden Buchstaben bestellt wurden, es rechtfertigen, zu jedem Zeitpunkt des Verfahrens bestimmen, dass der Rechtsbeistand oder diese Person den Beschwerdeführer nicht mehr vertreten oder unterstützen darf und dieser einen anderen Vertreter suchen muss.

(5)

a) Der Rechtsbeistand oder der andere zugelassene Vertreter des Beschwerdeführers oder der Beschwerdeführer selbst, der darum ersucht, seine Interessen selbst vertreten zu dürfen, muss, auch wenn ihm eine Erlaubnis nach Buchstabe b erteilt wird, eine der Amtssprachen des Gerichtshofs hinreichend verstehen.

b) Verfügt der Betreffende nicht über hinreichende Kenntnisse, um sich in einer der Amtssprachen des Gerichtshofs auszudrücken, so kann ihm der Kammerpräsident nach Artikel 34 Absatz 3 den Gebrauch einer der Amtssprachen der Vertragsstaaten erlauben.

Art. 37 Mitteilungen, Zustellungen, Ladungen. (1) Mitteilungen und Zustellungen an die Prozessbevollmächtigten oder die Rechtsbeistände der Parteien gelten als an die Parteien gerichtet.

(2) Hält der Gerichtshof für eine Mitteilung, Zustellung oder Ladung, die an eine andere Person als die Prozessbevollmächtigten oder Rechtsbeistände der Parteien gerichtet ist, die Mitwirkung der Regierung des Staates für erforderlich, in dessen Hoheitsgebiet die Mitteilung, Zustellung oder Ladung Wirkung entfalten soll, so wendet sich der Präsident des Gerichtshofs unmittelbar an diese Regierung, um die notwendige Unterstützung zu erhalten.

Art. 38 Schriftsätze. (1) [1] Schriftsätze und andere Unterlagen können nur innerhalb der Frist eingereicht werden, die je nach Fall vom Kammerpräsidenten oder vom Berichterstatter nach Maßgabe dieser Verfahrensordnung hierfür bestimmt wird. [2] Schriftsätze und andere Unterlagen, die nach Ablauf dieser Frist oder unter Missachtung einer nach Artikel 32 ergangenen Verfahrensanordnung eingereicht werden, finden keinen Eingang in die Verfahrensakten, wenn der Kammerpräsident nichts anderes bestimmt.

(2) Für die Berechnung der in Absatz 1 genannten Frist ist das belegte Datum der Absendung des Schriftstücks oder, falls ein solches Datum fehlt, das Datum des Eingangs bei der Kanzlei maßgebend.

Art. 38A Prüfung von Verfahrensfragen. Von der Kammer zu entscheidende Verfahrensfragen werden gleichzeitig mit der Prüfung der Rechtssache beraten, wenn der Kammerpräsident nichts anderes bestimmt.

Art. 39 Vorläufige Maßnahmen. (1) Die Kammer oder gegebenenfalls ihr Präsident kann auf Antrag einer Partei oder jeder anderen betroffenen Person sowie von Amts wegen gegenüber den Parteien vorläufige Maßnahmen bezeichnen, die im Interesse der Parteien oder eines ordnungsgemäßen Verfahrensablaufs ergriffen werden sollten.

(2) Das Ministerkomitee ist darüber zu informieren.

(3) Die Kammer kann von den Parteien Informationen zu Fragen der Durchführung der vorläufigen Maßnahmen anfordern, die sie bezeichnet hat.

Art. 40 Dringliche Mitteilung über eine Beschwerde. In dringenden Fällen kann der Kanzler vorbehaltlich anderer verfahrensrechtlicher Maßnahmen mit Erlaubnis des Kammerpräsidenten eine betroffene Vertragspartei durch jedes verfügbare Mittel über die Erhebung einer Beschwerde informieren und ihr zusammenfassende Angaben über deren Gegenstand machen.

Art. 41 Reihenfolge bei der Behandlung der Beschwerden. ¹Beschwerden werden in der Reihenfolge behandelt, in der sie für die Prüfung reif sind. ²Die Kammer oder ihr Präsident kann jedoch beschließen, eine bestimmte Beschwerde vorrangig zu behandeln.

Art. 42 (bisheriger Artikel 43) **Verbindung und gleichzeitige Prüfung von Beschwerden.** (1) Die Kammer kann auf Antrag der Parteien oder von Amts wegen die Verbindung mehrerer Beschwerden anordnen.

(2) Der Kammerpräsident kann unbeschadet der Entscheidung der Kammer über die Verbindung der Beschwerden nach Anhörung der Parteien die gleichzeitige Prüfung von Beschwerden anordnen, die derselben Kammer zugeteilt werden.

Art. 43 (bisheriger Artikel 44) **Streichung und Wiedereintragung im Register.** (1) Der Gerichtshof kann jederzeit während des Verfahrens entscheiden, eine Beschwerde nach Artikel 37 der Konvention in seinem Register zu streichen.

(2) Teilt eine Beschwerde führende Vertragspartei dem Kanzler ihre Absicht mit, ihre Beschwerde nicht weiterzuverfolgen, so kann die Kammer diese Beschwerde nach Artikel 37 der Konvention[1] im Register streichen, wenn die andere betroffene Vertragspartei oder die anderen betroffenen Vertragsparteien mit der Nichtweiterverfolgung einverstanden sind.

(3) ¹Die Entscheidung, eine für zulässig erklärte Beschwerde im Register zu streichen, ergeht in Form eines Urteils. ²Der Kammerpräsident übermittelt dieses Urteil, sobald es endgültig ist, dem Ministerkomitee, damit dieses nach Artikel 46 Absatz 2 der Konvention die Erfüllung von Verpflichtungen überwachen kann, die gegebenenfalls zur Bedingung für die Nichtweiterverfolgung der Beschwerde, die gütliche Einigung oder die Beilegung der Streitigkeit gemacht worden sind.

(4) ¹Wird eine Beschwerde im Register gestrichen, so befindet der Gerichtshof über die Kostenfrage. ²Ergeht die Kostenentscheidung im Rahmen einer Entscheidung, mit der eine nicht für zulässig erklärte Beschwerde im Register gestrichen wird, so übermittelt der Kammerpräsident die Entscheidung dem Ministerkomitee.

(5) Der Gerichtshof kann die Wiedereintragung einer Beschwerde in das Register beschließen, wenn er dies wegen außergewöhnlicher Umstände für gerechtfertigt hält.

Art. 44 Beteiligung Dritter. (1)

a) Wird eine nach Artikel 34 der Konvention[1] erhobene Beschwerde der beschwerdegegnerischen Vertragspartei nach Artikel 54 Absatz 2 Buchstabe b zur Kenntnis gebracht, so übermittelt der Kanzler gleichzeitig eine

[1] Nr. 3.

Kopie der Beschwerde jeder anderen Vertragspartei, deren Staatsangehörigkeit ein Beschwerdeführer besitzt. Ebenso unterrichtet er diese Vertragsparteien über eine Entscheidung, in dieser Rechtssache eine mündliche Verhandlung durchzuführen.

b) Möchte eine Vertragspartei von ihrem Recht auf schriftliche Stellungnahme oder auf Teilnahme an mündlichen Verhandlungen nach Artikel 36 Absatz 1 der Konvention Gebrauch machen, so hat sie dies dem Kanzler spätestens zwölf Wochen nach der Übermittlung oder Unterrichtung nach Buchstabe a schriftlich anzuzeigen. Der Kammerpräsident kann ausnahmsweise eine andere Frist bestimmen.

(2)

a) Ist eine Beschwerde der beschwerdegegnerischen Vertragspartei nach Artikel 51 Absatz 1 oder Artikel 54 Absatz 2 Buchstabe b zur Kenntnis gebracht worden, so kann der Kammerpräsident im Interesse der Rechtspflege, wie in Artikel 36 Absatz 2 der Konvention vorgesehen, jede Vertragspartei, die in dem Verfahren nicht Partei ist, oder jede betroffene Person, die nicht Beschwerdeführer ist, auffordern oder ermächtigen, schriftlich Stellung zu nehmen oder, falls außergewöhnliche Umstände vorliegen, an der mündlichen Verhandlung teilzunehmen.

b) Anträge auf eine solche Ermächtigung müssen mit einer gebührenden Begründung versehen und spätestens zwölf Wochen, nachdem die Beschwerde der beschwerdegegnerischen Vertragspartei zur Kenntnis gebracht worden ist, schriftlich nach Artikel 34 Absatz 4 in einer der Amtssprachen eingereicht werden. Der Kammerpräsident kann ausnahmsweise eine andere Frist bestimmen.

(3)

a) In Rechtssachen, die von der Großen Kammer zu prüfen sind, beginnen die in den Absätzen 1 und 2 bestimmten Fristen mit der Zustellung der Entscheidung der Kammer, die Rechtssache nach Artikel 72 Absatz 1 an die Große Kammer abzugeben, oder der Entscheidung des Ausschusses der Großen Kammer nach Artikel 73 Absatz 2, den Antrag einer Partei auf Verweisung der Rechtssache an die Große Kammer anzunehmen, an die Parteien.

b) Die in diesem Artikel bestimmten Fristen können vom Kammerpräsidenten ausnahmsweise verlängert werden, wenn hinreichende Gründe angeführt werden.

(4) [1] Die Aufforderung oder Ermächtigung nach Absatz 2 Buchstabe a ist auch hinsichtlich der Beachtung von Fristen an die vom Kammerpräsidenten festgelegten Bedingungen geknüpft. [2] Werden diese Bedingungen nicht eingehalten, so kann der Präsident beschließen, die Stellungnahmen nicht in die Verfahrensakten aufzunehmen oder die Teilnahme an der mündlichen Verhandlung zu beschränken, soweit er dies für angebracht hält.

(5) [1] Schriftliche Stellungnahmen nach diesem Artikel müssen nach Artikel 34 Absatz 4 in einer der Amtssprachen abgefasst sein. [2] Der Kanzler übermittelt die Stellungnahmen den Parteien; diese können unter Einhaltung der vom Kammerpräsidenten bestimmten Bedingungen, einschließlich der Fristen, schriftlich oder gegebenenfalls in der mündlichen Verhandlung darauf erwidern.

Art. 44A Pflicht zur Zusammenarbeit mit dem Gerichtshof. [1]Die Parteien sind verpflichtet, bei der Durchführung des Verfahrens mit dem Gerichtshof in vollem Umfang zusammenzuarbeiten und insbesondere alle Maßnahmen, soweit sie in ihrer Macht stehen, zu treffen, die der Gerichtshof für eine geordnete Rechtspflege für erforderlich hält. [2]Diese Verpflichtung gilt erforderlichenfalls auch für eine Vertragspartei, die in dem Verfahren nicht Partei ist.

Art. 44B Nichtbefolgung einer Anordnung des Gerichtshofs. Befolgt eine Partei eine Anordnung des Gerichtshofs in Bezug auf die Durchführung des Verfahrens nicht, so kann der Kammerpräsident alle Maßnahmen treffen, die er für angebracht hält.

Art. 44C Fehlende Mitwirkung. (1) Bringt eine Partei vom Gerichtshof erbetene Beweise oder Informationen nicht bei oder gibt sie sachdienliche Informationen nicht von sich aus weiter oder lässt sie es in anderer Weise an einer Mitwirkung in dem Verfahren fehlen, so kann der Gerichtshof daraus die ihm angebracht erscheinenden Schlüsse ziehen.

(2) Unterlässt oder verweigert eine beschwerdegegnerische Vertragspartei in dem Verfahren die Mitwirkung, so ist dies für sich genommen kein Grund für die Kammer, die Prüfung der Beschwerde einzustellen.

Art. 44D Unangemessene Stellungnahmen einer Partei. Gibt der Vertreter einer Partei missbräuchliche, leichtfertige, schikanöse, irreführende oder weitschweifige Stellungnahmen ab, so kann der Kammerpräsident unbeschadet des Artikels 35 Absatz 3 der Konvention[1] diesen Vertreter von dem Verfahren ausschließen, die Annahme der Stellungnahmen ganz oder teilweise verweigern oder eine andere ihm angebracht erscheinende Anordnung treffen.

Art. 44E Nichtweiterverfolgung einer Beschwerde. Beabsichtigt eine Beschwerde führende Vertragspartei oder ein Individualbeschwerdeführer nicht, die Beschwerde weiterzuverfolgen, so kann die Kammer im Einklang mit Artikel 37 Absatz 1 Buchstabe a der Konvention[1] die Beschwerde nach Artikel 43 dieser Verfahrensordnung im Register streichen.

Kapitel II. Die Einleitung des Verfahrens

Art. 45 Unterschriften. (1) Beschwerden nach Artikel 33 oder 34 der Konvention[1] müssen schriftlich eingereicht und vom Beschwerdeführer oder seinem Vertreter unterzeichnet werden.

(2) [1]Wird eine Beschwerde von einer nichtstaatlichen Organisation oder einer Personengruppe eingereicht, so ist sie von den zur Vertretung dieser Organisation oder Gruppe berechtigten Personen zu unterzeichnen. [2]Die zuständige Kammer oder das zuständige Komitee entscheidet über Fragen zur Berechtigung der Unterzeichner.

(3) Wird ein Beschwerdeführer nach Artikel 36 vertreten, so ist von seinem Vertreter oder seinen Vertretern eine schriftliche Vollmacht vorzulegen.

[1] Nr. 3.

Art. 46 Inhalt einer Staatenbeschwerde. Jede Vertragspartei, die dem Gerichtshof eine Rechtssache nach Artikel 33 der Konvention[1] vorlegen will, reicht bei der Kanzlei eine Beschwerde ein, die folgende Angaben enthält:
a) den Namen der Vertragspartei, gegen die sich die Beschwerde richtet;
b) eine Darstellung des Sachverhalts;
c) eine Darstellung der behaupteten Verletzungen der Konvention mit Begründung;
d) eine Darstellung betreffend die Erfüllung der Zulässigkeitskriterien nach Artikel 35 Absatz 1 der Konvention (Erschöpfung der innerstaatlichen Rechtsbehelfe und Einhaltung der Sechs-Monats-Frist);
e) den Gegenstand der Beschwerde sowie gegebenenfalls allgemeine Angaben zu Ansprüchen auf eine gerechte Entschädigung nach Artikel 41 der Konvention zugunsten der angeblich verletzten Partei oder Parteien;
f) den Namen und die Adresse der zu(m) Prozessbevollmächtigten bestimmten Person oder Personen;
beizufügen sind
g) Kopien aller einschlägigen Unterlagen, insbesondere der gerichtlichen oder sonstigen Entscheidungen, die sich auf den Gegenstand der Beschwerde beziehen.

Art. 47 Inhalt einer Individualbeschwerde. (1) [1]Beschwerden nach Artikel 34 der Konvention[1] sind unter Verwendung des von der Kanzlei zur Verfügung gestellten Formulars einzureichen, wenn der Präsident der zuständigen Sektion nichts anderes bestimmt. [2]Das Formular enthält
a) den Namen, das Geburtsdatum, die Staatsangehörigkeit, das Geschlecht, den Beruf und die Adresse des Beschwerdeführers;
b) gegebenenfalls den Namen, den Beruf und die Adresse seines Vertreters;
c) die Vertragspartei oder Vertragsparteien, gegen die sich die Beschwerde richtet;
d) eine kurze Darstellung des Sachverhalts;
e) eine kurze Darstellung der behaupteten Verletzungen der Konvention mit Begründung;
f) eine kurze Darstellung betreffend die Erfüllung der Zulässigkeitskriterien nach Artikel 35 Absatz 1 der Konvention durch den Beschwerdeführer (Erschöpfung der innerstaatlichen Rechtsbehelfe und Einhaltung der Sechs-Monats-Frist);
g) den Gegenstand der Beschwerde;
beizufügen sind
h) Kopien aller einschlägigen Unterlagen, insbesondere der gerichtlichen oder sonstigen Entscheidungen, die sich auf den Gegenstand der Beschwerde beziehen.

(2) Der Beschwerdeführer hat ferner
a) alle Unterlagen, insbesondere die in Absatz 1 Buchstabe h genannten Unterlagen und Entscheidungen beizubringen, die die Feststellung erlauben, dass

[1] Nr. 3.

die Zulässigkeitskriterien nach Artikel 35 Absatz 1 der Konvention erfüllt sind (Erschöpfung der innerstaatlichen Rechtsbehelfe und Einhaltung der Sechs-Monats-Frist);

b) mitzuteilen, ob er seinen Fall einer anderen internationalen Untersuchungs- oder Beschwerdeinstanz vorgelegt hat.

(3) [1] Ein Beschwerdeführer, der nicht wünscht, dass seine Identität offen gelegt wird, hat dies mitzuteilen und die Gründe darzulegen, die eine Abweichung von der gewöhnlichen Regel rechtfertigen, nach der das Verfahren vor dem Gerichtshof öffentlich ist. [2] Der Kammerpräsident kann dem Beschwerdeführer in außergewöhnlichen, gebührend begründeten Fällen erlauben, anonym zu bleiben.

(4) Die Nichteinhaltung der Verpflichtungen nach den Absätzen 1 und 2 kann dazu führen, dass die Beschwerde vom Gerichtshof nicht geprüft wird.

(5) [1] Als Datum der Beschwerdeerhebung ist in der Regel das Datum der ersten Mitteilung des Beschwerdeführers anzusehen, in welcher der Gegenstand der Beschwerde – sei es auch nur zusammenfassend – dargelegt wird. [2] Der Gerichtshof kann jedoch entscheiden, dass ein anderes Datum gilt, wenn er dies für gerechtfertigt hält.

(6) Der Beschwerdeführer hat den Gerichtshof über jede Änderung seiner Adresse und jeden für die Prüfung seiner Beschwerde erheblichen Umstand zu informieren.

Kapitel III. Die Bericht erstattenden Richter

Art. 48 Staatenbeschwerden. (1) Bei einer Anrufung des Gerichtshofs nach Artikel 33 der Konvention[1)] benennt die zur Prüfung der Beschwerde gebildete Kammer nach Eingang der Schriftsätze der betroffenen Vertragsparteien eines oder mehrere ihrer Mitglieder als Bericht erstattende Richter und beauftragt diese, einen Bericht über die Zulässigkeit vorzulegen.

(2) Der oder die Bericht erstattenden Richter legen der Kammer die Berichte, Textentwürfe und anderen Unterlagen vor, die der Kammer und ihrem Präsidenten bei der Erfüllung ihrer Aufgaben nützlich sein können.

Art. 49 Individualbeschwerden. (1) Wird schon aus dem vom Beschwerdeführer vorgelegten Material hinreichend deutlich, dass die Beschwerde unzulässig ist oder im Register gestrichen werden sollte, so wird die Beschwerde von einem Komitee geprüft, sofern nicht ein besonderer Grund dagegen spricht.

(2) Wird der Gerichtshof nach Artikel 34 der Konvention[1)] mit einer Beschwerde befasst und erscheint ihre Prüfung durch eine Kammer gerechtfertigt, so benennt der Präsident der Sektion, der die Beschwerde zugewiesen wird, einen Richter, der die Beschwerde als Bericht erstattender Richter prüfen soll.

(3) Im Rahmen seiner Prüfung

a) kann der Bericht erstattende Richter die Parteien ersuchen, innerhalb einer bestimmten Frist Auskünfte bezüglich des Sachverhalts zu erteilen und Unterlagen oder anderes Material vorzulegen, soweit er dies für zweckdienlich hält;

[1)] Nr. 3.

b) entscheidet der Bericht erstattende Richter, ob die Beschwerde von einem Komitee oder einer Kammer geprüft wird, wobei der Sektionspräsident die Prüfung durch eine Kammer anordnen kann;
c) legt der Bericht erstattende Richter die Berichte, Textentwürfe und anderen Unterlagen vor, die der Kammer oder ihrem Präsidenten bei der Erfüllung ihrer Aufgaben nützlich sein können.

Art. 50 Verfahren vor der Großen Kammer. Wird eine Rechtssache nach Artikel 30 oder 43 der Konvention[1] an die Große Kammer verwiesen, so bestellt der Präsident der Großen Kammer eines, bei einer Staatenbeschwerde eines oder mehrere ihrer Mitglieder als Bericht erstattende Richter.

Kapitel IV. Das Verfahren bei der Prüfung der Zulässigkeit

Staatenbeschwerden

Art. 51 Zuweisung von Beschwerden und anschließendes Verfahren.

(1) Wird eine Beschwerde nach Artikel 33 der Konvention[1] erhoben, so bringt sie der Präsident des Gerichtshofs umgehend der beschwerdegegnerischen Vertragspartei zur Kenntnis und weist sie einer der Sektionen zu.

(2) ¹Die für die Beschwerde führende und die beschwerdegegnerische Vertragspartei gewählten Richter gehören der für die Prüfung der Rechtssache gebildeten Kammer nach Artikel 26 Absatz 1 Buchstabe a von Amts wegen an. ²Wird die Beschwerde von mehreren Vertragsparteien erhoben oder werden von mehreren Vertragsparteien erhobene Beschwerden gleichen Gegenstands nach Artikel 42 verbunden, so findet Artikel 30 Anwendung.

(3) ¹Sobald die Rechtssache einer Sektion zugewiesen ist, bildet der Sektionspräsident nach Artikel 26 Absatz 1 die Kammer und fordert die beschwerdegegnerische Vertragspartei auf, ihren Schriftsatz zur Zulässigkeit der Beschwerde vorzulegen. ²Der Kanzler übermittelt den Schriftsatz der Beschwerde führenden Vertragspartei; diese kann darauf schriftlich erwidern.

(4) Vor der Entscheidung über die Zulässigkeit der Beschwerde kann die Kammer oder ihr Präsident beschließen, die Parteien zur Abgabe weiterer schriftlicher Stellungnahmen aufzufordern.

(5) Eine mündliche Verhandlung über die Zulässigkeit findet statt, wenn eine oder mehrere der betroffenen Vertragsparteien es beantragen oder wenn es die Kammer von Amts wegen beschließt.

(6) Der Kammerpräsident hört die Parteien an, bevor er das schriftliche und gegebenenfalls das mündliche Verfahren bestimmt.

Individualbeschwerden

Art. 52 Zuweisung einer Beschwerde an eine Sektion. (1) Der Präsident des Gerichtshofs weist jede nach Artikel 34 der Konvention[1] erhobene Beschwerde einer Sektion zu; er achtet dabei auf eine gerechte Verteilung der Arbeitslast auf die Sektionen.

(2) Der Präsident der betroffenen Sektion bildet nach Artikel 26 Absatz 1 dieser Verfahrensordnung die in Artikel 27 Absatz 1 der Konvention vorgesehene Kammer mit sieben Richtern.

[1] Nr. 3.

(3) Bis die Kammer nach Absatz 2 gebildet ist, werden die Befugnisse, die diese Verfahrensordnung dem Kammerpräsidenten überträgt, vom Sektionspräsidenten ausgeübt.

Art. 53 Verfahren vor einem Komitee. (1) Ist der für eine beschwerdegegnerische Vertragspartei gewählte Richter nicht Mitglied des Komitees, so kann er gebeten werden, an dessen Beratungen teilzunehmen.

(2) [1] Nach Artikel 28 der Konvention[1]) kann das Komitee durch einstimmigen Beschluss eine Beschwerde für unzulässig erklären oder im Register streichen, wenn eine solche Entscheidung ohne weitere Prüfung getroffen werden kann. [2] Die Entscheidung ist endgültig. [3] Sie wird dem Beschwerdeführer brieflich zur Kenntnis gebracht.

(3) Trifft das Komitee keine Entscheidung nach Absatz 2, so übermittelt es die Beschwerde der Kammer, die nach Artikel 52 Absatz 2 zur Prüfung der Rechtssache gebildet wurde.

Art. 54 Verfahren vor einer Kammer. (1) Die Kammer kann die Beschwerde sofort für unzulässig erklären oder im Register streichen.

(2) Andernfalls kann die Kammer oder ihr Präsident

a) die Parteien ersuchen, Auskünfte bezüglich des Sachverhalts zu erteilen und Unterlagen oder anderes Material vorzulegen, welche die Kammer oder ihr Präsident für zweckdienlich hält;

b) der beschwerdegegnerischen Vertragspartei die Beschwerde zur Kenntnis bringen und diese auffordern, schriftlich Stellung zu nehmen, und nach Eingang der Stellungnahme den Beschwerdeführer auffordern, darauf zu erwidern;

c) die Parteien auffordern, weitere schriftliche Stellungnahmen abzugeben.

(3) [1] Bevor die Kammer über die Zulässigkeit entscheidet, kann sie auf Antrag einer Partei oder von Amts wegen beschließen, eine mündliche Verhandlung durchzuführen, wenn sie der Auffassung ist, dass dies zur Erfüllung ihrer Aufgaben nach der Konvention erforderlich ist. [2] In diesem Fall werden die Parteien auch aufgefordert, sich zur Begründetheit der Beschwerde zu äußern, wenn die Kammer nicht ausnahmsweise etwas anderes bestimmt.

Art. 54A Gemeinsame Prüfung der Zulässigkeit und Begründetheit.

(1) [1] Wenn die Kammer der beschwerdegegnerischen Vertragspartei die Beschwerde nach Artikel 54 Absatz 2 Buchstabe b zur Kenntnis bringt, kann sie nach Artikel 29 Absatz 3 der Konvention[1]) auch beschließen, die Zulässigkeit und Begründetheit gleichzeitig zu prüfen. [2] In diesem Fall werden die Parteien aufgefordert, sich in ihren Stellungnahmen auch zur Frage einer gerechten Entschädigung zu äußern und gegebenenfalls Vorschläge für eine gütliche Einigung zu unterbreiten. [3] Die Voraussetzungen nach den Artikeln 60 und 62 gelten entsprechend.

(2) Erzielen die Parteien keine gütliche Einigung und auch keine andere Lösung und ist die Kammer in Anbetracht der Stellungnahmen der Parteien überzeugt, dass die Rechtssache zulässig und für eine Entscheidung über die

[1]) Nr. 3.

Begründetheit reif ist, so fällt sie sofort ein Urteil, das die Entscheidung der Kammer über die Zulässigkeit umfasst.

(3) Soweit die Kammer dies für angebracht hält, kann sie nach Unterrichtung der Parteien sofort ein Urteil fällen, das die Entscheidung über die Zulässigkeit umfasst, ohne zuvor das Verfahren nach Absatz 1 durchzuführen.

Staatenbeschwerden und Individualbeschwerden

Art. 55 Einreden der Unzulässigkeit. Einreden der Unzulässigkeit müssen, soweit ihre Natur und die Umstände es zulassen, von der beschwerdegegnerischen Vertragspartei in ihren nach Artikel 51 oder 54 abgegebenen schriftlichen oder mündlichen Stellungnahmen zur Zulässigkeit der Beschwerde vorgebracht werden.

Art. 56 Entscheidung der Kammer. (1) In der Entscheidung der Kammer ist anzugeben, ob sie einstimmig oder durch Mehrheitsbeschluss getroffen wurde; sie ist gleichzeitig oder später zu begründen.

(2) [1] Der Kanzler teilt die Entscheidung der Kammer dem Beschwerdeführer mit. [2] Sie wird auch der oder den betroffenen Vertragspartei(en) und jedem Drittbeteiligten mitgeteilt, soweit diesen zuvor die Beschwerde nach dieser Verfahrensordnung zur Kenntnis gebracht wurde.

Art. 57 Sprache der Entscheidung. (1) Der Gerichtshof erlässt seine Kammerentscheidungen in englischer oder französischer Sprache, wenn er nicht beschließt, eine Entscheidung in beiden Amtssprachen zu erlassen.

(2) Die in Artikel 78 vorgesehene Veröffentlichung der Entscheidungen in der amtlichen Sammlung des Gerichtshofs erfolgt in beiden Amtssprachen des Gerichtshofs.

Kapitel V. Das Verfahren nach Zulassung der Beschwerde

Art. 58 Staatenbeschwerden. (1) [1] Sobald die Kammer eine nach Artikel 33 der Konvention[1)] erhobene Beschwerde zugelassen hat, bestimmt der Kammerpräsident nach Anhörung der betroffenen Vertragsparteien die Fristen für die Einreichung der schriftlichen Stellungnahmen zur Begründetheit und für die Vorlage zusätzlicher Beweismittel. [2] Der Präsident kann jedoch mit Einverständnis der betroffenen Vertragsparteien auf die Durchführung eines schriftlichen Verfahrens verzichten.

(2) [1] Eine mündliche Verhandlung über die Begründetheit findet statt, wenn eine oder mehrere der betroffenen Vertragsparteien dies beantragen oder wenn die Kammer es von Amts wegen beschließt. [2] Der Kammerpräsident bestimmt das Verfahren.

Art. 59 Individualbeschwerden. (1) Sobald eine nach Artikel 34 der Konvention[1)] erhobene Beschwerde für zulässig erklärt ist, kann die Kammer oder ihr Präsident die Parteien auffordern, weitere Beweismittel oder schriftliche Stellungnahmen vorzulegen.

(2) Soweit nicht anders entschieden, wird jeder Partei für ihre Stellungnahme dieselbe Frist eingeräumt.

[1)] Nr. 3.

(3) Die Kammer kann auf Antrag einer Partei oder von Amts wegen beschließen, eine mündliche Verhandlung über die Begründetheit durchzuführen, wenn sie der Auffassung ist, dass dies zur Erfüllung ihrer Aufgaben nach der Konvention erforderlich ist.

(4) Der Kammerpräsident bestimmt gegebenenfalls das schriftliche und das mündliche Verfahren.

Art. 60 Ansprüche auf gerechte Entschädigung. (1) Ein Beschwerdeführer, der will, dass ihm der Gerichtshof nach Artikel 41 der Konvention[1]) eine gerechte Entschädigung zuspricht, falls er eine Verletzung seiner Rechte aus der Konvention feststellt, muss einen entsprechenden Anspruch ausdrücklich geltend machen.

(2) Soweit der Kammerpräsident nicht etwas anderes anordnet, muss der Beschwerdeführer innerhalb der Frist, die für seine Stellungnahme zur Begründetheit bestimmt wurde, alle Ansprüche unter Beifügung einschlägiger Belege beziffert und nach Rubriken geordnet geltend machen.

(3) Erfüllt der Beschwerdeführer die in den Absätzen 1 und 2 genannten Anforderungen nicht, so kann die Kammer die Ansprüche ganz oder teilweise zurückweisen.

(4) Die Ansprüche des Beschwerdeführers werden der beschwerdegegnerischen Regierung zur Stellungnahme übermittelt.

Art. 61 *(aufgehoben)*

Art. 62 Gütliche Einigung. (1) [1] Sobald eine Beschwerde für zulässig erklärt ist, nimmt der Kanzler nach den Weisungen der Kammer oder ihres Präsidenten nach Artikel 38 Absatz 1 Buchstabe b der Konvention[1]) Kontakt mit den Parteien auf, um eine gütliche Einigung zu erzielen. [2] Die Kammer trifft alle geeigneten Maßnahmen, um eine solche Einigung zu erleichtern.

(2) [1] Die im Hinblick auf eine gütliche Einigung geführten Verhandlungen sind nach Artikel 38 Absatz 2 der Konvention vertraulich und erfolgen unbeschadet der Stellungnahmen der Parteien im streitigen Verfahren. [2] Im Rahmen dieser Verhandlungen geäußerte schriftliche oder mündliche Mitteilungen, Angebote oder Eingeständnisse dürfen im streitigen Verfahren nicht erwähnt oder geltend gemacht werden.

(3) Erfährt die Kammer durch den Kanzler, dass die Parteien eine gütliche Einigung erreicht haben, so streicht sie die Rechtssache nach Artikel 43 Absatz 3 im Register, nachdem sie sich vergewissert hat, dass diese Einigung auf der Grundlage der Achtung der Menschenrechte getroffen wurde, wie sie in der Konvention und ihren Protokollen anerkannt sind.

(4) Auf das Verfahren nach Artikel 54A sind die Absätze 2 und 3 entsprechend anzuwenden.

Kapitel VI. Die mündliche Verhandlung

Art. 63 Öffentlichkeit der mündlichen Verhandlung. (1) Die mündliche Verhandlung ist öffentlich, soweit nicht die Kammer nach Absatz 2 aufgrund

[1]) Nr. 3.

besonderer Umstände anders entscheidet, sei es von Amts wegen, sei es auf Antrag einer Partei oder einer anderen betroffenen Person.

(2) Presse und Öffentlichkeit können während der ganzen oder eines Teiles einer mündlichen Verhandlung ausgeschlossen werden, wenn dies im Interesse der Moral, der öffentlichen Ordnung oder der nationalen Sicherheit in einer demokratischen Gesellschaft liegt, wenn die Interessen von Jugendlichen oder der Schutz des Privatlebens der Prozessparteien es verlangen oder – soweit die Kammer es für unbedingt erforderlich hält – wenn unter besonderen Umständen eine öffentliche Verhandlung die Interessen der Rechtspflege beeinträchtigen würde.

(3) Anträge auf Ausschluss der Öffentlichkeit nach Absatz 1 sind zu begründen; dabei ist anzugeben, ob dies für die mündliche Verhandlung insgesamt oder teilweise gelten soll.

Art. 64 Leitung der mündlichen Verhandlung. (1) Der Kammerpräsident organisiert und leitet die mündliche Verhandlung und bestimmt die Reihenfolge, in der den vor der Kammer auftretenden Personen das Wort erteilt wird.

(2) Jeder Richter kann jeder vor der Kammer auftretenden Person Fragen stellen.

Art. 65 Nichterscheinen. Erscheint eine Partei oder eine andere Person, die erscheinen sollte, nicht oder weigert sie sich zu erscheinen, so kann die Kammer die mündliche Verhandlung gleichwohl durchführen, wenn ihr dies mit einer geordneten Rechtspflege vereinbar erscheint.

Art. 66–69 *(aufgehoben)*

Art. 70 Verhandlungsprotokoll. (1) [1] Wenn der Kammerpräsident dies anordnet, wird über die mündliche Verhandlung unter der verantwortlichen Leitung des Kanzlers ein Protokoll angefertigt. [2] Das Protokoll enthält
a) die Zusammensetzung der Kammer;
b) die Liste der erschienenen Personen;
c) den Wortlaut der abgegebenen Stellungnahmen, gestellten Fragen und erhaltenen Antworten;
d) den Wortlaut aller während der Verhandlung verkündeten Entscheidungen.

(2) Ist das Protokoll insgesamt oder teilweise nicht in einer der Amtssprachen abgefasst, so sorgt der Kanzler für die Übersetzung in eine der Amtssprachen.

(3) [1] Die Vertreter der Parteien erhalten eine Kopie des Protokolls, um dieses berichtigen zu können, wobei sie Sinn und Tragweite des in der Verhandlung Gesagten nicht ändern dürfen; die Berichtigung wird vom Kanzler oder Kammerpräsidenten überprüft. [2] Der Kanzler bestimmt auf Anweisung des Kammerpräsidenten die Frist für die Berichtigung.

(4) Nach dieser Berichtigung wird das Protokoll vom Kammerpräsidenten und vom Kanzler unterzeichnet und ist dann für seinen Inhalt beweiskräftig.

Kapitel VII. Das Verfahren vor der Großen Kammer

Art. 71 Anwendbarkeit der Verfahrensvorschriften. (1) Auf das Verfahren vor der Großen Kammer sind die für die Kammern geltenden Vorschriften entsprechend anzuwenden.

(2) Die Befugnisse, die einer Kammer nach den Artikeln 54 Absatz 3 und 59 Absatz 3 in Bezug auf die Durchführung einer mündlichen Verhandlung übertragen sind, können in Verfahren vor der Großen Kammer auch vom Präsidenten der Großen Kammer ausgeübt werden.

Art. 72 Abgabe der Rechtssache an die Große Kammer. (1) [1] Wirft eine bei einer Kammer anhängige Rechtssache eine schwerwiegende Frage der Auslegung der Konvention oder ihrer Protokolle auf oder kann die Entscheidung einer ihr vorliegenden Frage zu einer Abweichung von einem früheren Urteil des Gerichtshofs führen, so kann die Kammer diese Sache nach Artikel 30 der Konvention[1)] jederzeit, bevor sie ihr Urteil gefällt hat, an die Große Kammer abgeben, wenn nicht eine Partei nach Absatz 2 widerspricht. [2] Die Entscheidung, die Sache abzugeben, braucht nicht begründet zu werden.

(2) [1] Der Kanzler teilt den Parteien die Absicht der Kammer mit, die Rechtssache abzugeben. [2] Die Parteien haben danach einen Monat Zeit, um der Kanzlei schriftlich ihren gebührend begründeten Einspruch zu unterbreiten. [3] Ein Einspruch, der diese Voraussetzungen nicht erfüllt, wird von der Kammer als unwirksam angesehen.

Art. 73 Verweisung an die Große Kammer auf Antrag einer Partei.

(1) Nach Artikel 43 der Konvention[1)] kann jede Partei in Ausnahmefällen innerhalb von drei Monaten nach dem Datum der Verkündung des Urteils einer Kammer bei der Kanzlei schriftlich einen Antrag auf Verweisung der Rechtssache an die Große Kammer stellen; sie hat dabei die schwerwiegende Frage der Auslegung oder Anwendung der Konvention oder ihrer Protokolle oder die schwerwiegende Frage von allgemeiner Bedeutung darzulegen, die ihrer Meinung nach eine Prüfung durch die Große Kammer rechtfertigt.

(2) [1] Ein nach Artikel 24 Absatz 5 gebildeter Ausschuss von fünf Richtern der Großen Kammer prüft den Antrag ausschließlich auf der Grundlage der Akten. [2] Er nimmt den Antrag nur an, wenn er der Auffassung ist, der Fall werfe eine solche Frage auf. [3] Die Entscheidung, den Antrag abzulehnen, braucht nicht begründet zu werden.

(3) Nimmt der Ausschuss den Antrag an, so entscheidet die Große Kammer durch Urteil.

Kapitel VIII. Die Urteile

Art. 74 Inhalt des Urteils. (1) Urteile nach den Artikeln 42 und 44 der Konvention[1)] enthalten

a) die Namen des Präsidenten und der anderen Richter, aus denen sich die Kammer zusammensetzt, sowie den Namen des Kanzlers oder des Stellvertretenden Kanzlers;

b) den Tag, an dem es gefällt, und den Tag, an dem es verkündet wird;

c) die Bezeichnung der Parteien;

d) die Namen der Prozessbevollmächtigten, Rechtsbeistände und Berater der Parteien;

e) die Darstellung des Prozessverlaufs;

f) den Sachverhalt;

[1)] Nr. 3.

g) eine Zusammenfassung des Vorbringens der Parteien;
h) die Entscheidungsgründe;
i) den Urteilstenor;
j) gegebenenfalls die Kostenentscheidung;
k) die Zahl der Richter, die die Mehrheit gebildet haben;
l) gegebenenfalls die Angabe, welche Sprachfassung maßgebend ist.

(2) Jeder Richter, der an der Prüfung der Rechtssache mitgewirkt hat, ist berechtigt, dem Urteil entweder eine Darlegung seiner zustimmenden oder abweichenden persönlichen Meinung oder die bloße Feststellung seines abweichenden Votums beizufügen.

Art. 75 Entscheidung über eine gerechte Entschädigung. (1) Stellt die Kammer eine Verletzung der Konvention oder ihrer Protokolle fest, so entscheidet sie im selben Urteil über die Anwendung des Artikel 41 der Konvention[1], wenn ein entsprechender Anspruch nach Artikel 60 ausdrücklich geltend gemacht wurde und die Frage spruchreif ist; andernfalls behält sich die Kammer die Beurteilung der Frage ganz oder teilweise vor und bestimmt das weitere Verfahren.

(2) [1] Bei der Entscheidung über die Anwendung des Artikels 41 der Konvention tagt die Kammer möglichst in der gleichen Besetzung wie bei der Prüfung der Begründetheit. [2] Ist dies nicht möglich, so ergänzt oder bildet der Präsident des Gerichtshofs die Kammer durch das Los.

(3) Spricht die Kammer eine gerechte Entschädigung nach Artikel 41 der Konvention zu, so kann sie beschließen, dass die zugesprochenen Beträge zu verzinsen sind, wenn die Zahlung nicht innerhalb der Frist erfolgt, die sie setzt.

(4) Wird der Gerichtshof davon unterrichtet, dass zwischen der in ihren Rechten verletzten Partei und der verantwortlichen Vertragspartei eine Einigung erzielt worden ist, so prüft er, ob die Einigung billig ist, und streicht bejahendenfalls die Rechtssache nach Artikel 43 Absatz 3 im Register.

Art. 76 Sprache des Urteils. (1) Der Gerichtshof erlässt seine Urteile in englischer oder französischer Sprache, wenn er nicht beschließt, ein Urteil in beiden Amtssprachen zu erlassen.

(2) Die in Artikel 78 vorgesehene Veröffentlichung der Urteile in der amtlichen Sammlung des Gerichtshofs erfolgt in beiden Amtssprachen des Gerichtshofs.

Art. 77 Unterzeichnung, Verkündung und Zustellung des Urteils.

(1) Das Urteil wird vom Kammerpräsidenten und vom Kanzler unterzeichnet.

(2) [1] Es kann vom Kammerpräsidenten oder einem von ihm beauftragten anderen Richter in öffentlicher Sitzung verkündet werden. [2] Den Prozessbevollmächtigten und Vertretern der Parteien wird der Termin der Verkündung rechtzeitig mitgeteilt. [3] Andernfalls gilt die Übermittlung nach Absatz 3 als Verkündung.

(3) [1] Das Urteil wird dem Ministerkomitee zugeleitet. [2] Der Kanzler übermittelt den Parteien, dem Generalsekretär des Europarats, den Drittbeteiligten

[1] Nr. 3.

und allen anderen unmittelbar betroffenen Personen eine beglaubigte Kopie.
³Das ordnungsgemäß unterzeichnete und gesiegelte Original wird im Archiv des Gerichtshofs verwahrt.

Art. 78 Veröffentlichung der Urteile und anderer Schriftstücke. ¹Nach Artikel 44 Absatz 3 der Konvention[1]) werden die endgültigen Urteile des Gerichtshofs unter der Verantwortung des Kanzlers in geeigneter Form veröffentlicht. ²Der Kanzler ist außerdem für die Herausgabe der amtlichen Sammlung zuständig, die ausgewählte Urteile und Entscheidungen sowie sonstige Schriftstücke enthält, deren Veröffentlichung der Präsident des Gerichtshofs für zweckmäßig hält.

Art. 79 Antrag auf Auslegung des Urteils. (1) Jede Partei kann die Auslegung eines Urteils innerhalb eines Jahres nach der Verkündung beantragen.

(2) ¹Der Antrag ist bei der Kanzlei einzureichen. ²Der Teil des Urteilstenors, dessen Auslegung begehrt wird, ist darin genau anzugeben.

(3) ¹Die ursprüngliche Kammer kann selbständig beschließen, den Antrag abzuweisen, wenn kein Grund eine Prüfung rechtfertigt. ²Ist es nicht möglich, die ursprüngliche Kammer zusammenzusetzen, so bildet oder ergänzt der Präsident des Gerichtshofs die Kammer durch das Los.

(4) ¹Weist die Kammer den Antrag nicht ab, so übermittelt ihn der Kanzler den anderen betroffenen Parteien und gibt ihnen Gelegenheit, innerhalb der vom Kammerpräsidenten bestimmten Frist schriftlich Stellung zu nehmen. ²Der Kammerpräsident bestimmt auch den Termin der mündlichen Verhandlung, wenn die Kammer beschließt, eine solche durchzuführen. ³Die Kammer entscheidet durch Urteil.

Art. 80 Antrag auf Wiederaufnahme des Verfahrens. (1) Wird eine Tatsache bekannt, die geeignet gewesen wäre, einen maßgeblichen Einfluss auf den Ausgang einer bereits entschiedenen Rechtssache auszuüben, so kann eine Partei, wenn diese Tatsache zum Zeitpunkt des Urteils dem Gerichtshof unbekannt war und der Partei nach menschlichem Ermessen nicht bekannt sein konnte, innerhalb von sechs Monaten, nachdem sie von der Tatsache Kenntnis erhalten hat, beim Gerichtshof die Wiederaufnahme des Verfahrens beantragen.

(2) ¹Der Antrag muss das Urteil bezeichnen, auf das sich der Wiederaufnahmeantrag bezieht, und die Angaben enthalten, aus denen sich ergibt, dass die Voraussetzungen nach Absatz 1 erfüllt sind. ²Dem Antrag ist eine Kopie aller zur Begründung dienenden Unterlagen beizufügen. ³Der Antrag und die Unterlagen sind bei der Kanzlei einzureichen.

(3) ¹Die ursprüngliche Kammer kann selbständig beschließen, den Antrag abzuweisen, wenn kein Grund eine Prüfung rechtfertigt. ²Ist es nicht möglich, die ursprüngliche Kammer zusammenzusetzen, so bildet oder ergänzt der Präsident des Gerichtshofs die Kammer durch das Los.

(4) ¹Weist die Kammer den Antrag nicht ab, so übermittelt ihn der Kanzler den anderen betroffenen Parteien und gibt ihnen Gelegenheit, innerhalb der vom Kammerpräsidenten bestimmten Frist schriftlich Stellung zu nehmen. ²Der Kammerpräsident bestimmt auch den Termin der mündlichen Verhand-

[1]) Nr. 3.

lung, wenn die Kammer beschließt, eine solche durchzuführen. ³Die Kammer entscheidet durch Urteil.

Art. 81 Berichtigung von Fehlern in Entscheidungen und Urteilen.
Unbeschadet der Bestimmungen über die Wiederaufnahme des Verfahrens und die Wiedereintragung von Beschwerden im Register kann der Gerichtshof Schreib- oder Rechenfehler sowie offensichtliche Unrichtigkeiten von Amts wegen oder wenn eine Partei dies innerhalb eines Monats nach Verkündung der Entscheidung oder des Urteils beantragt, korrigieren.

Kapitel IX. Gutachten

Art. 82 [Erstattung von Gutachten] ¹Im Verfahren zur Erstattung von Gutachten wendet der Gerichtshof neben den Artikeln 47, 48 und 49 der Konvention[1] die folgenden Bestimmungen an. ²Er wendet ferner die übrigen Bestimmungen dieser Verfahrensordnung an, soweit er dies für angebracht hält.

Art. 83 [Antrag auf Erstattung] ¹Der Antrag auf Erstattung eines Gutachtens ist beim Kanzler einzureichen. ²Er muss die Frage, zu der das Gutachten des Gerichtshofs angefordert wird, vollständig und genau bezeichnen; ferner sind anzugeben

a) der Tag, an dem das Ministerkomitee den Beschluss nach Artikel 47 Absatz 3 der Konvention[1] gefasst hat;

b) Name und Adresse der Personen, die vom Ministerkomitee benannt worden sind, um dem Gerichtshof alle benötigten Erläuterungen zu geben.

³Dem Antrag sind alle Unterlagen beizufügen, die zur Klärung der Frage dienen können.

Art. 84 [Weiterleitung des Antrags] (1) Nach Eingang des Antrags übermittelt der Kanzler allen Mitgliedern des Gerichtshofs eine Kopie des Antrags sowie der beigefügten Unterlagen.

(2) Er teilt den Vertragsparteien mit, dass sie zu dem Antrag schriftlich Stellung nehmen können.

Art. 85 [Fristen] (1) Der Präsident des Gerichtshofs bestimmt die Fristen für die Einreichung der schriftlichen Stellungnahmen oder sonstigen Unterlagen.

(2) ¹Die schriftlichen Stellungnahmen oder sonstigen Unterlagen sind beim Kanzler einzureichen. ²Der Kanzler übermittelt allen Mitgliedern des Gerichtshofs, dem Ministerkomitee und jeder Vertragspartei eine Kopie.

Art. 86 [Erläuterung der Stellungnahmen] Nach Abschluss des schriftlichen Verfahrens entscheidet der Präsident des Gerichtshofs, ob den Vertragsparteien, die schriftlich Stellung genommen haben, Gelegenheit gegeben werden soll, ihre Stellungnahmen in einer zu diesem Zweck anberaumten mündlichen Verhandlung zu erläutern.

Art. 87 [Bildung einer Großen Kammer] (1) Für die Behandlung des Antrags auf Erstattung eines Gutachtens wird eine Große Kammer gebildet.

[1] Nr. 3.

(2) Ist die Große Kammer der Auffassung, dass der Antrag nicht in ihre Zuständigkeit nach Artikel 47 der Konvention[1)] fällt, so stellt sie dies in einer begründeten Entscheidung fest.

Art. 88 [Abstimmung] (1) [1]Begründete Entscheidungen und Gutachten werden von der Großen Kammer mit Stimmenmehrheit beschlossen. [2]Die Zahl der Richter, welche die Mehrheit gebildet haben, ist darin anzugeben.

(2) Jeder Richter kann, wenn er dies wünscht, der begründeten Entscheidung oder dem Gutachten des Gerichtshofs entweder eine Darlegung seiner zustimmenden oder abweichenden persönlichen Meinung oder die bloße Feststellung seines abweichenden Votums beifügen.

Art. 89 [Verkündung] [1]Die begründete Entscheidung oder das Gutachten kann in öffentlicher Sitzung vom Präsidenten der Großen Kammer oder von einem von ihm beauftragten anderen Richter in einer der beiden Amtssprachen verlesen werden, nachdem das Ministerkomitee und alle Vertragsparteien benachrichtigt worden sind. [2]Andernfalls gilt die Übermittlung nach Artikel 90 als Verkündung des Gutachtens oder der begründeten Entscheidung.

Art. 90 [Unterzeichnung; Urschrift] [1]Das Gutachten oder jede begründete Entscheidung wird vom Präsidenten der Großen Kammer und vom Kanzler unterzeichnet. [2]Die ordnungsgemäß unterzeichnete und gesiegelte Urschrift wird im Archiv des Gerichtshofs verwahrt. [3]Der Kanzler übermittelt dem Ministerkomitee, den Vertragsparteien und dem Generalsekretär des Europarats eine beglaubigte Kopie.

Kapitel X. Prozesskostenhilfe

Art. 91 [Gewährung] (1) Der Kammerpräsident kann einem Beschwerdeführer, der eine Beschwerde nach Artikel 34 der Konvention[1)] erhoben hat, auf dessen Antrag oder von Amts wegen für die Verfolgung seiner Sache Prozesskostenhilfe bewilligen, nachdem die beschwerdegegnerische Vertragspartei nach Artikel 54 Absatz 2 Buchstabe b dieser Verfahrensordnung zur Zulässigkeit der Beschwerde Stellung genommen hat oder die Frist hierfür abgelaufen ist.

(2) Wird einem Beschwerdeführer für die Verfolgung seiner Sache vor der Kammer Prozesskostenhilfe bewilligt, so gilt die Bewilligung vorbehaltlich des Artikels 96 im Verfahren vor der Großen Kammer weiter.

Art. 92 [Voraussetzungen] Prozesskostenhilfe kann nur bewilligt werden, wenn der Kammerpräsident feststellt,

a) dass die Bewilligung dieser Hilfe für die ordnungsgemäße Prüfung der Rechtssache vor der Kammer notwendig ist;
b) dass der Beschwerdeführer nicht über ausreichende finanzielle Mittel verfügt, um die anfallenden Kosten ganz oder teilweise zu begleichen.

Art. 93 [Finanzielle Mittel des Beschwerdeführers] (1) [1]Um festzustellen, ob der Beschwerdeführer über ausreichende finanzielle Mittel verfügt, um die anfallenden Kosten ganz oder teilweise zu begleichen, wird er aufgefordert,

[1)] Nr. 3.

ein Erklärungsformular auszufüllen, aus dem sein Einkommen, sein Kapitalvermögen und seine finanziellen Verpflichtungen gegenüber Unterhaltsberechtigten sowie alle sonstigen finanziellen Verpflichtungen hervorgehen. ²Diese Erklärung muss von der oder den zuständigen innerstaatlichen Behörde(n) bestätigt sein.

(2) Die betroffene Vertragspartei wird aufgefordert, schriftlich Stellung zu nehmen.

(3) ¹Nach Eingang der in den Absätzen 1 und 2 genannten Unterlagen entscheidet der Kammerpräsident, ob Prozesskostenhilfe bewilligt oder abgelehnt wird. ²Der Kanzler informiert die betroffenen Parteien.

Art. 94 [Honorare für Rechtsbeistand] (1) ¹Honorare dürfen nur einem Rechtsbeistand oder einer anderen nach Artikel 36 Absatz 4 bestellten Person gezahlt werden. ²Gegebenenfalls können auch mehreren Vertretern Honorare gezahlt werden.

(2) Die Prozesskostenhilfe kann außer den Honoraren auch die Fahrt- und Aufenthaltskosten sowie andere notwendige Auslagen umfassen, die dem Beschwerdeführer oder der zu seinem Vertreter bestellten Person entstehen.

Art. 95 [Höhe der Kosten] Nach Bewilligung der Prozesskostenhilfe bestimmt der Kanzler

a) die Höhe der Honorare entsprechend den geltenden Tarifen;

b) den Betrag der zu zahlenden Kosten.

Art. 96 [Rücknahme der Bewilligung] Der Kammerpräsident kann die Bewilligung der Prozesskostenhilfe jederzeit rückgängig machen oder ändern, wenn er feststellt, dass die Voraussetzungen nach Artikel 92 nicht mehr erfüllt sind.

Titel III. Übergangsbestimmungen

Art. 97, 98 *(aufgehoben)*

Art. 99 Verhältnis zwischen Gerichtshof und Kommission. (1) In Rechtssachen, die dem Gerichtshof nach Artikel 5 Absätze 4 und 5 des Protokolls Nr. 11 zur Konvention vorgelegt werden, kann der Gerichtshof die Kommission bitten, eines oder mehrere ihrer Mitglieder für die Teilnahme an der Prüfung der Rechtssache vor dem Gerichtshof zu entsenden.

(2) In Rechtssachen nach Absatz 1 berücksichtigt der Gerichtshof den von der Kommission nach dem früheren Artikel 31 der Konvention[1)] angenommenen Bericht.

(3) Wenn der Kammerpräsident nichts anderes bestimmt, sorgt der Kanzler so bald wie möglich nach der Anrufung des Gerichtshofs für die Veröffentlichung des Berichts.

(4) Im Übrigen bleibt in Rechtssachen, die dem Gerichtshof nach Artikel 5 Absätze 2 bis 5 des Protokolls Nr. 11 vorliegen, die Verfahrensakte der Kom-

[1)] Nr. 3.

mission, einschließlich aller Schriftsätze und Stellungnahmen, vertraulich, wenn der Kammerpräsident nichts anderes bestimmt.

(5) In Rechtssachen, in denen die Kommission Beweise erhoben hat, aber nicht in der Lage war, einen Bericht nach dem früheren Artikel 31 der Konvention anzunehmen, berücksichtigt der Gerichtshof die Protokolle und Unterlagen sowie die Meinungen, welche die Kommissionsbeauftragten im Anschluss an die Beweiserhebung geäußert haben.

Art. 100 Verfahren vor einer Kammer und der Großen Kammer.

(1) Wird eine Rechtssache dem Gerichtshof nach Artikel 5 Absatz 4 des Protokolls Nr. 11 zur Konvention vorgelegt, so entscheidet ein nach Artikel 24 Absatz 6[1]) dieser Verfahrensordnung gebildeter Ausschuss der Großen Kammer, ob der Fall von einer Kammer oder von der Großen Kammer geprüft wird; der Ausschuss entscheidet ausschließlich auf der Grundlage der Akten.

(2) Wird die Rechtssache von einer Kammer entschieden, so ist ihr Urteil nach Artikel 5 Absatz 4 des Protokolls Nr. 11 endgültig, und Artikel 73 dieser Verfahrensordnung findet keine Anwendung.

(3) Rechtssachen, die dem Gerichtshof nach Artikel 5 Absatz 5 des Protokolls Nr. 11 übertragen sind, werden der Großen Kammer vom Präsidenten des Gerichtshofs vorgelegt.

(4) Bei jeder Rechtssache, die der Großen Kammer nach Artikel 5 Absatz 5 des Protokolls Nr. 11 vorliegt, wird die Große Kammer durch Richter einer der in Artikel 24 Absatz 3 dieser Verfahrensordnung bezeichneten Gruppen ergänzt, die im Rotationsverfahren bestimmt werden; beide Gruppen werden abwechselnd herangezogen.

Art. 101 Bewilligung der Prozesskostenhilfe. Ist einem Beschwerdeführer in Rechtssachen, die dem Gerichtshof nach Artikel 5 Absätze 2 bis 5 des Protokolls Nr. 11 zur Konvention vorliegen, im Verfahren vor der Kommission oder dem früheren Gerichtshof Prozesskostenhilfe bewilligt worden, so gilt die Bewilligung im Verfahren vor dem Gerichtshof weiter; Artikel 96 dieser Verfahrensordnung bleibt vorbehalten.

Art. 102 Antrag auf Wiederaufnahme des Verfahrens. (1) Anträge einer Partei auf Wiederaufnahme eines Verfahrens des früheren Gerichtshofs werden vom Präsidenten des Gerichtshofs je nach Fall nach Artikel 51 oder 52 einer Sektion zugewiesen.

(2) Ungeachtet des Artikels 80 Absatz 3 bildet der Präsident der betroffenen Sektion für die Behandlung des Antrags eine neue Kammer.

(3) Dieser Kammer gehören von Amts wegen folgende Mitglieder an:

a) der Sektionspräsident

sowie, unabhängig davon, ob sie der betroffenen Sektion angehören,

b) der für die betroffene Vertragspartei gewählte Richter oder, wenn dieser verhindert ist, ein Richter, der nach Artikel 29 benannt wird;

c) die Mitglieder des Gerichtshofs, die der ursprünglichen Kammer des früheren Gerichtshofs, die das Urteil gefällt hat, angehört haben.

[1]) **Amtl. Anm.:** Alte, vor dem 8. Dezember 2000 geltende Fassung

(4)

a) Der Sektionspräsident bestimmt die übrigen Mitglieder der Kammer aus dem Kreis der Mitglieder der betroffenen Sektion durch das Los.
b) Die Mitglieder der Sektion, die nicht auf diese Weise bestimmt wurden, tagen als Ersatzrichter.

Titel IV. Schlussbestimmungen

Art. 103 Änderung oder Aussetzung der Anwendung von Bestimmungen. (1) ¹Änderungen von Bestimmungen dieser Verfahrensordnung können von der Mehrheit der in Plenarsitzung tagenden Richter auf vorherigen Vorschlag hin angenommen werden. ²Der schriftliche Änderungsvorschlag muss dem Kanzler spätestens einen Monat vor der Sitzung zugehen, in der er geprüft werden soll. ³Erhält der Kanzler einen solchen Vorschlag, so setzt er so bald wie möglich alle Mitglieder des Gerichtshofs davon in Kenntnis.

(2) ¹Die Anwendung von Bestimmungen, welche die interne Arbeitsweise des Gerichtshofs betreffen, kann auf Vorschlag eines Richters sofort ausgesetzt werden, vorausgesetzt, dass die betroffene Kammer den Vorschlag einstimmig annimmt. ²Die Aussetzung ist nur für den konkreten Fall wirksam, für den sie vorgeschlagen wurde.

Art. 104 Inkrafttreten der Verfahrensordnung. Diese Verfahrensordnung tritt am 1. November 1998 in Kraft.

9. Gesetz über das Bundesverfassungsgericht (Bundesverfassungsgerichtsgesetz – BVerfGG)

In der Fassung der Bekanntmachung vom 11. August 1993[1]
(BGBl. I S. 1473)

FNA 1104-1

zuletzt geänd. durch Art. 4 G zur Umsetzung der RL (EU) 2016/680 im Strafverfahren sowie zur Anpassung datenschutzrechtl. Bestimmungen an die VO (EU) 2016/679 v. 20.11.2019 (BGBl. I S. 1724)

I. Teil. Verfassung und Zuständigkeit des Bundesverfassungsgerichts

§ 1 [Stellung und Sitz des Gerichts] (1) Das Bundesverfassungsgericht ist ein allen übrigen Verfassungsorganen gegenüber selbständiger und unabhängiger Gerichtshof des Bundes.

(2) Der Sitz des Bundesverfassungsgerichts ist Karlsruhe.

(3) Das Bundesverfassungsgericht gibt sich eine Geschäftsordnung, die das Plenum beschließt.

§ 2 [Senate] (1) Das Bundesverfassungsgericht besteht aus zwei Senaten.

(2) In jeden Senat werden acht Richter gewählt.

(3) ¹Drei Richter jedes Senats werden aus der Zahl der Richter an den obersten Gerichtshöfen des Bundes gewählt. ²Gewählt werden sollen nur Richter, die wenigstens drei Jahre an einem obersten Gerichtshof des Bundes tätig gewesen sind.

§ 3 [Qualifikation für das Richteramt] (1) Die Richter müssen das 40. Lebensjahr vollendet haben, zum Bundestag wählbar sein und sich schriftlich bereit erklärt haben, Mitglied des Bundesverfassungsgerichts zu werden.

(2) Sie müssen die Befähigung zum Richteramt nach dem Deutschen Richtergesetz besitzen oder bis zum 3. Oktober 1990 in dem in Artikel 3 des Einigungsvertrages genannten Gebiet die Befähigung als Diplomjurist erworben haben und nach Maßgabe des Einigungsvertrages einen gesetzlich geregelten juristischen Beruf aufnehmen dürfen.

(3) ¹Sie können weder dem Bundestag, dem Bundesrat, der Bundesregierung noch den entsprechenden Organen eines Landes angehören. ²Mit ihrer Ernennung scheiden sie aus solchen Organen aus.

(4) ¹Mit der richterlichen Tätigkeit ist eine andere berufliche Tätigkeit als die eines Lehrers des Rechts an einer deutschen Hochschule unvereinbar. ²Die Tätigkeit als Richter des Bundesverfassungsgerichts geht der Tätigkeit als Hochschullehrer vor.

§ 4 [Amtszeit] (1) Die Amtszeit der Richter dauert zwölf Jahre, längstens bis zur Altersgrenze.

[1] Neubekanntmachung des BVerfGG idF der Bek. v. 12.12.1985 (BGBl. I S. 2229) in der ab 11.8.1993 geltenden Fassung.

(2) Eine anschließende oder spätere Wiederwahl der Richter ist ausgeschlossen.

(3) Altersgrenze ist das Ende des Monats, in dem der Richter das 68. Lebensjahr vollendet.

(4) Nach Ablauf der Amtszeit führen die Richter ihre Amtsgeschäfte bis zur Ernennung des Nachfolgers fort.

§ 5 [Wahlorgane] (1) [1] Die Richter jedes Senats werden je zur Hälfte vom Bundestag und vom Bundesrat gewählt. [2] Von den aus der Zahl der Richter an den obersten Gerichtshöfen des Bundes zu berufenden Richtern werden einer von dem einen, zwei von dem anderen Wahlorgan, von den übrigen Richtern drei von dem einen, zwei von dem anderen Wahlorgan in die Senate gewählt.

(2) Die Richter werden frühestens drei Monate vor Ablauf der Amtszeit ihrer Vorgänger oder, wenn der Bundestag in dieser Zeit aufgelöst ist, innerhalb eines Monats nach dem ersten Zusammentritt des Bundestages gewählt.

(3) Scheidet ein Richter vorzeitig aus, so wird der Nachfolger innerhalb eines Monats von demselben Bundesorgan gewählt, das den ausgeschiedenen Richter gewählt hat.

§ 6 [Wahlverfahren im Bundestag] (1) [1] Die vom Bundestag zu berufenden Richter werden auf Vorschlag des Wahlausschusses nach Absatz 2 ohne Aussprache mit verdeckten Stimmzetteln gewählt. [2] Zum Richter ist gewählt, wer eine Mehrheit von zwei Dritteln der abgegebenen Stimmen, mindestens die Mehrheit der Stimmen der Mitglieder des Bundestages auf sich vereinigt.

(2) [1] Der Bundestag wählt nach den Regeln der Verhältniswahl einen Wahlausschuß für die Richter des Bundesverfassungsgerichts, der aus zwölf Mitgliedern des Bundestages besteht. [2] Jede Fraktion kann einen Vorschlag einbringen. [3] Aus den Summen der für jeden Vorschlag abgegebenen Stimmen wird nach dem Höchstzahlverfahren (d'Hondt) die Zahl der auf jeden Vorschlag gewählten Mitglieder errechnet. [4] Gewählt sind die Mitglieder in der Reihenfolge, in der ihr Name auf dem Vorschlag erscheint. [5] Scheidet ein Mitglied des Wahlausschusses aus oder ist es verhindert, so wird es durch das nächste auf der gleichen Liste vorgeschlagene Mitglied ersetzt.

(3) Das älteste Mitglied des Wahlausschusses beruft die Mitglieder des Wahlausschusses unverzüglich unter Einhaltung einer Ladungsfrist von einer Woche ein und leitet die Sitzung, die fortgesetzt wird, bis Vorschläge über alle zu wählenden Richter beschlossen sind.

(4) Die Mitglieder des Wahlausschusses sind zur Verschwiegenheit über die ihnen durch ihre Tätigkeit im Wahlausschuß bekanntgewordenen persönlichen Verhältnisse der Bewerber sowie über die hierzu im Wahlausschuß gepflogenen Erörterungen und über die Abstimmung verpflichtet.

(5) Ein Wahlvorschlag wird mit mindestens acht Stimmen der Mitglieder des Wahlausschusses beschlossen.

§ 7 [Wahlverfahren im Bundesrat] Die vom Bundesrat zu berufenden Richter werden mit zwei Dritteln der Stimmen des Bundesrates gewählt.

§ 7a [Wahlverfahren in besonderen Fällen] (1) Kommt innerhalb von zwei Monaten nach dem Ablauf der Amtszeit oder dem vorzeitigen Ausscheiden eines Richters die Wahl eines Nachfolgers auf Grund der Vorschriften des

§ 6 nicht zustande, so hat das älteste Mitglied des Wahlausschusses unverzüglich das Bundesverfassungsgericht aufzufordern, Vorschläge für die Wahl zu machen.

(2) [1] Das Plenum des Bundesverfassungsgerichts beschließt mit einfacher Mehrheit, wer zur Wahl als Richter vorgeschlagen wird. [2] Ist nur ein Richter zu wählen, so hat das Bundesverfassungsgericht drei Personen vorzuschlagen; sind gleichzeitig mehrere Richter zu wählen, so hat das Bundesverfassungsgericht doppelt so viele Personen vorzuschlagen, als Richter zu wählen sind. [3] § 16 Abs. 2 gilt entsprechend.

(3) Ist der Richter vom Bundesrat zu wählen, so gelten die Absätze 1 und 2 mit der Maßgabe, daß an die Stelle des ältesten Mitglieds des Wahlausschusses der Präsident des Bundesrates oder sein Stellvertreter tritt.

(4) Das Recht des Wahlorgans, einen nicht vom Bundesverfassungsgericht Vorgeschlagenen zu wählen, bleibt unberührt.

§ 8 [Vorschlagslisten] (1) Das Bundesministerium der Justiz und für Verbaucherschutz stellt eine Liste aller Bundesrichter auf, die die Voraussetzungen des § 3 Abs. 1 und 2 erfüllen.

(2) Das Bundesministerium der Justiz und für Verbaucherschutz führt eine weitere Liste, in die alle Personen aufzunehmen sind, die von einer Fraktion des Bundestages, der Bundesregierung oder einer Landesregierung für das Amt eines Richters am Bundesverfassungsgericht vorgeschlagen werden und die die Voraussetzungen des § 3 Abs. 1 und 2 erfüllen.

(3) Die Listen sind laufend zu ergänzen und spätestens eine Woche vor einer Wahl den Präsidenten des Bundestages und des Bundesrates zuzuleiten.

§ 9 [Wahl des Präsidenten und seines Stellvertreters] (1) [1] Bundestag und Bundesrat wählen im Wechsel den Präsidenten des Bundesverfassungsgerichts und den Vizepräsidenten. [2] Der Vizepräsident ist aus dem Senat zu wählen, dem der Präsident nicht angehört.

(2) Bei der ersten Wahl wählt der Bundestag den Präsidenten, der Bundesrat den Vizepräsidenten.

(3) Die Vorschriften der §§ 6 und 7 gelten entsprechend.

§ 10 [Ernennung des Gewählten] Der Bundespräsident ernennt die Gewählten.

§ 11 [Vereidigung der Richter] (1) [1] Die Richter des Bundesverfassungsgerichts leisten bei Antritt ihres Amtes vor dem Bundespräsidenten folgenden Eid:

„Ich schwöre, daß ich als gerechter Richter allezeit das Grundgesetz[1]) der Bundesrepublik Deutschland getreulich wahren und meine richterlichen Pflichten gegenüber jedermann gewissenhaft erfüllen werde. So wahr mir Gott helfe."

[2] Wird der Eid durch eine Richterin geleistet, so treten an die Stelle der Worte „als gerechter Richter" die Worte „als gerechte Richterin".

[1]) Nr. 1.

(2) Bekennt sich der Richter zu einer Religionsgemeinschaft, deren Angehörigen das Gesetz die Verwendung einer anderen Beteuerungsformel gestattet, so kann er diese gebrauchen.

(3) Der Eid kann auch ohne religiöse Beteuerungsformel geleistet werden.

§ 12 [Recht auf jederzeitige Entlassung] [1] Die Richter des Bundesverfassungsgerichts können jederzeit ihre Entlassung aus dem Amt beantragen. [2] Der Bundespräsident hat die Entlassung auszusprechen.

§ 13 [Zuständigkeit des Gerichts] Das Bundesverfassungsgericht entscheidet

1. über die Verwirkung von Grundrechten (Artikel 18 des Grundgesetzes[1]),
2. über die Verfassungswidrigkeit von Parteien (Artikel 21 Abs. 2 des Grundgesetzes),
2a. über den Ausschluss von Parteien von staatlicher Finanzierung (Artikel 21 Absatz 3 des Grundgesetzes),
3. über Beschwerden gegen Entscheidungen des Bundestages, die die Gültigkeit einer Wahl oder den Erwerb oder Verlust der Mitgliedschaft eines Abgeordneten beim Bundestag betreffen (Artikel 41 Abs. 2 des Grundgesetzes),
3a. über Beschwerden von Vereinigungen gegen ihre Nichtanerkennung als Partei für die Wahl zum Bundestag (Artikel 93 Absatz 1 Nummer 4c des Grundgesetzes),
4. über Anklagen des Bundestages oder des Bundesrates gegen den Bundespräsidenten (Artikel 61 des Grundgesetzes),
5. über die Auslegung des Grundgesetzes aus Anlaß von Streitigkeiten über den Umfang der Rechte und Pflichten eines obersten Bundesorgans oder anderer Beteiligter, die durch das Grundgesetz oder in der Geschäftsordnung eines obersten Bundesorgans mit eigenen Rechten ausgestattet sind (Artikel 93 Abs. 1 Nr. 1 des Grundgesetzes),
6. bei Meinungsverschiedenheiten oder Zweifeln über die förmliche oder sachliche Vereinbarkeit von Bundesrecht oder Landesrecht mit dem Grundgesetz oder die Vereinbarkeit von Landesrecht mit sonstigem Bundesrecht auf Antrag der Bundesregierung, einer Landesregierung oder eines Viertels der Mitglieder des Bundestages (Artikel 93 Abs. 1 Nr. 2 des Grundgesetzes),
6a. bei Meinungsverschiedenheiten, ob ein Gesetz den Voraussetzungen des Artikels 72 Abs. 2 des Grundgesetzes entspricht, auf Antrag des Bundesrates, einer Landesregierung oder der Volksvertretung eines Landes (Artikel 93 Abs. 1 Nr. 2a des Grundgesetzes),
6b. darüber, ob im Falle des Artikels 72 Abs. 4 die Erforderlichkeit für eine bundesgesetzliche Regelung nach Artikel 72 Abs. 2 nicht mehr besteht oder Bundesrecht in den Fällen des Artikels 125a Abs. 2 Satz 1 nicht mehr erlassen werden könnte, auf Antrag des Bundesrates, einer Landesregierung oder der Volksvertretung eines Landes (Artikel 93 Abs. 2 des Grundgesetzes),

[1] Nr. 1.

Gesetz über das Bundesverfassungsgericht § 14 **BVerfGG** 9

7. bei Meinungsverschiedenheiten über Rechte und Pflichten des Bundes und der Länder, insbesondere bei der Ausführung von Bundesrecht durch die Länder und bei der Ausübung der Bundesaufsicht (Artikel 93 Abs. 1 Nr. 3 und Artikel 84 Abs. 4 Satz 2 des Grundgesetzes),
8. in anderen öffentlich-rechtlichen Streitigkeiten zwischen dem Bund und den Ländern, zwischen verschiedenen Ländern oder innerhalb eines Landes, soweit nicht ein anderer Rechtsweg gegeben ist (Artikel 93 Abs. 1 Nr. 4 des Grundgesetzes),
8a. über Verfassungsbeschwerden (Artikel 93 Abs. 1 Nr. 4a und 4b des Grundgesetzes),
9. über Richteranklagen gegen Bundesrichter und Landesrichter (Artikel 98 Abs. 2 und 5 des Grundgesetzes),
10. über Verfassungsstreitigkeiten innerhalb eines Landes, wenn diese Entscheidung durch Landesgesetz dem Bundesverfassungsgericht zugewiesen ist (Artikel 99 des Grundgesetzes),
11. über die Vereinbarkeit eines Bundesgesetzes oder eines Landesgesetzes mit dem Grundgesetz oder die Vereinbarkeit eines Landesgesetzes oder sonstigen Landesrechts mit einem Bundesgesetz auf Antrag eines Gerichts (Artikel 100 Abs. 1 des Grundgesetzes),
11a. über die Vereinbarkeit eines Beschlusses des Deutschen Bundestages zur Einsetzung eines Untersuchungsausschusses mit dem Grundgesetz auf Vorlage nach § 36 Abs. 2 des Untersuchungsausschussgesetzes[1]),
12. bei Zweifeln darüber, ob eine Regel des Völkerrechts Bestandteil des Bundesrechts ist und ob sie unmittelbar Rechte und Pflichten für den einzelnen erzeugt, auf Antrag des Gerichts (Artikel 100 Abs. 2 des Grundgesetzes),
13. wenn das Verfassungsgericht eines Landes bei der Auslegung des Grundgesetzes von einer Entscheidung des Bundesverfassungsgerichts oder des Verfassungsgerichts eines anderen Landes abweichen will, auf Antrag dieses Verfassungsgerichts (Artikel 100 Abs. 3 des Grundgesetzes),
14. bei Meinungsverschiedenheiten über das Fortgelten von Recht als Bundesrecht (Artikel 126 des Grundgesetzes),
15. in den ihm sonst durch Bundesgesetz zugewiesenen Fällen (Artikel 93 Abs. 3 des Grundgesetzes).

§ 14 [Zuständigkeit der Senate] (1) [1]Der Erste Senat des Bundesverfassungsgerichts ist zuständig für Normenkontrollverfahren (§ 13 Nr. 6 und 11), in denen überwiegend die Unvereinbarkeit einer Vorschrift mit Grundrechten oder Rechten aus den Artikeln 33, 101, 103 und 104 des Grundgesetzes[2]) geltend gemacht wird, sowie für Verfassungsbeschwerden mit Ausnahme der Verfassungsbeschwerden nach § 91 und der Verfassungsbeschwerden aus dem Bereich des Wahlrechts. [2]Das Gleiche gilt, wenn eine Landesregierung zusammen mit einem Normenkontrollantrag (§ 13 Nr. 6) nach Satz 1 einen Antrag nach § 13 Nr. 6a oder 6b stellt.

(2) Der Zweite Senat des Bundesverfassungsgerichts ist zuständig in den Fällen des § 13 Nr. 1 bis 5, 6a bis 9, 11a, 12 und 14, ferner für Normen-

[1]) Nr. **12**.
[2]) Nr. **1**.

kontrollverfahren und Verfassungsbeschwerden, die nicht dem Ersten Senat zugewiesen sind.

(3) In den Fällen des § 13 Nr. 10 und 13 bestimmt sich die Zuständigkeit der Senate nach der Regel der Absätze 1 und 2.

(4)[1] ¹Das Plenum des Bundesverfassungsgerichts kann mit Wirkung vom Beginn des nächsten Geschäftsjahres die Zuständigkeit der Senate abweichend von den Absätzen 1 bis 3 regeln, wenn dies infolge einer nicht nur vorübergehenden Überlastung eines Senats unabweislich geworden ist. ²Die Regelung gilt auch für anhängige Verfahren, bei denen noch keine mündliche Verhandlung oder Beratung der Entscheidung stattgefunden hat. ³Der Beschluß wird im Bundesgesetzblatt bekanntgemacht.

(5) ¹Wenn zweifelhaft ist, welcher Senat für ein Verfahren zuständig ist, so entscheidet darüber ein Ausschuß, der aus dem Präsidenten, dem Vizepräsidenten und vier Richtern besteht, von denen je zwei von jedem Senat für die Dauer des Geschäftsjahres berufen werden. ²Bei Stimmengleichheit gibt die Stimme des Vorsitzenden den Ausschlag.

§ 15 [Vorsitz und Beschlussfähigkeit] (1) ¹Der Präsident des Bundesverfassungsgerichts und der Vizepräsident führen den Vorsitz in ihrem Senat. ²Sie werden von dem dienstältesten, bei gleichem Dienstalter von dem lebensältesten anwesenden Richter des Senats vertreten.

(2) ¹Jeder Senat ist beschlußfähig, wenn mindestens sechs Richter anwesend sind. ²Ist ein Senat in einem Verfahren von besonderer Dringlichkeit nicht beschlußfähig, ordnet der Vorsitzende ein Losverfahren an, durch das so lange Richter des anderen Senats als Vertreter bestimmt werden, bis die Mindestzahl erreicht ist. ³Die Vorsitzenden der Senate können nicht als Vertreter bestimmt werden. ⁴Das Nähere regelt die Geschäftsordnung.

(3) ¹Nach Beginn der Beratung einer Sache können weitere Richter nicht hinzutreten. ²Wird der Senat beschlußunfähig, muß die Beratung nach seiner Ergänzung neu begonnen werden.

(4) ¹Im Verfahren gemäß § 13 Nummer 1, 2, 2a, 4 und 9 bedarf es zu einer dem Antragsgegner nachteiligen Entscheidung in jedem Fall einer Mehrheit von zwei Dritteln der Mitglieder des Senats. ²Im übrigen entscheidet die Mehrheit der an der Entscheidung mitwirkenden Mitglieder des Senats, soweit nicht das Gesetz etwas anderes bestimmt. ³Bei Stimmengleichheit kann ein Verstoß gegen das Grundgesetz[2] oder sonstiges Bundesrecht nicht festgestellt werden.

§ 15a [Berufung von Kammern; Verteilung der Verfassungsbeschwerden] (1) ¹Die Senate berufen für die Dauer eines Geschäftsjahres mehrere Kammern. ²Jede Kammer besteht aus drei Richtern. ³Die Zusammensetzung einer Kammer soll nicht länger als drei Jahre unverändert bleiben.

(2) Der Senat beschließt vor Beginn eines Geschäftsjahres für dessen Dauer die Verteilung der Anträge nach § 80 und der Verfassungsbeschwerden nach den §§ 90 und 91 auf die Berichterstatter, die Zahl und Zusammensetzung der Kammern sowie die Vertretung ihrer Mitglieder.

[1] Siehe hierzu ua den Beschl. des Plenums des BVerfG v. 24.11.2015 (BGBl. 2016 I S. 118), zuletzt geänd. durch Beschl. v. 17.11.2020 (BGBl. I S. 3090).
[2] Nr. 1.

Gesetz über das Bundesverfassungsgericht §§ 16–17a BVerfGG 9

§ 16 [Plenarentscheidungen] (1) Will ein Senat in einer Rechtsfrage von der in einer Entscheidung des anderen Senats enthaltenen Rechtsauffassung abweichen, so entscheidet darüber das Plenum des Bundesverfassungsgerichts.

(2) Es ist beschlußfähig, wenn von jedem Senat zwei Drittel seiner Richter anwesend sind.

II. Teil. Verfassungsgerichtliches Verfahren
Erster Abschnitt. Allgemeine Verfahrensvorschriften

§ 17 [Anwendung von Vorschriften des Gerichtsverfassungsgesetzes]

Soweit in diesem Gesetz nichts anderes bestimmt ist, sind hinsichtlich der Öffentlichkeit, der Sitzungspolizei, der Gerichtssprache, der Beratung und Abstimmung die Vorschriften der Titel 14 bis 16 des Gerichtsverfassungsgesetzes entsprechend anzuwenden.

§ 17a [Zulässigkeit von Ton- und Fernseh-Rundfunkaufnahmen]

(1) [1] Die Verhandlung vor dem Bundesverfassungsgericht einschließlich der Verkündung von Entscheidungen ist öffentlich. [2] Ton- und Fernseh-Rundfunkaufnahmen sowie Ton- und Filmaufnahmen zum Zwecke der öffentlichen Vorführung oder der Veröffentlichung ihres Inhalts sind nur zulässig
1. in der mündlichen Verhandlung, bis das Gericht die Anwesenheit der Beteiligten festgestellt hat,
2. bei der öffentlichen Verkündung von Entscheidungen.

[3] Die Tonübertragung in einen Arbeitsraum für Personen, die für Presse, Hörfunk, Fernsehen oder für andere Medien berichten, kann durch Anordnung des oder der Vorsitzenden zugelassen werden.

(2) Zur Wahrung schutzwürdiger Interessen der Beteiligten oder Dritter sowie eines ordnungsgemäßen Ablaufs des Verfahrens kann der oder die Vorsitzende die Aufnahmen nach Absatz 1 Satz 2 oder deren Übertragung sowie die Übertragung nach Absatz 1 Satz 3 ganz oder teilweise untersagen oder von der Einhaltung von Auflagen abhängig machen.

(3) [1] Tonaufnahmen der Verhandlung vor dem Bundesverfassungsgericht einschließlich der Verkündung von Entscheidungen können zu wissenschaftlichen und historischen Zwecken durch Senatsbeschluss zugelassen werden, wenn es sich um ein Verfahren von herausragender zeitgeschichtlicher Bedeutung für die Bundesrepublik Deutschland handelt. [2] Zur Wahrung schutzwürdiger Interessen der Beteiligten oder Dritter oder zur Wahrung eines ordnungsgemäßen Ablaufs des Verfahrens können die Aufnahmen durch den Vorsitzenden oder die Vorsitzende teilweise untersagt werden. [3] Die Aufnahmen sind nicht zu den Akten zu nehmen und dürfen weder herausgegeben noch für Zwecke des aufgenommenen oder eines anderen Verfahrens genutzt oder verwertet werden. [4] Die Aufnahmen sind vom Gericht nach Abschluss des Verfahrens dem Bundesarchiv zur Übernahme anzubieten, das nach dem Bundesarchivgesetz festzustellen hat, ob den Aufnahmen ein bleibender Wert zukommt. [5] Nimmt das Bundesarchiv die Aufnahmen nicht an, sind die Aufnahmen durch das Gericht zu löschen. [6] § 25a Satz 2 bleibt unberührt.

(4) Gegen die Anordnungen des oder der Vorsitzenden kann der Senat angerufen werden.

§ 18 [Ausschließung eines Richters] (1) Ein Richter des Bundesverfassungsgerichts ist von der Ausübung seines Richteramtes ausgeschlossen, wenn er

1. an der Sache beteiligt oder mit einem Beteiligten verheiratet ist oder war, eine Lebenspartnerschaft führt oder führte, in gerader Linie verwandt oder verschwägert oder in der Seitenlinie bis zum dritten Grade verwandt oder bis zum zweiten Grade verschwägert ist oder
2. in derselben Sache bereits von Amts oder Berufs wegen tätig gewesen ist.

(2) Beteiligt ist nicht, wer auf Grund seines Familienstandes, seines Berufs, seiner Abstammung, seiner Zugehörigkeit zu einer politischen Partei oder aus einem ähnlich allgemeinen Gesichtspunkt am Ausgang des Verfahrens interessiert ist.

(3) Als Tätigkeit im Sinne des Absatzes 1 Nr. 2 gilt nicht

1. die Mitwirkung im Gesetzgebungsverfahren,
2. die Äußerung einer wissenschaftlichen Meinung zu einer Rechtsfrage, die für das Verfahren bedeutsam sein kann.

§ 19 [Ablehnung eines Richters wegen Besorgnis der Befangenheit; Bestimmung eines Vertreters] (1) Wird ein Richter des Bundesverfassungsgerichts wegen Besorgnis der Befangenheit abgelehnt, so entscheidet das Gericht unter Ausschluß des Abgelehnten; bei Stimmengleichheit gibt die Stimme des Vorsitzenden den Ausschlag.

(2) [1] Die Ablehnung ist zu begründen. [2] Der Abgelehnte hat sich dazu zu äußern. [3] Die Ablehnung ist unbeachtlich, wenn sie nicht spätestens zu Beginn der mündlichen Verhandlung erklärt wird.

(3) Erklärt sich ein Richter, der nicht abgelehnt ist, selbst für befangen, so gilt Absatz 1 entsprechend.

(4) [1] Hat das Bundesverfassungsgericht die Ablehnung oder Selbstablehnung eines Richters für begründet erklärt, wird durch Los ein Richter des anderen Senats als Vertreter bestimmt. [2] Die Vorsitzenden der Senate können nicht als Vertreter bestimmt werden. [3] Das Nähere regelt die Geschäftsordnung.

§ 20 [Akteneinsicht] Die Beteiligten haben das Recht der Akteneinsicht.

§ 21 [Wahrung von Terminen durch Beauftragte von Personengruppen] Wenn das Verfahren von einer Personengruppe oder gegen eine Personengruppe beantragt wird, kann das Bundesverfassungsgericht anordnen, daß sie ihre Rechte, insbesondere das Recht auf Anwesenheit im Termin, durch einen oder mehrere Beauftragte wahrnehmen läßt.

§ 22 [Prozessvertretung] (1) [1] Die Beteiligten können sich in jeder Lage des Verfahrens durch einen Rechtsanwalt oder einen Rechtslehrer an einer staatlichen oder staatlich anerkannten Hochschule eines Mitgliedstaates der Europäischen Union, eines anderen Vertragsstaates des Abkommens über den Europäischen Wirtschaftsraum oder der Schweiz, der die Befähigung zum Richteramt besitzt, als Bevollmächtigten vertreten lassen; in der mündlichen Verhandlung vor dem Bundesverfassungsgericht müssen sie sich in dieser Weise vertreten lassen. [2] Gesetzgebende Körperschaften und Teile von ihnen, die in der Verfassung oder in der Geschäftsordnung mit eigenen Rechten ausgestattet

sind, können sich auch durch ihre Mitglieder vertreten lassen. [3] Der Bund, die Länder und ihre Verfassungsorgane können sich außerdem durch ihre Beamten vertreten lassen, soweit sie die Befähigung zum Richteramt besitzen oder auf Grund der vorgeschriebenen Staatsprüfungen die Befähigung zum höheren Verwaltungsdienst erworben haben. [4] Das Bundesverfassungsgericht kann auch eine andere Person als Beistand eines Beteiligten zulassen.

(2) [1] Die Vollmacht ist schriftlich zu erteilen. [2] Sie muß sich ausdrücklich auf das Verfahren beziehen.

(3) Ist ein Bevollmächtigter bestellt, so sind alle Mitteilungen des Gerichts an ihn zu richten.

§ 23 [Einleitung des Verfahrens]
(1) [1] Anträge, die das Verfahren einleiten, sind schriftlich beim Bundesverfassungsgericht einzureichen. [2] Sie sind zu begründen; die erforderlichen Beweismittel sind anzugeben.

(2) Der Vorsitzende oder, wenn eine Entscheidung nach § 93c in Betracht kommt, der Berichterstatter stellt den Antrag dem Antragsgegner, den übrigen Beteiligten sowie den Dritten, denen nach § 27a Gelegenheit zur Stellungnahme gegeben wird, unverzüglich mit der Aufforderung zu, sich binnen einer zu bestimmenden Frist dazu zu äußern.

(3) Der Vorsitzende oder der Berichterstatter kann jedem Beteiligten aufgeben, binnen einer zu bestimmenden Frist die erforderliche Zahl von Abschriften seiner Schriftsätze und der angegriffenen Entscheidungen für das Gericht und für die übrigen Beteiligten nachzureichen.

§ 24 [A-Limine-Abweisung]
[1] Unzulässige oder offensichtlich unbegründete Anträge können durch einstimmigen Beschluß des Gerichts verworfen werden. [2] Der Beschluß bedarf keiner weiteren Begründung, wenn der Antragsteller vorher auf die Bedenken gegen die Zulässigkeit oder Begründetheit seines Antrags hingewiesen worden ist.

§ 25 [Grundsätze mündlicher Verhandlung; Urteil, Beschluss]
(1) Das Bundesverfassungsgericht entscheidet, soweit nichts anderes bestimmt ist, auf Grund mündlicher Verhandlung, es sei denn, daß alle Beteiligten ausdrücklich auf sie verzichten.

(2) Die Entscheidung auf Grund mündlicher Verhandlung ergeht als Urteil, die Entscheidung ohne mündliche Verhandlung als Beschluß.

(3) Teil- und Zwischenentscheidungen sind zulässig.

(4) Die Entscheidungen des Bundesverfassungsgerichts ergehen „im Namen des Volkes".

§ 25a [Protokoll und Tonbandaufnahme]
[1] Über die mündliche Verhandlung wird ein Protokoll geführt. [2] Darüber hinaus wird sie in einer Tonbandaufnahme festgehalten; das Nähere regelt die Geschäftsordnung.

§ 26 [Beweiserhebung]
(1) [1] Das Bundesverfassungsgericht erhebt den zur Erforschung der Wahrheit erforderlichen Beweis. [2] Es kann damit außerhalb der mündlichen Verhandlung ein Mitglied des Gerichts beauftragen oder mit Begrenzung auf bestimmte Tatsachen und Personen ein anderes Gericht darum ersuchen.

(2) Auf Grund eines Beschlusses mit einer Mehrheit von zwei Dritteln der Stimmen des Gerichts kann die Beiziehung einzelner Urkunden unterbleiben, wenn ihre Verwendung mit der Staatssicherheit unvereinbar ist.

§ 27 [Rechts- und Amtshilfe] [1] Alle Gerichte und Verwaltungsbehörden leisten dem Bundesverfassungsgericht Rechts- und Amtshilfe. [2] Fordert das Bundesverfassungsgericht Akten eines Ausgangsverfahrens an, werden ihm diese unmittelbar vorgelegt.

§ 27a [Stellungnahme durch sachkundige Dritte] Das Bundesverfassungsgericht kann sachkundigen Dritten Gelegenheit zur Stellungnahme geben.

§ 28 [Zeugen und Sachverständige] (1) Für die Vernehmung von Zeugen und Sachverständigen gelten in den Fällen des § 13 Nummer 1, 2, 2a, 4 und 9 die Vorschriften der Strafprozeßordnung, in den übrigen Fällen die Vorschriften der Zivilprozeßordnung entsprechend.

(2) [1] Soweit ein Zeuge oder Sachverständiger nur mit Genehmigung einer vorgesetzten Stelle vernommen werden darf, kann diese Genehmigung nur verweigert werden, wenn es das Wohl des Bundes oder eines Landes erfordert. [2] Der Zeuge oder Sachverständige kann sich nicht auf seine Schweigepflicht berufen, wenn das Bundesverfassungsgericht mit einer Mehrheit von zwei Dritteln der Stimmen die Verweigerung der Aussagegenehmigung für unbegründet erklärt.

§ 29 [Beweistermin] [1] Die Beteiligten werden von allen Beweisterminen benachrichtigt und können der Beweisaufnahme beiwohnen. [2] Sie können an Zeugen und Sachverständige Fragen richten. [3] Wird eine Frage beanstandet, so entscheidet das Gericht.

§ 30 [Form der Verkündung und Entscheidung] (1) [1] Das Bundesverfassungsgericht entscheidet in geheimer Beratung nach seiner freien, aus dem Inhalt der Verhandlung und dem Ergebnis der Beweisaufnahme geschöpften Überzeugung. [2] Die Entscheidung ist schriftlich abzufassen, zu begründen und von den Richtern, die bei ihr mitgewirkt haben, zu unterzeichnen. [3] Sie ist sodann, wenn eine mündliche Verhandlung stattgefunden hat, unter Mitteilung der wesentlichen Entscheidungsgründe öffentlich zu verkünden. [4] Der Termin zur Verkündung einer Entscheidung kann in der mündlichen Verhandlung bekanntgegeben oder nach Abschluß der Beratungen festgelegt werden; in diesem Fall ist er den Beteiligten unverzüglich mitzuteilen. [5] Zwischen dem Abschluß der mündlichen Verhandlung und der Verkündung der Entscheidung sollen nicht mehr als drei Monate liegen. [6] Der Termin kann durch Beschluß des Bundesverfassungsgerichts verlegt werden.

(2) [1] Ein Richter kann seine in der Beratung vertretene abweichende Meinung zu der Entscheidung oder zu deren Begründung in einem Sondervotum niederlegen; das Sondervotum ist der Entscheidung anzuschließen. [2] Die Senate können in ihren Entscheidungen das Stimmenverhältnis mitteilen. [3] Das Nähere regelt die Geschäftsordnung.

(3) Alle Entscheidungen sind den Beteiligten bekanntzugeben.

Gesetz über das Bundesverfassungsgericht §§ 31–33 BVerfGG 9

§ 31 [Verbindlichkeit der Entscheidungen] (1) Die Entscheidungen des Bundesverfassungsgerichts binden die Verfassungsorgane des Bundes und der Länder sowie alle Gerichte und Behörden.

(2) [1] In den Fällen des § 13 Nr. 6, 6a, 11, 12 und 14 hat die Entscheidung des Bundesverfassungsgerichts Gesetzeskraft. [2] Das gilt auch in den Fällen des § 13 Nr. 8a, wenn das Bundesverfassungsgericht ein Gesetz als mit dem Grundgesetz[1]) vereinbar oder unvereinbar oder für nichtig erklärt. [3] Soweit ein Gesetz als mit dem Grundgesetz oder sonstigem Bundesrecht vereinbar oder unvereinbar oder für nichtig erklärt wird, ist die Entscheidungsformel durch das Bundesministerium der Justiz und für Verbraucherschutz im Bundesgesetzblatt zu veröffentlichen. [4] Entsprechendes gilt für die Entscheidungsformel in den Fällen des § 13 Nr. 12 und 14.

§ 32 [Einstweilige Anordnungen] (1) Das Bundesverfassungsgericht kann im Streitfall einen Zustand durch einstweilige Anordnung vorläufig regeln, wenn dies zur Abwehr schwerer Nachteile, zur Verhinderung drohender Gewalt oder aus einem anderen wichtigen Grund zum gemeinen Wohl dringend geboten ist.

(2) [1] Die einstweilige Anordnung kann ohne mündliche Verhandlung ergehen. [2] Bei besonderer Dringlichkeit kann das Bundesverfassungsgericht davon absehen, den am Verfahren zur Hauptsache Beteiligten, zum Beitritt Berechtigten oder Äußerungsberechtigten Gelegenheit zur Stellungnahme zu geben.

(3) [1] Wird die einstweilige Anordnung durch Beschluß erlassen oder abgelehnt, so kann Widerspruch erhoben werden. [2] Das gilt nicht für den Beschwerdeführer im Verfahren der Verfassungsbeschwerde. [3] Über den Widerspruch entscheidet das Bundesverfassungsgericht nach mündlicher Verhandlung. [4] Diese muß binnen zwei Wochen nach dem Eingang der Begründung des Widerspruchs stattfinden.

(4) [1] Der Widerspruch gegen die einstweilige Anordnung hat keine aufschiebende Wirkung. [2] Das Bundesverfassungsgericht kann die Vollziehung der einstweiligen Anordnung aussetzen.

(5) [1] Das Bundesverfassungsgericht kann die Entscheidung über die einstweilige Anordnung oder über den Widerspruch ohne Begründung bekanntgeben. [2] In diesem Fall ist die Begründung den Beteiligten gesondert zu übermitteln.

(6) [1] Die einstweilige Anordnung tritt nach sechs Monaten außer Kraft. [2] Sie kann mit einer Mehrheit von zwei Dritteln der Stimmen wiederholt werden.

(7) [1] Ist ein Senat nicht beschlußfähig, so kann die einstweilige Anordnung bei besonderer Dringlichkeit erlassen werden, wenn mindestens drei Richter anwesend sind und der Beschluß einstimmig gefaßt wird. [2] Sie tritt nach einem Monat außer Kraft. [3] Wird sie durch den Senat bestätigt, so tritt sie sechs Monate nach ihrem Erlaß außer Kraft.

§ 33 [Aussetzung des Verfahrens] (1) Das Bundesverfassungsgericht kann sein Verfahren bis zur Erledigung eines bei einem anderen Gericht anhängigen Verfahrens aussetzen, wenn für seine Entscheidung die Feststellungen oder die Entscheidung dieses anderen Gerichts von Bedeutung sein können.

[1]) Nr. 1.

(2) Das Bundesverfassungsgericht kann seiner Entscheidung die tatsächlichen Feststellungen eines rechtskräftigen Urteils zugrunde legen, das in einem Verfahren ergangen ist, in dem die Wahrheit von Amts wegen zu erforschen ist.

§ 34 [Kosten des Verfahrens; Auferlegung einer Gebühr] (1) Das Verfahren des Bundesverfassungsgerichts ist kostenfrei.

(2) Das Bundesverfassungsgericht kann eine Gebühr bis zu 2 600 Euro auferlegen, wenn die Einlegung der Verfassungsbeschwerde oder der Beschwerde nach Artikel 41 Abs. 2 des Grundgesetzes[1]) einen Mißbrauch darstellt oder wenn ein Antrag auf Erlaß einer einstweiligen Anordnung (§ 32) mißbräuchlich gestellt ist.

(3) Für die Einziehung der Gebühr gilt § 59 Abs. 1 der Bundeshaushaltsordnung entsprechend.

§ 34a [Erstattung der Auslagen] (1) Erweist sich der Antrag auf Verwirkung der Grundrechte (§ 13 Nr. 1), die Anklage gegen den Bundespräsidenten (§ 13 Nr. 4) oder einen Richter (§ 13 Nr. 9) als unbegründet, so sind dem Antragsgegner oder dem Angeklagten die notwendigen Auslagen einschließlich der Kosten der Verteidigung zu ersetzen.

(2) Erweist sich eine Verfassungsbeschwerde als begründet, so sind dem Beschwerdeführer die notwendigen Auslagen ganz oder teilweise zu erstatten.

(3) In den übrigen Fällen kann das Bundesverfassungsgericht volle oder teilweise Erstattung der Auslagen anordnen.

§ 35 [Regelung der Vollstreckung] Das Bundesverfassungsgericht kann in seiner Entscheidung bestimmen, wer sie vollstreckt; es kann auch im Einzelfall die Art und Weise der Vollstreckung regeln.

Zweiter Abschnitt. Akteneinsicht außerhalb des Verfahrens

§ 35a [Auskunft über personenbezogene Daten] [1] Betreffen außerhalb des Verfahrens gestellte Anträge auf Auskunft aus oder Einsicht in Akten des Bundesverfassungsgerichts personenbezogene Daten, so gelten die allgemeinen datenschutzrechtlichen Vorschriften, soweit die nachfolgenden Bestimmungen keine abweichende Regelung treffen. [2] Übermittelt das Bundesverfassungsgericht einer öffentlichen Stelle auf deren Ersuchen personenbezogene Daten, so trägt die öffentliche Stelle die Verantwortung für die Zulässigkeit der Übermittlung. [3] In diesem Fall prüft das Bundesverfassungsgericht nur, ob das Übermittlungsersuchen im Rahmen der Aufgaben der ersuchenden Stelle liegt, es sei denn, dass besonderer Anlass zur Prüfung der Zulässigkeit der Übermittlung besteht.

§ 35b [Zur Einsicht Berechtigte; Auskunft aus beigezogenen Akten; Versendung von Akten] (1) [1] Auskunft aus oder Einsicht in Akten des Bundesverfassungsgerichts kann gewährt werden

1. öffentlichen Stellen, soweit dies für Zwecke der Rechtspflege erforderlich ist oder die in § 23 Absatz 1 Nummer 2 bis 5 des Bundesdatenschutzgesetzes genannten Voraussetzungen vorliegen oder soweit dies zur Durchführung wissenschaftlicher Forschung erforderlich ist, das wissenschaftliche Interesse

[1]) Nr. 1.

an der Durchführung des Forschungsvorhabens das Interesse des Betroffenen an dem Ausschluss der Zweckänderung erheblich überwiegt und der Zweck der Forschung auf andere Weise nicht oder nur mit unverhältnismäßigem Aufwand erreicht werden kann,

2. Privatpersonen und anderen nichtöffentlichen Stellen einschließlich früherer Beteiligter nach Abschluss ihres Verfahrens, soweit sie ein berechtigtes Interesse darlegen und die datenschutzrechtlichen Belange Dritter gewahrt bleiben.

[2] Einer Unterrichtung des Betroffenen von der Übermittlung seiner Daten bedarf es nicht; die Erteilung der Auskunft und die Gewährung der Akteneinsicht sind in der Akte zu vermerken. [3] Auskunft oder Akteneinsicht kann auch gewährt werden, soweit der Betroffene eingewilligt hat.

(2) Akteneinsicht kann nur gewährt werden, wenn unter Angabe von Gründen dargelegt wird, daß die Erteilung einer Auskunft zur Erfüllung der Aufgaben der die Akteneinsicht begehrenden öffentlichen Stelle (Absatz 1 Satz 1 Nummer 1) oder zur Wahrnehmung des berechtigten Interesses der die Akteneinsicht begehrenden Privatperson oder anderen nicht-öffentlichen Stelle (Absatz 1 Satz 1 Nummer 2) nicht ausreichen würde oder die Erteilung einer Auskunft einen unverhältnismäßigen Aufwand erfordern würde.

(3) Aus beigezogenen Akten, die nicht Aktenbestandteil sind, dürfen Auskünfte nur erteilt werden, wenn der Antragsteller die Zustimmung der Stelle nachweist, um deren Akten es sich handelt; gleiches gilt für die Akteneinsicht.

(4) [1] Die Akten des Bundesverfassungsgerichts werden nicht übersandt. [2] An öffentliche Stellen können sie übersandt werden, wenn diesen gemäß Absatz 2 Akteneinsicht gewährt werden kann oder wenn einer Privatperson auf Grund besonderer Umstände dort Akteneinsicht gewährt werden soll.

(5) [1] Für die Einsicht in die Akten des Bundesverfassungsgerichts, die beim Bundesarchiv oder durch das Bundesarchiv als Zwischenarchivgut aufbewahrt werden, gelten nach Ablauf von 30 Jahren seit Abschluss des Verfahrens die archivgesetzlichen Regelungen. [2] Für Entwürfe von Urteilen, Beschlüssen und Verfügungen, Arbeiten zu ihrer Vorbereitung und Dokumente, die Abstimmungen betreffen, gilt dies nach Ablauf von 60 Jahren. [3] Das Bundesverfassungsgericht behält für das abgegebene Schriftgut, das beim Bundesarchiv aufbewahrt wird, zu gerichtsinternen und prozessualen Zwecken das jederzeitige und vorrangige Rückgriffsrecht. [4] Zu diesem Zweck ist es ihm auf Anforderung umgehend zu übersenden.

(6) Die Akten zu Kammerentscheidungen, die nicht zur Veröffentlichung bestimmt sind, einschließlich der Entwürfe von Beschlüssen und Verfügungen, Arbeiten zu ihrer Vorbereitung und Dokumente, die Abstimmungen betreffen, können mit Einverständnis des Bundesarchivs nach Ablauf von 30 Jahren vernichtet werden.

(7) Die Akten zu den im Allgemeinen Register eingetragenen Vorgängen, die nicht in das Verfahrensregister übertragen worden sind, können mit Einverständnis des Bundesarchivs fünf Jahre nach der letzten die Sache betreffenden Verfügung vernichtet werden.

9 BVerfGG §§ 35c–40 Gesetz über das Bundesverfassungsgericht

§ 35c [Nutzung personenbezogener Daten für andere Verfahren]
Das Bundesverfassungsgericht darf in einem verfassungsgerichtlichen Verfahren zu den Akten gelangte personenbezogene Daten für ein anderes verfassungsgerichtliches Verfahren verarbeiten.

III. Teil. Einzelne Verfahrensarten
Erster Abschnitt. Verfahren in den Fällen des § 13 Nr. 1
[Verwirkung von Grundrechten]

§ 36 [Antragsberechtigte] Der Antrag auf Entscheidung gemäß Artikel 18 Satz 2 des Grundgesetzes[1] kann vom Bundestag, von der Bundesregierung oder von einer Landesregierung gestellt werden.

§ 37 [Vorverfahren] Das Bundesverfassungsgericht gibt dem Antragsgegner Gelegenheit zur Äußerung binnen einer zu bestimmenden Frist und beschließt dann, ob der Antrag als unzulässig oder als nicht hinreichend begründet zurückzuweisen oder ob die Verhandlung durchzuführen ist.

§ 38 [Beschlagnahme und Durchsuchung] (1) Nach Eingang des Antrags kann das Bundesverfassungsgericht eine Beschlagnahme oder Durchsuchung nach den Vorschriften der Strafprozeßordnung anordnen.

(2) [1] Das Bundesverfassungsgericht kann zur Vorbereitung der mündlichen Verhandlung eine Voruntersuchung anordnen. [2] Die Durchführung der Voruntersuchung ist einem Richter des nicht zur Entscheidung in der Hauptsache zuständigen Senats zu übertragen.

§ 39 [Entscheidung über Verwirkung von Grundrechten] (1) [1] Erweist sich der Antrag als begründet, so stellt das Bundesverfassungsgericht fest, welche Grundrechte der Antragsgegner verwirkt hat. [2] Es kann die Verwirkung auf einen bestimmten Zeitraum, mindestens auf ein Jahr, befristen. [3] Es kann dem Antragsgegner auch nach Art und Dauer genau bezeichnete Beschränkungen auferlegen, soweit sie nicht andere als die verwirkten Grundrechte beeinträchtigen. [4] Insoweit bedürfen die Verwaltungsbehörden zum Einschreiten gegen den Antragsgegner keiner weiteren gesetzlichen Grundlage.

(2) Das Bundesverfassungsgericht kann dem Antragsgegner auf die Dauer der Verwirkung der Grundrechte das Wahlrecht, die Wählbarkeit und die Fähigkeit zur Bekleidung öffentlicher Ämter aberkennen und bei juristischen Personen ihre Auflösung anordnen.

§ 40 [Aufhebung der Verwirkung] [1] Ist die Verwirkung zeitlich nicht befristet oder für einen längeren Zeitraum als ein Jahr ausgesprochen, so kann das Bundesverfassungsgericht, wenn seit dem Ausspruch der Verwirkung zwei Jahre verflossen sind, auf Antrag des früheren Antragstellers oder Antragsgegners die Verwirkung ganz oder teilweise aufheben oder die Dauer der Verwirkung abkürzen. [2] Der Antrag kann wiederholt werden, wenn seit der letzten Entscheidung des Bundesverfassungsgerichts ein Jahr verstrichen ist.

[1] Nr. 1.

Gesetz über das Bundesverfassungsgericht §§ 41–46a BVerfGG 9

§ 41 [Wiederholung eines Antrags] Hat das Bundesverfassungsgericht über einen Antrag sachlich entschieden, so kann er gegen denselben Antragsgegner nur wiederholt werden, wenn er auf neue Tatsachen gestützt wird.

§ 42 (weggefallen)

Zweiter Abschnitt. Verfahren in den Fällen des § 13 Nummer 2 und 2a [Parteiverbot]

§ 43 [Antragsberechtigte] (1) ¹Der Antrag auf Entscheidung, ob eine Partei verfassungswidrig (Artikel 21 Absatz 2 des Grundgesetzes[1]) oder von staatlicher Finanzierung ausgeschlossen ist (Artikel 21 Absatz 3 des Grundgesetzes), kann von dem Bundestag, dem Bundesrat oder von der Bundesregierung gestellt werden. ²Der Antrag auf Entscheidung über den Ausschluss von staatlicher Finanzierung kann hilfsweise zu einem Antrag auf Entscheidung, ob eine Partei verfassungswidrig ist, gestellt werden.

(2) Eine Landesregierung kann den Antrag nur gegen eine Partei stellen, deren Organisation sich auf das Gebiet ihres Landes beschränkt.

§ 44 [Vertretung der Partei] ¹Die Vertretung der Partei bestimmt sich nach den gesetzlichen Vorschriften, hilfsweise nach ihrer Satzung. ²Sind die Vertretungsberechtigten nicht feststellbar oder nicht vorhanden oder haben sie nach Eingang des Antrags beim Bundesverfassungsgericht gewechselt, so gelten als vertretungsberechtigt diejenigen Personen, die die Geschäfte der Partei während der Tätigkeit, die den Antrag veranlaßt hat, zuletzt tatsächlich geführt haben.

§ 45 [Vorverfahren] Das Bundesverfassungsgericht gibt dem Vertretungsberechtigten (§ 44) Gelegenheit zur Äußerung binnen einer zu bestimmenden Frist und beschließt dann, ob der Antrag als unzulässig oder als nicht hinreichend begründet zurückzuweisen oder ob die Verhandlung durchzuführen ist.

§ 46 [Entscheidung über Verfassungswidrigkeit einer politischen Partei] (1) Erweist sich der Antrag auf Entscheidung gemäß Artikel 21 Absatz 2 des Grundgesetzes[1] als begründet, so stellt das Bundesverfassungsgericht fest, daß die politische Partei verfassungswidrig ist.

(2) Die Feststellung kann auf einen rechtlich oder organisatorisch selbständigen Teil einer Partei beschränkt werden.

(3) ¹Mit der Feststellung ist die Auflösung der Partei oder des selbständigen Teiles der Partei und das Verbot, eine Ersatzorganisation zu schaffen, zu verbinden. ²Das Bundesverfassungsgericht kann in diesem Fall außerdem die Einziehung des Vermögens der Partei oder des selbständigen Teiles der Partei zugunsten des Bundes oder des Landes zu gemeinnützigen Zwecken aussprechen.

§ 46a [Entscheidung über den Ausschluss von der staatlichen Parteienfinanzierung] (1) ¹Erweist sich der Antrag auf Entscheidung gemäß Artikel 21 Absatz 3 des Grundgesetzes[1] als begründet, so stellt das Bundesverfassungsgericht fest, dass die Partei für sechs Jahre von der staatlichen Finanzierung

[1] Nr. 1.

9 BVerfGG §§ 47–49 Gesetz über das Bundesverfassungsgericht

nach § 18 des Parteiengesetzes[1] ausgeschlossen ist. [2]Die Feststellung ist auf Ersatzparteien zu erstrecken. [3]Dass eine Partei die Bestrebungen einer nach Satz 1 von der staatlichen Finanzierung ausgeschlossenen Partei als Ersatzpartei an deren Stelle weiter verfolgt oder fortführt, stellt das Bundesverfassungsgericht entsprechend Satz 1 fest. [4]Die Feststellung erfolgt auf Antrag eines Berechtigten nach § 43 Absatz 1 Satz 1; § 45 ist auf das Verfahren nicht anzuwenden.

(2) [1]Beantragt einer der Antragsberechtigten spätestens sechs Monate vor Ablauf der Frist nach Absatz 1 Satz 1 ihre Verlängerung, bleibt die Partei bis zur Entscheidung über diesen Antrag von staatlicher Finanzierung ausgeschlossen. [2]§ 45 ist auf das Verfahren nicht anzuwenden. [3]Das Bundesverfassungsgericht kann ohne mündliche Verhandlung entscheiden. [4]Für die Entscheidung gilt Absatz 1 entsprechend. [5]Erneute Verlängerungsanträge sind statthaft.

§ 47 [Beschlagnahme, Durchsuchung] Die Vorschriften der §§ 38 und 41 gelten entsprechend.

Dritter Abschnitt. Verfahren in den Fällen des § 13 Nr. 3
[Wahlprüfung]

§ 48 [Zulässigkeit des Antrags] (1) Die Beschwerde gegen den Beschluß des Bundestages über die Gültigkeit einer Wahl, die Verletzung von Rechten bei der Vorbereitung oder Durchführung der Wahl, soweit sie der Wahlprüfung nach Artikel 41 des Grundgesetzes[2] unterliegen, oder den Verlust der Mitgliedschaft im Bundestag kann der Abgeordnete, dessen Mitgliedschaft bestritten ist, eine wahlberechtigte Person oder eine Gruppe von wahlberechtigten Personen, deren Einspruch vom Bundestag verworfen worden ist, eine Fraktion oder eine Minderheit des Bundestages, die wenigstens ein Zehntel der gesetzlichen Mitgliederzahl umfaßt, binnen einer Frist von zwei Monaten seit der Beschlußfassung des Bundestages beim Bundesverfassungsgericht erheben; die Beschwerde ist innerhalb dieser Frist zu begründen.

(2) Das Bundesverfassungsgericht kann von einer mündlichen Verhandlung absehen, wenn von ihr keine weitere Förderung des Verfahrens zu erwarten ist.

(3) Erweist sich bei Prüfung der Beschwerde einer wahlberechtigten Person oder einer Gruppe von wahlberechtigten Personen, dass deren Rechte verletzt wurden, stellt das Bundesverfassungsgericht diese Verletzung fest, wenn es nicht die Wahl für ungültig erklärt.

Vierter Abschnitt. Verfahren in den Fällen des § 13 Nr. 4
[Präsidentenanklage]

§ 49 [Anklageschrift] (1) Die Anklage gegen den Bundespräsidenten wegen vorsätzlicher Verletzung des Grundgesetzes[2] oder eines anderen Bundesgesetzes wird durch Einreichung einer Anklageschrift beim Bundesverfassungsgericht erhoben.

(2) Auf Grund des Beschlusses einer der beiden gesetzgebenden Körperschaften (Artikel 61 Abs. 1 des Grundgesetzes) fertigt deren Präsident die

[1] Nr. **10**.
[2] Nr. **1**.

Anklageschrift und übersendet sie binnen eines Monats dem Bundesverfassungsgericht.

(3) ¹Die Anklageschrift muß die Handlung oder Unterlassung, wegen der die Anklage erhoben wird, die Beweismittel und die Bestimmung der Verfassung oder des Gesetzes, die verletzt sein soll, bezeichnen. ²Sie muß die Feststellung enthalten, daß der Beschluß auf Erhebung der Anklage mit der Mehrheit von zwei Dritteln der gesetzlichen Mitgliederzahl des Bundestages oder von zwei Dritteln der Stimmen des Bundesrates gefaßt worden ist.

§ 50 [Frist für Anklageerhebung] Die Anklage kann nur binnen drei Monaten, nachdem der ihr zugrunde liegende Sachverhalt der antragsberechtigten Körperschaft bekannt geworden ist, erhoben werden.

§ 51 [Durchführung des Verfahrens] Die Einleitung und Durchführung des Verfahrens wird durch den Rücktritt des Bundespräsidenten, durch sein Ausscheiden aus dem Amt oder durch Auflösung des Bundestages oder den Ablauf seiner Wahlperiode nicht berührt.

§ 52 [Zurücknahme der Anklage] (1) ¹Die Anklage kann bis zur Verkündung des Urteils auf Grund eines Beschlusses der antragstellenden Körperschaft zurückgenommen werden. ²Der Beschluß bedarf der Zustimmung der Mehrheit der gesetzlichen Mitgliederzahl des Bundestages oder der Mehrheit der Stimmen des Bundesrates.

(2) Die Anklage wird vom Präsidenten der antragstellenden Körperschaft durch Übersendung einer Ausfertigung des Beschlusses an das Bundesverfassungsgericht zurückgenommen.

(3) Die Zurücknahme der Anklage wird unwirksam, wenn ihr der Bundespräsident binnen eines Monats widerspricht.

§ 53 [Einstweilige Anordnung] Das Bundesverfassungsgericht kann nach Erhebung der Anklage durch einstweilige Anordnung bestimmen, daß der Bundespräsident an der Ausübung seines Amtes verhindert ist.

§ 54 [Voruntersuchung] (1) Das Bundesverfassungsgericht kann zur Vorbereitung der mündlichen Verhandlung eine Voruntersuchung anordnen; es muß sie anordnen, wenn der Vertreter der Anklage oder der Bundespräsident sie beantragt.

(2) Die Durchführung der Voruntersuchung ist einem Richter des nicht zur Entscheidung in der Hauptsache zuständigen Senats zu übertragen.

§ 55 [Mündliche Verhandlung] (1) Das Bundesverfassungsgericht entscheidet auf Grund mündlicher Verhandlung.

(2) ¹Zur Verhandlung ist der Bundespräsident zu laden. ²Dabei ist er darauf hinzuweisen, daß ohne ihn verhandelt wird, wenn er unentschuldigt ausbleibt oder ohne ausreichenden Grund sich vorzeitig entfernt.

(3) In der Verhandlung trägt der Beauftragte der antragstellenden Körperschaft zunächst die Anklage vor.

(4) Sodann erhält der Bundespräsident Gelegenheit, sich zur Anklage zu erklären.

(5) Hierauf findet die Beweiserhebung statt.

9 BVerfGG §§ 56–60 Gesetz über das Bundesverfassungsgericht

(6) ¹Zum Schluß wird der Vertreter der Anklage mit seinem Antrag und der Bundespräsident mit seiner Verteidigung gehört. ²Er hat das letzte Wort.

§ 56 [Urteil] (1) Das Bundesverfassungsgericht stellt im Urteil fest, ob der Bundespräsident einer vorsätzlichen Verletzung des Grundgesetzes[1] oder eines genau zu bezeichnenden Bundesgesetzes schuldig ist.

(2) ¹Im Falle der Verurteilung kann das Bundesverfassungsgericht den Bundespräsidenten seines Amtes für verlustig erklären. ²Mit der Verkündung des Urteils tritt der Amtsverlust ein.

§ 57 [Ausfertigung des Urteils] Eine Ausfertigung des Urteils samt Gründen ist dem Bundestag, dem Bundesrat und der Bundesregierung zu übersenden.

Fünfter Abschnitt. Verfahren in den Fällen des § 13 Nr. 9 [Richteranklage]

§ 58 [Richteranklage] (1) Stellt der Bundestag gegen einen Bundesrichter den Antrag nach Artikel 98 Abs. 2 des Grundgesetzes[1], so sind die Vorschriften der §§ 49 bis 55 mit Ausnahme des § 49 Abs. 3 Satz 2, der §§ 50 und 52 Abs. 1 Satz 2 entsprechend anzuwenden.

(2) ¹Wird dem Bundesrichter ein Verstoß im Amt vorgeworfen, so beschließt der Bundestag nicht vor rechtskräftiger Beendigung des gerichtlichen Verfahrens oder, wenn vorher wegen desselben Verstoßes ein förmliches Disziplinarverfahren eingeleitet worden ist, nicht vor der Eröffnung dieses Verfahrens. ²Nach Ablauf von sechs Monaten seit der rechtskräftigen Beendigung des gerichtlichen Verfahrens, in dem der Bundesrichter sich des Verstoßes schuldig gemacht haben soll, ist der Antrag nicht mehr zulässig.

(3) Abgesehen von den Fällen des Absatzes 2 ist ein Antrag gemäß Absatz 1 nicht mehr zulässig, wenn seit dem Verstoß zwei Jahre verflossen sind.

(4) Der Antrag wird vor dem Bundesverfassungsgericht von einem Beauftragten des Bundestages vertreten.

§ 59 [Urteil] (1) Das Bundesverfassungsgericht erkennt auf eine der im Artikel 98 Abs. 2 des Grundgesetzes[1] vorgesehenen Maßnahmen oder auf Freispruch.

(2) Erkennt das Bundesverfassungsgericht auf Entlassung, so tritt der Amtsverlust mit der Verkündung des Urteils ein.

(3) Wird auf Versetzung in ein anderes Amt oder in den Ruhestand erkannt, so obliegt der Vollzug der für die Entlassung des Bundesrichters zuständigen Stelle.

(4) Eine Ausfertigung des Urteils mit Gründen ist dem Bundespräsidenten, dem Bundestag und der Bundesregierung zu übersenden.

§ 60 [Aussetzung eines Disziplinarverfahrens] ¹Solange ein Verfahren vor dem Bundesverfassungsgericht anhängig ist, wird das wegen desselben Sachverhalts bei einem Disziplinargericht anhängige Verfahren ausgesetzt. ²Erkennt das Bundesverfassungsgericht auf Entlassung aus dem Amt oder auf

[1] Nr. 1.

Gesetz über das Bundesverfassungsgericht §§ 61–65 BVerfGG 9

Anordnung der Versetzung in ein anderes Amt oder in den Ruhestand, so wird das Disziplinarverfahren eingestellt; im anderen Falle wird es fortgesetzt.

§ 61 [Wiederaufnahme des Verfahrens] (1) [1] Die Wiederaufnahme des Verfahrens findet nur zugunsten des Verurteilten und nur auf seinen Antrag oder nach seinem Tode auf Antrag seines Ehegatten, Lebenspartners oder eines seiner Abkömmlinge unter den Voraussetzungen der §§ 359 und 364 der Strafprozeßordnung statt. [2] In dem Antrag müssen der gesetzliche Grund der Wiederaufnahme sowie die Beweismittel angegeben werden. [3] Durch den Antrag auf Wiederaufnahme wird die Wirksamkeit des Urteils nicht gehemmt.

(2) [1] Über die Zulassung des Antrages entscheidet das Bundesverfassungsgericht ohne mündliche Verhandlung. [2] Die Vorschriften der §§ 368, 369 Abs. 1, 2 und 4 und der §§ 370 und 371 Abs. 1 bis 3 der Strafprozeßordnung gelten entsprechend.

(3) In der erneuten Hauptverhandlung ist entweder das frühere Urteil aufrechtzuerhalten oder auf eine mildere Maßnahme oder auf Freispruch zu erkennen.

§ 62 [Verfahren gegen Landesrichter] Soweit gemäß Artikel 98 Abs. 5 Satz 2 des Grundgesetzes[1]) fortgeltendes Landesverfassungsrecht nichts Abweichendes bestimmt, gelten die Vorschriften dieses Abschnitts auch, wenn das Gesetz eines Landes für Landesrichter eine dem Artikel 98 Abs. 2 des Grundgesetzes entsprechende Regelung trifft.

Sechster Abschnitt. Verfahren in den Fällen des § 13 Nr. 5 [Organstreitigkeiten]

§ 63 [Antragsteller und Antragsgegner] Antragsteller und Antragsgegner können nur sein: der Bundespräsident, der Bundestag, der Bundesrat, die Bundesregierung und die im Grundgesetz[1]) oder in den Geschäftsordnungen des Bundestages und des Bundesrates mit eigenen Rechten ausgestatteten Teile dieser Organe.

§ 64 [Antragsbefugnis] (1) Der Antrag ist nur zulässig, wenn der Antragsteller geltend macht, daß er oder das Organ, dem er angehört, durch eine Maßnahme oder Unterlassung des Antragsgegners in seinen ihm durch das Grundgesetz[1]) übertragenen Rechten und Pflichten verletzt oder unmittelbar gefährdet ist.

(2) Im Antrag ist die Bestimmung des Grundgesetzes zu bezeichnen, gegen die durch die beanstandete Maßnahme oder Unterlassung des Antragsgegners verstoßen wird.

(3) Der Antrag muß binnen sechs Monaten, nachdem die beanstandete Maßnahme oder Unterlassung dem Antragsteller bekannt geworden ist, gestellt werden.

(4) Soweit die Frist bei Inkrafttreten dieses Gesetzes verstrichen ist, kann der Antrag noch binnen drei Monaten nach Inkrafttreten gestellt werden.

§ 65 [Beitritt zum Verfahren] (1) Dem Antragsteller und dem Antragsgegner können in jeder Lage des Verfahrens andere in § 63 genannte Antrags-

[1]) Nr. 1.

berechtigte beitreten, wenn die Entscheidung auch für die Abgrenzung ihrer Zuständigkeiten von Bedeutung ist.

(2) Das Bundesverfassungsgericht gibt von der Einleitung des Verfahrens dem Bundespräsidenten, dem Bundestag, dem Bundesrat und der Bundesregierung Kenntnis.

§ 66 [Verbindung und Trennung von Verfahren] Das Bundesverfassungsgericht kann anhängige Verfahren verbinden und verbundene trennen.

§ 66a [Entscheidung nach dem Untersuchungsausschussgesetz] ¹In Verfahren nach § 13 Nr. 5 in Verbindung mit § 2 Abs. 3 des Untersuchungsausschussgesetzes[1]) sowie in Verfahren nach § 18 Abs. 3 des Untersuchungsausschussgesetzes, auch in Verbindung mit den §§ 19 und 23 Abs. 2 des Untersuchungsausschussgesetzes, kann das Bundesverfassungsgericht ohne mündliche Verhandlung entscheiden. ²Gleiches gilt bei Anträgen gemäß § 14 des Gesetzes über die parlamentarische Kontrolle nachrichtendienstlicher Tätigkeit des Bundes in Verbindung mit § 63.

§ 67 [Entscheidung] ¹Das Bundesverfassungsgericht stellt in seiner Entscheidung fest, ob die beanstandete Maßnahme oder Unterlassung des Antragsgegners gegen eine Bestimmung des Grundgesetzes[2]) verstößt. ²Die Bestimmung ist zu bezeichnen. ³Das Bundesverfassungsgericht kann in der Entscheidungsformel zugleich eine für die Auslegung der Bestimmung des Grundgesetzes erhebliche Rechtsfrage entscheiden, von der die Feststellung gemäß Satz 1 abhängt.

Siebenter Abschnitt. Verfahren in den Fällen des § 13 Nr. 7 [Streitigkeiten zwischen Bund und Ländern]

§ 68 [Antragsteller und Antragsgegner] Antragsteller und Antragsgegner können nur sein:
für den Bund die Bundesregierung,
für ein Land die Landesregierung.

§ 69 [Verweisung auf Organstreitigkeiten] Die Vorschriften der §§ 64 bis 67 gelten entsprechend.

§ 70 [Anfechtungsfrist] Der Beschluß des Bundesrates nach Artikel 84 Abs. 4 Satz 1 des Grundgesetzes[2]) kann nur binnen eines Monats nach der Beschlußfassung angefochten werden.

[1]) Nr. **12**.
[2]) Nr. **1**.

Achter Abschnitt. Verfahren in den Fällen des § 13 Nr. 8
[Andere öffentlich-rechtliche Streitigkeiten zwischen dem Bund und den Ländern, zwischen verschiedenen Ländern oder innerhalb eines Landes]

§ 71 [Antragsteller und Antragsgegner] (1) Antragsteller und Antragsgegner können nur sein

1. bei öffentlich-rechtlichen Streitigkeiten gemäß Artikel 93 Abs. 1 Nr. 4 des Grundgesetzes[1]) zwischen dem Bund und den Ländern:
die Bundesregierung und die Landesregierungen;
2. bei öffentlich-rechtlichen Streitigkeiten gemäß Artikel 93 Abs. 1 Nr. 4 des Grundgesetzes zwischen den Ländern:
die Landesregierungen;
3. bei öffentlich-rechtlichen Streitigkeiten gemäß Artikel 93 Abs. 1 Nr. 4 des Grundgesetzes innerhalb eines Landes:
die obersten Organe des Landes und die in der Landesverfassung oder in der Geschäftsordnung eines obersten Organs des Landes mit eigenen Rechten ausgestatteten Teile dieser Organe, wenn sie durch den Streitgegenstand in ihren Rechten oder Zuständigkeiten unmittelbar berührt sind.

(2) Die Vorschrift des § 64 Abs. 3 gilt entsprechend.

§ 72 [Entscheidung] (1) Das Bundesverfassungsgericht kann in seiner Entscheidung erkennen auf

1. die Zulässigkeit oder Unzulässigkeit einer Maßnahme,
2. die Verpflichtung des Antragsgegners, eine Maßnahme zu unterlassen, rückgängig zu machen, durchzuführen oder zu dulden,
3. die Verpflichtung, eine Leistung zu erbringen.

(2) ¹In dem Verfahren nach § 71 Abs. 1 Nr. 3 stellt das Bundesverfassungsgericht fest, ob die beanstandete Maßnahme oder Unterlassung des Antragsgegners gegen eine Bestimmung der Landesverfassung verstößt. ²Die Vorschriften des § 67 Satz 2 und 3 gelten entsprechend.

Neunter Abschnitt. Verfahren in den Fällen des § 13 Nr. 10
[Verfassungsstreitigkeiten innerhalb eines Landes]

§ 73 [Beteiligte] (1) An einer Verfassungsstreitigkeit innerhalb eines Landes können nur die obersten Organe dieses Landes und die in der Landesverfassung oder in der Geschäftsordnung eines obersten Organs des Landes mit eigenen Rechten ausgestatteten Teile dieser Organe beteiligt sein.

(2) Die Vorschrift des § 64 Abs. 3 gilt entsprechend, sofern das Landesrecht nichts anderes bestimmt.

§ 74 [Entscheidung] Bestimmt das Landesrecht nicht, welchen Inhalt und welche Wirkung die Entscheidung des Bundesverfassungsgerichts haben kann, so gilt § 72 Abs. 2 entsprechend.

§ 75 [Verfahren] Für das Verfahren gelten die allgemeinen Vorschriften des II. Teiles dieses Gesetzes entsprechend.

[1]) Nr. 1.

Zehnter Abschnitt. Verfahren in den Fällen des § 13 Nr. 6 und 6a [Abstrakte Normenkontrolle]

§ 76 [Zulässigkeit des Antrags] (1) Der Antrag der Bundesregierung, einer Landesregierung oder eines Viertels der Mitglieder des Bundestages gemäß Artikel 93 Abs. 1 Nr. 2 des Grundgesetzes[1)] ist nur zulässig, wenn der Antragsteller Bundes- oder Landesrecht

1. wegen seiner förmlichen oder sachlichen Unvereinbarkeit mit dem Grundgesetz oder dem sonstigen Bundesrecht für nichtig hält oder
2. für gültig hält, nachdem ein Gericht, eine Verwaltungsbehörde oder ein Organ des Bundes oder eines Landes das Recht als unvereinbar mit dem Grundgesetz oder sonstigem Bundesrecht nicht angewendet hat.

(2) Der Antrag des Bundesrates, einer Landesregierung oder der Volksvertretung eines Landes gemäß Artikel 93 Abs. 1 Nr. 2a des Grundgesetzes ist nur zulässig, wenn der Antragsteller ein Bundesgesetz wegen Nichterfüllung der Voraussetzungen des Artikels 72 Abs. 2 des Grundgesetzes für nichtig hält; der Antrag kann auch darauf gestützt werden, daß der Antragsteller das Bundesgesetz wegen Nichterfüllung der Voraussetzungen des *Artikels 75 Abs. 2*[2)] des Grundgesetzes für nichtig hält.

§ 77 [Äußerungsberechtigte Bundes- und Landesorgane] Das Bundesverfassungsgericht gibt

1. in den Fällen des § 76 Abs. 1 dem Bundestag, dem Bundesrat, der Bundesregierung, bei Meinungsverschiedenheiten über die Gültigkeit von Bundesrecht auch den Landesregierungen und bei Meinungsverschiedenheiten über die Gültigkeit einer landesrechtlichen Norm der Volksvertretung und der Regierung des Landes, in dem die Norm verkündet wurde,
2. in den Fällen des § 76 Abs. 2 dem Bundestag, dem Bundesrat, der Bundesregierung sowie den Volksvertretungen und Regierungen der Länder

binnen einer zu bestimmenden Frist Gelegenheit zur Äußerung.

§ 78 [Nichtigerklärung von Gesetzen] [1] Kommt das Bundesverfassungsgericht zu der Überzeugung, daß Bundesrecht mit dem Grundgesetz[1)] oder Landesrecht mit dem Grundgesetz oder dem sonstigen Bundesrecht unvereinbar ist, so erklärt es das Gesetz für nichtig. [2] Sind weitere Bestimmungen des gleichen Gesetzes aus denselben Gründen mit dem Grundgesetz oder sonstigem Bundesrecht unvereinbar, so kann sie das Bundesverfassungsgericht gleichfalls für nichtig erklären.

§ 79 [Wirkung der Entscheidung] (1) Gegen ein rechtskräftiges Strafurteil, das auf einer mit dem Grundgesetz[1)] für unvereinbar oder nach § 78 für nichtig erklärten Norm oder auf der Auslegung einer Norm beruht, die vom Bundesverfassungsgericht für unvereinbar mit dem Grundgesetz erklärt worden ist, ist die Wiederaufnahme des Verfahrens nach den Vorschriften der Strafprozeßordnung zulässig.

(2) [1] Im übrigen bleiben vorbehaltlich der Vorschrift des § 95 Abs. 2 oder einer besonderen gesetzlichen Regelung die nicht mehr anfechtbaren Entschei-

[1)] Nr. **1**.
[2)] **Aufgehoben mWv 1.9.2006** durch G v. 28.8.2006 (BGBl. I S. 2034).

dungen, die auf einer gemäß § 78 für nichtig erklärten Norm beruhen, unberührt. ²Die Vollstreckung aus einer solchen Entscheidung ist unzulässig. ³Soweit die Zwangsvollstreckung nach den Vorschriften der Zivilprozeßordnung durchzuführen ist, gilt die Vorschrift des § 767 der Zivilprozeßordnung entsprechend. ⁴Ansprüche aus ungerechtfertigter Bereicherung sind ausgeschlossen.

Elfter Abschnitt. Verfahren in den Fällen des § 13 Nr. 11 und 11a [Nachprüfung von Gesetzen; Nachprüfung von Beschlüssen zur Einsetzung eines Untersuchungsausschusses]

§ 80 [Vorlage – Beschluss] (1) Sind die Voraussetzungen des Artikels 100 Abs. 1 des Grundgesetzes[1] gegeben, so holen die Gerichte unmittelbar die Entscheidung des Bundesverfassungsgerichts ein.

(2) ¹Die Begründung muß angeben, inwiefern von der Gültigkeit der Rechtsvorschrift die Entscheidung des Gerichts abhängig ist und mit welcher übergeordneten Rechtsnorm sie unvereinbar ist. ²Die Akten sind beizufügen.

(3) Der Antrag des Gerichts ist unabhängig von der Rüge der Nichtigkeit der Rechtsvorschrift durch einen Prozeßbeteiligten.

§ 81 [Entscheidung über die Rechtsfrage] Das Bundesverfassungsgericht entscheidet nur über die Rechtsfrage.

§ 81a [Feststellung der Unzulässigkeit eines Antrags] ¹Die Kammer kann durch einstimmigen Beschluß die Unzulässigkeit eines Antrages nach § 80 feststellen. ²Die Entscheidung bleibt dem Senat vorbehalten, wenn der Antrag von einem Landesverfassungsgericht oder von einem obersten Gerichtshof des Bundes gestellt wird.

§ 82 [Beitritts- und Äußerungsberechtigte] (1) Die Vorschriften der §§ 77 bis 79 gelten entsprechend.

(2) Die in § 77 genannten Verfassungsorgane können in jeder Lage des Verfahrens beitreten.

(3) Das Bundesverfassungsgericht gibt auch den Beteiligten des Verfahrens vor dem Gericht, das den Antrag gestellt hat, Gelegenheit zur Äußerung; es lädt sie zur mündlichen Verhandlung und erteilt den anwesenden Prozeßbevollmächtigten das Wort.

(4) ¹Das Bundesverfassungsgericht kann oberste Gerichtshöfe des Bundes oder oberste Landesgerichte um die Mitteilung ersuchen, wie und auf Grund welcher Erwägungen sie das Grundgesetz[1] in der streitigen Frage bisher ausgelegt haben, ob und wie sie die in ihrer Gültigkeit streitige Rechtsvorschrift in ihrer Rechtsprechung angewandt haben und welche damit zusammenhängenden Rechtsfragen zur Entscheidung anstehen. ²Es kann sie ferner ersuchen, ihre Erwägungen zu einer für die Entscheidung erheblichen Rechtsfrage darzulegen. ³Das Bundesverfassungsgericht gibt den Äußerungsberechtigten Kenntnis von der Stellungnahme.

[1] Nr. 1.

9 BVerfGG §§ 82a–85 — Gesetz über das Bundesverfassungsgericht

§ 82a [Verfahren nach dem Untersuchungsausschussgesetz] (1) Die §§ 80 bis 82 gelten vorbehaltlich der Absätze 2 und 3 sinngemäß für die Überprüfung der Vereinbarkeit eines Beschlusses des Deutschen Bundestages zur Einsetzung eines Untersuchungsausschusses mit dem Grundgesetz[1]) auf Vorlage nach § 36 Abs. 2 des Untersuchungsausschussgesetzes[2]).

(2) [1] Äußerungsberechtigt sind der Bundestag und die qualifizierte Minderheit nach Artikel 44 Abs. 1 des Grundgesetzes, auf deren Antrag der Einsetzungsbeschluss beruht. [2] Ferner kann das Bundesverfassungsgericht der Bundesregierung, dem Bundesrat, Landesregierungen, der qualifizierten Minderheit nach § 18 Abs. 3 des Untersuchungsausschussgesetzes und Personen Gelegenheit zur Äußerung geben, soweit sie von dem Einsetzungsbeschluss berührt sind.

(3) Das Bundesverfassungsgericht kann ohne mündliche Verhandlung entscheiden.

Zwölfter Abschnitt. Verfahren in den Fällen des § 13 Nr. 12
[Nachprüfung von Völkerrecht]

§ 83 [Entscheidung; Beitritt des Bundestages, des Bundesrates, der Bundesregierung zum Verfahren] (1) Das Bundesverfassungsgericht stellt in den Fällen des Artikels 100 Abs. 2 des Grundgesetzes[1]) in seiner Entscheidung fest, ob die Regel des Völkerrechts Bestandteil des Bundesrechts ist und ob sie unmittelbar Rechte und Pflichten für den einzelnen erzeugt.

(2) [1] Das Bundesverfassungsgericht hat vorher dem Bundestag, dem Bundesrat und der Bundesregierung Gelegenheit zur Äußerung binnen einer zu bestimmenden Frist zu geben. [2] Sie können in jeder Lage des Verfahrens beitreten.

§ 84 [Entsprechende Geltung anderer Verfahrensvorschriften] Die Vorschriften der §§ 80 und 82 Abs. 3 gelten entsprechend.

Dreizehnter Abschnitt. Verfahren in den Fällen des § 13 Nr. 13
[Vorlagebeschluss eines Landesverfassungsgerichts]

§ 85 [Verfahren; Entscheidung] (1) Ist die Entscheidung des Bundesverfassungsgerichts gemäß Artikel 100 Abs. 3 Satz 1 des Grundgesetzes[1]) einzuholen, so legt das Verfassungsgericht des Landes unter Darlegung seiner Rechtsauffassung die Akten vor.

(2) Das Bundesverfassungsgericht gibt dem Bundesrat, der Bundesregierung und, wenn es von einer Entscheidung des Verfassungsgerichts eines Landes abweichen will, diesem Gericht Gelegenheit zur Äußerung binnen einer zu bestimmenden Frist.

(3) Das Bundesverfassungsgericht entscheidet nur über die Rechtsfrage.

[1]) Nr. 1.
[2]) Nr. 12.

Vierzehnter Abschnitt. Verfahren in den Fällen des § 13 Nr. 14
[Fortgeltung von Recht als Bundesrecht]

§ 86 [Antragsberechtigte] (1) Antragsberechtigt sind der Bundestag, der Bundesrat, die Bundesregierung und die Landesregierungen.

(2) Wenn in einem gerichtlichen Verfahren streitig und erheblich ist, ob ein Gesetz als Bundesrecht fortgilt, so hat das Gericht in sinngemäßer Anwendung des § 80 die Entscheidung des Bundesverfassungsgerichts einzuholen.

§ 87 [Zulässigkeit des Antrags] (1) Der Antrag des Bundesrates, der Bundesregierung oder einer Landesregierung ist nur zulässig, wenn von der Entscheidung die Zulässigkeit einer bereits vollzogenen oder unmittelbar bevorstehenden Maßnahme eines Bundesorgans, einer Bundesbehörde oder des Organs oder der Behörde eines Landes abhängig ist.

(2) Aus der Begründung des Antrags muß sich das Vorliegen der in Absatz 1 bezeichneten Voraussetzung ergeben.

§ 88 [Beitritt anderer Beteiligter] Die Vorschrift des § 82 gilt entsprechend.

§ 89 [Entscheidung] Das Bundesverfassungsgericht spricht aus, ob das Gesetz ganz oder teilweise in dem gesamten Bundesgebiet oder einem bestimmten Teil des Bundesgebiets als Bundesrecht fortgilt.

Fünfzehnter Abschnitt. Verfahren in den Fällen des § 13 Nr. 8a
[Verfassungsbeschwerde]

§ 90 [Aktivlegitimation] (1) Jedermann kann mit der Behauptung, durch die öffentliche Gewalt in einem seiner Grundrechte oder in einem seiner in Artikel 20 Abs. 4, Artikel 33, 38, 101, 103 und 104 des Grundgesetzes[1]) enthaltenen Rechte verletzt zu sein, die Verfassungsbeschwerde zum Bundesverfassungsgericht erheben.

(2) [1]Ist gegen die Verletzung der Rechtsweg zulässig, so kann die Verfassungsbeschwerde erst nach Erschöpfung des Rechtswegs erhoben werden. [2]Das Bundesverfassungsgericht kann jedoch über eine vor Erschöpfung des Rechtswegs eingelegte Verfassungsbeschwerde sofort entscheiden, wenn sie von allgemeiner Bedeutung ist oder wenn dem Beschwerdeführer ein schwerer und unabwendbarer Nachteil entstünde, falls er zunächst auf den Rechtsweg verwiesen würde.

(3) Das Recht, eine Verfassungsbeschwerde an das Landesverfassungsgericht nach dem Recht der Landesverfassung zu erheben, bleibt unberührt.

§ 91 [Aktivlegitimation der Gemeinden] [1]Gemeinden und Gemeindeverbände können die Verfassungsbeschwerde mit der Behauptung erheben, daß ein Gesetz des Bundes oder des Landes die Vorschrift des Artikels 28 des Grundgesetzes[1]) verletzt. [2]Die Verfassungsbeschwerde zum Bundesverfassungsgericht ist ausgeschlossen, soweit eine Beschwerde wegen Verletzung des Rechtes auf Selbstverwaltung nach dem Rechte des Landes beim Landesverfassungsgericht erhoben werden kann.

[1]) Nr. 1.

§ 91a (weggefallen)

§ 92 [Begründung der Beschwerde] In der Begründung der Beschwerde sind das Recht, das verletzt sein soll, und die Handlung oder Unterlassung des Organs oder der Behörde, durch die der Beschwerdeführer sich verletzt fühlt, zu bezeichnen.

§ 93 [Einlegungsfrist] (1) [1]Die Verfassungsbeschwerde ist binnen eines Monats zu erheben und zu begründen. [2]Die Frist beginnt mit der Zustellung oder formlosen Mitteilung der in vollständiger Form abgefaßten Entscheidung, wenn diese nach den maßgebenden verfahrensrechtlichen Vorschriften von Amts wegen vorzunehmen ist. [3]In anderen Fällen beginnt die Frist mit der Verkündung der Entscheidung oder, wenn diese nicht zu verkünden ist, mit ihrer sonstigen Bekanntgabe an den Beschwerdeführer; wird dabei dem Beschwerdeführer eine Abschrift der Entscheidung in vollständiger Form nicht erteilt, so wird die Frist des Satzes 1 dadurch unterbrochen, daß der Beschwerdeführer schriftlich oder zu Protokoll der Geschäftsstelle die Erteilung einer in vollständiger Form abgefaßten Entscheidung beantragt. [4]Die Unterbrechung dauert fort, bis die Entscheidung in vollständiger Form dem Beschwerdeführer von dem Gericht erteilt oder von Amts wegen oder von einem an dem Verfahren Beteiligten zugestellt wird.

(2) [1]War ein Beschwerdeführer ohne Verschulden verhindert, diese Frist einzuhalten, ist ihm auf Antrag Wiedereinsetzung in den vorigen Stand zu gewähren. [2]Der Antrag ist binnen zwei Wochen nach Wegfall des Hindernisses zu stellen. [3]Die Tatsachen zur Begründung des Antrags sind bei der Antragstellung oder im Verfahren über den Antrag glaubhaft zu machen. [4]Innerhalb der Antragsfrist ist die versäumte Rechtshandlung nachzuholen; ist dies geschehen, kann die Wiedereinsetzung auch ohne Antrag gewährt werden. [5]Nach einem Jahr seit dem Ende der versäumten Frist ist der Antrag unzulässig. [6]Das Verschulden des Bevollmächtigten steht dem Verschulden eines Beschwerdeführers gleich.

(3) Richtet sich die Verfassungsbeschwerde gegen ein Gesetz oder gegen einen sonstigen Hoheitsakt, gegen den ein Rechtsweg nicht offensteht, so kann die Verfassungsbeschwerde nur binnen eines Jahres seit dem Inkrafttreten des Gesetzes oder dem Erlaß des Hoheitsaktes erhoben werden.

(4) Ist ein Gesetz vor dem 1. April 1951 in Kraft getreten, so kann die Verfassungsbeschwerde bis zum 1. April 1952 erhoben werden.

§ 93a [Annahme zur Entscheidung] (1) Die Verfassungsbeschwerde bedarf der Annahme zur Entscheidung.

(2) Sie ist zur Entscheidung anzunehmen,

a) soweit ihr grundsätzliche verfassungsrechtliche Bedeutung zukommt,
b) wenn es zur Durchsetzung der in § 90 Abs. 1 genannten Rechte angezeigt ist; dies kann auch der Fall sein, wenn dem Beschwerdeführer durch die Versagung der Entscheidung zur Sache ein besonders schwerer Nachteil entsteht.

§ 93b [Befugnisse der Kammer] [1]Die Kammer kann die Annahme der Verfassungsbeschwerde ablehnen oder die Verfassungsbeschwerde im Falle des

Gesetz über das Bundesverfassungsgericht §§ 93c–94 BVerfGG 9

§ 93c zur Entscheidung annehmen. ²Im übrigen entscheidet der Senat über die Annahme.

§ 93c [Stattgabe der Beschwerde durch die Kammer] (1) ¹Liegen die Voraussetzungen des § 93a Abs. 2 Buchstabe b vor und ist die für die Beurteilung der Verfassungsbeschwerde maßgebliche verfassungsrechtliche Frage durch das Bundesverfassungsgericht bereits entschieden, kann die Kammer der Verfassungsbeschwerde stattgeben, wenn sie offensichtlich begründet ist. ²Der Beschluß steht einer Entscheidung des Senats gleich. ³Eine Entscheidung, die mit der Wirkung des § 31 Abs. 2 ausspricht, daß ein Gesetz mit dem Grundgesetz[1]) oder sonstigem Bundesrecht unvereinbar oder nichtig ist, bleibt dem Senat vorbehalten.

(2) Auf das Verfahren finden § 94 Abs. 2 und 3 und § 95 Abs. 1 und 2 Anwendung.

§ 93d [Verfahren vor der Kammer] (1) ¹Die Entscheidung nach § 93b und § 93c ergeht ohne mündliche Verhandlung. ²Sie ist unanfechtbar. ³Die Ablehnung der Annahme der Verfassungsbeschwerde bedarf keiner Begründung.

(2) ¹Solange und soweit der Senat nicht über die Annahme der Verfassungsbeschwerde entschieden hat, kann die Kammer alle das Verfassungsbeschwerdeverfahren betreffenden Entscheidungen erlassen. ²Eine einstweilige Anordnung, mit der die Anwendung eines Gesetzes ganz oder teilweise ausgesetzt wird, kann nur der Senat treffen; § 32 Abs. 7 bleibt unberührt. ³Der Senat entscheidet auch in den Fällen des § 32 Abs. 3.

(3) ¹Die Entscheidungen der Kammer ergehen durch einstimmigen Beschluß. ²Die Annahme durch den Senat ist beschlossen, wenn mindestens drei Richter ihr zustimmen.

§ 94 [Anhörung Dritter] (1) Das Bundesverfassungsgericht gibt dem Verfassungsorgan des Bundes oder des Landes, dessen Handlung oder Unterlassung in der Verfassungsbeschwerde beanstandet wird, Gelegenheit, sich binnen einer zu bestimmenden Frist zu äußern.

(2) Ging die Handlung oder Unterlassung von einem Minister oder einer Behörde des Bundes oder des Landes aus, so ist dem zuständigen Minister Gelegenheit zur Äußerung zu geben.

(3) Richtet sich die Verfassungsbeschwerde gegen eine gerichtliche Entscheidung, so gibt das Bundesverfassungsgericht auch dem durch die Entscheidung Begünstigten Gelegenheit zur Äußerung.

(4) Richtet sich die Verfassungsbeschwerde unmittelbar oder mittelbar gegen ein Gesetz, so ist § 77 entsprechend anzuwenden.

(5) ¹Die in den Absätzen 1, 2 und 4 genannten Verfassungsorgane können dem Verfahren beitreten. ²Das Bundesverfassungsgericht kann von mündlicher Verhandlung absehen, wenn von ihr keine weitere Förderung des Verfahrens zu erwarten ist und die zur Äußerung berechtigten Verfassungsorgane, die dem Verfahren beigetreten sind, auf mündliche Verhandlung verzichten.

[1]) Nr. 1.

§ 95 [Entscheidung] (1) [1]Wird der Verfassungsbeschwerde stattgegeben, so ist in der Entscheidung festzustellen, welche Vorschrift des Grundgesetzes[1)] und durch welche Handlung oder Unterlassung sie verletzt wurde. [2]Das Bundesverfassungsgericht kann zugleich aussprechen, daß auch jede Wiederholung der beanstandeten Maßnahme das Grundgesetz verletzt.

(2) Wird der Verfassungsbeschwerde gegen eine Entscheidung stattgegeben, so hebt das Bundesverfassungsgericht die Entscheidung auf, in den Fällen des § 90 Abs. 2 Satz 1 verweist es die Sache an ein zuständiges Gericht zurück.

(3) [1]Wird der Verfassungsbeschwerde gegen ein Gesetz stattgegeben, so ist das Gesetz für nichtig zu erklären. [2]Das gleiche gilt, wenn der Verfassungsbeschwerde gemäß Absatz 2 stattgegeben wird, weil die aufgehobene Entscheidung auf einem verfassungswidrigen Gesetz beruht. [3]Die Vorschrift des § 79 gilt entsprechend.

§ 95a (weggefallen)

Sechzehnter Abschnitt. Verfahren in den Fällen des § 13 Nr. 6b [Prüfung der Erforderlichkeit von Bundesrecht]

§ 96 [Verfahren in den Fällen des § 13 Nr. 6b] (1) Aus der Begründung eines Antrags nach Artikel 93 Abs. 2 Satz 1 des Grundgesetzes[1)] muss sich das Vorliegen der in Artikel 93 Abs. 2 Satz 3 des Grundgesetzes bezeichneten Voraussetzung ergeben.

(2) Das Bundesverfassungsgericht gibt den anderen Antragsberechtigten sowie dem Bundestag und der Bundesregierung binnen einer zu bestimmenden Frist Gelegenheit zur Äußerung.

(3) Ein Äußerungsberechtigter nach Absatz 2 kann in jeder Lage des Verfahrens beitreten.

Siebzehnter Abschnitt. Verfahren in den Fällen des § 13 Nummer 3a

§ 96a [Beschwerdeberechtigte; Fristen] (1) Beschwerdeberechtigt sind Vereinigungen und Parteien, denen die Anerkennung als wahlvorschlagsberechtigte Partei nach § 18 Absatz 4 des Bundeswahlgesetzes versagt wurde.

(2) Die Beschwerde ist binnen einer Frist von vier Tagen nach Bekanntgabe der Entscheidung in der Sitzung des Bundeswahlausschusses nach § 18 Absatz 4 Satz 2 des Bundeswahlgesetzes zu erheben und zu begründen.

(3) § 32 findet keine Anwendung.

§ 96b [Anhörung des Bundeswahlauschusses] Dem Bundeswahlausschuss ist Gelegenheit zur Äußerung zu geben.

§ 96c [Entscheidung ohne mündliche Verhandlung] Das Bundesverfassungsgericht kann ohne Durchführung einer mündlichen Verhandlung entscheiden.

[1)] Nr. 1.

Gesetz über das Bundesverfassungsgericht §§ 96d–97c BVerfGG 9

§ 96d [Entscheidungsbekanntgabe ohne Begründung] [1] Das Bundesverfassungsgericht kann seine Entscheidung ohne Begründung bekanntgeben. [2] In diesem Fall ist die Begründung der Beschwerdeführerin und dem Bundeswahlausschuss gesondert zu übermitteln.

IV. Teil. Verzögerungsbeschwerde

§ 97a [Angemessenheit der Verfahrensdauer] (1) [1] Wer infolge unangemessener Dauer eines Verfahrens vor dem Bundesverfassungsgericht als Verfahrensbeteiligter oder als Beteiligter in einem zur Herbeiführung einer Entscheidung des Bundesverfassungsgerichts ausgesetzten Verfahren einen Nachteil erleidet, wird angemessen entschädigt. [2] Die Angemessenheit der Verfahrensdauer richtet sich nach den Umständen des Einzelfalles unter Berücksichtigung der Aufgaben und der Stellung des Bundesverfassungsgerichts.

(2) [1] Ein Nachteil, der nicht Vermögensnachteil ist, wird vermutet, wenn ein Verfahren vor dem Bundesverfassungsgericht unangemessen lange gedauert hat. [2] Hierfür kann Entschädigung nur beansprucht werden, soweit nicht nach den Umständen des Einzelfalles Wiedergutmachung auf andere Weise, insbesondere durch die Feststellung der Unangemessenheit der Verfahrensdauer, ausreichend ist. [3] Die Entschädigung gemäß Satz 2 beträgt 1 200 Euro für jedes Jahr der Verzögerung. [4] Ist der Betrag gemäß Satz 3 nach den Umständen des Einzelfalles unbillig, kann das Bundesverfassungsgericht einen höheren oder niedrigeren Betrag festsetzen.

§ 97b [Verzögerungsbeschwerde, Verzögerungsrüge] (1) [1] Über Entschädigung und Wiedergutmachung wird auf Grund einer Beschwerde zum Bundesverfassungsgericht entschieden (Verzögerungsbeschwerde). [2] Die Verzögerungsbeschwerde ist nur zulässig, wenn der Beschwerdeführer beim Bundesverfassungsgericht die Dauer des Verfahrens gerügt hat (Verzögerungsrüge). [3] Die Verzögerungsrüge ist schriftlich und unter Darlegung der Umstände, die die Unangemessenheit der Verfahrensdauer begründen, einzulegen. [4] Sie ist frühestens zwölf Monate nach Eingang des Verfahrens beim Bundesverfassungsgericht zulässig. [5] Einer Bescheidung der Verzögerungsrüge bedarf es nicht.

(2) [1] Die Verzögerungsbeschwerde kann frühestens sechs Monate nach Erheben einer Verzögerungsrüge erhoben werden; ist eine Entscheidung des Bundesverfassungsgerichts ergangen oder das Verfahren anderweitig erledigt worden, ist die Verzögerungsbeschwerde binnen drei Monaten zu erheben. [2] Sie ist schriftlich einzulegen und gleichzeitig zu begründen. [3] Bis zur rechtskräftigen Entscheidung über die Verzögerungsbeschwerde ist der Anspruch nicht übertragbar.

§ 97c [Zuständigkeit] (1) [1] Über die Verzögerungsbeschwerde entscheidet die Beschwerdekammer, in die das Plenum zwei Richter aus jedem Senat beruft. [2] Die regelmäßige Amtszeit beträgt zwei Jahre.

(2) Für den Fall, dass der Berichterstatter des beanstandeten Verfahrens Mitglied der Beschwerdekammer ist, ist er von der Mitwirkung am Beschwerdeverfahren ausgeschlossen.

(3) Das Nähere, insbesondere die Bestimmung des Vorsitzes und die Gewährleistung eines kontinuierlichen Nachrückens für ausscheidende Kammermitglieder sowie die Vertretung in der Kammer, regelt die Geschäftsordnung.

§ 97d [Stellungnahme] (1) Der Berichterstatter des beanstandeten Verfahrens soll binnen eines Monats nach Eingang der Begründung der Verzögerungsbeschwerde eine Stellungnahme vorlegen.

(2) ¹Die Beschwerdekammer entscheidet mit Mehrheit. ²Bei Stimmengleichheit gilt die Verzögerungsbeschwerde als zurückgewiesen. ³Die Beschwerdekammer entscheidet ohne mündliche Verhandlung. ⁴Der Beschluss über die Verzögerungsbeschwerde bedarf keiner Begründung.

(3) Die Entscheidung ist unanfechtbar.

§ 97e [Geltungsdauer] ¹Die §§ 97a bis 97d gelten auch für Verfahren, die am 3. Dezember 2011 bereits anhängig waren, sowie für abgeschlossene Verfahren, deren Dauer am 3. Dezember 2011 Gegenstand einer Beschwerde beim Europäischen Gerichtshof für Menschenrechte ist oder noch werden kann. ²Für abgeschlossene Verfahren nach Satz 1 gilt § 97b Absatz 1 Satz 2 bis 5 nicht; § 97b Absatz 2 gilt mit der Maßgabe, dass die Verzögerungsbeschwerde sofort erhoben werden kann und spätestens am 3. März 2012 erhoben werden muss.

V. Teil. Schlußvorschriften

§ 98 [Versetzung in den Ruhestand] (1) Ein Richter des Bundesverfassungsgerichts tritt mit Ablauf der Amtszeit (§ 4 Abs. 1, 3 und 4) in den Ruhestand.

(2) Ein Richter des Bundesverfassungsgerichts ist bei dauernder Dienstunfähigkeit in den Ruhestand zu versetzen.

(3) Ein Richter des Bundesverfassungsgerichts ist auf Antrag ohne Nachweis der Dienstunfähigkeit in den Ruhestand zu versetzen, wenn er sein Amt als Richter des Bundesverfassungsgerichts wenigstens sechs Jahre bekleidet hat und wenn er

1. das 65. Lebensjahr vollendet hat oder

2. schwerbehinderter Mensch im Sinne des § 2 Abs. 2 des Neunten Buches Sozialgesetzbuch ist und das 60. Lebensjahr vollendet hat.

(4) In den Fällen des Absatzes 3 gilt § 4 Abs. 4 sinngemäß.

(5) ¹Ein Richter im Ruhestand erhält Ruhegehalt. ²Das Ruhegehalt wird auf der Grundlage der Bezüge berechnet, die dem Richter nach dem Gesetz über das Amtsgehalt der Mitglieder des Bundesverfassungsgerichts zuletzt zugestanden haben. ³Entsprechendes gilt für die Hinterbliebenenversorgung.

(6) § 70 des Beamtenversorgungsgesetzes gilt entsprechend.

§ 99 (weggefallen)

§ 100 [Übergangsgeld] (1) ¹Endet das Amt eines Richters des Bundesverfassungsgerichts nach § 12, so erhält er, wenn er sein Amt wenigstens zwei Jahre bekleidet hat, für die Dauer eines Jahres ein Übergangsgeld in Höhe seiner Bezüge nach Maßgabe des Gesetzes über das Amtsgehalt der Mitglieder des Bundesverfassungsgerichts. ²Dies gilt nicht für den Fall des Eintritts in den Ruhestand nach § 98.

Gesetz über das Bundesverfassungsgericht §§ 101, 102 BVerfGG

(2) Die Hinterbliebenen eines früheren Richters des Bundesverfassungsgerichts, der zur Zeit seines Todes Übergangsgeld bezog, erhalten Sterbegeld sowie für den Rest der Bezugsdauer des Übergangsgeldes Witwen- und Waisengeld; Sterbegeld, Witwen- und Waisengeld werden aus dem Übergangsgeld berechnet.

§ 101 [**Ausscheiden aus dem bisherigen Amt**] (1) ¹Ein zum Richter des Bundesverfassungsgerichts gewählter Beamter oder Richter scheidet vorbehaltlich der Vorschrift des § 70 des Deutschen Richtergesetzes mit der Ernennung aus seinem bisherigen Amt aus. ²Für die Dauer des Amtes als Richter des Bundesverfassungsgerichts ruhen die in dem Dienstverhältnis als Beamter oder Richter begründeten Rechte und Pflichten. ³Bei unfallverletzten Beamten oder Richtern bleibt der Anspruch auf das Heilverfahren unberührt.

(2) ¹Endet das Amt als Richter des Bundesverfassungsgerichts, so tritt der Beamte oder Richter, wenn ihm kein anderes Amt übertragen wird, aus seinem Dienstverhältnis als Beamter oder Richter in den Ruhestand und erhält das Ruhegehalt, das er in seinem früheren Amt unter Hinzurechnung der Dienstzeit als Richter des Bundesverfassungsgerichts erhalten hätte. ²Soweit es sich um Beamte oder Richter handelt, die nicht Bundesbeamte oder Bundesrichter sind, erstattet der Bund dem Dienstherrn das Ruhegehalt sowie die Hinterbliebenenbezüge.

(3) ¹Die Absätze 1 und 2 gelten nicht für beamtete Lehrer des Rechts an einer deutschen Hochschule. ²Für die Dauer ihres Amtes als Richter am Bundesverfassungsgericht ruhen grundsätzlich ihre Pflichten aus dem Dienstverhältnis als Hochschullehrer. ³Von den Dienstbezügen aus dem Dienstverhältnis als Hochschullehrer werden zwei Drittel auf die ihnen als Richter des Bundesverfassungsgerichts zustehenden Bezüge angerechnet. ⁴Der Bund erstattet dem Dienstherrn des Hochschullehrers die durch seine Vertretung erwachsenden tatsächlichen Ausgaben bis zur Höhe der angerechneten Beträge.

§ 102 [**Verhältnis mehrerer Bezüge**] (1) Steht einem früheren Richter des Bundesverfassungsgerichts ein Anspruch auf Ruhegehalt nach § 101 zu, so ruht dieser Anspruch für den Zeitraum, für den ihm Ruhegehalt oder Übergangsgeld nach § 98 oder § 100 zu zahlen ist, bis zur Höhe des Betrages dieser Bezüge.

(2) Wird ein früherer Richter des Bundesverfassungsgerichts, der Übergangsgeld nach § 100 bezieht, im öffentlichen Dienst wiederverwendet, so wird das Einkommen aus dieser Verwendung auf das Übergangsgeld angerechnet.

(3) Bezieht ein früherer Richter des Bundesverfassungsgerichts Dienstbezüge, Emeritenbezüge oder Ruhegehalt aus einem vor oder während seiner Amtszeit als Bundesverfassungsrichter begründeten Dienstverhältnis als Hochschullehrer, so ruhen neben den Dienstbezügen das Ruhegeld oder das Übergangsgeld aus dem Richteramt insoweit, als sie zusammen das um den nach § 101 Abs. 3 Satz 3 anrechnungsfreien Betrag erhöhte Amtsgehalt übersteigen; neben den Emeritenbezügen oder dem Ruhegehalt aus dem Dienstverhältnis als Hochschullehrer werden das Ruhegehalt oder das Übergangsgeld aus dem Richteramt bis zur Erreichung des Ruhegehalts gewährt, das sich unter Zugrundelegung der gesamten ruhegehaltfähigen Dienstzeit und des Amtsgehalts zuzüglich des anrechnungsfreien Betrages nach § 101 Abs. 3 Satz 3 ergibt.

(4) [1]Die Absätze 1 bis 3 gelten entsprechend für die Hinterbliebenen. [2]§ 54 Abs. 3 und Abs. 4 Satz 2 des Beamtenversorgungsgesetzes gilt sinngemäß.

§ 103 [Anwendung der Vorschriften für Bundesrichter] [1]Soweit in den §§ 98 bis 102 nichts anderes bestimmt ist, finden auf die Richter des Bundesverfassungsgerichts die für Bundesrichter geltenden versorgungsrechtlichen und beihilferechtlichen Vorschriften Anwendung; Zeiten einer Tätigkeit, die für die Wahrnehmung des Amts des Richters des Bundesverfassungsgerichts dienlich ist, sind Zeiten im Sinne des § 11 Abs. 1 Nr. 3 Buchstabe a des Beamtenversorgungsgesetzes. [2]Die versorgungsrechtlichen Entscheidungen trifft der Präsident des Bundesverfassungsgerichts.

§ 104 [Rechtsanwälte und Notare als Richter am Bundesverfassungsgericht] (1) Wird ein Rechtsanwalt zum Richter am Bundesverfassungsgericht ernannt, so ruhen seine Rechte aus der Zulassung für die Dauer seines Amtes.

(2) Wird ein Notar zum Richter am Bundesverfassungsgericht ernannt, so gilt § 101 Abs. 1 Satz 2 entsprechend.

§ 105 [Versetzung in den Ruhestand bzw. Entlassung von Richtern am Bundesverfassungsgericht] (1) Das Bundesverfassungsgericht kann den Bundespräsidenten ermächtigen,

1. wegen dauernder Dienstunfähigkeit einen Richter des Bundesverfassungsgerichts in den Ruhestand zu versetzen;
2. einen Richter des Bundesverfassungsgerichts zu entlassen, wenn er wegen einer entehrenden Handlung oder zu einer Freiheitsstrafe von mehr als sechs Monaten rechtskräftig verurteilt worden ist oder wenn er sich einer so groben Pflichtverletzung schuldig gemacht hat, daß sein Verbleiben im Amt ausgeschlossen ist.

(2) Über die Einleitung des Verfahrens nach Absatz 1 entscheidet das Plenum des Bundesverfassungsgerichts.

(3) Die allgemeinen Verfahrensvorschriften sowie die Vorschriften des § 54 Abs. 1 und § 55 Abs. 1, 2, 4 bis 6 gelten entsprechend.

(4) Die Ermächtigung nach Absatz 1 bedarf der Zustimmung von zwei Dritteln der Mitglieder des Gerichts.

(5) [1]Nach Einleitung des Verfahrens gemäß Absatz 2 kann das Plenum des Bundesverfassungsgerichts den Richter vorläufig seines Amtes entheben. [2]Das gleiche gilt, wenn gegen den Richter wegen einer Straftat das Hauptverfahren eröffnet worden ist. [3]Die vorläufige Enthebung vom Amt bedarf der Zustimmung von zwei Dritteln der Mitglieder des Gerichts.

(6) Mit der Entlassung nach Absatz 1 Nr. 2 verliert der Richter alle Ansprüche aus seinem Amt.

§ 106 (Inkrafttreten)

§ 107 (weggefallen)

10. Gesetz über die politischen Parteien (Parteiengesetz)

In der Fassung der Bekanntmachung vom 31. Januar 1994[1)]
(BGBl. I S. 149)

FNA 112-1

zuletzt geänd. durch Art. 4 PersonengesellschaftsrechtsmodernisierungsG (MoPeG) v. 10.8.2021 (BGBl. I S. 3436)

Erster Abschnitt. Allgemeine Bestimmungen

§ 1 Verfassungsrechtliche Stellung und Aufgaben der Parteien.

(1) [1] Die Parteien sind ein verfassungsrechtlich notwendiger Bestandteil der freiheitlichen demokratischen Grundordnung. [2] Sie erfüllen mit ihrer freien, dauernden Mitwirkung an der politischen Willensbildung des Volkes eine ihnen nach dem Grundgesetz[2)] obliegende und von ihm verbürgte öffentliche Aufgabe.

(2) Die Parteien wirken an der Bildung des politischen Willens des Volkes auf allen Gebieten des öffentlichen Lebens mit, indem sie insbesondere auf die Gestaltung der öffentlichen Meinung Einfluß nehmen, die politische Bildung anregen und vertiefen, die aktive Teilnahme der Bürger am politischen Leben fördern, zur Übernahme öffentlicher Verantwortung befähigte Bürger heranbilden, sich durch Aufstellung von Bewerbern an den Wahlen in Bund, Ländern und Gemeinden beteiligen, auf die politische Entwicklung in Parlament und Regierung Einfluß nehmen, die von ihnen erarbeiteten politischen Ziele in den Prozeß der staatlichen Willensbildung einführen und für eine ständige lebendige Verbindung zwischen dem Volk und den Staatsorganen sorgen.

(3) Die Parteien legen ihre Ziele in politischen Programmen nieder.

(4) Die Parteien verwenden ihre Mittel ausschließlich für die ihnen nach dem Grundgesetz und diesem Gesetz obliegenden Aufgaben.

§ 2 Begriff der Partei. (1) [1] Parteien sind Vereinigungen von Bürgern, die dauernd oder für längere Zeit für den Bereich des Bundes oder eines Landes auf die politische Willensbildung Einfluß nehmen und an der Vertretung des Volkes im Deutschen Bundestag oder einem Landtag mitwirken wollen, wenn sie nach dem Gesamtbild der tatsächlichen Verhältnisse, insbesondere nach Umfang und Festigkeit ihrer Organisation, nach der Zahl ihrer Mitglieder und nach ihrem Hervortreten in der Öffentlichkeit eine ausreichende Gewähr für die Ernsthaftigkeit dieser Zielsetzung bieten. [2] Mitglieder einer Partei können nur natürliche Personen sein.

(2) [1] Eine Vereinigung verliert ihre Rechtsstellung als Partei, wenn sie sechs Jahre lang weder an einer Bundestagswahl noch an einer Landtagswahl mit eigenen Wahlvorschlägen teilgenommen hat. [2] Gleiches gilt, wenn eine Vereinigung sechs Jahre lang entgegen der Pflicht zur öffentlichen Rechenschaftslegung gemäß § 23 keinen Rechenschaftsbericht eingereicht hat; § 19a Absatz 3 Satz 5 gilt entsprechend.

[1)] Neubekanntmachung des ParteiG idF der Bek. v. 3.3.1989 (BGBl. I S. 327) in der ab 1.1.1994 geltenden Fassung.
[2)] Nr. **1**.

(3) Politische Vereinigungen sind nicht Parteien, wenn
1. ihre Mitglieder oder die Mitglieder ihres Vorstandes in der Mehrheit Ausländer sind oder
2. ihr Sitz oder ihre Geschäftsleitung sich außerhalb des Geltungsbereichs dieses Gesetzes befindet.

§ 3 Aktiv- und Passivlegitimation. [1] Die Partei kann unter ihrem Namen klagen und verklagt werden. [2] Das gleiche gilt für ihre Gebietsverbände der jeweils höchsten Stufe, sofern die Satzung der Partei nichts anderes bestimmt.

§ 4 Name. (1) [1] Der Name einer Partei muß sich von dem Namen einer bereits bestehenden Partei deutlich unterscheiden; das gleiche gilt für Kurzbezeichnungen. [2] In der Wahlwerbung und im Wahlverfahren darf nur der satzungsmäßige Name oder dessen Kurzbezeichnung geführt werden; Zusatzbezeichnungen können weggelassen werden.

(2) [1] Gebietsverbände führen den Namen der Partei unter Zusatz ihrer Organisationsstellung. [2] Der Zusatz für Gebietsverbände ist nur an nachfolgender Stelle zulässig. [3] In der allgemeinen Werbung und in der Wahlwerbung kann der Zusatz weggelassen werden.

(3) [1] Gebietsverbände, die aus der Partei ausscheiden, verlieren das Recht, den Namen der Partei weiterzuführen. [2] Ein neu gewählter Name darf nicht in einem bloßen Zusatz zu dem bisherigen Namen bestehen. [3] Entsprechendes gilt für Kurzbezeichnungen.

§ 5 Gleichbehandlung. (1) [1] Wenn ein Träger öffentlicher Gewalt den Parteien Einrichtungen zur Verfügung stellt oder andere öffentliche Leistungen gewährt, sollen alle Parteien gleichbehandelt werden. [2] Der Umfang der Gewährung kann nach der Bedeutung der Parteien bis zu dem für die Erreichung ihres Zweckes erforderlichen Mindestmaß abgestuft werden. [3] Die Bedeutung der Parteien bemißt sich insbesondere auch nach den Ergebnissen vorausgegangener Wahlen zu Volksvertretungen. [4] Für eine Partei, die im Bundestag in Fraktionsstärke vertreten ist, muß der Umfang der Gewährung mindestens halb so groß wie für jede andere Partei sein.

(2) Für die Gewährung öffentlicher Leistungen in Zusammenhang mit einer Wahl gilt Absatz 1 während der Dauer des Wahlkampfes nur für Parteien, die Wahlvorschläge eingereicht haben.

(3) Öffentliche Leistungen nach Absatz 1 können an bestimmte sachliche, von allen Parteien zu erfüllende Voraussetzungen gebunden werden.

(4) Der Vierte Abschnitt bleibt unberührt.

Zweiter Abschnitt. Innere Ordnung

§ 6 Satzung und Programm. (1) [1] Die Partei muß eine schriftliche Satzung und ein schriftliches Programm haben. [2] Die Gebietsverbände regeln ihre Angelegenheiten durch eigene Satzungen, soweit die Satzung des jeweils nächsthöheren Gebietsverbandes hierüber keine Vorschriften enthält.

(2) Die Satzungen müssen Bestimmungen enthalten über
1. Namen sowie Kurzbezeichnung, sofern eine solche verwandt wird, Sitz und Tätigkeitsgebiet der Partei,

Parteiengesetz § 7 PartG 10

2. Aufnahme und Austritt der Mitglieder,
3. Rechte und Pflichten der Mitglieder,
4. zulässige Ordnungsmaßnahmen gegen Mitglieder und ihren Ausschluß (§ 10 Abs. 3 bis 5),
5. zulässige Ordnungsmaßnahmen gegen Gebietsverbände,
6. allgemeine Gliederung der Partei,
7. Zusammensetzung und Befugnisse des Vorstandes und der übrigen Organe,
8. der Beschlußfassung durch die Mitglieder- und Vertreterversammlungen nach § 9 vorbehaltene Angelegenheiten,
9. Voraussetzung, Form und Frist der Einberufung der Mitglieder- und Vertreterversammlungen sowie Beurkundung der Beschlüsse,
10. Gebietsverbände und Organe, die zur Einreichung (Unterzeichnung) von Wahlvorschlägen für Wahlen zu Volksvertretungen befugt sind, soweit hierüber keine gesetzlichen Vorschriften bestehen,
11. eine Urabstimmung der Mitglieder und das Verfahren, wenn der Parteitag die Auflösung der Partei oder des Gebietsverbandes oder die Verschmelzung mit anderen Parteien nach § 9 Abs. 3 beschlossen hat. Der Beschluß gilt nach dem Ergebnis der Urabstimmung als bestätigt, geändert oder aufgehoben,
12. Form und Inhalt einer Finanzordnung, die den Vorschriften des Fünften Abschnittes dieses Gesetzes genügt.

(3) ¹Der Vorstand hat dem Bundeswahlleiter
1. Satzung und Programm der Partei,
2. Namen der Vorstandsmitglieder der Partei und der Landesverbände mit Angabe ihrer Funktionen,
3. Auflösung der Partei oder eines Landesverbandes

mitzuteilen. ²Änderungen zu Satz 1 Nr. 1 und 2 sind bis zum 31. Dezember des jeweiligen Kalenderjahres anzuzeigen. ³Die Unterlagen können beim Bundeswahlleiter von jedermann eingesehen werden. ⁴Abschriften dieser Unterlagen sind auf Anforderung gebührenfrei zu erteilen.

(4) Bei Parteien, deren Organisation sich auf das Gebiet eines Landes beschränkt (Landesparteien), gelten die in diesem Gesetz für die Partei getroffenen Regelungen für den Landesverband.

§ 7 Gliederung. (1) ¹Die Parteien gliedern sich in Gebietsverbände. ²Größe und Umfang der Gebietsverbände werden durch die Satzung festgelegt. ³Die gebietliche Gliederung muß soweit ausgebaut sein, daß den einzelnen Mitgliedern eine angemessene Mitwirkung an der Willensbildung der Partei möglich ist. ⁴Beschränkt sich die Organisation einer Partei auf das Gebiet eines Stadtstaates, braucht sie keine Gebietsverbände zu bilden; sie ist Partei im Sinne dieses Gesetzes. ⁵Organisatorische Zusammenschlüsse mehrerer Gebietsverbände, die den verbandsmäßigen Aufbau der Parteiorganisation nicht wesentlich beeinträchtigen, sind zulässig.

(2) Soweit in einer Partei Landesverbände nicht bestehen, gelten die in diesem Gesetz für Landesverbände getroffenen Regelungen für die der Partei folgenden nächstniedrigen Gebietsverbände.

§ 8 Organe. (1) [1] Mitgliederversammlung und Vorstand sind notwendige Organe der Partei und der Gebietsverbände. [2] Durch die Satzung kann bestimmt werden, daß in den überörtlichen Verbänden an die Stelle der Mitgliederversammlung eine Vertreterversammlung tritt, deren Mitglieder für höchstens zwei Jahre durch Mitglieder- oder Vertreterversammlungen der nachgeordneten Verbände gewählt werden. [3] Landesparteien ohne Gebietsverbände (§ 7 Abs. 1 Satz 4) können die Mitgliederversammlung durch eine Vertreterversammlung ersetzen, wenn sie mehr als 250 Mitglieder haben. [4] Vertreterversammlungen können auch für Ortsverbände von mehr als 250 Mitgliedern oder mit großer räumlicher Ausdehnung gebildet werden.

(2) [1] Die Satzung kann weitere der Willensbildung des jeweiligen Gebietsverbandes dienende Einrichtungen (Organe) vorsehen. [2] Sie sind in der Satzung ausdrücklich als solche zu bezeichnen.

§ 9 Mitglieder- und Vertreterversammlung (Parteitag, Hauptversammlung) (1) [1] Die Mitglieder- oder Vertreterversammlung (Parteitag, Hauptversammlung) ist das oberste Organ des jeweiligen Gebietsverbandes. [2] Sie führt bei Gebietsverbänden höherer Stufen die Bezeichnung „Parteitag", bei Gebietsverbänden der untersten Stufe die Bezeichnung „Hauptversammlung"; die nachfolgenden Bestimmungen über den Parteitag gelten auch für die Hauptversammlung. [3] Die Parteitage treten mindestens in jedem zweiten Kalenderjahr einmal zusammen.

(2) Vorstandsmitglieder, Mitglieder anderer Organe des Gebietsverbandes sowie Angehörige des in § 11 Abs. 2 genannten Personenkreises können einer Vertreterversammlung kraft Satzung angehören, dürfen aber in diesem Fall nur bis zu einem Fünftel der satzungsmäßigen Gesamtzahl der Versammlungsmitglieder mit Stimmrecht ausgestattet sein.

(3) Der Parteitag beschließt im Rahmen der Zuständigkeiten des Gebietsverbandes innerhalb der Partei über die Parteiprogramme, die Satzung, die Beitragsordnung, die Schiedsgerichtsordnung, die Auflösung sowie die Verschmelzung mit anderen Parteien.

(4) Der Parteitag wählt den Vorsitzenden des Gebietsverbandes, seine Stellvertreter und die übrigen Mitglieder des Vorstandes, die Mitglieder etwaiger anderer Organe sowie die Vertreter in den Organen höherer Gebietsverbände, soweit in diesem Gesetz nichts anderes zugelassen ist.

(5) [1] Der Parteitag nimmt mindestens alle zwei Jahre einen Tätigkeitsbericht des Vorstandes entgegen und faßt über ihn Beschluß. [2] Der finanzielle Teil des Berichts ist vor der Berichterstattung durch Rechnungsprüfer, die von dem Parteitag gewählt werden, zu überprüfen.

§ 10 Rechte der Mitglieder. (1) [1] Die zuständigen Organe der Partei entscheiden nach näherer Bestimmung der Satzung frei über die Aufnahme von Mitgliedern. [2] Die Ablehnung eines Aufnahmeantrages braucht nicht begründet zu werden. [3] Allgemeine, auch befristete Aufnahmesperren sind nicht zulässig. [4] Personen, die infolge Richterspruchs die Wählbarkeit oder das Wahlrecht nicht besitzen, können nicht Mitglieder einer Partei sein.

(2) [1] Die Mitglieder der Partei und die Vertreter in den Parteiorganen haben gleiches Stimmrecht. [2] Die Ausübung des Stimmrechts kann nach näherer Bestimmung der Satzung davon abhängig gemacht werden, daß das Mitglied

seine Beitragspflicht erfüllt hat. ³Das Mitglied ist jederzeit zum sofortigen Austritt aus der Partei berechtigt.

(3) ¹In der Satzung sind Bestimmungen zu treffen über
1. die zulässigen Ordnungsmaßnahmen gegen Mitglieder,
2. die Gründe, die zu Ordnungsmaßnahmen berechtigen,
3. die Parteiorgane, die Ordnungsmaßnahmen anordnen können.
²Im Falle der Enthebung von Parteiämtern oder der Aberkennung der Fähigkeit zu ihrer Bekleidung ist der Beschluß zu begründen.

(4) Ein Mitglied kann nur dann aus der Partei ausgeschlossen werden, wenn es vorsätzlich gegen die Satzung oder erheblich gegen Grundsätze oder Ordnung der Partei verstößt und ihr damit schweren Schaden zufügt.

(5) ¹Über den Ausschluß entscheidet das nach der Schiedsgerichtsordnung zuständige Schiedsgericht. ²Die Berufung an ein Schiedsgericht höherer Stufe ist zu gewährleisten. ³Die Entscheidungen sind schriftlich zu begründen. ⁴In dringenden und schwerwiegenden Fällen, die sofortiges Eingreifen erfordern, kann der Vorstand der Partei oder eines Gebietsverbandes ein Mitglied von der Ausübung seiner Rechte bis zur Entscheidung des Schiedsgerichts ausschließen.

§ 11 Vorstand. (1) ¹Der Vorstand wird mindestens in jedem zweiten Kalenderjahr gewählt. ²Er muß aus mindestens drei Mitgliedern bestehen.

(2) ¹Dem Vorstand können Abgeordnete und andere Persönlichkeiten aus der Partei kraft Satzung angehören, wenn sie ihr Amt oder ihr Mandat aus einer Wahl erhalten haben. ²Der Anteil der nicht nach § 9 Abs. 4 gewählten Mitglieder darf ein Fünftel der Gesamtzahl der Vorstandsmitglieder nicht übersteigen. ³Vorsitzender und Schatzmeister einer Partei dürfen nicht in einer der Partei nahestehenden politischen Stiftung vergleichbare Funktionen ausüben.

(3) ¹Der Vorstand leitet den Gebietsverband und führt dessen Geschäfte nach Gesetz und Satzung sowie den Beschlüssen der ihm übergeordneten Organe. ²Er vertritt den Gebietsverband gemäß § 26 Absatz 1 Satz 2 und 3 des Bürgerlichen Gesetzbuchs, soweit nicht die Satzung eine abweichende Regelung trifft.

(4) ¹Zur Durchführung der Beschlüsse des Vorstandes sowie zur Erledigung der laufenden und der besonders dringlichen Vorstandsgeschäfte kann aus der Mitte des Vorstandes ein geschäftsführender Vorstand (Präsidium) gebildet werden. ²Seine Mitglieder können auch vom Vorstand gewählt oder durch die Satzung bestimmt werden.

§ 12 Allgemeine Parteiausschüsse. (1) Die Mitglieder von allgemeinen Parteiausschüssen und ähnlichen Einrichtungen, die nach der Satzung umfassende Zuständigkeiten für die Beratung oder Entscheidung politischer und organisatorischer Fragen der Partei besitzen, können auch von nachgeordneten Gebietsverbänden gewählt werden.

(2) ¹Der Vorstand und Angehörige des in § 11 Abs. 2 genannten Personenkreises können einem solchen Organ kraft Satzung angehören. ²Der Anteil der nicht gewählten Mitglieder darf ein Drittel der Gesamtmitgliederzahl des Organs nicht übersteigen; er kann um weitere Mitglieder mit nur beratender Stimme erhöht werden, muß jedoch auch dann noch unter der Hälfte der Gesamtmitgliederzahl des Organs liegen.

(3) Das Amt der gewählten Mitglieder der in Absatz 1 genannten Organe dauert höchstens zwei Jahre.

§ 13 Zusammensetzung der Vertreterversammlungen. ¹Die Zusammensetzung einer Vertreterversammlung oder eines sonstigen Organs, das ganz oder zum Teil aus Vertretern von Gebietsverbänden besteht, ist in der Satzung festzulegen. ²Die Zahl der Vertreter des Gebietsverbandes ist in erster Linie nach der Zahl der vertretenen Mitglieder zu bemessen. ³Die Satzung kann bestimmen, daß die restliche Zahl der Vertreter, höchstens die Hälfte der Gesamtzahl, nach dem Verhältnis der im Bereich des Gebietsverbandes bei vorausgegangenen Wahlen zu Volksvertretungen erzielten Wählerstimmen auf die Gebietsverbände aufgeschlüsselt wird. ⁴Die Ausübung des Stimmrechts kann von der Erfüllung der Beitragspflicht des Gebietsverbandes abhängig gemacht werden.

§ 14 Parteischiedsgerichte. (1) ¹Zur Schlichtung und Entscheidung von Streitigkeiten der Partei oder eines Gebietsverbandes mit einzelnen Mitgliedern und Streitigkeiten über Auslegung und Anwendung der Satzung sind zumindest bei der Partei und den Gebietsverbänden der jeweils höchsten Stufe Schiedsgerichte zu bilden. ²Für mehrere Gebietsverbände der Kreisstufe können gemeinsame Schiedsgerichte gebildet werden.

(2) ¹Die Mitglieder der Schiedsgerichte werden für höchstens vier Jahre gewählt. ²Sie dürfen nicht Mitglied eines Vorstandes der Partei oder eines Gebietsverbandes sein, in einem Dienstverhältnis zu der Partei oder einem Gebietsverband stehen oder von ihnen regelmäßige Einkünfte beziehen. ³Sie sind unabhängig und an Weisungen nicht gebunden.

(3) Die Satzung kann vorsehen, daß die Schiedsgerichte allgemein oder im Einzelfall mit Beisitzern besetzt werden, die von den Streitteilen paritätisch benannt werden.

(4) Für die Tätigkeit des Schiedsgerichts ist eine Schiedsgerichtsordnung zu erlassen, die den Beteiligten rechtliches Gehör, ein gerechtes Verfahren und die Ablehnung eines Mitglieds des Schiedsgerichts wegen Befangenheit gewährleistet.

§ 15 Willensbildung in den Organen. (1) Die Organe fassen ihre Beschlüsse mit einfacher Stimmenmehrheit, soweit nicht durch Gesetz oder Satzung erhöhte Stimmenmehrheit vorgeschrieben ist.

(2) ¹Die Wahlen der Vorstandsmitglieder und der Vertreter zu Vertreterversammlungen und zu Organen höherer Gebietsverbände sind geheim. ²Bei den übrigen Wahlen kann offen abgestimmt werden, wenn sich auf Befragen kein Widerspruch erhebt.

(3) ¹Das Antragsrecht ist so zu gestalten, daß eine demokratische Willensbildung gewährleistet bleibt, insbesondere auch Minderheiten ihre Vorschläge ausreichend zur Erörterung bringen können. ²In den Versammlungen höherer Gebietsverbände ist mindestens den Vertretern der Gebietsverbände der beiden nächstniedrigen Stufen ein Antragsrecht einzuräumen. ³Bei Wahlen und Abstimmungen ist eine Bindung an Beschlüsse anderer Organe unzulässig.

§ **16 Maßnahmen gegen Gebietsverbände.** (1) ¹Die Auflösung und der Ausschluß nachgeordneter Gebietsverbände sowie die Amtsenthebung ganzer Organe derselben sind nur wegen schwerwiegender Verstöße gegen die Grundsätze oder die Ordnung der Partei zulässig. ²In der Satzung ist zu bestimmen,
1. aus welchen Gründen die Maßnahmen zulässig sind,
2. welcher übergeordnete Gebietsverband und welches Organ dieses Verbandes sie treffen können.

(2) ¹Der Vorstand der Partei oder eines übergeordneten Gebietsverbandes bedarf für eine Maßnahme nach Absatz 1 der Bestätigung durch ein höheres Organ. ²Die Maßnahme tritt außer Kraft, wenn die Bestätigung nicht auf dem nächsten Parteitag ausgesprochen wird.

(3) Gegen Maßnahmen nach Absatz 1 ist die Anrufung eines Schiedsgerichts zuzulassen.

Dritter Abschnitt. Aufstellung von Wahlbewerbern

§ **17 Aufstellung von Wahlbewerbern.** ¹Die Aufstellung von Bewerbern für Wahlen zu Volksvertretungen muß in geheimer Abstimmung erfolgen. ²Die Aufstellung regeln die Wahlgesetze und die Satzungen der Parteien.

Vierter Abschnitt. Staatliche Finanzierung

§ **18 Grundsätze und Umfang der staatlichen Finanzierung.** (1) ¹Die Parteien erhalten Mittel als Teilfinanzierung der allgemein ihnen nach dem Grundgesetz¹⁾ obliegenden Tätigkeit. ²Maßstäbe für die Verteilung der staatlichen Mittel bilden der Erfolg, den eine Partei bei den Wählern bei Europa-, Bundestags- und Landtagswahlen erzielt, die Summe ihrer Mitglieds- und Mandatsträgerbeiträge sowie der Umfang der von ihr eingeworbenen Spenden.

(2) ¹Das jährliche Gesamtvolumen staatlicher Mittel, das allen Parteien höchstens ausgezahlt werden darf, beträgt für die im Jahr 2019 vorzunehmende Festsetzung 190 Millionen Euro (absolute Obergrenze). ²Die absolute Obergrenze erhöht sich jährlich um den Prozentsatz, abgerundet auf ein Zehntel Prozent, um den sich der Preisindex der für eine Partei typischen Ausgaben in dem Anspruchsjahr vorangegangenen Jahr erhöht hat. ³Grundlage des Preisindexes ist zu einem Wägungsanteil von 70 Prozent der allgemeine Verbraucherpreisindex und von 30 Prozent der Index der tariflichen Monatsgehälter der Arbeiter und Angestellten bei den Gebietskörperschaften. ⁴Der Präsident des Statistischen Bundesamtes legt dem Deutschen Bundestag hierzu bis spätestens 30. April jedes Jahres einen Bericht über die Entwicklung des Preisindexes bezogen auf das vorangegangene Jahr vor. ⁵Der Bundestagspräsident veröffentlicht bis spätestens 31. Mai jedes Jahres die sich aus der Steigerung ergebende Summe der absoluten Obergrenze, abgerundet auf volle Eurobeträge, als Bundestagsdrucksache.

(3) ¹Die Parteien erhalten jährlich im Rahmen der staatlichen Teilfinanzierung
1. 0,83 Euro für jede für ihre jeweilige Liste abgegebene gültige Stimme oder

¹⁾ Nr. 1.

2. 0,83 Euro für jede für sie in einem Wahl- oder Stimmkreis abgegebene gültige Stimme, wenn in einem Land eine Liste für diese Partei nicht zugelassen war, und
3. 0,45 Euro für jeden Euro, den sie als Zuwendung (eingezahlter Mitglieds- oder Mandatsträgerbeitrag oder rechtmäßig erlangte Spende) erhalten haben; dabei werden nur Zuwendungen bis zu 3 300 Euro je natürliche Person berücksichtigt.

²Die Parteien erhalten abweichend von den Nummern 1 und 2 für die von ihnen jeweils erzielten bis zu vier Millionen gültigen Stimmen 1 Euro je Stimme. ³Die in Satz 1 Nummer 1 und 2 sowie in Satz 2 genannten Beträge erhöhen sich ab dem Jahr 2017 entsprechend Absatz 2 Satz 2 bis 5.

(4) ¹Anspruch auf staatliche Mittel gemäß Absatz 3 Nr. 1 und 3 haben Parteien, die nach dem endgültigen Wahlergebnis der jeweils letzten Europa- oder Bundestagswahl mindestens 0,5 vom Hundert oder einer Landtagswahl 1,0 vom Hundert der für die Listen abgegebenen gültigen Stimmen erreicht haben; für Zahlungen nach Absatz 3 Satz 1 Nr. 1 und Satz 2 muss die Partei diese Voraussetzungen bei der jeweiligen Wahl erfüllen. ²Anspruch auf die staatlichen Mittel gemäß Absatz 3 Nr. 2 haben Parteien, die nach dem endgültigen Wahlergebnis 10 vom Hundert der in einem Wahl- oder Stimmkreis abgegebenen gültigen Stimmen erreicht haben. ³Die Sätze 1 und 2 gelten nicht für Parteien nationaler Minderheiten.

(5) ¹Die Höhe der staatlichen Teilfinanzierung darf bei einer Partei die Summe der Einnahmen nach § 24 Abs. 4 Nr. 1 bis 7 nicht überschreiten (relative Obergrenze). ²Die Summe der Finanzierung aller Parteien darf die absolute Obergrenze nicht überschreiten.

(6) Der Bundespräsident kann eine Kommission unabhängiger Sachverständiger zu Fragen der Parteienfinanzierung berufen.

(7) ¹Löst sich eine Partei auf oder wird sie verboten, scheidet sie ab dem Zeitpunkt der Auflösung aus der staatlichen Teilfinanzierung aus. ²Gleiches gilt bei einer Feststellung des Bundesverfassungsgerichts nach § 46a des Bundesverfassungsgerichtsgesetzes[1)] ab dem Zeitpunkt der Entscheidung.

§ 19 Antragstellung für die staatliche Teilfinanzierung. (1) ¹Die Festsetzung und die Auszahlung der staatlichen Mittel für das Anspruchsjahr im Sinne des Gesetzes sind von den Parteien schriftlich zum 30. September des Anspruchsjahres beim Präsidenten des Deutschen Bundestages zu beantragen. ²Der Antrag muss von einem für die Finanzen nach der Satzung zuständigen Vorstandsmitglied der Partei gestellt sein und die zustellungsfähige Anschrift sowie eine Bankverbindung enthalten. ³Ein einheitlicher Antrag des Bundesverbandes für die Gesamtpartei genügt. ⁴Teilanträge sind zulässig. ⁵Wurden staatliche Mittel zugunsten einer Partei bereits für das dem Anspruchsjahr vorausgehende Jahr festgesetzt, erfolgt die Festsetzung durch den Präsidenten des Deutschen Bundestages ohne weiteren Antrag. ⁶Änderungen, die das Festsetzungsverfahren betreffen, hat die Partei dem Präsidenten des Deutschen Bundestages unverzüglich mitzuteilen. ⁷Unterbleibt eine solche Mitteilung, haftet die Partei.

[1)] Nr. **9**.

Parteiengesetz § 19a PartG 10

(2) ¹Der Antrag auf Abschlagszahlungen ist schriftlich bei dem Präsidenten des Deutschen Bundestages bis zum 15. des jeweils der nächsten Abschlagszahlung vorangehenden Monats zu stellen. ²Er kann für mehrere Abschläge des Jahres gleichzeitig gestellt werden. ³Absatz 1 Sätze 5 bis 7 gilt entsprechend.

§ 19a Festsetzungsverfahren. (1) ¹Der Präsident des Deutschen Bundestages setzt jährlich zum 15. Februar die Höhe der staatlichen Mittel für jede anspruchsberechtigte Partei für das vorangegangene Jahr (Anspruchsjahr) fest. ²Er darf staatliche Mittel für eine Partei nach den §§ 18 und 19a nur auf Grund eines Rechenschaftsberichts festsetzen und auszahlen, der den Vorschriften des Fünften Abschnitts entspricht. ³Leitet der Präsident des Deutschen Bundestages bezüglich eines fristgerecht eingereichten Rechenschaftsberichts das Verfahren nach § 23a Abs. 2 vor der Festsetzung ein, setzt er die staatlichen Mittel für diese Partei auf der Grundlage ihres Rechenschaftsberichts nur vorläufig fest und zahlt sie gegen Sicherheitsleistung in Höhe möglicher Zahlungsverpflichtungen der Partei (§§ 31a bis 31c) aus. ⁴Nach Abschluss des Verfahrens trifft er eine endgültige Festsetzung.

(2) ¹Berechnungsgrundlage für die Festsetzung der Höhe der staatlichen Mittel sind die von den anspruchsberechtigten Parteien bis einschließlich 31. Dezember des Anspruchsjahres erzielten gültigen Stimmen bei der jeweils letzten Europa- und Bundestagswahl sowie der jeweils letzten Landtagswahl und die in den Rechenschaftsberichten veröffentlichten Zuwendungen (§ 18 Abs. 3 Satz 1 Nr. 3) des jeweils vorangegangenen Jahres (Rechenschaftsjahr). ²Der Präsident des Deutschen Bundestages fasst die erzielten, nach § 18 Abs. 4 berücksichtigungsfähigen, gültigen Stimmen jeder Partei in einem Stimmenkonto zusammen und schreibt dieses fort.

(3) ¹Die Partei hat ihren Rechenschaftsbericht bis zum 30. September des dem Rechenschaftsjahr folgenden Jahres beim Präsidenten des Deutschen Bundestages einzureichen. ²Der Präsident des Deutschen Bundestages kann die Frist um bis zu drei Monate verlängern. ³Reicht eine Partei ihren Rechenschaftsbericht nicht fristgerecht ein, verliert sie endgültig den auf Zuwendungen bezogenen Anspruch auf staatliche Mittel (Verfall des Zuwendungsanteils). ⁴Hat eine Partei ihren Rechenschaftsbericht bis zum 31. Dezember des dem Anspruchsjahr folgenden Jahres nicht eingereicht, verliert sie endgültig den Anspruch auf staatliche Mittel für das Anspruchsjahr (Verfall des Wählerstimmenanteils). ⁵Die Fristen werden unabhängig von der inhaltlichen Richtigkeit gewahrt, wenn der Rechenschaftsbericht in der in § 24 vorgegebenen Gliederung entspricht und den Prüfungsvermerk gemäß § 30 Abs. 2 trägt. ⁶Die Festsetzungen und Zahlungen an die übrigen Parteien bleiben unverändert.

(4) ¹Der Berechnung der relativen Obergrenze (§ 18 Absatz 5) sind die in den Rechenschaftsberichten des Rechenschaftsjahrs veröffentlichten Einnahmen nach § 24 Absatz 4 Nummer 1 bis 7 zugrunde zu legen. ²Dabei sind Einnahmen aus Unternehmenstätigkeit (§ 24 Absatz 4 Nummer 5) nur in Höhe des nach Abzug der Ausgaben (§ 24 Absatz 5 Nummer 2 Buchstabe f) verbleibenden Betrages zu berücksichtigen.

(5) ¹Bei der Festsetzung ist zunächst für jede Partei die relative Obergrenze (§ 18 Absatz 5) und sodann die absolute Obergrenze (§ 18 Absatz 2) einzuhalten. ²Überschreitet die Summe der errechneten staatlichen Mittel die absolute Obergrenze, besteht der Anspruch der Parteien auf staatliche Mittel nur in der Höhe, der ihrem Anteil an diesem Betrag entspricht.

(6) [1]Die Auszahlung der staatlichen Mittel für die bei Landtagswahlen erzielten gültigen Stimmen erfolgt an den jeweiligen Landesverband der Partei in Höhe von 0,50 Euro je Stimme; etwaige Kürzungen nach Absatz 5 bleiben außer Betracht, soweit diese bei den vom Bund zu leistenden Auszahlungen (§ 21 Abs. 1 Satz 1 Alternative 2) vorgenommen werden können. [2]Die Auszahlung der übrigen staatlichen Mittel erfolgt an den Bundesverband der Partei, bei Landesparteien an den Landesverband.

§ 20 Abschlagszahlungen. (1) [1]Den anspruchsberechtigten Parteien sind Abschlagszahlungen auf den vom Präsidenten des Deutschen Bundestages festzusetzenden Betrag zu gewähren. [2]Berechnungsgrundlage sind die für das vorangegangene Jahr für jede Partei festgesetzten Mittel. [3]Die Abschlagszahlungen sind zum 15. Februar, zum 15. Mai, zum 15. August und zum 15. November zu zahlen; sie dürfen jeweils 25 vom Hundert der Gesamtsumme der für das Vorjahr für die jeweilige Partei festgesetzten Mittel nicht überschreiten. [4]Liegen Anhaltspunkte dafür vor, dass es zu einer Rückzahlungsverpflichtung kommen könnte, kann die Gewährung von einer Sicherheitsleistung abhängig gemacht werden.

(2) [1]Die Abschlagszahlungen sind von den Parteien unverzüglich zurückzuzahlen, soweit sie den festgesetzten Betrag überschreiten oder ein Anspruch nicht entstanden ist. [2]Ergibt sich aus der Festsetzung eine Überzahlung, stellt der Präsident des Deutschen Bundestages den Rückforderungsanspruch mit dem die Festsetzung umfassenden Verwaltungsakt fest und verrechnet diesen Betrag unmittelbar.

(3) § 19a Abs. 6 gilt entsprechend.

§ 21 Bereitstellung von Bundesmitteln und Auszahlungsverfahren sowie Prüfung durch den Bundesrechnungshof. (1) [1]Die Mittel nach den §§ 18 und 20 werden im Falle des § 19a Abs. 6 Satz 1 von den Ländern, im übrigen vom Bund durch den Präsidenten des Deutschen Bundestages an die Parteien ausgezahlt. [2]Der Präsident des Deutschen Bundestages teilt den Ländern die auf die Landesverbände der Parteien entfallenden Beträge verbindlich mit.

(2) Der Bundesrechnungshof prüft, ob der Präsident des Deutschen Bundestages als mittelverwaltende Stelle die staatlichen Mittel entsprechend den Vorschriften dieses Abschnitts festgesetzt und ausgezahlt hat, sowie die ordnungsgemäße Durchführung der Verfahren gemäß § 23a.

§ 22 Parteiinterner Finanzausgleich. Die Bundesverbände der Parteien haben für einen angemessenen Finanzausgleich für ihre Landesverbände Sorge zu tragen.

Fünfter Abschnitt. Rechenschaftslegung

§ 23 Pflicht zur öffentlichen Rechenschaftslegung. (1) [1]Der Vorstand der Partei hat über die Herkunft und die Verwendung der Mittel sowie über das Vermögen der Partei zum Ende des Kalenderjahres (Rechnungsjahr) in einem Rechenschaftsbericht wahrheitsgemäß und nach bestem Wissen und Gewissen öffentlich Rechenschaft zu geben. [2]Der Rechenschaftsbericht soll vor der Zuleitung an den Präsidenten des Deutschen Bundestages im Vorstand der Partei beraten werden. [3]Der Bundesvorstand der Partei sowie die Vorstände

Parteiengesetz

§ 23a PartG 10

der Landesverbände und die Vorstände der den Landesverbänden vergleichbaren Gebietsverbände sind jeweils für ihre Rechenschaftslegung verantwortlich. [4] Ihre Rechenschaftsberichte werden vom Vorsitzenden und einem vom Parteitag gewählten für die Finanzangelegenheiten zuständigen Vorstandsmitglied oder von einem für die Finanzangelegenheiten nach der Satzung zuständigen Gremium gewählten Vorstandsmitglied unterzeichnet. [5] Diese für die Finanzangelegenheiten zuständigen Vorstandsmitglieder versichern mit ihrer Unterschrift, dass die Angaben in ihren Rechenschaftsberichten nach bestem Wissen und Gewissen wahrheitsgemäß gemacht worden sind. [6] Der Rechenschaftsbericht der Gesamtpartei wird von einem vom Parteitag gewählten für die Finanzangelegenheiten zuständigen Vorstandsmitglied des Bundesvorstandes oder von einem für die Finanzangelegenheiten nach der Satzung zuständigen Gremium gewählten Mitglied des Bundesvorstandes zusammengefügt und unterzeichnet.

(2) [1] Der Rechenschaftsbericht muss von einem Wirtschaftsprüfer oder einer Wirtschaftsprüfungsgesellschaft nach den Vorschriften der §§ 29 bis 31 geprüft werden. [2] Bei Parteien, die die Voraussetzungen des § 18 Abs. 4 Satz 1 erster Halbsatz nicht erfüllen, kann der Rechenschaftsbericht auch von einem vereidigten Buchprüfer oder einer Buchprüfungsgesellschaft geprüft werden. [3] Er ist entsprechend der Frist nach § 19a Abs. 3 Satz 1 erster Halbsatz beim Präsidenten des Deutschen Bundestages einzureichen und von diesem als Bundestagsdrucksache zu verteilen. [4] Erfüllt eine Partei die Voraussetzungen des § 18 Abs. 4 Satz 1 erster Halbsatz nicht und verfügt sie im Rechnungsjahr weder über Einnahmen noch über ein Vermögen von mehr als 5 000 Euro, kann sie bei dem Präsidenten des Deutschen Bundestages einen ungeprüften Rechenschaftsbericht einreichen. [5] Der Präsident des Deutschen Bundestages kann untestiert eingereichte Rechenschaftsberichte veröffentlichen. [6] Der Rechenschaftsbericht der Partei ist dem jeweils auf seine Veröffentlichung folgenden Bundesparteitag zur Erörterung vorzulegen.

(3) [1] Der Präsident des Deutschen Bundestages prüft gemäß § 23a, ob der Rechenschaftsbericht den Vorschriften des Fünften Abschnitts entspricht. [2] Das Ergebnis der Prüfung ist in dem Bericht nach Absatz 4 aufzunehmen.

(4) [1] Der Präsident des Deutschen Bundestages erstattet dem Deutschen Bundestag alle zwei Jahre über die Entwicklung der Parteienfinanzen sowie über die Rechenschaftsberichte der Parteien Bericht. [2] Zusätzlich erstellt er vergleichende jährliche Kurzübersichten über die Einnahmen und Ausgaben sowie über die Vermögensverhältnisse der Parteien. [3] Die Berichte werden als Bundestagsdrucksache verteilt.

§ 23a Prüfung des Rechenschaftsberichts. (1) [1] Der Präsident des Deutschen Bundestages prüft den vorgelegten Rechenschaftsbericht auf formale und inhaltliche Richtigkeit. [2] Er stellt fest, ob der Rechenschaftsbericht den Vorschriften des Fünften Abschnitts entspricht. [3] Eine erneute Prüfung ist nur vor Ablauf der in § 24 Abs. 2 bestimmten Frist zulässig.

(2) [1] Liegen dem Präsidenten des Deutschen Bundestages konkrete Anhaltspunkte dafür vor, dass im Rechenschaftsbericht einer Partei enthaltene Angaben unrichtig sind, gibt dieser der betroffenen Partei Gelegenheit zur Stellungnahme. [2] Er kann von der Partei die Bestätigung der Richtigkeit ihrer Stellungnahme durch ihren Wirtschaftsprüfer oder ihre Wirtschaftsprüfungsgesellschaft, ihren vereidigten Buchprüfer oder ihre Buchprüfungsgesellschaft verlangen.

(3) ¹Räumt die nach Absatz 2 verlangte Stellungnahme die dem Präsidenten des Deutschen Bundestages vorliegenden konkreten Anhaltspunkte für Unrichtigkeiten im Rechenschaftsbericht nicht aus, kann der Präsident des Deutschen Bundestages im Einvernehmen mit der Partei einen Wirtschaftsprüfer oder eine Wirtschaftsprüfungsgesellschaft seiner Wahl mit der Prüfung beauftragen, ob der Rechenschaftsbericht der Partei den Vorschriften des Fünften Abschnitts entspricht. ²Die Partei hat dem vom Präsidenten des Deutschen Bundestages bestellten Wirtschaftsprüfer Zugang und Einsicht in die zur Prüfung erforderlichen Unterlagen und Belege zu gewähren. ³Die Kosten dieses Verfahrens trägt der Präsident des Deutschen Bundestages.

(4) ¹Nach Abschluss des Verfahrens erlässt der Präsident des Deutschen Bundestages einen Bescheid, in dem er gegebenenfalls Unrichtigkeiten des Rechenschaftsberichts feststellt und die Höhe des den unrichtigen Angaben entsprechenden Betrages festsetzt. ²In dem Bescheid ist anzugeben, ob die Unrichtigkeit auf der Verletzung der Vorschriften über die Einnahme- und Ausgaberechnung, der Vermögensbilanz oder des Erläuterungsteils (§ 24 Abs. 7) beruht.

(5) ¹Eine Partei, in deren Rechenschaftsbericht unrichtige Angaben enthalten sind, hat den Rechenschaftsbericht zu berichtigen und nach Entscheidung des Präsidenten des Deutschen Bundestages teilweise oder ganz neu abzugeben. ²Dieser ist von einem Wirtschaftsprüfer oder einer Wirtschaftsprüfungsgesellschaft, einem vereidigten Buchprüfer oder einer Buchprüfungsgesellschaft durch einen Vermerk zu bestätigen. ³Übersteigt der zu berichtigende Betrag im Einzelfall nicht 10 000 Euro und im Rechnungsjahr je Partei nicht 50 000 Euro, kann abweichend von den Sätzen 1 und 2 die Berichtigung im Rechenschaftsbericht für das folgende Jahr vorgenommen werden.

(6) Berichtigte Rechenschaftsberichte sind ganz oder teilweise als Bundestagsdrucksache zu veröffentlichen.

(7) ¹Die im Rahmen dieses Verfahrens gewonnenen Erkenntnisse, die nicht die Rechnungslegung der Partei selbst betreffen, dürfen nicht veröffentlicht oder anderen staatlichen Stellen der Bundesrepublik Deutschland zugeleitet werden. ²Sie müssen vom Präsidenten nach Beendigung der Prüfung unverzüglich vernichtet werden.

§ 23b Anzeigepflicht bei Unrichtigkeiten im Rechenschaftsbericht.

(1) Erlangt eine Partei Kenntnis von Unrichtigkeiten in ihrem bereits frist- und formgerecht beim Präsidenten des Deutschen Bundestages eingereichten Rechenschaftsbericht, hat sie diese unverzüglich dem Präsidenten des Deutschen Bundestages schriftlich anzuzeigen.

(2) ¹Bei einer von der Partei angezeigten Unrichtigkeit unterliegt die Partei nicht den Rechtsfolgen des § 31b oder des § 31c, wenn im Zeitpunkt des Eingangs der Anzeige konkrete Anhaltspunkte für diese unrichtigen Angaben öffentlich nicht bekannt waren oder weder dem Präsidenten des Deutschen Bundestages vorgelegen haben noch in einem amtlichen Verfahren entdeckt waren und die Partei den Sachverhalt umfassend offen legt und korrigiert. ²Die zu Unrecht erlangten Finanzvorteile sind innerhalb einer vom Präsidenten des Deutschen Bundestages gesetzten Frist an diesen abzuführen.

(3) § 23a Abs. 5 und 6 gilt entsprechend.

§ 24 Rechenschaftsbericht. (1) ¹Der Rechenschaftsbericht besteht aus einer Ergebnisrechnung auf der Grundlage einer den Vorschriften dieses Gesetzes entsprechenden Einnahmen- und Ausgabenrechnung, einer damit verbundenen Vermögensbilanz sowie einem Erläuterungsteil. ²Er gibt unter Beachtung der Grundsätze ordnungsmäßiger Buchführung entsprechend den tatsächlichen Verhältnissen Auskunft über die Herkunft und Verwendung der Mittel sowie über das Vermögen der Partei.

(2) ¹Die für alle Kaufleute geltenden handelsrechtlichen Vorschriften über die Rechnungslegung, insbesondere zu Ansatz und Bewertung von Vermögensgegenständen, sind entsprechend anzuwenden, soweit dieses Gesetz nichts anderes vorschreibt. ²Rechnungsunterlagen, Bücher, Bilanzen und Rechenschaftsberichte sind zehn Jahre aufzubewahren. ³Die Aufbewahrungsfrist beginnt mit Ablauf des Rechnungsjahres.

(3) ¹In den Rechenschaftsbericht der Gesamtpartei sind die Rechenschaftsberichte jeweils getrennt nach Bundesverband und Landesverband sowie die Rechenschaftsberichte der nachgeordneten Gebietsverbände je Landesverband aufzunehmen. ²Die Landesverbände und die ihnen nachgeordneten Gebietsverbände haben ihren Rechenschaftsberichten eine lückenlose Aufstellung aller Zuwendungen je Zuwender mit Namen und Anschrift beizufügen. ³Der Bundesverband hat diese Aufstellungen zur Ermittlung der jährlichen Gesamthöhe der Zuwendungen je Zuwender zusammenzufassen. ⁴Die Landesverbände haben die Teilberichte der ihnen nachgeordneten Gebietsverbände gesammelt bei ihren Rechenschaftsunterlagen aufzubewahren.

(4) Die Einnahmerechnung umfasst:
1. Mitgliedsbeiträge,
2. Mandatsträgerbeiträge und ähnliche regelmäßige Beiträge,
3. Spenden von natürlichen Personen,
4. Spenden von juristischen Personen,
5. Einnahmen aus Unternehmenstätigkeit,
5a. Einnahmen aus Beteiligungen,
6. Einnahmen aus sonstigem Vermögen,
7. Einnahmen aus Veranstaltungen, Vertrieb von Druckschriften und Veröffentlichungen und sonstiger mit Einnahmen verbundener Tätigkeit,
8. staatliche Mittel,
9. sonstige Einnahmen,
10. Zuschüsse von Gliederungen und
11. Gesamteinnahmen nach den Nummern 1 bis 10.

(5) Die Ausgaberechnung umfasst:
1. Personalausgaben,
2. Sachausgaben
 a) des laufenden Geschäftsbetriebes,
 b) für allgemeine politische Arbeit,
 c) für Wahlkämpfe,
 d) für die Vermögensverwaltung einschließlich sich hieraus ergebender Zinsen,
 e) sonstige Zinsen,

f) Ausgaben im Rahmen einer Unternehmenstätigkeit,
g) sonstige Ausgaben,
3. Zuschüsse an Gliederungen und
4. Gesamtausgaben nach den Nummern 1 bis 3.

(6) Die Vermögensbilanz umfasst:
1. Besitzposten:
 A. Anlagevermögen:
 I. Sachanlagen:
 1. Haus- und Grundvermögen,
 2. Geschäftsstellenausstattung,
 II. Finanzanlagen:
 1. Beteiligungen an Unternehmen,
 2. sonstige Finanzanlagen;
 B. Umlaufvermögen:
 I. Forderungen an Gliederungen,
 II. Forderungen aus der staatlichen Teilfinanzierung,
 III. Geldbestände,
 IV. sonstige Vermögensgegenstände;
 C. Gesamtbesitzposten (Summe aus A und B);
2. Schuldposten:
 A. Rückstellungen:
 I. Pensionsverpflichtungen,
 II. sonstige Rückstellungen;
 B. Verbindlichkeiten:
 I. Verbindlichkeiten gegenüber Gliederungen,
 II. Rückzahlungsverpflichtungen aus der staatlichen Teilfinanzierung,
 III. Verbindlichkeiten gegenüber Kreditinstituten,
 IV. Verbindlichkeiten gegenüber sonstigen Darlehensgebern,
 V. sonstige Verbindlichkeiten;
 C. Gesamte Schuldposten (Summe von A und B);
3. Reinvermögen (positiv oder negativ).

(7) Der Vermögensbilanz ist ein Erläuterungsteil hinzuzufügen, der insbesondere folgende Punkte umfassen muss:
1. Auflistung der Beteiligungen nach Absatz 6 Nr. 1 A II 1 sowie deren im Jahresabschluss aufgeführten unmittelbaren und mittelbaren Beteiligungen, jeweils mit Name und Sitz sowie unter Angabe des Anteils und der Höhe des Nominalkapitals; außerdem sind die Höhe des Anteils am Kapital, das Eigenkapital und das Ergebnis des letzten Geschäftsjahres dieser Unternehmen anzugeben, für das ein Jahresabschluss vorliegt. Die im Jahresabschluss dieser Unternehmen aufgeführten Beteiligungen sind mit den Angaben aus dem Jahresabschluss zu übernehmen. Beteiligungen im Sinne dieses Gesetzes sind Anteile gemäß § 271 Abs. 1 des Handelsgesetzbuchs;
2. Benennung der Hauptprodukte von Medienunternehmen, soweit Beteiligungen an diesen bestehen;

3. im Abstand von fünf Jahren eine Bewertung des Haus- und Grundvermögens und der Beteiligungen an Unternehmen nach dem Bewertungsgesetz (Haus- und Grundvermögen nach §§ 145 ff. des Bewertungsgesetzes).

(8) Im Rechenschaftsbericht sind die Summe der Zuwendungen natürlicher Personen bis zu 3 300 Euro je Person sowie die Summe der Zuwendungen natürlicher Personen, soweit sie den Betrag von 3 300 Euro übersteigen, gesondert auszuweisen.

(9) [1] Dem Rechenschaftsbericht ist eine Zusammenfassung voranzustellen:
1. Einnahmen der Gesamtpartei gemäß Absatz 4 Nr. 1 bis 9 und deren Summe,
2. Ausgaben der Gesamtpartei gemäß Absatz 5 Nr. 1 und 2 und deren Summe,
3. Überschuss- oder Defizitausweis,
4. Besitzposten der Gesamtpartei gemäß Absatz 6 Nr. 1 A I und II und B II bis IV und deren Summe,
5. Schuldposten der Gesamtpartei gemäß Absatz 6 Nummer 2 A I und II und B II bis V und deren Summe,
6. Reinvermögen der Gesamtpartei (positiv oder negativ),
7. Gesamteinnahmen, Gesamtausgaben, Überschüsse oder Defizite sowie Reinvermögen der drei Gliederungsebenen Bundesverband, Landesverbände und der ihnen nachgeordneten Gebietsverbände.

[2] Neben den absoluten Beträgen zu den Nummern 1 und 2 ist der Vomhundertsatz der Einnahmensumme nach Nummer 1 und der Ausgabensumme nach Nummer 2 auszuweisen. [3] Zum Vergleich sind die Vorjahresbeträge anzugeben.

(10) Die Anzahl der Mitglieder zum 31. Dezember des Rechnungsjahres ist zu verzeichnen.

(11) Die Partei kann dem Rechenschaftsbericht zusätzliche Erläuterungen beifügen.

(12) [1] Öffentliche Zuschüsse, die den politischen Jugendorganisationen zweckgebunden zugewendet werden, bleiben bei der Ermittlung der absoluten Obergrenze unberücksichtigt. [2] Sie sind im Rechenschaftsbericht der jeweiligen Partei nachrichtlich auszuweisen und bleiben bei der Einnahme- und Ausgaberechnung der Partei unberücksichtigt.

§ 25 Spenden. (1) [1] Parteien sind berechtigt, Spenden anzunehmen. [2] Bis zu einem Betrag von 1 000 Euro kann eine Spende mittels Bargeld erfolgen. [3] Parteimitglieder, die Empfänger von Spenden an die Partei sind, haben diese unverzüglich an ein für Finanzangelegenheiten der Partei satzungsmäßig bestimmtes Vorstandsmitglied weiterzuleiten. [4] Spenden sind von einer Partei erlangt, wenn sie in den Verfügungsbereich eines für die Finanzangelegenheiten zuständigen Vorstandsmitglieds oder eines hauptamtlichen Mitarbeiters der Partei gelangt sind; unverzüglich nach ihrem Eingang an den Spender zurückgeleitete Spenden gelten als nicht von der Partei erlangt.

(2) Von der Befugnis der Parteien, Spenden anzunehmen ausgeschlossen sind:
1. Spenden von öffentlich-rechtlichen Körperschaften, Parlamentsfraktionen und -gruppen sowie von Fraktionen und Gruppen von kommunalen Vertretungen;

2. Spenden von politischen Stiftungen, Körperschaften, Personenvereinigungen und Vermögensmassen, die nach der Satzung, dem Stiftungsgeschäft oder der sonstigen Verfassung und nach der tatsächlichen Geschäftsführung ausschließlich und unmittelbar gemeinnützigen, mildtätigen oder kirchlichen Zwecken dienen (§§ 51 bis 68 der Abgabenordnung);

3. Spenden von außerhalb des Geltungsbereiches dieses Gesetzes, es sei denn, dass

 a) diese Spenden aus dem Vermögen eines Deutschen im Sinne des Grundgesetzes[1], eines Bürgers der Europäischen Union oder eines Wirtschaftsunternehmens, dessen Anteile sich zu mehr als 50 vom Hundert im Eigentum von Deutschen im Sinne des Grundgesetzes oder eines Bürgers der Europäischen Union befinden oder dessen Hauptsitz in einem Mitgliedstaat der Europäischen Union ist, unmittelbar einer Partei zufließen,

 b) es sich um Spenden an Parteien nationaler Minderheiten in ihrer angestammten Heimat handelt, die diesen aus Staaten zugewendet werden, die an die Bundesrepublik Deutschland angrenzen und in denen Angehörige ihrer Volkszugehörigkeit leben oder

 c) es sich um eine Spende eines Ausländers von nicht mehr als 1 000 Euro handelt;

4. Spenden von Berufsverbänden, die diesen mit der Maßgabe zugewandt wurden, sie an eine politische Partei weiterzuleiten;

5. Spenden von Unternehmen, die ganz oder teilweise im Eigentum der öffentlichen Hand stehen oder die von ihr verwaltet oder betrieben werden, sofern die direkte Beteiligung der öffentlichen Hand 25 vom Hundert übersteigt;

6. Spenden, soweit sie im Einzelfall mehr als 500 Euro betragen und deren Spender nicht feststellbar sind, oder bei denen es sich erkennbar um die Weiterleitung einer Spende eines nicht genannten Dritten handelt;

7. Spenden, die der Partei erkennbar in Erwartung oder als Gegenleistung eines bestimmten wirtschaftlichen oder politischen Vorteils gewährt werden;

8. Spenden, die von einem Dritten gegen ein von der Partei zu zahlendes Entgelt eingeworben werden, das 25 vom Hundert des Wertes der eingeworbenen Spende übersteigt.

(3) ¹Spenden, Mitgliedsbeiträge und Mandatsträgerbeiträge an eine Partei oder einen oder mehrere ihrer Gebietsverbände, deren Gesamtwert in einem Kalenderjahr (Rechnungsjahr) 10 000 Euro übersteigt, sind unter Angabe des Namens und der Anschrift des Zuwenders sowie der Gesamthöhe der Zuwendung im Rechenschaftsbericht zu verzeichnen. ²Spenden, die im Einzelfall die Höhe von 50 000 Euro übersteigen, sind dem Präsidenten des Deutschen Bundestages unverzüglich anzuzeigen. ³Dieser veröffentlicht die Zuwendung unter Angabe des Zuwenders zeitnah als Bundestagsdrucksache.

(4) Nach Absatz 2 unzulässige Spenden sind von der Partei unverzüglich, spätestens mit Einreichung des Rechenschaftsberichts für das betreffende Jahr (§ 19a Abs. 3) an den Präsidenten des Deutschen Bundestages weiterzuleiten.

[1] Nr. 1.

§ 26 Begriff der Einnahme. (1) [1]Einnahme ist, soweit für einzelne Einnahmearten (§ 24 Abs. 4) nichts besonderes gilt, jede von der Partei erlangte Geld- oder geldwerte Leistung. [2]Als Einnahmen gelten auch die Freistellung von üblicherweise entstehenden Verbindlichkeiten, die Übernahme von Veranstaltungen und Maßnahmen durch andere, mit denen ausdrücklich für eine Partei geworben wird, die Auflösung von Rückstellungen sowie Wertaufholungen im Anlagevermögen.

(2) Alle Einnahmen sind mit ihrem vollen Betrag an der für sie vorgesehenen Stelle einzusetzen und in der Vermögensbilanz zu berücksichtigen.

(3) Wirtschaftsgüter, die nicht in Geld bestehen, sind mit den im gewöhnlichen Geschäftsverkehr für gleiche oder vergleichbare Leistungen üblicherweise zu zahlenden Preisen anzusetzen.

(4) [1]Die ehrenamtliche Mitarbeit in Parteien erfolgt grundsätzlich unentgeltlich. [2]Sach-, Werk- und Dienstleistungen, die Parteien außerhalb eines Geschäftsbetriebes üblicherweise unentgeltlich zur Verfügung gestellt werden, bleiben als Einnahmen unberücksichtigt. [3]Ein Kostenersatz bleibt hiervon unberührt.

(5) Beiträge und staatliche Mittel, die von vornherein für eine schlüsselmäßige Verteilung unter mehrere Gebietsverbände bestimmt sind, werden bei der Stelle ausgewiesen, bei der sie endgültig verbleiben.

§ 26a Begriff der Ausgabe. (1) [1]Ausgabe ist, soweit für einzelne Ausgabearten (§ 24 Abs. 5) nichts Besonderes gilt, auch jede von der Partei erbrachte Geldleistung oder geldwerte Leistung sowie die Nutzung von Einnahmen nach § 26 Abs. 1 Satz 2, die die Partei erlangt hat. [2]Als Ausgabe gelten auch planmäßige und außerplanmäßige Abschreibungen auf Vermögensgegenstände und die Bildung von Rückstellungen.

(2) § 26 Abs. 2 gilt entsprechend.

(3) Vermögensgegenstände sind zum Zeitpunkt einer Veräußerung mit ihrem Buchwert als Ausgaben zu erfassen.

(4) Ausgaben aus der internen Verrechnung zwischen Gliederungen sind bei der Gliederung zu erfassen, von der sie wirtschaftlich getragen werden.

§ 27 Einzelne Einnahmearten. (1) [1]Mitgliedsbeiträge sind nur solche regelmäßigen Geldleistungen, die ein Mitglied auf Grund satzungsrechtlicher Vorschriften entrichtet. [2]Mandatsträgerbeiträge sind regelmäßige Geldleistungen, die ein Inhaber eines öffentlichen Wahlamtes (Mandatsträger) über seinen Mitgliedsbeitrag hinaus leistet. [3]Spenden sind darüber hinausgehende Zahlungen. [4]Dazu gehören auch Sonderumlagen und Sammlungen sowie geldwerte Zuwendungen aller Art, sofern sie nicht üblicherweise unentgeltlich Parteien außerhalb eines Geschäftsbetriebes zur Verfügung gestellt werden oder eine hierfür dennoch vereinbarte Vergütung an die Partei zurückgeleitet oder auf eine solche Vergütung verzichtet wird.

(2) [1]Sonstige Einnahmen nach § 24 Abs. 4 Nr. 9 sind aufzugliedern und zu erläutern, wenn sie bei einer der in § 24 Abs. 3 aufgeführten Gliederungen mehr als 2 vom Hundert der Summe der Einnahmen nach § 24 Abs. 4 Nr. 1 bis 6 ausmachen. [2]Darüber hinaus sind Einnahmen, die im Einzelfall die Summe von 10 000 Euro übersteigen, offen zu legen. [3]Erbschaften und Vermächtnisse sind unter Angabe ihrer Höhe, des Namens und der letzten An-

schrift des Erblassers im Rechenschaftsbericht zu verzeichnen, soweit der Gesamtwert 10 000 Euro übersteigt.

§ 28 Vermögensbilanz. (1) In der Vermögensbilanz sind Vermögensgegenstände mit einem Anschaffungswert von im Einzelfall mehr als 5 000 Euro (inklusive Umsatzsteuer) aufzuführen.

(2) [1] Vermögensgegenstände sind mit den Anschaffungs- und Herstellungskosten vermindert um planmäßige Abschreibungen anzusetzen. [2] Im Bereich des Haus- und Grundvermögens erfolgen keine planmäßigen Abschreibungen.

(3) [1] Gliederungen unterhalb der Landesverbände können Einnahmen und Ausgaben im Jahr des Zu- beziehungsweise Abflusses verbuchen, auch wenn die jeweiligen Forderungen beziehungsweise Verbindlichkeiten bereits im Vorjahr entstanden sind. [2] Die §§ 249 bis 251 des Handelsgesetzbuchs können für die Aufstellung der Rechenschaftsberichte dieser Gliederungen unbeachtet bleiben.

§ 29 Prüfung des Rechenschaftsberichts. (1) [1] Die Prüfung nach § 23 Abs. 2 Satz 1 erstreckt sich auf die Bundespartei, ihre Landesverbände sowie nach Wahl des Prüfers auf mindestens zehn nachgeordnete Gebietsverbände. [2] In die Prüfung ist die Buchführung einzubeziehen. [3] Die Prüfung hat sich darauf zu erstrecken, ob die gesetzlichen Vorschriften beachtet worden sind. [4] Die Prüfung ist so anzulegen, daß Unrichtigkeiten und Verstöße gegen die gesetzlichen Vorschriften bei gewissenhafter Berufsausübung erkannt werden.

(2) [1] Der Prüfer kann von den Vorständen und den von ihnen dazu ermächtigten Personen alle Aufklärungen und Nachweise verlangen, welche die sorgfältige Erfüllung seiner Prüfungspflicht erfordert. [2] Es ist ihm insoweit auch zu gestatten, die Unterlagen für die Zusammenstellung des Rechenschaftsberichts, die Bücher und Schriftstücke sowie die Kassen- und Vermögensbestände zu prüfen.

(3) [1] Der Vorstand des zu prüfenden Gebietsverbandes hat dem Prüfer schriftlich zu versichern, daß in dem Rechenschaftsbericht alle rechenschaftspflichtigen Einnahmen, Ausgaben und Vermögenswerte erfaßt sind. [2] Auf die Versicherung der Vorstände nachgeordneter Gebietsverbände kann Bezug genommen werden. [3] Es genügt die Versicherung des für die Finanzangelegenheiten zuständigen Vorstandsmitgliedes.

§ 30 Prüfungsbericht und Prüfungsvermerk. (1) Das Ergebnis der Prüfung ist in einem schriftlichen Prüfungsbericht niederzulegen, der dem Vorstand der Partei und dem Vorstand des geprüften Gebietsverbandes zu übergeben ist.

(2) [1] Sind nach dem abschließenden Ergebnis der Prüfung keine Einwendungen zu erheben, so hat der Prüfer durch einen Vermerk zu bestätigen, daß nach pflichtgemäßer Prüfung auf Grund der Bücher und Schriften der Partei sowie der von den Vorständen erteilten Aufklärungen und Nachweise der Rechenschaftsbericht in dem geprüften Umfang (§ 29 Abs. 1) den Vorschriften dieses Gesetzes entspricht. [2] Sind Einwendungen zu erheben, so hat der Prüfer in seinem Prüfungsvermerk die Bestätigung zu versagen oder einzuschränken. [3] Die geprüften Gebietsverbände sind im Prüfungsvermerk namhaft zu machen.

Parteiengesetz **§§ 31, 31a PartG 10**

(3) Der Prüfungsvermerk ist auf dem einzureichenden Rechenschaftsbericht anzubringen und in vollem Wortlaut nach § 23 Abs. 2 Satz 3 mit zu veröffentlichen.

§ 31 Prüfer. (1) Ein Wirtschaftsprüfer oder vereidigter Buchprüfer darf nicht Prüfer sein, wenn er

1. ein Amt oder eine Funktion in der Partei oder für die Partei ausübt, oder in den letzten drei Jahren ausgeübt hat;
2. bei der Führung der Bücher oder der Aufstellung des zu prüfenden Rechenschaftsberichts über die Prüfungstätigkeit hinaus mitgewirkt hat;
3. gesetzlicher Vertreter, Arbeitnehmer, Mitglied des Aufsichtsrats oder Gesellschafter einer juristischen oder natürlichen Person oder einer *[ab 1.1.2024: rechtsfähigen]*Personengesellschaft oder Inhaber eines Unternehmens ist, sofern die juristische oder natürliche Person, die *[ab 1.1.2024: rechtsfähige]* Personengesellschaft oder einer ihrer Gesellschafter oder das Einzelunternehmen nach Nummer 2 nicht Prüfer der Partei sein darf;
4. bei der Prüfung eine Person beschäftigt, die nach Nummer 1 bis 3 nicht Prüfer sein darf.

(2) Eine Wirtschaftsprüfungsgesellschaft oder Buchprüfungsgesellschaft darf nicht Prüfer sein, wenn

1. sie nach Absatz 1 Nr. 3 als Gesellschafter einer juristischen Person oder einer *[ab 1.1.2024: rechtsfähigen]*Personengesellschaft oder nach Absatz 1 Nr. 2 oder 4 nicht Prüfer sein darf;
2. einer ihrer gesetzlichen Vertreter oder einer ihrer Gesellschafter nach Absatz 1 Nr. 2 oder 3 nicht Prüfer sein darf.

(3) [1] Die Prüfer, ihre Gehilfen und die bei der Prüfung mitwirkenden gesetzlichen Vertreter einer Prüfungsgesellschaft sind zu gewissenhafter und unparteiischer Wahrnehmung ihrer Aufgaben und zur Verschwiegenheit verpflichtet. [2] § 323 des Handelsgesetzbuchs gilt entsprechend.

Sechster Abschnitt. Verfahren bei unrichtigen Rechenschaftsberichten sowie Strafvorschriften

§ 31a Rückforderung der staatlichen Finanzierung. (1) [1] Soweit im Rechenschaftsbericht Zuwendungen (§ 18 Abs. 3 Satz 1 Nr. 3) zu Unrecht ausgewiesen worden sind und dadurch der Betrag der der Partei zustehenden staatlichen Mittel unrichtig festgesetzt worden ist, nimmt der Präsident des Deutschen Bundestages die gemäß § 19a Abs. 1 erfolgte Festsetzung der staatlichen Mittel zurück. [2] Dies gilt nicht, wenn die Berichtigung im Rechenschaftsbericht für das folgende Jahr erfolgt (§ 23a Abs. 5 Satz 3). [3] § 48 Abs. 2 des Verwaltungsverfahrensgesetzes findet keine Anwendung.

(2) Nach Ablauf der in § 24 Abs. 2 bestimmten Frist ist die Rücknahme ausgeschlossen.

(3) [1] Mit der Rücknahme setzt der Präsident des Deutschen Bundestages den von der Partei zu erstattenden Betrag durch Verwaltungsakt fest. [2] Ergibt sich im Zuge der weiteren staatlichen Finanzierung eine Verrechnungslage, ist der Unterschiedsbetrag mit der nächsten Abschlagszahlung an die Partei zu verrechnen.

(4) Die Festsetzungen und Zahlungen an die übrigen Parteien bleiben unverändert.

(5) Die Parteien sollen in die Satzungen Regelungen für den Fall aufnehmen, dass Maßnahmen nach Absatz 1 durch Landesverbände oder diesen nachgeordnete Gebietsverbände verursacht werden.

§ 31b Unrichtigkeit des Rechenschaftsberichts. [1] Stellt der Präsident des Deutschen Bundestages im Rahmen seiner Prüfung nach § 23a Unrichtigkeiten im Rechenschaftsbericht fest, entsteht gegen die Partei ein Anspruch in Höhe des Zweifachen des den unrichtigen Angaben entsprechenden Betrages, soweit kein Fall des § 31c vorliegt. [2] Betreffen Unrichtigkeiten in der Vermögensbilanz oder im Erläuterungsteil das Haus- und Grundvermögen oder Beteiligungen an Unternehmen, beträgt der Anspruch 10 vom Hundert der nicht aufgeführten oder der unrichtig angegebenen Vermögenswerte. [3] Der Präsident stellt die Verpflichtung der Partei zur Zahlung des Betrages durch Verwaltungsakt fest. [4] § 31a Abs. 2 bis 5 gilt entsprechend.

§ 31c Rechtswidrig erlangte oder nicht veröffentlichte Spenden.
[1] Hat eine Partei Spenden unter Verstoß gegen § 25 Abs. 2 angenommen und nicht gemäß § 25 Abs. 4 an den Präsidenten des Deutschen Bundestages weitergeleitet, entsteht gegen sie ein Anspruch in Höhe des Dreifachen des rechtswidrig erlangten Betrages; bereits abgeführte Spenden werden angerechnet. [2] Hat eine Partei Spenden nicht den Vorschriften dieses Gesetzes entsprechend im Rechenschaftsbericht veröffentlicht (§ 25 Abs. 3), entsteht gegen sie ein Anspruch in Höhe des Zweifachen des nicht den Vorschriften dieses Gesetzes entsprechend veröffentlichten Betrages. [3] Der Präsident stellt die Verpflichtung der Partei zur Zahlung des Betrages durch Verwaltungsakt fest.
[4] § 31a Abs. 2 bis 5 gilt entsprechend.

§ 31d Strafvorschriften. (1) [1] Wer in der Absicht, die Herkunft oder die Verwendung der Mittel der Partei oder des Vermögens zu verschleiern oder die öffentliche Rechenschaftslegung zu umgehen,

1. unrichtige Angaben über die Einnahmen oder über das Vermögen der Partei in einem beim Präsidenten des Deutschen Bundestages eingereichten Rechenschaftsbericht bewirkt oder einen unrichtigen Rechenschaftsbericht beim Präsidenten des Deutschen Bundestages einreicht oder
2. als Empfänger eine Spende in Teilbeträge zerlegt und verbucht oder verbuchen lässt oder
3. entgegen § 25 Abs. 1 Satz 3 eine Spende nicht weiterleitet,

wird mit Freiheitsstrafe bis zu drei Jahren oder mit Geldstrafe bestraft. [2] Nach Satz 1 wird nicht bestraft, wer unter den Voraussetzungen des § 23b Abs. 2 eine Selbstanzeige nach § 23b Abs. 1 für die Partei abgibt oder an der Abgabe mitwirkt.

(2) [1] Mit Freiheitsstrafe bis zu drei Jahren oder mit Geldstrafe wird bestraft, wer als Prüfer oder Gehilfe eines Prüfers über das Ergebnis der Prüfung eines Rechenschaftsberichts unrichtig berichtet, im Prüfungsbericht erhebliche Umstände verschweigt oder einen inhaltlich unrichtigen Bestätigungsvermerk erteilt. [2] Handelt der Täter gegen Entgelt oder in der Absicht, sich oder einen anderen zu bereichern oder einen anderen zu schädigen, so ist die Strafe Freiheitsstrafe bis zu fünf Jahren oder Geldstrafe.

Siebenter Abschnitt. Vollzug des Verbots verfassungswidriger Parteien

§ 32 Vollstreckung. (1) ¹Wird eine Partei oder eine Teilorganisation einer Partei nach Artikel 21 Abs. 2 des Grundgesetzes[1] für verfassungswidrig erklärt, so treffen die von den Landesregierungen bestimmten Behörden im Rahmen der Gesetze alle Maßnahmen, die zur Vollstreckung des Urteils und etwaiger zusätzlicher Vollstreckungsregelungen des Bundesverfassungsgerichts erforderlich sind. ²Die obersten Landesbehörden haben zu diesem Zweck unbeschränktes Weisungsrecht gegenüber den Behörden und Dienststellen des Landes, die für die Wahrung der öffentlichen Sicherheit oder Ordnung zuständig sind.

(2) Erstreckt sich die Organisation oder die Tätigkeit der Partei oder des für verfassungswidrig erklärten Teils der Partei über das Gebiet eines Landes hinaus, so trifft das Bundesministerium des Innern, für Bau und Heimat die für eine einheitliche Vollstreckung erforderlichen Anordnungen.

(3) Das Bundesverfassungsgericht kann die Vollstreckung nach § 35 des Gesetzes über das Bundesverfassungsgericht[2] abweichend von den Vorschriften der Absätze 1 und 2 regeln.

(4) ¹Widerspruch und Anfechtungsklage gegen Vollstreckungsmaßnahmen haben keine aufschiebende Wirkung. ²Betrifft ein verwaltungsgerichtliches Verfahren eine Frage, die für die Vollstreckung des Urteils von grundsätzlicher Bedeutung ist, so ist das Verfahren auszusetzen und die Entscheidung des Bundesverfassungsgerichts einzuholen. ³Das Bundesverfassungsgericht entscheidet auch über Einwendungen gegen die Art und Weise der Durchführung der von ihm angeordneten besonderen Vollstreckungsmaßnahmen.

(5) ¹Im Falle der Vermögenseinziehung werden die §§ 10 bis 13 des Vereinsgesetzes vom 5. August 1964 (BGBl. I S. 593) entsprechend angewendet. ²Verbotsbehörde ist die oberste Landesbehörde, im Fall des Absatzes 2 das Bundesministerium des Innern, für Bau und Heimat.

§ 33 Verbot von Ersatzorganisationen. (1) Es ist verboten, Organisationen zu bilden, die verfassungswidrige Bestrebungen einer nach Artikel 21 Abs. 2 des Grundgesetzes[1] in Verbindung mit § 46 des Gesetzes über das Bundesverfassungsgericht[2] verbotenen Partei an deren Stelle weiter verfolgen (Ersatzorganisation) oder bestehende Organisationen als Ersatzorganisationen fortzuführen.

(2) Ist die Ersatzorganisation eine Partei, die bereits vor dem Verbot der ursprünglichen Partei bestanden hat oder im Bundestag oder in einem Landtag vertreten ist, so stellt das Bundesverfassungsgericht fest, daß es sich um eine verbotene Ersatzorganisation handelt; die §§ 38, 41, 43, 44 und 46 Abs. 3 des Gesetzes über das Bundesverfassungsgericht und § 32 dieses Gesetzes gelten entsprechend.

(3) Auf andere Parteien und auf Vereine im Sinne des § 2 des Vereinsgesetzes, die Ersatzorganisationen einer verbotenen Partei sind, wird § 8 Abs. 2 des Vereinsgesetzes entsprechend angewandt.

[1] Nr. **1**.
[2] Nr. **9**.

Achter Abschnitt. Schlußbestimmungen

§ 34 (Änderung des Einkommensteuergesetzes)

§ 35 (Änderung des Körperschaftsteuergesetzes)

§ 36 (Anwendung steuerrechtlicher Vorschriften)

§ 37 Nichtanwendbarkeit einer Vorschrift des Bürgerlichen Gesetzbuchs. § 54 Satz 2 des Bürgerlichen Gesetzbuchs wird bei Parteien nicht angewandt.

§ 38 Zwangsmittel. (1) [1] Der Bundeswahlleiter kann den Vorstand der Partei zur Vornahme der Handlungen nach § 6 Abs. 3 durch ein Zwangsgeld anhalten. [2] Die Vorschriften des Verwaltungs-Vollstreckungsgesetzes gelten sinngemäß; der Bundeswahlleiter handelt insoweit als Vollstreckungs- und Vollzugsbehörde. [3] Die Höhe des Zwangsgeldes beträgt mindestens 250 Euro und höchstens 1 500 Euro.

(2) [1] Der Präsident des Deutschen Bundestages kann den Vorstand der Partei zur Einreichung eines Rechenschaftsberichts, der den Vorschriften des Fünften Abschnitts entspricht, durch ein Zwangsgeld anhalten. [2] Die Vorschriften des Verwaltungs-Vollstreckungsgesetzes gelten sinngemäß; der Präsident des Deutschen Bundestages handelt insoweit als Vollstreckungs- und Vollzugsbehörde. [3] Die Höhe des Zwangsgeldes beträgt mindestens 500 Euro und höchstens 10 000 Euro.

§ 39 Abschluss- und Übergangsregelungen. (1) Landesgesetzliche Regelungen auf der Grundlage des bis zum 1. Januar 1994 geltenden § 22 Satz 1 dieses Gesetzes haben keine Geltung mehr.

(2) [1] Für die Berechnung der staatlichen Mittel nach § 18 Abs. 3 Nr. 3 sowie für die Errechnung der relativen Obergrenze sind bei den Festsetzungen für die Jahre 2003 und 2004 der Ausweis der Zuwendungen in den Rechenschaftsberichten gemäß § 24 Abs. 2 Nr. 1 und 2 dieses Gesetzes in der bis zum Ablauf des 31. Dezember 2002 geltenden Fassung zugrunde zu legen. [2] Gleiches gilt für die Erstellung der Rechenschaftsberichte über das Jahr 2002.

(3) [1] § 23a Abs. 3 findet auf die Prüfung von Rechenschaftsberichten ab dem Rechenschaftsjahr 2002 Anwendung. [2] Rechenschaftsberichte für das Jahr 2003 können auf der Grundlage der §§ 24, 26, 26a und 28 in ihrer ab 1. Januar 2004 geltenden Fassung erstellt werden.

(4) [1] Sind bei der erstmaligen Anwendung des § 28 Abs. 2 in seiner ab 1. Januar 2003 geltenden Fassung die Anschaffungs- oder Herstellungskosten eines Vermögensgegenstandes nicht ohne unverhältnismäßige Kosten oder Verzögerungen feststellbar, so dürfen die Buchwerte dieser Vermögensgegenstände aus dem Rechenschaftsbericht für das Rechnungsjahr 2002 als ursprüngliche Anschaffungs- oder Herstellungskosten übernommen und fortgeführt werden. [2] Dasselbe gilt für Vermögensgegenstände, bei denen nach § 28 Abs. 2 keine planmäßigen Abschreibungen vorzunehmen sind, sofern die Buchwerte nach handelsrechtlichen Grundlagen ermittelt worden sind. [3] Im Erläuterungsteil ist hierauf hinzuweisen.

Parteiengesetz **§§ 40, 41 PartG 10**

(5) [1] § 2 Absatz 2 Satz 2 findet auf in der Frist des § 19a Absatz 3 Satz 1 und 2 einzureichende Rechenschaftsberichte ab dem Rechenschaftsjahr 2016 Anwendung. [2] § 19a Absatz 4 Satz 2 findet auf in der Frist des § 19a Absatz 3 Satz 1 und 2 einzureichende Rechenschaftsberichte ab dem Rechenschaftsjahr 2015 Anwendung. [3] Für die Berechnung des Gesamtwertes der Zuwendungen nach § 25 Absatz 3 Satz 1 sind für das Rechenschaftsjahr 2015 Zuwendungen gemäß § 25 Absatz 3 Satz 1 in der bis zum Ablauf des 31. Dezember 2015 geltenden Fassung zugrunde zu legen.

§ 40 *(aufgehoben)*

§ 41 (Inkrafttreten)

11. Gesetz über die Befugnisse des Petitionsausschusses des Deutschen Bundestages (Gesetz nach Artikel 45c des Grundgesetzes)

Vom 19. Juli 1975

(BGBl. I S. 1921)

FNA 190-3

geänd. durch Art. 4 Abs. 5 KostenrechtsmodernisierungsG v. 5.5.2004 (BGBl. I S. 718)

Der Bundestag hat das folgende Gesetz beschlossen:

§ 1 [Aktenvorlage, Auskunftserteilung, Zutrittsgestattung] Zur Vorbereitung von Beschlüssen über Beschwerden nach Artikel 17 des Grundgesetzes[1]) haben die Bundesregierung und die Behörden des Bundes dem Petitionsauschuß des Deutschen Bundestages Akten vorzulegen, Auskunft zu erteilen und Zutritt zu ihren Einrichtungen zu gestatten.

§ 2 [Körperschaften, Anstalten, Stiftungen] Für die bundesunmittelbaren Körperschaften, Anstalten und Stiftungen des öffentlichen Rechts gilt § 1 entsprechend in dem Umfang, in dem sie der Aufsicht der Bundesregierung unterstehen.

§ 3 [Verweigerung von Aktenvorlage, Auskunft und Zutritt] (1) Aktenvorlage, Auskunft sowie der Zutritt zu Einrichtungen dürfen nur verweigert werden, wenn der Vorgang nach einem Gesetz geheimgehalten werden muß oder sonstige zwingende Geheimhaltungsgründe bestehen.

(2) [1]Über die Verweigerung entscheidet die zuständige oberste Aufsichtsbehörde des Bundes. [2]Die Entscheidung ist zu begründen.

§ 4 [Anhörungsrecht] Der Petitionsausschuß ist berechtigt, den Petenten, Zeugen und Sachverständige anzuhören.

§ 5 [Entschädigung von Petenten, Zeugen und Sachverständigen]

Der Petent, Zeugen und Sachverständige, die vom Ausschuß geladen worden sind, erhalten eine Entschädigung oder Vergütung nach dem Justizvergütungs- und -entschädigungsgesetz.

§ 6 [Übertragung von Befugnissen] Der Petitionsausschuß kann nach Maßgabe der Geschäftsordnung des Deutschen Bundestages die Ausübung seiner Befugnisse nach diesem Gesetz im Einzelfall auf eines oder mehrere seiner Mitglieder übertragen.

§ 7 [Amtshilfe] Gerichte und Verwaltungsbehörden sind verpflichtet, dem Petitionsausschuß und den von ihm beauftragten Mitgliedern Amtshilfe zu leisten.

[1]) Nr. 1.

§ 8 *(gegenstandslos)*

§ 9 [Inkrafttreten] Dieses Gesetz tritt am Tage nach seiner Verkündung[1] in Kraft.

[1] Verkündet am 23.7.1975.

12. Gesetz zur Regelung des Rechts der Untersuchungsausschüsse des Deutschen Bundestages (Untersuchungsausschussgesetz – PUAG)[1)]

Vom 19. Juni 2001
(BGBl. I S. 1142)
FNA 1101-10
zuletzt geänd. durch Art. 12 Abs. 1 KostenrechtsänderungsG 2021 v. 21.12.2020 (BGBl. I S. 3229)

§ 1 Einsetzung. (1) Der Bundestag hat das Recht und auf Antrag eines Viertels seiner Mitglieder die Pflicht, einen Untersuchungsausschuss einzusetzen.

(2) Die Einsetzung erfolgt durch Beschluss des Bundestages.

(3) Ein Untersuchungsverfahren ist zulässig im Rahmen der verfassungsmäßigen Zuständigkeit des Bundestages.

§ 2 Rechte der qualifizierten Minderheit bei der Einsetzung. (1) Ist die Einsetzung von einem Viertel der Mitglieder des Bundestages beantragt, so hat der Bundestag sie unverzüglich zu beschließen.

(2) Der Einsetzungsbeschluss darf den in dem Einsetzungsantrag bezeichneten Untersuchungsgegenstand nicht ändern, es sei denn, die Antragstellenden stimmen der Änderung zu.

(3) [1]Hält der Bundestag den Einsetzungsantrag für teilweise verfassungswidrig, so ist der Untersuchungsausschuss mit der Maßgabe einzusetzen, dass dessen Untersuchungen auf diejenigen Teile des Untersuchungsgegenstandes zu beschränken sind, die der Bundestag für nicht verfassungswidrig hält. [2]Das Recht der Antragstellenden, wegen der teilweisen Ablehnung des Einsetzungsantrages das Bundesverfassungsgericht anzurufen, bleibt unberührt.

§ 3 Gegenstand der Untersuchung. [1]Der Untersuchungsausschuss ist an den ihm erteilten Untersuchungsauftrag gebunden. [2]Eine nachträgliche Änderung des Untersuchungsauftrages bedarf eines Beschlusses des Bundestages; § 2 Abs. 2 ist entsprechend anzuwenden.

§ 4 Zusammensetzung. [1]Der Bundestag bestimmt bei der Einsetzung die Zahl der ordentlichen und die gleich große Zahl der stellvertretenden Mitglieder des Untersuchungsausschusses. [2]Die Bemessung der Zahl hat einerseits die Mehrheitsverhältnisse widerzuspiegeln und andererseits die Aufgabenstellung und die Arbeitsfähigkeit des Untersuchungsausschusses zu berücksichtigen. [3]Jede Fraktion muss vertreten sein. [4]Die Berücksichtigung von Gruppen richtet sich nach den allgemeinen Beschlüssen des Bundestages. [5]Die Zahl der auf die Fraktionen entfallenden Sitze wird nach dem Verfahren der mathematischen Proportion (St. Lague/Schepers) berechnet.

§ 5 Mitglieder. Die ordentlichen und stellvertretenden Mitglieder werden von den Fraktionen benannt und abberufen.

[1)] Verkündet als Art. 1 UntersuchungsausschussG v. 19.6.2001 (BGBl. I S. 1142); Inkrafttreten gem. Art. 3 Satz 1 dieses G am 26.6.2001.

§ 6 Vorsitz. (1) ¹Für den Vorsitz der Untersuchungsausschüsse sind die Fraktionen im Verhältnis ihrer Stärke zu berücksichtigen. ²Der Untersuchungsausschuss bestimmt das Mitglied, das den Vorsitz führt, aus seiner Mitte nach den Vereinbarungen im Ältestenrat.

(2) Der oder die Vorsitzende leitet das Untersuchungsverfahren und ist dabei an den Einsetzungsbeschluss des Bundestages und an die Beschlüsse des Untersuchungsausschusses gebunden.

§ 7 Stellvertretender Vorsitz. (1) Der Untersuchungsausschuss bestimmt nach den Vereinbarungen im Ältestenrat ein Mitglied für den stellvertretenden Vorsitz; dieses Mitglied muss einer anderen Fraktion als der oder die Vorsitzende angehören.

(2) Der oder die stellvertretende Vorsitzende besitzt alle Rechte und Pflichten des oder der abwesenden Vorsitzenden.

§ 8 Einberufung. (1) Der oder die Vorsitzende beruft den Untersuchungsausschuss unter Angabe der Tagesordnung ein.

(2) Er oder sie ist zur Einberufung einer Sitzung zum nächstmöglichen Termin innerhalb des Zeitplanes verpflichtet, wenn dies von einem Viertel der Mitglieder des Untersuchungsausschusses unter Angabe der Tagesordnung verlangt wird.

(3) Zur Einberufung einer Sitzung außerhalb des Zeitplanes oder außerhalb des ständigen Sitzungsortes des Bundestages ist der oder die Vorsitzende nur berechtigt, wenn ein entsprechendes Verlangen eines Viertels der Mitglieder des Untersuchungsausschusses unter Angabe der Tagesordnung vorliegt und der Präsident oder die Präsidentin des Bundestages hierzu die Genehmigung erteilt hat.

§ 9 Beschlussfähigkeit. (1) ¹Der Untersuchungsausschuss ist beschlussfähig, wenn die Mehrheit seiner Mitglieder anwesend ist. ²Er gilt solange als beschlussfähig, wie nicht auf Antrag die Beschlussunfähigkeit festgestellt wird.

(2) ¹Ist die Beschlussunfähigkeit festgestellt, so unterbricht der oder die Vorsitzende sofort die Sitzung auf bestimmte Zeit. ²Ist der Untersuchungsausschuss auch nach Ablauf dieser Zeit noch nicht beschlussfähig, so ist unverzüglich eine neue Sitzung anzuberaumen. ³In dieser Sitzung ist der Untersuchungsausschuss beschlussfähig, auch wenn nicht die Mehrheit seiner Mitglieder anwesend ist; hierauf ist in der Einladung hinzuweisen.

(3) Bei Beschlussunfähigkeit darf der Untersuchungsausschuss keine Untersuchungshandlungen durchführen.

(4) ¹Soweit in diesem Gesetz nichts anderes bestimmt ist, beschließt der Untersuchungsausschuss mit der Mehrheit der abgegebenen Stimmen. ²Bei Stimmengleichheit ist der Antrag abgelehnt.

§ 10 Ermittlungsbeauftragte. (1) ¹Der Untersuchungsausschuss hat jederzeit das Recht und auf Antrag eines Viertels seiner Mitglieder die Pflicht, zu seiner Unterstützung eine Untersuchung zu beschließen, die von einem oder einer Ermittlungsbeauftragten durchgeführt wird. ²Der Ermittlungsauftrag soll zeitlich auf höchstens sechs Monate begrenzt werden.

(2) ¹Der oder die Ermittlungsbeauftragte wird innerhalb von drei Wochen nach Beschlussfassung gemäß Absatz 1 mit einer Mehrheit von zwei Dritteln der anwesenden Mitglieder bestimmt. ²Erfolgt diese Bestimmung nicht fristgemäß, bestimmt der oder die Vorsitzende im Einvernehmen mit der Stellvertretung und

im Benehmen mit den Obleuten der Fraktionen im Untersuchungsausschuss innerhalb weiterer drei Wochen die Person des oder der Ermittlungsbeauftragten.

(3) [1] Ermittlungsbeauftragte bereiten in der Regel die Untersuchung durch den Untersuchungsausschuss vor. [2] Sie beschaffen und sichten die erforderlichen sächlichen Beweismittel. [3] Sie haben entsprechend § 18 das Recht auf Vorlage von Beweismitteln sowie entsprechend § 19 das Recht der Augenscheineinnahme. [4] Sie können Herausgabeansprüche entsprechend § 30 geltend machen. [5] Werden ihnen die Rechte gemäß Satz 3 oder 4 nicht freiwillig gewährt, bedarf es eines Beweisbeschlusses gemäß § 17 Abs. 1. [6] Ermittlungsbeauftragte können Personen informatorisch anhören. [7] Sie sind dem gesamten Untersuchungsausschuss verantwortlich. [8] Die Ergebnisse ihrer Tätigkeit stehen allen Mitgliedern des Untersuchungsausschusses zur Verfügung. [9] Nach Abschluss ihrer Untersuchung erstatten Ermittlungsbeauftragte dem Untersuchungsausschuss über das Ergebnis einen schriftlichen und mündlichen Bericht. [10] Darin unterbreiten sie dem Untersuchungsausschuss einen Vorschlag über die weitere Vorgehensweise. [11] Im Verkehr nach außen haben sie die gebührende Zurückhaltung zu wahren; öffentliche Erklärungen geben sie nicht ab.

(4) [1] Ermittlungsbeauftragte sind im Rahmen ihres Auftrages unabhängig. [2] Sie können jederzeit mit einer Mehrheit von zwei Dritteln der anwesenden Mitglieder abberufen werden. [3] Sie haben das Recht, für ihren Ermittlungsauftrag in angemessenem Umfang Hilfskräfte einzusetzen.

§ 11 Protokollierung. (1) Über die Sitzungen des Untersuchungsausschusses wird ein Protokoll angefertigt.

(2) [1] Beweiserhebungen werden wörtlich protokolliert. [2] Zum Zwecke der Protokollierung darf die Beweisaufnahme auf Tonträger aufgenommen werden.

(3) Über die Art der Protokollierung der Beratungen entscheidet der Untersuchungsausschuss.

§ 12 Sitzungen zur Beratung. (1) Die Beratungen und Beschlussfassungen des Untersuchungsausschusses sind nicht öffentlich.

(2) Der Untersuchungsausschuss kann den benannten Mitarbeitern und Mitarbeiterinnen der Fraktionen den Zutritt gestatten.

(3) Über Art und Umfang von Mitteilungen an die Öffentlichkeit aus nicht öffentlichen Sitzungen entscheidet der Untersuchungsausschuss.

§ 13 Sitzungen zur Beweisaufnahme. (1) [1] Die Beweiserhebung erfolgt in öffentlicher Sitzung. [2] Ton- und Filmaufnahmen sowie Ton- und Bildübertragungen sind nicht zulässig. [3] Der Untersuchungsausschuss kann Ausnahmen von Satz 1 zulassen. [4] Ausnahmen von Satz 2 bedürfen einer Mehrheit von zwei Dritteln der anwesenden Mitglieder sowie der Zustimmung der zu vernehmenden oder anzuhörenden Personen.

(2) Die §§ 176 bis 179 des Gerichtsverfassungsgesetzes über die Aufrechterhaltung der Ordnung in der Sitzung finden entsprechende Anwendung.

§ 14 Ausschluss der Öffentlichkeit. (1) Der Untersuchungsausschuss schließt die Öffentlichkeit aus, wenn

1. Umstände aus dem persönlichen Lebensbereich von Zeugen oder Dritten zur Sprache kommen, deren öffentliche Erörterung überwiegende schutzwürdige Interessen verletzen würde;

2. eine Gefährdung des Lebens, des Leibes oder der Freiheit von einzelnen Zeugen oder einer anderen Person zu besorgen ist;
3. ein Geschäfts-, Betriebs-, Erfindungs- oder Steuergeheimnis zur Sprache kommt, durch dessen öffentliche Erörterung überwiegende schutzwürdige Interessen verletzt würden;
4. besondere Gründe des Wohls des Bundes oder eines Landes entgegenstehen, insbesondere wenn Nachteile für die Sicherheit der Bundesrepublik Deutschland oder ihrer Beziehungen zu anderen Staaten zu besorgen sind.

(2) Der Untersuchungsausschuss kann einzelnen Personen zu nicht öffentlichen Beweisaufnahmen den Zutritt gestatten; § 12 Abs. 2 gilt entsprechend.

(3) Zur Stellung eines Antrages auf Ausschluss oder Beschränkung der Öffentlichkeit sind berechtigt:
1. anwesende Mitglieder des Untersuchungsausschusses,
2. Mitglieder des Bundesrates, der Bundesregierung und ihre Beauftragten,
3. Zeugen, Sachverständige und sonstige Auskunftspersonen.

(4) [1] Über den Ausschluss oder die Beschränkung der Öffentlichkeit entscheidet der Untersuchungsausschuss. [2] Der oder die Vorsitzende begründet auf Beschluss des Untersuchungsausschusses die Entscheidung in öffentlicher Sitzung.

§ 15 Geheimnisschutz. (1) [1] Beweismittel, Beweiserhebungen und Beratungen kann der Untersuchungsausschuss mit einem Geheimhaltungsgrad versehen. [2] Vor einer Entscheidung nach Satz 1 kann der oder die Vorsitzende eine vorläufige Einstufung vornehmen.

(2) [1] Die Entscheidung über die Einstufung richtet sich nach der Geheimschutzordnung des Bundestages. [2] § 14 Abs. 3 ist entsprechend anzuwenden.

(3) Soweit dieses Gesetz nichts Abweichendes bestimmt, gilt für die Behandlung der Verschlusssachen sowie für streng geheime, geheime und vertrauliche Sitzungen und deren Protokollierung die Geheimschutzordnung des Bundestages.

§ 16 Zugang zu Verschlusssachen und Amtsverschwiegenheit. (1) [1] Verschlusssachen des Geheimhaltungsgrades VS-VERTRAULICH und höher, die der Untersuchungsausschuss eingestuft oder von einer anderen herausgebenden Stelle erhalten hat, dürfen nur den Mitgliedern des Untersuchungsausschusses, den Mitgliedern des Bundesrates und der Bundesregierung sowie ihren Beauftragten zugänglich gemacht werden. [2] Ermittlungsbeauftragten, den von ihnen eingesetzten Hilfskräften sowie den Mitarbeitern und Mitarbeiterinnen der Mitglieder des Untersuchungsausschusses, des Sekretariats und der Fraktionen im Untersuchungsausschuss dürfen sie zugänglich gemacht werden, soweit diese zum Umgang mit Verschlusssachen ermächtigt und zur Geheimhaltung förmlich verpflichtet sind.

(2) [1] Die Mitglieder des Untersuchungsausschusses, Ermittlungsbeauftragte und die in Absatz 1 bezeichneten Mitarbeiter und Mitarbeiterinnen und Hilfskräfte sind auch nach Auflösung des Ausschusses verpflichtet, über die ihnen bekannt gewordenen, in Absatz 1 bezeichneten Verschlusssachen Verschwiegenheit zu bewahren. [2] Ohne Genehmigung des Präsidenten oder der Präsidentin des Bundestages dürfen sie weder vor Gericht noch außergerichtlich aussagen. [3] § 44c Abs. 2 Satz 2 und Abs. 3 des Abgeordnetengesetzes gilt entsprechend.

(3) [1] Wird einem Mitglied des Ausschusses ein fremdes Geheimnis, namentlich ein zum persönlichen Lebensbereich gehörendes Geheimnis oder ein Betriebs- oder Geschäftsgeheimnis im Rahmen der Untersuchungshandlung bekannt, darf es dieses Geheimnis nur offenbaren, wenn es dazu von der berechtigten Person ermächtigt worden ist. [2] Dies gilt nicht, wenn die Offenlegung des Geheimnisses gesetzlich geboten ist.

§ 17 Beweiserhebung. (1) Der Untersuchungsausschuss erhebt die durch den Untersuchungsauftrag gebotenen Beweise aufgrund von Beweisbeschlüssen.

(2) Beweise sind zu erheben, wenn sie von einem Viertel der Mitglieder des Untersuchungsausschusses beantragt sind, es sei denn, die Beweiserhebung ist unzulässig oder das Beweismittel ist auch nach Anwendung der in diesem Gesetz vorgesehenen Zwangsmittel unerreichbar.

(3) [1] Die Reihenfolge der Vernehmung von Zeugen und Sachverständigen soll im Untersuchungsausschuss möglichst einvernehmlich festgelegt werden. [2] Bei Widerspruch eines Viertels der Mitglieder des Untersuchungsausschusses gelten die Vorschriften der Geschäftsordnung des Bundestages zur Reihenfolge der Reden entsprechend.

(4) Lehnt der Untersuchungsausschuss die Erhebung bestimmter Beweise oder die Anwendung beantragter Zwangsmittel nach den § 21 Abs. 1, § 27 Abs. 1, § 28 Abs. 6 und § 29 Abs. 2 Satz 1 ab, so entscheidet auf Antrag eines Viertels der Mitglieder der Ermittlungsrichter oder die Ermittlungsrichterin des Bundesgerichtshofes über die Erhebung der Beweise oder über die Anordnung des Zwangsmittels.

§ 18 Vorlage von Beweismitteln. (1) Die Bundesregierung, die Behörden des Bundes sowie die bundesunmittelbaren Körperschaften, Anstalten und Stiftungen des öffentlichen Rechts sind vorbehaltlich verfassungsrechtlicher Grenzen auf Ersuchen verpflichtet, dem Untersuchungsausschuss sächliche Beweismittel, insbesondere die Akten, die den Untersuchungsgegenstand betreffen, vorzulegen.

(2) [1] Die Entscheidung über das Ersuchen nach Absatz 1 trifft der zuständige Bundesminister oder die zuständige Bundesministerin, soweit sie nicht durch Gesetz der Bundesregierung vorbehalten ist. [2] Wird das Ersuchen abgelehnt oder werden sächliche Beweismittel als Verschlusssache eingestuft vorgelegt, ist der Untersuchungsausschuss über die Gründe der Ablehnung oder der Einstufung schriftlich zu unterrichten. [3] Die Vorlage ist mit einer Erklärung über die Vollständigkeit zu verbinden.

(3) Auf Antrag des Untersuchungsausschusses oder eines Viertels seiner Mitglieder entscheidet das Bundesverfassungsgericht über die Rechtmäßigkeit der Ablehnung eines Ersuchens, der Ermittlungsrichter oder die Ermittlungsrichterin des Bundesgerichtshofes über die Rechtmäßigkeit einer Einstufung.

(4) [1] Gerichte und Verwaltungsbehörden sind zur Rechts- und Amtshilfe, insbesondere zur Vorlage sächlicher Beweismittel, verpflichtet. [2] Über Streitigkeiten entscheidet auf Antrag des Untersuchungsausschusses oder eines Viertels seiner Mitglieder der Ermittlungsrichter oder die Ermittlungsrichterin des Bundesgerichtshofes.

§ 19 Augenschein. Für die Einnahme eines Augenscheins gilt § 18 Abs. 1 bis 3 erster Halbsatz und Abs. 4 entsprechend.

§ 20 Ladung der Zeugen. (1) ¹Zeugen sind verpflichtet, auf Ladung des Untersuchungsausschusses zu erscheinen. ²§ 50 der Strafprozessordnung findet keine Anwendung.

(2) In der Ladung sind Zeugen über das Beweisthema zu unterrichten, über ihre Rechte zu belehren und auf die gesetzlichen Folgen des Ausbleibens sowie darauf hinzuweisen, dass sie einen rechtlichen Beistand ihres Vertrauens zu der Vernehmung hinzuziehen dürfen.

§ 21 Folgen des Ausbleibens von Zeugen. (1) ¹Erscheinen ordnungsgemäß geladene Zeugen nicht, so kann der Untersuchungsausschuss ihnen die durch ihr Ausbleiben verursachten Kosten auferlegen, gegen sie ein Ordnungsgeld bis zu 10 000 Euro festsetzen und ihre zwangsweise Vorführung anordnen. ²Im Falle wiederholten Ausbleibens kann das Ordnungsgeld noch einmal festgesetzt werden. ³§ 135 Satz 2 der Strafprozessordnung ist anzuwenden.

(2) ¹Maßnahmen nach Absatz 1 unterbleiben, wenn Zeugen ihr Ausbleiben rechtzeitig genügend entschuldigen. ²Wird das Ausbleiben nachträglich genügend entschuldigt, so sind die nach Absatz 1 getroffenen Anordnungen aufzuheben, wenn die Zeugen glaubhaft machen, dass sie an der Verspätung kein Verschulden trifft.

§ 22 Zeugnis- und Auskunftsverweigerungsrecht. (1) Die Vorschriften der §§ 53 und 53a der Strafprozessordnung gelten entsprechend.

(2) Zeugen können die Auskunft auf Fragen verweigern, deren Beantwortung ihnen oder Personen, die im Sinne des § 52 Abs. 1 der Strafprozessordnung ihre Angehörigen sind, die Gefahr zuziehen würde, einer Untersuchung nach einem gesetzlich geordneten Verfahren ausgesetzt zu werden.

(3) Über die in den Absätzen 1 und 2 bestimmten Rechte sind Zeugen bei Beginn der ersten Vernehmung zur Sache zu belehren.

(4) Die Tatsachen, auf die einzelne Zeugen die Verweigerung ihres Zeugnisses stützen, sind auf Verlangen glaubhaft zu machen.

§ 23 Vernehmung von Amtsträgern. (1) § 54 der Strafprozessordnung ist anzuwenden.

(2) Die Bundesregierung ist verpflichtet, die erforderlichen Aussagegenehmigungen zu erteilen; § 18 Abs. 1 bis 3 erster Halbsatz gilt entsprechend.

§ 24 Vernehmung der Zeugen. (1) Zeugen sind einzeln und in Abwesenheit der später zu hörenden Zeugen zu vernehmen.

(2) Eine Gegenüberstellung mit anderen Zeugen ist zulässig, wenn es für den Untersuchungszweck geboten ist.

(3) Vor der Vernehmung hat der oder die Vorsitzende die Zeugen zur Wahrheit zu ermahnen, ihnen den Gegenstand der Vernehmung zu erläutern und sie über die strafrechtlichen Folgen einer unrichtigen oder unvollständigen Aussage zu belehren.

(4) ¹Der oder die Vorsitzende vernimmt die Zeugen zur Person. ²Zu Beginn der Vernehmung zur Sache ist den Zeugen Gelegenheit zu geben, das, was ihnen von dem Gegenstand ihrer Vernehmung bekannt ist, im Zusammenhang darzulegen.

(5) ¹Zur Aufklärung und zur Vervollständigung der Aussage sowie zur Erforschung des Grundes, auf dem das Wissen der Zeugen beruht, kann zunächst der

oder die Vorsitzende weitere Fragen stellen. ²Anschließend erhalten die übrigen Mitglieder das Wort zu Fragen. ³Für die Festlegung der Reihenfolge und der Dauer der Ausübung des Fragerechts der einzelnen Fraktionen sind die Vorschriften der Geschäftsordnung und die Praxis des Bundestages zur Reihenfolge der Reden und zur Gestaltung von Aussprachen entsprechend anzuwenden, sofern der Untersuchungsausschuss nicht einstimmig Abweichendes beschließt.

(6) § 136a der Strafprozessordnung ist entsprechend anzuwenden.

§ 25 Zulässigkeit von Fragen an Zeugen. (1) ¹Der oder die Vorsitzende hat ungeeignete oder nicht zur Sache gehörende Fragen zurückzuweisen. ²Zeugen können den Vorsitzenden oder die Vorsitzende auffordern, Fragen zurückzuweisen. ³Bei Zweifeln über die Zulässigkeit von Fragen sowie über die Rechtmäßigkeit ihrer Zurückweisung entscheidet der Untersuchungsausschuss auf Antrag seiner Mitglieder; die Zurückweisung einer Frage bedarf einer Mehrheit von zwei Dritteln der anwesenden Mitglieder.

(2) Beschließt der Untersuchungsausschuss die Unzulässigkeit einer Frage, auf die bereits eine Antwort gegeben worden ist, darf im Bericht des Untersuchungsausschusses auf die Frage und die Antwort nicht Bezug genommen werden.

§ 26 Abschluss der Vernehmung. (1) Den einzelnen Zeugen ist das Protokoll über ihre Vernehmung zuzustellen.

(2) ¹Der Untersuchungsausschuss stellt durch Beschluss fest, dass die Vernehmung der jeweiligen Zeugen abgeschlossen ist. ²Die Entscheidung darf erst ergehen, wenn nach Zustellung des Vernehmungsprotokolls zwei Wochen verstrichen sind oder auf die Einhaltung dieser Frist verzichtet worden ist.

(3) Zeugen sind von dem oder der Vorsitzenden des Untersuchungsausschusses am Ende ihrer Vernehmung darüber zu belehren, unter welchen Voraussetzungen diese gemäß Absatz 2 abgeschlossen ist.

§ 27 Grundlose Zeugnisverweigerung. (1) Wird das Zeugnis ohne gesetzlichen Grund verweigert, so kann der Untersuchungsausschuss Zeugen die durch ihre Weigerung verursachten Kosten auferlegen und gegen sie ein Ordnungsgeld bis zu 10 000 Euro festsetzen.

(2) Unter der in Absatz 1 bestimmten Voraussetzung kann der Ermittlungsrichter oder die Ermittlungsrichterin des Bundesgerichtshofes auf Antrag des Untersuchungsausschusses oder eines Viertels seiner Mitglieder zur Erzwingung des Zeugnisses die Haft anordnen, jedoch nicht über die Zeit der Beendigung des Untersuchungsverfahrens, auch nicht über die Zeit von sechs Monaten hinaus.

(3) § 70 Abs. 4 der Strafprozessordnung ist entsprechend anzuwenden.

§ 28 Sachverständige. (1) Auf Sachverständige sind die Vorschriften der §§ 20, 22 bis 26 entsprechend anzuwenden, soweit nicht nachfolgend abweichende Regelungen getroffen sind.

(2) Die Auswahl der zuzuziehenden Sachverständigen erfolgt durch den Untersuchungsausschuss; § 74 der Strafprozessordnung findet keine Anwendung.

(3) Der Untersuchungsausschuss soll mit Sachverständigen eine Absprache treffen, innerhalb welcher Frist das Gutachten erstellt wird.

(4) ¹Sachverständige haben das Gutachten innerhalb der vereinbarten Frist unparteiisch, vollständig und wahrheitsgemäß zu erstatten. ²Auf Verlangen des

12 PUAG §§ 29, 30

Untersuchungsausschusses ist das Gutachten schriftlich zu erstellen und mündlich näher zu erläutern.

(5) Die Vorschriften des § 76 der Strafprozessordnung über das Gutachtensverweigerungsrecht sind entsprechend anzuwenden.

(6) [1] Weigern sich die zur Erstattung des Gutachtens verpflichteten Sachverständigen, nach Absatz 3 eine angemessene Frist abzusprechen, oder versäumen sie die abgesprochene Frist, so kann der Untersuchungsausschuss gegen sie ein Ordnungsgeld bis zu 10 000 Euro festsetzen. [2] Dasselbe gilt, wenn die ordnungsgemäß geladenen Sachverständigen nicht erscheinen oder sich weigern, ihr Gutachten zu erstatten oder zu erläutern; in diesen Fällen kann der Untersuchungsausschuss zugleich den Sachverständigen die durch ihre Säumnis oder Weigerung verursachten Kosten auferlegen. [3] § 21 Abs. 2 gilt entsprechend.

§ 29 Herausgabepflicht. (1) [1] Wer einen Gegenstand, der als Beweismittel für die Untersuchung von Bedeutung sein kann, in seinem Gewahrsam hat, ist verpflichtet, ihn auf Verlangen des Untersuchungsausschusses vorzulegen und auszuliefern. [2] Diese Pflicht besteht nicht, soweit das Beweismittel Informationen enthält, deren Weitergabe wegen ihres streng persönlichen Charakters für die Betroffenen unzumutbar ist.

(2) [1] Im Falle der Weigerung kann der Untersuchungsausschuss gegen die Person, die den Gewahrsam hat, ein Ordnungsgeld bis zu 10 000 Euro festsetzen. [2] Der Ermittlungsrichter oder die Ermittlungsrichterin des Bundesgerichtshofes kann auf Antrag des Untersuchungsausschusses oder eines Viertels seiner Mitglieder zur Erzwingung der Herausgabe die Haft anordnen. [3] § 27 Abs. 2 und 3 gilt entsprechend. [4] Die in diesem Absatz bestimmten Ordnungs- und Zwangsmittel dürfen gegen Personen, die nach § 22 Abs. 1 und 2 zur Verweigerung des Zeugnisses oder der Auskunft berechtigt sind, nicht verhängt werden.

(3) [1] Werden Gegenstände nach Absatz 1 nicht freiwillig vorgelegt, so entscheidet auf Antrag des Untersuchungsausschusses oder eines Viertels seiner Mitglieder der Ermittlungsrichter oder die Ermittlungsrichterin des Bundesgerichtshofes über die Beschlagnahme und die Herausgabe an den Untersuchungsausschuss; § 97 der Strafprozessordnung gilt entsprechend. [2] Zur Beschlagnahme der in Absatz 1 bezeichneten Gegenstände kann der Ermittlungsrichter oder die Ermittlungsrichterin des Bundesgerichtshofes auch die Durchsuchung anordnen, wenn Tatsachen vorliegen, aus denen zu schließen ist, dass der gesuchte Gegenstand sich in den zu durchsuchenden Räumen befindet. [3] Die §§ 104, 105 Abs. 2 und 3, §§ 106, 107 und 109 der Strafprozessordnung sind entsprechend anzuwenden.

§ 30 Verfahren bei der Vorlage von Beweismitteln. (1) Wenn die Person, die den Gewahrsam hat, einwendet, verlangte Beweismittel seien für die Untersuchung nicht bedeutsam oder beträfen ein in § 14 Abs. 1 Nr. 1 bis 4 bezeichnetes Geheimnis, so dürfen die in § 29 Abs. 2 bestimmten Ordnungs- und Zwangsmittel und die in § 29 Abs. 3 Satz 1 bezeichnete Herausgabe nur dann angeordnet werden, wenn das Beweismittel keine Informationen enthält, deren Weitergabe wegen ihres streng vertraulichen Charakters für die Betroffenen unzumutbar ist, und der Untersuchungsausschuss für dieses Beweismittel den Geheimhaltungsgrad GEHEIM beschlossen hat.

(2) [1] Die Durchsicht und die Prüfung der Beweiserheblichkeit der vorgelegten Beweismittel steht dem Untersuchungsausschuss zu. [2] Beweismittel, die sich nach

einmütiger Auffassung des Untersuchungsausschusses für die Untersuchung als unerheblich erweisen, sind der Person, die den Gewahrsam hatte, unverzüglich zurückzugeben.

(3) [1] Nach Durchsicht und Prüfung der in Absatz 1 bezeichneten Beweismittel kann der Untersuchungsausschuss die Aufhebung der Einstufung in den Geheimhaltungsgrad GEHEIM beschließen, soweit die Beweismittel für die Untersuchung erheblich sind. [2] Betreffen sie ein in § 14 Abs. 1 Nr. 1 bis 4 bezeichnetes Geheimnis, so darf der Untersuchungsausschuss den Beschluss nach Satz 1 nur dann fassen, wenn ihre öffentliche Verwendung zur Erfüllung des Untersuchungsauftrages unerlässlich und nicht unverhältnismäßig ist.

(4) [1] Vor der Beschlussfassung nach Absatz 3 Satz 1 ist die Person, die über das Beweismittel verfügungsberechtigt ist, zu hören. [2] Widerspricht sie der Aufhebung des Geheimhaltungsgrades GEHEIM, so hat die Aufhebung zu unterbleiben, wenn nicht der Ermittlungsrichter oder die Ermittlungsrichterin des Bundesgerichtshofes auf Antrag des Untersuchungsausschusses oder eines Viertels seiner Mitglieder sie für zulässig erklärt.

§ 31 Verlesung von Protokollen und Schriftstücken. (1) Die Protokolle über Untersuchungshandlungen von anderen Untersuchungsausschüssen, Gerichten und Behörden sowie Schriftstücke, die als Beweismittel dienen, sind vor dem Untersuchungsausschuss zu verlesen.

(2) Der Untersuchungsausschuss kann beschließen, von einer Verlesung Abstand zu nehmen, wenn die Protokolle oder Schriftstücke allen Mitgliedern des Untersuchungsausschusses zugänglich gemacht worden sind.

(3) Eine Verlesung der Protokolle und Schriftstücke oder die Bekanntgabe ihres wesentlichen Inhalts in öffentlicher Sitzung findet nicht statt, wenn die Voraussetzungen des § 14 Abs. 1 vorliegen.

§ 32 Rechtliches Gehör. (1) Personen, die durch die Veröffentlichung des Abschlussberichtes in ihren Rechten erheblich beeinträchtigt werden können, ist vor Abschluss des Untersuchungsverfahrens Gelegenheit zu geben, zu den sie betreffenden Ausführungen im Entwurf des Abschlussberichtes innerhalb von zwei Wochen Stellung zu nehmen, soweit diese Ausführungen nicht mit ihnen in einer Sitzung zur Beweisaufnahme erörtert worden sind.

(2) Der wesentliche Inhalt der Stellungnahme ist in dem Bericht wiederzugeben.

§ 33 Berichterstattung. (1) [1] Nach Abschluss der Untersuchung erstattet der Untersuchungsausschuss dem Bundestag einen schriftlichen Bericht. [2] Der Bericht hat den Gang des Verfahrens, die ermittelten Tatsachen und das Ergebnis der Untersuchung wiederzugeben.

(2) Kommt der Untersuchungsausschuss nicht zu einem einvernehmlichen Bericht, sind Sondervoten in den Bericht aufzunehmen.

(3) Ist abzusehen, dass der Untersuchungsausschuss seinen Untersuchungsauftrag nicht vor Ende der Wahlperiode erledigen kann, hat er dem Bundestag rechtzeitig einen Sachstandsbericht über den bisherigen Gang des Verfahrens sowie über das bisherige Ergebnis der Untersuchungen vorzulegen.

(4) Auf Beschluss des Bundestages hat der Untersuchungsausschuss dem Bundestag einen Zwischenbericht vorzulegen.

§ 34 Rechte des Verteidigungsausschusses als Untersuchungsausschuss.

(1) ¹Beschließt der Verteidigungsausschuss, eine Angelegenheit zum Gegenstand seiner Untersuchung zu machen, hat er bei seinen Untersuchungen die Rechte eines Untersuchungsausschusses. ²Der Verteidigungsausschuss hat sich auf Verlangen von einem Viertel seiner Mitglieder als Untersuchungsausschuss zu konstituieren. ³Die §§ 1 bis 3 gelten entsprechend.

(2) Den Vorsitz führt der oder die Vorsitzende des Verteidigungsausschusses.

(3) Macht der Verteidigungsausschuss eine Angelegenheit zum Gegenstand seiner Untersuchung, kann er zu deren Durchführung einen Unterausschuss einsetzen, in den auch stellvertretende Mitglieder des Verteidigungsausschusses entsandt werden können.

(4) ¹Für das Verfahren des Verteidigungsausschusses als Untersuchungsausschuss gelten die Vorschriften dieses Gesetzes. ²Über das Ergebnis seiner Untersuchung hat der Verteidigungsausschuss dem Bundestag einen Bericht zu erstatten; eine Aussprache darf sich nur auf den veröffentlichten Bericht beziehen.

§ 35 Kosten und Auslagen.
(1) Die Kosten des Untersuchungsverfahrens trägt der Bund.

(2) ¹Zeugen, Sachverständige und Ermittlungsbeauftragte erhalten eine Entschädigung oder Vergütung nach dem Justizvergütungs- und -entschädigungsgesetz. ²Der Untersuchungsausschuss kann auf Antrag beschließen, dass Gebühren des rechtlichen Beistandes den Zeugen erstattet werden. ³Ermittlungsbeauftragte erhalten eine Vergütung auf der Grundlage des höchsten Stundensatzes nach der Anlage 1 zum Justizvergütungs- und -entschädigungsgesetz.

(3) Die Entschädigung, die Vergütung und die Erstattung der Auslagen setzt der Präsident oder die Präsidentin des Bundestages fest.

§ 36 Gerichtliche Zuständigkeiten.
(1) Zuständiges Gericht für Streitigkeiten nach diesem Gesetz ist der Bundesgerichtshof, soweit Artikel 93 des Grundgesetzes[1] sowie § 13 des Bundesverfassungsgerichtsgesetzes[2] und die Vorschriften dieses Gesetzes nichts Abweichendes bestimmen.

(2) ¹Hält der Bundesgerichtshof den Einsetzungsbeschluss für verfassungswidrig und kommt es für die Entscheidung auf dessen Gültigkeit an, so ist das Verfahren auszusetzen und die Entscheidung des Bundesverfassungsgerichtes einzuholen. ²Satz 1 gilt für den Ermittlungsrichter oder die Ermittlungsrichterin des Bundesgerichtshofes entsprechend.

(3) Gegen Entscheidungen des Ermittlungsrichters oder der Ermittlungsrichterin des Bundesgerichtshofes ist die Beschwerde statthaft, über die der Bundesgerichtshof entscheidet.

[1] Nr. 1.
[2] Nr. 9.

13. Vertrag über die Europäische Union idF des Vertrags von Lissabon[1)]

13. Dezember 2007[2)]

(ABl. C 306 S. 1, ber. ABl. 2008 C 111 S. 56, ABl. 2009 C 290 S. 1, ABl. 2011 C 378 S. 3)

Celex-Nr. 1 1992 M

zuletzt geänd. durch Art. 13, 14 Abs. 1 EU-Beitrittsakte 2013 v. 9.12.2011 (ABl. 2012 L 112 S. 21)

Nichtamtliche Inhaltsübersicht

Titel I. Gemeinsame Bestimmungen

Artikel 1 [Gründung der Europäischen Union; Grundlagen]
Artikel 2 [Grundlegende Werte]
Artikel 3 [Ziel der Union]
Artikel 4 [Zuständigkeiten der Union]
Artikel 5 [Subsidiaritäts- und Verhältnismäßigkeitsgrundsatz]
Artikel 6 [Grundrechte-Charta und EMRK]
Artikel 7 [Verletzung fundamentaler Grundsätze durch einen Mitgliedstaat]
Artikel 8 [Nachbarschaftspolitik]

Titel II. Bestimmungen über die demokratischen Grundsätze

Artikel 9 [Gleichheitsgrundsatz; Unionsbürgerschaft]
Artikel 10 [Demokratische Grundsätze]
Artikel 11 [Bürgerbeteiligung]
Artikel 12 [Beteiligung der nationalen Parlamente]

Titel III. Bestimmungen über die Organe

Artikel 13 [Organe der Union]
Artikel 14 [Europäisches Parlament]
Artikel 15 [Europäischer Rat]
Artikel 16 [Rat]
Artikel 17 [Kommission]
Artikel 18 [Hohe Vertreter für Außen- und Sicherheitspolitik]
Artikel 19 [Europäischer Gerichtshof]

Titel IV. Bestimmungen über eine Verstärkte Zusammenarbeit

Artikel 20 [Verstärkte Zusammenarbeit]

Titel V. Allgemeine Bestimmungen über das auswärtige Handeln der Union und besondere Bestimmungen über die gemeinsame Außen- und Sicherheitspolitik

Kapitel 1. Allgemeine Bestimmungen über das auswärtige Handeln der Union

Artikel 21 [Grundsätze europäischer Außenpolitik]
Artikel 22 [Strategische Interessen und Ziele]

[1)] Die Artikelfolge und Verweise/Bezugnahmen auf Vorschriften des AEUV sind gemäß Art. 5 des Vertrags von Lissabon iVm den Übereinstimmungstabellen an die neue Nummerierung angepasst worden.

[2)] Konsolidierte Fassung des Vertrags über die Europäische Union v. 7.2.1992 (ABl. C 191 S. 1). Die Bundesrepublik Deutschland hat dem Vertrag mit G v. 28.12.1992 (BGBl. II S. 1251) zugestimmt. Inkrafttreten gemäß Bek. v. 19.10.1993 (BGBl. II S. 1947) am **1.11.1993**. Die durch den Amsterdamer Vertrag konsolidierte Fassung des Vertrages trat am 1.5.1999 in Kraft, siehe Bek. v. 6.4.1999 (BGBl. II S. 296); in seiner durch den Vertrag von Nizza geänderten Fassung ist er am 1.2.2003 in Kraft getreten, siehe Bek. v. 20.8.2003 (BGBl. II S. 1477); in seiner durch die EUBeitrittsakte 2003 geänderten Fassung ist er am 1.5.2004 in Kraft getreten, siehe Bek. v. 28.6.2004 (BGBl. II S. 1102); in seiner durch die EU-Beitrittsakte 2005 geänderten Fassung ist er am 1.1.2007 in Kraft getreten, siehe Bek. v. 26.1.2007 (BGBl. II S. 127); in seiner durch den Vertrag von Lissabon geänderten Fassung ist er am 1.12.2009 in Kraft getreten, siehe Bek. v. 13.11.2009 (BGBl. II S. 1223).
Der hier wiedergegebene Wortlaut entspricht der konsolidierten Fassung ABl. 2016 C 202 S. 13.

13 EUV

Kapitel 2. Besondere Bestimmungen über die Gemeinsame Außen- und Sicherheitspolitik
Abschnitt 1. Gemeinsame Bestimmungen

Artikel 23 [Grundsätze europäischer Außenpolitik; Verweis]
Artikel 24 [Zuständigkeit; Verfahren; Pflichten der Mitgliedstaaten]
Artikel 25 [Handlungsformen]
Artikel 26 [Ziele und allgemeine Leitlinien]
Artikel 27 [Kompetenzen des Hohen Vertreters]
Artikel 28 [Beschlüsse]
Artikel 29 [Gemeinsame Standpunkte]
Artikel 30 [Initiativ- und Vorschlagsrecht; Eilentscheidungen]
Artikel 31 [Verfahren der Beschlussfassung]
Artikel 32 [Zusammenarbeit der Mitgliedstaaten im Rat]
Artikel 33 [Sonderbeauftragter]
Artikel 34 [Koordiniertes Auftreten auf internationaler Ebene; Unterrichtungspflicht der Sicherheitsratsmitglieder]
Artikel 35 [Abgestimmtes Verhalten auf diplomatischer und konsularischer Ebene]
Artikel 36 [Beteiligung des Europäischen Parlaments]
Artikel 37 [Übereinkünfte mit dritten Staaten und internationalen Organisationen]
Artikel 38 [Politisches und sicherheitspoltisches Komitee]
Artikel 39 [Datenschutz]
Artikel 40 [Kompetenzabgrenzung]
Artikel 41 [Finanzierung]

Abschnitt 2. Bestimmungen über die Gemeinsame Sicherheits- und Verteidigungspolitik

Artikel 42 [Gemeinsame Verteidigungspolitik; Europäische Verteidigungsagentur; Beistandsklausel]
Artikel 43 [Missionen der ESVP]
Artikel 44 [Missionsübertragung]
Artikel 45 [Aufgabe der Europäischen Verteidigungsagentur]
Artikel 46 [Ständige Strukturierte Zusammenarbeit]

Titel VI. Schlußbestimmungen

Artikel 47 [Rechtspersönlichkeit der Union]
Artikel 48 [Vertragsänderung]
Artikel 49 [Beitritt zur Union]
Artikel 50 [Austritt aus der Union]
Artikel 51 [Protokolle, Anhänge]
Artikel 52 [Geltungsbereich]
Artikel 53 [Unbefristete Geltung]
Artikel 54 [Ratifikation]
Artikel 55 [Verbindlicher Wortlaut; Hinterlegung]

SEINE MAJESTÄT DER KÖNIG DER BELGIER,
IHRE MAJESTÄT DIE KÖNIGIN VON DÄNEMARK,
DER PRÄSIDENT DER BUNDESREPUBLIK DEUTSCHLAND,
DER PRÄSIDENT DER GRIECHISCHEN REPUBLIK,
SEINE MAJESTÄT DER KÖNIG VON SPANIEN,
DER PRÄSIDENT DER FRANZÖSISCHEN REPUBLIK,
DER PRÄSIDENT IRLANDS,
DER PRÄSIDENT DER ITALIENISCHEN REPUBLIK,
SEINE KÖNIGLICHE HOHEIT DER GROSSHERZOG
VON LUXEMBURG,
IHRE MAJESTÄT DIE KÖNIGIN DER NIEDERLANDE,

DER PRÄSIDENT DER PORTUGIESISCHEN REPUBLIK,
IHRE MAJESTÄT DIE KÖNIGIN DES VEREINIGTEN
KÖNIGREICHS GROSSBRITANNIEN UND NORDIRLAND,[1)]
ENTSCHLOSSEN, den mit der Gründung der Europäischen Gemeinschaften eingeleiteten Prozeß der europäischen Integration auf eine neue Stufe zu heben,
SCHÖPFEND aus dem kulturellen, religiösen und humanistischen Erbe Europas, aus dem sich die unverletzlichen und unveräußerlichen Rechte des Menschen sowie Freiheit, Demokratie, Gleichheit und Rechtsstaatlichkeit als universelle Werte entwickelt haben,
EINGEDENK der historischen Bedeutung der Überwindung der Teilung des europäischen Kontinents und der Notwendigkeit, feste Grundlagen für die Gestalt des zukünftigen Europas zu schaffen,
IN BESTÄTIGUNG ihres Bekenntnisses zu den Grundsätzen der Freiheit, der Demokratie und der Achtung der Menschenrechte und Grundfreiheiten und der Rechtsstaatlichkeit,
IN BESTÄTIGUNG der Bedeutung, die sie den sozialen Grundrechten beimessen, wie sie in der am 18. Oktober 1961 in Turin unterzeichneten Europäischen Sozialcharta und in der Gemeinschaftscharta der sozialen Grundrechte der Arbeitnehmer von 1989 festgelegt sind,
IN DEM WUNSCH, die Solidarität zwischen ihren Völkern unter Achtung ihrer Geschichte, ihrer Kultur und ihrer Traditionen zu stärken,
IN DEM WUNSCH, Demokratie und Effizienz in der Arbeit der Organe weiter zu stärken, damit diese in die Lage versetzt werden, die ihnen übertragenen Aufgaben in einem einheitlichen institutionellen Rahmen besser wahrzunehmen,
ENTSCHLOSSEN, die Stärkung und die Konvergenz ihrer Volkswirtschaften herbeizuführen und eine Wirtschafts- und Währungsunion zu errichten, die im Einklang mit diesem Vertrag und dem Vertrag über die Arbeitsweise der Europäischen Union[2)] eine einheitliche, stabile Währung einschließt,
IN DEM FESTEN WILLEN, im Rahmen der Verwirklichung des Binnenmarkts sowie der Stärkung des Zusammenhalts und des Umweltschutzes den wirtschaftlichen und sozialen Fortschritt ihrer Völker unter Berücksichtigung des Grundsatzes der nachhaltigen Entwicklung zu fördern und Politiken zu verfolgen, die gewährleisten, dass Fortschritte bei der wirtschaftlichen Integration mit parallelen Fortschritten auf anderen Gebieten einhergehen,
ENTSCHLOSSEN, eine gemeinsame Unionsbürgerschaft für die Staatsangehörigen ihrer Länder einzuführen,
ENTSCHLOSSEN, eine Gemeinsame Außen- und Sicherheitspolitik zu verfolgen, wozu nach Maßgabe des Artikels 42 auch die schrittweise Festlegung einer gemeinsamen Verteidigungspolitik gehört, die zu einer gemeinsamen Ver-

[1)] **Amtl. Anm.:** Seit dem ursprünglichen Vertragsschluss sind Mitgliedstaaten der Europäischen Union geworden: *[Red. Anm.: die Republik Kroatien mWv 1.7.2013,]* die Republik Bulgarien, die Tschechische Republik, die Republik Estland, die Republik Zypern, die Republik Lettland, die Republik Litauen, die Republik Ungarn, die Republik Malta, die Republik Österreich, die Republik Polen, Rumänien, die Republik Slowenien, die Slowakische Republik, die Republik Finnland und das Königreich Schweden *[Red. Anm.: Seit dem 1.2.2020 ist das Vereinigte Königreich aus der Europäischen Union ausgetreten und ist seitdem ein Drittland (Nicht-EU-Land).]*.
[2)] Nr. **14**.

teidigung führen könnte, und so die Identität und Unabhängigkeit Europas zu stärken, um Frieden, Sicherheit und Fortschritt in Europa und in der Welt zu fördern,

ENTSCHLOSSEN, die Freizügigkeit unter gleichzeitiger Gewährleistung der Sicherheit ihrer Bürger durch den Aufbau eines Raums der Freiheit, der Sicherheit und des Rechts nach Maßgabe der Bestimmungen dieses Vertrags und des Vertrags über die Arbeitsweise der Europäischen Union[1] zu fördern,

ENTSCHLOSSEN, den Prozeß der Schaffung einer immer engeren Union der Völker Europas, in der die Entscheidungen entsprechend dem Subsidiaritätsprinzip möglichst bürgernah getroffen werden, weiterzuführen,

IM HINBLICK auf weitere Schritte, die getan werden müssen, um die europäische Integration voranzutreiben,

HABEN BESCHLOSSEN, eine Europäische Union zu gründen; sie haben zu diesem Zweck zu ihren Bevollmächtigten ernannt:

SEINE MAJESTÄT DER KÖNIG DER BELGIER:

Mark EYSKENS,

Minister für auswärtige Angelegenheiten;

Philippe MAYSTADT,

Minister der Finanzen;

IHRE MAJESTÄT DIE KÖNIGIN VON DÄNEMARK:

Uffe ELLEMANN-JENSEN,

Minister für auswärtige Angelegenheiten;

Anders FOGH RASMUSSEN,

Minister für Wirtschaft;

DER PRÄSIDENT DER BUNDESREPUBLIK DEUTSCHLAND:

Hans-Dietrich GENSCHER,

Bundesminister des Auswärtigen;

Theodor WAIGEL,

Bundesminister der Finanzen;

DER PRÄSIDENT DER GRIECHISCHEN REPUBLIK:

Antonios SAMARAS,

Minister für auswärtige Angelegenheiten;

Efthymios CHRISTODOULOU,

Minister für Wirtschaft;

SEINE MAJESTÄT DER KÖNIG VON SPANIEN:

Francisco FERNÁNDEZ ORDÓÑEZ,

Minister für auswärtige Angelegenheiten;

Carlos SOLCHAGA CATALÁN,

Minister für Wirtschaft und Finanzen;

[1] Nr. **14**.

DER PRÄSIDENT DER FRANZÖSISCHEN REPUBLIK:
Roland DUMAS,
Minister für auswärtige Angelegenheiten;
Pierre BEREGOVOY,
Minister für Wirtschaft, Finanzen und Haushalt;
DER PRÄSIDENT IRLANDS:
Gerard COLLINS,
Minister für auswärtige Angelegenheiten;
Bertie AHERN,
Minister der Finanzen;
DER PRÄSIDENT DER ITALIENISCHEN REPUBLIK:
Giannni DE MICHELIS,
Minister für auswärtige Angelegenheiten;
Guido CARLI,
Schatzminister;
SEINE KÖNIGLICHE HOHEIT DER GROSSHERZOG
VON LUXEMBURG:
Jacques F. POOS,
Vizepremierminister,
Minister für auswärtige Angelegenheiten;
Jean-Claude JUNCKER,
Minister der Finanzen;
IHRE MAJESTÄT DIE KÖNIGIN DER NIEDERLANDE:
Hans VAN DEN BRÖK,
Minister für auswärtige Angelegenheiten;
Willem KOK,
Minister der Finanzen;
DER PRÄSIDENT DER PORTUGIESISCHEN REPUBLIK:
Joao de Deus PINHEIRO,
Minister für auswärtige Angelegenheiten;
Jorge BRAGA de MACEDO,
Minister der Finanzen;
IHRE MAJESTÄT DIE KÖNIGIN DES VEREINIGTEN
KÖNIGREICHS GROSSBRITANNIEN UND NORDIRLAND:
Rt. Hon. Douglas HURD,
Minister für auswärtige Angelegenheiten und Commonwealth-Fragen;
Hon. Francis MAUDE,
Financial Secretary im Schatzamt;
DIESE SIND nach Austausch ihrer als gut und gehörig befundenen Vollmachten
wie folgt ÜBEREINGEKOMMEN:

Titel I. Gemeinsame Bestimmungen

Art. 1 [Gründung der Europäischen Union; Grundlagen] *[1]* Durch diesen Vertrag gründen die Hohen Vertragsparteien untereinander eine EUROPÄISCHE UNION (im Folgenden „Union"), der die Mitgliedstaaten Zuständigkeiten zur Verwirklichung ihrer gemeinsamen Ziele übertragen.

[2] Dieser Vertrag stellt eine neue Stufe bei der Verwirklichung einer immer engeren Union der Völker Europas dar, in der die Entscheidungen möglichst offen und möglichst bürgernah getroffen werden.

[3] ¹ Grundlage der Union sind dieser Vertrag und der Vertrag über die Arbeitsweise der Europäischen Union[1]) (im Folgenden „Verträge"). ² Beide Verträge sind rechtlich gleichrangig. ³ Die Union tritt an die Stelle der Europäischen Gemeinschaft, deren Rechtsnachfolgerin sie ist.

Art. 2 [Grundlegende Werte] ¹ Die Werte, auf die sich die Union gründet, sind die Achtung der Menschenwürde, Freiheit, Demokratie, Gleichheit, Rechtsstaatlichkeit und die Wahrung der Menschenrechte einschließlich der Rechte der Personen, die Minderheiten angehören. ² Diese Werte sind allen Mitgliedstaaten in einer Gesellschaft gemeinsam, die sich durch Pluralismus, Nichtdiskriminierung, Toleranz, Gerechtigkeit, Solidarität und die Gleichheit von Frauen und Männern auszeichnet.

Art. 3 [Ziel der Union] (1) Ziel der Union ist es, den Frieden, ihre Werte und das Wohlergehen ihrer Völker zu fördern.

(2) Die Union bietet ihren Bürgerinnen und Bürgern einen Raum der Freiheit, der Sicherheit und des Rechts ohne Binnengrenzen, in dem – in Verbindung mit geeigneten Maßnahmen in Bezug auf die Kontrollen an den Außengrenzen, das Asyl, die Einwanderung sowie die Verhütung und Bekämpfung der Kriminalität – der freie Personenverkehr gewährleistet ist.

(3) *[1]* ¹ Die Union errichtet einen Binnenmarkt. ² Sie wirkt auf die nachhaltige Entwicklung Europas auf der Grundlage eines ausgewogenen Wirtschaftswachstums und von Preisstabilität, eine in hohem Maße wettbewerbsfähige soziale Marktwirtschaft, die auf Vollbeschäftigung und sozialen Fortschritt abzielt, sowie ein hohes Maß an Umweltschutz und Verbesserung der Umweltqualität hin. ³ Sie fördert den wissenschaftlichen und technischen Fortschritt.

[2] Sie bekämpft soziale Ausgrenzung und Diskriminierungen und fördert soziale Gerechtigkeit und sozialen Schutz, die Gleichstellung von Frauen und Männern, die Solidarität zwischen den Generationen und den Schutz der Rechte des Kindes.

[3] Sie fördert den wirtschaftlichen, sozialen und territorialen Zusammenhalt und die Solidarität zwischen den Mitgliedstaaten.

[4] Sie wahrt den Reichtum ihrer kulturellen und sprachlichen Vielfalt und sorgt für den Schutz und die Entwicklung des kulturellen Erbes Europas.

(4) Die Union errichtet eine Wirtschafts- und Währungsunion, deren Währung der Euro ist.

[1]) Nr. 14.

(5) ¹ In ihren Beziehungen zur übrigen Welt schützt und fördert die Union ihre Werte und Interessen und trägt zum Schutz ihrer Bürgerinnen und Bürger bei. ² Sie leistet einen Beitrag zu Frieden, Sicherheit, globaler nachhaltiger Entwicklung, Solidarität und gegenseitiger Achtung unter den Völkern, zu freiem und gerechtem Handel, zur Beseitigung der Armut und zum Schutz der Menschenrechte, insbesondere der Rechte des Kindes, sowie zur strikten Einhaltung und Weiterentwicklung des Völkerrechts, insbesondere zur Wahrung der Grundsätze der Charta der Vereinten Nationen.

(6) Die Union verfolgt ihre Ziele mit geeigneten Mitteln entsprechend den Zuständigkeiten, die ihr in den Verträgen übertragen sind.

Art. 4 [Zuständigkeiten der Union] (1) Alle der Union nicht in den Verträgen übertragenen Zuständigkeiten verbleiben gemäß Artikel 5 bei den Mitgliedstaaten.

(2) ¹ Die Union achtet die Gleichheit der Mitgliedstaaten vor den Verträgen und ihre jeweilige nationale Identität, die in ihren grundlegenden politischen und verfassungsmäßigen Strukturen einschließlich der regionalen und lokalen Selbstverwaltung zum Ausdruck kommt. ² Sie achtet die grundlegenden Funktionen des Staates, insbesondere die Wahrung der territorialen Unversehrtheit, die Aufrechterhaltung der öffentlichen Ordnung und den Schutz der nationalen Sicherheit. ³ Insbesondere die nationale Sicherheit fällt weiterhin in die alleinige Verantwortung der einzelnen Mitgliedstaaten.

(3) *[1]* Nach dem Grundsatz der loyalen Zusammenarbeit achten und unterstützen sich die Union und die Mitgliedstaaten gegenseitig bei der Erfüllung der Aufgaben, die sich aus den Verträgen ergeben.

[2] Die Mitgliedstaaten ergreifen alle geeigneten Maßnahmen allgemeiner oder besonderer Art zur Erfüllung der Verpflichtungen, die sich aus den Verträgen oder den Handlungen der Organe der Union ergeben.

[3] Die Mitgliedstaaten unterstützen die Union bei der Erfüllung ihrer Aufgabe und unterlassen alle Maßnahmen, die die Verwirklichung der Ziele der Union gefährden könnten.

Art. 5 [Subsidiaritäts- und Verhältnismäßigkeitsgrundsatz] (1) ¹ Für die Abgrenzung der Zuständigkeiten der Union gilt der Grundsatz der begrenzten Einzelermächtigung. ² Für die Ausübung der Zuständigkeiten der Union gelten die Grundsätze der Subsidiarität und der Verhältnismäßigkeit.

(2) ¹ Nach dem Grundsatz der begrenzten Einzelermächtigung wird die Union nur innerhalb der Grenzen der Zuständigkeiten tätig, die die Mitgliedstaaten ihr in den Verträgen zur Verwirklichung der darin niedergelegten Ziele übertragen haben. ² Alle der Union nicht in den Verträgen übertragenen Zuständigkeiten verbleiben bei den Mitgliedstaaten.

(3) *[1]* Nach dem Subsidiaritätsprinzip wird die Union in den Bereichen, die nicht in ihre ausschließliche Zuständigkeit fallen, nur tätig, sofern und soweit die Ziele der in Betracht gezogenen Maßnahmen von den Mitgliedstaaten weder auf zentraler noch auf regionaler oder lokaler Ebene ausreichend verwirklicht werden können, sondern vielmehr wegen ihres Umfangs oder ihrer Wirkungen auf Unionsebene besser zu verwirklichen sind.

[2] ¹ Die Organe der Union wenden das Subsidiaritätsprinzip nach dem Protokoll über die Anwendung der Grundsätze der Subsidiarität und der Verhält-

nismäßigkeit an. ²Die nationalen Parlamente achten auf die Einhaltung des Subsidiaritätsprinzips nach dem in jenem Protokoll vorgesehenen Verfahren.

(4) *[1]* Nach dem Grundsatz der Verhältnismäßigkeit gehen die Maßnahmen der Union inhaltlich wie formal nicht über das zur Erreichung der Ziele der Verträge erforderliche Maß hinaus.

[2] Die Organe der Union wenden den Grundsatz der Verhältnismäßigkeit nach dem Protokoll über die Anwendung der Grundsätze der Subsidiarität und der Verhältnismäßigkeit an.

Art. 6 [Grundrechte-Charta und EMRK] (1) *[1]* Die Union erkennt die Rechte, Freiheiten und Grundsätze an, die in der Charta der Grundrechte der Europäischen Union vom 7. Dezember 2000 in der am 12. Dezember 2007 in Straßburg angepassten Fassung niedergelegt sind; die Charta der Grundrechte und die Verträge sind rechtlich gleichrangig.

[2] Durch die Bestimmungen der Charta werden die in den Verträgen festgelegten Zuständigkeiten der Union in keiner Weise erweitert.

[3] Die in der Charta niedergelegten Rechte, Freiheiten und Grundsätze werden gemäß den allgemeinen Bestimmungen des Titels VII der Charta, der ihre Auslegung und Anwendung regelt, und unter gebührender Berücksichtigung der in der Charta angeführten Erläuterungen, in denen die Quellen dieser Bestimmungen angegeben sind, ausgelegt.

(2) ¹Die Union tritt der Europäischen Konvention zum Schutz der Menschenrechte und Grundfreiheiten[1]) bei. ²Dieser Beitritt ändert nicht die in den Verträgen festgelegten Zuständigkeiten der Union.

(3) Die Grundrechte, wie sie in der Europäischen Konvention zum Schutz der Menschenrechte und Grundfreiheiten gewährleistet sind und wie sie sich aus den gemeinsamen Verfassungsüberlieferungen der Mitgliedstaaten ergeben, sind als allgemeine Grundsätze Teil des Unionsrechts.

Art. 7 [Verletzung fundamentaler Grundsätze durch einen Mitgliedstaat] (1) *[1]* ¹Auf begründeten Vorschlag eines Drittels der Mitgliedstaaten, des Europäischen Parlaments oder der Europäischen Kommission kann der Rat mit der Mehrheit von vier Fünfteln seiner Mitglieder nach Zustimmung des Europäischen Parlaments feststellen, dass die eindeutige Gefahr einer schwerwiegenden Verletzung der in Artikel 2 genannten Werte durch einen Mitgliedstaat besteht. ²Der Rat hört, bevor er eine solche Feststellung trifft, den betroffenen Mitgliedstaat und kann Empfehlungen an ihn richten, die er nach demselben Verfahren beschließt.

[2] Der Rat überprüft regelmäßig, ob die Gründe, die zu dieser Feststellung geführt haben, noch zutreffen.

(2) Auf Vorschlag eines Drittels der Mitgliedstaaten oder der Europäischen Kommission und nach Zustimmung des Europäischen Parlaments kann der Europäische Rat einstimmig feststellen, dass eine schwerwiegende und anhaltende Verletzung der in Artikel 2 genannten Werte durch einen Mitgliedstaat vorliegt, nachdem er den betroffenen Mitgliedstaat zu einer Stellungnahme aufgefordert hat.

[1]) Nr. 3.

(3) *[1]* ¹ Wurde die Feststellung nach Absatz 2 getroffen, so kann der Rat mit qualifizierter Mehrheit beschließen, bestimmte Rechte auszusetzen, die sich aus der Anwendung der Verträge auf den betroffenen Mitgliedstaat herleiten, einschließlich der Stimmrechte des Vertreters der Regierung dieses Mitgliedstaats im Rat. ² Dabei berücksichtigt er die möglichen Auswirkungen einer solchen Aussetzung auf die Rechte und Pflichten natürlicher und juristischer Personen.

[2] Die sich aus den Verträgen ergebenden Verpflichtungen des betroffenen Mitgliedstaats sind für diesen auf jeden Fall weiterhin verbindlich.

(4) Der Rat kann zu einem späteren Zeitpunkt mit qualifizierter Mehrheit beschließen, nach Absatz 3 getroffene Maßnahmen abzuändern oder aufzuheben, wenn in der Lage, die zur Verhängung dieser Maßnahmen geführt hat, Änderungen eingetreten sind.

(5) Die Abstimmungsmodalitäten, die für die Zwecke dieses Artikels für das Europäische Parlament, den Europäischen Rat und den Rat gelten, sind in Artikel 354 des Vertrags über die Arbeitsweise der Europäischen Union[1]) festgelegt.

Art. 8 [Nachbarschaftspolitik] (1) Die Union entwickelt besondere Beziehungen zu den Ländern in ihrer Nachbarschaft, um einen Raum des Wohlstands und der guten Nachbarschaft zu schaffen, der auf den Werten der Union aufbaut und sich durch enge, friedliche Beziehungen auf der Grundlage der Zusammenarbeit auszeichnet.

(2) ¹ Für die Zwecke des Absatzes 1 kann die Union spezielle Übereinkünfte mit den betreffenden Ländern schließen. ² Diese Übereinkünfte können gegenseitige Rechte und Pflichten umfassen und die Möglichkeit zu gemeinsamem Vorgehen eröffnen. ³ Zur Durchführung der Übereinkünfte finden regelmäßige Konsultationen statt.

Titel II. Bestimmungen über die demokratischen Grundsätze

Art. 9 [Gleichheitsgrundsatz; Unionsbürgerschaft] ¹ Die Union achtet in ihrem gesamten Handeln den Grundsatz der Gleichheit ihrer Bürgerinnen und Bürger, denen ein gleiches Maß an Aufmerksamkeit seitens der Organe, Einrichtungen und sonstigen Stellen der Union zuteil wird. ² Unionsbürger ist, wer die Staatsangehörigkeit eines Mitgliedstaats besitzt. ³ Die Unionsbürgerschaft tritt zur nationalen Staatsbürgerschaft hinzu, ersetzt sie aber nicht.

Art. 10 [Demokratische Grundsätze] (1) Die Arbeitsweise der Union beruht auf der repräsentativen Demokratie.

(2) *[1]* Die Bürgerinnen und Bürger sind auf Unionsebene unmittelbar im Europäischen Parlament vertreten.

[2] Die Mitgliedstaaten werden im Europäischen Rat von ihrem jeweiligen Staats- oder Regierungschef und im Rat von ihrer jeweiligen Regierung vertreten, die ihrerseits in demokratischer Weise gegenüber ihrem nationalen Parlament oder gegenüber ihren Bürgerinnen und Bürgern Rechenschaft ablegen müssen.

[1]) Nr. 14.

(3) ¹Alle Bürgerinnen und Bürger haben das Recht, am demokratischen Leben der Union teilzunehmen. ²Die Entscheidungen werden so offen und bürgernah wie möglich getroffen.

(4) Politische Parteien auf europäischer Ebene tragen zur Herausbildung eines europäischen politischen Bewusstseins und zum Ausdruck des Willens der Bürgerinnen und Bürger der Union bei.

Art. 11 [Bürgerbeteiligung] (1) Die Organe geben den Bürgerinnen und Bürgern und den repräsentativen Verbänden in geeigneter Weise die Möglichkeit, ihre Ansichten in allen Bereichen des Handelns der Union öffentlich bekannt zu geben und auszutauschen.

(2) Die Organe pflegen einen offenen, transparenten und regelmäßigen Dialog mit den repräsentativen Verbänden und der Zivilgesellschaft.

(3) Um die Kohärenz und die Transparenz des Handelns der Union zu gewährleisten, führt die Europäische Kommission umfangreiche Anhörungen der Betroffenen durch.

(4) *[1]* Unionsbürgerinnen und Unionsbürger, deren Anzahl mindestens eine Million betragen und bei denen es sich um Staatsangehörige einer erheblichen Anzahl von Mitgliedstaaten handeln muss, können die Initiative ergreifen und die Europäische Kommission auffordern, im Rahmen ihrer Befugnisse geeignete Vorschläge zu Themen zu unterbreiten, zu denen es nach Ansicht jener Bürgerinnen und Bürger eines Rechtsakts der Union bedarf, um die Verträge umzusetzen.

[2] Die Verfahren und Bedingungen, die für eine solche Bürgerinitiative gelten, werden nach Artikel 24 Absatz 1 des Vertrags über die Arbeitsweise der Europäischen Union[1]) festgelegt.

Art. 12 [Beteiligung der nationalen Parlamente] Die nationalen Parlamente tragen aktiv zur guten Arbeitsweise der Union bei, indem sie

a) von den Organen der Union unterrichtet werden und ihnen die Entwürfe von Gesetzgebungsakten der Union gemäß dem Protokoll über die Rolle der nationalen Parlamente in der Europäischen Union zugeleitet werden;

b) dafür sorgen, dass der Grundsatz der Subsidiarität gemäß den in dem Protokoll über die Anwendung der Grundsätze der Subsidiarität und der Verhältnismäßigkeit vorgesehenen Verfahren beachtet wird;

c) sich im Rahmen des Raums der Freiheit, der Sicherheit und des Rechts an den Mechanismen zur Bewertung der Durchführung der Unionspolitiken in diesem Bereich nach Artikel 70 des Vertrags über die Arbeitsweise der Europäischen Union[1]) beteiligen und in die politische Kontrolle von Europol und die Bewertung der Tätigkeit von Eurojust nach den Artikeln 88 und 85 des genannten Vertrags einbezogen werden;

d) sich an den Verfahren zur Änderung der Verträge nach Artikel 48 dieses Vertrags beteiligen;

e) über Anträge auf Beitritt zur Union nach Artikel 49 dieses Vertrags unterrichtet werden;

[1]) Nr. 14.

EU-Vertrag (Lissabon) **Art. 13, 14 EUV 13**

f) sich an der interparlamentarischen Zusammenarbeit zwischen den nationalen Parlamenten und mit dem Europäischen Parlament gemäß dem Protokoll über die Rolle der nationalen Parlamente in der Europäischen Union beteiligen.

Titel III. Bestimmungen über die Organe

Art. 13 [Organe der Union] (1) *[1]* Die Union verfügt über einen institutionellen Rahmen, der zum Zweck hat, ihren Werten Geltung zu verschaffen, ihre Ziele zu verfolgen, ihren Interessen, denen ihrer Bürgerinnen und Bürger und denen der Mitgliedstaaten zu dienen sowie die Kohärenz, Effizienz und Kontinuität ihrer Politik und ihrer Maßnahmen sicherzustellen.

[2] Die Organe der Union sind
- das Europäische Parlament,
- der Europäische Rat,
- der Rat,
- die Europäische Kommission (im Folgenden „Kommission"),
- der Gerichtshof der Europäischen Union,
- die Europäische Zentralbank,
- der Rechnungshof.

(2) ¹Jedes Organ handelt nach Maßgabe der ihm in den Verträgen zugewiesenen Befugnisse nach den Verfahren, Bedingungen und Zielen, die in den Verträgen festgelegt sind. ²Die Organe arbeiten loyal zusammen.

(3) Die Bestimmungen über die Europäische Zentralbank und den Rechnungshof sowie die detaillierten Bestimmungen über die übrigen Organe sind im Vertrag über die Arbeitsweise der Europäischen Union[1] enthalten.

(4) Das Europäische Parlament, der Rat und die Kommission werden von einem Wirtschafts- und Sozialausschuss sowie einem Ausschuss der Regionen unterstützt, die beratende Aufgaben wahrnehmen.

Art. 14[2] [Europäisches Parlament] (1) ¹Das Europäische Parlament wird gemeinsam mit dem Rat als Gesetzgeber tätig und übt gemeinsam mit ihm die Haushaltsbefugnisse aus. ²Es erfüllt Aufgaben der politischen Kontrolle und Beratungsfunktionen nach Maßgabe der Verträge. ³Es wählt den Präsidenten der Kommission.

(2) *[1]* ¹Das Europäische Parlament setzt sich aus Vertretern der Unionsbürgerinnen und Unionsbürger zusammen. ²Ihre Anzahl darf 750 nicht überschreiten, zuzüglich des Präsidenten. ³Die Bürgerinnen und Bürger sind im Europäischen Parlament degressiv proportional, mindestens jedoch mit sechs Mitgliedern je Mitgliedstaat vertreten. ⁴Kein Mitgliedstaat erhält mehr als 96 Sitze.

[2] Der Europäische Rat erlässt einstimmig auf Initiative des Europäischen Parlaments und mit dessen Zustimmung einen Beschluss über die Zusammensetzung des Europäischen Parlaments, in dem die in Unterabsatz 1 genannten Grundsätze gewahrt sind.

[1] Nr. 14.
[2] Art. 19 der EU-Beitrittsakte 2013 v. 9.12.2011 (ABl. 2012 L 112 S. 21) regelt abweichend zu diesem Artikel die kroatische Wahl zum Europäischen Parlament und dessen Anzahl an kroatischen Sitzen.

13 EUV Art. 15, 16

(3) Die Mitglieder des Europäischen Parlaments werden in allgemeiner, unmittelbarer, freier und geheimer Wahl für eine Amtszeit von fünf Jahren gewählt.

(4) Das Europäische Parlament wählt aus seiner Mitte seinen Präsidenten und sein Präsidium.

Art. 15 [Europäischer Rat] (1) [1] Der Europäische Rat gibt der Union die für ihre Entwicklung erforderlichen Impulse und legt die allgemeinen politischen Zielvorstellungen und Prioritäten hierfür fest. [2] Er wird nicht gesetzgeberisch tätig.

(2) [1] Der Europäische Rat setzt sich zusammen aus den Staats- und Regierungschefs der Mitgliedstaaten sowie dem Präsidenten des Europäischen Rates und dem Präsidenten der Kommission. [2] Der Hohe Vertreter der Union für Außen- und Sicherheitspolitik nimmt an seinen Arbeiten teil.

(3) [1] Der Europäische Rat tritt zweimal pro Halbjahr zusammen; er wird von seinem Präsidenten einberufen. [2] Wenn es die Tagesordnung erfordert, können die Mitglieder des Europäischen Rates beschließen, sich jeweils von einem Minister oder – im Fall des Präsidenten der Kommission – von einem Mitglied der Kommission unterstützen zu lassen. [3] Wenn es die Lage erfordert, beruft der Präsident eine außerordentliche Tagung des Europäischen Rates ein.

(4) Soweit in den Verträgen nichts anderes festgelegt ist, entscheidet der Europäische Rat im Konsens.

(5) [1] Der Europäische Rat wählt seinen Präsidenten mit qualifizierter Mehrheit für eine Amtszeit von zweieinhalb Jahren; der Präsident kann einmal wiedergewählt werden. [2] Im Falle einer Verhinderung oder einer schweren Verfehlung kann der Europäische Rat ihn im Wege des gleichen Verfahrens von seinem Amt entbinden.

(6) *[1]* Der Präsident des Europäischen Rates

a) führt den Vorsitz bei den Arbeiten des Europäischen Rates und gibt ihnen Impulse,

b) sorgt in Zusammenarbeit mit dem Präsidenten der Kommission auf der Grundlage der Arbeiten des Rates „Allgemeine Angelegenheiten" für die Vorbereitung und Kontinuität der Arbeiten des Europäischen Rates,

c) wirkt darauf hin, dass Zusammenhalt und Konsens im Europäischen Rat gefördert werden,

d) legt dem Europäischen Parlament im Anschluss an jede Tagung des Europäischen Rates einen Bericht vor.

[2] Der Präsident des Europäischen Rates nimmt auf seiner Ebene und in seiner Eigenschaft, unbeschadet der Befugnisse des Hohen Vertreters der Union für Außen- und Sicherheitspolitik, die Außenvertretung der Union in Angelegenheiten der Gemeinsamen Außen- und Sicherheitspolitik wahr.

[3] Der Präsident des Europäischen Rates darf kein einzelstaatliches Amt ausüben.

Art. 16 [Rat] (1) [1] Der Rat wird gemeinsam mit dem Europäischen Parlament als Gesetzgeber tätig und übt gemeinsam mit ihm die Haushaltsbefugnisse aus. [2] Zu seinen Aufgaben gehört die Festlegung der Politik und die Koordinierung nach Maßgabe der Verträge.

(2) Der Rat besteht aus je einem Vertreter jedes Mitgliedstaats auf Ministerebene, der befugt ist, für die Regierung des von ihm vertretenen Mitgliedstaats verbindlich zu handeln und das Stimmrecht auszuüben.

(3) Soweit in den Verträgen nichts anderes festgelegt ist, beschließt der Rat mit qualifizierter Mehrheit.

(4) *[1]* Ab dem 1. November 2014 gilt als qualifizierte Mehrheit eine Mehrheit von mindestens 55 % der Mitglieder des Rates, gebildet aus mindestens 15 Mitgliedern, sofern die von diesen vertretenen Mitgliedstaaten zusammen mindestens 65 % der Bevölkerung der Union ausmachen.[1)]

[2] Für eine Sperrminorität sind mindestens vier Mitglieder des Rates erforderlich, andernfalls gilt die qualifizierte Mehrheit als erreicht.

[3] Die übrigen Modalitäten für die Abstimmung mit qualifizierter Mehrheit sind in Artikel 238 Absatz 2 des Vertrags über die Arbeitsweise der Europäischen Union[2)] festgelegt.

(5) Die Übergangsbestimmungen für die Definition der qualifizierten Mehrheit, die bis zum 31. Oktober 2014 gelten, sowie die Übergangsbestimmungen, die zwischen dem 1. November 2014 und dem 31. März 2017 gelten, sind im Protokoll über die Übergangsbestimmungen festgelegt.

(6) *[1]* Der Rat tagt in verschiedenen Zusammensetzungen; die Liste dieser Zusammensetzungen wird nach Artikel 236 des Vertrags über die Arbeitsweise der Europäischen Union angenommen.

[2] ¹Als Rat „Allgemeine Angelegenheiten" sorgt er für die Kohärenz der Arbeiten des Rates in seinen verschiedenen Zusammensetzungen. ²In Verbindung mit dem Präsidenten des Europäischen Rates und mit der Kommission bereitet er die Tagungen des Europäischen Rates vor und sorgt für das weitere Vorgehen.

[3] Als Rat „Auswärtige Angelegenheiten" gestaltet er das auswärtige Handeln der Union entsprechend den strategischen Vorgaben des Europäischen Rates und sorgt für die Kohärenz des Handelns der Union.

(7) Ein Ausschuss der Ständigen Vertreter der Regierungen der Mitgliedstaaten ist für die Vorbereitung der Arbeiten des Rates verantwortlich.

(8) ¹Der Rat tagt öffentlich, wenn er über Entwürfe zu Gesetzgebungsakten berät und abstimmt. ²Zu diesem Zweck wird jede Ratstagung in zwei Teile unterteilt, von denen der eine den Beratungen über die Gesetzgebungsakte der Union und der andere den nicht die Gesetzgebung betreffenden Tätigkeiten gewidmet ist.

(9) Der Vorsitz im Rat in allen seinen Zusammensetzungen mit Ausnahme des Rates „Auswärtige Angelegenheiten" wird von den Vertretern der Mitgliedstaaten im Rat unter Bedingungen, die gemäß Artikel 236 des Vertrags über die Arbeitsweise der Europäischen Union festgelegt werden, nach einem System der gleichberechtigten Rotation wahrgenommen.

Art. 17 [Kommission] (1) ¹Die Kommission fördert die allgemeinen Interessen der Union und ergreift geeignete Initiativen zu diesem Zweck. ²Sie sorgt für die Anwendung der Verträge sowie der von den Organen kraft der Verträge erlassenen Maßnahmen. ³Sie überwacht die Anwendung des Unionsrechts unter

[1)] Näheres siehe hierzu im Beschluss 2009/857/EG v. 13.12.2007 (ABl. 2009 L 314 S. 73).
[2)] Nr. **14**.

13 EUV Art. 17

der Kontrolle des Gerichtshofs der Europäischen Union. [4] Sie führt den Haushaltsplan aus und verwaltet die Programme. [5] Sie übt nach Maßgabe der Verträge Koordinierungs-, Exekutiv- und Verwaltungsfunktionen aus. [6] Außer in der Gemeinsamen Außen- und Sicherheitspolitik und den übrigen in den Verträgen vorgesehenen Fällen nimmt sie die Vertretung der Union nach außen wahr. [7] Sie leitet die jährliche und die mehrjährige Programmplanung der Union mit dem Ziel ein, interinstitutionelle Vereinbarungen zu erreichen.

(2) [1] Soweit in den Verträgen nichts anderes festgelegt ist, darf ein Gesetzgebungsakt der Union nur auf Vorschlag der Kommission erlassen werden. [2] Andere Rechtsakte werden auf der Grundlage eines Kommissionsvorschlags erlassen, wenn dies in den Verträgen vorgesehen ist.

(3) *[1]* Die Amtszeit der Kommission beträgt fünf Jahre.

[2] Die Mitglieder der Kommission werden aufgrund ihrer allgemeinen Befähigung und ihres Einsatzes für Europa unter Persönlichkeiten ausgewählt, die volle Gewähr für ihre Unabhängigkeit bieten.

[3] [1] Die Kommission übt ihre Tätigkeit in voller Unabhängigkeit aus. [2] Die Mitglieder der Kommission dürfen unbeschadet des Artikels 18 Absatz 2 Weisungen von einer Regierung, einem Organ, einer Einrichtung oder jeder anderen Stelle weder einholen noch entgegennehmen. [3] Sie enthalten sich jeder Handlung, die mit ihrem Amt oder der Erfüllung ihrer Aufgaben unvereinbar ist.

(4) Die Kommission, die zwischen dem Zeitpunkt des Inkrafttretens des Vertrags von Lissabon und dem 31. Oktober 2014 ernannt wird, besteht einschließlich ihres Präsidenten und des Hohen Vertreters der Union für Außen- und Sicherheitspolitik, der einer der Vizepräsidenten der Kommission ist, aus je einem Staatsangehörigen jedes Mitgliedstaats.

(5) *[1]* Ab dem 1. November 2014 besteht die Kommission, einschließlich ihres Präsidenten und des Hohen Vertreters der Union für Außen- und Sicherheitspolitik, aus einer Anzahl von Mitgliedern, die zwei Dritteln der Zahl der Mitgliedstaaten entspricht, sofern der Europäische Rat nicht einstimmig eine Änderung dieser Anzahl beschließt.

[2] [1] Die Mitglieder der Kommission werden unter den Staatsangehörigen der Mitgliedstaaten in einem System der strikt gleichberechtigten Rotation zwischen den Mitgliedstaaten so ausgewählt, dass das demografische und geografische Spektrum der Gesamtheit der Mitgliedstaaten zum Ausdruck kommt. [2] Dieses System wird vom Europäischen Rat nach Artikel 244 des Vertrags über die Arbeitsweise der Europäischen Union[1)] einstimmig festgelegt.

(6) *[1]* Der Präsident der Kommission

a) legt die Leitlinien fest, nach denen die Kommission ihre Aufgaben ausübt,
b) beschließt über die interne Organisation der Kommission, um die Kohärenz, die Effizienz und das Kollegialitätsprinzip im Rahmen ihrer Tätigkeit sicherzustellen,
c) ernennt, mit Ausnahme des Hohen Vertreters der Union für Außen- und Sicherheitspolitik, die Vizepräsidenten aus dem Kreis der Mitglieder der Kommission.

[2] [1] Ein Mitglied der Kommission legt sein Amt nieder, wenn es vom Präsidenten dazu aufgefordert wird. [2] Der Hohe Vertreter der Union für Außen- und

[1)] Nr. **14**.

Sicherheitspolitik legt sein Amt nach dem Verfahren des Artikels 18 Absatz 1 nieder, wenn er vom Präsidenten dazu aufgefordert wird.

(7) *[1]* ¹Der Europäische Rat schlägt dem Europäischen Parlament nach entsprechenden Konsultationen mit qualifizierter Mehrheit einen Kandidaten für das Amt des Präsidenten der Kommission vor; dabei berücksichtigt er das Ergebnis der Wahlen zum Europäischen Parlament. ²Das Europäische Parlament wählt diesen Kandidaten mit der Mehrheit seiner Mitglieder. ³Erhält dieser Kandidat nicht die Mehrheit, so schlägt der Europäische Rat dem Europäischen Parlament innerhalb eines Monats mit qualifizierter Mehrheit einen neuen Kandidaten vor, für dessen Wahl das Europäische Parlament dasselbe Verfahren anwendet.

[2] ¹Der Rat nimmt, im Einvernehmen mit dem gewählten Präsidenten, die Liste der anderen Persönlichkeiten an, die er als Mitglieder der Kommission vorschlägt. ²Diese werden auf der Grundlage der Vorschläge der Mitgliedstaaten entsprechend den Kriterien nach Absatz 3 Unterabsatz 2 und Absatz 5 Unterabsatz 2 ausgewählt.

[3] ¹Der Präsident, der Hohe Vertreter der Union für Außen- und Sicherheitspolitik und die übrigen Mitglieder der Kommission stellen sich als Kollegium einem Zustimmungsvotum des Europäischen Parlaments. ²Auf der Grundlage dieser Zustimmung wird die Kommission vom Europäischen Rat mit qualifizierter Mehrheit ernannt.

(8) ¹Die Kommission ist als Kollegium dem Europäischen Parlament verantwortlich. ²Das Europäische Parlament kann nach Artikel 234 des Vertrags über die Arbeitsweise der Europäischen Union einen Misstrauensantrag gegen die Kommission annehmen. ³Wird ein solcher Antrag angenommen, so müssen die Mitglieder der Kommission geschlossen ihr Amt niederlegen, und der Hohe Vertreter der Union für Außen- und Sicherheitspolitik muss sein im Rahmen der Kommission ausgeübtes Amt niederlegen.

Art. 18 [Hoher Vertreter für Außen- und Sicherheitspolitik]

(1) ¹Der Europäische Rat ernennt mit qualifizierter Mehrheit und mit Zustimmung des Präsidenten der Kommission den Hohen Vertreter der Union für Außen- und Sicherheitspolitik. ²Der Europäische Rat kann die Amtszeit des Hohen Vertreters nach dem gleichen Verfahren beenden.

(2) ¹Der Hohe Vertreter leitet die Gemeinsame Außen- und Sicherheitspolitik der Union. ²Er trägt durch seine Vorschläge zur Festlegung dieser Politik bei und führt sie im Auftrag des Rates durch. ³Er handelt ebenso im Bereich der Gemeinsamen Sicherheits- und Verteidigungspolitik.

(3) Der Hohe Vertreter führt den Vorsitz im Rat „Auswärtige Angelegenheiten".

(4) ¹Der Hohe Vertreter ist einer der Vizepräsidenten der Kommission. ²Er sorgt für die Kohärenz des auswärtigen Handelns der Union. ³Er ist innerhalb der Kommission mit deren Zuständigkeiten im Bereich der Außenbeziehungen und mit der Koordinierung der übrigen Aspekte des auswärtigen Handelns der Union betraut. ⁴Bei der Wahrnehmung dieser Zuständigkeiten in der Kommission und ausschließlich im Hinblick auf diese Zuständigkeiten unterliegt der Hohe Vertreter den Verfahren, die für die Arbeitsweise der Kommission gelten, soweit dies mit den Absätzen 2 und 3 vereinbar ist.

Art. 19 [Europäischer Gerichtshof] (1) *[1]* ¹Der Gerichtshof der Europäischen Union umfasst den Gerichtshof, das Gericht und Fachgerichte. ²Er sichert die Wahrung des Rechts bei der Auslegung und Anwendung der Verträge.

[2] Die Mitgliedstaaten schaffen die erforderlichen Rechtsbehelfe, damit ein wirksamer Rechtsschutz in den vom Unionsrecht erfassten Bereichen gewährleistet ist.

(2) *[1]* ¹Der Gerichtshof besteht aus einem Richter je Mitgliedstaat. ²Er wird von Generalanwälten unterstützt.

[2] Das Gericht besteht aus mindestens einem Richter je Mitgliedstaat.

[3] ¹Als Richter und Generalanwälte des Gerichtshofs und als Richter des Gerichts sind Persönlichkeiten auszuwählen, die jede Gewähr für Unabhängigkeit bieten und die Voraussetzungen der Artikel 253 und 254 des Vertrags über die Arbeitsweise der Europäischen Union[1]) erfüllen. ²Sie werden von den Regierungen der Mitgliedstaaten im gegenseitigen Einvernehmen für eine Amtszeit von sechs Jahren ernannt. ³Die Wiederernennung ausscheidender Richter und Generalanwälte ist zulässig.

(3) Der Gerichtshof der Europäischen Union entscheidet nach Maßgabe der Verträge

a) über Klagen eines Mitgliedstaats, eines Organs oder natürlicher oder juristischer Personen;

b) im Wege der Vorabentscheidung auf Antrag der einzelstaatlichen Gerichte über die Auslegung des Unionsrechts oder über die Gültigkeit der Handlungen der Organe;

c) in allen anderen in den Verträgen vorgesehenen Fällen.

Titel IV. Bestimmungen über eine Verstärkte Zusammenarbeit

Art. 20 [Verstärkte Zusammenarbeit] (1) *[1]* Die Mitgliedstaaten, die untereinander eine Verstärkte Zusammenarbeit im Rahmen der nicht ausschließlichen Zuständigkeiten der Union begründen wollen, können, in den Grenzen und nach Maßgabe dieses Artikels und der Artikel 326 bis 334 des Vertrags über die Arbeitsweise der Europäischen Union[1]), die Organe der Union in Anspruch nehmen und diese Zuständigkeiten unter Anwendung der einschlägigen Bestimmungen der Verträge ausüben.

[2] ¹Eine Verstärkte Zusammenarbeit ist darauf ausgerichtet, die Verwirklichung der Ziele der Union zu fördern, ihre Interessen zu schützen und ihren Integrationsprozess zu stärken. ²Sie steht allen Mitgliedstaaten nach Artikel 328 des Vertrags über die Arbeitsweise der Europäischen Union jederzeit offen.

(2) ¹Der Beschluss über die Ermächtigung zu einer Verstärkten Zusammenarbeit wird vom Rat als letztes Mittel erlassen, wenn dieser feststellt, dass die mit dieser Zusammenarbeit angestrebten Ziele von der Union in ihrer Gesamtheit nicht innerhalb eines vertretbaren Zeitraums verwirklicht werden können, und sofern an der Zusammenarbeit mindestens neun Mitgliedstaaten beteiligt sind. ²Der Rat beschließt nach dem in Artikel 329 des Vertrags über die Arbeitsweise der Europäischen Union vorgesehenen Verfahren.

[1]) Nr. 14.

(3) ¹Alle Mitglieder des Rates können an dessen Beratungen teilnehmen, aber nur die Mitglieder des Rates, die die an der Verstärkten Zusammenarbeit beteiligten Mitgliedstaaten vertreten, nehmen an der Abstimmung teil. ²Die Abstimmungsmodalitäten sind in Artikel 330 des Vertrags über die Arbeitsweise der Europäischen Union vorgesehen.

(4) ¹An die im Rahmen einer Verstärkten Zusammenarbeit erlassenen Rechtsakte sind nur die an dieser Zusammenarbeit beteiligten Mitgliedstaaten gebunden. ²Sie gelten nicht als Besitzstand, der von beitrittswilligen Staaten angenommen werden muss.

Titel V. Allgemeine Bestimmungen über das auswärtige Handeln der Union und besondere Bestimmungen über die gemeinsame Außen- und Sicherheitspolitik

Kapitel 1. Allgemeine Bestimmungen über das auswärtige Handeln der Union

Art. 21 [Grundsätze europäischer Außenpolitik] (1) *[1]* Die Union lässt sich bei ihrem Handeln auf internationaler Ebene von den Grundsätzen leiten, die für ihre eigene Entstehung, Entwicklung und Erweiterung maßgebend waren und denen sie auch weltweit zu stärkerer Geltung verhelfen will: Demokratie, Rechtsstaatlichkeit, die universelle Gültigkeit und Unteilbarkeit der Menschenrechte und Grundfreiheiten, die Achtung der Menschenwürde, der Grundsatz der Gleichheit und der Grundsatz der Solidarität sowie die Achtung der Grundsätze der Charta der Vereinten Nationen und des Völkerrechts.

[2] ¹Die Union strebt an, die Beziehungen zu Drittländern und zu regionalen oder weltweiten internationalen Organisationen, die die in Unterabsatz 1 aufgeführten Grundsätze teilen, auszubauen und Partnerschaften mit ihnen aufzubauen. ²Sie setzt sich insbesondere im Rahmen der Vereinten Nationen für multilaterale Lösungen bei gemeinsamen Problemen ein.

(2) Die Union legt die gemeinsame Politik sowie Maßnahmen fest, führt diese durch und setzt sich für ein hohes Maß an Zusammenarbeit auf allen Gebieten der internationalen Beziehungen ein, um

a) ihre Werte, ihre grundlegenden Interessen, ihre Sicherheit, ihre Unabhängigkeit und ihre Unversehrtheit zu wahren;

b) Demokratie, Rechtsstaatlichkeit, die Menschenrechte und die Grundsätze des Völkerrechts zu festigen und zu fördern;

c) nach Maßgabe der Ziele und Grundsätze der Charta der Vereinten Nationen sowie der Prinzipien der Schlussakte von Helsinki und der Ziele der Charta von Paris, einschließlich derjenigen, die die Außengrenzen betreffen, den Frieden zu erhalten, Konflikte zu verhüten und die internationale Sicherheit zu stärken;

d) die nachhaltige Entwicklung in Bezug auf Wirtschaft, Gesellschaft und Umwelt in den Entwicklungsländern zu fördern mit dem vorrangigen Ziel, die Armut zu beseitigen;

e) die Integration aller Länder in die Weltwirtschaft zu fördern, unter anderem auch durch den schrittweisen Abbau internationaler Handelshemmnisse;

f) zur Entwicklung von internationalen Maßnahmen zur Erhaltung und Verbesserung der Qualität der Umwelt und der nachhaltigen Bewirtschaftung der

weltweiten natürlichen Ressourcen beizutragen, um eine nachhaltige Entwicklung sicherzustellen;

g) den Völkern, Ländern und Regionen, die von Naturkatastrophen oder von vom Menschen verursachten Katastrophen betroffen sind, zu helfen; und

h) eine Weltordnung zu fördern, die auf einer verstärkten multilateralen Zusammenarbeit und einer verantwortungsvollen Weltordnungspolitik beruht.

(3) *[1]* Die Union wahrt bei der Ausarbeitung und Umsetzung ihres auswärtigen Handelns in den verschiedenen unter diesen Titel und den Fünften Teil des Vertrags über die Arbeitsweise der Europäischen Union[1]) fallenden Bereichen sowie der externen Aspekte der übrigen Politikbereiche die in den Absätzen 1 und 2 genannten Grundsätze und Ziele.

[2] ¹Die Union achtet auf die Kohärenz zwischen den einzelnen Bereichen ihres auswärtigen Handelns sowie zwischen diesen und ihren übrigen Politikbereichen. ²Der Rat und die Kommission, die vom Hohen Vertreter der Union für Außen- und Sicherheitspolitik unterstützt werden, stellen diese Kohärenz sicher und arbeiten zu diesem Zweck zusammen.

Art. 22 [Strategische Interessen und Ziele] (1) *[1]* Auf der Grundlage der in Artikel 21 aufgeführten Grundsätze und Ziele legt der Europäische Rat die strategischen Interessen und Ziele der Union fest.

[2] ¹Die Beschlüsse des Europäischen Rates über die strategischen Interessen und Ziele der Union erstrecken sich auf die Gemeinsame Außen- und Sicherheitspolitik sowie auf andere Bereiche des auswärtigen Handelns der Union. ²Sie können die Beziehungen der Union zu einem Land und/oder einer Region betreffen oder aber ein bestimmtes Thema zum Gegenstand haben. ³Sie enthalten Bestimmungen zu ihrer Geltungsdauer und zu den von der Union und den Mitgliedstaaten bereitzustellenden Mitteln.

[3] ¹Der Europäische Rat beschließt einstimmig auf Empfehlung des Rates, die dieser nach den für den jeweiligen Bereich vorgesehenen Regelungen abgibt. ²Die Beschlüsse des Europäischen Rates werden nach Maßgabe der in den Verträgen vorgesehenen Verfahren durchgeführt.

(2) Der Hohe Vertreter der Union für Außen- und Sicherheitspolitik und die Kommission können dem Rat gemeinsame Vorschläge vorlegen, wobei der Hohe Vertreter für den Bereich der Gemeinsamen Außen- und Sicherheitspolitik und die Kommission für die anderen Bereiche des auswärtigen Handelns zuständig ist.

Kapitel 2. Besondere Bestimmungen über die Gemeinsame Außen- und Sicherheitspolitik

Abschnitt 1. Gemeinsame Bestimmungen

Art. 23 [Grundsätze europäischer Außenpolitik; Verweis] Das Handeln der Union auf internationaler Ebene im Rahmen dieses Kapitels beruht auf den Grundsätzen des Kapitel 1, verfolgt die darin genannten Ziele und steht mit den allgemeinen Bestimmungen jenes Kapitels im Einklang.

[1]) Nr. 14.

Art. 24 [Zuständigkeit; Verfahren; Pflichten der Mitgliedstaaten]

(1) *[1]* Die Zuständigkeit der Union in der Gemeinsamen Außen- und Sicherheitspolitik erstreckt sich auf alle Bereiche der Außenpolitik sowie auf sämtliche Fragen im Zusammenhang mit der Sicherheit der Union, einschließlich der schrittweisen Festlegung einer gemeinsamen Verteidigungspolitik, die zu einer gemeinsamen Verteidigung führen kann.

[2] ¹Für die Gemeinsame Außen- und Sicherheitspolitik gelten besondere Bestimmungen und Verfahren. ²Sie wird vom Europäischen Rat und vom Rat einstimmig festgelegt und durchgeführt, soweit in den Verträgen nichts anderes vorgesehen ist. ³Der Erlass von Gesetzgebungsakten ist ausgeschlossen. ⁴Die Gemeinsame Außen- und Sicherheitspolitik wird vom Hohen Vertreter der Union für Außen- und Sicherheitspolitik und von den Mitgliedstaaten gemäß den Verträgen durchgeführt. ⁵Die spezifische Rolle des Europäischen Parlaments und der Kommission in diesem Bereich ist in den Verträgen festgelegt. ⁶Der Gerichtshof der Europäischen Union ist in Bezug auf diese Bestimmungen nicht zuständig; hiervon ausgenommen ist die Kontrolle der Einhaltung des Artikels 40 dieses Vertrags und die Überwachung der Rechtmäßigkeit bestimmter Beschlüsse nach Artikel 275 Absatz 2 des Vertrags über die Arbeitsweise der Europäischen Union[1].

(2) Die Union verfolgt, bestimmt und verwirklicht im Rahmen der Grundsätze und Ziele ihres auswärtigen Handelns eine Gemeinsame Außen- und Sicherheitspolitik, die auf einer Entwicklung der gegenseitigen politischen Solidarität der Mitgliedstaaten, der Ermittlung der Fragen von allgemeiner Bedeutung und der Erreichung einer immer stärkeren Konvergenz des Handelns der Mitgliedstaaten beruht.

(3) *[1]* Die Mitgliedstaaten unterstützen die Außen- und Sicherheitspolitik der Union aktiv und vorbehaltlos im Geiste der Loyalität und der gegenseitigen Solidarität und achten das Handeln der Union in diesem Bereich.

[2] ¹Die Mitgliedstaaten arbeiten zusammen, um ihre gegenseitige politische Solidarität zu stärken und weiterzuentwickeln. ²Sie enthalten sich jeder Handlung, die den Interessen der Union zuwiderläuft oder ihrer Wirksamkeit als kohärente Kraft in den internationalen Beziehungen schaden könnte.

[3] Der Rat und der Hohe Vertreter tragen für die Einhaltung dieser Grundsätze Sorge.

Art. 25 [Handlungsformen]
Die Union verfolgt ihre Gemeinsame Außen- und Sicherheitspolitik, indem sie

a) die allgemeinen Leitlinien bestimmt,
b) Beschlüsse erlässt zur Festlegung
 i) der von der Union durchzuführenden Aktionen,
 ii) der von der Union einzunehmenden Standpunkte,
 iii) der Einzelheiten der Durchführung der unter den Ziffern i und ii genannten Beschlüsse,
 und
c) die systematische Zusammenarbeit der Mitgliedstaaten bei der Führung ihrer Politik ausbaut.

[1] Nr. 14.

Art. 26 [Ziele und allgemeine Leitlinien] (1) *[1]* ¹Der Europäische Rat bestimmt die strategischen Interessen der Union und legt die Ziele und die allgemeinen Leitlinien der Gemeinsamen Außen- und Sicherheitspolitik fest, und zwar auch bei Fragen mit verteidigungspolitischen Bezügen. ²Er erlässt die erforderlichen Beschlüsse.

[2] Wenn eine internationale Entwicklung es erfordert, beruft der Präsident des Europäischen Rates eine außerordentliche Tagung des Europäischen Rates ein, um die strategischen Vorgaben für die Politik der Union angesichts dieser Entwicklung festzulegen.

(2) *[1]* Der Rat gestaltet die Gemeinsame Außen- und Sicherheitspolitik und fasst die für die Festlegung und Durchführung dieser Politik erforderlichen Beschlüsse auf der Grundlage der vom Europäischen Rat festgelegten allgemeinen Leitlinien und strategischen Vorgaben.

[2] Der Rat und der Hohe Vertreter der Union für Außen- und Sicherheitspolitik tragen für ein einheitliches, kohärentes und wirksames Vorgehen der Union Sorge.

(3) Die Gemeinsame Außen- und Sicherheitspolitik wird vom Hohen Vertreter und von den Mitgliedstaaten mit einzelstaatlichen Mitteln und den Mitteln der Union durchgeführt.

Art. 27 [Kompetenzen des Hohen Vertreters; Europäischer Auswärtiger Dienst] (1) Der Hohe Vertreter der Union für Außen- und Sicherheitspolitik, der im Rat „Auswärtige Angelegenheiten" den Vorsitz führt, trägt durch seine Vorschläge zur Festlegung der Gemeinsamen Außen- und Sicherheitspolitik bei und stellt sicher, dass die vom Europäischen Rat und vom Rat erlassenen Beschlüsse durchgeführt werden.

(2) ¹Der Hohe Vertreter vertritt die Union in den Bereichen der Gemeinsamen Außen- und Sicherheitspolitik. ²Er führt im Namen der Union den politischen Dialog mit Dritten und vertritt den Standpunkt der Union in internationalen Organisationen und auf internationalen Konferenzen.

(3) ¹Bei der Erfüllung seines Auftrags stützt sich der Hohe Vertreter auf einen Europäischen Auswärtigen Dienst. ²Dieser Dienst arbeitet mit den diplomatischen Diensten der Mitgliedstaaten zusammen und umfasst Beamte aus den einschlägigen Abteilungen des Generalsekretariats des Rates und der Kommission sowie abgeordnetes Personal der nationalen diplomatischen Dienste. ³Die Organisation und die Arbeitsweise des Europäischen Auswärtigen Dienstes werden durch einen Beschluss des Rates festgelegt. ⁴Der Rat beschließt auf Vorschlag des Hohen Vertreters nach Anhörung des Europäischen Parlaments und nach Zustimmung der Kommission.

Art. 28 [Operatives Vorgehen der Union] (1) *[1]* ¹Verlangt eine internationale Situation ein operatives Vorgehen der Union, so erlässt der Rat die erforderlichen Beschlüsse. ²In den Beschlüssen sind ihre Ziele, ihr Umfang, die der Union zur Verfügung zu stellenden Mittel sowie die Bedingungen und erforderlichenfalls der Zeitraum für ihre Durchführung festgelegt.

[2] Tritt eine Änderung der Umstände mit erheblichen Auswirkungen auf eine Angelegenheit ein, die Gegenstand eines solchen Beschlusses ist, so überprüft der Rat die Grundsätze und Ziele dieses Beschlusses und erläßt die erforderlichen Beschlüsse.

EU-Vertrag (Lissabon) **Art. 29–31 EUV 13**

(2) Die Beschlüsse nach Absatz 1 sind für die Mitgliedstaaten bei ihren Stellungnahmen und ihrem Vorgehen bindend.

(3) ¹Jede einzelstaatliche Stellungnahme oder Maßnahme, die im Rahmen eines Beschlusses nach Absatz 1 geplant ist, wird von dem betreffenden Mitgliedstaat so rechtzeitig mitgeteilt, daß erforderlichenfalls eine vorherige Abstimmung im Rat stattfinden kann. ²Die Pflicht zur vorherigen Unterrichtung gilt nicht für Maßnahmen, die eine bloße praktische Umsetzung der Beschlüsse des Rates auf einzelstaatlicher Ebene darstellen.

(4) ¹Bei zwingender Notwendigkeit aufgrund der Entwicklung der Lage, und falls eine Überprüfung des Beschlusses des Rates nach Absatz 1 nicht stattfindet, können die Mitgliedstaaten unter Berücksichtigung der allgemeinen Ziele des genannten Beschlusses die erforderlichen Sofortmaßnahmen ergreifen. ²Der betreffende Mitgliedstaat unterrichtet den Rat sofort über derartige Maßnahmen.

(5) ¹Ein Mitgliedstaat befaßt den Rat, wenn sich bei der Durchführung eines Beschlusses nach diesem Artikel größere Schwierigkeiten ergeben; der Rat berät darüber und sucht nach angemessenen Lösungen. ²Diese dürfen nicht im Widerspruch zu den Zielen des Beschlusses nach Absatz 1 stehen oder seiner Wirksamkeit schaden.

Art. 29 [Standpunkte der Union] ¹Der Rat erlässt Beschlüsse, in denen der Standpunkt der Union zu einer bestimmten Frage geographischer oder thematischer Art bestimmt wird. ²Die Mitgliedstaaten tragen dafür Sorge, daß ihre einzelstaatliche Politik mit den Standpunkten der Union in Einklang steht.

Art. 30 [Initiativ- und Vorschlagsrecht; Eilentscheidungen] (1) Jeder Mitgliedstaat, der Hohe Vertreter der Union für Außen- und Sicherheitspolitik oder der Hohe Vertreter mit Unterstützung der Kommission kann den Rat mit einer Frage der Gemeinsamen Außen- und Sicherheitspolitik befassen und ihm Initiativen beziehungsweise Vorschläge unterbreiten.

(2) In den Fällen, in denen eine rasche Entscheidung notwendig ist, beruft der Hohe Vertreter von sich aus oder auf Antrag eines Mitgliedstaats innerhalb von 48 Stunden, bei absoluter Notwendigkeit in kürzerer Zeit, eine außerordentliche Tagung des Rates ein.

Art. 31 [Verfahren der Beschlussfassung] (1) *[1]* ¹Beschlüsse nach diesem Kapitel werden vom Europäischen Rat und vom Rat einstimmig gefasst, soweit in diesem Kapitel nichts anderes festgelegt ist. ²Der Erlass von Gesetzgebungsakten ist ausgeschlossen.

[2] ¹Bei einer Stimmenthaltung kann jedes Ratsmitglied zu seiner Enthaltung eine förmliche Erklärung im Sinne dieses Unterabsatzes abgeben. ²In diesem Fall ist es nicht verpflichtet, den Beschluß durchzuführen, akzeptiert jedoch, daß der Beschluß für die Union bindend ist. ³Im Geiste gegenseitiger Solidarität unterläßt der betreffende Mitgliedstaat alles, was dem auf diesem Beschluß beruhenden Vorgehen der Union zuwiderlaufen oder es behindern könnte, und die anderen Mitgliedstaaten respektieren seinen Standpunkt. ⁴Vertreten die Mitglieder des Rates, die bei ihrer Stimmenthaltung eine solche Erklärung abgeben, mindestens ein Drittel der Mitgliedstaaten, die mindestens ein Drittel der Unionsbevölkerung ausmachen, so wird der Beschluss nicht erlassen.

(2) *[1]* Abweichend von Absatz 1 beschließt der Rat mit qualifizierter Mehrheit, wenn er

13 EUV Art. 32, 33

– auf der Grundlage eines Beschlusses des Europäischen Rates über die strategischen Interessen und Ziele der Union nach Artikel 22 Absatz 1 einen Beschluss erlässt, mit dem eine Aktion oder ein Standpunkt der Union festgelegt wird;
– auf einen Vorschlag hin, den ihm der Hohe Vertreter der Union für Außen- und Sicherheitspolitik auf spezielles Ersuchen des Europäischen Rates unterbreitet hat, das auf dessen eigene Initiative oder auf eine Initiative des Hohen Vertreters zurückgeht, einen Beschluss erlässt, mit dem eine Aktion oder ein Standpunkt der Union festgelegt wird;
– einen Beschluss zur Durchführung eines Beschlusses, mit dem eine Aktion oder ein Standpunkt der Union festgelegt wird, erlässt,
– nach Artikel 33 einen Sonderbeauftragten ernennt.

[2] [1] Erklärt ein Mitglied des Rates, daß es aus wesentlichen Gründen der nationalen Politik, die es auch nennen muß, die Absicht hat, einen mit qualifizierter Mehrheit zu fassenden Beschluß abzulehnen, so erfolgt keine Abstimmung. [2] Der Hohe Vertreter bemüht sich in engem Benehmen mit dem betroffenen Mitgliedstaat um eine für diesen Mitgliedstaat annehmbare Lösung. [3] Gelingt dies nicht, so kann der Rat mit qualifizierter Mehrheit veranlassen, dass die Frage im Hinblick auf einen einstimmigen Beschluss an den Europäischen Rat verwiesen wird.

(3) Der Europäische Rat kann einstimmig einen Beschluss erlassen, in dem vorgesehen ist, dass der Rat in anderen als den in Absatz 2 genannten Fällen mit qualifizierter Mehrheit beschließt.

(4) Die Absätze 2 und 3 gelten nicht für Beschlüsse mit militärischen oder verteidigungspolitischen Bezügen.

(5) In Verfahrensfragen beschließt der Rat mit der Mehrheit seiner Mitglieder.

Art. 32 [Zusammenarbeit der Mitgliedstaaten im Rat] *[1]* [1] Die Mitgliedstaaten stimmen sich im Europäischen Rat und im Rat zu jeder außen- und sicherheitspolitischen Frage von allgemeiner Bedeutung ab, um ein gemeinsames Vorgehen festzulegen. [2] Bevor ein Mitgliedstaat in einer Weise, die die Interessen der Union berühren könnte, auf internationaler Ebene tätig wird oder eine Verpflichtung eingeht, konsultiert er die anderen Mitgliedstaaten im Europäischen Rat oder im Rat. [3] Die Mitgliedstaaten gewährleisten durch konvergentes Handeln, dass die Union ihre Interessen und ihre Werte auf internationaler Ebene geltend machen kann. [4] Die Mitgliedstaaten sind untereinander solidarisch.

[2] Hat der Europäische Rat oder der Rat ein gemeinsames Vorgehen der Union im Sinne des Absatzes 1 festgelegt, so koordinieren der Hohe Vertreter der Union für Außen- und Sicherheitspolitik und die Minister für auswärtige Angelegenheiten der Mitgliedstaaten ihre Tätigkeiten im Rat.

[3] Die diplomatischen Vertretungen der Mitgliedstaaten und die Delegationen der Union in Drittländern und bei internationalen Organisationen arbeiten zusammen und tragen zur Festlegung und Durchführung des gemeinsamen Vorgehens bei.

Art. 33 [Sonderbeauftragter] [1] Der Rat kann auf Vorschlag des Hohen Vertreters der Union für Außen- und Sicherheitspolitik einen Sonderbeauftragten für besondere politische Fragen ernennen. [2] Der Sonderbeauftragte übt sein Mandat unter der Verantwortung des Hohen Vertreters aus.

EU-Vertrag (Lissabon) **Art. 34–36 EUV 13**

Art. 34 [Koordiniertes Auftreten auf internationaler Ebene; Unterrichtungspflicht der Sicherheitsratsmitglieder] (1) *[1]* ¹Die Mitgliedstaaten koordinieren ihr Handeln in internationalen Organisationen und auf internationalen Konferenzen. ²Sie treten dort für die Standpunkte der Union ein. ³Der Hohe Vertreter der Union für Außen- und Sicherheitspolitik trägt für die Organisation dieser Koordinierung Sorge.

[2] In den internationalen Organisationen und auf internationalen Konferenzen, bei denen nicht alle Mitgliedstaaten vertreten sind, setzen sich die dort vertretenen Mitgliedstaaten für die Standpunkte der Union ein.

(2) *[1]* Nach Artikel 24 Absatz 3 unterrichten die Mitgliedstaaten, die in internationalen Organisationen oder auf internationalen Konferenzen vertreten sind, die dort nicht vertretenen Mitgliedstaaten und den Hohen Vertreter laufend über alle Fragen von gemeinsamem Interesse.

[2] ¹Die Mitgliedstaaten, die auch Mitglieder des Sicherheitsrats der Vereinten Nationen sind, stimmen sich ab und unterrichten die übrigen Mitgliedstaaten sowie den Hohen Vertreter in vollem Umfang. ²Die Mitgliedstaaten, die Mitglieder des Sicherheitsrats sind, setzen sich bei der Wahrnehmung ihrer Aufgaben unbeschadet ihrer Verantwortlichkeiten aufgrund der Charta der Vereinten Nationen für die Standpunkte und Interessen der Union ein.

[3] Wenn die Union einen Standpunkt zu einem Thema festgelegt hat, das auf der Tagesordnung des Sicherheitsrats der Vereinten Nationen steht, beantragen die dort vertretenen Mitgliedstaaten, dass der Hohe Vertreter gebeten wird, den Standpunkt der Union vorzutragen.

Art. 35 [Abgestimmtes Verhalten auf diplomatischer und konsularischer Ebene] *[1]* Die diplomatischen und konsularischen Vertretungen der Mitgliedstaaten und die Delegationen der Union in dritten Ländern und auf internationalen Konferenzen sowie ihre Vertretungen bei internationalen Organisationen stimmen sich ab, um die Einhaltung und Durchführung der nach diesem Kapitel erlassenen Beschlüsse, mit denen Standpunkte und Aktionen der Union festgelegt werden, zu gewährleisten.

[2] Sie intensivieren ihre Zusammenarbeit durch Informationsaustausch und gemeinsame Bewertungen.

[3] Sie tragen zur Verwirklichung des in Artikel 20 Absatz 2 Buchstabe c des Vertrags über die Arbeitsweise der Europäischen Union[1]) genannten Rechts der Unionsbürgerinnen und Unionsbürger auf Schutz im Hoheitsgebiet von Drittländern und zur Durchführung der nach Artikel 23 des genannten Vertrags erlassenen Maßnahmen bei.

Art. 36 [Beteiligung des Europäischen Parlaments] *[1]* ¹Der Hohe Vertreter der Union für Außen- und Sicherheitspolitik hört das Europäische Parlament regelmäßig zu den wichtigsten Aspekten und den grundlegenden Weichenstellungen der Gemeinsamen Außen- und Sicherheitspolitik und der Gemeinsamen Sicherheits- und Verteidigungspolitik und unterrichtet es über die Entwicklung der Politik in diesen Bereichen. ²Er achtet darauf, dass die Auffassungen des Europäischen Parlaments gebührend berücksichtigt werden. ³Die Sonderbeauftragten können zur Unterrichtung des Europäischen Parlaments mit herangezogen werden.

[1]) Nr. 14.

[2] ¹Das Europäische Parlament kann Anfragen oder Empfehlungen an den Rat und den Hohen Vertreter richten. ²Zweimal jährlich führt es eine Aussprache über die Fortschritte bei der Durchführung der Gemeinsamen Außen- und Sicherheitspolitik, einschließlich der Gemeinsamen Sicherheits- und Verteidigungspolitik.

Art. 37 [Übereinkünfte mit dritten Staaten und internationalen Organisationen] Die Union kann in den unter dieses Kapitel fallenden Bereichen Übereinkünfte mit einem oder mehreren Staaten oder internationalen Organisationen schließen.

Art. 38 [Politisches und Sicherheitspoltisches Komitee] *[1]* ¹Unbeschadet des Artikels 240 des Vertrags über die Arbeitsweise der Europäischen Union[1] verfolgt ein Politisches und Sicherheitspolitisches Komitee die internationale Lage in den Bereichen der Gemeinsamen Außen- und Sicherheitspolitik und trägt auf Ersuchen des Rates, des Hohen Vertreters der Union für Außen- und Sicherheitspolitik oder von sich aus durch an den Rat gerichtete Stellungnahmen zur Festlegung der Politiken bei. ²Ferner überwacht es die Durchführung vereinbarter Politiken; dies gilt unbeschadet der Zuständigkeiten des Hohen Vertreters.

[2] Im Rahmen dieses Kapitels nimmt das Politische und Sicherheitspolitische Komitee unter der Verantwortung des Rates und des Hohen Vertreters die politische Kontrolle und strategische Leitung von Krisenbewältigungsoperationen im Sinne des Artikels 43 wahr.

[3] Der Rat kann das Komitee für den Zweck und die Dauer einer Operation zur Krisenbewältigung, die vom Rat festgelegt werden, ermächtigen, geeignete Beschlüsse hinsichtlich der politischen Kontrolle und strategischen Leitung der Operation zu fassen.

Art. 39 [Datenschutz] ¹Gemäß Artikel 16 des Vertrags über die Arbeitsweise der Europäischen Union[1] und abweichend von Absatz 2 des genannten Artikels erlässt der Rat einen Beschluss zur Festlegung von Vorschriften über den Schutz natürlicher Personen bei der Verarbeitung personenbezogener Daten durch die Mitgliedstaaten im Rahmen der Ausübung von Tätigkeiten, die in den Anwendungsbereich dieses Kapitels fallen, und über den freien Datenverkehr. ²Die Einhaltung dieser Vorschriften wird von unabhängigen Behörden überwacht.

Art. 40 [Kompetenzabgrenzung] *[1]* Die Durchführung der Gemeinsamen Außen- und Sicherheitspolitik lässt die Anwendung der Verfahren und den jeweiligen Umfang der Befugnisse der Organe, die in den Verträgen für die Ausübung der in den Artikeln 3 bis 6 des Vertrags über die Arbeitsweise der Europäischen Union[1] aufgeführten Zuständigkeiten der Union vorgesehen sind, unberührt.

[2] Ebenso lässt die Durchführung der Politik nach den genannten Artikeln die Anwendung der Verfahren und den jeweiligen Umfang der Befugnisse der Organe, die in den Verträgen für die Ausübung der Zuständigkeiten der Union nach diesem Kapitel vorgesehen sind, unberührt.

[1] Nr. 14.

Art. 41 [Finanzierung] (1) Die Verwaltungsausgaben, die den Organen aus der Durchführung dieses Kapitels entstehen, gehen zu Lasten des Haushalts der Union.

(2) *[1]* Die operativen Ausgaben im Zusammenhang mit der Durchführung dieses Kapitels gehen ebenfalls zu Lasten des Haushalts der Union, mit Ausnahme der Ausgaben aufgrund von Maßnahmen mit militärischen oder verteidigungspolitischen Bezügen und von Fällen, in denen der Rat einstimmig etwas anderes beschließt.

[2] ¹ In Fällen, in denen die Ausgaben nicht zu Lasten des Haushalts der Union gehen, gehen sie nach dem Bruttosozialprodukt-Schlüssel zu Lasten der Mitgliedstaaten, sofern der Rat nicht einstimmig etwas anderes beschließt. ² Die Mitgliedstaaten, deren Vertreter im Rat eine förmliche Erklärung nach Artikel 31 Absatz 1 Unterabsatz 2 abgegeben haben, sind nicht verpflichtet, zur Finanzierung von Ausgaben für Maßnahmen mit militärischen oder verteidigungspolitischen Bezügen beizutragen.

(3) *[1]* ¹ Der Rat erlässt einen Beschluss zur Festlegung besonderer Verfahren, um den schnellen Zugriff auf die Haushaltsmittel der Union zu gewährleisten, die für die Sofortfinanzierung von Initiativen im Rahmen der Gemeinsamen Außen- und Sicherheitspolitik, insbesondere von Tätigkeiten zur Vorbereitung einer Mission nach Artikel 42 Absatz 1 und Artikel 43 bestimmt sind. ² Er beschließt nach Anhörung des Europäischen Parlaments.

[2] Die Tätigkeiten zur Vorbereitung der in Artikel 42 Absatz 1 und in Artikel 43 genannten Missionen, die nicht zulasten des Haushalts der Union gehen, werden aus einem aus Beiträgen der Mitgliedstaaten gebildeten Anschubfonds finanziert.

[3] Der Rat erlässt mit qualifizierter Mehrheit auf Vorschlag des Hohen Vertreters der Union für Außen- und Sicherheitspolitik die Beschlüsse über

a) die Einzelheiten für die Bildung und die Finanzierung des Anschubfonds, insbesondere die Höhe der Mittelzuweisungen für den Fonds;

b) die Einzelheiten für die Verwaltung des Anschubfonds;

c) die Einzelheiten für die Finanzkontrolle.

[4] ¹ Kann die geplante Mission nach Artikel 42 Absatz 1 und Artikel 43 nicht aus dem Haushalt der Union finanziert werden, so ermächtigt der Rat den Hohen Vertreter zur Inanspruchnahme dieses Fonds. ² Der Hohe Vertreter erstattet dem Rat Bericht über die Erfüllung dieses Mandats.

Abschnitt 2. Bestimmungen über die Gemeinsame Sicherheits- und Verteidigungspolitik

Art. 42 [Gemeinsame Verteidigungspolitik; Europäische Verteidigungsagentur; Beistandsklausel] (1) ¹ Die Gemeinsame Sicherheits- und Verteidigungspolitik ist integraler Bestandteil der Gemeinsamen Außen- und Sicherheitspolitik. ² Sie sichert der Union eine auf zivile und militärische Mittel gestützte Operationsfähigkeit. ³ Auf diese kann die Union bei Missionen außerhalb der Union zur Friedenssicherung, Konfliktverhütung und Stärkung der internationalen Sicherheit in Übereinstimmung mit den Grundsätzen der Charta der Vereinten Nationen zurückgreifen. ⁴ Sie erfüllt diese Aufgaben mit Hilfe der Fähigkeiten, die von den Mitgliedstaaten bereitgestellt werden.

13 EUV Art. 42

(2) *[1]* ¹Die Gemeinsame Sicherheits- und Verteidigungspolitik umfasst die schrittweise Festlegung einer gemeinsamen Verteidigungspolitik der Union. ²Diese führt zu einer gemeinsamen Verteidigung, sobald der Europäische Rat dies einstimmig beschlossen hat. ³Er empfiehlt in diesem Fall den Mitgliedstaaten, einen Beschluss in diesem Sinne im Einklang mit ihren verfassungsrechtlichen Vorschriften zu erlassen.

[2] Die Politik der Union nach diesem Abschnitt berührt nicht den besonderen Charakter der Sicherheits- und Verteidigungspolitik bestimmter Mitgliedstaaten; sie achtet die Verpflichtungen einiger Mitgliedstaaten, die ihre gemeinsame Verteidigung in der Nordatlantikvertrags-Organisation (NATO) verwirklicht sehen, aus dem Nordatlantikvertrag und ist vereinbar mit der in jenem Rahmen festgelegten gemeinsamen Sicherheits- und Verteidigungspolitik.

(3) *[1]* ¹Die Mitgliedstaaten stellen der Union für die Umsetzung der Gemeinsamen Sicherheits- und Verteidigungspolitik zivile und militärische Fähigkeiten als Beitrag zur Verwirklichung der vom Rat festgelegten Ziele zur Verfügung. ²Die Mitgliedstaaten, die zusammen multinationale Streitkräfte aufstellen, können diese auch für die Gemeinsame Sicherheits- und Verteidigungspolitik zur Verfügung stellen.

[2] ¹Die Mitgliedstaaten verpflichten sich, ihre militärischen Fähigkeiten schrittweise zu verbessern. ²Die Agentur für die Bereiche Entwicklung der Verteidigungsfähigkeiten, Forschung, Beschaffung und Rüstung (im Folgenden „Europäische Verteidigungsagentur") ermittelt den operativen Bedarf und fördert Maßnahmen zur Bedarfsdeckung, trägt zur Ermittlung von Maßnahmen zur Stärkung der industriellen und technologischen Basis des Verteidigungssektors bei und führt diese Maßnahmen gegebenenfalls durch, beteiligt sich an der Festlegung einer europäischen Politik im Bereich der Fähigkeiten und der Rüstung und unterstützt den Rat bei der Beurteilung der Verbesserung der militärischen Fähigkeiten.

(4) ¹Beschlüsse zur Gemeinsamen Sicherheits- und Verteidigungspolitik, einschließlich der Beschlüsse über die Einleitung einer Mission nach diesem Artikel, werden vom Rat einstimmig auf Vorschlag des Hohen Vertreters der Union für Außen- und Sicherheitspolitik oder auf Initiative eines Mitgliedstaats erlassen. ²Der Hohe Vertreter kann gegebenenfalls gemeinsam mit der Kommission den Rückgriff auf einzelstaatliche Mittel sowie auf Instrumente der Union vorschlagen.

(5) ¹Der Rat kann zur Wahrung der Werte der Union und im Dienste ihrer Interessen eine Gruppe von Mitgliedstaaten mit der Durchführung einer Mission im Rahmen der Union beauftragen. ²Die Durchführung einer solchen Mission fällt unter Artikel 44.

(6) ¹Die Mitgliedstaaten, die anspruchsvollere Kriterien in Bezug auf die militärischen Fähigkeiten erfüllen und die im Hinblick auf Missionen mit höchsten Anforderungen untereinander weiter gehende Verpflichtungen eingegangen sind, begründen eine Ständige Strukturierte Zusammenarbeit im Rahmen der Union. ²Diese Zusammenarbeit erfolgt nach Maßgabe von Artikel 46. ³Sie berührt nicht die Bestimmungen des Artikels 43.

(7) *[1]* ¹Im Falle eines bewaffneten Angriffs auf das Hoheitsgebiet eines Mitgliedstaats schulden die anderen Mitgliedstaaten ihm alle in ihrer Macht stehende Hilfe und Unterstützung, im Einklang mit Artikel 51 der Charta der Vereinten

Nationen. ²Dies lässt den besonderen Charakter der Sicherheits- und Verteidigungspolitik bestimmter Mitgliedstaaten unberührt.

[2] Die Verpflichtungen und die Zusammenarbeit in diesem Bereich bleiben im Einklang mit den im Rahmen der Nordatlantikvertrags-Organisation eingegangenen Verpflichtungen, die für die ihr angehörenden Staaten weiterhin das Fundament ihrer kollektiven Verteidigung und das Instrument für deren Verwirklichung ist.

Art. 43 [Missionen der GSVP] (1) ¹Die in Artikel 42 Absatz 1 vorgesehenen Missionen, bei deren Durchführung die Union auf zivile und militärische Mittel zurückgreifen kann, umfassen gemeinsame Abrüstungsmaßnahmen, humanitäre Aufgaben und Rettungseinsätze, Aufgaben der militärischen Beratung und Unterstützung, Aufgaben der Konfliktverhütung und der Erhaltung des Friedens sowie Kampfeinsätze im Rahmen der Krisenbewältigung einschließlich Frieden schaffender Maßnahmen und Operationen zur Stabilisierung der Lage nach Konflikten. ²Mit allen diesen Missionen kann zur Bekämpfung des Terrorismus beigetragen werden, unter anderem auch durch die Unterstützung für Drittländer bei der Bekämpfung des Terrorismus in ihrem Hoheitsgebiet.

(2) ¹Der Rat erlässt die Beschlüsse über Missionen nach Absatz 1; in den Beschlüssen sind Ziel und Umfang der Missionen sowie die für sie geltenden allgemeinen Durchführungsbestimmungen festgelegt. ²Der Hohe Vertreter der Union für Außen- und Sicherheitspolitik sorgt unter Aufsicht des Rates und in engem und ständigem Benehmen mit dem Politischen und Sicherheitspolitischen Komitee für die Koordinierung der zivilen und militärischen Aspekte dieser Missionen.

Art. 44 [Missionsübertragung] (1) ¹Im Rahmen der nach Artikel 43 erlassenen Beschlüsse kann der Rat die Durchführung einer Mission einer Gruppe von Mitgliedstaaten übertragen, die dies wünschen und über die für eine derartige Mission erforderlichen Fähigkeiten verfügen. ²Die betreffenden Mitgliedstaaten vereinbaren in Absprache mit dem Hohen Vertreter der Union für Außen- und Sicherheitspolitik untereinander die Ausführung der Mission.

(2) ¹Die an der Durchführung der Mission teilnehmenden Mitgliedstaaten unterrichten den Rat von sich aus oder auf Antrag eines anderen Mitgliedstaats regelmäßig über den Stand der Mission. ²Die teilnehmenden Mitgliedstaaten befassen den Rat sofort, wenn sich aus der Durchführung der Mission schwerwiegende Konsequenzen ergeben oder das Ziel der Mission, ihr Umfang oder die für sie geltenden Regelungen, wie sie in den in Absatz 1 genannten Beschlüssen festgelegt sind, geändert werden müssen. ³Der Rat erlässt in diesen Fällen die erforderlichen Beschlüsse.

Art. 45 [Aufgabe der Europäischen Verteidigungsagentur] (1) Aufgabe der in Artikel 42 Absatz 3 genannten, dem Rat unterstellten Europäischen Verteidigungsagentur ist es,

a) bei der Ermittlung der Ziele im Bereich der militärischen Fähigkeiten der Mitgliedstaaten und der Beurteilung, ob die von den Mitgliedstaaten in Bezug auf diese Fähigkeiten eingegangenen Verpflichtungen erfüllt wurden, mitzuwirken;

b) auf eine Harmonisierung des operativen Bedarfs sowie die Festlegung effizienter und kompatibler Beschaffungsverfahren hinzuwirken;

c) multilaterale Projekte zur Erfüllung der Ziele im Bereich der militärischen Fähigkeiten vorzuschlagen und für die Koordinierung der von den Mitgliedstaaten durchgeführten Programme sowie die Verwaltung spezifischer Kooperationsprogramme zu sorgen;

d) die Forschung auf dem Gebiet der Verteidigungstechnologie zu unterstützen, gemeinsame Forschungsaktivitäten sowie Studien zu technischen Lösungen, die dem künftigen operativen Bedarf gerecht werden, zu koordinieren und zu planen;

e) dazu beizutragen, dass zweckdienliche Maßnahmen zur Stärkung der industriellen und technologischen Basis des Verteidigungssektors und für einen wirkungsvolleren Einsatz der Verteidigungsausgaben ermittelt werden, und diese Maßnahmen gegebenenfalls durchzuführen.

(2) [1] Alle Mitgliedstaaten können auf Wunsch an der Arbeit der Europäischen Verteidigungsagentur teilnehmen. [2] Der Rat erlässt mit qualifizierter Mehrheit einen Beschluss, in dem die Rechtsstellung, der Sitz und die Funktionsweise der Agentur festgelegt werden. [3] Dieser Beschluss trägt dem Umfang der effektiven Beteiligung an den Tätigkeiten der Agentur Rechnung. [4] Innerhalb der Agentur werden spezielle Gruppen gebildet, in denen Mitgliedstaaten zusammenkommen, die gemeinsame Projekte durchführen. [5] Die Agentur versieht ihre Aufgaben erforderlichenfalls in Verbindung mit der Kommission.

Art. 46 [Ständige Strukturierte Zusammenarbeit] (1) Die Mitgliedstaaten, die sich an der Ständigen Strukturierten Zusammenarbeit im Sinne des Artikels 42 Absatz 6 beteiligen möchten und hinsichtlich der militärischen Fähigkeiten die Kriterien erfüllen und die Verpflichtungen eingehen, die in dem Protokoll über die Ständige Strukturierte Zusammenarbeit enthalten sind, teilen dem Rat und dem Hohen Vertreter der Union für Außen- und Sicherheitspolitik ihre Absicht mit.

(2) [1] Der Rat erlässt binnen drei Monaten nach der in Absatz 1 genannten Mitteilung einen Beschluss über die Begründung der Ständigen Strukturierten Zusammenarbeit und über die Liste der daran teilnehmenden Mitgliedstaaten. [2] Der Rat beschließt nach Anhörung des Hohen Vertreters mit qualifizierter Mehrheit.

(3) *[1]* Jeder Mitgliedstaat, der sich zu einem späteren Zeitpunkt an der Ständigen Strukturierten Zusammenarbeit beteiligen möchte, teilt dem Rat und dem Hohen Vertreter seine Absicht mit.

[2] [1] Der Rat erlässt einen Beschluss, in dem die Teilnahme des betreffenden Mitgliedstaats, der die Kriterien und Verpflichtungen nach den Artikeln 1 und 2 des Protokolls über die Ständige Strukturierte Zusammenarbeit erfüllt beziehungsweise eingeht, bestätigt wird. [2] Der Rat beschließt mit qualifizierter Mehrheit nach Anhörung des Hohen Vertreters. [3] Nur die Mitglieder des Rates, die die teilnehmenden Mitgliedstaaten vertreten, sind stimmberechtigt.

[3] Die qualifizierte Mehrheit bestimmt sich nach Artikel 238 Absatz 3 Buchstabe a des Vertrags über die Arbeitsweise der Europäischen Union[1].

(4) *[1]* Erfüllt ein teilnehmender Mitgliedstaat die Kriterien nach den Artikeln 1 und 2 des Protokolls über die Ständige Strukturierte Zusammenarbeit nicht mehr oder kann er den darin genannten Verpflichtungen nicht mehr nach-

[1] Nr. 14.

kommen, so kann der Rat einen Beschluss erlassen, durch den die Teilnahme dieses Staates ausgesetzt wird.

[2] ¹Der Rat beschließt mit qualifizierter Mehrheit. ²Nur die Mitglieder des Rates, die die teilnehmenden Mitgliedstaaten mit Ausnahme des betroffenen Mitgliedstaats vertreten, sind stimmberechtigt.

[3] Die qualifizierte Mehrheit bestimmt sich nach Artikel 238 Absatz 3 Buchstabe a des Vertrags über die Arbeitsweise der Europäischen Union.

(5) Wünscht ein teilnehmender Mitgliedstaat, von der Ständigen Strukturierten Zusammenarbeit Abstand zu nehmen, so teilt er seine Entscheidung dem Rat mit, der zur Kenntnis nimmt, dass die Teilnahme des betreffenden Mitgliedstaats beendet ist.

(6) ¹Mit Ausnahme der Beschlüsse nach den Absätzen 2 bis 5 erlässt der Rat die Beschlüsse und Empfehlungen im Rahmen der Ständigen Strukturierten Zusammenarbeit einstimmig. ²Für die Zwecke dieses Absatzes bezieht sich die Einstimmigkeit allein auf die Stimmen der Vertreter der an der Zusammenarbeit teilnehmenden Mitgliedstaaten.

Titel VI. Schlußbestimmungen

Art. 47 [Rechtspersönlichkeit der Union] Die Union besitzt Rechtspersönlichkeit.

Art. 48 [Vertragsänderung] (1) ¹Die Verträge können gemäß dem ordentlichen Änderungsverfahren geändert werden. ²Sie können ebenfalls nach vereinfachten Änderungsverfahren geändert werden.

Ordentliches Änderungsverfahren

(2) ¹Die Regierung jedes Mitgliedstaats, das Europäische Parlament oder die Kommission kann dem Rat Entwürfe zur Änderung der Verträge vorlegen. ²Diese Entwürfe können unter anderem eine Ausdehnung oder Verringerung der der Union in den Verträgen übertragenen Zuständigkeiten zum Ziel haben. ³Diese Entwürfe werden vom Rat dem Europäischen Rat übermittelt und den nationalen Parlamenten zur Kenntnis gebracht.

(3) *[1]* ¹Beschließt der Europäische Rat nach Anhörung des Europäischen Parlaments und der Kommission mit einfacher Mehrheit die Prüfung der vorgeschlagenen Änderungen, so beruft der Präsident des Europäischen Rates einen Konvent von Vertretern der nationalen Parlamente, der Staats- und Regierungschefs der Mitgliedstaaten, des Europäischen Parlaments und der Kommission ein. ²Bei institutionellen Änderungen im Währungsbereich wird auch die Europäische Zentralbank gehört. ³Der Konvent prüft die Änderungsentwürfe und nimmt im Konsensverfahren eine Empfehlung an, die an eine Konferenz der Vertreter der Regierungen der Mitgliedstaaten nach Absatz 4 gerichtet ist.

[2] ¹Der Europäische Rat kann mit einfacher Mehrheit nach Zustimmung des Europäischen Parlaments beschließen, keinen Konvent einzuberufen, wenn seine Einberufung aufgrund des Umfangs der geplanten Änderungen nicht gerechtfertigt ist. ²In diesem Fall legt der Europäische Rat das Mandat für eine Konferenz der Vertreter der Regierungen der Mitgliedstaaten fest.

(4) *[1]* Eine Konferenz der Vertreter der Regierungen der Mitgliedstaaten wird vom Präsidenten des Rates einberufen, um die an den Verträgen vorzunehmenden Änderungen zu vereinbaren.

[2] Die Änderungen treten in Kraft, nachdem sie von allen Mitgliedstaaten nach Maßgabe ihrer verfassungsrechtlichen Vorschriften ratifiziert worden sind.

(5) Haben nach Ablauf von zwei Jahren nach der Unterzeichnung eines Vertrags zur Änderung der Verträge vier Fünftel der Mitgliedstaaten den genannten Vertrag ratifiziert und sind in einem Mitgliedstaat oder mehreren Mitgliedstaaten Schwierigkeiten bei der Ratifikation aufgetreten, so befasst sich der Europäische Rat mit der Frage.

Vereinfachte Änderungsverfahren

(6) *[1]* Die Regierung jedes Mitgliedstaats, das Europäische Parlament oder die Kommission kann dem Europäischen Rat Entwürfe zur Änderung aller oder eines Teils der Bestimmungen des Dritten Teils des Vertrags über die Arbeitsweise der Europäischen Union[1] über die internen Politikbereiche der Union vorlegen.

[2] [1] Der Europäische Rat kann einen Beschluss zur Änderung aller oder eines Teils der Bestimmungen des Dritten Teils des Vertrags über die Arbeitsweise der Europäischen Union erlassen. [2] Der Europäische Rat beschließt einstimmig nach Anhörung des Europäischen Parlaments und der Kommission sowie, bei institutionellen Änderungen im Währungsbereich, der Europäischen Zentralbank. [3] Dieser Beschluss tritt erst nach Zustimmung der Mitgliedstaaten im Einklang mit ihren jeweiligen verfassungsrechtlichen Vorschriften in Kraft.

[3] Der Beschluss nach Unterabsatz 2 darf nicht zu einer Ausdehnung der der Union im Rahmen der Verträge übertragenen Zuständigkeiten führen.

(7) *[1]* [1] In Fällen, in denen der Rat nach Maßgabe des Vertrags über die Arbeitsweise der Europäischen Union oder des Titels V dieses Vertrags in einem Bereich oder in einem bestimmten Fall einstimmig beschließt, kann der Europäische Rat einen Beschluss erlassen, wonach der Rat in diesem Bereich oder in diesem Fall mit qualifizierter Mehrheit beschließen kann. [2] Dieser Unterabsatz gilt nicht für Beschlüsse mit militärischen oder verteidigungspolitischen Bezügen.

[2] In Fällen, in denen nach Maßgabe des Vertrags über die Arbeitsweise der Europäischen Union Gesetzgebungsakte vom Rat gemäß einem besonderen Gesetzgebungsverfahren erlassen werden müssen, kann der Europäische Rat einen Beschluss erlassen, wonach die Gesetzgebungsakte gemäß dem ordentlichen Gesetzgebungsverfahren erlassen werden können.

[3] [1] Jede vom Europäischen Rat auf der Grundlage von Unterabsatz 1 oder Unterabsatz 2 ergriffene Initiative wird den nationalen Parlamenten übermittelt. [2] Wird dieser Vorschlag innerhalb von sechs Monaten nach der Übermittlung von einem nationalen Parlament abgelehnt, so wird der Beschluss nach Unterabsatz 1 oder Unterabsatz 2 nicht erlassen. [3] Wird die Initiative nicht abgelehnt, so kann der Europäische Rat den Beschluss erlassen.

[4] Der Europäische Rat erlässt die Beschlüsse nach den Unterabsätzen 1 oder 2 einstimmig nach Zustimmung des Europäischen Parlaments, das mit der Mehrheit seiner Mitglieder beschließt.

Art. 49 [Beitritt zur Union] *[1]* [1] Jeder Europäische Staat, der die in Artikel 2 genannten Werte achtet und sich für ihre Förderung einsetzt, kann beantragen, Mitglied der Union zu werden. [2] Das Europäische Parlament und die nationalen Parlamente werden über diesen Antrag unterrichtet. [3] Der antragstellende Staat richtet seinen Antrag an den Rat; dieser beschließt einstimmig nach Anhörung

[1] Nr. 14.

EU-Vertrag (Lissabon) **Art. 50–52 EUV 13**

der Kommission und nach Zustimmung des Europäischen Parlaments, das mit der Mehrheit seiner Mitglieder beschließt. ⁴Die vom Europäischen Rat vereinbarten Kriterien werden berücksichtigt.

[2] ¹Die Aufnahmebedingungen und die durch eine Aufnahme erforderlich werdenden Anpassungen der Verträge, auf denen die Union beruht, werden durch ein Abkommen zwischen den Mitgliedstaaten und dem antragstellenden Staat geregelt. ²Das Abkommen bedarf der Ratifikation durch alle Vertragsstaaten gemäß ihren verfassungsrechtlichen Vorschriften.

Art. 50 [Austritt aus der Union] (1) Jeder Mitgliedstaat kann im Einklang mit seinen verfassungsrechtlichen Vorschriften beschließen, aus der Union auszutreten.

(2) ¹Ein Mitgliedstaat, der auszutreten beschließt, teilt dem Europäischen Rat seine Absicht mit. ²Auf der Grundlage der Leitlinien des Europäischen Rates handelt die Union mit diesem Staat ein Abkommen über die Einzelheiten des Austritts aus und schließt das Abkommen, wobei der Rahmen für die künftigen Beziehungen dieses Staates zur Union berücksichtigt wird. ³Das Abkommen wird nach Artikel 218 Absatz 3 des Vertrags über die Arbeitsweise der Europäischen Union[1]) ausgehandelt. ⁴Es wird vom Rat im Namen der Union geschlossen; der Rat beschließt mit qualifizierter Mehrheit nach Zustimmung des Europäischen Parlaments.

(3) Die Verträge finden auf den betroffenen Staat ab dem Tag des Inkrafttretens des Austrittsabkommens oder andernfalls zwei Jahre nach der in Absatz 2 genannten Mitteilung keine Anwendung mehr, es sei denn, der Europäische Rat beschließt im Einvernehmen mit dem betroffenen Mitgliedstaat einstimmig, diese Frist zu verlängern.

(4) *[1]* Für die Zwecke der Absätze 2 und 3 nimmt das Mitglied des Europäischen Rates und des Rates, das den austretenden Mitgliedstaat vertritt, weder an den diesen Mitgliedstaat betreffenden Beratungen noch an der entsprechenden Beschlussfassung des Europäischen Rates oder des Rates teil.

[2] Die qualifizierte Mehrheit bestimmt sich nach Artikel 238 Absatz 3 Buchstabe b des Vertrags über die Arbeitsweise der Europäischen Union.

(5) Ein Staat, der aus der Union ausgetreten ist und erneut Mitglied werden möchte, muss dies nach dem Verfahren des Artikels 49 beantragen.

Art. 51 [Protokolle, Anhänge] Die Protokolle und Anhänge der Verträge sind Bestandteil der Verträge.

Art. 52 [Geltungsbereich] (1) Die Verträge gelten für das Königreich Belgien, die Republik Bulgarien, die Tschechische Republik, das Königreich Dänemark, die Bundesrepublik Deutschland, die Republik Estland, Irland, die Hellenische Republik, das Königreich Spanien, die Französische Republik, die Republik Kroatien, die Italienische Republik, die Republik Zypern, die Republik Lettland, die Republik Litauen, das Großherzogtum Luxemburg, die Republik Ungarn, die Republik Malta, das Königreich der Niederlande, die Republik Österreich, die Republik Polen, die Portugiesische Republik, Rumänien, die Republik Slowenien, die Slowakische Republik, die Republik Finnland, das Königreich Schweden und das Vereinigte Königreich Großbritannien und Nordirland.

[1]) Nr. 14.

(2) Der räumliche Geltungsbereich der Verträge wird in Artikel 355 des Vertrags über die Arbeitsweise der Europäischen Union[1] im Einzelnen angegeben.

Art. 53 [Unbefristete Geltung] Dieser Vertrag gilt auf unbegrenzte Zeit.

Art. 54 [Ratifikation] (1) [1]Dieser Vertrag bedarf der Ratifikation durch die Hohen Vertragsparteien gemäß ihren verfassungsrechtlichen Vorschriften. [2]Die Ratifikationsurkunden werden bei der Regierung der Italienischen Republik hinterlegt.

(2) Dieser Vertrag tritt am 1. Januar 1993 in Kraft, sofern alle Ratifikationsurkunden hinterlegt worden sind, oder andernfalls am ersten Tag des auf die Hinterlegung der letzten Ratifikationsurkunde folgenden Monats.

Art. 55 [Verbindlicher Wortlaut; Hinterlegung] (1) Dieser Vertrag ist in einer Urschrift in bulgarischer, dänischer, deutscher, englischer, estnischer, finnischer, französischer, griechischer, irischer, italienischer, kroatischer, lettischer, litauischer, maltesischer, niederländischer, polnischer, portugiesischer, rumänischer, schwedischer, slowakischer, slowenischer, spanischer, tschechischer und ungarischer Sprache abgefasst, wobei jeder Wortlaut gleichermaßen verbindlich ist; er wird im Archiv der Regierung der Italienischen Republik hinterlegt; diese übermittelt der Regierung jedes anderen Unterzeichnerstaats eine beglaubigte Abschrift.

(2) [1]Dieser Vertrag kann ferner in jede andere von den Mitgliedstaaten bestimmte Sprache übersetzt werden, sofern diese Sprache nach der Verfassungsordnung des jeweiligen Mitgliedstaats in dessen gesamtem Hoheitsgebiet oder in Teilen davon Amtssprache ist. [2]Die betreffenden Mitgliedstaaten stellen eine beglaubigte Abschrift dieser Übersetzungen zur Verfügung, die in den Archiven des Rates hinterlegt wird.

ZU URKUND DESSEN haben die unterzeichneten Bevollmächtigten ihre Unterschriften unter diesen Vertrag gesetzt.

GESCHEHEN zu Maastricht am siebten Februar neunzehnhundertzweiundneunzig.

(Aufzählung der Unterzeichner nicht wiedergegeben)

[1] Nr. 14.

14. Vertrag über die Arbeitsweise der Europäischen Union[1)2)3)]

In der Fassung der Bekanntmachung vom 9. Mai 2008[4)]
(ABl. C 115 S. 47)

Celex-Nr. 1 1957 E

zuletzt geänd. durch Art. 2 ÄndBeschl. 2012/419/EU v. 11.7.2012 (ABl. L 204 S. 131)

Nichtamtliche Inhaltsübersicht
Erster Teil. Grundsätze

Artikel 1 [Regelungsbereich]

Titel I. Arten und Bereiche der Zuständigkeit der Union

Artikel 2 [Arten von Zuständigkeiten]
Artikel 3 [Ausschließliche Zuständigkeiten]
Artikel 4 [Geteilte Zuständigkeiten]
Artikel 5 [Koordinierung der Wirtschafts-, Beschäftigungs- und Sozialpolitik]
Artikel 6 [Unterstützungs-, Koordinierungs- und Ergänzungsmaßnahmen]

Titel II. Allgemein geltende Bestimmungen

Artikel 7 [Kohärenzprinzip]
Artikel 8 [Gleichstellung; Querschnittsklausel]
Artikel 9 [Sozialer Schutz; Querschnittsklausel]
Artikel 10 [Bekämpfung von Diskriminierungen; Querschnittsklausel]
Artikel 11 [Umweltschutz; Querschnittsklausel]
Artikel 12 [Verbraucherschutz; Querschnittsklausel]
Artikel 13 [Tierschutz; Querschnittsklausel]
Artikel 14 [Dienste von allgemeinem wirtschaftlichem Interesse]
Artikel 15 [Grundsatz der Offenheit]
Artikel 16 [Datenschutz]
Artikel 17 [Religiöse und weltanschauliche Gemeinschaften]

Zweiter Teil. Nichtdiskriminierung und Unionsbürgerschaft

Artikel 18 [Diskriminierungsverbot]
Artikel 19 [Antidiskriminierungsmaßnahmen]
Artikel 20 [Unionsbürgerschaft]
Artikel 21 [Freizügigkeit]
Artikel 22 [Wahlrecht]
Artikel 23 [Diplomatischer und konsularischer Schutz]

[1)] Vertragsparteien sind Belgien, Bulgarien, Dänemark, Deutschland, Estland, Finnland, Frankreich, Griechenland, Irland, Italien, Kroatien, Lettland, Litauen, Luxemburg, Malta, die Niederlande, Österreich, Polen, Portugal, Rumänien, Schweden, Slowakei, Slowenien, Spanien, Tschechien, Ungarn und Zypern; die EU-Mitgliedschaft des Vereinigten Königreichs Großbritannien und Nordirland endete mit Ablauf des 31.1.2020 (siehe ABl. L 29 vom 31.1.2020, S. 189).

[2)] Die Artikelfolge und Verweise/Bezugnahmen auf Vorschriften des EUV sind gemäß Art. 5 des Vertrags von Lissabon iVm den Übereinstimmungstabellen zum EUV bzw. AEUV an die neue Nummerierung angepasst worden.

[3)] Zu den Assoziationsregelungen und sonstigen Vereinbarungen und Vorschriften, die sich auf den EU-Arbeitsweisevertrag beziehen, vgl. den jährlich zum 31.12. abgeschlossenen Fundstellennachweis B der geltenden völkerrechtlichen Vereinbarungen der Bundesrepublik Deutschland unter dem Datum 25.3.1957.

[4)] Konsolidierte Fassung des Vertrags zur Gründung der Europäischen Gemeinschaft v. 25.3.1957 (BGBl. II S. 766). Die Bundesrepublik Deutschland hat dem Vertrag von Lissabon mit G. v. 8.10.2008 (BGBl. II S. 1038) zugestimmt; Inkrafttreten am 1.12.2009, siehe Bek. v. 13.11.2009 (BGBl. II S. 1223).

Der hier wiedergegebene Wortlaut entspricht der konsolidierten Fassung ABl. 2016 C 202 S. 47, ber. ABl. C 400 S. 1.

Artikel 24 [Petitionsrecht]
Artikel 25 [Fortentwicklung der Unionsbürgerschaft]

Dritter Teil. Die internen Politiken und Maßnahmen der Union

Titel I. Der Binnenmarkt

Artikel 26 [Verwirklichung des Binnenmarkts]
Artikel 27 [Ausnahmeregelungen]

Titel II. Der freie Warenverkehr

Artikel 28 [Zollunion]
Artikel 29 [Freier Verkehr von Waren aus dritten Ländern]

Kapitel 1. Die Zollunion

Artikel 30 [Verbot von Zöllen]
Artikel 31 [Gemeinsamer Zolltarif]
Artikel 32 [Zielsetzung der Kommissionsaufgaben]

Kapitel 2. Die Zusammenarbeit im Zollwesen

Artikel 33 [Ausbau der Zusammenarbeit]

Kapitel 3. Verbot von mengenmäßigen Beschränkungen zwischen den Mitgliedstaaten

Artikel 34 [Verbot von Einfuhrbeschränkungen]
Artikel 35 [Verbot von Ausfuhrbeschränkungen]
Artikel 36 [Ausnahmen]
Artikel 37 [Staatliche Handelsmonopole]

Titel III. Die Landwirtschaft und die Fischerei

Artikel 38 [Binnenmarkt und Landwirtschaft]
Artikel 39 [Ziel gemeinsamer Agrarpolitik]
Artikel 40 [Gemeinsame Marktorganisation]
Artikel 41 [Maßnahmen im Rahmen einer gemeinsamen Agrarpolitik]
Artikel 42 [Anwendung der Wettbewerbs- und Beihilferegeln]
Artikel 43 [Rechtsetzung, Kompetenzen und Verfahren]
Artikel 44 [Ausgleichsabgaben]

Titel IV. Die Freizügigkeit, der freie Dienstleistungs- und Kapitalverkehr

Kapitel 1. Die Arbeitskräfte

Artikel 45 [Freizügigkeit der Arbeitnehmer]
Artikel 46 [Maßnahmen zur Herstellung der Freizügigkeit]
Artikel 47 [Austausch junger Arbeitskräfte]
Artikel 48 [Sicherstellung der Ansprüche und Leistungen auf dem Gebiet der sozialen Sicherheit]

Kapitel 2. Das Niederlassungsrecht

Artikel 49 [Niederlassungsfreiheit]
Artikel 50 [Maßnahmen zur Verwirklichung der Niederlassungsfreiheit]
Artikel 51 [Ausübung öffentlicher Gewalt]
Artikel 52 [Öffentliche Ordnung; Sicherheit; Gesundheit]
Artikel 53 [Gegenseitige Anerkennung von Diplomen; Koordinierungsrechtsetzung]
Artikel 54 [Gleichstellung der Gesellschaften]
Artikel 55 [Diskriminierungsverbot bei Kapitalbeteiligungen]

Kapitel 3. Dienstleistungen

Artikel 56 [Dienstleistungsfreiheit]
Artikel 57 [Dienstleistungen]
Artikel 58 [Verkehrsdienstleistungen; Kapitalverkehr]
Artikel 59 [Liberalisierungsmaßnahmen]
Artikel 60 [Weitergehende Liberalisierung]
Artikel 61 [Übergangsregelung]
Artikel 62 [Entsprechende Anwendung von Vorschriften des Niederlassungsrechts]

Kapitel 4. Der Kapital- und Zahlungsverkehr

Artikel 63 [Freier Kapital- und Zahlungsverkehr]
Artikel 64 [Ausnahmen im Kapitalverkehr mit Drittstaaten]
Artikel 65 [Nationale Beschränkungen]
Artikel 66 [Kurzfristige Schutzmaßnahmen]

EU-Arbeitsweisevertrag

Titel V. Der Raum der Freiheit, der Sicherheit und des Rechts
Kapitel 1. Allgemeine Bestimmungen

Artikel 67 [Grundsätze]
Artikel 68 [Strategische Leitlinien]
Artikel 69 [Achtung des Subsidiaritätsprinzips]
Artikel 70 [Kontrollsystem für nationale Durchführungsmaßnahmen]
Artikel 71 [Ständiger Ausschuss „Innere Sicherheit"]
Artikel 72 [Nationale Zuständigkeiten]
Artikel 73 [Zusammenarbeit der Mitgliedstaaten]
Artikel 74 [Maßnahmen zur Verwaltungszusammenarbeit]
Artikel 75 [Maßnahmen gegen Terrorismusfinanzierung]
Artikel 76 [Initiativrecht]

Kapitel 2. Politik im Bereich Grenzkontrollen, Asyl und Einwanderung

Artikel 77 [Grenzschutzpolitik]
Artikel 78 [Asylpolitik]
Artikel 79 [Einwanderungspolitik]
Artikel 80 [Grundsatz der Solidarität]

Kapitel 3. Justizielle Zusammenarbeit in Zivilsachen

Artikel 81 [Justizielle Zusammenarbeit in Zivilsachen]

Kapitel 4. Justizielle Zusammenarbeit in Strafsachen

Artikel 82 [Grundsatz der gegenseitigen Anerkennung; Mindestvorschriften]
Artikel 83 [Straftaten mit grenzüberschreitender Dimension]
Artikel 84 [Kriminalprävention]
Artikel 85 [Eurojust]
Artikel 86 [Europäische Staatsanwaltschaft]

Kapitel 5. Polizeiliche Zusammenarbeit

Artikel 87 [Polizeiliche Zusammenarbeit]
Artikel 88 [Europol]
Artikel 89 [Grenzüberschreitende Behördentätigkeit]

Titel VI. Der Verkehr

Artikel 90 [Gemeinsame Verkehrspolitik]
Artikel 91 [Erlass von zweckdienlichen Maßnahmen]
Artikel 92 [Stillhalteverpflichtung]
Artikel 93 [Ausnahmen vom Beihilfeverbot]
Artikel 94 [Berücksichtigung der wirtschaftlichen Lage der Verkehrsunternehmer]
Artikel 95 [Beseitigung von Diskriminierungen]
Artikel 96 [Verbot von Unterstützungsmaßnahmen, Ausnahmen]
Artikel 97 [Abgaben und Gebühren bei Grenzübergang]
Artikel 98 [Teilungsbedingte Ausnahmen für gewisse deutsche Gebiete]
Artikel 99 [Beratender Ausschuss]
Artikel 100 [Betroffene Verkehrsmittel]

Titel VII. Gemeinsame Regeln betreffend Wettbewerb, Steuerfragen und Angleichung der Rechtsvorschriften
Kapitel 1. Wettbewerbsregeln
Abschnitt 1. Vorschriften für Unternehmen

Artikel 101 [Kartellverbot]
Artikel 102 [Missbrauch einer marktbeherrschenden Stellung]
Artikel 103 [Erlass von Verordnungen und Richtlinien]
Artikel 104 [Übergangsbestimmung]
Artikel 105 [Wettbewerbsaufsicht]
Artikel 106 [Öffentliche Unternehmen; Dienstleistungen von allgemeinem wirtschaftlichem Interesse]

Abschnitt 2. Staatliche Beihilfen

Artikel 107 [Beihilfeverbot; Ausnahmen]
Artikel 108 [Beihilfeaufsicht]
Artikel 109 [Erlass von Durchführungsverordnungen]

14 AEUV

Kapitel 2. Steuerliche Vorschriften

Artikel 110 [Diskriminierungs- und Protektionsverbot]
Artikel 111 [Privilegierungsverbot für Rückvergütungen]
Artikel 112 [Kompensationsverbot unter Genehmigungsvorbehalt]
Artikel 113 [Harmonisierung der indirekten Steuern]

Kapitel 3. Angleichung der Rechtsvorschriften

Artikel 114 [Rechtsangleichung im Binnenmarkt]
Artikel 115 [Nationales Recht mit unmittelbarer Auswirkung auf den Binnenmarkt; Rechtsangleichung]
Artikel 116 [Behandlung bestehender wettbewerbsverzerrender Vorschriften]
Artikel 117 [Behandlung geplanter wettbewerbsverzerrender Vorschriften]
Artikel 118 [Schutz des geistigen Eigentums]

Titel VIII. Die Wirtschafts- und Währungspolitik

Artikel 119 [Europäische Wirtschaftsverfassung; Grundsätze]

Kapitel 1. Die Wirtschaftspolitik

Artikel 120 [Marktwirtschaftliche Ausrichtung]
Artikel 121 [Koordinierung der Wirtschaftspolitik]
Artikel 122 [Gravierende Schwierigkeiten]
Artikel 123 [Verbot von Kreditfazilitäten für öffentliche Einrichtungen]
Artikel 124 [Verbot bevorrechtigten Zugangs zu Finanzinstituten für öffentliche Einrichtungen]
Artikel 125 [Haftungsausschlüsse]
Artikel 126 [Vermeidung übermäßiger Defizite; Haushaltsdisziplin]

Kapitel 2. Die Währungspolitik

Artikel 127 [Ziele und Aufgaben des ESZB]
Artikel 128 [Ausgabe von Banknoten und Münzen]
Artikel 129 [Struktur des ESZB; Satzung]
Artikel 130 [Unabhängigkeit von EZB und nationalen Zentralbanken]
Artikel 131 [Anpassungspflicht der Mitgliedstaaten]
Artikel 132 [Rechtsakte]
Artikel 133 [Rechtsakte betreffend den Euro]

Kapitel 3. Institutionelle Bestimmungen

Artikel 134 [Wirtschafts- und Finanzausschuss]
Artikel 135 [Empfehlungen und Vorschläge der Kommission]

Kapitel 4. Besondere Bestimmungen für die Mitgliedstaaten, deren Währung der Euro ist

Artikel 136 [Haushaltsdisziplin; Grundzüge der Wirtschaftspolitik]
Artikel 137 [Tagungen der Euro-Gruppe]
Artikel 138 [Euro im internationalen Währungssystem]

Kapitel 5. Übergangsbestimmungen

Artikel 139 [Mitgliedstaaten mit Ausnahmeregelung]
Artikel 140 [Konvergenzbericht]
Artikel 141 [Erweiterter Rat der EZB]
Artikel 142 [Wechselkurspolitik]
Artikel 143 [Zahlungsbilanzschwierigkeiten]
Artikel 144 [Plötzliche Zahlungsbilanzkrise; Schutzmaßnahmen]

Titel IX. Beschäftigung

Artikel 145 [Koordinierte Beschäftigungsstrategie]
Artikel 146 [Abgestimmte Beschäftigungspolitik der Mitgliedstaaten]
Artikel 147 [Hohes Beschäftigungsniveau]
Artikel 148 [Beschäftigungspolitische Leitlinien]
Artikel 149 [Anreizmaßnahmen zur Förderung der Zusammenarbeit]
Artikel 150 [Beschäftigungsausschuss]

Titel X. Sozialpolitik

Artikel 151 [Ziele und Mittel abgestimmter und gemeinsamer Sozialpolitik]
Artikel 152 [Rolle der Sozialpartner; Sozialer Dialog; Sozialgipfel]
Artikel 153 [Unionskompetenzen]
Artikel 154 [Anhörung der Sozialpartner]
Artikel 155 [Dialog zwischen den Sozialpartnern]

Artikel 156 [Fördermaßnahmen der Kommission]
Artikel 157 [Gleichstellung von Mann und Frau im Erwerbsleben]
Artikel 158 [Bezahlte Freizeit]
Artikel 159 [Bericht zur sozialen und demografischen Lage]
Artikel 160 [Ausschuss für Sozialschutz]
Artikel 161 [Jahresbericht der Kommission]

Titel XI. Der Europäische Sozialfonds

Artikel 162 [Errichtung und Ziel des Europäischen Sozialfonds]
Artikel 163 [Verwaltung des Fonds]
Artikel 164 [Durchführungsverordnungen]

Titel XII. Allgemeine und berufliche Bildung, Jugend und Sport

Artikel 165 [Beitrag der Union; Ziele]
Artikel 166 [Berufliche Bildung; Ziele]

Titel XIII. Kultur

Artikel 167 [Beitrag der Union unter Wahrung und Förderung der Kulturvielfalt]

Titel XIV. Gesundheitswesen

Artikel 168 [Beitrag der Union zur Sicherstellung eines hohen Gesundheitsschutzniveaus]

Titel XV. Verbraucherschutz

Artikel 169 [Beitrag der Union; Mindeststandards]

Titel XVI. Transeuropäische Netze

Artikel 170 [Beitrag zum Auf- und Ausbau]
Artikel 171 [Handlungsinstrumente der Union]
Artikel 172 [Beschlussfassung]

Titel XVII. Industrie

Artikel 173 [Förderung der Wettbewerbsfähigkeit; Subventionsverbot]

Titel XVIII. Wirtschaftlicher, sozialer und territorialer Zusammenhalt

Artikel 174 [Ziele der Strukturpolitik]
Artikel 175 [Rolle der Strukturfonds; Aktionen außerhalb der Fonds]
Artikel 176 [Europäischer Regionalfonds]
Artikel 177 [Strukturfonds; Kohäsionsfonds]
Artikel 178 [Durchführungsverordnungen]

Titel XIX. Forschung, technologische Entwicklung und Raumfahrt

Artikel 179 [Europäischer Raum der Forschung]
Artikel 180 [Ergänzende Unionsmaßnahmen]
Artikel 181 [Koordinierung; Rolle der Kommission]
Artikel 182 [Mehrjähriges Rahmenprogramm; spezifische Programme]
Artikel 183 [Durchführung des Rahmenprogramms]
Artikel 184 [Zusatzprogramme]
Artikel 185 [Beteiligung der Union]
Artikel 186 [Zusammenarbeit mit Drittländern; Abkommen]
Artikel 187 [Gründung gemeinsamer Unternehmen]
Artikel 188 [Beschlussfassung]
Artikel 189 [Europäische Raumfahrtpolitik]
Artikel 190 [Jährlicher Forschungsbericht]

Titel XX. Umwelt

Artikel 191 [Umweltpolitische Ziele; Schutzmaßnahmen; Internationale Zusammenarbeit]
Artikel 192 [Beschlussfassung; Finanzierung; Verursacherprinzip]
Artikel 193 [Schutzmaßnahmen der Mitgliedstaaten]

Titel XXI. Energie

Artikel 194 [Europäische Energiepolitik; Ziele und Maßnahmen]

Titel XXII. Tourismus

Artikel 195 [Maßnahmen im Tourismussektor]

Titel XXIII. Katastrophenschutz

Artikel 196 [Förderung der Zusammenarbeit in Mitgliedstaaten]

14 AEUV

Titel XXIV. Verwaltungszusammenarbeit
Artikel 197 [Effektive Durchführung des Unionsrechts]

Vierter Teil. Die Assoziierung der überseeischen Länder und Hoheitsgebiete
Artikel 198 [Ziele der Assoziierung]
Artikel 199 [Zwecke der Assoziierung]
Artikel 200 [Verbot von Zöllen; Ausnahmen]
Artikel 201 [Abhilfe bei nachteiliger Verkehrsverlagerung]
Artikel 202 [Regelung der Freizügigkeit der Arbeitskräfte]
Artikel 203 [Durchführungsgesetzgebung]
Artikel 204 [Anwendung auf Grönland]

Fünfter Teil. Das auswärtige Handeln der Union
Titel I. Allgemeine Bestimmungen über das auswärtige Handeln der Union
Artikel 205 [Handlungsgrundsätze auf internationaler Ebene]

Titel II. Gemeinsame Handelspolitik
Artikel 206 [Ziele der Handelspolitik]
Artikel 207 [Grundsätze der gemeinsamen Handelspolitik]

Titel III. Zusammenarbeit mit Drittländern und humanitäre Hilfe
Kapitel 1. Entwicklungszusammenarbeit
Artikel 208 [Beitrag der Union; Ziel]
Artikel 209 [Mehrjahres- und thematische Programme; Vertragsschlusskompetenz; Rolle der EIB]
Artikel 210 [Koordinierung]
Artikel 211 [Internationale Zusammenarbeit]

Kapitel 2. Wirtschaftliche, finanzielle und technische Zusammenarbeit mit Drittländern
Artikel 212 [Grundsätze der Zusammenarbeit mit Nicht-Entwicklungsländern]
Artikel 213 [Finanzielle Hilfe für Drittländer]

Kapitel 3. Humanitäre Hilfe
Artikel 214 [Maßnahmen; Europäisches Freiwilligenkorps]

Titel IV. Restriktive Maßnahmen
Artikel 215 [Wirtschaftsembargo; Beschlussfassung; Rechtsschutz]

Titel V. Internationale Übereinkünfte
Artikel 216 [Vertragsschlusskompetenz]
Artikel 217 [Assoziierungsabkommen]
Artikel 218 [Vertragsschlussverfahren; Gutachten des EuGH]
Artikel 219 [Wechselkursfestlegung nach außen; Internationale Vereinbarungen]

Titel VI. Beziehungen der Union zu internationalen Organisationen und Drittländern sowie Delegationen der Union
Artikel 220 [Beziehungen zu internationalen Organisationen]
Artikel 221 [Vertretung der Union in Drittländern]

Titel VII. Solidaritätsklausel
Artikel 222 [Gegenseitige Unterstützung bei Terroranschlägen und Katastrophen]

Sechster Teil. Institutionelle Bestimmungen und Finanzvorschriften
Titel I. Vorschriften über die Organe
Kapitel 1. Die Organe
Abschnitt 1. Das Europäische Parlament
Artikel 223 [Einheitliches Wahlverfahren; Abgeordneten-Statut]
Artikel 224 [Politische Parteien]
Artikel 225 [Indirektes Initiativrecht]
Artikel 226 [Untersuchungsausschuss]
Artikel 227 [Petitionsrecht]
Artikel 228 [Bürgerbeauftragter]
Artikel 229 [Ordentliche und außerordentliche Sitzungsperiode]
Artikel 230 [Anhörungsrecht von Kommission; Rat und Europäischem Rat]
Artikel 231 [Abstimmung; Beschlussfähigkeit]
Artikel 232 [Geschäftsordnung; Verhandlungsniederschriften]
Artikel 233 [Jährlicher Gesamtbericht]
Artikel 234 [Misstrauensantrag gegen die Kommission]

EU-Arbeitsweisevertrag **AEUV 14**

Abschnitt 2. Der Europäische Rat
Artikel 235 [Verfahrensfragen; Geschäftsordnung]
Artikel 236 [Beschlüsse zur Zusammensetzung und Vorsitz des Rates]

Abschnitt 3. Der Rat
Artikel 237 [Einberufung]
Artikel 238 [Beschlussfassung; Mehrheiten]
Artikel 239 [Stimmrechtsübertragung]
Artikel 240 [Ausschuss der Ständigen Vertreter; Generalsekretariat; Geschäftsordnung]
Artikel 241 [Indirektes Initiativrecht]
Artikel 242 [Regelung der Rechtsstellung der Ausschüsse]
Artikel 243 [Festsetzung von Gehältern und Vergütungen]

Abschnitt 4. Die Kommission
Artikel 244 [Rotationsprinzip]
Artikel 245 [Amtspflichten der Kommissare; Amtsenthebung]
Artikel 246 [Neubesetzung während der Amtszeit]
Artikel 247 [Amtsenthebung]
Artikel 248 [Zuständigkeitsaufteilung durch den Präsidenten]
Artikel 249 [Geschäftsordnung; Jährlicher Gesamtbericht]
Artikel 250 [Beschlussfassung]

Abschnitt 5. Der Gerichtshof der Europäischen Union
Artikel 251 [Spruchkörper des Gerichtshofs]
Artikel 252 [Generalanwälte]
Artikel 253 [Ernennung der Richter, Generalanwälte und des Kanzlers; Amtsdauer; Verfahrensordnung]
Artikel 254 [Zusammensetzung des Gerichts; Verfahrensordnung]
Artikel 255 [Ausschuss „Bewerberprüfung"]
Artikel 256 [Gericht, Zuständigkeiten; Rechtszug; Verweisung in Grundsatzfragen]
Artikel 257 [Fachgerichte]
Artikel 258 [Vertragsverletzungsverfahren]
Artikel 259 [Vertragsverletzungsverfahren; Anrufung durch einen Mitgliedstaat]
Artikel 260 [Wirkung und Durchsetzung von Urteilen; Zwangsgeld]
Artikel 261 [Ermessensnachprüfung; Zwangsmaßnahmen]
Artikel 262 [Rechtsstreitigkeiten im Bereich des geistigen Eigentums]
Artikel 263 [Nichtigkeitsklage]
Artikel 264 [Nichtigkeitsklage; Urteilswirkung]
Artikel 265 [Untätigkeitsklage]
Artikel 266 [Verpflichtung aus dem Urteil]
Artikel 267 [Vorabentscheidungsverfahren]
Artikel 268 [Schadenersatzklage]
Artikel 269 [Eingeschränkte Zuständigkeit bei Suspendierung von Mitgliedschaftsrechten]
Artikel 270 [Dienstrechtliche Streitigkeiten]
Artikel 271 [Zuständigkeit für gewisse Streitigkeiten betreffend EIB und EZB]
Artikel 272 [Zuständigkeit aufgrund einer Schiedsklausel]
Artikel 273 [Zuständigkeit aufgrund eines Schiedsvertrags]
Artikel 274 [Zuständigkeit einzelstaatlicher Gerichte]
Artikel 275 [Unzuständigkeit in der Außen- und Sicherheitspolitik; Ausnahmen]
Artikel 276 [Unzuständigkeit für mitgliedstaatliche Polizeimaßnahmen]
Artikel 277 [Inzidente Normenkontrolle]
Artikel 278 [Keine aufschiebende Wirkung; Aussetzung]
Artikel 279 [Einstweilige Anordnungen]
Artikel 280 [Vollstreckbarkeit der Urteile]
Artikel 281 [Satzung]

Abschnitt 6. Die Europäische Zentralbank
Artikel 282 [Aufgaben und Maßnahmen; Rechtspersönlichkeit; Unabhängigkeit; Anhörungsrecht]
Artikel 283 [Organstruktur]
Artikel 284 [Teilnahmerechte; Jahresbericht]

Abschnitt 7. Der Rechnungshof
Artikel 285 [Aufgabe; Zusammensetzung]
Artikel 286 [Anforderungen an die Mitglieder; Ernennung und Ausscheiden aus dem Amt]

14 AEUV

EU-Arbeitsweisevertrag

Artikel 287 [Rechnungsprüfung]

Kapitel 2. Rechtsakte der Union, Annahmeverfahren und sonstige Vorschriften

Abschnitt 1. Die Rechtsakte der Union

Artikel 288 [Rechtsakte; Katalog]
Artikel 289 [Ordentliches und besonderes Gesetzgebungsverfahren; Initiativrecht in besonderen Fällen]
Artikel 290 [Delegation von Rechtsetzungsbefugnissen auf die Kommission]
Artikel 291 [Durchführungsrechtsakte]
Artikel 292 [Rechtsgrundlage für Empfehlungen]

Abschnitt 2. Annahmeverfahren und sonstige Vorschriften

Artikel 293 [Kommissionsvorschlag; Änderungsrecht]
Artikel 294 [Mitentscheidungsverfahren]
Artikel 295 [Interinstitutionelle Vereinbarungen]
Artikel 296 [Wahl der Handlungsform; Begründung]
Artikel 297 [Unterzeichnung; Veröffentlichung; Inkrafttreten]
Artikel 298 [Europäische Verwaltung]
Artikel 299 [Entscheidungen als vollstreckbare Titel; Zwangsvollstreckung]

Kapitel 3. Die beratenden Einrichtungen der Union

Artikel 300 [Wirtschafts- und Sozialausschuss; Ausschuss der Regionen]

Abschnitt 1. Der Wirtschafts- und Sozialausschuss

Artikel 301 [Zusammensetzung]
Artikel 302 [Ernennung der Mitglieder]
Artikel 303 [Präsident; Präsidium; Geschäftsordnung; Einberufung]
Artikel 304 [Anhörungsrechte]

Abschnitt 2. Der Ausschuss der Regionen

Artikel 305 [Zusammensetzung; Auswahl und Ernennung der Mitglieder]
Artikel 306 [Präsidium; Geschäftsordnung; Einberufung]
Artikel 307 [Anhörungsrechte]

Kapitel 4. Die Europäische Investitionsbank

Artikel 308 [Rechtspersönlichkeit; Mitglieder; Satzung]
Artikel 309 [Aufgabe der EIB]

Titel II. Finanzvorschriften

Artikel 310 [Haushaltsplan; Grundsätze; Haushaltsdisziplin; Betrugsbekämpfung]

Kapitel 1. Die Eigenmittel der Union

Artikel 311 [Finanzierung aus Eigenmitteln; Eigenmittelbeschluss]

Kapitel 2. Der mehrjährige Finanzrahmen

Artikel 312 [Mehrjähriger Finanzrahmen]

Kapitel 3. Der Jahreshaushaltsplan der Union

Artikel 313 [Haushaltsjahr]
Artikel 314 [Jahreshaushaltsplan; Verfahren zur Annahme]
Artikel 315 [Nothaushalt]
Artikel 316 [Übertragbarkeit; Spezialität]

Kapitel 4. Ausführung des Hauhaltsplans und Entlastung

Artikel 317 [Vollzug des Haushaltsplans]
Artikel 318 [Rechnungslegung]
Artikel 319 [Entlastung der Kommission]

Kapitel 5. Gemeinsame Bestimmungen

Artikel 320 [Rechnungseinheit Euro]
Artikel 321 [Transferleistungen; Kommunikation auf dem Finanzsektor]
Artikel 322 [Haushaltsvorschriften]
Artikel 323 [Sicherung der Finanzmittel]
Artikel 324 [Konsultationen der am Haushaltsverfahren beteiligten Organe]

Kapitel 6. Betrugsbekämpfung

Artikel 325 [Schutz der finanziellen Interessen der Union]

EU-Arbeitsweisevertrag **AEUV 14**

Titel III. Verstärkte Zusammenarbeit
Artikel 326 [Grundsätze]
Artikel 327 [Nichtbeteiligte Mitgliedstaaten]
Artikel 328 [Offenheit für weitere Mitgliedstaaten]
Artikel 329 [Ermächtigungsverfahren]
Artikel 330 [Beratungen; Stimmberechtigung]
Artikel 331 [Beitritt weiterer Staaten]
Artikel 332 [Budgetlast]
Artikel 333 [Abstimmungsregeln]
Artikel 334 [Wahrung der Kohärenz]

Siebter Teil. Allgemeine und Schlussbestimmungen
Artikel 335 [Rechts- und Geschäftsfähigkeit der Union]
Artikel 336 [Beamtenstatut; Beschäftigungsbedingungen]
Artikel 337 [Auskunfts- und Nachprüfungsrecht der Kommission]
Artikel 338 [Unionsstatistiken]
Artikel 339 [Geheimhaltungspflicht]
Artikel 340 [Amtshaftung der Union]
Artikel 341 [Sitz der Organe der Union]
Artikel 342 [Sprachenfrage]
Artikel 343 [Vorrechte und Befreiungen der Union]
Artikel 344 [Exklusivität der unionsrechtlichen Streitbeilegungsmechanismen]
Artikel 345 [Eigentumsordnung]
Artikel 346 [Ausnahme bei wesentlichen Sicherheitsinteressen; Rüstungsgüter]
Artikel 347 [Notstandsvorbehalt]
Artikel 348 [Anpassungsmaßnahmen; besonderes Vertragsverletzungsverfahren]
Artikel 349 [Sonderregelungen für bestimmte außereuropäische Territorien der Mitgliedstaaten]
Artikel 350 [Benelux-Union]
Artikel 351 [Frühere Abkommen der Mitgliedstaaten]
Artikel 352 [Kompetenzergänzungsklausel]
Artikel 353 [Änderung der Einstimmigkeit]
Artikel 354 [Stimmrechtsaussetzung]
Artikel 355 [Geltungsbereich der Verträge; Sonderfälle]
Artikel 356 [Geltungsdauer]
Artikel 357 [Ratifizierung und Inkrafttreten]
Artikel 358 [Verbindlicher Wortlaut; Hinterlegung]

Anhänge
Anhang I Listen zu Artikel 38 des Vertrags
Anhang II Überseeische Länder und Hoheitsgebiete, auf welche der vierte Teil des Vertrags Anwendung findet

Präambel

SEINE MAJESTÄT DER KÖNIG DER BELGIER, DER PRÄSIDENT DER BUNDESREPUBLIK DEUTSCHLAND, DER PRÄSIDENT DER FRANZÖSISCHEN REPUBLIK, DER PRÄSIDENT DER ITALIENISCHEN REPUBLIK, IHRE KÖNIGLICHE HOHEIT DIE GROSSHERZOGIN VON LUXEMBURG, IHRE MAJESTÄT DIE KÖNIGIN DER NIEDERLANDE[1]),

[1]) **Amtl. Anm.:** Seit dem ursprünglichen Vertragsschluss sind Mitgliedstaaten der Europäischen Union geworden: *[Red. Anm.: die Republik Kroatien mWv 1.7.2013,]* die Republik Bulgarien, die Tschechische Republik, das Königreich Dänemark, die Republik Estland, die Hellenische Republik, das Königreich Spanien, Irland, die Republik Zypern, die Republik Lettland, die Republik Litauen, die Republik Ungarn, die Republik Malta, die Republik Österreich, die Republik Polen, die Portugiesische Republik, Rumänien, die Republik Slowenien, die Slowakische Republik, die Republik Finnland, das Königreich Schweden *und das Vereinigte Königreich Großbritannien und Nordirland* *[Red. Anm.: Die EU-Mitgliedschaft des Vereinigten Königreichs Großbritannien und Nordirland endete mit Ablauf des 31.1.2020 (siehe ABl. L 29 vom 31.1.2020, S. 189)].*

IN DEM FESTEN WILLEN, die Grundlagen für einen immer engeren Zusammenschluss der europäischen Völker zu schaffen,
ENTSCHLOSSEN, durch gemeinsames Handeln den wirtschaftlichen und sozialen Fortschritt ihrer Staaten zu sichern, indem sie die Europa trennenden Schranken beseitigen,
IN DEM VORSATZ, die stetige Besserung der Lebens- und Beschäftigungsbedingungen ihrer Völker als wesentliches Ziel anzustreben,
IN DER ERKENNTNIS, dass zur Beseitigung der bestehenden Hindernisse ein einverständliches Vorgehen erforderlich ist, um eine beständige Wirtschaftsausweitung, einen ausgewogenen Handelsverkehr und einen redlichen Wettbewerb zu gewährleisten,
IN DEM BESTREBEN, ihre Volkswirtschaften zu einigen und deren harmonische Entwicklung zu fördern, indem sie den Abstand zwischen einzelnen Gebieten und den Rückstand weniger begünstigter Gebiete verringern,
IN DEM WUNSCH, durch eine gemeinsame Handelspolitik zur fortschreitenden Beseitigung der Beschränkungen im zwischenstaatlichen Wirtschaftsverkehr beizutragen,
IN DER ABSICHT, die Verbundenheit Europas mit den überseeischen Ländern zu bekräftigen, und in dem Wunsch, entsprechend den Grundsätzen der Satzung der Vereinten Nationen den Wohlstand der überseeischen Länder zu fördern,
ENTSCHLOSSEN, durch diesen Zusammenschluss ihrer Wirtschaftskräfte Frieden und Freiheit zu wahren und zu festigen, und mit der Aufforderung an die anderen Völker Europas, die sich zu dem gleichen hohen Ziel bekennen, sich diesen Bestrebungen anzuschließen,
ENTSCHLOSSEN, durch umfassenden Zugang zur Bildung und durch ständige Weiterbildung auf einen möglichst hohen Wissensstand ihrer Völker hinzuwirken,
HABEN zu diesem Zweck zu ihren Bevollmächtigten ERNANNT:
(Aufzählung der Bevollmächtigten nicht wiedergegeben)
DIESE SIND nach Austausch ihrer als gut und gehörig befundenen Vollmachten wie folgt übereingekommen:

Erster Teil. Grundsätze

Art. 1 [Regelungsbereich] (1) Dieser Vertrag regelt die Arbeitsweise der Union und legt die Bereiche, die Abgrenzung und die Einzelheiten der Ausübung ihrer Zuständigkeiten fest.

(2) ¹Dieser Vertrag und der Vertrag über die Europäische Union[1] bilden die Verträge, auf die sich die Union gründet. ²Diese beiden Verträge, die rechtlich gleichrangig sind, werden als „die Verträge" bezeichnet.

Titel I. Arten und Bereiche der Zuständigkeit der Union

Art. 2 [Arten von Zuständigkeiten] (1) Übertragen die Verträge der Union für einen bestimmten Bereich eine ausschließliche Zuständigkeit, so kann nur die Union gesetzgeberisch tätig werden und verbindliche Rechtsakte erlassen;

[1] Nr. **13**.

die Mitgliedstaaten dürfen in einem solchen Fall nur tätig werden, wenn sie von der Union hierzu ermächtigt werden, oder um Rechtsakte der Union durchzuführen.

(2) [1] Übertragen die Verträge der Union für einen bestimmten Bereich eine mit den Mitgliedstaaten geteilte Zuständigkeit, so können die Union und die Mitgliedstaaten in diesem Bereich gesetzgeberisch tätig werden und verbindliche Rechtsakte erlassen. [2] Die Mitgliedstaaten nehmen ihre Zuständigkeit wahr, sofern und soweit die Union ihre Zuständigkeit nicht ausgeübt hat. [3] Die Mitgliedstaaten nehmen ihre Zuständigkeit erneut wahr, sofern und soweit die Union entschieden hat, ihre Zuständigkeit nicht mehr auszuüben.

(3) Die Mitgliedstaaten koordinieren ihre Wirtschafts- und Beschäftigungspolitik im Rahmen von Regelungen nach Maßgabe dieses Vertrags, für deren Festlegung die Union zuständig ist.

(4) Die Union ist nach Maßgabe des Vertrags über die Europäische Union[1] dafür zuständig, eine gemeinsame Außen- und Sicherheitspolitik einschließlich der schrittweisen Festlegung einer gemeinsamen Verteidigungspolitik zu erarbeiten und zu verwirklichen.

(5) *[1]* In bestimmten Bereichen ist die Union nach Maßgabe der Verträge dafür zuständig, Maßnahmen zur Unterstützung, Koordinierung oder Ergänzung der Maßnahmen der Mitgliedstaaten durchzuführen, ohne dass dadurch die Zuständigkeit der Union für diese Bereiche an die Stelle der Zuständigkeit der Mitgliedstaaten tritt.

[2] Die verbindlichen Rechtsakte der Union, die aufgrund der diese Bereiche betreffenden Bestimmungen der Verträge erlassen werden, dürfen keine Harmonisierung der Rechtsvorschriften der Mitgliedstaaten beinhalten.

(6) Der Umfang der Zuständigkeiten der Union und die Einzelheiten ihrer Ausübung ergeben sich aus den Bestimmungen der Verträge zu den einzelnen Bereichen.

Art. 3 [Ausschließliche Zuständigkeiten] (1) Die Union hat ausschließliche Zuständigkeit in folgenden Bereichen:

a) Zollunion,

b) Festlegung der für das Funktionieren des Binnenmarkts erforderlichen Wettbewerbsregeln,

c) Währungspolitik für die Mitgliedstaaten, deren Währung der Euro ist,

d) Erhaltung der biologischen Meeresschätze im Rahmen der gemeinsamen Fischereipolitik,

e) gemeinsame Handelspolitik.

(2) Die Union hat ferner die ausschließliche Zuständigkeit für den Abschluss internationaler Übereinkünfte, wenn der Abschluss einer solchen Übereinkunft in einem Gesetzgebungsakt der Union vorgesehen ist, wenn er notwendig ist, damit sie ihre interne Zuständigkeit ausüben kann, oder soweit er gemeinsame Regeln beeinträchtigen oder deren Tragweite verändern könnte.

[1] Nr. 13.

Art. 4 [Geteilte Zuständigkeiten] (1) Die Union teilt ihre Zuständigkeit mit den Mitgliedstaaten, wenn ihr die Verträge außerhalb der in den Artikeln 3 und 6 genannten Bereiche eine Zuständigkeit übertragen.

(2) Die von der Union mit den Mitgliedstaaten geteilte Zuständigkeit erstreckt sich auf die folgenden Hauptbereiche:

a) Binnenmarkt,

b) Sozialpolitik hinsichtlich der in diesem Vertrag genannten Aspekte,

c) wirtschaftlicher, sozialer und territorialer Zusammenhalt,

d) Landwirtschaft und Fischerei, ausgenommen die Erhaltung der biologischen Meeresschätze,

e) Umwelt,

f) Verbraucherschutz,

g) Verkehr,

h) transeuropäische Netze,

i) Energie,

j) Raum der Freiheit, der Sicherheit und des Rechts,

k) gemeinsame Sicherheitsanliegen im Bereich der öffentlichen Gesundheit hinsichtlich der in diesem Vertrag genannten Aspekte.

(3) In den Bereichen Forschung, technologische Entwicklung und Raumfahrt erstreckt sich die Zuständigkeit der Union darauf, Maßnahmen zu treffen, insbesondere Programme zu erstellen und durchzuführen, ohne dass die Ausübung dieser Zuständigkeit die Mitgliedstaaten hindert, ihre Zuständigkeit auszuüben.

(4) In den Bereichen Entwicklungszusammenarbeit und humanitäre Hilfe erstreckt sich die Zuständigkeit der Union darauf, Maßnahmen zu treffen und eine gemeinsame Politik zu verfolgen, ohne dass die Ausübung dieser Zuständigkeit die Mitgliedstaaten hindert, ihre Zuständigkeit auszuüben.

Art. 5 [Koordinierung der Wirtschafts-, Beschäftigungs- und Sozialpolitik] (1) *[1]* [1] Die Mitgliedstaaten koordinieren ihre Wirtschaftspolitik innerhalb der Union. [2] Zu diesem Zweck erlässt der Rat Maßnahmen; insbesondere beschließt er die Grundzüge dieser Politik.

[2] Für die Mitgliedstaaten, deren Währung der Euro ist, gelten besondere Regelungen.

(2) Die Union trifft Maßnahmen zur Koordinierung der Beschäftigungspolitik der Mitgliedstaaten, insbesondere durch die Festlegung von Leitlinien für diese Politik.

(3) Die Union kann Initiativen zur Koordinierung der Sozialpolitik der Mitgliedstaaten ergreifen.

Art. 6 [Unterstützungs-, Koordinierungs- und Ergänzungsmaßnahmen] [1] Die Union ist für die Durchführung von Maßnahmen zur Unterstützung, Koordinierung oder Ergänzung der Maßnahmen der Mitgliedstaaten zuständig. [2] Diese Maßnahmen mit europäischer Zielsetzung können in folgenden Bereichen getroffen werden:

a) Schutz und Verbesserung der menschlichen Gesundheit,

b) Industrie,

c) Kultur,
d) Tourismus,
e) allgemeine und berufliche Bildung, Jugend und Sport,
f) Katastrophenschutz,
g) Verwaltungszusammenarbeit.

Titel II. Allgemein geltende Bestimmungen

Art. 7 [Kohärenzprinzip] Die Union achtet auf die Kohärenz zwischen ihrer Politik und ihren Maßnahmen in den verschiedenen Bereichen und trägt dabei unter Einhaltung des Grundsatzes der begrenzten Einzelermächtigung ihren Zielen in ihrer Gesamtheit Rechnung.

Art. 8 [Gleichstellung; Querschnittsklausel] Bei allen ihren Tätigkeiten wirkt die Union darauf hin, Ungleichheiten zu beseitigen und die Gleichstellung von Männern und Frauen zu fördern.

Art. 9 [Sozialer Schutz; Querschnittsklausel] Bei der Festlegung und Durchführung ihrer Politik und ihrer Maßnahmen trägt die Union den Erfordernissen im Zusammenhang mit der Förderung eines hohen Beschäftigungsniveaus, mit der Gewährleistung eines angemessenen sozialen Schutzes, mit der Bekämpfung der sozialen Ausgrenzung sowie mit einem hohen Niveau der allgemeinen und beruflichen Bildung und des Gesundheitsschutzes Rechnung.

Art. 10 [Bekämpfung von Diskriminierungen; Querschnittsklausel]
Bei der Festlegung und Durchführung ihrer Politik und ihrer Maßnahmen zielt die Union darauf ab, Diskriminierungen aus Gründen des Geschlechts, der Rasse, der ethnischen Herkunft, der Religion oder der Weltanschauung, einer Behinderung, des Alters oder der sexuellen Ausrichtung zu bekämpfen.

Art. 11 [Umweltschutz; Querschnittsklausel] Die Erfordernisse des Umweltschutzes müssen bei der Festlegung und Durchführung der Unionspolitiken und -maßnahmen insbesondere zur Förderung einer nachhaltigen Entwicklung einbezogen werden.

Art. 12 [Verbraucherschutz; Querschnittsklausel] Den Erfordernissen des Verbraucherschutzes wird bei der Festlegung und Durchführung der anderen Unionspolitiken und -maßnahmen Rechnung getragen.

Art. 13 [Tierschutz; Querschnittsklausel] Bei der Festlegung und Durchführung der Politik der Union in den Bereichen Landwirtschaft, Fischerei, Verkehr, Binnenmarkt, Forschung, technologische Entwicklung und Raumfahrt tragen die Union und die Mitgliedstaaten den Erfordernissen des Wohlergehens der Tiere als fühlende Wesen in vollem Umfang Rechnung; sie berücksichtigen hierbei die Rechts- und Verwaltungsvorschriften und die Gepflogenheiten der Mitgliedstaaten insbesondere in Bezug auf religiöse Riten, kulturelle Traditionen und das regionale Erbe.

Art. 14 [Dienste von allgemeinem wirtschaftlichem Interesse] ¹Unbeschadet des Artikels 4 des Vertrags über die Europäische Union[1] und der Artikel 93, 106 und 107 dieses Vertrags und in Anbetracht des Stellenwerts, den Dienste von allgemeinem wirtschaftlichen Interesse innerhalb der gemeinsamen Werte der Union einnehmen, sowie ihrer Bedeutung bei der Förderung des sozialen und territorialen Zusammenhalts tragen die Union und die Mitgliedstaaten im Rahmen ihrer jeweiligen Befugnisse im Anwendungsbereich der Verträge dafür Sorge, dass die Grundsätze und Bedingungen, insbesondere jene wirtschaftlicher und finanzieller Art, für das Funktionieren dieser Dienste so gestaltet sind, dass diese ihren Aufgaben nachkommen können. ²Diese Grundsätze und Bedingungen werden vom Europäischen Parlament und vom Rat durch Verordnungen gemäß dem ordentlichen Gesetzgebungsverfahren festgelegt, unbeschadet der Zuständigkeit der Mitgliedstaaten, diese Dienste im Einklang mit den Verträgen zur Verfügung zu stellen, in Auftrag zu geben und zu finanzieren.

Art. 15 [Grundsatz der Offenheit] (1) Um eine verantwortungsvolle Verwaltung zu fördern und die Beteiligung der Zivilgesellschaft sicherzustellen, handeln die Organe, Einrichtungen und sonstigen Stellen der Union unter weitestgehender Beachtung des Grundsatzes der Offenheit.

(2) Das Europäische Parlament tagt öffentlich; dies gilt auch für den Rat, wenn er über Entwürfe zu Gesetzgebungsakten berät oder abstimmt.

(3) *[1]* Jeder Unionsbürger sowie jede natürliche oder juristische Person mit Wohnsitz oder satzungsgemäßem Sitz in einem Mitgliedstaat hat das Recht auf Zugang zu Dokumenten der Organe, Einrichtungen und sonstigen Stellen der Union, unabhängig von der Form der für diese Dokumente verwendeten Träger, vorbehaltlich der Grundsätze und Bedingungen, die nach diesem Absatz festzulegen sind.

[2] Die allgemeinen Grundsätze und die aufgrund öffentlicher oder privater Interessen geltenden Einschränkungen für die Ausübung dieses Rechts auf Zugang zu Dokumenten werden vom Europäischen Parlament und vom Rat durch Verordnungen gemäß dem ordentlichen Gesetzgebungsverfahren festgelegt.

[3] Die Organe, Einrichtungen und sonstigen Stellen gewährleisten die Transparenz ihrer Tätigkeit und legen im Einklang mit gemäß den in Unterabsatz 2 genannten Verordnungen in ihrer Geschäftsordnung Sonderbestimmungen hinsichtlich des Zugangs zu ihren Dokumenten fest.

[4] Dieser Absatz gilt für den Gerichtshof der Europäischen Union, die Europäische Zentralbank und die Europäische Investitionsbank nur dann, wenn sie Verwaltungsaufgaben wahrnehmen.

[5] Das Europäische Parlament und der Rat sorgen dafür, dass die Dokumente, die die Gesetzgebungsverfahren betreffen, nach Maßgabe der in Unterabsatz 2 genannten Verordnungen öffentlich zugänglich gemacht werden.

Art. 16 [Datenschutz] (1) Jede Person hat das Recht auf Schutz der sie betreffenden personenbezogenen Daten.

[1] Nr. 13.

(2) *[1]* ¹Das Europäische Parlament und der Rat erlassen gemäß dem ordentlichen Gesetzgebungsverfahren Vorschriften über den Schutz natürlicher Personen bei der Verarbeitung personenbezogener Daten durch die Organe, Einrichtungen und sonstigen Stellen der Union sowie durch die Mitgliedstaaten im Rahmen der Ausübung von Tätigkeiten, die in den Anwendungsbereich des Unionsrechts fallen, und über den freien Datenverkehr. ²Die Einhaltung dieser Vorschriften wird von unabhängigen Behörden überwacht.

[2] Die auf der Grundlage dieses Artikels erlassenen Vorschriften lassen die spezifischen Bestimmungen des Artikels 39 des Vertrags über die Europäische Union[1]) unberührt.

Art. 17 [Religiöse und weltanschauliche Gemeinschaften]

(1) Die Union achtet den Status, den Kirchen und religiöse Vereinigungen oder Gemeinschaften in den Mitgliedstaaten nach deren Rechtsvorschriften genießen, und beeinträchtigt ihn nicht.

(2) Die Union achtet in gleicher Weise den Status, den weltanschauliche Gemeinschaften nach den einzelstaatlichen Rechtsvorschriften genießen.

(3) Die Union pflegt mit diesen Kirchen und Gemeinschaften in Anerkennung ihrer Identität und ihres besonderen Beitrags einen offenen, transparenten und regelmäßigen Dialog.

Zweiter Teil. Nichtdiskriminierung und Unionsbürgerschaft

Art. 18 [Diskriminierungsverbot] *[1]* Unbeschadet besonderer Bestimmungen der Verträge ist in ihrem Anwendungsbereich jede Diskriminierung aus Gründen der Staatsangehörigkeit verboten.

[2] Das Europäische Parlament und der Rat können gemäß dem ordentlichen Gesetzgebungsverfahren Regelungen für das Verbot solcher Diskriminierungen treffen.

Art. 19 [Antidiskriminierungsmaßnahmen] (1) Unbeschadet der sonstigen Bestimmungen der Verträge kann der Rat im Rahmen der durch die Verträge auf die Union übertragenen Zuständigkeiten gemäß einem besonderen Gesetzgebungsverfahren und nach Zustimmung des Europäischen Parlaments einstimmig geeignete Vorkehrungen treffen, um Diskriminierungen aus Gründen des Geschlechts, der Rasse, der ethnischen Herkunft, der Religion oder der Weltanschauung, einer Behinderung, des Alters oder der sexuellen Ausrichtung zu bekämpfen.

(2) Abweichend von Absatz 1 können das Europäische Parlament und der Rat gemäß dem ordentlichen Gesetzgebungsverfahren die Grundprinzipien für Fördermaßnahmen der Union unter Ausschluss jeglicher Harmonisierung der Rechts- und Verwaltungsvorschriften der Mitgliedstaaten zur Unterstützung der Maßnahmen festlegen, die die Mitgliedstaaten treffen, um zur Verwirklichung der in Absatz 1 genannten Ziele beizutragen.

[1]) Nr. 13.

Art. 20 [Unionsbürgerschaft] (1) ¹Es wird eine Unionsbürgerschaft eingeführt. ²Unionsbürger ist, wer die Staatsangehörigkeit eines Mitgliedstaats besitzt. ³Die Unionsbürgerschaft tritt zur nationalen Staatsbürgerschaft hinzu, ersetzt sie aber nicht.

(2) ¹Die Unionsbürgerinnen und Unionsbürger haben die in den Verträgen vorgesehenen Rechte und Pflichten. ²Sie haben unter anderem

a) das Recht, sich im Hoheitsgebiet der Mitgliedstaaten frei zu bewegen und aufzuhalten;

b) in dem Mitgliedstaat, in dem sie ihren Wohnsitz haben, das aktive und passive Wahlrecht bei den Wahlen zum Europäischen Parlament und bei den Kommunalwahlen, wobei für sie dieselben Bedingungen gelten wie für die Angehörigen des betreffenden Mitgliedstaats;

c) im Hoheitsgebiet eines Drittlands, in dem der Mitgliedstaat, dessen Staatsangehörigkeit sie besitzen, nicht vertreten ist, Recht auf Schutz durch die diplomatischen und konsularischen Behörden eines jeden Mitgliedstaats unter denselben Bedingungen wie Staatsangehörige dieses Staates;

d) das Recht, Petitionen an das Europäische Parlament zu richten und sich an den Europäischen Bürgerbeauftragten zu wenden, sowie das Recht, sich in einer der Sprachen der Verträge an die Organe und die beratenden Einrichtungen der Union zu wenden und eine Antwort in derselben Sprache zu erhalten.

³Diese Rechte werden unter den Bedingungen und innerhalb der Grenzen ausgeübt, die in den Verträgen und durch die in Anwendung der Verträge erlassenen Maßnahmen festgelegt sind.

Art. 21 [Freizügigkeit] (1) Jeder Unionsbürger hat das Recht, sich im Hoheitsgebiet der Mitgliedstaaten vorbehaltlich der in den Verträgen und in den Durchführungsvorschriften vorgesehenen Beschränkungen und Bedingungen frei zu bewegen und aufzuhalten.

(2) Erscheint zur Erreichung dieses Ziels ein Tätigwerden der Union erforderlich und sehen die Verträge hierfür keine Befugnisse vor, so können das Europäische Parlament und der Rat gemäß dem ordentlichen Gesetzgebungsverfahren Vorschriften erlassen, mit denen die Ausübung der Rechte nach Absatz 1 erleichtert wird.

(3) ¹Zu den gleichen wie den in Absatz 1 genannten Zwecken kann der Rat, sofern die Verträge hierfür keine Befugnisse vorsehen, gemäß einem besonderen Gesetzgebungsverfahren Maßnahmen erlassen, die die soziale Sicherheit oder den sozialen Schutz betreffen. ²Der Rat beschließt einstimmig nach Anhörung des Europäischen Parlaments.

Art. 22 [Wahlrecht] (1) ¹Jeder Unionsbürger mit Wohnsitz in einem Mitgliedstaat, dessen Staatsangehörigkeit er nicht besitzt, hat in dem Mitgliedstaat, in dem er seinen Wohnsitz hat, das aktive und passive Wahlrecht bei Kommunalwahlen, wobei für ihn dieselben Bedingungen gelten wie für die Angehörigen des betreffenden Mitgliedstaats. ²Dieses Recht wird vorbehaltlich der Einzelheiten ausgeübt, die vom Rat einstimmig gemäß einem besonderen Gesetzgebungsverfahren und nach Anhörung des Europäischen Parlaments festgelegt werden; in diesen können Ausnahmeregelungen vorgesehen werden, wenn dies aufgrund besonderer Probleme eines Mitgliedstaats gerechtfertigt ist.

(2) ¹Unbeschadet des Artikels 223 Absatz 1 und der Bestimmungen zu dessen Durchführung besitzt jeder Unionsbürger mit Wohnsitz in einem Mitgliedstaat, dessen Staatsangehörigkeit er nicht besitzt, in dem Mitgliedstaat, in dem er seinen Wohnsitz hat, das aktive und passive Wahlrecht bei den Wahlen zum Europäischen Parlament, wobei für ihn dieselben Bedingungen gelten wie für die Angehörigen des betreffenden Mitgliedstaats. ²Dieses Recht wird vorbehaltlich der Einzelheiten ausgeübt, die vom Rat einstimmig gemäß einem besonderen Gesetzgebungsverfahren und nach Anhörung des Europäischen Parlaments festgelegt werden; in diesen können Ausnahmeregelungen vorgesehen werden, wenn dies aufgrund besonderer Probleme eines Mitgliedstaats gerechtfertigt ist.

Art. 23 [Diplomatischer und konsularischer Schutz] *[1]* ¹Jeder Unionsbürger genießt im Hoheitsgebiet eines dritten Landes, in dem der Mitgliedstaat, dessen Staatsangehörigkeit er besitzt, nicht vertreten ist, den diplomatischen und konsularischen Schutz eines jeden Mitgliedstaats unter denselben Bedingungen wie Staatsangehörige dieses Staates. ²Die Mitgliedstaaten treffen die notwendigen Vorkehrungen und leiten die für diesen Schutz erforderlichen internationalen Verhandlungen ein.

[2] Der Rat kann gemäß einem besonderen Gesetzgebungsverfahren und nach Anhörung des Europäischen Parlaments Richtlinien zur Festlegung der notwendigen Koordinierungs- und Kooperationsmaßnahmen zur Erleichterung dieses Schutzes erlassen.

Art. 24 [Petitionsrecht] *[1]* Die Bestimmungen über die Verfahren und Bedingungen, die für eine Bürgerinitiative im Sinne des Artikels 11 des Vertrags über die Europäische Union[1]) gelten, einschließlich der Mindestzahl der Mitgliedstaaten, aus denen die Bürgerinnen und Bürger, die diese Initiative ergreifen, kommen müssen, werden vom Europäischen Parlament und vom Rat gemäß dem ordentlichen Gesetzgebungsverfahren durch Verordnungen festgelegt.

[2] Jeder Unionsbürger besitzt das Petitionsrecht beim Europäischen Parlament nach Artikel 227.

[3] Jeder Unionsbürger kann sich an den nach Artikel 228 eingesetzten Bürgerbeauftragten wenden.

[4] Jeder Unionsbürger kann sich schriftlich in einer der in Artikel 55 Absatz 1 des Vertrags über die Europäische Union genannten Sprachen an jedes Organ oder an jede Einrichtung wenden, die in dem vorliegenden Artikel oder in Artikel 13 des genannten Vertrags genannt sind, und eine Antwort in derselben Sprache erhalten.[2])

Art. 25 [Fortentwicklung der Unionsbürgerschaft] *[1]* ¹Die Kommission erstattet dem Europäischen Parlament, dem Rat und dem Wirtschafts- und Sozialausschuss alle drei Jahre über die Anwendung dieses Teils Bericht. ²In dem Bericht wird der Fortentwicklung der Union Rechnung getragen.

[1]) Nr. **13**.
[2]) Vgl. zu dieser Vorschrift auch die Erklärung Nr. 4 zur Schlussakte v. 16.2.2001 (ABl. C 80 S. 70) der Konferenz von Nizza.

[2] ¹Auf dieser Grundlage kann der Rat unbeschadet der anderen Bestimmungen der Verträge zur Ergänzung der in Artikel 20 Absatz 2 aufgeführten Rechte einstimmig gemäß einem besonderen Gesetzgebungsverfahren nach Zustimmung des Europäischen Parlaments Bestimmungen erlassen. ²Diese Bestimmungen treten nach Zustimmung der Mitgliedstaaten im Einklang mit ihren jeweiligen verfassungsrechtlichen Vorschriften in Kraft.

Dritter Teil. Die internen Politiken und Maßnahmen der Union

Titel I. Der Binnenmarkt

Art. 26 [Verwirklichung des Binnenmarkts] (1) Die Union erlässt die erforderlichen Maßnahmen, um nach Maßgabe der einschlägigen Bestimmungen der Verträge den Binnenmarkt zu verwirklichen beziehungsweise dessen Funktionieren zu gewährleisten.

(2) Der Binnenmarkt umfasst einen Raum ohne Binnengrenzen, in dem der freie Verkehr von Waren, Personen, Dienstleistungen und Kapital gemäß den Bestimmungen der Verträge gewährleistet ist.

(3) Der Rat legt auf Vorschlag der Kommission die Leitlinien und Bedingungen fest, die erforderlich sind, um in allen betroffenen Sektoren einen ausgewogenen Fortschritt zu gewährleisten.

Art. 27 [Ausnahmeregelungen] *[1]* Bei der Formulierung ihrer Vorschläge zur Verwirklichung der Ziele des Artikels 26 berücksichtigt die Kommission den Umfang der Anstrengungen, die einigen Volkswirtschaften mit unterschiedlichem Entwicklungsstand für die Errichtung des Binnenmarkts abverlangt werden, und kann geeignete Bestimmungen vorschlagen.

[2] Erhalten diese Bestimmungen die Form von Ausnahmeregelungen, so müssen sie vorübergehender Art sein und dürfen das Funktionieren des Binnenmarkts so wenig wie möglich stören.

Titel II. Der freie Warenverkehr

Art. 28 [Zollunion] (1) Die Union umfasst eine Zollunion, die sich auf den gesamten Warenaustausch erstreckt; sie umfasst das Verbot, zwischen den Mitgliedstaaten Ein- und Ausfuhrzölle und Abgaben gleicher Wirkung zu erheben, sowie die Einführung eines Gemeinsamen Zolltarifs gegenüber dritten Ländern.

(2) Artikel 30 und Kapitel 3 dieses Titels gelten für die aus den Mitgliedstaaten stammenden Waren sowie für diejenigen Waren aus dritten Ländern, die sich in den Mitgliedstaaten im freien Verkehr befinden.

Art. 29 [Freier Verkehr von Waren aus dritten Ländern] Als im freien Verkehr eines Mitgliedstaats befindlich gelten diejenigen Waren aus dritten Ländern, für die in dem betreffenden Mitgliedstaat die Einfuhrförmlichkeiten erfüllt sowie die vorgeschriebenen Zölle und Abgaben gleicher Wirkung erhoben und nicht ganz oder teilweise rückvergütet worden sind.

Kapitel 1. Die Zollunion

Art. 30 [Verbot von Zöllen] ¹Ein- und Ausfuhrzölle oder Abgaben gleicher Wirkung sind zwischen den Mitgliedstaaten verboten. ²Dieses Verbot gilt auch für Finanzzölle.

Art. 31 [Gemeinsame Zolltarif] Der Rat legt die Sätze des Gemeinsamen Zolltarifs auf Vorschlag der Kommission fest.

Art. 32 [Zielsetzung der Kommissionsaufgaben] Bei der Ausübung der ihr aufgrund dieses Kapitels übertragenen Aufgaben geht die Kommission von folgenden Gesichtspunkten aus:

a) der Notwendigkeit, den Handelsverkehr zwischen den Mitgliedstaaten und dritten Ländern zu fördern;

b) der Entwicklung der Wettbewerbsbedingungen innerhalb der Union, soweit diese Entwicklung zu einer Zunahme der Wettbewerbsfähigkeit der Unternehmen führt;

c) dem Versorgungsbedarf der Union an Rohstoffen und Halbfertigwaren; hierbei achtet die Kommission darauf, zwischen den Mitgliedstaaten die Wettbewerbsbedingungen für Fertigwaren nicht zu verfälschen;

d) der Notwendigkeit, ernsthafte Störungen im Wirtschaftsleben der Mitgliedstaaten zu vermeiden und eine rationale Entwicklung der Erzeugung sowie eine Ausweitung des Verbrauchs innerhalb der Union zu gewährleisten.

Kapitel 2. Die Zusammenarbeit im Zollwesen

Art. 33 [Ausbau der Zusammenarbeit] Das Europäische Parlament und der Rat treffen im Rahmen des Geltungsbereichs der Verträge gemäß dem ordentlichen Gesetzgebungsverfahren Maßnahmen zum Ausbau der Zusammenarbeit im Zollwesen zwischen den Mitgliedstaaten sowie zwischen den Mitgliedstaaten und der Kommission.

Kapitel 3.[1] Verbot von mengenmäßigen Beschränkungen zwischen den Mitgliedstaaten

Art. 34 [Verbot von Einfuhrbeschränkungen] Mengenmäßige Einfuhrbeschränkungen sowie alle Maßnahmen gleicher Wirkung sind zwischen den Mitgliedstaaten verboten.

Art. 35 [Verbot von Ausfuhrbeschränkungen] Mengenmäßige Ausfuhrbeschränkungen sowie alle Maßnahmen gleicher Wirkung sind zwischen den Mitgliedstaaten verboten.

Art. 36 [Ausnahmen] ¹Die Bestimmungen der Artikel 34 und 35 stehen Einfuhr-, Ausfuhr- und Durchfuhrverboten oder -beschränkungen nicht entgegen, die aus Gründen der öffentlichen Sittlichkeit, Ordnung und Sicherheit, zum Schutze der Gesundheit und des Lebens von Menschen, Tieren oder Pflanzen, des nationalen Kulturguts von künstlerischem, geschichtlichem oder archäologischem Wert oder des gewerblichen und kommerziellen Eigentums

[1] Siehe hierzu ua:

Leitfaden zu den Art. 34-36 AEUV (Verbot von mengenmäßigen Beschränkungen zwischen den Mitgliedstaaten) in ABl. 2021 C 100 S. 38.

gerechtfertigt sind. ²Diese Verbote oder Beschränkungen dürfen jedoch weder ein Mittel zur willkürlichen Diskriminierung noch eine verschleierte Beschränkung des Handels zwischen den Mitgliedstaaten darstellen.

Art. 37 [Staatliche Handelsmonopole] (1) *[1]* Die Mitgliedstaaten formen ihre staatlichen Handelsmonopole derart um, dass jede Diskriminierung in den Versorgungs- und Absatzbedingungen zwischen den Angehörigen der Mitgliedstaaten ausgeschlossen ist.

[2] ¹Dieser Artikel gilt für alle Einrichtungen, durch die ein Mitgliedstaat unmittelbar oder mittelbar die Einfuhr oder die Ausfuhr zwischen den Mitgliedstaaten rechtlich oder tatsächlich kontrolliert, lenkt oder merklich beeinflusst. ²Er gilt auch für die von einem Staat auf andere Rechtsträger übertragenen Monopole.

(2) Die Mitgliedstaaten unterlassen jede neue Maßnahme, die den in Absatz 1 genannten Grundsätzen widerspricht oder die Tragweite der Artikel über das Verbot von Zöllen und mengenmäßigen Beschränkungen zwischen den Mitgliedstaaten einengt.

(3) Ist mit einem staatlichen Handelsmonopol eine Regelung zur Erleichterung des Absatzes oder der Verwertung landwirtschaftlicher Erzeugnisse verbunden, so sollen bei der Anwendung dieses Artikels gleichwertige Sicherheiten für die Beschäftigung und Lebenshaltung der betreffenden Erzeuger gewährleistet werden.

Titel III. Die Landwirtschaft und die Fischerei

Art. 38 [Binnenmarkt und Landwirtschaft] (1) *[1]* Die Union legt eine gemeinsame Agrar- und Fischereipolitik fest und führt sie durch.

[2] ¹Der Binnenmarkt umfasst auch die Landwirtschaft, die Fischerei und den Handel mit landwirtschaftlichen Erzeugnissen. ²Unter landwirtschaftlichen Erzeugnissen sind die Erzeugnisse des Bodens, der Viehzucht und der Fischerei sowie die mit diesen in unmittelbarem Zusammenhang stehenden Erzeugnisse der ersten Verarbeitungsstufe zu verstehen. ³Die Bezugnahmen auf die gemeinsame Agrarpolitik oder auf die Landwirtschaft und die Verwendung des Wortes „landwirtschaftlich" sind in dem Sinne zu verstehen, dass damit unter Berücksichtigung der besonderen Merkmale des Fischereisektors auch die Fischerei gemeint ist.

(2) Die Vorschriften für die Errichtung oder das Funktionieren des Binnenmarkts finden auf die landwirtschaftlichen Erzeugnisse Anwendung, soweit in den Artikeln 39 bis 44 nicht etwas anderes bestimmt ist.

(3) Die Erzeugnisse, für welche die Artikel 39 bis 44 gelten, sind in Anhang I aufgeführt.

(4) Mit dem Funktionieren und der Entwicklung des Binnenmarkts für landwirtschaftliche Erzeugnisse muss die Gestaltung einer gemeinsamen Agrarpolitik Hand in Hand gehen.

Art. 39 [Ziel gemeinsamer Agrarpolitik] (1) Ziel der gemeinsamen Agrarpolitik ist es,

a) die Produktivität der Landwirtschaft durch Förderung des technischen Fortschritts, Rationalisierung der landwirtschaftlichen Erzeugung und den best-

möglichen Einsatz der Produktionsfaktoren, insbesondere der Arbeitskräfte, zu steigern;
b) auf diese Weise der landwirtschaftlichen Bevölkerung, insbesondere durch Erhöhung des Pro-Kopf-Einkommens der in der Landwirtschaft tätigen Personen, eine angemessene Lebenshaltung zu gewährleisten;
c) die Märkte zu stabilisieren;
d) die Versorgung sicherzustellen;
e) für die Belieferung der Verbraucher zu angemessenen Preisen Sorge zu tragen.

(2) Bei der Gestaltung der gemeinsamen Agrarpolitik und der hierfür anzuwendenden besonderen Methoden ist Folgendes zu berücksichtigen:
a) die besondere Eigenart der landwirtschaftlichen Tätigkeit, die sich aus dem sozialen Aufbau der Landwirtschaft und den strukturellen und naturbedingten Unterschieden der verschiedenen landwirtschaftlichen Gebiete ergibt;
b) die Notwendigkeit, die geeigneten Anpassungen stufenweise durchzuführen;
c) die Tatsache, dass die Landwirtschaft in den Mitgliedstaaten einen mit der gesamten Volkswirtschaft eng verflochtenen Wirtschaftsbereich darstellt.

Art. 40 [Gemeinsame Marktorganisation]
(1) *[1]* Um die Ziele des Artikels 39 zu erreichen, wird eine gemeinsame Organisation der Agrarmärkte geschaffen.

[2] Diese besteht je nach Erzeugnis aus einer der folgenden Organisationsformen:
a) gemeinsame Wettbewerbsregeln,
b) bindende Koordinierung der verschiedenen einzelstaatlichen Marktordnungen,
c) eine europäische Marktordnung.

(2) *[1]* Die nach Absatz 1 gestaltete gemeinsame Organisation kann alle zur Durchführung des Artikels 39 erforderlichen Maßnahmen einschließen, insbesondere Preisregelungen, Beihilfen für die Erzeugung und die Verteilung der verschiedenen Erzeugnisse, Einlagerungs- und Ausgleichsmaßnahmen, gemeinsame Einrichtungen zur Stabilisierung der Ein- oder Ausfuhr.

[2] Die gemeinsame Organisation hat sich auf die Verfolgung der Ziele des Artikels 39 zu beschränken und jede Diskriminierung zwischen Erzeugern oder Verbrauchern innerhalb der Union auszuschließen.

[3] Eine etwaige gemeinsame Preispolitik muss auf gemeinsamen Grundsätzen und einheitlichen Berechnungsmethoden beruhen.

(3) Um der in Absatz 1 genannten gemeinsamen Organisation die Erreichung ihrer Ziele zu ermöglichen, können ein oder mehrere Ausrichtungs- oder Garantiefonds für die Landwirtschaft geschaffen werden.

Art. 41 [Maßnahmen im Rahmen einer gemeinsamen Agrarpolitik]
Um die Ziele des Artikels 39 zu erreichen, können im Rahmen der gemeinsamen Agrarpolitik folgende Maßnahmen vorgesehen werden:
a) eine wirksame Koordinierung der Bestrebungen auf dem Gebiet der Berufsausbildung, der Forschung und der Verbreitung landwirtschaftlicher Fach-

kenntnisse; hierbei können Vorhaben oder Einrichtungen gemeinsam finanziert werden;

b) gemeinsame Maßnahmen zur Förderung des Verbrauchs bestimmter Erzeugnisse.

Art. 42 [Anwendung der Wettbewerbs- und Beihilferegeln] *[1]* Das Kapitel über die Wettbewerbsregeln findet auf die Produktion landwirtschaftlicher Erzeugnisse und den Handel mit diesen nur insoweit Anwendung, als das Europäische Parlament und der Rat dies unter Berücksichtigung der Ziele des Artikels 39 im Rahmen des Artikels 43 Absatz 2 und gemäß dem dort vorgesehenen Verfahren bestimmt.

[2] Der Rat kann auf Vorschlag der Kommission genehmigen, dass Beihilfen gewährt werden

a) zum Schutz von Betrieben, die durch strukturelle oder naturgegebene Bedingungen benachteiligt sind, oder

b) im Rahmen wirtschaftlicher Entwicklungsprogramme.

Art. 43 [Rechtsetzung, Kompetenzen und Verfahren] (1) *[1]* Die Kommission legt zur Gestaltung und Durchführung der gemeinsamen Agrarpolitik Vorschläge vor, welche unter anderem die Ablösung der einzelstaatlichen Marktordnungen durch eine der in Artikel 40 Absatz 1 vorgesehenen gemeinsamen Organisationsformen sowie die Durchführung der in diesem Titel bezeichneten Maßnahmen vorsehen.

[2] Diese Vorschläge müssen dem inneren Zusammenhang der in diesem Titel aufgeführten landwirtschaftlichen Fragen Rechnung tragen.

(2) Das Europäische Parlament und der Rat legen gemäß dem ordentlichen Gesetzgebungsverfahren und nach Anhörung des Wirtschafts- und Sozialausschusses die gemeinsame Organisation der Agrarmärkte nach Artikel 40 Absatz 1 sowie die anderen Bestimmungen fest, die für die Verwirklichung der Ziele der gemeinsamen Agrar- und Fischereipolitik notwendig sind.

(3) Der Rat erlässt auf Vorschlag der Kommission die Maßnahmen zur Festsetzung der Preise, der Abschöpfungen, der Beihilfen und der mengenmäßigen Beschränkungen sowie zur Festsetzung und Aufteilung der Fangmöglichkeiten in der Fischerei.

(4) Die einzelstaatlichen Marktordnungen können nach Maßgabe des Absatzes 2 durch die in Artikel 40 Absatz 1 vorgesehene gemeinsame Organisation ersetzt werden,

a) wenn sie den Mitgliedstaaten, die sich gegen diese Maßnahme ausgesprochen haben und eine eigene Marktordnung für die in Betracht kommende Erzeugung besitzen, gleichwertige Sicherheiten für die Beschäftigung und Lebenshaltung der betreffenden Erzeuger bietet; hierbei sind die im Zeitablauf möglichen Anpassungen und erforderlichen Spezialisierungen zu berücksichtigen, und

b) wenn die gemeinsame Organisation für den Handelsverkehr innerhalb der Union Bedingungen sicherstellt, die denen eines Binnenmarkts entsprechen.

(5) Wird eine gemeinsame Organisation für bestimmte Rohstoffe geschaffen, bevor eine gemeinsame Organisation für die entsprechenden weiterverarbeiteten Erzeugnisse besteht, so können die betreffenden Rohstoffe aus Ländern

außerhalb der Union eingeführt werden, wenn sie für weiterverarbeitete Erzeugnisse verwendet werden, die zur Ausfuhr nach dritten Ländern bestimmt sind.

Art. 44 [Ausgleichsabgaben] *[1]* Besteht in einem Mitgliedstaat für ein Erzeugnis eine innerstaatliche Marktordnung oder Regelung gleicher Wirkung und wird dadurch eine gleichartige Erzeugung in einem anderen Mitgliedstaat in ihrer Wettbewerbslage beeinträchtigt, so erheben die Mitgliedstaaten bei der Einfuhr des betreffenden Erzeugnisses aus dem Mitgliedstaat, in dem die genannte Marktordnung oder Regelung besteht, eine Ausgleichsabgabe, es sei denn, dass dieser Mitgliedstaat eine Ausgleichsabgabe bei der Ausfuhr erhebt.

[2] Die Kommission setzt diese Abgaben in der zur Wiederherstellung des Gleichgewichts erforderlichen Höhe fest; sie kann auch andere Maßnahmen genehmigen, deren Bedingungen und Einzelheiten sie festlegt.

Titel IV. Die Freizügigkeit, der freie Dienstleistungs- und Kapitalverkehr

Kapitel 1. Die Arbeitskräfte

Art. 45 [Freizügigkeit der Arbeitnehmer] (1) Innerhalb der Union ist die Freizügigkeit der Arbeitnehmer gewährleistet.

(2) Sie umfasst die Abschaffung jeder auf der Staatsangehörigkeit beruhenden unterschiedlichen Behandlung der Arbeitnehmer der Mitgliedstaaten in Bezug auf Beschäftigung, Entlohnung und sonstige Arbeitsbedingungen.

(3) Sie gibt – vorbehaltlich der aus Gründen der öffentlichen Ordnung, Sicherheit und Gesundheit gerechtfertigten Beschränkungen – den Arbeitnehmern das Recht,

a) sich um tatsächlich angebotene Stellen zu bewerben;
b) sich zu diesem Zweck im Hoheitsgebiet der Mitgliedstaaten frei zu bewegen;
c) sich in einem Mitgliedstaat aufzuhalten, um dort nach den für die Arbeitnehmer dieses Staates geltenden Rechts- und Verwaltungsvorschriften eine Beschäftigung auszuüben;
d) nach Beendigung einer Beschäftigung im Hoheitsgebiet eines Mitgliedstaats unter Bedingungen zu verbleiben, welche die Kommission durch Verordnungen festlegt.

(4) Dieser Artikel findet keine Anwendung auf die Beschäftigung in der öffentlichen Verwaltung.

Art. 46 [Maßnahmen zur Herstellung der Freizügigkeit] Das Europäische Parlament und der Rat treffen gemäß dem ordentlichen Gesetzgebungsverfahren und nach Anhörung des Wirtschafts- und Sozialausschusses durch Richtlinien oder Verordnungen alle erforderlichen Maßnahmen, um die Freizügigkeit der Arbeitnehmer im Sinne des Artikels 45 herzustellen, insbesondere

a) durch Sicherstellung einer engen Zusammenarbeit zwischen den einzelstaatlichen Arbeitsverwaltungen;
b) durch die Beseitigung der Verwaltungsverfahren und -praktiken sowie der für den Zugang zu verfügbaren Arbeitsplätzen vorgeschriebenen Fristen, die sich aus innerstaatlichen Rechtsvorschriften oder vorher zwischen den Mit-

gliedstaaten geschlossenen Übereinkünften ergeben und deren Beibehaltung die Herstellung der Freizügigkeit der Arbeitnehmer hindert;

c) durch die Beseitigung aller Fristen und sonstigen Beschränkungen, die in innerstaatlichen Rechtsvorschriften oder vorher zwischen den Mitgliedstaaten geschlossenen Übereinkünften vorgesehen sind und die den Arbeitnehmern der anderen Mitgliedstaaten für die freie Wahl des Arbeitsplatzes andere Bedingungen als den inländischen Arbeitnehmern auferlegen;

d) durch die Schaffung geeigneter Verfahren für die Zusammenführung und den Ausgleich von Angebot und Nachfrage auf dem Arbeitsmarkt zu Bedingungen, die eine ernstliche Gefährdung der Lebenshaltung und des Beschäftigungsstands in einzelnen Gebieten und Industrien ausschließen.

Art. 47 [Austausch junger Arbeitskräfte] Die Mitgliedstaaten fördern den Austausch junger Arbeitskräfte im Rahmen eines gemeinsamen Programms.

Art. 48 [Sicherstellung der Ansprüche und Leistungen auf dem Gebiet der sozialen Sicherheit] *[1]* Das Europäische Parlament und der Rat beschließen gemäß dem ordentlichen Gesetzgebungsverfahren die auf dem Gebiet der sozialen Sicherheit für die Herstellung der Freizügigkeit der Arbeitnehmer notwendigen Maßnahmen; zu diesem Zweck führen sie insbesondere ein System ein, das zu- und abwandernden Arbeitnehmern und Selbstständigen sowie deren anspruchsberechtigten Angehörigen Folgendes sichert:

a) die Zusammenrechnung aller nach den verschiedenen innerstaatlichen Rechtsvorschriften berücksichtigten Zeiten für den Erwerb und die Aufrechterhaltung des Leistungsanspruchs sowie für die Berechnung der Leistungen;

b) die Zahlung der Leistungen an Personen, die in den Hoheitsgebieten der Mitgliedstaaten wohnen.

[2] [1] Erklärt ein Mitglied des Rates, dass ein Entwurf eines Gesetzgebungsakts nach Absatz 1 wichtige Aspekte seines Systems der sozialen Sicherheit, insbesondere dessen Geltungsbereich, Kosten oder Finanzstruktur, verletzen oder dessen finanzielles Gleichgewicht beeinträchtigen würde, so kann es beantragen, dass der Europäische Rat befasst wird. [2] In diesem Fall wird das ordentliche Gesetzgebungsverfahren ausgesetzt. [3] Nach einer Aussprache geht der Europäische Rat binnen vier Monaten nach Aussetzung des Verfahrens wie folgt vor:

a) er verweist den Entwurf an den Rat zurück, wodurch die Aussetzung des ordentlichen Gesetzgebungsverfahrens beendet wird, oder

b) er sieht von einem Tätigwerden ab, oder aber er ersucht die Kommission um Vorlage eines neuen Vorschlags; in diesem Fall gilt der ursprünglich vorgeschlagene Rechtsakt als nicht erlassen.

Kapitel 2. Das Niederlassungsrecht

Art. 49 [Niederlassungsfreiheit] *[1]* [1] Die Beschränkungen der freien Niederlassung von Staatsangehörigen eines Mitgliedstaats im Hoheitsgebiet eines anderen Mitgliedstaats sind nach Maßgabe der folgenden Bestimmungen verboten. [2] Das Gleiche gilt für Beschränkungen der Gründung von Agenturen, Zweigniederlassungen oder Tochtergesellschaften durch Angehörige eines Mitgliedstaats, die im Hoheitsgebiet eines Mitgliedstaats ansässig sind.

[2] Vorbehaltlich des Kapitels über den Kapitalverkehr umfasst die Niederlassungsfreiheit die Aufnahme und Ausübung selbstständiger Erwerbstätigkeiten sowie die Gründung und Leitung von Unternehmen, insbesondere von Gesellschaften im Sinne des Artikels 54 Absatz 2, nach den Bestimmungen des Aufnahmestaats für seine eigenen Angehörigen.

Art. 50 [Maßnahmen zur Verwirklichung der Niederlassungsfreiheit]

(1) Das Europäische Parlament und der Rat erlassen gemäß dem ordentlichen Gesetzgebungsverfahren und nach Anhörung des Wirtschafts- und Sozialausschusses Richtlinien zur Verwirklichung der Niederlassungsfreiheit für eine bestimmte Tätigkeit.

(2) Das Europäische Parlament, der Rat und die Kommission erfüllen die Aufgaben, die ihnen aufgrund der obigen Bestimmungen übertragen sind, indem sie insbesondere

a) im Allgemeinen diejenigen Tätigkeiten mit Vorrang behandeln, bei denen die Niederlassungsfreiheit die Entwicklung der Produktion und des Handels in besonderer Weise fördert;

b) eine enge Zusammenarbeit zwischen den zuständigen Verwaltungen der Mitgliedstaaten sicherstellen, um sich über die besondere Lage auf den verschiedenen Tätigkeitsgebieten innerhalb der Union zu unterrichten;

c) die aus innerstaatlichen Rechtsvorschriften oder vorher zwischen den Mitgliedstaaten geschlossenen Übereinkünften abgeleiteten Verwaltungsverfahren und -praktiken ausschalten, deren Beibehaltung der Niederlassungsfreiheit entgegensteht;

d) dafür Sorge tragen, dass Arbeitnehmer eines Mitgliedstaats, die im Hoheitsgebiet eines anderen Mitgliedstaats beschäftigt sind, dort verbleiben und eine selbstständige Tätigkeit unter denselben Voraussetzungen ausüben können, die sie erfüllen müssten, wenn sie in diesen Staat erst zu dem Zeitpunkt einreisen würden, in dem sie diese Tätigkeit aufzunehmen beabsichtigen;

e) den Erwerb und die Nutzung von Grundbesitz im Hoheitsgebiet eines Mitgliedstaats durch Angehörige eines anderen Mitgliedstaats ermöglichen, soweit hierdurch die Grundsätze des Artikels 39 Absatz 2 nicht beeinträchtigt werden;

f) veranlassen, dass bei jedem in Betracht kommenden Wirtschaftszweig die Beschränkungen der Niederlassungsfreiheit in Bezug auf die Voraussetzungen für die Errichtung von Agenturen, Zweigniederlassungen und Tochtergesellschaften im Hoheitsgebiet eines Mitgliedstaats sowie für den Eintritt des Personals der Hauptniederlassung in ihre Leitungs- oder Überwachungsorgane schrittweise aufgehoben werden;

g) soweit erforderlich, die Schutzbestimmungen koordinieren, die in den Mitgliedstaaten den Gesellschaften im Sinne des Artikels 54 Absatz 2 im Interesse der Gesellschafter sowie Dritter vorgeschrieben sind, um diese Bestimmungen gleichwertig zu gestalten;

h) sicherstellen, dass die Bedingungen für die Niederlassung nicht durch Beihilfen der Mitgliedstaaten verfälscht werden.

Art. 51 [Ausübung öffentlicher Gewalt]

[1] Auf Tätigkeiten, die in einem Mitgliedstaat dauernd oder zeitweise mit der Ausübung öffentlicher Gewalt

verbunden sind, findet dieses Kapitel in dem betreffenden Mitgliedstaat keine Anwendung.

[2] Das Europäische Parlament und der Rat können gemäß dem ordentlichen Gesetzgebungsverfahren beschließen, dass dieses Kapitel auf bestimmte Tätigkeiten keine Anwendung findet.

Art. 52 [Öffentliche Ordnung; Sicherheit; Gesundheit] (1) Dieses Kapitel und die aufgrund desselben getroffenen Maßnahmen beeinträchtigen nicht die Anwendbarkeit der Rechts- und Verwaltungsvorschriften, die eine Sonderregelung für Ausländer vorsehen und aus Gründen der öffentlichen Ordnung, Sicherheit oder Gesundheit gerechtfertigt sind.

(2) Das Europäische Parlament und der Rat erlassen gemäß dem ordentlichen Gesetzgebungsverfahren Richtlinien für die Koordinierung der genannten Vorschriften.

Art. 53 [Gegenseitige Anerkennung von Diplomen; Koordinierungsrechtsetzung] (1) Um die Aufnahme und Ausübung selbstständiger Tätigkeiten zu erleichtern, erlassen das Europäische Parlament und der Rat gemäß dem ordentlichen Gesetzgebungsverfahren Richtlinien für die gegenseitige Anerkennung der Diplome, Prüfungszeugnisse und sonstigen Befähigungsnachweise sowie für die Koordinierung der Rechts- und Verwaltungsvorschriften der Mitgliedstaaten über die Aufnahme und Ausübung selbstständiger Tätigkeiten.

(2) Die schrittweise Aufhebung der Beschränkungen für die ärztlichen, arztähnlichen und pharmazeutischen Berufe setzt die Koordinierung der Bedingungen für die Ausübung dieser Berufe in den einzelnen Mitgliedstaaten voraus.

Art. 54 [Gleichstellung der Gesellschaften] *[1]* Für die Anwendung dieses Kapitels stehen die nach den Rechtsvorschriften eines Mitgliedstaats gegründeten Gesellschaften, die ihren satzungsmäßigen Sitz, ihre Hauptverwaltung oder ihre Hauptniederlassung innerhalb der Union haben, den natürlichen Personen gleich, die Angehörige der Mitgliedstaaten sind.

[2] Als Gesellschaften gelten die Gesellschaften des bürgerlichen Rechts und des Handelsrechts einschließlich der Genossenschaften und die sonstigen juristischen Personen des öffentlichen und privaten Rechts mit Ausnahme derjenigen, die keinen Erwerbszweck verfolgen.

Art. 55 [Diskriminierungsverbot bei Kapitalbeteiligungen] Unbeschadet der sonstigen Bestimmungen der Verträge stellen die Mitgliedstaaten die Staatsangehörigen der anderen Mitgliedstaaten hinsichtlich ihrer Beteiligung am Kapital von Gesellschaften im Sinne des Artikels 54 den eigenen Staatsangehörigen gleich.

Kapitel 3. Dienstleistungen

Art. 56 [Dienstleistungsfreiheit] *[1]* Die Beschränkungen des freien Dienstleistungsverkehrs innerhalb der Union für Angehörige der Mitgliedstaaten, die in einem anderen Mitgliedstaat als demjenigen des Leistungsempfängers ansässig sind, sind nach Maßgabe der folgenden Bestimmungen verboten.

[2] Das Europäische Parlament und der Rat können gemäß dem ordentlichen Gesetzgebungsverfahren beschließen, dass dieses Kapitel auch auf Erbringer von Dienstleistungen Anwendung findet, welche die Staatsangehörigkeit eines dritten Landes besitzen und innerhalb der Union ansässig sind.

Art. 57 [Dienstleistungen] *[1]* Dienstleistungen im Sinne der Verträge sind Leistungen, die in der Regel gegen Entgelt erbracht werden, soweit sie nicht den Vorschriften über den freien Waren- und Kapitalverkehr und über die Freizügigkeit der Personen unterliegen.

[2] Als Dienstleistungen gelten insbesondere:
a) gewerbliche Tätigkeiten,
b) kaufmännische Tätigkeiten,
c) handwerkliche Tätigkeiten,
d) freiberufliche Tätigkeiten.

[3] Unbeschadet des Kapitels über die Niederlassungsfreiheit kann der Leistende zwecks Erbringung seiner Leistungen seine Tätigkeit vorübergehend in dem Mitgliedstaat ausüben, in dem die Leistung erbracht wird, und zwar unter den Voraussetzungen, welche dieser Mitgliedstaat für seine eigenen Angehörigen vorschreibt.

Art. 58 [Verkehrsdienstleistungen; Kapitalverkehr] (1) Für den freien Dienstleistungsverkehr auf dem Gebiet des Verkehrs gelten die Bestimmungen des Titels über den Verkehr.

(2) Die Liberalisierung der mit dem Kapitalverkehr verbundenen Dienstleistungen der Banken und Versicherungen wird im Einklang mit der Liberalisierung des Kapitalverkehrs durchgeführt.

Art. 59 [Liberalisierungsmaßnahmen] (1) Das Europäische Parlament und der Rat erlassen gemäß dem ordentlichen Gesetzgebungsverfahren und nach Anhörung des Wirtschafts- und Sozialausschusses Richtlinien zur Liberalisierung einer bestimmten Dienstleistung.

(2) Bei den in Absatz 1 genannten Richtlinien sind im Allgemeinen mit Vorrang diejenigen Dienstleistungen zu berücksichtigen, welche die Produktionskosten unmittelbar beeinflussen oder deren Liberalisierung zur Förderung des Warenverkehrs beiträgt.

Art. 60 [Weitergehende Liberalisierung] *[1]* Die Mitgliedstaaten bemühen sich, über das Ausmaß der Liberalisierung der Dienstleistungen, zu dem sie aufgrund der Richtlinien gemäß Artikel 59 Absatz 1 verpflichtet sind, hinauszugehen, falls ihre wirtschaftliche Gesamtlage und die Lage des betreffenden Wirtschaftszweigs dies zulassen.

[2] Die Kommission richtet entsprechende Empfehlungen an die betreffenden Staaten.

Art. 61 [Übergangsregelung] Solange die Beschränkungen des freien Dienstleistungsverkehrs nicht aufgehoben sind, wendet sie jeder Mitgliedstaat ohne Unterscheidung nach Staatsangehörigkeit oder Aufenthaltsort auf alle in Artikel 56 Absatz 1 bezeichneten Erbringer von Dienstleistungen an.

Art. 62 [Entsprechende Anwendung von Vorschriften des Niederlassungsrechts] Die Bestimmungen der Artikel 51 bis 54 finden auf das in diesem Kapitel geregelte Sachgebiet Anwendung.

Kapitel 4. Der Kapital- und Zahlungsverkehr

Art. 63 [Freier Kapital- und Zahlungsverkehr] (1) Im Rahmen der Bestimmungen dieses Kapitels sind alle Beschränkungen des Kapitalverkehrs zwischen den Mitgliedstaaten sowie zwischen den Mitgliedstaaten und dritten Ländern verboten.

(2) Im Rahmen der Bestimmungen dieses Kapitels sind alle Beschränkungen des Zahlungsverkehrs zwischen den Mitgliedstaaten sowie zwischen den Mitgliedstaaten und dritten Ländern verboten.

Art. 64 [Ausnahmen im Kapitalverkehr mit Drittstaaten] (1) [1] Artikel 63 berührt nicht die Anwendung derjenigen Beschränkungen auf dritte Länder, die am 31. Dezember 1993 aufgrund einzelstaatlicher Rechtsvorschriften oder aufgrund von Rechtsvorschriften der Union für den Kapitalverkehr mit dritten Ländern im Zusammenhang mit Direktinvestitionen einschließlich Anlagen in Immobilien, mit der Niederlassung, der Erbringung von Finanzdienstleistungen oder der Zulassung von Wertpapieren zu den Kapitalmärkten bestehen. [2] Für in Bulgarien, Estland und Ungarn bestehende Beschränkungen nach innerstaatlichem Recht ist der maßgebliche Zeitpunkt der 31. Dezember 1999. [3] Für in Kroatien nach innerstaatlichem Recht bestehende Beschränkungen ist der maßgebliche Zeitpunkt der 31. Dezember 2002.

(2) Unbeschadet der anderen Kapitel der Verträge sowie ihrer Bemühungen um eine möglichst weit gehende Verwirklichung des Zieles eines freien Kapitalverkehrs zwischen den Mitgliedstaaten und dritten Ländern beschließen das Europäische Parlament und der Rat gemäß dem ordentlichen Gesetzgebungsverfahren Maßnahmen für den Kapitalverkehr mit dritten Ländern im Zusammenhang mit Direktinvestitionen einschließlich Anlagen in Immobilien, mit der Niederlassung, der Erbringung von Finanzdienstleistungen oder der Zulassung von Wertpapieren zu den Kapitalmärkten.

(3) Abweichend von Absatz 2 kann nur der Rat gemäß einem besonderen Gesetzgebungsverfahren und nach Anhörung des Europäischen Parlaments Maßnahmen einstimmig beschließen, die im Rahmen des Unionsrechts für die Liberalisierung des Kapitalverkehrs mit Drittländern einen Rückschritt darstellen.

Art. 65 [Nationale Beschränkungen] (1) Artikel 63 berührt nicht das Recht der Mitgliedstaaten,

a) die einschlägigen Vorschriften ihres Steuerrechts anzuwenden, die Steuerpflichtige mit unterschiedlichem Wohnort oder Kapitalanlageort unterschiedlich behandeln,

b) die unerlässlichen Maßnahmen zu treffen, um Zuwiderhandlungen gegen innerstaatliche Rechts- und Verwaltungsvorschriften, insbesondere auf dem Gebiet des Steuerrechts und der Aufsicht über Finanzinstitute, zu verhindern, sowie Meldeverfahren für den Kapitalverkehr zwecks administrativer oder statistischer Information vorzusehen oder Maßnahmen zu ergreifen, die aus Gründen der öffentlichen Ordnung oder Sicherheit gerechtfertigt sind.

(2) Dieses Kapitel berührt nicht die Anwendbarkeit von Beschränkungen des Niederlassungsrechts, die mit den Verträgen vereinbar sind.

(3) Die in den Absätzen 1 und 2 genannten Maßnahmen und Verfahren dürfen weder ein Mittel zur willkürlichen Diskriminierung noch eine verschleierte Beschränkung des freien Kapital- und Zahlungsverkehrs im Sinne des Artikels 63 darstellen.

(4) ¹Sind keine Maßnahmen nach Artikel 64 Absatz 3 erlassen worden, so kann die Kommission oder, wenn diese binnen drei Monaten nach der Vorlage eines entsprechenden Antrags des betreffenden Mitgliedstaats keinen Beschluss erlassen hat, der Rat einen Beschluss erlassen, mit dem festgelegt wird, dass die von einem Mitgliedstaat in Bezug auf ein oder mehrere Drittländer getroffenen restriktiven steuerlichen Maßnahmen insofern als mit den Verträgen vereinbar anzusehen sind, als sie durch eines der Ziele der Union gerechtfertigt und mit dem ordnungsgemäßen Funktionieren des Binnenmarkts vereinbar sind. ²Der Rat beschließt einstimmig auf Antrag eines Mitgliedstaats.

Art. 66 [Kurzfristige Schutzmaßnahmen] Falls Kapitalbewegungen nach oder aus dritten Ländern unter außergewöhnlichen Umständen das Funktionieren der Wirtschafts- und Währungsunion schwerwiegend stören oder zu stören drohen, kann der Rat auf Vorschlag der Kommission und nach Anhörung der Europäischen Zentralbank gegenüber dritten Ländern Schutzmaßnahmen mit einer Geltungsdauer von höchstens sechs Monaten treffen, wenn diese unbedingt erforderlich sind.

Titel V. Der Raum der Freiheit, der Sicherheit und des Rechts
Kapitel 1. Allgemeine Bestimmungen

Art. 67 [Grundsätze] (1) Die Union bildet einen Raum der Freiheit, der Sicherheit und des Rechts, in dem die Grundrechte und die verschiedenen Rechtsordnungen und -traditionen der Mitgliedstaaten geachtet werden.

(2) ¹Sie stellt sicher, dass Personen an den Binnengrenzen nicht kontrolliert werden, und entwickelt eine gemeinsame Politik in den Bereichen Asyl, Einwanderung und Kontrollen an den Außengrenzen, die sich auf die Solidarität der Mitgliedstaaten gründet und gegenüber Drittstaatsangehörigen angemessen ist. ²Für die Zwecke dieses Titels werden Staatenlose den Drittstaatsangehörigen gleichgestellt.

(3) Die Union wirkt darauf hin, durch Maßnahmen zur Verhütung und Bekämpfung von Kriminalität sowie von Rassismus und Fremdenfeindlichkeit, zur Koordinierung und Zusammenarbeit von Polizeibehörden und Organen der Strafrechtspflege und den anderen zuständigen Behörden sowie durch die gegenseitige Anerkennung strafrechtlicher Entscheidungen und erforderlichenfalls durch die Angleichung der strafrechtlichen Rechtsvorschriften ein hohes Maß an Sicherheit zu gewährleisten.

(4) Die Union erleichtert den Zugang zum Recht, insbesondere durch den Grundsatz der gegenseitigen Anerkennung gerichtlicher und außergerichtlicher Entscheidungen in Zivilsachen.

Art. 68 [Strategische Leitlinien] Der Europäische Rat legt die strategischen Leitlinien für die gesetzgeberische und operative Programmplanung im Raum der Freiheit, der Sicherheit und des Rechts fest.

Art. 69 [Achtung des Subsidiaritätsprinzips] Die nationalen Parlamente tragen bei Gesetzgebungsvorschlägen und -initiativen, die im Rahmen der Kapitel 4 und 5 vorgelegt werden, Sorge für die Achtung des Subsidiaritätsprinzips nach Maßgabe des Protokolls über die Anwendung der Grundsätze der Subsidiarität und der Verhältnismäßigkeit.

Art. 70 [Kontrollsystem für nationale Durchführungsmaßnahmen]
[1] Unbeschadet der Artikel 258, 259 und 260 kann der Rat auf Vorschlag der Kommission Maßnahmen erlassen, mit denen Einzelheiten festgelegt werden, nach denen die Mitgliedstaaten in Zusammenarbeit mit der Kommission eine objektive und unparteiische Bewertung der Durchführung der unter diesen Titel fallenden Unionspolitik durch die Behörden der Mitgliedstaaten vornehmen, insbesondere um die umfassende Anwendung des Grundsatzes der gegenseitigen Anerkennung zu fördern. [2] Das Europäische Parlament und die nationalen Parlamente werden vom Inhalt und den Ergebnissen dieser Bewertung unterrichtet.

Art. 71 [Ständiger Ausschuss „Innere Sicherheit"] [1] Im Rat wird ein ständiger Ausschuss eingesetzt, um sicherzustellen, dass innerhalb der Union die operative Zusammenarbeit im Bereich der inneren Sicherheit gefördert und verstärkt wird. [2] Er fördert unbeschadet des Artikels 240 die Koordinierung der Maßnahmen der zuständigen Behörden der Mitgliedstaaten. [3] Die Vertreter der betroffenen Einrichtungen und sonstigen Stellen der Union können an den Arbeiten des Ausschusses beteiligt werden. [4] Das Europäische Parlament und die nationalen Parlamente werden über die Arbeiten des Ausschusses auf dem Laufenden gehalten.

Art. 72 [Nationale Zuständigkeiten] Dieser Titel berührt nicht die Wahrnehmung der Zuständigkeiten der Mitgliedstaaten für die Aufrechterhaltung der öffentlichen Ordnung und den Schutz der inneren Sicherheit.

Art. 73 [Zusammenarbeit der Mitgliedstaaten] Es steht den Mitgliedstaaten frei, untereinander und in eigener Verantwortung Formen der Zusammenarbeit und Koordinierung zwischen den zuständigen Dienststellen ihrer für den Schutz der nationalen Sicherheit verantwortlichen Verwaltungen einzurichten, die sie für geeignet halten.

Art. 74 [Maßnahmen zur Verwaltungszusammenarbeit] [1] Der Rat erlässt Maßnahmen, um die Verwaltungszusammenarbeit zwischen den zuständigen Dienststellen der Mitgliedstaaten in den Bereichen dieses Titels sowie die Zusammenarbeit zwischen diesen Dienststellen und der Kommission zu gewährleisten. [2] Dabei beschließt er auf Vorschlag der Kommission vorbehaltlich des Artikels 76 und nach Anhörung des Europäischen Parlaments.

Art. 75 [Maßnahmen gegen Terrorismusfinanzierung] *[1]* Sofern dies notwendig ist, um die Ziele des Artikels 67 in Bezug auf die Verhütung und Bekämpfung von Terrorismus und damit verbundener Aktivitäten zu verwirklichen, schaffen das Europäische Parlament und der Rat gemäß dem ordentlichen Gesetzgebungsverfahren durch Verordnungen einen Rahmen für Verwaltungsmaßnahmen in Bezug auf Kapitalbewegungen und Zahlungen, wozu das Einfrieren von Geldern, finanziellen Vermögenswerten oder wirtschaftli-

chen Erträgen gehören kann, deren Eigentümer oder Besitzer natürliche oder juristische Personen, Gruppierungen oder nichtstaatliche Einheiten sind.

[2] Der Rat erlässt auf Vorschlag der Kommission Maßnahmen zur Umsetzung des in Absatz 1 genannten Rahmens.

[3] In den Rechtsakten nach diesem Artikel müssen die erforderlichen Bestimmungen über den Rechtsschutz vorgesehen sein.

Art. 76 [Initiativrecht] Die in den Kapiteln 4 und 5 genannten Rechtsakte sowie die in Artikel 74 genannten Maßnahmen, mit denen die Verwaltungszusammenarbeit in den Bereichen der genannten Kapitel gewährleistet wird, werden wie folgt erlassen:

a) auf Vorschlag der Kommission oder

b) auf Initiative eines Viertels der Mitgliedstaaten.

Kapitel 2. Politik im Bereich Grenzkontrollen, Asyl und Einwanderung

Art. 77 [Grenzschutzpolitik] (1) Die Union entwickelt eine Politik, mit der

a) sichergestellt werden soll, dass Personen unabhängig von ihrer Staatsangehörigkeit beim Überschreiten der Binnengrenzen nicht kontrolliert werden;

b) die Personenkontrolle und die wirksame Überwachung des Grenzübertritts an den Außengrenzen sichergestellt werden soll;

c) schrittweise ein integriertes Grenzschutzsystem an den Außengrenzen eingeführt werden soll.

(2) Für die Zwecke des Absatzes 1 erlassen das Europäische Parlament und der Rat gemäß dem ordentlichen Gesetzgebungsverfahren Maßnahmen, die folgende Bereiche betreffen:

a) die gemeinsame Politik in Bezug auf Visa und andere kurzfristige Aufenthaltstitel;

b) die Kontrollen, denen Personen beim Überschreiten der Außengrenzen unterzogen werden;

c) die Voraussetzungen, unter denen sich Drittstaatsangehörige innerhalb der Union während eines kurzen Zeitraums frei bewegen können;

d) alle Maßnahmen, die für die schrittweise Einführung eines integrierten Grenzschutzsystems an den Außengrenzen erforderlich sind;

e) die Abschaffung der Kontrolle von Personen gleich welcher Staatsangehörigkeit beim Überschreiten der Binnengrenzen.

(3) [1] Erscheint zur Erleichterung der Ausübung des in Artikel 20 Absatz 2 Buchstabe a genannten Rechts ein Tätigwerden der Union erforderlich, so kann der Rat gemäß einem besonderen Gesetzgebungsverfahren Bestimmungen betreffend Pässe, Personalausweise, Aufenthaltstitel oder diesen gleichgestellte Dokumente erlassen, sofern die Verträge hierfür anderweitig keine Befugnisse vorsehen. [2] Der Rat beschließt einstimmig nach Anhörung des Europäischen Parlaments.

(4) Dieser Artikel berührt nicht die Zuständigkeit der Mitgliedstaaten für die geografische Festlegung ihrer Grenzen nach dem Völkerrecht.

14 AEUV Art. 78, 79

Art. 78 [Asylpolitik] (1) ¹Die Union entwickelt eine gemeinsame Politik im Bereich Asyl, subsidiärer Schutz und vorübergehender Schutz, mit der jedem Drittstaatsangehörigen, der internationalen Schutz benötigt, ein angemessener Status angeboten und die Einhaltung des Grundsatzes der Nicht-Zurückweisung gewährleistet werden soll. ²Diese Politik muss mit dem Genfer Abkommen vom 28. Juli 1951 und dem Protokoll vom 31. Januar 1967 über die Rechtsstellung der Flüchtlinge sowie den anderen einschlägigen Verträgen im Einklang stehen.

(2) Für die Zwecke des Absatzes 1 erlassen das Europäische Parlament und der Rat gemäß dem ordentlichen Gesetzgebungsverfahren Maßnahmen in Bezug auf ein gemeinsames europäisches Asylsystem, das Folgendes umfasst:

a) einen in der ganzen Union gültigen einheitlichen Asylstatus für Drittstaatsangehörige;

b) einen einheitlichen subsidiären Schutzstatus für Drittstaatsangehörige, die keinen europäischen Asylstatus erhalten, aber internationalen Schutz benötigen;

c) eine gemeinsame Regelung für den vorübergehenden Schutz von Vertriebenen im Falle eines Massenzustroms;

d) gemeinsame Verfahren für die Gewährung und den Entzug des einheitlichen Asylstatus beziehungsweise des subsidiären Schutzstatus;

e) Kriterien und Verfahren zur Bestimmung des Mitgliedstaats, der für die Prüfung eines Antrags auf Asyl oder subsidiären Schutz zuständig ist;

f) Normen über die Aufnahmebedingungen von Personen, die Asyl oder subsidiären Schutz beantragen;

g) Partnerschaft und Zusammenarbeit mit Drittländern zur Steuerung des Zustroms von Personen, die Asyl oder subsidiären beziehungsweise vorübergehenden Schutz beantragen.

(3) ¹Befinden sich ein oder mehrere Mitgliedstaaten aufgrund eines plötzlichen Zustroms von Drittstaatsangehörigen in einer Notlage, so kann der Rat auf Vorschlag der Kommission vorläufige Maßnahmen zugunsten der betreffenden Mitgliedstaaten erlassen. ²Er beschließt nach Anhörung des Europäischen Parlaments.

Art. 79 [Einwanderungspolitik] (1) Die Union entwickelt eine gemeinsame Einwanderungspolitik, die in allen Phasen eine wirksame Steuerung der Migrationsströme, eine angemessene Behandlung von Drittstaatsangehörigen, die sich rechtmäßig in einem Mitgliedstaat aufhalten, sowie die Verhütung und verstärkte Bekämpfung von illegaler Einwanderung und Menschenhandel gewährleisten soll.

(2) Für die Zwecke des Absatzes 1 erlassen das Europäische Parlament und der Rat gemäß dem ordentlichen Gesetzgebungsverfahren Maßnahmen in folgenden Bereichen:

a) Einreise- und Aufenthaltsvoraussetzungen sowie Normen für die Erteilung von Visa und Aufenthaltstiteln für einen langfristigen Aufenthalt, einschließlich solcher zur Familienzusammenführung, durch die Mitgliedstaaten;

b) Festlegung der Rechte von Drittstaatsangehörigen, die sich rechtmäßig in einem Mitgliedstaat aufhalten, einschließlich der Bedingungen, unter denen sie sich in den anderen Mitgliedstaaten frei bewegen und aufhalten dürfen;

EU-Arbeitsweisevertrag **Art. 80, 81 AEUV 14**

c) illegale Einwanderung und illegaler Aufenthalt, einschließlich Abschiebung und Rückführung solcher Personen, die sich illegal in einem Mitgliedstaat aufhalten;

d) Bekämpfung des Menschenhandels, insbesondere des Handels mit Frauen und Kindern.

(3) Die Union kann mit Drittländern Übereinkünfte über eine Rückübernahme von Drittstaatsangehörigen in ihr Ursprungs- oder Herkunftsland schließen, die die Voraussetzungen für die Einreise in das Hoheitsgebiet eines der Mitgliedstaaten oder die Anwesenheit oder den Aufenthalt in diesem Gebiet nicht oder nicht mehr erfüllen.

(4) Das Europäische Parlament und der Rat können gemäß dem ordentlichen Gesetzgebungsverfahren unter Ausschluss jeglicher Harmonisierung der Rechtsvorschriften der Mitgliedstaaten Maßnahmen festlegen, mit denen die Bemühungen der Mitgliedstaaten um die Integration der sich rechtmäßig in ihrem Hoheitsgebiet aufhaltenden Drittstaatsangehörigen gefördert und unterstützt werden.

(5) Dieser Artikel berührt nicht das Recht der Mitgliedstaaten, festzulegen, wie viele Drittstaatsangehörige aus Drittländern in ihr Hoheitsgebiet einreisen dürfen, um dort als Arbeitnehmer oder Selbstständige Arbeit zu suchen.

Art. 80 [Grundsatz der Solidarität] [1] Für die unter dieses Kapitel fallende Politik der Union und ihre Umsetzung gilt der Grundsatz der Solidarität und der gerechten Aufteilung der Verantwortlichkeiten unter den Mitgliedstaaten, einschließlich in finanzieller Hinsicht. [2] Die aufgrund dieses Kapitels erlassenen Rechtsakte der Union enthalten, immer wenn dies erforderlich ist, entsprechende Maßnahmen für die Anwendung dieses Grundsatzes.

Kapitel 3. Justizielle Zusammenarbeit in Zivilsachen

Art. 81 [Justizielle Zusammenarbeit in Zivilsachen] (1) [1] Die Union entwickelt eine justizielle Zusammenarbeit in Zivilsachen mit grenzüberschreitendem Bezug, die auf dem Grundsatz der gegenseitigen Anerkennung gerichtlicher und außergerichtlicher Entscheidungen beruht. [2] Diese Zusammenarbeit kann den Erlass von Maßnahmen zur Angleichung der Rechtsvorschriften der Mitgliedstaaten umfassen.

(2) Für die Zwecke des Absatzes 1 erlassen das Europäische Parlament und der Rat, insbesondere wenn dies für das reibungslose Funktionieren des Binnenmarkts erforderlich ist, gemäß dem ordentlichen Gesetzgebungsverfahren Maßnahmen, die Folgendes sicherstellen sollen:

a) die gegenseitige Anerkennung und die Vollstreckung gerichtlicher und außergerichtlicher Entscheidungen zwischen den Mitgliedstaaten;

b) die grenzüberschreitende Zustellung gerichtlicher und außergerichtlicher Schriftstücke;

c) die Vereinbarkeit der in den Mitgliedstaaten geltenden Kollisionsnormen und Vorschriften zur Vermeidung von Kompetenzkonflikten;

d) die Zusammenarbeit bei der Erhebung von Beweismitteln;

e) einen effektiven Zugang zum Recht;

14 AEUV Art. 82

f) die Beseitigung von Hindernissen für die reibungslose Abwicklung von Zivilverfahren, erforderlichenfalls durch Förderung der Vereinbarkeit der in den Mitgliedstaaten geltenden zivilrechtlichen Verfahrensvorschriften;

g) die Entwicklung von alternativen Methoden für die Beilegung von Streitigkeiten;

h) die Förderung der Weiterbildung von Richtern und Justizbediensteten.

(3) *[1]* ¹Abweichend von Absatz 2 werden Maßnahmen zum Familienrecht mit grenzüberschreitendem Bezug vom Rat gemäß einem besonderen Gesetzgebungsverfahren festgelegt. ²Dieser beschließt einstimmig nach Anhörung des Europäischen Parlaments.

[2] ¹Der Rat kann auf Vorschlag der Kommission einen Beschluss erlassen, durch den die Aspekte des Familienrechts mit grenzüberschreitendem Bezug bestimmt werden, die Gegenstand von Rechtsakten sein können, die gemäß dem ordentlichen Gesetzgebungsverfahren erlassen werden. ²Der Rat beschließt einstimmig nach Anhörung des Europäischen Parlaments.

[3] ¹Der in Unterabsatz 2 genannte Vorschlag wird den nationalen Parlamenten übermittelt. ²Wird dieser Vorschlag innerhalb von sechs Monaten nach der Übermittlung von einem nationalen Parlament abgelehnt, so wird der Beschluss nicht erlassen. ³Wird der Vorschlag nicht abgelehnt, so kann der Rat den Beschluss erlassen.

Kapitel 4. Justizielle Zusammenarbeit in Strafsachen

Art. 82 [Grundsatz der gegenseitigen Anerkennung; Mindestvorschriften] (1) *[1]* Die justizielle Zusammenarbeit in Strafsachen in der Union beruht auf dem Grundsatz der gegenseitigen Anerkennung gerichtlicher Urteile und Entscheidungen und umfasst die Angleichung der Rechtsvorschriften der Mitgliedstaaten in den in Absatz 2 und in Artikel 83 genannten Bereichen.

[2] Das Europäische Parlament und der Rat erlassen gemäß dem ordentlichen Gesetzgebungsverfahren Maßnahmen, um

a) Regeln und Verfahren festzulegen, mit denen die Anerkennung aller Arten von Urteilen und gerichtlichen Entscheidungen in der gesamten Union sichergestellt wird;

b) Kompetenzkonflikte zwischen den Mitgliedstaaten zu verhindern und beizulegen;

c) die Weiterbildung von Richtern und Staatsanwälten sowie Justizbediensteten zu fördern;

d) die Zusammenarbeit zwischen den Justizbehörden oder entsprechenden Behörden der Mitgliedstaaten im Rahmen der Strafverfolgung sowie des Vollzugs und der Vollstreckung von Entscheidungen zu erleichtern.

(2) *[1]* ¹Soweit dies zur Erleichterung der gegenseitigen Anerkennung gerichtlicher Urteile und Entscheidungen und der polizeilichen und justiziellen Zusammenarbeit in Strafsachen mit grenzüberschreitender Dimension erforderlich ist, können das Europäische Parlament und der Rat gemäß dem ordentlichen Gesetzgebungsverfahren durch Richtlinien Mindestvorschriften festlegen. ²Bei diesen Mindestvorschriften werden die Unterschiede zwischen den Rechtsordnungen und -traditionen der Mitgliedstaaten berücksichtigt.

[2] Die Vorschriften betreffen Folgendes:

a) die Zulässigkeit von Beweismitteln auf gegenseitiger Basis zwischen den Mitgliedstaaten;
b) die Rechte des Einzelnen im Strafverfahren;
c) die Rechte der Opfer von Straftaten;
d) sonstige spezifische Aspekte des Strafverfahrens, die zuvor vom Rat durch Beschluss bestimmt worden sind; dieser Beschluss wird vom Rat einstimmig nach Zustimmung des Europäischen Parlaments erlassen.

[3] Der Erlass von Mindestvorschriften nach diesem Absatz hindert die Mitgliedstaaten nicht daran, ein höheres Schutzniveau für den Einzelnen beizubehalten oder einzuführen.

(3) *[1]* ¹Ist ein Mitglied des Rates der Auffassung, dass ein Entwurf einer Richtlinie nach Absatz 2 grundlegende Aspekte seiner Strafrechtsordnung berühren würde, so kann es beantragen, dass der Europäische Rat befasst wird. ²In diesem Fall wird das ordentliche Gesetzgebungsverfahren ausgesetzt. ³Nach einer Aussprache verweist der Europäische Rat im Falle eines Einvernehmens den Entwurf binnen vier Monaten nach Aussetzung des Verfahrens an den Rat zurück, wodurch die Aussetzung des ordentlichen Gesetzgebungsverfahrens beendet wird.

[2] ¹Sofern kein Einvernehmen erzielt wird, mindestens neun Mitgliedstaaten aber eine Verstärkte Zusammenarbeit auf der Grundlage des betreffenden Entwurfs einer Richtlinie begründen möchten, teilen diese Mitgliedstaaten dies binnen derselben Frist dem Europäischen Parlament, dem Rat und der Kommission mit. ²In diesem Fall gilt die Ermächtigung zu einer Verstärkten Zusammenarbeit nach Artikel 20 Absatz 2 des Vertrags über die Europäische Union[1]) und Artikel 329 Absatz 1 dieses Vertrags als erteilt, und die Bestimmungen über die Verstärkte Zusammenarbeit finden Anwendung.

Art. 83 [Straftaten mit grenzüberschreitender Dimension] (1) *[1]* Das Europäische Parlament und der Rat können gemäß dem ordentlichen Gesetzgebungsverfahren durch Richtlinien Mindestvorschriften zur Festlegung von Straftaten und Strafen in Bereichen besonders schwerer Kriminalität festlegen, die aufgrund der Art oder der Auswirkungen der Straftaten oder aufgrund einer besonderen Notwendigkeit, sie auf einer gemeinsamen Grundlage zu bekämpfen, eine grenzüberschreitende Dimension haben.

[2] Derartige Kriminalitätsbereiche sind: Terrorismus, Menschenhandel und sexuelle Ausbeutung von Frauen und Kindern, illegaler Drogenhandel, illegaler Waffenhandel, Geldwäsche, Korruption, Fälschung von Zahlungsmitteln, Computerkriminalität und organisierte Kriminalität.

[3] ¹Je nach Entwicklung der Kriminalität kann der Rat einen Beschluss erlassen, in dem andere Kriminalitätsbereiche bestimmt werden, die die Kriterien dieses Absatzes erfüllen. ²Er beschließt einstimmig nach Zustimmung des Europäischen Parlaments.

(2) ¹Erweist sich die Angleichung der strafrechtlichen Rechtsvorschriften der Mitgliedstaaten als unerlässlich für die wirksame Durchführung der Politik der Union auf einem Gebiet, auf dem Harmonisierungsmaßnahmen erfolgt sind, so können durch Richtlinien Mindestvorschriften für die Festlegung von Straftaten und Strafen auf dem betreffenden Gebiet festgelegt werden. ²Diese

[1]) Nr. 13.

Richtlinien werden unbeschadet des Artikels 76 gemäß dem gleichen ordentlichen oder besonderen Gesetzgebungsverfahren wie die betreffenden Harmonisierungsmaßnahmen erlassen.

(3) *[1]* ¹Ist ein Mitglied des Rates der Auffassung, dass der Entwurf einer Richtlinie nach den Absätzen 1 oder 2 grundlegende Aspekte seiner Strafrechtsordnung berühren würde, so kann es beantragen, dass der Europäische Rat befasst wird. ²In diesem Fall wird das ordentliche Gesetzgebungsverfahren ausgesetzt. ³Nach einer Aussprache verweist der Europäische Rat im Falle eines Einvernehmens den Entwurf binnen vier Monaten nach Aussetzung des Verfahrens an den Rat zurück, wodurch die Aussetzung des ordentlichen Gesetzgebungsverfahrens beendet wird.

[2] ¹Sofern kein Einvernehmen erzielt wird, mindestens neun Mitgliedstaaten aber eine Verstärkte Zusammenarbeit auf der Grundlage des betreffenden Entwurfs einer Richtlinie begründen möchten, teilen diese Mitgliedstaaten dies binnen derselben Frist dem Europäischen Parlament, dem Rat und der Kommission mit. ²In diesem Fall gilt die Ermächtigung zu einer Verstärkten Zusammenarbeit nach Artikel 20 Absatz 2 des Vertrags über die Europäische Union[1]) und Artikel 329 Absatz 1 dieses Vertrags als erteilt, und die Bestimmungen über die Verstärkte Zusammenarbeit finden Anwendung.

Art. 84 [Kriminalprävention] Das Europäische Parlament und der Rat können gemäß dem ordentlichen Gesetzgebungsverfahren unter Ausschluss jeglicher Harmonisierung der Rechtsvorschriften der Mitgliedstaaten Maßnahmen festlegen, um das Vorgehen der Mitgliedstaaten im Bereich der Kriminalprävention zu fördern und zu unterstützen.

Art. 85 [Eurojust] (1) *[1]* Eurojust hat den Auftrag, die Koordinierung und Zusammenarbeit zwischen den nationalen Behörden zu unterstützen und zu verstärken, die für die Ermittlung und Verfolgung von schwerer Kriminalität zuständig sind, wenn zwei oder mehr Mitgliedstaaten betroffen sind oder eine Verfolgung auf gemeinsamer Grundlage erforderlich ist; Eurojust stützt sich dabei auf die von den Behörden der Mitgliedstaaten und von Europol durchgeführten Operationen und gelieferten Informationen.

[2] ¹Zu diesem Zweck legen das Europäische Parlament und der Rat gemäß dem ordentlichen Gesetzgebungsverfahren durch Verordnungen den Aufbau, die Arbeitsweise, den Tätigkeitsbereich und die Aufgaben von Eurojust fest. ²Zu diesen Aufgaben kann Folgendes gehören:

a) Einleitung von strafrechtlichen Ermittlungsmaßnahmen sowie Vorschläge zur Einleitung von strafrechtlichen Verfolgungsmaßnahmen, die von den zuständigen nationalen Behörden durchgeführt werden, insbesondere bei Straftaten zum Nachteil der finanziellen Interessen der Union;

b) Koordinierung der unter Buchstabe a genannten Ermittlungs- und Verfolgungsmaßnahmen;

c) Verstärkung der justiziellen Zusammenarbeit, unter anderem auch durch die Beilegung von Kompetenzkonflikten und eine enge Zusammenarbeit mit dem Europäischen Justiziellen Netz.

[1]) Nr. 13.

EU-Arbeitsweisevertrag **Art. 86 AEUV 14**

[3] Durch diese Verordnungen werden ferner die Einzelheiten für die Beteiligung des Europäischen Parlaments und der nationalen Parlamente an der Bewertung der Tätigkeit von Eurojust festgelegt.

(2) Im Rahmen der Strafverfolgungsmaßnahmen nach Absatz 1 werden die förmlichen Prozesshandlungen unbeschadet des Artikels 86 durch die zuständigen einzelstaatlichen Bediensteten vorgenommen.

Art. 86 [Europäische Staatsanwaltschaft] (1) *[1]* ¹ Zur Bekämpfung von Straftaten zum Nachteil der finanziellen Interessen der Union kann der Rat gemäß einem besonderen Gesetzgebungsverfahren durch Verordnungen ausgehend von Eurojust eine Europäische Staatsanwaltschaft einsetzen. ² Der Rat beschließt einstimmig nach Zustimmung des Europäischen Parlaments.

[2] ¹ Sofern keine Einstimmigkeit besteht, kann eine Gruppe von mindestens neun Mitgliedstaaten beantragen, dass der Europäische Rat mit dem Entwurf einer Verordnung befasst wird. ² In diesem Fall wird das Verfahren im Rat ausgesetzt. ³ Nach einer Aussprache verweist der Europäische Rat im Falle eines Einvernehmens den Entwurf binnen vier Monaten nach Aussetzung des Verfahrens an den Rat zur Annahme zurück.

[3] ¹ Sofern kein Einvernehmen erzielt wird, mindestens neun Mitgliedstaaten aber eine Verstärkte Zusammenarbeit auf der Grundlage des betreffenden Entwurfs einer Verordnung begründen möchten, teilen diese Mitgliedstaaten dies binnen derselben Frist dem Europäischen Parlament, dem Rat und der Kommission mit. ² In diesem Fall gilt die Ermächtigung zu einer Verstärkten Zusammenarbeit nach Artikel 20 Absatz 2 des Vertrags über die Europäische Union¹⁾ und Artikel 329 Absatz 1 dieses Vertrags als erteilt, und die Bestimmungen über die Verstärkte Zusammenarbeit finden Anwendung.

(2) ¹ Die Europäische Staatsanwaltschaft ist, gegebenenfalls in Verbindung mit Europol, zuständig für die strafrechtliche Untersuchung und Verfolgung sowie die Anklageerhebung in Bezug auf Personen, die als Täter oder Teilnehmer Straftaten zum Nachteil der finanziellen Interessen der Union begangen haben, die in der Verordnung nach Absatz 1 festgelegt sind. ² Die Europäische Staatsanwaltschaft nimmt bei diesen Straftaten vor den zuständigen Gerichten der Mitgliedstaaten die Aufgaben der Staatsanwaltschaft wahr.

(3) Die in Absatz 1 genannte Verordnung legt die Satzung der Europäischen Staatsanwaltschaft, die Einzelheiten für die Erfüllung ihrer Aufgaben, die für ihre Tätigkeit geltenden Verfahrensvorschriften sowie die Regeln für die Zulässigkeit von Beweismitteln und für die gerichtliche Kontrolle der von der Europäischen Staatsanwaltschaft bei der Erfüllung ihrer Aufgaben vorgenommenen Prozesshandlungen fest.

(4) ¹ Der Europäische Rat kann gleichzeitig mit der Annahme der Verordnung oder im Anschluss daran einen Beschluss zur Änderung des Absatzes 1 mit dem Ziel einer Ausdehnung der Befugnisse der Europäischen Staatsanwaltschaft auf die Bekämpfung der schweren Kriminalität mit grenzüberschreitender Dimension und zur entsprechenden Änderung des Absatzes 2 hinsichtlich Personen, die als Täter oder Teilnehmer schwere, mehr als einen Mitgliedstaat betreffende Straftaten begangen haben, erlassen. ² Der Europäische Rat be-

¹⁾ Nr. 13.

schließt einstimmig nach Zustimmung des Europäischen Parlaments und nach Anhörung der Kommission.

Kapitel 5. Polizeiliche Zusammenarbeit

Art. 87 [Polizeiliche Zusammenarbeit] (1) Die Union entwickelt eine polizeiliche Zusammenarbeit zwischen allen zuständigen Behörden der Mitgliedstaaten, einschließlich der Polizei, des Zolls und anderer auf die Verhütung oder die Aufdeckung von Straftaten sowie entsprechende Ermittlungen spezialisierter Strafverfolgungsbehörden.

(2) Für die Zwecke des Absatzes 1 können das Europäische Parlament und der Rat gemäß dem ordentlichen Gesetzgebungsverfahren Maßnahmen erlassen, die Folgendes betreffen:

a) Einholen, Speichern, Verarbeiten, Analysieren und Austauschen sachdienlicher Informationen;

b) Unterstützung bei der Aus- und Weiterbildung von Personal sowie Zusammenarbeit in Bezug auf den Austausch von Personal, die Ausrüstungsgegenstände und die kriminaltechnische Forschung;

c) gemeinsame Ermittlungstechniken zur Aufdeckung schwerwiegender Formen der organisierten Kriminalität.

(3) *[1]* [1] Der Rat kann gemäß einem besonderen Gesetzgebungsverfahren Maßnahmen erlassen, die die operative Zusammenarbeit zwischen den in diesem Artikel genannten Behörden betreffen. [2] Der Rat beschließt einstimmig nach Anhörung des Europäischen Parlaments.

[2] [1] Sofern keine Einstimmigkeit besteht, kann eine Gruppe von mindestens neun Mitgliedstaaten beantragen, dass der Europäische Rat mit dem Entwurf von Maßnahmen befasst wird. [2] In diesem Fall wird das Verfahren im Rat ausgesetzt. [3] Nach einer Aussprache verweist der Europäische Rat im Falle eines Einvernehmens den Entwurf binnen vier Monaten nach Aussetzung des Verfahrens an den Rat zur Annahme zurück.

[3] [1] Sofern kein Einvernehmen erzielt wird, mindestens neun Mitgliedstaaten aber eine Verstärkte Zusammenarbeit auf der Grundlage des betreffenden Entwurfs von Maßnahmen begründen möchten, teilen diese Mitgliedstaaten dies binnen derselben Frist dem Europäischen Parlament, dem Rat und der Kommission mit. [2] In diesem Fall gilt die Ermächtigung zu einer Verstärkten Zusammenarbeit nach Artikel 20 Absatz 2 des Vertrags über die Europäische Union[1)] und Artikel 329 Absatz 1 dieses Vertrags als erteilt, und die Bestimmungen über die Verstärkte Zusammenarbeit finden Anwendung.

[4] Das besondere Verfahren nach den Unterabsätzen 2 und 3 gilt nicht für Rechtsakte, die eine Weiterentwicklung des Schengen-Besitzstands darstellen.

Art. 88 [Europol] (1) Europol hat den Auftrag, die Tätigkeit der Polizeibehörden und der anderen Strafverfolgungsbehörden der Mitgliedstaaten sowie deren gegenseitige Zusammenarbeit bei der Verhütung und Bekämpfung der zwei oder mehr Mitgliedstaaten betreffenden schweren Kriminalität, des Terrorismus und der Kriminalitätsformen, die ein gemeinsames Interesse verletzen, das Gegenstand einer Politik der Union ist, zu unterstützen und zu verstärken.

[1)] Nr. 13.

(2) *[1]* ¹Das Europäische Parlament und der Rat legen gemäß dem ordentlichen Gesetzgebungsverfahren durch Verordnungen den Aufbau, die Arbeitsweise, den Tätigkeitsbereich und die Aufgaben von Europol fest. ²Zu diesen Aufgaben kann Folgendes gehören:

a) Einholen, Speichern, Verarbeiten, Analysieren und Austauschen von Informationen, die insbesondere von den Behörden der Mitgliedstaaten oder Drittländern beziehungsweise Stellen außerhalb der Union übermittelt werden;

b) Koordinierung, Organisation und Durchführung von Ermittlungen und von operativen Maßnahmen, die gemeinsam mit den zuständigen Behörden der Mitgliedstaaten oder im Rahmen gemeinsamer Ermittlungsgruppen durchgeführt werden, gegebenenfalls in Verbindung mit Eurojust.

[2] Durch diese Verordnungen werden ferner die Einzelheiten für die Kontrolle der Tätigkeiten von Europol durch das Europäische Parlament festgelegt; an dieser Kontrolle werden die nationalen Parlamente beteiligt.

(3) ¹Europol darf operative Maßnahmen nur in Verbindung und in Absprache mit den Behörden des Mitgliedstaats oder der Mitgliedstaaten ergreifen, deren Hoheitsgebiet betroffen ist. ²Die Anwendung von Zwangsmaßnahmen bleibt ausschließlich den zuständigen einzelstaatlichen Behörden vorbehalten.

Art. 89 [Grenzüberschreitende Behördentätigkeit] ¹Der Rat legt gemäß einem besonderen Gesetzgebungsverfahren fest, unter welchen Bedingungen und innerhalb welcher Grenzen die in den Artikeln 82 und 87 genannten zuständigen Behörden der Mitgliedstaaten im Hoheitsgebiet eines anderen Mitgliedstaats in Verbindung und in Absprache mit dessen Behörden tätig werden dürfen. ²Der Rat beschließt einstimmig nach Anhörung des Europäischen Parlaments.

Titel VI. Der Verkehr

Art. 90 [Gemeinsame Verkehrspolitik] Auf dem in diesem Titel geregelten Sachgebiet werden die Ziele der Verträge im Rahmen einer gemeinsamen Verkehrspolitik verfolgt.

Art. 91 [Erlass von zweckdienlichen Maßnahmen] (1) Zur Durchführung des Artikels 90 werden das Europäische Parlament und der Rat unter Berücksichtigung der Besonderheiten des Verkehrs gemäß dem ordentlichen Gesetzgebungsverfahren und nach Anhörung des Wirtschafts- und Sozialausschusses sowie des Ausschusses der Regionen

a) für den internationalen Verkehr aus oder nach dem Hoheitsgebiet eines Mitgliedstaats oder für den Durchgangsverkehr durch das Hoheitsgebiet eines oder mehrerer Mitgliedstaaten gemeinsame Regeln aufstellen;

b) für die Zulassung von Verkehrsunternehmern zum Verkehr innerhalb eines Mitgliedstaats, in dem sie nicht ansässig sind, die Bedingungen festlegen;

c) Maßnahmen zur Verbesserung der Verkehrssicherheit erlassen;

d) alle sonstigen zweckdienlichen Vorschriften erlassen.

(2) Beim Erlass von Maßnahmen nach Absatz 1 wird den Fällen Rechnung getragen, in denen die Anwendung den Lebensstandard und die Beschäfti-

gungslage in bestimmten Regionen sowie den Betrieb der Verkehrseinrichtungen ernstlich beeinträchtigen könnte.

Art. 92 [Stillhalteverpflichtung] Bis zum Erlass der in Artikel 91 Absatz 1 genannten Vorschriften darf ein Mitgliedstaat die verschiedenen, am 1. Januar 1958 oder, im Falle später beigetretener Staaten, zum Zeitpunkt ihres Beitritts auf diesem Gebiet geltenden Vorschriften in ihren unmittelbaren oder mittelbaren Auswirkungen auf die Verkehrsunternehmer anderer Mitgliedstaaten im Vergleich zu den inländischen Verkehrsunternehmern nicht ungünstiger gestalten, es sei denn, dass der Rat einstimmig eine Maßnahme billigt, die eine Ausnahmeregelung gewährt.

Art. 93 [Ausnahmen vom Beihilfeverbot] Mit den Verträgen vereinbar sind Beihilfen, die den Erfordernissen der Koordinierung des Verkehrs oder der Abgeltung bestimmter, mit dem Begriff des öffentlichen Dienstes zusammenhängender Leistungen entsprechen.

Art. 94 [Berücksichtigung der wirtschaftlichen Lage der Verkehrsunternehmer] Jede Maßnahme auf dem Gebiet der Beförderungsentgelte und -bedingungen, die im Rahmen der Verträge getroffen wird, hat der wirtschaftlichen Lage der Verkehrsunternehmer Rechnung zu tragen.

Art. 95 [Beseitigung von Diskriminierungen] (1) Im Verkehr innerhalb der Union sind Diskriminierungen verboten, die darin bestehen, dass ein Verkehrsunternehmer in denselben Verkehrsverbindungen für die gleichen Güter je nach ihrem Herkunfts- oder Bestimmungsland unterschiedliche Frachten und Beförderungsbedingungen anwendet.

(2) Absatz 1 schließt sonstige Maßnahmen nicht aus, die das Europäische Parlament und der Rat gemäß Artikel 91 Absatz 1 treffen können.

(3) *[1]* Der Rat trifft auf Vorschlag der Kommission und nach Anhörung des Europäischen Parlaments und des Wirtschafts- und Sozialausschusses eine Regelung zur Durchführung des Absatzes 1.

[2] Er kann insbesondere die erforderlichen Vorschriften erlassen, um es den Organen der Union zu ermöglichen, für die Beachtung des Absatzes 1 Sorge zu tragen, und um den Verkehrsnutzern die Vorteile dieser Bestimmung voll zukommen zu lassen.

(4) Die Kommission prüft von sich aus oder auf Antrag eines Mitgliedstaats die Diskriminierungsfälle des Absatzes 1 und erlässt nach Beratung mit jedem in Betracht kommenden Mitgliedstaat die erforderlichen Beschlüsse im Rahmen der gemäß Absatz 3 getroffenen Regelung.

Art. 96 [Verbot von Unterstützungsmaßnahmen, Ausnahmen]

(1) Im Verkehr innerhalb der Union sind die von einem Mitgliedstaat auferlegten Frachten und Beförderungsbedingungen verboten, die in irgendeiner Weise der Unterstützung oder dem Schutz eines oder mehrerer bestimmter Unternehmen oder Industrien dienen, es sei denn, dass die Kommission die Genehmigung hierzu erteilt.

(2) *[1]* Die Kommission prüft von sich aus oder auf Antrag eines Mitgliedstaats die in Absatz 1 bezeichneten Frachten und Beförderungsbedingungen; hierbei berücksichtigt sie insbesondere sowohl die Erfordernisse einer angemessenen Standortpolitik, die Bedürfnisse der unterentwickelten Gebiete und die

Probleme der durch politische Umstände schwer betroffenen Gebiete als auch die Auswirkungen dieser Frachten und Beförderungsbedingungen auf den Wettbewerb zwischen den Verkehrsarten.

[2] Die Kommission erlässt die erforderlichen Beschlüsse nach Beratung mit jedem in Betracht kommenden Mitgliedstaat.

(3) Das in Absatz 1 genannte Verbot trifft nicht die Wettbewerbstarife.

Art. 97 [Abgaben und Gebühren bei Grenzübergang] *[1]* Die Abgaben oder Gebühren, die ein Verkehrsunternehmer neben den Frachten beim Grenzübergang in Rechnung stellt, dürfen unter Berücksichtigung der hierdurch tatsächlich verursachten Kosten eine angemessene Höhe nicht übersteigen.

[2] Die Mitgliedstaaten werden bemüht sein, diese Kosten schrittweise zu verringern.

[3] Die Kommission kann zur Durchführung dieses Artikels Empfehlungen an die Mitgliedstaaten richten.

Art. 98 [Teilungsbedingte Ausnahmen für gewisse deutsche Gebiete]
[1] Die Bestimmungen dieses Titels stehen Maßnahmen in der Bundesrepublik Deutschland nicht entgegen, soweit sie erforderlich sind, um die wirtschaftlichen Nachteile auszugleichen, die der Wirtschaft bestimmter, von der Teilung Deutschlands betroffener Gebiete der Bundesrepublik aus dieser Teilung entstehen. [2] Der Rat kann fünf Jahre nach dem Inkrafttreten des Vertrags von Lissabon auf Vorschlag der Kommission einen Beschluss erlassen, mit dem dieser Artikel aufgehoben wird.

Art. 99 [Beratender Ausschuss] [1] Bei der Kommission wird ein beratender Ausschuss gebildet; er besteht aus Sachverständigen, die von den Regierungen der Mitgliedstaaten ernannt werden. [2] Die Kommission hört den Ausschuss je nach Bedarf in Verkehrsfragen an.

Art. 100 [Betroffene Verkehrsmittel] (1) Dieser Titel gilt für die Beförderungen im Eisenbahn-, Straßen- und Binnenschiffsverkehr.

(2) [1] Das Europäische Parlament und der Rat können gemäß dem ordentlichen Gesetzgebungsverfahren geeignete Vorschriften für die Seeschifffahrt und die Luftfahrt erlassen. [2] Sie beschließen nach Anhörung des Wirtschafts- und Sozialausschusses und des Ausschusses der Regionen.

Titel VII. Gemeinsame Regeln betreffend Wettbewerb, Steuerfragen und Angleichung der Rechtsvorschriften
Kapitel 1. Wettbewerbsregeln
Abschnitt 1. Vorschriften für Unternehmen

Art. 101 [Kartellverbot[1)]] (1) Mit dem Binnenmarkt unvereinbar und verboten sind alle Vereinbarungen zwischen Unternehmen, Beschlüsse von Unternehmensvereinigungen und aufeinander abgestimmte Verhaltensweisen, welche den Handel zwischen Mitgliedstaaten zu beeinträchtigen geeignet sind und eine

[1)] Siehe ua die Leitlinien zur Anwendung von Artikel 101 des Vertrags über die Arbeitsweise der Europäischen Union auf Technologietransfer-Vereinbarungen v. 28.3.2014 (ABl. C 89 S. 3).

Verhinderung, Einschränkung oder Verfälschung des Wettbewerbs innerhalb des Binnenmarkts bezwecken oder bewirken, insbesondere

a) die unmittelbare oder mittelbare Festsetzung der An- oder Verkaufspreise oder sonstiger Geschäftsbedingungen;

b) die Einschränkung oder Kontrolle der Erzeugung, des Absatzes, der technischen Entwicklung oder der Investitionen;

c) die Aufteilung der Märkte oder Versorgungsquellen;

d) die Anwendung unterschiedlicher Bedingungen bei gleichwertigen Leistungen gegenüber Handelspartnern, wodurch diese im Wettbewerb benachteiligt werden;

e) die an den Abschluss von Verträgen geknüpfte Bedingung, dass die Vertragspartner zusätzliche Leistungen annehmen, die weder sachlich noch nach Handelsbrauch in Beziehung zum Vertragsgegenstand stehen.

(2) Die nach diesem Artikel verbotenen Vereinbarungen oder Beschlüsse sind nichtig.

(3) Die Bestimmungen des Absatzes 1 können für nicht anwendbar erklärt werden auf

– Vereinbarungen oder Gruppen von Vereinbarungen zwischen Unternehmen,

– Beschlüsse oder Gruppen von Beschlüssen von Unternehmensvereinigungen,

– aufeinander abgestimmte Verhaltensweisen oder Gruppen von solchen,

die unter angemessener Beteiligung der Verbraucher an dem entstehenden Gewinn zur Verbesserung der Warenerzeugung oder -verteilung oder zur Förderung des technischen oder wirtschaftlichen Fortschritts beitragen, ohne dass den beteiligten Unternehmen

a) Beschränkungen auferlegt werden, die für die Verwirklichung dieser Ziele nicht unerlässlich sind, oder

b) Möglichkeiten eröffnet werden, für einen wesentlichen Teil der betreffenden Waren den Wettbewerb auszuschalten.

Art. 102 [Missbrauch einer marktbeherrschenden Stellung] *[1]* Mit dem Binnenmarkt unvereinbar und verboten ist die missbräuchliche Ausnutzung einer beherrschenden Stellung auf dem Binnenmarkt oder auf einem wesentlichen Teil desselben durch ein oder mehrere Unternehmen, soweit dies dazu führen kann, den Handel zwischen Mitgliedstaaten zu beeinträchtigen.

[2] Dieser Missbrauch kann insbesondere in Folgendem bestehen:

a) der unmittelbaren oder mittelbaren Erzwingung von unangemessenen Einkaufs- oder Verkaufspreisen oder sonstigen Geschäftsbedingungen;

b) der Einschränkung der Erzeugung, des Absatzes oder der technischen Entwicklung zum Schaden der Verbraucher;

c) der Anwendung unterschiedlicher Bedingungen bei gleichwertigen Leistungen gegenüber Handelspartnern, wodurch diese im Wettbewerb benachteiligt werden;

d) der an den Abschluss von Verträgen geknüpften Bedingung, dass die Vertragspartner zusätzliche Leistungen annehmen, die weder sachlich noch nach Handelsbrauch in Beziehung zum Vertragsgegenstand stehen.

EU-Arbeitsweisevertrag **Art. 103–106 AEUV 14**

Art. 103 [Erlass von Verordnungen und Richtlinien] (1) Die zweckdienlichen Verordnungen oder Richtlinien zur Verwirklichung der in den Artikeln 101 und 102 niedergelegten Grundsätze werden vom Rat auf Vorschlag der Kommission und nach Anhörung des Europäischen Parlaments beschlossen.

(2) Die in Absatz 1 vorgesehenen Vorschriften bezwecken insbesondere,

a) die Beachtung der in Artikel 101 Absatz 1 und Artikel 102 genannten Verbote durch die Einführung von Geldbußen und Zwangsgeldern zu gewährleisten;

b) die Einzelheiten der Anwendung des Artikels 101 Absatz 3 festzulegen; dabei ist dem Erfordernis einer wirksamen Überwachung bei möglichst einfacher Verwaltungskontrolle Rechnung zu tragen;

c) gegebenenfalls den Anwendungsbereich der Artikel 101 und 102 für die einzelnen Wirtschaftszweige näher zu bestimmen;

d) die Aufgaben der Kommission und des Gerichtshofs der Europäischen Union bei der Anwendung der in diesem Absatz vorgesehenen Vorschriften gegeneinander abzugrenzen;

e) das Verhältnis zwischen den innerstaatlichen Rechtsvorschriften einerseits und den in diesem Abschnitt enthaltenen oder aufgrund dieses Artikels getroffenen Bestimmungen andererseits festzulegen.

Art. 104 [Übergangsbestimmung] Bis zum Inkrafttreten der gemäß Artikel 103 erlassenen Vorschriften entscheiden die Behörden der Mitgliedstaaten im Einklang mit ihren eigenen Rechtsvorschriften und den Bestimmungen der Artikel 101, insbesondere Absatz 3, und 102 über die Zulässigkeit von Vereinbarungen, Beschlüssen und aufeinander abgestimmten Verhaltensweisen sowie über die missbräuchliche Ausnutzung einer beherrschenden Stellung auf dem Binnenmarkt.

Art. 105 [Wettbewerbsaufsicht] (1) [1] Unbeschadet des Artikels 104 achtet die Kommission auf die Verwirklichung der in den Artikeln 101 und 102 niedergelegten Grundsätze. [2] Sie untersucht auf Antrag eines Mitgliedstaats oder von Amts wegen in Verbindung mit den zuständigen Behörden der Mitgliedstaaten, die ihr Amtshilfe zu leisten haben, die Fälle, in denen Zuwiderhandlungen gegen diese Grundsätze vermutet werden. [3] Stellt sie eine Zuwiderhandlung fest, so schlägt sie geeignete Mittel vor, um diese abzustellen.

(2) [1] Wird die Zuwiderhandlung nicht abgestellt, so trifft die Kommission in einem mit Gründen versehenen Beschluss die Feststellung, dass eine derartige Zuwiderhandlung vorliegt. [2] Sie kann den Beschluss veröffentlichen und die Mitgliedstaaten ermächtigen, die erforderlichen Abhilfemaßnahmen zu treffen, deren Bedingungen und Einzelheiten sie festlegt.

(3) Die Kommission kann Verordnungen zu den Gruppen von Vereinbarungen erlassen, zu denen der Rat nach Artikel 103 Absatz 2 Buchstabe b eine Verordnung oder Richtlinie erlassen hat.

Art. 106 [Öffentliche Unternehmen; Dienstleistungen von allgemeinem wirtschaftlichem Interesse] (1) Die Mitgliedstaaten werden in Bezug auf öffentliche Unternehmen und auf Unternehmen, denen sie besondere oder ausschließliche Rechte gewähren, keine den Verträgen und insbesondere den Artikeln 18 und 101 bis 109 widersprechende Maßnahmen treffen oder beibehalten.

(2) [1] Für Unternehmen, die mit Dienstleistungen von allgemeinem wirtschaftlichem Interesse betraut sind oder den Charakter eines Finanzmonopols haben, gelten die Vorschriften der Verträge, insbesondere die Wettbewerbsregeln, soweit die Anwendung dieser Vorschriften nicht die Erfüllung der ihnen übertragenen besonderen Aufgabe rechtlich oder tatsächlich verhindert. [2] Die Entwicklung des Handelsverkehrs darf nicht in einem Ausmaß beeinträchtigt werden, das dem Interesse der Union zuwiderläuft.

(3) Die Kommission achtet auf die Anwendung dieses Artikels und richtet erforderlichenfalls geeignete Richtlinien oder Beschlüsse an die Mitgliedstaaten.

Abschnitt 2. Staatliche Beihilfen

Art. 107 [Beihilfeverbot; Ausnahmen] (1) Soweit in den Verträgen nicht etwas anderes bestimmt ist, sind staatliche oder aus staatlichen Mitteln gewährte Beihilfen gleich welcher Art, die durch die Begünstigung bestimmter Unternehmen oder Produktionszweige den Wettbewerb verfälschen oder zu verfälschen drohen, mit dem Binnenmarkt unvereinbar, soweit sie den Handel zwischen Mitgliedstaaten beeinträchtigen.

(2) Mit dem Binnenmarkt vereinbar sind:

a) Beihilfen sozialer Art an einzelne Verbraucher, wenn sie ohne Diskriminierung nach der Herkunft der Waren gewährt werden;

b) Beihilfen zur Beseitigung von Schäden, die durch Naturkatastrophen oder sonstige außergewöhnliche Ereignisse entstanden sind;

c) Beihilfen für die Wirtschaft bestimmter, durch die Teilung Deutschlands betroffener Gebiete der Bundesrepublik Deutschland, soweit sie zum Ausgleich der durch die Teilung verursachten wirtschaftlichen Nachteile erforderlich sind. Der Rat kann fünf Jahre nach dem Inkrafttreten des Vertrags von Lissabon auf Vorschlag der Kommission einen Beschluss erlassen, mit dem dieser Buchstabe aufgehoben wird.

(3) Als mit dem Binnenmarkt vereinbar können angesehen werden:

a) Beihilfen zur Förderung der wirtschaftlichen Entwicklung von Gebieten, in denen die Lebenshaltung außergewöhnlich niedrig ist oder eine erhebliche Unterbeschäftigung herrscht, sowie der in Artikel 349 genannten Gebiete unter Berücksichtigung ihrer strukturellen, wirtschaftlichen und sozialen Lage;

b) Beihilfen zur Förderung wichtiger Vorhaben von gemeinsamem europäischem Interesse oder zur Behebung einer beträchtlichen Störung im Wirtschaftsleben eines Mitgliedstaats;

c) Beihilfen zur Förderung der Entwicklung gewisser Wirtschaftszweige oder Wirtschaftsgebiete, soweit sie die Handelsbedingungen nicht in einer Weise verändern, die dem gemeinsamen Interesse zuwiderläuft;

d) Beihilfen zur Förderung der Kultur und der Erhaltung des kulturellen Erbes, soweit sie die Handels- und Wettbewerbsbedingungen in der Union nicht in einem Maß beeinträchtigen, das dem gemeinsamen Interesse zuwiderläuft;

e) sonstige Arten von Beihilfen, die der Rat durch einen Beschluss auf Vorschlag der Kommission bestimmt.

Art. 108 [Beihilfeaufsicht] (1) ¹Die Kommission überprüft fortlaufend in Zusammenarbeit mit den Mitgliedstaaten die in diesen bestehenden Beihilferegelungen. ²Sie schlägt ihnen die zweckdienlichen Maßnahmen vor, welche die fortschreitende Entwicklung und das Funktionieren des Binnenmarkts erfordern.

(2) *[1]* Stellt die Kommission fest, nachdem sie den Beteiligten eine Frist zur Äußerung gesetzt hat, dass eine von einem Staat oder aus staatlichen Mitteln gewährte Beihilfe mit dem Binnenmarkt nach Artikel 107 unvereinbar ist oder dass sie missbräuchlich angewandt wird, so beschließt sie, dass der betreffende Staat sie binnen einer von ihr bestimmten Frist aufzuheben oder umzugestalten hat.

[2] Kommt der betreffende Staat diesem Beschluss innerhalb der festgesetzten Frist nicht nach, so kann die Kommission oder jeder betroffene Staat in Abweichung von den Artikeln 258 und 259 den Gerichtshof der Europäischen Union unmittelbar anrufen.

[3] ¹Der Rat kann einstimmig auf Antrag eines Mitgliedstaats beschließen, dass eine von diesem Staat gewährte oder geplante Beihilfe in Abweichung von Artikel 107 oder von den nach Artikel 109 erlassenen Verordnungen als mit dem Binnenmarkt vereinbar gilt, wenn außergewöhnliche Umstände einen solchen Beschluss rechtfertigen. ²Hat die Kommission bezüglich dieser Beihilfe das in Unterabsatz 1 dieses Absatzes vorgesehene Verfahren bereits eingeleitet, so bewirkt der Antrag des betreffenden Staates an den Rat die Aussetzung dieses Verfahrens, bis der Rat sich geäußert hat.

[4] Äußert sich der Rat nicht binnen drei Monaten nach Antragstellung, so beschließt die Kommission.

(3) ¹Die Kommission wird von jeder beabsichtigten Einführung oder Umgestaltung von Beihilfen so rechtzeitig unterrichtet, dass sie sich dazu äußern kann. ²Ist sie der Auffassung, dass ein derartiges Vorhaben nach Artikel 107 mit dem Binnenmarkt unvereinbar ist, so leitet sie unverzüglich das in Absatz 2 vorgesehene Verfahren ein. ³Der betreffende Mitgliedstaat darf die beabsichtigte Maßnahme nicht durchführen, bevor die Kommission einen abschließenden Beschluss erlassen hat.

(4) Die Kommission kann Verordnungen zu den Arten von staatlichen Beihilfen erlassen, für die der Rat nach Artikel 109 festgelegt hat, dass sie von dem Verfahren nach Absatz 3 ausgenommen werden können.

Art. 109 [Erlass von Durchführungsverordnungen] Der Rat kann auf Vorschlag der Kommission und nach Anhörung des Europäischen Parlaments alle zweckdienlichen Durchführungsverordnungen zu den Artikeln 107 und 108 erlassen und insbesondere die Bedingungen für die Anwendung des Artikels 108 Absatz 3 sowie diejenigen Arten von Beihilfen festlegen, die von diesem Verfahren ausgenommen sind.

Kapitel 2. Steuerliche Vorschriften

Art. 110 [Diskriminierungs- und Protektionsverbot] *[1]* Die Mitgliedstaaten erheben auf Waren aus anderen Mitgliedstaaten weder unmittelbar noch mittelbar höhere inländische Abgaben gleich welcher Art, als gleichartige inländische Waren unmittelbar oder mittelbar zu tragen haben.

[2] Die Mitgliedstaaten erheben auf Waren aus anderen Mitgliedstaaten keine inländischen Abgaben, die geeignet sind, andere Produktionen mittelbar zu schützen.

Art. 111 [Privilegierungsverbot für Rückvergütungen] Werden Waren in das Hoheitsgebiet eines Mitgliedstaats ausgeführt, so darf die Rückvergütung für inländische Abgaben nicht höher sein als die auf die ausgeführten Waren mittelbar oder unmittelbar erhobenen inländischen Abgaben.

Art. 112 [Kompensationsverbot unter Genehmigungsvorbehalt] Für Abgaben außer Umsatzsteuern, Verbrauchsabgaben und sonstigen indirekten Steuern sind Entlastungen und Rückvergütungen bei der Ausfuhr nach anderen Mitgliedstaaten sowie Ausgleichsabgaben bei der Einfuhr aus den Mitgliedstaaten nur zulässig, soweit der Rat sie vorher auf Vorschlag der Kommission für eine begrenzte Frist genehmigt hat.

Art. 113 [Harmonisierung der indirekten Steuern] Der Rat erlässt gemäß einem besonderen Gesetzgebungsverfahren und nach Anhörung des Europäischen Parlaments und des Wirtschafts- und Sozialausschusses einstimmig die Bestimmungen zur Harmonisierung der Rechtsvorschriften über die Umsatzsteuern, die Verbrauchsabgaben und sonstige indirekte Steuern, soweit diese Harmonisierung für die Errichtung und das Funktionieren des Binnenmarkts und die Vermeidung von Wettbewerbsverzerrungen notwendig ist.

Kapitel 3. Angleichung der Rechtsvorschriften

Art. 114 [Rechtsangleichung im Binnenmarkt] (1) [1] Soweit in den Verträgen nichts anderes bestimmt ist, gilt für die Verwirklichung der Ziele des Artikels 26 die nachstehende Regelung. [2] Das Europäische Parlament und der Rat erlassen gemäß dem ordentlichen Gesetzgebungsverfahren und nach Anhörung des Wirtschafts- und Sozialausschusses die Maßnahmen zur Angleichung der Rechts- und Verwaltungsvorschriften der Mitgliedstaaten, welche die Errichtung und das Funktionieren des Binnenmarkts zum Gegenstand haben.

(2) Absatz 1 gilt nicht für die Bestimmungen über die Steuern, die Bestimmungen über die Freizügigkeit und die Bestimmungen über die Rechte und Interessen der Arbeitnehmer.

(3) [1] Die Kommission geht in ihren Vorschlägen nach Absatz 1 in den Bereichen Gesundheit, Sicherheit, Umweltschutz und Verbraucherschutz von einem hohen Schutzniveau aus und berücksichtigt dabei insbesondere alle auf wissenschaftliche Ergebnisse gestützten neuen Entwicklungen. [2] Im Rahmen ihrer jeweiligen Befugnisse streben das Europäische Parlament und der Rat dieses Ziel ebenfalls an.

(4) Hält es ein Mitgliedstaat nach dem Erlass einer Harmonisierungsmaßnahme durch das Europäische Parlament und den Rat beziehungsweise durch den Rat oder die Kommission für erforderlich, einzelstaatliche Bestimmungen beizubehalten, die durch wichtige Erfordernisse im Sinne des Artikels 36 oder in Bezug auf den Schutz der Arbeitsumwelt oder den Umweltschutz gerechtfertigt sind, so teilt er diese Bestimmungen sowie die Gründe für ihre Beibehaltung der Kommission mit.

(5) Unbeschadet des Absatzes 4 teilt ferner ein Mitgliedstaat, der es nach dem Erlass einer Harmonisierungsmaßnahme durch das Europäische Parlament und den Rat beziehungsweise durch den Rat oder die Kommission für erforderlich hält, auf neue wissenschaftliche Erkenntnisse gestützte einzelstaatliche Bestimmungen zum Schutz der Umwelt oder der Arbeitsumwelt aufgrund eines spezifischen Problems für diesen Mitgliedstaat, das sich nach dem Erlass der Harmonisierungsmaßnahme ergibt, einzuführen, die in Aussicht genommenen Bestimmungen sowie die Gründe für ihre Einführung der Kommission mit.

(6) *[1]* Die Kommission beschließt binnen sechs Monaten nach den Mitteilungen nach den Absätzen 4 und 5, die betreffenden einzelstaatlichen Bestimmungen zu billigen oder abzulehnen, nachdem sie geprüft hat, ob sie ein Mittel zur willkürlichen Diskriminierung und eine verschleierte Beschränkung des Handels zwischen den Mitgliedstaaten darstellen und ob sie das Funktionieren des Binnenmarkts behindern.

[2] Erlässt die Kommission innerhalb dieses Zeitraums keinen Beschluss, so gelten die in den Absätzen 4 und 5 genannten einzelstaatlichen Bestimmungen als gebilligt.

[3] Die Kommission kann, sofern dies aufgrund des schwierigen Sachverhalts gerechtfertigt ist und keine Gefahr für die menschliche Gesundheit besteht, dem betreffenden Mitgliedstaat mitteilen, dass der in diesem Absatz genannte Zeitraum gegebenenfalls um einen weiteren Zeitraum von bis zu sechs Monaten verlängert wird.

(7) Wird es einem Mitgliedstaat nach Absatz 6 gestattet, von der Harmonisierungsmaßnahme abweichende einzelstaatliche Bestimmungen beizubehalten oder einzuführen, so prüft die Kommission unverzüglich, ob sie eine Anpassung dieser Maßnahme vorschlägt.

(8) Wirft ein Mitgliedstaat in einem Bereich, der zuvor bereits Gegenstand von Harmonisierungsmaßnahmen war, ein spezielles Gesundheitsproblem auf, so teilt er dies der Kommission mit, die dann umgehend prüft, ob sie dem Rat entsprechende Maßnahmen vorschlägt.

(9) In Abweichung von dem Verfahren der Artikel 258 und 259 kann die Kommission oder ein Mitgliedstaat den Gerichtshof der Europäischen Union unmittelbar anrufen, wenn die Kommission oder der Staat der Auffassung ist, dass ein anderer Mitgliedstaat die in diesem Artikel vorgesehenen Befugnisse missbraucht.

(10) Die vorgenannten Harmonisierungsmaßnahmen sind in geeigneten Fällen mit einer Schutzklausel verbunden, welche die Mitgliedstaaten ermächtigt, aus einem oder mehreren der in Artikel 36 genannten nichtwirtschaftlichen Gründen vorläufige Maßnahmen zu treffen, die einem Kontrollverfahren der Union unterliegen.

Art. 115 [Nationales Recht mit unmittelbarer Auswirkung auf den Binnenmarkt; Rechtsangleichung] Unbeschadet des Artikels 114 erlässt der Rat gemäß einem besonderen Gesetzgebungsverfahren einstimmig und nach Anhörung des Europäischen Parlaments und des Wirtschafts- und Sozialausschusses Richtlinien für die Angleichung derjenigen Rechts- und Verwaltungsvorschriften der Mitgliedstaaten, die sich unmittelbar auf die Errichtung oder das Funktionieren des Binnenmarkts auswirken.

Art. 116 [Behandlung bestehender wettbewerbsverzerrender Vorschriften] *[1]* Stellt die Kommission fest, dass vorhandene Unterschiede in den Rechts- und Verwaltungsvorschriften der Mitgliedstaaten die Wettbewerbsbedingungen auf dem Binnenmarkt verfälschen und dadurch eine Verzerrung hervorrufen, die zu beseitigen ist, so tritt sie mit den betreffenden Mitgliedstaaten in Beratungen ein.

[2] ¹Führen diese Beratungen nicht zur Beseitigung dieser Verzerrung, so erlassen das Europäische Parlament und der Rat gemäß dem ordentlichen Gesetzgebungsverfahren die erforderlichen Richtlinien. ²Es können alle sonstigen in den Verträgen vorgesehenen zweckdienlichen Maßnahmen erlassen werden.

Art. 117 [Behandlung geplanter wettbewerbsverzerrender Vorschriften] (1) ¹Ist zu befürchten, dass der Erlass oder die Änderung einer Rechts- oder Verwaltungsvorschrift eine Verzerrung im Sinne des Artikels 116 verursacht, so setzt sich der Mitgliedstaat, der diese Maßnahmen beabsichtigt, mit der Kommission ins Benehmen. ²Diese empfiehlt nach Beratung mit den Mitgliedstaaten den beteiligten Staaten die zur Vermeidung dieser Verzerrung geeigneten Maßnahmen.

(2) ¹Kommt der Staat, der innerstaatliche Vorschriften erlassen oder ändern will, der an ihn gerichteten Empfehlung der Kommission nicht nach, so kann nicht gemäß Artikel 116 verlangt werden, dass die anderen Mitgliedstaaten ihre innerstaatlichen Vorschriften ändern, um die Verzerrung zu beseitigen. ²Verursacht ein Mitgliedstaat, der die Empfehlung der Kommission außer Acht lässt, eine Verzerrung lediglich zu seinem eigenen Nachteil, so findet Artikel 116 keine Anwendung.

Art. 118 [Schutz des geistigen Eigentums] *[1]* Im Rahmen der Verwirklichung oder des Funktionierens des Binnenmarkts erlassen das Europäische Parlament und der Rat gemäß dem ordentlichen Gesetzgebungsverfahren Maßnahmen zur Schaffung europäischer Rechtstitel über einen einheitlichen Schutz der Rechte des geistigen Eigentums in der Union sowie zur Einführung von zentralisierten Zulassungs-, Koordinierungs- und Kontrollregelungen auf Unionsebene.

[2] ¹Der Rat legt gemäß einem besonderen Gesetzgebungsverfahren durch Verordnungen die Sprachenregelungen für die europäischen Rechtstitel fest. ²Der Rat beschließt einstimmig nach Anhörung des Europäischen Parlaments.

Titel VIII. Die Wirtschafts- und Währungspolitik

Art. 119 [Europäische Wirtschaftsverfassung; Grundsätze] (1) Die Tätigkeit der Mitgliedstaaten und der Union im Sinne des Artikels 3 des Vertrags über die Europäische Union[1)] umfasst nach Maßgabe der Verträge die Einführung einer Wirtschaftspolitik, die auf einer engen Koordinierung der Wirtschaftspolitik der Mitgliedstaaten, dem Binnenmarkt und der Festlegung gemeinsamer Ziele beruht und dem Grundsatz einer offenen Marktwirtschaft mit freiem Wettbewerb verpflichtet ist.

(2) Parallel dazu umfasst diese Tätigkeit nach Maßgabe der Verträge und der darin vorgesehenen Verfahren eine einheitliche Währung, den Euro, sowie die

[1)] Nr. 13.

EU-Arbeitsweisevertrag **Art. 120, 121 AEUV 14**

Festlegung und Durchführung einer einheitlichen Geld- sowie Wechselkurspolitik, die beide vorrangig das Ziel der Preisstabilität verfolgen und unbeschadet dieses Zieles die allgemeine Wirtschaftspolitik in der Union unter Beachtung des Grundsatzes einer offenen Marktwirtschaft mit freiem Wettbewerb unterstützen sollen.

(3) Diese Tätigkeit der Mitgliedstaaten und der Union setzt die Einhaltung der folgenden richtungsweisenden Grundsätze voraus: stabile Preise, gesunde öffentliche Finanzen und monetäre Rahmenbedingungen sowie eine tragfähige Zahlungsbilanz.

Kapitel 1. Die Wirtschaftspolitik

Art. 120 [Marktwirtschaftliche Ausrichtung] ¹Die Mitgliedstaaten richten ihre Wirtschaftspolitik so aus, dass sie im Rahmen der in Artikel 121 Absatz 2 genannten Grundzüge zur Verwirklichung der Ziele der Union im Sinne des Artikels 3 des Vertrags über die Europäische Union[1] beitragen. ²Die Mitgliedstaaten und die Union handeln im Einklang mit dem Grundsatz einer offenen Marktwirtschaft mit freiem Wettbewerb, wodurch ein effizienter Einsatz der Ressourcen gefördert wird, und halten sich dabei an die in Artikel 119 genannten Grundsätze.

Art. 121 [Koordinierung der Wirtschaftspolitik] (1) Die Mitgliedstaaten betrachten ihre Wirtschaftspolitik als eine Angelegenheit von gemeinsamem Interesse und koordinieren sie im Rat nach Maßgabe des Artikels 120.

(2) *[1]* Der Rat erstellt auf Empfehlung der Kommission einen Entwurf für die Grundzüge der Wirtschaftspolitik der Mitgliedstaaten und der Union und erstattet dem Europäischen Rat hierüber Bericht.

[2] Der Europäische Rat erörtert auf der Grundlage dieses Berichtes des Rates eine Schlussfolgerung zu den Grundzügen der Wirtschaftspolitik der Mitgliedstaaten und der Union.

[3] ¹Auf der Grundlage dieser Schlussfolgerung verabschiedet der Rat eine Empfehlung, in der diese Grundzüge dargelegt werden. ²Der Rat unterrichtet das Europäische Parlament über seine Empfehlung.

(3) *[1]* Um eine engere Koordinierung der Wirtschaftspolitik und eine dauerhafte Konvergenz der Wirtschaftsleistungen der Mitgliedstaaten zu gewährleisten, überwacht der Rat anhand von Berichten der Kommission die wirtschaftliche Entwicklung in jedem Mitgliedstaat und in der Union sowie die Vereinbarkeit der Wirtschaftspolitik mit den in Absatz 2 genannten Grundzügen und nimmt in regelmäßigen Abständen eine Gesamtbewertung vor.

[2] Zum Zwecke dieser multilateralen Überwachung übermitteln die Mitgliedstaaten der Kommission Angaben zu wichtigen einzelstaatlichen Maßnahmen auf dem Gebiet ihrer Wirtschaftspolitik sowie weitere von ihnen für erforderlich erachtete Angaben.

(4) *[1]* ¹Wird im Rahmen des Verfahrens nach Absatz 3 festgestellt, dass die Wirtschaftspolitik eines Mitgliedstaats nicht mit den in Absatz 2 genannten Grundzügen vereinbar ist oder das ordnungsgemäße Funktionieren der Wirtschafts- und Währungsunion zu gefährden droht, so kann die Kommission eine Verwarnung an den betreffenden Mitgliedstaat richten. ²Der Rat kann auf

[1] Nr. 13.

Empfehlung der Kommission die erforderlichen Empfehlungen an den betreffenden Mitgliedstaat richten. ³Der Rat kann auf Vorschlag der Kommission beschließen, seine Empfehlungen zu veröffentlichen.

[2] Der Rat beschließt im Rahmen dieses Absatzes ohne Berücksichtigung der Stimme des den betreffenden Mitgliedstaat vertretenden Mitglieds des Rates.

[3] Die qualifizierte Mehrheit der übrigen Mitglieder des Rates bestimmt sich nach Artikel 238 Absatz 3 Buchstabe a.

(5) ¹Der Präsident des Rates und die Kommission erstatten dem Europäischen Parlament über die Ergebnisse der multilateralen Überwachung Bericht. ²Der Präsident des Rates kann ersucht werden, vor dem zuständigen Ausschuss des Europäischen Parlaments zu erscheinen, wenn der Rat seine Empfehlungen veröffentlicht hat.

(6) Das Europäische Parlament und der Rat können gemäß dem ordentlichen Gesetzgebungsverfahren durch Verordnungen die Einzelheiten des Verfahrens der multilateralen Überwachung im Sinne der Absätze 3 und 4 festlegen.

Art. 122[1]**) [Gravierende Schwierigkeiten]** (1) Der Rat kann auf Vorschlag der Kommission unbeschadet der sonstigen in den Verträgen vorgesehenen Verfahren im Geiste der Solidarität zwischen den Mitgliedstaaten über die der Wirtschaftslage angemessenen Maßnahmen beschließen, insbesondere falls gravierende Schwierigkeiten in der Versorgung mit bestimmten Waren, vor allem im Energiebereich, auftreten.

(2) ¹Ist ein Mitgliedstaat aufgrund von Naturkatastrophen oder außergewöhnlichen Ereignissen, die sich seiner Kontrolle entziehen, von Schwierigkeiten betroffen oder von gravierenden Schwierigkeiten ernstlich bedroht, so kann der Rat auf Vorschlag der Kommission beschließen, dem betreffenden Mitgliedstaat unter bestimmten Bedingungen einen finanziellen Beistand der Union zu gewähren. ²Der Präsident des Rates unterrichtet das Europäische Parlament über den Beschluss.

Art. 123 [Verbot von Kreditfazilitäten für öffentliche Einrichtungen]

(1) Überziehungs- oder andere Kreditfazilitäten bei der Europäischen Zentralbank oder den Zentralbanken der Mitgliedstaaten (im Folgenden als „nationale Zentralbanken" bezeichnet) für Organe, Einrichtungen oder sonstige Stellen der Union, Zentralregierungen, regionale oder lokale Gebietskörperschaften oder andere öffentlich-rechtliche Körperschaften, sonstige Einrichtungen des öffentlichen Rechts oder öffentliche Unternehmen der Mitgliedstaaten sind ebenso verboten wie der unmittelbare Erwerb von Schuldtiteln von diesen durch die Europäische Zentralbank oder die nationalen Zentralbanken.

(2) Die Bestimmungen des Absatzes 1 gelten nicht für Kreditinstitute in öffentlichem Eigentum; diese werden von der jeweiligen nationalen Zentralbank und der Europäischen Zentralbank, was die Bereitstellung von Zentralbankgeld betrifft, wie private Kreditinstitute behandelt.

[1]) Vgl. zu dieser Vorschrift auch die Erklärung Nr. 6 zur Schlussakte v. 16.2.2001 (ABl. C 80 S. 70) der Konferenz von Nizza.

Art. 124 [Verbot bevorrechtigten Zugangs zu Finanzinstituten für öffentliche Einrichtungen] Maßnahmen, die nicht aus aufsichtsrechtlichen Gründen getroffen werden und einen bevorrechtigten Zugang der Organe, Einrichtungen oder sonstigen Stellen der Union, der Zentralregierungen, der regionalen oder lokalen Gebietskörperschaften oder anderen öffentlich-rechtlichen Körperschaften, sonstiger Einrichtungen des öffentlichen Rechts oder öffentlicher Unternehmen der Mitgliedstaaten zu den Finanzinstituten schaffen, sind verboten.

Art. 125 [Haftungsausschlüsse] (1) ¹Die Union haftet nicht für die Verbindlichkeiten der Zentralregierungen, der regionalen oder lokalen Gebietskörperschaften oder anderen öffentlich-rechtlichen Körperschaften, sonstiger Einrichtungen des öffentlichen Rechts oder öffentlicher Unternehmen von Mitgliedstaaten und tritt nicht für derartige Verbindlichkeiten ein; dies gilt unbeschadet der gegenseitigen finanziellen Garantien für die gemeinsame Durchführung eines bestimmten Vorhabens. ²Ein Mitgliedstaat haftet nicht für die Verbindlichkeiten der Zentralregierungen, der regionalen oder lokalen Gebietskörperschaften oder anderen öffentlich-rechtlichen Körperschaften, sonstiger Einrichtungen des öffentlichen Rechts oder öffentlicher Unternehmen eines anderen Mitgliedstaats und tritt nicht für derartige Verbindlichkeiten ein; dies gilt unbeschadet der gegenseitigen finanziellen Garantien für die gemeinsame Durchführung eines bestimmten Vorhabens.

(2) Der Rat kann erforderlichenfalls auf Vorschlag der Kommission und nach Anhörung des Europäischen Parlaments die Definitionen für die Anwendung der in den Artikeln 123 und 124 sowie in diesem Artikel vorgesehenen Verbote näher bestimmen.

Art. 126 [Vermeidung übermäßiger Defizite; Haushaltsdisziplin]

(1) Die Mitgliedstaaten vermeiden übermäßige öffentliche Defizite.

(2) ¹Die Kommission überwacht die Entwicklung der Haushaltslage und der Höhe des öffentlichen Schuldenstands in den Mitgliedstaaten im Hinblick auf die Feststellung schwerwiegender Fehler. ²Insbesondere prüft sie die Einhaltung der Haushaltsdisziplin anhand von zwei Kriterien, nämlich daran,

a) ob das Verhältnis des geplanten oder tatsächlichen öffentlichen Defizits zum Bruttoinlandsprodukt einen bestimmten Referenzwert überschreitet, es sei denn, dass

– entweder das Verhältnis erheblich und laufend zurückgegangen ist und einen Wert in der Nähe des Referenzwerts erreicht hat

– oder der Referenzwert nur ausnahmsweise und vorübergehend überschritten wird und das Verhältnis in der Nähe des Referenzwerts bleibt,

b) ob das Verhältnis des öffentlichen Schuldenstands zum Bruttoinlandsprodukt einen bestimmten Referenzwert überschreitet, es sei denn, dass das Verhältnis hinreichend rückläufig ist und sich rasch genug dem Referenzwert nähert.

³Die Referenzwerte werden in einem den Verträgen beigefügten Protokoll über das Verfahren bei einem übermäßigen Defizit im Einzelnen festgelegt.

(3) *[1]* ¹Erfüllt ein Mitgliedstaat keines oder nur eines dieser Kriterien, so erstellt die Kommission einen Bericht. ²In diesem Bericht wird berücksichtigt, ob das öffentliche Defizit die öffentlichen Ausgaben für Investitionen übertrifft;

14 AEUV Art. 126

berücksichtigt werden ferner alle sonstigen einschlägigen Faktoren, einschließlich der mittelfristigen Wirtschafts- und Haushaltslage des Mitgliedstaats.

[2] Die Kommission kann ferner einen Bericht erstellen, wenn sie ungeachtet der Erfüllung der Kriterien der Auffassung ist, dass in einem Mitgliedstaat die Gefahr eines übermäßigen Defizits besteht.

(4) Der Wirtschafts- und Finanzausschuss gibt eine Stellungnahme zu dem Bericht der Kommission ab.

(5) Ist die Kommission der Auffassung, dass in einem Mitgliedstaat ein übermäßiges Defizit besteht oder sich ergeben könnte, so legt sie dem betreffenden Mitgliedstaat eine Stellungnahme vor und unterrichtet den Rat.

(6) Der Rat beschließt auf Vorschlag der Kommission und unter Berücksichtigung der Bemerkungen, die der betreffende Mitgliedstaat gegebenenfalls abzugeben wünscht, nach Prüfung der Gesamtlage, ob ein übermäßiges Defizit besteht.

(7) ¹Stellt der Rat nach Absatz 6 ein übermäßiges Defizit fest, so richtet er auf Empfehlung der Kommission unverzüglich Empfehlungen an den betreffenden Mitgliedstaat mit dem Ziel, dieser Lage innerhalb einer bestimmten Frist abzuhelfen. ²Vorbehaltlich des Absatzes 8 werden diese Empfehlungen nicht veröffentlicht.

(8) Stellt der Rat fest, dass seine Empfehlungen innerhalb der gesetzten Frist keine wirksamen Maßnahmen ausgelöst haben, so kann er seine Empfehlungen veröffentlichen.

(9) *[1]* Falls ein Mitgliedstaat den Empfehlungen des Rates weiterhin nicht Folge leistet, kann der Rat beschließen, den Mitgliedstaat mit der Maßgabe in Verzug zu setzen, innerhalb einer bestimmten Frist Maßnahmen für den nach Auffassung des Rates zur Sanierung erforderlichen Defizitabbau zu treffen.

[2] Der Rat kann in diesem Fall den betreffenden Mitgliedstaat ersuchen, nach einem konkreten Zeitplan Berichte vorzulegen, um die Anpassungsbemühungen des Mitgliedstaats überprüfen zu können.

(10) Das Recht auf Klageerhebung nach den Artikeln 258 und 259 kann im Rahmen der Absätze 1 bis 9 dieses Artikels nicht ausgeübt werden.

(11) *[1]* Solange ein Mitgliedstaat einen Beschluss nach Absatz 9 nicht befolgt, kann der Rat beschließen, eine oder mehrere der nachstehenden Maßnahmen anzuwenden oder gegebenenfalls zu verschärfen, nämlich

– von dem betreffenden Mitgliedstaat verlangen, vor der Emission von Schuldverschreibungen und sonstigen Wertpapieren vom Rat näher zu bezeichnende zusätzliche Angaben zu veröffentlichen,

– die Europäische Investitionsbank ersuchen, ihre Darlehenspolitik gegenüber dem Mitgliedstaat zu überprüfen,

– von dem Mitgliedstaat verlangen, eine unverzinsliche Einlage in angemessener Höhe bei der Union zu hinterlegen, bis das übermäßige Defizit nach Ansicht des Rates korrigiert worden ist,

– Geldbußen in angemessener Höhe verhängen.

[2] Der Präsident des Rates unterrichtet das Europäische Parlament von den Beschlüssen.

(12) ¹Der Rat hebt einige oder sämtliche Beschlüsse oder Empfehlungen nach den Absätzen 6 bis 9 und 11 so weit auf, wie das übermäßige Defizit in

EU-Arbeitsweisevertrag **Art. 127 AEUV 14**

dem betreffenden Mitgliedstaat nach Ansicht des Rates korrigiert worden ist.
² Hat der Rat zuvor Empfehlungen veröffentlicht, so stellt er, sobald der Beschluss nach Absatz 8 aufgehoben worden ist, in einer öffentlichen Erklärung fest, dass in dem betreffenden Mitgliedstaat kein übermäßiges Defizit mehr besteht.

(13) *[1]* Die Beschlussfassung und die Empfehlungen des Rates nach den Absätzen 8, 9, 11 und 12 erfolgen auf Empfehlung der Kommission.

[2] Erlässt der Rat Maßnahmen nach den Absätzen 6 bis 9 sowie den Absätzen 11 und 12, so beschließt er ohne Berücksichtigung der Stimme des den betreffenden Mitgliedstaat vertretenden Mitglieds des Rates.

[3] Die qualifizierte Mehrheit der übrigen Mitglieder des Rates bestimmt sich nach Artikel 238 Absatz 3 Buchstabe a.

(14) *[1]* Weitere Bestimmungen über die Durchführung des in diesem Artikel beschriebenen Verfahrens sind in dem den Verträgen beigefügten Protokoll über das Verfahren bei einem übermäßigen Defizit enthalten.

[2] Der Rat verabschiedet gemäß einem besonderen Gesetzgebungsverfahren einstimmig und nach Anhörung des Europäischen Parlaments sowie der Europäischen Zentralbank die geeigneten Bestimmungen, die sodann das genannte Protokoll ablösen.

[3] Der Rat beschließt vorbehaltlich der sonstigen Bestimmungen dieses Absatzes auf Vorschlag der Kommission und nach Anhörung des Europäischen Parlaments nähere Einzelheiten und Begriffsbestimmungen für die Durchführung des genannten Protokolls.

Kapitel 2. Die Währungspolitik

Art. 127 [Ziele und Aufgaben des ESZB] (1) ¹ Das vorrangige Ziel des Europäischen Systems der Zentralbanken (im Folgenden „ESZB") ist es, die Preisstabilität zu gewährleisten. ² Soweit dies ohne Beeinträchtigung des Zieles der Preisstabilität möglich ist, unterstützt das ESZB die allgemeine Wirtschaftspolitik in der Union, um zur Verwirklichung der in Artikel 3 des Vertrags über die Europäische Union[1)] festgelegten Ziele der Union beizutragen. ³ Das ESZB handelt im Einklang mit dem Grundsatz einer offenen Marktwirtschaft mit freiem Wettbewerb, wodurch ein effizienter Einsatz der Ressourcen gefördert wird, und hält sich dabei an die in Artikel 119 genannten Grundsätze.

(2) Die grundlegenden Aufgaben des ESZB bestehen darin,
– die Geldpolitik der Union festzulegen und auszuführen,
– Devisengeschäfte im Einklang mit Artikel 219 durchzuführen,
– die offiziellen Währungsreserven der Mitgliedstaaten zu halten und zu verwalten,
– das reibungslose Funktionieren der Zahlungssysteme zu fördern.

(3) Absatz 2 dritter Gedankenstrich berührt nicht die Haltung und Verwaltung von Arbeitsguthaben in Fremdwährungen durch die Regierungen der Mitgliedstaaten.

(4) *[1]* Die Europäische Zentralbank wird gehört

[1)] Nr. 13.

– zu allen Vorschlägen für Rechtsakte der Union im Zuständigkeitsbereich der Europäischen Zentralbank,
– von den nationalen Behörden zu allen Entwürfen für Rechtsvorschriften im Zuständigkeitsbereich der Europäischen Zentralbank, und zwar innerhalb der Grenzen und unter den Bedingungen, die der Rat nach dem Verfahren des Artikels 129 Absatz 4 festlegt.

[2] Die Europäische Zentralbank kann gegenüber den zuständigen Organen, Einrichtungen oder sonstigen Stellen der Union und gegenüber den nationalen Behörden Stellungnahmen zu in ihren Zuständigkeitsbereich fallenden Fragen abgeben.

(5) Das ESZB trägt zur reibungslosen Durchführung der von den zuständigen Behörden auf dem Gebiet der Aufsicht über die Kreditinstitute und der Stabilität des Finanzsystems ergriffenen Maßnahmen bei.

(6) Der Rat kann einstimmig durch Verordnungen gemäß einem besonderen Gesetzgebungsverfahren und nach Anhörung des Europäischen Parlaments und der Europäischen Zentralbank besondere Aufgaben im Zusammenhang mit der Aufsicht über Kreditinstitute und sonstige Finanzinstitute mit Ausnahme von Versicherungsunternehmen der Europäischen Zentralbank übertragen.

Art. 128 [Ausgabe von Banknoten und Münzen] (1) [1]Die Europäische Zentralbank hat das ausschließliche Recht, die Ausgabe von Euro-Banknoten innerhalb der Union zu genehmigen. [2]Die Europäische Zentralbank und die nationalen Zentralbanken sind zur Ausgabe dieser Banknoten berechtigt. [3]Die von der Europäischen Zentralbank und den nationalen Zentralbanken ausgegebenen Banknoten sind die einzigen Banknoten, die in der Union als gesetzliches Zahlungsmittel gelten.

(2) [1]Die Mitgliedstaaten haben das Recht zur Ausgabe von Euro-Münzen, wobei der Umfang dieser Ausgabe der Genehmigung durch die Europäische Zentralbank bedarf. [2]Der Rat kann auf Vorschlag der Kommission und nach Anhörung des Europäischen Parlaments und der Europäischen Zentralbank Maßnahmen erlassen, um die Stückelung und die technischen Merkmale aller für den Umlauf bestimmten Münzen so weit zu harmonisieren, wie dies für deren reibungslosen Umlauf innerhalb der Union erforderlich ist.

Art. 129 [Struktur des ESZB; Satzung] (1) Das ESZB wird von den Beschlussorganen der Europäischen Zentralbank, nämlich dem Rat der Europäischen Zentralbank und dem Direktorium, geleitet.

(2) Die Satzung des Europäischen Systems der Zentralbanken und der Europäischen Zentralbank (im Folgenden „Satzung des ESZB und der EZB") ist in einem den Verträgen beigefügten Protokoll festgelegt.

(3) [1]Das Europäische Parlament und der Rat können die Artikel 5.1, 5.2, 5.3, 17, 18, 19.1, 22, 23, 24, 26, 32.2, 32.3, 32.4, 32.6, 33.1 Buchstabe a und 36 der Satzung des ESZB und der EZB gemäß dem ordentlichen Gesetzgebungsverfahren ändern. [2]Sie beschließen entweder auf Empfehlung der Europäischen Zentralbank nach Anhörung der Kommission oder auf Empfehlung der Kommission nach Anhörung der Europäischen Zentralbank.

(4) Der Rat erlässt entweder auf Vorschlag der Kommission und nach Anhörung des Europäischen Parlaments und der Europäischen Zentralbank oder auf Empfehlung der Europäischen Zentralbank und nach Anhörung des Europäi-

schen Parlaments und der Kommission die in den Artikeln 4, 5.4, 19.2, 20, 28.1, 29.2, 30.4 und 34.3 der Satzung des ESZB und der EZB genannten Bestimmungen.

Art. 130 [Unabhängigkeit von EZB und nationalen Zentralbanken]
[1] Bei der Wahrnehmung der ihnen durch die Verträge und die Satzung des ESZB und der EZB übertragenen Befugnisse, Aufgaben und Pflichten darf weder die Europäische Zentralbank noch eine nationale Zentralbank noch ein Mitglied ihrer Beschlussorgane Weisungen von Organen, Einrichtungen oder sonstigen Stellen der Union, Regierungen der Mitgliedstaaten oder anderen Stellen einholen oder entgegennehmen. [2] Die Organe, Einrichtungen oder sonstigen Stellen der Union sowie die Regierungen der Mitgliedstaaten verpflichten sich, diesen Grundsatz zu beachten und nicht zu versuchen, die Mitglieder der Beschlussorgane der Europäischen Zentralbank oder der nationalen Zentralbanken bei der Wahrnehmung ihrer Aufgaben zu beeinflussen.

Art. 131 [Anpassungspflicht der Mitgliedstaaten] Jeder Mitgliedstaat stellt sicher, dass seine innerstaatlichen Rechtsvorschriften einschließlich der Satzung seiner nationalen Zentralbank mit den Verträgen sowie mit der Satzung des ESZB und der EZB im Einklang stehen.

Art. 132 [Rechtsakte] (1) Zur Erfüllung der dem ESZB übertragenen Aufgaben werden von der Europäischen Zentralbank gemäß den Verträgen und unter den in der Satzung des ESZB und der EZB vorgesehenen Bedingungen
– Verordnungen erlassen, insoweit dies für die Erfüllung der in Artikel 3.1 erster Gedankenstrich, Artikel 19.1, Artikel 22 oder Artikel 25.2 der Satzung des ESZB und der EZB festgelegten Aufgaben erforderlich ist; sie erlässt Verordnungen ferner in den Fällen, die in den Rechtsakten des Rates nach Artikel 129 Absatz 4 vorgesehen werden,
– Beschlüsse erlassen, die zur Erfüllung der dem ESZB nach den Verträgen und der Satzung des ESZB und der EZB übertragenen Aufgaben erforderlich sind,
– Empfehlungen und Stellungnahmen abgegeben.

(2) Die Europäische Zentralbank kann die Veröffentlichung ihrer Beschlüsse, Empfehlungen und Stellungnahmen beschließen.

(3) Innerhalb der Grenzen und unter den Bedingungen, die der Rat nach dem Verfahren des Artikels 129 Absatz 4 festlegt, ist die Europäische Zentralbank befugt, Unternehmen bei Nichteinhaltung der Verpflichtungen, die sich aus ihren Verordnungen und Beschlüssen ergeben, mit Geldbußen oder in regelmäßigen Abständen zu zahlenden Zwangsgeldern zu belegen.

Art. 133 [Rechtsakte betreffend den Euro] [1] Unbeschadet der Befugnisse der Europäischen Zentralbank erlassen das Europäische Parlament und der Rat gemäß dem ordentlichen Gesetzgebungsverfahren die Maßnahmen, die für die Verwendung des Euro als einheitliche Währung erforderlich sind. [2] Diese Maßnahmen werden nach Anhörung der Europäischen Zentralbank erlassen.

Kapitel 3. Institutionelle Bestimmungen

Art. 134 [Wirtschafts- und Finanzausschuss] (1) Um die Koordinierung der Politiken der Mitgliedstaaten in dem für das Funktionieren des Binnen-

markts erforderlichen Umfang zu fördern, wird ein Wirtschafts- und Finanzausschuss eingesetzt.

(2) *[1]* Der Wirtschafts- und Finanzausschuss hat die Aufgabe,
- auf Ersuchen des Rates oder der Kommission oder von sich aus Stellungnahmen an diese Organe abzugeben;
- die Wirtschafts- und Finanzlage der Mitgliedstaaten und der Union zu beobachten und dem Rat und der Kommission regelmäßig darüber Bericht zu erstatten, insbesondere über die finanziellen Beziehungen zu dritten Ländern und internationalen Einrichtungen;
- unbeschadet des Artikels 240 an der Vorbereitung der in Artikel 66, Artikel 75, Artikel 121 Absätze 2, 3, 4 und 6, Artikel 122, Artikel 124, Artikel 125, Artikel 126, Artikel 127 Absatz 6, Artikel 128 Absatz 2, Artikel 129 Absätze 3 und 4, Artikel 138, Artikel 140 Absätze 2 und 3, Artikel 143, Artikel 144 Absätze 2 und 3 und Artikel 219 genannten Arbeiten des Rates mitzuwirken und die sonstigen ihm vom Rat übertragenen Beratungsaufgaben und vorbereitenden Arbeiten auszuführen;
- mindestens einmal jährlich die Lage hinsichtlich des Kapitalverkehrs und der Freiheit des Zahlungsverkehrs, wie sie sich aus der Anwendung der Verträge und der Maßnahmen des Rates ergeben, zu prüfen; die Prüfung erstreckt sich auf alle Maßnahmen im Zusammenhang mit dem Kapital- und Zahlungsverkehr; der Ausschuss erstattet der Kommission und dem Rat Bericht über das Ergebnis dieser Prüfung.

[2] Jeder Mitgliedstaat sowie die Kommission und die Europäische Zentralbank ernennen jeweils höchstens zwei Mitglieder des Ausschusses.

(3) ¹Der Rat legt auf Vorschlag der Kommission und nach Anhörung der Europäischen Zentralbank und des in diesem Artikel genannten Ausschusses im Einzelnen fest, wie sich der Wirtschafts- und Finanzausschuss zusammensetzt. ²Der Präsident des Rates unterrichtet das Europäische Parlament über diesen Beschluss.

(4) Sofern und solange es Mitgliedstaaten gibt, für die eine Ausnahmeregelung nach Artikel 139 gilt, hat der Ausschuss zusätzlich zu den in Absatz 2 beschriebenen Aufgaben die Währungs- und Finanzlage sowie den allgemeinen Zahlungsverkehr der betreffenden Mitgliedstaaten zu beobachten und dem Rat und der Kommission regelmäßig darüber Bericht zu erstatten.

Art. 135 [Empfehlungen und Vorschläge der Kommission] ¹Bei Fragen, die in den Geltungsbereich von Artikel 121 Absatz 4, Artikel 126 mit Ausnahme von Absatz 14, Artikel 138, Artikel 140 Absatz 1, Artikel 140 Absatz 2 Unterabsatz 1, Artikel 140 Absatz 3 und Artikel 219 fallen, kann der Rat oder ein Mitgliedstaat die Kommission ersuchen, je nach Zweckmäßigkeit eine Empfehlung oder einen Vorschlag zu unterbreiten. ²Die Kommission prüft dieses Ersuchen und unterbreitet dem Rat umgehend ihre Schlussfolgerungen.

Kapitel 4. Besondere Bestimmungen für die Mitgliedstaaten, deren Währung der Euro ist

Art. 136 [Haushaltsdisziplin; Grundzüge der Wirtschaftspolitik]
(1) Im Hinblick auf das reibungslose Funktionieren der Wirtschafts- und Währungsunion erlässt der Rat für die Mitgliedstaaten, deren Währung der Euro ist, Maßnahmen nach den einschlägigen Bestimmungen der Verträge und

dem entsprechenden Verfahren unter den in den Artikeln 121 und 126 genannten Verfahren, mit Ausnahme des in Artikel 126 Absatz 14 genannten Verfahrens, um

a) die Koordinierung und Überwachung ihrer Haushaltsdisziplin zu verstärken,

b) für diese Staaten Grundzüge der Wirtschaftspolitik auszuarbeiten, wobei darauf zu achten ist, dass diese mit den für die gesamte Union angenommenen Grundzügen der Wirtschaftspolitik vereinbar sind, und ihre Einhaltung zu überwachen.

(2) *[1]* Bei den in Absatz 1 genannten Maßnahmen sind nur die Mitglieder des Rates stimmberechtigt, die die Mitgliedstaaten vertreten, deren Währung der Euro ist.

[2] Die qualifizierte Mehrheit dieser Mitglieder bestimmt sich nach Artikel 238 Absatz 3 Buchstabe a.

(3) [1] Die Mitgliedstaaten, deren Währung der Euro ist, können einen Stabilitätsmechanismus einrichten, der aktiviert wird, wenn dies unabdingbar ist, um die Stabilität des Euro-Währungsgebiets insgesamt zu wahren. [2] Die Gewährung aller erforderlichen Finanzhilfen im Rahmen des Mechanismus wird strengen Auflagen unterliegen.

Art. 137 [Tagungen der Euro-Gruppe] Die Einzelheiten für die Tagungen der Minister der Mitgliedstaaten, deren Währung der Euro ist, sind in dem Protokoll betreffend die Euro-Gruppe festgelegt.

Art. 138 [Euro im internationalen Währungssystem] (1) [1] Zur Gewährleistung der Stellung des Euro im internationalen Währungssystem erlässt der Rat auf Vorschlag der Kommission einen Beschluss zur Festlegung der innerhalb der zuständigen internationalen Einrichtungen und Konferenzen im Finanzbereich einzunehmenden gemeinsamen Standpunkte zu den Fragen, die von besonderer Bedeutung für die Wirtschafts- und Währungsunion sind. [2] Der Rat beschließt nach Anhörung der Europäischen Zentralbank.

(2) [1] Der Rat kann auf Vorschlag der Kommission geeignete Maßnahmen mit dem Ziel erlassen, eine einheitliche Vertretung bei den internationalen Einrichtungen und Konferenzen im Finanzbereich sicherzustellen. [2] Der Rat beschließt nach Anhörung der Europäischen Zentralbank.

(3) *[1]* Bei den in den Absätzen 1 und 2 genannten Maßnahmen sind nur die Mitglieder des Rates stimmberechtigt, die die Mitgliedstaaten vertreten, deren Währung der Euro ist.

[2] Die qualifizierte Mehrheit dieser Mitglieder bestimmt sich nach Artikel 238 Absatz 3 Buchstabe a.

Kapitel 5. Übergangsbestimmungen

Art. 139 [Mitgliedstaaten mit Ausnahmeregelung] (1) Die Mitgliedstaaten, für die der Rat nicht beschlossen hat, dass sie die erforderlichen Voraussetzungen für die Einführung des Euro erfüllen, werden im Folgenden als „Mitgliedstaaten, für die eine Ausnahmeregelung gilt" oder „Mitgliedstaaten mit Ausnahmeregelung" bezeichnet.

(2) *[1]* Auf die Mitgliedstaaten, für die eine Ausnahmeregelung gilt, finden die im Folgenden aufgeführten Bestimmungen der Verträge keine Anwendung:

a) Annahme der das Euro-Währungsgebiet generell betreffenden Teile der Grundzüge der Wirtschaftspolitik (Artikel 121 Absatz 2);
b) Zwangsmittel zum Abbau eines übermäßigen Defizits (Artikel 126 Absätze 9 und 11);
c) Ziele und Aufgaben des ESZB (Artikel 127 Absätze 1, 2, 3 und 5);
d) Ausgabe des Euro (Artikel 128);
e) Rechtsakte der Europäischen Zentralbank (Artikel 132);
f) Maßnahmen bezüglich der Verwendung des Euro (Artikel 133);
g) Währungsvereinbarungen und andere Maßnahmen bezüglich der Wechselkurspolitik (Artikel 219);
h) Ernennung der Mitglieder des Direktoriums der Europäischen Zentralbank (Artikel 283 Absatz 2);
i) Beschlüsse zur Festlegung der innerhalb der zuständigen internationalen Einrichtungen und Konferenzen im Finanzbereich einzunehmenden gemeinsamen Standpunkte zu den Fragen, die von besonderer Bedeutung für die Wirtschafts- und Währungsunion sind (Artikel 138 Absatz 1);
j) Maßnahmen zur Sicherstellung einer einheitlichen Vertretung bei den internationalen Einrichtungen und Konferenzen im Finanzbereich (Artikel 138 Absatz 2).

[2] Somit sind „Mitgliedstaaten" im Sinne der in den Buchstaben a bis j genannten Artikel die Mitgliedstaaten, deren Währung der Euro ist.

(3) Die Mitgliedstaaten, für die eine Ausnahmeregelung gilt, und deren nationale Zentralbanken sind nach Kapitel IX der Satzung des ESZB und der EZB von den Rechten und Pflichten im Rahmen des ESZB ausgeschlossen.

(4) *[1]* Das Stimmrecht der Mitglieder des Rates, die Mitgliedstaaten mit Ausnahmeregelung vertreten, ruht beim Erlass von Maßnahmen nach den in Absatz 2 genannten Artikeln durch den Rat sowie bei
a) Empfehlungen an die Mitgliedstaaten, deren Währung der Euro ist, im Rahmen der multilateralen Überwachung, einschließlich Empfehlungen zu den Stabilitätsprogrammen und Verwarnungen (Artikel 121 Absatz 4);
b) Maßnahmen bei übermäßigem Defizit von Mitgliedstaaten, deren Währung der Euro ist (Artikel 126 Absätze 6, 7, 8, 12 und 13).

[2] Die qualifizierte Mehrheit der übrigen Mitglieder des Rates bestimmt sich nach Artikel 238 Absatz 3 Buchstabe a.

Art. 140 [Konvergenzbericht] (1) *[1]* [1] Mindestens einmal alle zwei Jahre oder auf Antrag eines Mitgliedstaats, für den eine Ausnahmeregelung gilt, berichten die Kommission und die Europäische Zentralbank dem Rat, inwieweit die Mitgliedstaaten, für die eine Ausnahmeregelung gilt, bei der Verwirklichung der Wirtschafts- und Währungsunion ihren Verpflichtungen bereits nachgekommen sind. [2] In ihren Berichten wird auch die Frage geprüft, inwieweit die innerstaatlichen Rechtsvorschriften jedes einzelnen dieser Mitgliedstaaten einschließlich der Satzung der jeweiligen nationalen Zentralbank mit Artikel 130 und Artikel 131 sowie der Satzung des ESZB und der EZB vereinbar sind. [3] Ferner wird darin geprüft, ob ein hoher Grad an dauerhafter Konvergenz erreicht ist; Maßstab hierfür ist, ob die einzelnen Mitgliedstaaten folgende Kriterien erfüllen:

– Erreichung eines hohen Grades an Preisstabilität, ersichtlich aus einer Inflationsrate, die der Inflationsrate jener – höchstens drei – Mitgliedstaaten nahe kommt, die auf dem Gebiet der Preisstabilität das beste Ergebnis erzielt haben;
– eine auf Dauer tragbare Finanzlage der öffentlichen Hand, ersichtlich aus einer öffentlichen Haushaltslage ohne übermäßiges Defizit im Sinne des Artikels 126 Absatz 6;
– Einhaltung der normalen Bandbreiten des Wechselkursmechanismus des Europäischen Währungssystems seit mindestens zwei Jahren ohne Abwertung gegenüber dem Euro;
– Dauerhaftigkeit der von dem Mitgliedstaat mit Ausnahmeregelung erreichten Konvergenz und seiner Teilnahme am Wechselkursmechanismus, die im Niveau der langfristigen Zinssätze zum Ausdruck kommt.

[2] [1] Die vier Kriterien in diesem Absatz sowie die jeweils erforderliche Dauer ihrer Einhaltung sind in einem den Verträgen beigefügten Protokoll näher festgelegt. [2] Die Berichte der Kommission und der Europäischen Zentralbank berücksichtigen auch die Ergebnisse bei der Integration der Märkte, den Stand und die Entwicklung der Leistungsbilanzen, die Entwicklung bei den Lohnstückkosten und andere Preisindizes.

(2) *[1]* Der Rat beschließt nach Anhörung des Europäischen Parlaments und nach Aussprache im Europäischen Rat auf Vorschlag der Kommission, welche der Mitgliedstaaten, für die eine Ausnahmeregelung gilt, die auf den Kriterien des Absatzes 1 beruhenden Voraussetzungen erfüllen, und hebt die Ausnahmeregelungen der betreffenden Mitgliedstaaten auf.

[2] Der Rat beschließt auf Empfehlung einer qualifizierten Mehrheit derjenigen seiner Mitglieder, die Mitgliedstaaten vertreten, deren Währung der Euro ist. Diese Mitglieder beschließen innerhalb von sechs Monaten nach Eingang des Vorschlags der Kommission beim Rat.

[3] Die in Unterabsatz 2 genannte qualifizierte Mehrheit dieser Mitglieder bestimmt sich nach Artikel 238 Absatz 3 Buchstabe a.

(3) Wird nach dem Verfahren des Absatzes 2 beschlossen, eine Ausnahmeregelung aufzuheben, so legt der Rat aufgrund eines einstimmigen Beschlusses der Mitgliedstaaten, deren Währung der Euro ist, und des betreffenden Mitgliedstaats auf Vorschlag der Kommission und nach Anhörung der Europäischen Zentralbank den Kurs, zu dem dessen Währung durch den Euro ersetzt wird, unwiderruflich fest und ergreift die sonstigen erforderlichen Maßnahmen zur Einführung des Euro als einheitliche Währung in dem betreffenden Mitgliedstaat.

Art. 141 [Erweiterter Rat der EZB]
(1) Sofern und solange es Mitgliedstaaten gibt, für die eine Ausnahmeregelung gilt, wird unbeschadet des Artikels 129 Absatz 1 der in Artikel 44 der Satzung des ESZB und der EZB bezeichnete Erweiterte Rat der Europäischen Zentralbank als drittes Beschlussorgan der Europäischen Zentralbank errichtet.

(2) Sofern und solange es Mitgliedstaaten gibt, für die eine Ausnahmeregelung gilt, ist es die Aufgabe der Europäischen Zentralbank, in Bezug auf diese Mitgliedstaaten
– die Zusammenarbeit zwischen den nationalen Zentralbanken zu verstärken;

– die Koordinierung der Geldpolitiken der Mitgliedstaaten mit dem Ziel zu verstärken, die Preisstabilität aufrechtzuerhalten;
– das Funktionieren des Wechselkursmechanismus zu überwachen;
– Konsultationen zu Fragen durchzuführen, die in die Zuständigkeit der nationalen Zentralbanken fallen und die Stabilität der Finanzinstitute und -märkte berühren;
– die seinerzeitigen Aufgaben des Europäischen Fonds für währungspolitische Zusammenarbeit, die zuvor vom Europäischen Währungsinstitut übernommen worden waren, wahrzunehmen.

Art. 142 [Wechselkurspolitik] ¹Jeder Mitgliedstaat, für den eine Ausnahmeregelung gilt, behandelt seine Wechselkurspolitik als eine Angelegenheit von gemeinsamem Interesse. ²Er berücksichtigt dabei die Erfahrungen, die bei der Zusammenarbeit im Rahmen des Wechselkursmechanismus gesammelt worden sind.

Art. 143 [Zahlungsbilanzschwierigkeiten] (1) *[1]* ¹Ist ein Mitgliedstaat, für den eine Ausnahmeregelung gilt, hinsichtlich seiner Zahlungsbilanz von Schwierigkeiten betroffen oder ernstlich bedroht, die sich entweder aus einem Ungleichgewicht seiner Gesamtzahlungsbilanz oder aus der Art der ihm zur Verfügung stehenden Devisen ergeben, und sind diese Schwierigkeiten geeignet, insbesondere das Funktionieren des Binnenmarkts oder die Verwirklichung der gemeinsamen Handelspolitik zu gefährden, so prüft die Kommission unverzüglich die Lage dieses Staates sowie die Maßnahmen, die er getroffen hat oder unter Einsatz aller ihm zur Verfügung stehenden Mittel nach den Verträgen treffen kann. ²Die Kommission gibt die Maßnahmen an, die sie dem betreffenden Mitgliedstaat empfiehlt.

[2] Erweisen sich die von einem Mitgliedstaat mit Ausnahmeregelung ergriffenen und die von der Kommission angeregten Maßnahmen als unzureichend, die aufgetretenen oder drohenden Schwierigkeiten zu beheben, so empfiehlt die Kommission dem Rat nach Anhörung des Wirtschafts- und Finanzausschusses einen gegenseitigen Beistand und die dafür geeigneten Methoden.

[3] Die Kommission unterrichtet den Rat regelmäßig über die Lage und ihre Entwicklung.

(2) ¹Der Rat gewährt den gegenseitigen Beistand; er erlässt Richtlinien oder Beschlüsse, welche die Bedingungen und Einzelheiten hierfür festlegen. ²Der gegenseitige Beistand kann insbesondere erfolgen

a) durch ein abgestimmtes Vorgehen bei anderen internationalen Organisationen, an die sich die Mitgliedstaaten, für die eine Ausnahmeregelung gilt, wenden können;
b) durch Maßnahmen, die notwendig sind, um Verlagerungen von Handelsströmen zu vermeiden, falls der in Schwierigkeiten befindliche Mitgliedstaat mit Ausnahmeregelung mengenmäßige Beschränkungen gegenüber dritten Ländern beibehält oder wieder einführt;
c) durch Bereitstellung von Krediten in begrenzter Höhe seitens anderer Mitgliedstaaten; hierzu ist ihr Einverständnis erforderlich.

(3) *[1]* Stimmt der Rat dem von der Kommission empfohlenen gegenseitigen Beistand nicht zu oder sind der gewährte Beistand und die getroffenen Maßnahmen unzureichend, so ermächtigt die Kommission den in Schwierigkeiten

befindlichen Mitgliedstaat mit Ausnahmeregelung, Schutzmaßnahmen zu treffen, deren Bedingungen und Einzelheiten sie festlegt.

[2] Der Rat kann diese Ermächtigung aufheben und die Bedingungen und Einzelheiten ändern.

Art. 144 [Plötzliche Zahlungsbilanzkrise; Schutzmaßnahmen]

(1) ¹ Gerät ein Mitgliedstaat, für den eine Ausnahmeregelung gilt, in eine plötzliche Zahlungsbilanzkrise und wird ein Beschluss im Sinne des Artikels 143 Absatz 2 nicht unverzüglich getroffen, so kann der betreffende Staat vorsorglich die erforderlichen Schutzmaßnahmen ergreifen. ² Sie dürfen nur ein Mindestmaß an Störungen im Funktionieren des Binnenmarkts hervorrufen und nicht über das zur Behebung der plötzlich aufgetretenen Schwierigkeiten unbedingt erforderliche Ausmaß hinausgehen.

(2) ¹ Die Kommission und die anderen Mitgliedstaaten werden über die Schutzmaßnahmen spätestens bei deren Inkrafttreten unterrichtet. ² Die Kommission kann dem Rat den gegenseitigen Beistand nach Artikel 143 empfehlen.

(3) Auf Empfehlung der Kommission und nach Anhörung des Wirtschafts- und Finanzausschusses kann der Rat beschließen, dass der betreffende Mitgliedstaat diese Schutzmaßnahmen zu ändern, auszusetzen oder aufzuheben hat.

Titel IX. Beschäftigung

Art. 145 [Koordinierte Beschäftigungsstrategie]
Die Mitgliedstaaten und die Union arbeiten nach diesem Titel auf die Entwicklung einer koordinierten Beschäftigungsstrategie und insbesondere auf die Förderung der Qualifizierung, Ausbildung und Anpassungsfähigkeit der Arbeitnehmer sowie der Fähigkeit der Arbeitsmärkte hin, auf die Erfordernisse des wirtschaftlichen Wandels zu reagieren, um die Ziele des Artikels 3 des Vertrags über die Europäische Union[1] zu erreichen.

Art. 146 [Abgestimmte Beschäftigungspolitik der Mitgliedstaaten]

(1) Die Mitgliedstaaten tragen durch ihre Beschäftigungspolitik im Einklang mit den nach Artikel 121 Absatz 2 verabschiedeten Grundzügen der Wirtschaftspolitik der Mitgliedstaaten und der Union zur Erreichung der in Artikel 145 genannten Ziele bei.

(2) Die Mitgliedstaaten betrachten die Förderung der Beschäftigung als Angelegenheit von gemeinsamem Interesse und stimmen ihre diesbezüglichen Tätigkeiten nach Maßgabe des Artikels 148 im Rat aufeinander ab, wobei die einzelstaatlichen Gepflogenheiten in Bezug auf die Verantwortung der Sozialpartner berücksichtigt werden.

Art. 147 [Hohes Beschäftigungsniveau]
(1) ¹ Die Union trägt zu einem hohen Beschäftigungsniveau bei, indem sie die Zusammenarbeit zwischen den Mitgliedstaaten fördert und deren Maßnahmen in diesem Bereich unterstützt und erforderlichenfalls ergänzt. ² Hierbei wird die Zuständigkeit der Mitgliedstaaten beachtet.

(2) Das Ziel eines hohen Beschäftigungsniveaus wird bei der Festlegung und Durchführung der Unionspolitiken und -maßnahmen berücksichtigt.

[1] Nr. 13.

Art. 148 [Beschäftigungspolitische Leitlinien] (1) Anhand eines gemeinsamen Jahresberichts des Rates und der Kommission prüft der Europäische Rat jährlich die Beschäftigungslage in der Union und nimmt hierzu Schlussfolgerungen an.

(2) ¹Anhand der Schlussfolgerungen des Europäischen Rates legt der Rat auf Vorschlag der Kommission und nach Anhörung des Europäischen Parlaments, des Wirtschafts- und Sozialausschusses, des Ausschusses der Regionen und des in Artikel 150 genannten Beschäftigungsausschusses jährlich Leitlinien fest, welche die Mitgliedstaaten in ihrer Beschäftigungspolitik berücksichtigen. ²Diese Leitlinien müssen mit den nach Artikel 121 Absatz 2 verabschiedeten Grundzügen in Einklang stehen.

(3) Jeder Mitgliedstaat übermittelt dem Rat und der Kommission jährlich einen Bericht über die wichtigsten Maßnahmen, die er zur Durchführung seiner Beschäftigungspolitik im Lichte der beschäftigungspolitischen Leitlinien nach Absatz 2 getroffen hat.

(4) ¹Anhand der in Absatz 3 genannten Berichte und nach Stellungnahme des Beschäftigungsausschusses unterzieht der Rat die Durchführung der Beschäftigungspolitik der Mitgliedstaaten im Lichte der beschäftigungspolitischen Leitlinien jährlich einer Prüfung. ²Der Rat kann dabei auf Empfehlung der Kommission Empfehlungen an die Mitgliedstaaten richten, wenn er dies aufgrund der Ergebnisse dieser Prüfung für angebracht hält.

(5) Auf der Grundlage der Ergebnisse der genannten Prüfung erstellen der Rat und die Kommission einen gemeinsamen Jahresbericht für den Europäischen Rat über die Beschäftigungslage in der Union und über die Umsetzung der beschäftigungspolitischen Leitlinien.

Art. 149 [Anreizmaßnahmen zur Förderung der Zusammenarbeit]

[1] Das Europäische Parlament und der Rat können gemäß dem ordentlichen Gesetzgebungsverfahren und nach Anhörung des Wirtschafts- und Sozialausschusses sowie des Ausschusses der Regionen Anreizmaßnahmen zur Förderung der Zusammenarbeit zwischen den Mitgliedstaaten und zur Unterstützung ihrer Beschäftigungsmaßnahmen durch Initiativen beschließen, die darauf abzielen, den Austausch von Informationen und bewährten Verfahren zu entwickeln, vergleichende Analysen und Gutachten bereitzustellen sowie innovative Ansätze zu fördern und Erfahrungen zu bewerten, und zwar insbesondere durch den Rückgriff auf Pilotvorhaben.

[2] Diese Maßnahmen schließen keinerlei Harmonisierung der Rechts- und Verwaltungsvorschriften der Mitgliedstaaten ein.

Art. 150 [Beschäftigungsausschuss] *[1]* ¹Der Rat, der mit einfacher Mehrheit beschließt, setzt nach Anhörung des Europäischen Parlaments einen Beschäftigungsausschuss mit beratender Funktion zur Förderung der Koordinierung der Beschäftigungs- und Arbeitsmarktpolitik der Mitgliedstaaten ein. ²Der Ausschuss hat folgende Aufgaben:

– Er verfolgt die Beschäftigungslage und die Beschäftigungspolitik in den Mitgliedstaaten und der Union;
– er gibt unbeschadet des Artikels 240 auf Ersuchen des Rates oder der Kommission oder von sich aus Stellungnahmen ab und trägt zur Vorbereitung der in Artikel 148 genannten Beratungen des Rates bei.

[2] Bei der Erfüllung seines Auftrags hört der Ausschuss die Sozialpartner.

[3] Jeder Mitgliedstaat und die Kommission entsenden zwei Mitglieder in den Ausschuss.

Titel X. Sozialpolitik

Art. 151 [Ziele und Mittel abgestimmter und gemeinsamer Sozialpolitik] *[1]* Die Union und die Mitgliedstaaten verfolgen eingedenk der sozialen Grundrechte, wie sie in der am 18. Oktober 1961 in Turin unterzeichneten Europäischen Sozialcharta und in der Gemeinschaftscharta der sozialen Grundrechte der Arbeitnehmer von 1989 festgelegt sind, folgende Ziele: die Förderung der Beschäftigung, die Verbesserung der Lebens- und Arbeitsbedingungen, um dadurch auf dem Wege des Fortschritts ihre Angleichung zu ermöglichen, einen angemessenen sozialen Schutz, den sozialen Dialog, die Entwicklung des Arbeitskräftepotenzials im Hinblick auf ein dauerhaft hohes Beschäftigungsniveau und die Bekämpfung von Ausgrenzungen.

[2] Zu diesem Zweck führen die Union und die Mitgliedstaaten Maßnahmen durch, die der Vielfalt der einzelstaatlichen Gepflogenheiten, insbesondere in den vertraglichen Beziehungen, sowie der Notwendigkeit, die Wettbewerbsfähigkeit der Wirtschaft der Union zu erhalten, Rechnung tragen.

[3] Sie sind der Auffassung, dass sich eine solche Entwicklung sowohl aus dem eine Abstimmung der Sozialordnungen begünstigenden Wirken des Binnenmarkts als auch aus den in den Verträgen vorgesehenen Verfahren sowie aus der Angleichung ihrer Rechts- und Verwaltungsvorschriften ergeben wird.

Art. 152 [Rolle der Sozialpartner; Sozialer Dialog; Sozialgipfel]
[1] ¹Die Union anerkennt und fördert die Rolle der Sozialpartner auf Ebene der Union unter Berücksichtigung der Unterschiedlichkeit der nationalen Systeme. ²Sie fördert den sozialen Dialog und achtet dabei die Autonomie der Sozialpartner.

[2] Der Dreigliedrige Sozialgipfel für Wachstum und Beschäftigung trägt zum sozialen Dialog bei.

Art. 153 [Unionskompetenzen] (1) Zur Verwirklichung der Ziele des Artikels 151 unterstützt und ergänzt die Union die Tätigkeit der Mitgliedstaaten auf folgenden Gebieten:

a) Verbesserung insbesondere der Arbeitsumwelt zum Schutz der Gesundheit und der Sicherheit der Arbeitnehmer,

b) Arbeitsbedingungen,

c) soziale Sicherheit und sozialer Schutz der Arbeitnehmer,

d) Schutz der Arbeitnehmer bei Beendigung des Arbeitsvertrags,

e) Unterrichtung und Anhörung der Arbeitnehmer,

f) Vertretung und kollektive Wahrnehmung der Arbeitnehmer- und Arbeitgeberinteressen, einschließlich der Mitbestimmung, vorbehaltlich des Absatzes 5,

g) Beschäftigungsbedingungen der Staatsangehörigen dritter Länder, die sich rechtmäßig im Gebiet der Union aufhalten,

h) berufliche Eingliederung der aus dem Arbeitsmarkt ausgegrenzten Personen, unbeschadet des Artikels 166,

i) Chancengleichheit von Männern und Frauen auf dem Arbeitsmarkt und Gleichbehandlung am Arbeitsplatz,
j) Bekämpfung der sozialen Ausgrenzung,
k) Modernisierung der Systeme des sozialen Schutzes, unbeschadet des Buchstabens c.

(2) *[1]* Zu diesem Zweck können das Europäische Parlament und der Rat
a) unter Ausschluss jeglicher Harmonisierung der Rechts- und Verwaltungsvorschriften der Mitgliedstaaten Maßnahmen annehmen, die dazu bestimmt sind, die Zusammenarbeit zwischen den Mitgliedstaaten durch Initiativen zu fördern, die die Verbesserung des Wissensstands, die Entwicklung des Austauschs von Informationen und bewährten Verfahren, die Förderung innovativer Ansätze und die Bewertung von Erfahrungen zum Ziel haben;
b) in den in Absatz 1 Buchstaben a bis i genannten Bereichen unter Berücksichtigung der in den einzelnen Mitgliedstaaten bestehenden Bedingungen und technischen Regelungen durch Richtlinien Mindestvorschriften erlassen, die schrittweise anzuwenden sind. Diese Richtlinien sollen keine verwaltungsmäßigen, finanziellen oder rechtlichen Auflagen vorschreiben, die der Gründung und Entwicklung von kleinen und mittleren Unternehmen entgegenstehen.

[2] Das Europäische Parlament und der Rat beschließen gemäß dem ordentlichen Gesetzgebungsverfahren nach Anhörung des Wirtschafts- und Sozialausschusses und des Ausschusses der Regionen.

[3] In den in Absatz 1 Buchstaben c, d, f und g genannten Bereichen beschließt der Rat einstimmig gemäß einem besonderen Gesetzgebungsverfahren nach Anhörung des Europäischen Parlaments und der genannten Ausschüsse.

[4] Der Rat kann einstimmig auf Vorschlag der Kommission nach Anhörung des Europäischen Parlaments beschließen, dass das ordentliche Gesetzgebungsverfahren auf Absatz 1 Buchstaben d, f und g angewandt wird.

(3) *[1]* Ein Mitgliedstaat kann den Sozialpartnern auf deren gemeinsamen Antrag die Durchführung von aufgrund des Absatzes 2 angenommenen Richtlinien oder gegebenenfalls die Durchführung eines nach Artikel 155 erlassenen Beschlusses des Rates übertragen.

[2] In diesem Fall vergewissert sich der Mitgliedstaat, dass die Sozialpartner spätestens zu dem Zeitpunkt, zu dem eine Richtlinie umgesetzt oder ein Beschluss durchgeführt sein muss, im Wege einer Vereinbarung die erforderlichen Vorkehrungen getroffen haben; dabei hat der Mitgliedstaat alle erforderlichen Maßnahmen zu treffen, um jederzeit gewährleisten zu können, dass die durch diese Richtlinie oder diesen Beschluss vorgeschriebenen Ergebnisse erzielt werden.

(4) Die aufgrund dieses Artikels erlassenen Bestimmungen
– berühren nicht die anerkannte Befugnis der Mitgliedstaaten, die Grundprinzipien ihres Systems der sozialen Sicherheit festzulegen, und dürfen das finanzielle Gleichgewicht dieser Systeme nicht erheblich beeinträchtigen;
– hindern die Mitgliedstaaten nicht daran, strengere Schutzmaßnahmen beizubehalten oder zu treffen, die mit den Verträgen vereinbar sind.

(5) Dieser Artikel gilt nicht für das Arbeitsentgelt, das Koalitionsrecht, das Streikrecht sowie das Aussperrungsrecht.

Art. 154 [Anhörung der Sozialpartner] (1) Die Kommission hat die Aufgabe, die Anhörung der Sozialpartner auf Unionsebene zu fördern, und erlässt alle zweckdienlichen Maßnahmen, um den Dialog zwischen den Sozialpartnern zu erleichtern, wobei sie für Ausgewogenheit bei der Unterstützung der Parteien sorgt.

(2) Zu diesem Zweck hört die Kommission vor Unterbreitung von Vorschlägen im Bereich der Sozialpolitik die Sozialpartner zu der Frage, wie eine Unionsaktion gegebenenfalls ausgerichtet werden sollte.

(3) [1] Hält die Kommission nach dieser Anhörung eine Unionsmaßnahme für zweckmäßig, so hört sie die Sozialpartner zum Inhalt des in Aussicht genommenen Vorschlags. [2] Die Sozialpartner übermitteln der Kommission eine Stellungnahme oder gegebenenfalls eine Empfehlung.

(4) [1] Bei den Anhörungen nach den Absätzen 2 und 3 können die Sozialpartner der Kommission mitteilen, dass sie den Prozess nach Artikel 155 in Gang setzen wollen. [2] Die Dauer dieses Prozesses darf höchstens neun Monate betragen, sofern die betroffenen Sozialpartner und die Kommission nicht gemeinsam eine Verlängerung beschließen.

Art. 155 [Dialog zwischen den Sozialpartnern] (1) Der Dialog zwischen den Sozialpartnern auf Unionsebene kann, falls sie es wünschen, zur Herstellung vertraglicher Beziehungen einschließlich des Abschlusses von Vereinbarungen führen.

(2) *[1]* [1] Die Durchführung der auf Unionsebene geschlossenen Vereinbarungen erfolgt entweder nach den jeweiligen Verfahren und Gepflogenheiten der Sozialpartner und der Mitgliedstaaten oder – in den durch Artikel 153 erfassten Bereichen – auf gemeinsamen Antrag der Unterzeichnerparteien durch einen Beschluss des Rates auf Vorschlag der Kommission. [2] Das Europäische Parlament wird unterrichtet.

[2] Der Rat beschließt einstimmig, sofern die betreffende Vereinbarung eine oder mehrere Bestimmungen betreffend einen der Bereiche enthält, für die nach Artikel 153 Absatz 2 Einstimmigkeit erforderlich ist.

Art. 156 [Fördermaßnahmen der Kommission] *[1]* Unbeschadet der sonstigen Bestimmungen der Verträge fördert die Kommission im Hinblick auf die Erreichung der Ziele des Artikels 151 die Zusammenarbeit zwischen den Mitgliedstaaten und erleichtert die Abstimmung ihres Vorgehens in allen unter dieses Kapitel fallenden Bereichen der Sozialpolitik, insbesondere auf dem Gebiet

– der Beschäftigung,
– des Arbeitsrechts und der Arbeitsbedingungen,
– der beruflichen Ausbildung und Fortbildung,
– der sozialen Sicherheit,
– der Verhütung von Berufsunfällen und Berufskrankheiten,
– des Gesundheitsschutzes bei der Arbeit,
– des Koalitionsrechts und der Kollektivverhandlungen zwischen Arbeitgebern und Arbeitnehmern.

[2] [1] Zu diesem Zweck wird die Kommission in enger Verbindung mit den Mitgliedstaaten durch Untersuchungen, Stellungnahmen und die Durchfüh-

rung von Konsultationen in Bezug auf innerstaatlich oder in den internationalen Organisationen zu behandelnde Fragen tätig, und zwar insbesondere im Wege von Initiativen, die darauf abzielen, Leitlinien und Indikatoren festzulegen, den Austausch bewährter Verfahren durchzuführen und die erforderlichen Elemente für eine regelmäßige Überwachung und Bewertung auszuarbeiten.
²Das Europäische Parlament wird in vollem Umfang unterrichtet.

[3] Vor Abgabe der in diesem Artikel vorgesehenen Stellungnahmen hört die Kommission den Wirtschafts- und Sozialausschuss.

Art. 157 [Gleichstellung von Mann und Frau im Erwerbsleben]
(1) Jeder Mitgliedstaat stellt die Anwendung des Grundsatzes des gleichen Entgelts für Männer und Frauen bei gleicher oder gleichwertiger Arbeit sicher.

(2) *[1]* Unter „Entgelt" im Sinne dieses Artikels sind die üblichen Grund- oder Mindestlöhne und -gehälter sowie alle sonstigen Vergütungen zu verstehen, die der Arbeitgeber aufgrund des Dienstverhältnisses dem Arbeitnehmer unmittelbar oder mittelbar in bar oder in Sachleistungen zahlt.
[2] Gleichheit des Arbeitsentgelts ohne Diskriminierung aufgrund des Geschlechts bedeutet,
a) dass das Entgelt für eine gleiche nach Akkord bezahlte Arbeit aufgrund der gleichen Maßeinheit festgesetzt wird,
b) dass für eine nach Zeit bezahlte Arbeit das Entgelt bei gleichem Arbeitsplatz gleich ist.

(3) Das Europäische Parlament und der Rat beschließen gemäß dem ordentlichen Gesetzgebungsverfahren und nach Anhörung des Wirtschafts- und Sozialausschusses Maßnahmen zur Gewährleistung der Anwendung des Grundsatzes der Chancengleichheit und der Gleichbehandlung von Männern und Frauen in Arbeits- und Beschäftigungsfragen, einschließlich des Grundsatzes des gleichen Entgelts bei gleicher oder gleichwertiger Arbeit.

(4) Im Hinblick auf die effektive Gewährleistung der vollen Gleichstellung von Männern und Frauen im Arbeitsleben hindert der Grundsatz der Gleichbehandlung die Mitgliedstaaten nicht daran, zur Erleichterung der Berufstätigkeit des unterrepräsentierten Geschlechts oder zur Verhinderung bzw. zum Ausgleich von Benachteiligungen in der beruflichen Laufbahn spezifische Vergünstigungen beizubehalten oder zu beschließen.

Art. 158 [Bezahlte Freizeit] Die Mitgliedstaaten sind bestrebt, die bestehende Gleichwertigkeit der Ordnungen über die bezahlte Freizeit beizubehalten.

Art. 159 [Bericht zur sozialen und demografischen Lage] ¹Die Kommission erstellt jährlich einen Bericht über den Stand der Verwirklichung der in Artikel 151 genannten Ziele sowie über die demografische Lage in der Union.
²Sie übermittelt diesen Bericht dem Europäischen Parlament, dem Rat und dem Wirtschafts- und Sozialausschuss.

Art. 160 [Ausschuss für Sozialschutz] *[1]* ¹Der Rat, der mit einfacher Mehrheit beschließt, setzt nach Anhörung des Europäischen Parlaments einen Ausschuss für Sozialschutz mit beratender Aufgabe ein, um die Zusammenarbeit im Bereich des sozialen Schutzes zwischen den Mitgliedstaaten und mit der Kommission zu fördern. ²Der Ausschuss hat folgende Aufgaben:

– Er verfolgt die soziale Lage und die Entwicklung der Politiken im Bereich des sozialen Schutzes in den Mitgliedstaaten und der Union;
– er fördert den Austausch von Informationen, Erfahrungen und bewährten Verfahren zwischen den Mitgliedstaaten und mit der Kommission;
– unbeschadet des Artikels 240 arbeitet er auf Ersuchen des Rates oder der Kommission oder von sich aus in seinem Zuständigkeitsbereich Berichte aus, gibt Stellungnahmen ab oder wird auf andere Weise tätig.

[2] Bei der Erfüllung seines Auftrags stellt der Ausschuss geeignete Kontakte zu den Sozialpartnern her.

[3] Jeder Mitgliedstaat und die Kommission ernennen zwei Mitglieder des Ausschusses.

Art. 161 [Jahresbericht der Kommission] *[1]* Der Jahresbericht der Kommission an das Europäische Parlament hat stets ein besonderes Kapitel über die Entwicklung der sozialen Lage in der Union zu enthalten.

[2] Das Europäische Parlament kann die Kommission auffordern, Berichte über besondere, die soziale Lage betreffende Fragen auszuarbeiten.

Titel XI. Der Europäische Sozialfonds

Art. 162 [Errichtung und Ziel des Europäischen Sozialfonds] Um die Beschäftigungsmöglichkeiten der Arbeitskräfte im Binnenmarkt zu verbessern und damit zur Hebung der Lebenshaltung beizutragen, wird nach Maßgabe der folgenden Bestimmungen ein Europäischer Sozialfonds errichtet, dessen Ziel es ist, innerhalb der Union die berufliche Verwendbarkeit und die örtliche und berufliche Mobilität der Arbeitskräfte zu fördern sowie die Anpassung an die industriellen Wandlungsprozesse und an Veränderungen der Produktionssysteme insbesondere durch berufliche Bildung und Umschulung zu erleichtern.

Art. 163 [Verwaltung des Fonds] *[1]* Die Verwaltung des Fonds obliegt der Kommission.

[2] Die Kommission wird hierbei von einem Ausschuss unterstützt, der aus Vertretern der Regierungen sowie der Arbeitgeber- und der Arbeitnehmerverbände besteht; den Vorsitz führt ein Mitglied der Kommission.

Art. 164 [Durchführungsverordnungen] Das Europäische Parlament und der Rat erlassen gemäß dem ordentlichen Gesetzgebungsverfahren und nach Anhörung des Wirtschafts- und Sozialausschusses sowie des Ausschusses der Regionen die den Europäischen Sozialfonds betreffenden Durchführungsverordnungen.

Titel XII. Allgemeine und berufliche Bildung, Jugend und Sport

Art. 165 [Beitrag der Union; Ziele] (1) *[1]* Die Union trägt zur Entwicklung einer qualitativ hoch stehenden Bildung dadurch bei, dass sie die Zusammenarbeit zwischen den Mitgliedstaaten fördert und die Tätigkeit der Mitgliedstaaten unter strikter Beachtung der Verantwortung der Mitgliedstaaten für die Lehrinhalte und die Gestaltung des Bildungssystems sowie der Vielfalt ihrer Kulturen und Sprachen erforderlichenfalls unterstützt und ergänzt.

[2] Die Union trägt zur Förderung der europäischen Dimension des Sports bei und berücksichtigt dabei dessen besondere Merkmale, dessen auf freiwil-

ligem Engagement basierende Strukturen sowie dessen soziale und pädagogische Funktion.

(2) Die Tätigkeit der Union hat folgende Ziele:
- Entwicklung der europäischen Dimension im Bildungswesen, insbesondere durch Erlernen und Verbreitung der Sprachen der Mitgliedstaaten;
- Förderung der Mobilität von Lernenden und Lehrenden, auch durch die Förderung der akademischen Anerkennung der Diplome und Studienzeiten;
- Förderung der Zusammenarbeit zwischen den Bildungseinrichtungen;
- Ausbau des Informations- und Erfahrungsaustauschs über gemeinsame Probleme im Rahmen der Bildungssysteme der Mitgliedstaaten;
- Förderung des Ausbaus des Jugendaustauschs und des Austauschs sozialpädagogischer Betreuer und verstärkte Beteiligung der Jugendlichen am demokratischen Leben in Europa;
- Förderung der Entwicklung der Fernlehre;
- Entwicklung der europäischen Dimension des Sports durch Förderung der Fairness und der Offenheit von Sportwettkämpfen und der Zusammenarbeit zwischen den für den Sport verantwortlichen Organisationen sowie durch den Schutz der körperlichen und seelischen Unversehrtheit der Sportler, insbesondere der jüngeren Sportler.

(3) Die Union und die Mitgliedstaaten fördern die Zusammenarbeit mit dritten Ländern und den für den Bildungsbereich und den Sport zuständigen internationalen Organisationen, insbesondere dem Europarat.

(4) Als Beitrag zur Verwirklichung der Ziele dieses Artikels
- erlassen das Europäische Parlament und der Rat gemäß dem ordentlichen Gesetzgebungsverfahren und nach Anhörung des Wirtschafts- und Sozialausschusses und des Ausschusses der Regionen Fördermaßnahmen unter Ausschluss jeglicher Harmonisierung der Rechts- und Verwaltungsvorschriften der Mitgliedstaaten;
- erlässt der Rat auf Vorschlag der Kommission Empfehlungen.

Art. 166 [**Berufliche Bildung; Ziele**] (1) Die Union führt eine Politik der beruflichen Bildung, welche die Maßnahmen der Mitgliedstaaten unter strikter Beachtung der Verantwortung der Mitgliedstaaten für Inhalt und Gestaltung der beruflichen Bildung unterstützt und ergänzt.

(2) Die Tätigkeit der Union hat folgende Ziele:
- Erleichterung der Anpassung an die industriellen Wandlungsprozesse, insbesondere durch berufliche Bildung und Umschulung;
- Verbesserung der beruflichen Erstausbildung und Weiterbildung zur Erleichterung der beruflichen Eingliederung und Wiedereingliederung in den Arbeitsmarkt;
- Erleichterung der Aufnahme einer beruflichen Bildung sowie Förderung der Mobilität der Ausbilder und der in beruflicher Bildung befindlichen Personen, insbesondere der Jugendlichen;
- Förderung der Zusammenarbeit in Fragen der beruflichen Bildung zwischen Unterrichtsanstalten und Unternehmen;
- Ausbau des Informations- und Erfahrungsaustauschs über gemeinsame Probleme im Rahmen der Berufsbildungssysteme der Mitgliedstaaten.

(3) Die Union und die Mitgliedstaaten fördern die Zusammenarbeit mit dritten Ländern und den für die berufliche Bildung zuständigen internationalen Organisationen.

(4) Das Europäische Parlament und der Rat erlassen gemäß dem ordentlichen Gesetzgebungsverfahren und nach Anhörung des Wirtschafts- und Sozialausschusses sowie des Ausschusses der Regionen Maßnahmen, die zur Verwirklichung der Ziele dieses Artikels beitragen, unter Ausschluss jeglicher Harmonisierung der Rechts- und Verwaltungsvorschriften der Mitgliedstaaten, und der Rat erlässt auf Vorschlag der Kommission Empfehlungen.

Titel XIII. Kultur

Art. 167 [Beitrag der Union unter Wahrung und Förderung der Kulturvielfalt] (1) Die Union leistet einen Beitrag zur Entfaltung der Kulturen der Mitgliedstaaten unter Wahrung ihrer nationalen und regionalen Vielfalt sowie gleichzeitiger Hervorhebung des gemeinsamen kulturellen Erbes.

(2) Die Union fördert durch ihre Tätigkeit die Zusammenarbeit zwischen den Mitgliedstaaten und unterstützt und ergänzt erforderlichenfalls deren Tätigkeit in folgenden Bereichen:
– Verbesserung der Kenntnis und Verbreitung der Kultur und Geschichte der europäischen Völker,
– Erhaltung und Schutz des kulturellen Erbes von europäischer Bedeutung,
– nichtkommerzieller Kulturaustausch,
– künstlerisches und literarisches Schaffen, einschließlich im audiovisuellen Bereich.

(3) Die Union und die Mitgliedstaaten fördern die Zusammenarbeit mit dritten Ländern und den für den Kulturbereich zuständigen internationalen Organisationen, insbesondere mit dem Europarat.

(4) Die Union trägt bei ihrer Tätigkeit aufgrund anderer Bestimmungen der Verträge den kulturellen Aspekten Rechnung, insbesondere zur Wahrung und Förderung der Vielfalt ihrer Kulturen.

(5) Als Beitrag zur Verwirklichung der Ziele dieses Artikels
– erlassen das Europäische Parlament und der Rat gemäß dem ordentlichen Gesetzgebungsverfahren und nach Anhörung des Ausschusses der Regionen Fördermaßnahmen unter Ausschluss jeglicher Harmonisierung der Rechts- und Verwaltungsvorschriften der Mitgliedstaaten.
– erlässt der Rat auf Vorschlag der Kommission Empfehlungen.

Titel XIV. Gesundheitswesen

Art. 168 [Beitrag der Union zur Sicherstellung eines hohen Gesundheitsschutzniveaus] (1) *[1]* Bei der Festlegung und Durchführung aller Unionspolitiken und -maßnahmen wird ein hohes Gesundheitsschutzniveau sichergestellt.

[2] [1] Die Tätigkeit der Union ergänzt die Politik der Mitgliedstaaten und ist auf die Verbesserung der Gesundheit der Bevölkerung, die Verhütung von Humankrankheiten und die Beseitigung von Ursachen für die Gefährdung der körperlichen und geistigen Gesundheit gerichtet. [2] Sie umfasst die Bekämpfung der weit verbreiteten schweren Krankheiten, wobei die Erforschung der Ursa-

14 AEUV Art. 168

chen, der Übertragung und der Verhütung dieser Krankheiten sowie Gesundheitsinformation und -erziehung gefördert werden; außerdem umfasst sie die Beobachtung, frühzeitige Meldung und Bekämpfung schwerwiegender grenzüberschreitender Gesundheitsgefahren.

[3] Die Union ergänzt die Maßnahmen der Mitgliedstaaten zur Verringerung drogenkonsumbedingter Gesundheitsschäden einschließlich der Informations- und Vorbeugungsmaßnahmen.

(2) *[1]* [1] Die Union fördert die Zusammenarbeit zwischen den Mitgliedstaaten in den in diesem Artikel genannten Bereichen und unterstützt erforderlichenfalls deren Tätigkeit. [2] Sie fördert insbesondere die Zusammenarbeit zwischen den Mitgliedstaaten, die darauf abzielt, die Komplementarität ihrer Gesundheitsdienste in den Grenzgebieten zu verbessern.

[2] [1] Die Mitgliedstaaten koordinieren untereinander im Benehmen mit der Kommission ihre Politiken und Programme in den in Absatz 1 genannten Bereichen. [2] Die Kommission kann in enger Verbindung mit den Mitgliedstaaten alle Initiativen ergreifen, die dieser Koordinierung förderlich sind, insbesondere Initiativen, die darauf abzielen, Leitlinien und Indikatoren festzulegen, den Austausch bewährter Verfahren durchzuführen und die erforderlichen Elemente für eine regelmäßige Überwachung und Bewertung auszuarbeiten. [3] Das Europäische Parlament wird in vollem Umfang unterrichtet.

(3) Die Union und die Mitgliedstaaten fördern die Zusammenarbeit mit dritten Ländern und den für das Gesundheitswesen zuständigen internationalen Organisationen.

(4) Abweichend von Artikel 2 Absatz 5 und Artikel 6 Buchstabe a tragen das Europäische Parlament und der Rat nach Artikel 4 Absatz 2 Buchstabe k gemäß dem ordentlichen Gesetzgebungsverfahren und nach Anhörung des Wirtschafts- und Sozialausschusses sowie des Ausschusses der Regionen mit folgenden Maßnahmen zur Verwirklichung der Ziele dieses Artikels bei, um den gemeinsamen Sicherheitsanliegen Rechnung zu tragen:

a) Maßnahmen zur Festlegung hoher Qualitäts- und Sicherheitsstandards für Organe und Substanzen menschlichen Ursprungs sowie für Blut und Blutderivate; diese Maßnahmen hindern die Mitgliedstaaten nicht daran, strengere Schutzmaßnahmen beizubehalten oder einzuführen;

b) Maßnahmen in den Bereichen Veterinärwesen und Pflanzenschutz, die unmittelbar den Schutz der Gesundheit der Bevölkerung zum Ziel haben;

c) Maßnahmen zur Festlegung hoher Qualitäts- und Sicherheitsstandards für Arzneimittel und Medizinprodukte.

(5) Das Europäische Parlament und der Rat können unter Ausschluss jeglicher Harmonisierung der Rechtsvorschriften der Mitgliedstaaten gemäß dem ordentlichen Gesetzgebungsverfahren und nach Anhörung des Wirtschafts- und Sozialausschusses und des Ausschusses der Regionen auch Fördermaßnahmen zum Schutz und zur Verbesserung der menschlichen Gesundheit sowie insbesondere zur Bekämpfung der weit verbreiteten schweren grenzüberschreitenden Krankheiten, Maßnahmen zur Beobachtung, frühzeitigen Meldung und Bekämpfung schwerwiegender grenzüberschreitender Gesundheitsgefahren sowie Maßnahmen, die unmittelbar den Schutz der Gesundheit der Bevölkerung vor Tabakkonsum und Alkoholmissbrauch zum Ziel haben, erlassen.

(6) Der Rat kann ferner auf Vorschlag der Kommission für die in diesem Artikel genannten Zwecke Empfehlungen erlassen.

(7) ¹Bei der Tätigkeit der Union wird die Verantwortung der Mitgliedstaaten für die Festlegung ihrer Gesundheitspolitik sowie für die Organisation des Gesundheitswesens und die medizinische Versorgung gewahrt. ²Die Verantwortung der Mitgliedstaaten umfasst die Verwaltung des Gesundheitswesens und der medizinischen Versorgung sowie die Zuweisung der dafür bereitgestellten Mittel. ³Die Maßnahmen nach Absatz 4 Buchstabe a lassen die einzelstaatlichen Regelungen über die Spende oder die medizinische Verwendung von Organen und Blut unberührt.

Titel XV. Verbraucherschutz

Art. 169 [Beitrag der Union; Mindeststandards] (1) Zur Förderung der Interessen der Verbraucher und zur Gewährleistung eines hohen Verbraucherschutzniveaus leistet die Union einen Beitrag zum Schutz der Gesundheit, der Sicherheit und der wirtschaftlichen Interessen der Verbraucher sowie zur Förderung ihres Rechtes auf Information, Erziehung und Bildung von Vereinigungen zur Wahrung ihrer Interessen.

(2) Die Union leistet einen Beitrag zur Erreichung der in Absatz 1 genannten Ziele durch

a) Maßnahmen, die sie im Rahmen der Verwirklichung des Binnenmarkts nach Artikel 114 erlässt;

b) Maßnahmen zur Unterstützung, Ergänzung und Überwachung der Politik der Mitgliedstaaten.

(3) Das Europäische Parlament und der Rat beschließen gemäß dem ordentlichen Gesetzgebungsverfahren und nach Anhörung des Wirtschafts- und Sozialausschusses die Maßnahmen nach Absatz 2 Buchstabe b.

(4) ¹Die nach Absatz 3 beschlossenen Maßnahmen hindern die einzelnen Mitgliedstaaten nicht daran, strengere Schutzmaßnahmen beizubehalten oder zu ergreifen. ²Diese Maßnahmen müssen mit den Verträgen vereinbar sein. ³Sie werden der Kommission mitgeteilt.

Titel XVI. Transeuropäische Netze

Art. 170 [Beitrag zum Auf- und Ausbau] (1) Um einen Beitrag zur Verwirklichung der Ziele der Artikel 26 und 174 zu leisten und den Bürgern der Union, den Wirtschaftsbeteiligten sowie den regionalen und lokalen Gebietskörperschaften in vollem Umfang die Vorteile zugute kommen zu lassen, die sich aus der Schaffung eines Raumes ohne Binnengrenzen ergeben, trägt die Union zum Auf- und Ausbau transeuropäischer Netze in den Bereichen der Verkehrs-, Telekommunikations- und Energieinfrastruktur bei.

(2) ¹Die Tätigkeit der Union zielt im Rahmen eines Systems offener und wettbewerbsorientierter Märkte auf die Förderung des Verbunds und der Interoperabilität der einzelstaatlichen Netze sowie des Zugangs zu diesen Netzen ab. ²Sie trägt insbesondere der Notwendigkeit Rechnung, insulare, eingeschlossene und am Rande gelegene Gebiete mit den zentralen Gebieten der Union zu verbinden.

Art. 171 [Handlungsinstrumente der Union] (1) *[1]* Zur Erreichung der Ziele des Artikels 170 geht die Union wie folgt vor:
- Sie stellt eine Reihe von Leitlinien auf, in denen die Ziele, die Prioritäten und die Grundzüge der im Bereich der transeuropäischen Netze in Betracht gezogenen Aktionen erfasst werden; in diesen Leitlinien werden Vorhaben von gemeinsamem Interesse ausgewiesen;
- sie führt jede Aktion durch, die sich gegebenenfalls als notwendig erweist, um die Interoperabilität der Netze zu gewährleisten, insbesondere im Bereich der Harmonisierung der technischen Normen;
- sie kann von den Mitgliedstaaten unterstützte Vorhaben von gemeinsamem Interesse, die im Rahmen der Leitlinien gemäß dem ersten Gedankenstrich ausgewiesen sind, insbesondere in Form von Durchführbarkeitsstudien, Anleihebürgschaften oder Zinszuschüssen unterstützen; die Union kann auch über den nach Artikel 177 errichteten Kohäsionsfonds zu spezifischen Verkehrsinfrastrukturvorhaben in den Mitgliedstaaten finanziell beitragen.

[2] Die Union berücksichtigt bei ihren Maßnahmen die potenzielle wirtschaftliche Lebensfähigkeit der Vorhaben.

(2) ¹Die Mitgliedstaaten koordinieren untereinander in Verbindung mit der Kommission die einzelstaatlichen Politiken, die sich erheblich auf die Verwirklichung der Ziele des Artikels 170 auswirken können. ²Die Kommission kann in enger Zusammenarbeit mit den Mitgliedstaaten alle Initiativen ergreifen, die dieser Koordinierung förderlich sind.

(3) Die Union kann beschließen, mit dritten Ländern zur Förderung von Vorhaben von gemeinsamem Interesse sowie zur Sicherstellung der Interoperabilität der Netze zusammenzuarbeiten.

Art. 172 [Beschlussfassung] *[1]* Die Leitlinien und die übrigen Maßnahmen nach Artikel 171 Absatz 1 werden vom Europäischen Parlament und vom Rat gemäß dem ordentlichen Gesetzgebungsverfahren und nach Anhörung des Wirtschafts- und Sozialausschusses und des Ausschusses der Regionen festgelegt.

[2] Leitlinien und Vorhaben von gemeinsamem Interesse, die das Hoheitsgebiet eines Mitgliedstaats betreffen, bedürfen der Billigung des betroffenen Mitgliedstaats.

Titel XVII. Industrie
Art. 173 [Förderung der Wettbewerbsfähigkeit; Subventionsverbot]
(1) *[1]* Die Union und die Mitgliedstaaten sorgen dafür, dass die notwendigen Voraussetzungen für die Wettbewerbsfähigkeit der Industrie der Union gewährleistet sind.

[2] Zu diesem Zweck zielt ihre Tätigkeit entsprechend einem System offener und wettbewerbsorientierter Märkte auf Folgendes ab:
- Erleichterung der Anpassung der Industrie an die strukturellen Veränderungen;
- Förderung eines für die Initiative und Weiterentwicklung der Unternehmen in der gesamten Union, insbesondere der kleinen und mittleren Unternehmen, günstigen Umfelds;

– Förderung eines für die Zusammenarbeit zwischen Unternehmen günstigen Umfelds;
– Förderung einer besseren Nutzung des industriellen Potenzials der Politik in den Bereichen Innovation, Forschung und technologische Entwicklung.

(2) ¹Die Mitgliedstaaten konsultieren einander in Verbindung mit der Kommission und koordinieren, soweit erforderlich, ihre Maßnahmen. ²Die Kommission kann alle Initiativen ergreifen, die dieser Koordinierung förderlich sind, insbesondere Initiativen, die darauf abzielen, Leitlinien und Indikatoren festzulegen, den Austausch bewährter Verfahren durchzuführen und die erforderlichen Elemente für eine regelmäßige Überwachung und Bewertung auszuarbeiten. ³Das Europäische Parlament wird in vollem Umfang unterrichtet.

(3) *[1]* ¹Die Union trägt durch die Politik und die Maßnahmen, die sie aufgrund anderer Bestimmungen der Verträge durchführt, zur Erreichung der Ziele des Absatzes 1 bei. ²Das Europäische Parlament und der Rat können unter Ausschluss jeglicher Harmonisierung der Rechtsvorschriften der Mitgliedstaaten gemäß dem ordentlichen Gesetzgebungsverfahren und nach Anhörung des Wirtschafts- und Sozialausschusses spezifische Maßnahmen zur Unterstützung der in den Mitgliedstaaten durchgeführten Maßnahmen im Hinblick auf die Verwirklichung der Ziele des Absatzes 1 beschließen.

[2] Dieser Titel bietet keine Grundlage dafür, dass die Union irgendeine Maßnahme einführt, die zu Wettbewerbsverzerrungen führen könnte oder steuerliche Vorschriften oder Bestimmungen betreffend die Rechte und Interessen der Arbeitnehmer enthält.

Titel XVIII. Wirtschaftlicher, sozialer und territorialer Zusammenhalt

Art. 174 [Ziele der Strukturpolitik] *[1]* Die Union entwickelt und verfolgt weiterhin ihre Politik zur Stärkung ihres wirtschaftlichen, sozialen und territorialen Zusammenhalts, um eine harmonische Entwicklung der Union als Ganzes zu fördern.

[2] Die Union setzt sich insbesondere zum Ziel, die Unterschiede im Entwicklungsstand der verschiedenen Regionen und den Rückstand der am stärksten benachteiligten Gebiete zu verringern.

[3] Unter den betreffenden Gebieten gilt besondere Aufmerksamkeit den ländlichen Gebieten, den vom industriellen Wandel betroffenen Gebieten und den Gebieten mit schweren und dauerhaften natürlichen oder demografischen Nachteilen, wie den nördlichsten Regionen mit sehr geringer Bevölkerungsdichte sowie den Insel-, Grenz- und Bergregionen.

Art. 175 [Rolle der Strukturfonds; Aktionen außerhalb der Fonds]

[1] ¹Die Mitgliedstaaten führen und koordinieren ihre Wirtschaftspolitik in der Weise, dass auch die in Artikel 174 genannten Ziele erreicht werden. ²Die Festlegung und Durchführung der Politiken und Aktionen der Union sowie die Errichtung des Binnenmarkts berücksichtigen die Ziele des Artikels 174 und tragen zu deren Verwirklichung bei. ³Die Union unterstützt auch diese Bemühungen durch die Politik, die sie mit Hilfe der Strukturfonds (Europäischer Ausrichtungs- und Garantiefonds für die Landwirtschaft – Abteilung Ausrichtung, Europäischer Sozialfonds, Europäischer Fonds für regionale Entwicklung), der Europäischen Investitionsbank und der sonstigen vorhandenen Finanzierungsinstrumente führt.

14 AEUV Art. 176–179

[2] ¹Die Kommission erstattet dem Europäischen Parlament, dem Rat, dem Wirtschafts- und Sozialausschuss und dem Ausschuss der Regionen alle drei Jahre Bericht über die Fortschritte bei der Verwirklichung des wirtschaftlichen, sozialen und territorialen Zusammenhalts und über die Art und Weise, in der die in diesem Artikel vorgesehenen Mittel hierzu beigetragen haben. ²Diesem Bericht werden erforderlichenfalls entsprechende Vorschläge beigefügt.

[3] Falls sich spezifische Aktionen außerhalb der Fonds und unbeschadet der im Rahmen der anderen Politiken der Union beschlossenen Maßnahmen als erforderlich erweisen, so können sie vom Europäischen Parlament und vom Rat gemäß dem ordentlichen Gesetzgebungsverfahren nach Anhörung des Wirtschafts- und Sozialausschusses und des Ausschusses der Regionen beschlossen werden.

Art. 176 [Europäischer Regionalfonds] Aufgabe des Europäischen Fonds für regionale Entwicklung ist es, durch Beteiligung an der Entwicklung und an der strukturellen Anpassung der rückständigen Gebiete und an der Umstellung der Industriegebiete mit rückläufiger Entwicklung zum Ausgleich der wichtigsten regionalen Ungleichgewichte in der Union beizutragen.

Art. 177 [Strukturfonds; Kohäsionsfonds[1]] *[1]* ¹Unbeschadet des Artikels 178 legen das Europäische Parlament und der Rat durch Verordnungen gemäß dem ordentlichen Gesetzgebungsverfahren und nach Anhörung des Wirtschafts- und Sozialausschusses und des Ausschusses der Regionen die Aufgaben, die vorrangigen Ziele und die Organisation der Strukturfonds fest, was ihre Neuordnung einschließen kann. ²Nach demselben Verfahren werden ferner die für die Fonds geltenden allgemeinen Regeln sowie die Bestimmungen festgelegt, die zur Gewährleistung einer wirksamen Arbeitsweise und zur Koordinierung der Fonds sowohl untereinander als auch mit den anderen vorhandenen Finanzierungsinstrumenten erforderlich sind.

[2] Ein nach demselben Verfahren errichteter Kohäsionsfonds trägt zu Vorhaben in den Bereichen Umwelt und transeuropäische Netze auf dem Gebiet der Verkehrsinfrastruktur finanziell bei.

Art. 178 [Durchführungsverordnungen] *[1]* Die den Europäischen Fonds für regionale Entwicklung betreffenden Durchführungsverordnungen werden vom Europäischen Parlament und vom Rat gemäß dem ordentlichen Gesetzgebungsverfahren und nach Anhörung des Wirtschafts- und Sozialausschusses sowie des Ausschusses der Regionen gefasst.

[2] Für den Europäischen Ausrichtungs- und Garantiefonds für die Landwirtschaft, Abteilung Ausrichtung, und den Europäischen Sozialfonds sind die Artikel 43 bzw. 164 weiterhin anwendbar.

Titel XIX. Forschung, technologische Entwicklung und Raumfahrt

Art. 179 [Europäischer Raum der Forschung] (1) Die Union hat zum Ziel, ihre wissenschaftlichen und technologischen Grundlagen dadurch zu stärken, dass ein europäischer Raum der Forschung geschaffen wird, in dem

[1] Vgl. zu dieser Vorschrift auch die von der Konferenz von Nizza zur Kenntnis genommenen Erklärungen Nr. 2 und Nr. 3 der Schlussakte v. 16.2.2001 (ABl. C 80 S. 70) verschiedener Mitgliedstaaten.

Freizügigkeit für Forscher herrscht und wissenschaftliche Erkenntnisse und Technologien frei ausgetauscht werden, die Entwicklung ihrer Wettbewerbsfähigkeit einschließlich der ihrer Industrie zu fördern sowie alle Forschungsmaßnahmen zu unterstützen, die aufgrund anderer Kapitel der Verträge für erforderlich gehalten werden.

(2) In diesem Sinne unterstützt sie in der gesamten Union die Unternehmen – einschließlich der kleinen und mittleren Unternehmen –, die Forschungszentren und die Hochschulen bei ihren Bemühungen auf dem Gebiet der Forschung und technologischen Entwicklung von hoher Qualität; sie fördert ihre Zusammenarbeitsbestrebungen, damit vor allem die Forscher ungehindert über die Grenzen hinweg zusammenarbeiten und die Unternehmen die Möglichkeiten des Binnenmarkts in vollem Umfang nutzen können, und zwar insbesondere durch Öffnen des einzelstaatlichen öffentlichen Auftragswesens, Festlegung gemeinsamer Normen und Beseitigung der dieser Zusammenarbeit entgegenstehenden rechtlichen und steuerlichen Hindernisse.

(3) Alle Maßnahmen der Union aufgrund der Verträge auf dem Gebiet der Forschung und der technologischen Entwicklung, einschließlich der Demonstrationsvorhaben, werden nach Maßgabe dieses Titels beschlossen und durchgeführt.

Art. 180 [Ergänzende Unionsmaßnahmen] Zur Erreichung dieser Ziele trifft die Union folgende Maßnahmen, welche die in den Mitgliedstaaten durchgeführten Aktionen ergänzen:

a) Durchführung von Programmen für Forschung, technologische Entwicklung und Demonstration unter Förderung der Zusammenarbeit mit und zwischen Unternehmen, Forschungszentren und Hochschulen;
b) Förderung der Zusammenarbeit mit dritten Ländern und internationalen Organisationen auf dem Gebiet der Forschung der Union, technologischen Entwicklung und Demonstration;
c) Verbreitung und Auswertung der Ergebnisse der Tätigkeiten auf dem Gebiet der Forschung der Union, technologischen Entwicklung und Demonstration;
d) Förderung der Ausbildung und der Mobilität der Forscher aus der Union.

Art. 181 [Koordinierung; Rolle der Kommission] (1) Die Union und die Mitgliedstaaten koordinieren ihre Tätigkeiten auf dem Gebiet der Forschung und der technologischen Entwicklung, um die Kohärenz der einzelstaatlichen Politiken und der Politik der Union sicherzustellen.

(2) [1] Die Kommission kann in enger Zusammenarbeit mit den Mitgliedstaaten alle Initiativen ergreifen, die der Koordinierung nach Absatz 1 förderlich sind, insbesondere Initiativen, die darauf abzielen, Leitlinien und Indikatoren festzulegen, den Austausch bewährter Verfahren durchzuführen und die erforderlichen Elemente für eine regelmäßige Überwachung und Bewertung auszuarbeiten. [2] Das Europäische Parlament wird in vollem Umfang unterrichtet.

Art. 182 [Mehrjähriges Rahmenprogramm; spezifische Programme]

(1) [1] Das Europäische Parlament und der Rat stellen gemäß dem ordentlichen Gesetzgebungsverfahren und nach Anhörung des Wirtschafts- und Sozialausschusses ein mehrjähriges Rahmenprogramm auf, in dem alle Aktionen der Union zusammengefasst werden.

[2] In dem Rahmenprogramm werden
- die wissenschaftlichen und technologischen Ziele, die mit den Maßnahmen nach Artikel 180 erreicht werden sollen, sowie die jeweiligen Prioritäten festgelegt;
- die Grundzüge dieser Maßnahmen angegeben;
- der Gesamthöchstbetrag und die Einzelheiten der finanziellen Beteiligung der Union am Rahmenprogramm sowie die jeweiligen Anteile der vorgesehenen Maßnahmen festgelegt.

(2) Das Rahmenprogramm wird je nach Entwicklung der Lage angepasst oder ergänzt.

(3) ¹Die Durchführung des Rahmenprogramms erfolgt durch spezifische Programme, die innerhalb einer jeden Aktion entwickelt werden. ²In jedem spezifischen Programm werden die Einzelheiten seiner Durchführung, seine Laufzeit und die für notwendig erachteten Mittel festgelegt. ³Die Summe der in den spezifischen Programmen für notwendig erachteten Beträge darf den für das Rahmenprogramm und für jede Aktion festgesetzten Gesamthöchstbetrag nicht überschreiten.

(4) Die spezifischen Programme werden vom Rat gemäß einem besonderen Gesetzgebungsverfahren nach Anhörung des Europäischen Parlaments und des Wirtschafts- und Sozialausschusses beschlossen.

(5) Ergänzend zu den in dem mehrjährigen Rahmenprogramm vorgesehenen Aktionen erlassen das Europäische Parlament und der Rat gemäß dem ordentlichen Gesetzgebungsverfahren und nach Anhörung des Wirtschafts- und Sozialausschusses die Maßnahmen, die für die Verwirklichung des Europäischen Raums der Forschung notwendig sind.

Art. 183 [Durchführung des Rahmenprogramms] Zur Durchführung des mehrjährigen Rahmenprogramms legt die Union Folgendes fest:
- die Regeln für die Beteiligung der Unternehmen, der Forschungszentren und der Hochschulen;
- die Regeln für die Verbreitung der Forschungsergebnisse.

Art. 184 [Zusatzprogramme] *[1]* Bei der Durchführung des mehrjährigen Rahmenprogramms können Zusatzprogramme beschlossen werden, an denen nur bestimmte Mitgliedstaaten teilnehmen, die sie vorbehaltlich einer etwaigen Beteiligung der Union auch finanzieren.

[2] Die Union legt die Regeln für die Zusatzprogramme fest, insbesondere hinsichtlich der Verbreitung der Kenntnisse und des Zugangs anderer Mitgliedstaaten.

Art. 185 [Beteiligung der Union] Die Union kann im Einvernehmen mit den betreffenden Mitgliedstaaten bei der Durchführung des mehrjährigen Rahmenprogramms eine Beteiligung an Forschungs- und Entwicklungsprogrammen mehrerer Mitgliedstaaten, einschließlich der Beteiligung an den zu ihrer Durchführung geschaffenen Strukturen, vorsehen.

Art. 186 [Zusammenarbeit mit Drittländern; Abkommen] *[1]* Die Union kann bei der Durchführung des mehrjährigen Rahmenprogramms eine Zusammenarbeit auf dem Gebiet der Forschung, technologischen Entwicklung

und Demonstration der Union mit dritten Ländern oder internationalen Organisationen vorsehen.

[2] Die Einzelheiten dieser Zusammenarbeit können Gegenstand von Abkommen zwischen der Union und den betreffenden dritten Parteien sein.

Art. 187 [Gründung gemeinsamer Unternehmen] Die Union kann gemeinsame Unternehmen gründen oder andere Strukturen schaffen, die für die ordnungsgemäße Durchführung der Programme für Forschung, technologische Entwicklung und Demonstration der Union erforderlich sind.

Art. 188 [Beschlussfassung] *[1]* Der Rat legt auf Vorschlag der Kommission und nach Anhörung des Europäischen Parlaments und des Wirtschafts- und Sozialausschusses die in Artikel 187 vorgesehenen Bestimmungen fest.

[2] ¹Das Europäische Parlament und der Rat legen gemäß dem ordentlichen Gesetzgebungsverfahren und nach Anhörung des Wirtschafts- und Sozialausschusses die in den Artikeln 183, 184 und 185 vorgesehenen Bestimmungen fest. ²Für die Verabschiedung der Zusatzprogramme ist die Zustimmung der daran beteiligten Mitgliedstaaten erforderlich.

Art. 189 [Europäische Raumfahrtpolitik] (1) ¹Zur Förderung des wissenschaftlichen und technischen Fortschritts, der Wettbewerbsfähigkeit der Industrie und der Durchführung ihrer Politik arbeitet die Union eine europäische Raumfahrtpolitik aus. ²Sie kann zu diesem Zweck gemeinsame Initiativen fördern, die Forschung und technologische Entwicklung unterstützen und die Anstrengungen zur Erforschung und Nutzung des Weltraums koordinieren.

(2) Als Beitrag zur Erreichung der Ziele des Absatzes 1 werden vom Europäischen Parlament und vom Rat unter Ausschluss jeglicher Harmonisierung der Rechtsvorschriften der Mitgliedstaaten gemäß dem ordentlichen Gesetzgebungsverfahren die notwendigen Maßnahmen erlassen, was in Form eines europäischen Raumfahrtprogramms geschehen kann.

(3) Die Union stellt die zweckdienlichen Verbindungen zur Europäischen Weltraumorganisation her.

(4) Dieser Artikel gilt unbeschadet der sonstigen Bestimmungen dieses Titels.

Art. 190 [Jährlicher Forschungsbericht] ¹Zu Beginn jedes Jahres unterbreitet die Kommission dem Europäischen Parlament und dem Rat einen Bericht. ²Dieser Bericht erstreckt sich insbesondere auf die Tätigkeiten auf dem Gebiet der Forschung und technologischen Entwicklung und der Verbreitung der Ergebnisse dieser Tätigkeiten während des Vorjahres sowie auf das Arbeitsprogramm des laufenden Jahres.

Titel XX. Umwelt

Art. 191 [Umweltpolitische Ziele; Schutzmaßnahmen; Internationale Zusammenarbeit] (1) Die Umweltpolitik der Union trägt zur Verfolgung der nachstehenden Ziele bei:
- Erhaltung und Schutz der Umwelt sowie Verbesserung ihrer Qualität;
- Schutz der menschlichen Gesundheit;
- umsichtige und rationelle Verwendung der natürlichen Ressourcen;

14 AEUV Art. 192

– Förderung von Maßnahmen auf internationaler Ebene zur Bewältigung regionaler oder globaler Umweltprobleme und insbesondere zur Bekämpfung des Klimawandels.

(2) *[1]* ¹Die Umweltpolitik der Union zielt unter Berücksichtigung der unterschiedlichen Gegebenheiten in den einzelnen Regionen der Union auf ein hohes Schutzniveau ab. ²Sie beruht auf den Grundsätzen der Vorsorge und Vorbeugung, auf dem Grundsatz, Umweltbeeinträchtigungen mit Vorrang an ihrem Ursprung zu bekämpfen, sowie auf dem Verursacherprinzip.

[2] Im Hinblick hierauf umfassen die den Erfordernissen des Umweltschutzes entsprechenden Harmonisierungsmaßnahmen gegebenenfalls eine Schutzklausel, mit der die Mitgliedstaaten ermächtigt werden, aus nicht wirtschaftlich bedingten umweltpolitischen Gründen vorläufige Maßnahmen zu treffen, die einem Kontrollverfahren der Union unterliegen.

(3) Bei der Erarbeitung ihrer Umweltpolitik berücksichtigt die Union
– die verfügbaren wissenschaftlichen und technischen Daten;
– die Umweltbedingungen in den einzelnen Regionen der Union;
– die Vorteile und die Belastung aufgrund des Tätigwerdens bzw. eines Nichttätigwerdens;
– die wirtschaftliche und soziale Entwicklung der Union insgesamt sowie die ausgewogene Entwicklung ihrer Regionen.

(4) *[1]* ¹Die Union und die Mitgliedstaaten arbeiten im Rahmen ihrer jeweiligen Befugnisse mit dritten Ländern und den zuständigen internationalen Organisationen zusammen. ²Die Einzelheiten der Zusammenarbeit der Union können Gegenstand von Abkommen zwischen dieser und den betreffenden dritten Parteien sein.

[2] Unterabsatz 1 berührt nicht die Zuständigkeit der Mitgliedstaaten, in internationalen Gremien zu verhandeln und internationale Abkommen zu schließen.

Art. 192[1)] [Beschlussfassung; Finanzierung; Verursacherprinzip]

(1) Das Europäische Parlament und der Rat beschließen gemäß dem ordentlichen Gesetzgebungsverfahren und nach Anhörung des Wirtschafts- und Sozialausschusses sowie des Ausschusses der Regionen über das Tätigwerden der Union zur Erreichung der in Artikel 191 genannten Ziele.

(2) *[1]* Abweichend von dem Beschlussverfahren des Absatzes 1 und unbeschadet des Artikels 114 erlässt der Rat gemäß einem besonderen Gesetzgebungsverfahren nach Anhörung des Europäischen Parlaments, des Wirtschafts- und Sozialausschusses sowie des Ausschusses der Regionen einstimmig
a) Vorschriften überwiegend steuerlicher Art;
b) Maßnahmen, die
 – die Raumordnung berühren,
 – die mengenmäßige Bewirtschaftung der Wasserressourcen berühren oder die Verfügbarkeit dieser Ressourcen mittelbar oder unmittelbar betreffen,
 – die Bodennutzung mit Ausnahme der Abfallbewirtschaftung berühren;

[1)] Vgl. zu dieser Vorschrift auch die Erklärung Nr. 9 zur Schlussakte v. 16.2.2001 (ABl. C 80 S. 70) der Konferenz von Nizza.

c) Maßnahmen, welche die Wahl eines Mitgliedstaats zwischen verschiedenen Energiequellen und die allgemeine Struktur seiner Energieversorgung erheblich berühren.

[2] Der Rat kann auf Vorschlag der Kommission und nach Anhörung des Europäischen Parlaments, des Wirtschafts- und Sozialausschusses und des Ausschusses der Regionen einstimmig festlegen, dass für die in Unterabsatz 1 genannten Bereiche das ordentliche Gesetzgebungsverfahren gilt.

(3) *[1]* Das Europäische Parlament und der Rat beschließen gemäß dem ordentlichen Gesetzgebungsverfahren und nach Anhörung des Wirtschafts- und Sozialausschusses sowie des Ausschusses der Regionen allgemeine Aktionsprogramme, in denen die vorrangigen Ziele festgelegt werden.

[2] Die zur Durchführung dieser Programme erforderlichen Maßnahmen werden, je nach Fall, nach dem in Absatz 1 beziehungsweise Absatz 2 vorgesehenen Verfahren erlassen.

(4) Unbeschadet bestimmter Maßnahmen der Union tragen die Mitgliedstaaten für die Finanzierung und Durchführung der Umweltpolitik Sorge.

(5) Sofern eine Maßnahme nach Absatz 1 mit unverhältnismäßig hohen Kosten für die Behörden eines Mitgliedstaats verbunden ist, werden darin unbeschadet des Verursacherprinzips geeignete Bestimmungen in folgender Form vorgesehen:

– vorübergehende Ausnahmeregelungen und/oder
– eine finanzielle Unterstützung aus dem nach Artikel 177 errichteten Kohäsionsfonds.

Art. 193 [Schutzmaßnahmen der Mitgliedstaaten] [1] Die Schutzmaßnahmen, die aufgrund des Artikels 192 getroffen werden, hindern die einzelnen Mitgliedstaaten nicht daran, verstärkte Schutzmaßnahmen beizubehalten oder zu ergreifen. [2] Die betreffenden Maßnahmen müssen mit den Verträgen vereinbar sein. [3] Sie werden der Kommission notifiziert.

Titel XXI. Energie
Art. 194 [Europäische Energiepolitik; Ziele und Maßnahmen]

(1) Die Energiepolitik der Union verfolgt im Geiste der Solidarität zwischen den Mitgliedstaaten im Rahmen der Verwirklichung oder des Funktionierens des Binnenmarkts und unter Berücksichtigung der Notwendigkeit der Erhaltung und Verbesserung der Umwelt folgende Ziele:

a) Sicherstellung des Funktionierens des Energiemarkts;
b) Gewährleistung der Energieversorgungssicherheit in der Union;
c) Förderung der Energieeffizienz und von Energieeinsparungen sowie Entwicklung neuer und erneuerbarer Energiequellen und
d) Förderung der Interkonnektion der Energienetze.

(2) *[1]* [1] Unbeschadet der Anwendung anderer Bestimmungen der Verträge erlassen das Europäische Parlament und der Rat gemäß dem ordentlichen Gesetzgebungsverfahren die Maßnahmen, die erforderlich sind, um die Ziele nach Absatz 1 zu verwirklichen. [2] Der Erlass dieser Maßnahmen erfolgt nach Anhörung des Wirtschafts- und Sozialausschusses und des Ausschusses der Regionen.

[2] Diese Maßnahmen berühren unbeschadet des Artikels 192 Absatz 2 Buchstabe c nicht das Recht eines Mitgliedstaats, die Bedingungen für die Nutzung seiner Energieressourcen, seine Wahl zwischen verschiedenen Energiequellen und die allgemeine Struktur seiner Energieversorgung zu bestimmen.

(3) Abweichend von Absatz 2 erlässt der Rat die darin genannten Maßnahmen gemäß einem besonderen Gesetzgebungsverfahren einstimmig nach Anhörung des Europäischen Parlaments, wenn sie überwiegend steuerlicher Art sind.

Titel XXII. Tourismus

Art. 195 [Maßnahmen im Tourismussektor] (1) *[1]* Die Union ergänzt die Maßnahmen der Mitgliedstaaten im Tourismussektor, insbesondere durch die Förderung der Wettbewerbsfähigkeit der Unternehmen der Union in diesem Sektor.

[2] Die Union verfolgt zu diesem Zweck mit ihrer Tätigkeit das Ziel,

a) die Schaffung eines günstigen Umfelds für die Entwicklung der Unternehmen in diesem Sektor anzuregen;

b) die Zusammenarbeit zwischen den Mitgliedstaaten insbesondere durch den Austausch bewährter Praktiken zu unterstützen.

(2) Das Europäische Parlament und der Rat erlassen unter Ausschluss jeglicher Harmonisierung der Rechtsvorschriften der Mitgliedstaaten gemäß dem ordentlichen Gesetzgebungsverfahren die spezifischen Maßnahmen zur Ergänzung der Maßnahmen, die die Mitgliedstaaten zur Verwirklichung der in diesem Artikel genannten Ziele durchführen.

Titel XXIII. Katastrophenschutz

Art. 196 [Förderung der Zusammenarbeit in Mitgliedstaaten]

(1) *[1]* Die Union fördert die Zusammenarbeit zwischen den Mitgliedstaaten, um die Systeme zur Verhütung von Naturkatastrophen oder von vom Menschen verursachten Katastrophen und zum Schutz vor solchen Katastrophen wirksamer zu gestalten.

[2] Die Tätigkeit der Union hat folgende Ziele:

a) Unterstützung und Ergänzung der Tätigkeit der Mitgliedstaaten auf nationaler, regionaler und kommunaler Ebene im Hinblick auf die Risikoprävention, auf die Ausbildung der in den Mitgliedstaaten am Katastrophenschutz Beteiligten und auf Einsätze im Falle von Naturkatastrophen oder von vom Menschen verursachten Katastrophen in der Union;

b) Förderung einer schnellen und effizienten Zusammenarbeit in der Union zwischen den einzelstaatlichen Katastrophenschutzstellen;

c) Verbesserung der Kohärenz der Katastrophenschutzmaßnahmen auf internationaler Ebene.

(2) Das Europäische Parlament und der Rat erlassen unter Ausschluss jeglicher Harmonisierung der Rechtsvorschriften der Mitgliedstaaten gemäß dem ordentlichen Gesetzgebungsverfahren die erforderlichen Maßnahmen zur Verfolgung der Ziele des Absatzes 1.

Titel XXIV. Verwaltungszusammenarbeit

Art. 197 [Effektive Durchführung des Unionsrechts] (1) Die für das ordnungsgemäße Funktionieren der Union entscheidende effektive Durchführung des Unionsrechts durch die Mitgliedstaaten ist als Frage von gemeinsamem Interesse anzusehen.

(2) ¹Die Union kann die Mitgliedstaaten in ihren Bemühungen um eine Verbesserung der Fähigkeit ihrer Verwaltung zur Durchführung des Unionsrechts unterstützen. ²Dies kann insbesondere die Erleichterung des Austauschs von Informationen und von Beamten sowie die Unterstützung von Aus- und Weiterbildungsprogrammen beinhalten. ³Die Mitgliedstaaten müssen diese Unterstützung nicht in Anspruch nehmen. ⁴Das Europäische Parlament und der Rat erlassen die erforderlichen Maßnahmen unter Ausschluss jeglicher Harmonisierung der Rechtsvorschriften der Mitgliedstaaten durch Verordnungen gemäß dem ordentlichen Gesetzgebungsverfahren.

(3) ¹Dieser Artikel berührt weder die Verpflichtung der Mitgliedstaaten, das Unionsrecht durchzuführen, noch die Befugnisse und Pflichten der Kommission. ²Er berührt auch nicht die übrigen Bestimmungen der Verträge, in denen eine Verwaltungszusammenarbeit unter den Mitgliedstaaten sowie zwischen diesen und der Union vorgesehen ist.

Vierter Teil. Die Assoziierung der überseeischen Länder und Hoheitsgebiete

Art. 198 [Ziele der Assoziierung] *[1]* ¹Die Mitgliedstaaten kommen überein, die außereuropäischen Länder und Hoheitsgebiete, die mit Dänemark, Frankreich, den Niederlanden und dem Vereinigten Königreich[1]) besondere Beziehungen unterhalten, der Union zu assoziieren. ²Diese Länder und Hoheitsgebiete, im Folgenden als „Länder und Hoheitsgebiete" bezeichnet, sind in Anhang II aufgeführt.

[2] Ziel der Assoziierung ist die Förderung der wirtschaftlichen und sozialen Entwicklung der Länder und Hoheitsgebiete und die Herstellung enger Wirtschaftsbeziehungen zwischen ihnen und der gesamten Union.

[3] Entsprechend den in der Präambel dieses Vertrags aufgestellten Grundsätzen soll die Assoziierung in erster Linie den Interessen der Einwohner dieser Länder und Hoheitsgebiete dienen und ihren Wohlstand fördern, um sie der von ihnen erstrebten wirtschaftlichen, sozialen und kulturellen Entwicklung entgegenzuführen.

Art. 199 [Zwecke der Assoziierung] Mit der Assoziierung werden folgende Zwecke verfolgt:

1. Die Mitgliedstaaten wenden auf ihren Handelsverkehr mit den Ländern und Hoheitsgebieten das System an, das sie aufgrund der Verträge untereinander anwenden.
2. Jedes Land oder Hoheitsgebiet wendet auf seinen Handelsverkehr mit den Mitgliedstaaten und den anderen Ländern und Hoheitsgebieten das System

[1]) Seit dem 1.2.2020 ist das Vereinigte Königreich aus der Europäischen Union ausgetreten und ist seitdem ein Drittland (Nicht-EU-Land).

an, das es auf den europäischen Staat anwendet, mit dem es besondere Beziehungen unterhält.

3. Die Mitgliedstaaten beteiligen sich an den Investitionen, welche die fortschreitende Entwicklung dieser Länder und Hoheitsgebiete erfordert.

4. Bei Ausschreibungen und Lieferungen für Investitionen, die von der Union finanziert werden, steht die Beteiligung zu gleichen Bedingungen allen natürlichen und juristischen Personen offen, welche die Staatsangehörigkeit der Mitgliedstaaten oder der Länder oder Hoheitsgebiete besitzen.

5. Soweit aufgrund des Artikels 203 nicht Sonderregelungen getroffen werden, gelten zwischen den Mitgliedstaaten und den Ländern und Hoheitsgebieten für das Niederlassungsrecht ihrer Staatsangehörigen und Gesellschaften die Bestimmungen und Verfahrensregeln des Kapitels Niederlassungsfreiheit, und zwar unter Ausschluss jeder Diskriminierung.

Art. 200 [Verbot von Zöllen; Ausnahmen] (1) Zölle bei der Einfuhr von Waren aus den Ländern und Hoheitsgebieten in die Mitgliedstaaten sind verboten; dies geschieht nach Maßgabe des in den Verträgen vorgesehenen Verbots von Zöllen zwischen den Mitgliedstaaten.

(2) In jedem Land und Hoheitsgebiet sind Zölle bei der Einfuhr von Waren aus den Mitgliedstaaten und den anderen Ländern und Hoheitsgebieten nach Maßgabe des Artikels 30 verboten.

(3) *[1]* Die Länder und Hoheitsgebiete können jedoch Zölle erheben, die den Erfordernissen ihrer Entwicklung und Industrialisierung entsprechen oder als Finanzzölle der Finanzierung ihres Haushalts dienen.

[2] Die in Unterabsatz 1 genannten Zölle dürfen nicht höher sein als diejenigen, die für die Einfuhr von Waren aus dem Mitgliedstaat gelten, mit dem das entsprechende Land oder Hoheitsgebiet besondere Beziehungen unterhält.

(4) Absatz 2 gilt nicht für die Länder und Hoheitsgebiete, die aufgrund besonderer internationaler Verpflichtungen bereits einen nichtdiskriminierenden Zolltarif anwenden.

(5) Die Festlegung oder Änderung der Zollsätze für Waren, die in die Länder und Hoheitsgebiete eingeführt werden, darf weder rechtlich noch tatsächlich zu einer mittelbaren oder unmittelbaren Diskriminierung zwischen den Einfuhren aus den einzelnen Mitgliedstaaten führen.

Art. 201 [Abhilfe bei nachteiliger Verkehrsverlagerung] Ist die Höhe der Zollsätze, die bei der Einfuhr in ein Land oder Hoheitsgebiet für Waren aus einem dritten Land gelten, bei Anwendung des Artikels 200 Absatz 1 geeignet, Verkehrsverlagerungen zum Nachteil eines Mitgliedstaats hervorzurufen, so kann dieser die Kommission ersuchen, den anderen Mitgliedstaaten die erforderlichen Abhilfemaßnahmen vorzuschlagen.

Art. 202 [Regelung der Freizügigkeit der Arbeitskräfte] Vorbehaltlich der Bestimmungen über die Volksgesundheit und die öffentliche Sicherheit und Ordnung werden für die Freizügigkeit der Arbeitskräfte aus den Ländern und Hoheitsgebieten in den Mitgliedstaaten und der Arbeitskräfte aus den Mitgliedstaaten in den Ländern und Hoheitsgebieten Rechtsakte nach Artikel 203 erlassen.

Art. 203 [Durchführungsgesetzgebung] ¹Der Rat erlässt einstimmig auf Vorschlag der Kommission und aufgrund der im Rahmen der Assoziierung der Länder und Hoheitsgebiete an die Union erzielten Ergebnisse und der Grundsätze der Verträge die Bestimmungen über die Einzelheiten und das Verfahren für die Assoziierung der Länder und Hoheitsgebiete an die Union. ²Werden diese Bestimmungen vom Rat gemäß einem besonderen Gesetzgebungsverfahren angenommen, so beschließt er einstimmig auf Vorschlag der Kommission nach Anhörung des Europäischen Parlaments.

Art. 204 [Anwendung auf Grönland] Die Artikel 198 bis 203 sind auf Grönland anwendbar, vorbehaltlich der spezifischen Bestimmungen für Grönland in dem Protokoll über die Sonderregelung für Grönland im Anhang zu den Verträgen.

Fünfter Teil. Das auswärtige Handeln der Union

Titel I. Allgemeine Bestimmungen über das auswärtige Handeln der Union

Art. 205 [Handlungsgrundsätze auf internationaler Ebene] Das Handeln der Union auf internationaler Ebene im Rahmen dieses Teils wird von den Grundsätzen bestimmt, von den Zielen geleitet und an den allgemeinen Bestimmungen ausgerichtet, die in Titel V Kapitel 1 des Vertrags über die Europäische Union[1] niedergelegt sind.

Titel II. Gemeinsame Handelspolitik

Art. 206 [Ziele der Handelspolitik] Durch die Schaffung einer Zollunion nach den Artikeln 28 bis 32 trägt die Union im gemeinsamen Interesse zur harmonischen Entwicklung des Welthandels, zur schrittweisen Beseitigung der Beschränkungen im internationalen Handelsverkehr und bei den ausländischen Direktinvestitionen sowie zum Abbau der Zollschranken und anderer Schranken bei.

Art. 207 [Grundsätze der gemeinsamen Handelspolitik] (1) ¹Die gemeinsame Handelspolitik wird nach einheitlichen Grundsätzen gestaltet; dies gilt insbesondere für die Änderung von Zollsätzen, für den Abschluss von Zoll- und Handelsabkommen, die den Handel mit Waren und Dienstleistungen betreffen, und für die Handelsaspekte des geistigen Eigentums, die ausländischen Direktinvestitionen, die Vereinheitlichung der Liberalisierungsmaßnahmen, die Ausfuhrpolitik sowie die handelspolitischen Schutzmaßnahmen, zum Beispiel im Fall von Dumping und Subventionen. ²Die gemeinsame Handelspolitik wird im Rahmen der Grundsätze und Ziele des auswärtigen Handelns der Union gestaltet.

(2) Das Europäische Parlament und der Rat erlassen durch Verordnungen gemäß dem ordentlichen Gesetzgebungsverfahren die Maßnahmen, mit denen der Rahmen für die Umsetzung der gemeinsamen Handelspolitik bestimmt wird.

[1] Nr. 13.

14 AEUV Art. 208

(3) *[1]* Sind mit einem oder mehreren Drittländern oder internationalen Organisationen Abkommen auszuhandeln und zu schließen, so findet Artikel 218 vorbehaltlich der besonderen Bestimmungen dieses Artikels Anwendung.

[2] [1] Die Kommission legt dem Rat Empfehlungen vor; dieser ermächtigt die Kommission zur Aufnahme der erforderlichen Verhandlungen. [2] Der Rat und die Kommission haben dafür Sorge zu tragen, dass die ausgehandelten Abkommen mit der internen Politik und den internen Vorschriften der Union vereinbar sind.

[3] [1] Die Kommission führt diese Verhandlungen im Benehmen mit einem zu ihrer Unterstützung vom Rat bestellten Sonderausschuss und nach Maßgabe der Richtlinien, die ihr der Rat erteilen kann. [2] Die Kommission erstattet dem Sonderausschuss sowie dem Europäischen Parlament regelmäßig Bericht über den Stand der Verhandlungen.

(4) *[1]* Über die Aushandlung und den Abschluss der in Absatz 3 genannten Abkommen beschließt der Rat mit qualifizierter Mehrheit.

[2] Über die Aushandlung und den Abschluss eines Abkommens über den Dienstleistungsverkehr, über Handelsaspekte des geistigen Eigentums oder über ausländische Direktinvestitionen beschließt der Rat einstimmig, wenn das betreffende Abkommen Bestimmungen enthält, bei denen für die Annahme interner Vorschriften Einstimmigkeit erforderlich ist.

[3] Der Rat beschließt ebenfalls einstimmig über die Aushandlung und den Abschluss von Abkommen in den folgenden Bereichen:

a) Handel mit kulturellen und audiovisuellen Dienstleistungen, wenn diese Abkommen die kulturelle und sprachliche Vielfalt in der Union beeinträchtigen könnten;

b) Handel mit Dienstleistungen des Sozial-, des Bildungs- und des Gesundheitssektors, wenn diese Abkommen die einzelstaatliche Organisation dieser Dienstleistungen ernsthaft stören und die Verantwortlichkeit der Mitgliedstaaten für ihre Erbringung beeinträchtigen könnten.

(5) Für die Aushandlung und den Abschluss von internationalen Abkommen im Bereich des Verkehrs gelten der Dritte Teil Titel VI sowie Artikel 218.

(6) Die Ausübung der durch diesen Artikel übertragenen Zuständigkeiten im Bereich der gemeinsamen Handelspolitik hat keine Auswirkungen auf die Abgrenzung der Zuständigkeiten zwischen der Union und den Mitgliedstaaten und führt nicht zu einer Harmonisierung der Rechtsvorschriften der Mitgliedstaaten, soweit eine solche Harmonisierung in den Verträgen ausgeschlossen wird.

Titel III. Zusammenarbeit mit Drittländern und humanitäre Hilfe
Kapitel 1. Entwicklungszusammenarbeit

Art. 208 [Beitrag der Union; Ziel] (1) *[1]* [1] Die Politik der Union auf dem Gebiet der Entwicklungszusammenarbeit wird im Rahmen der Grundsätze und Ziele des auswärtigen Handelns der Union durchgeführt. [2] Die Politik der Union und die Politik der Mitgliedstaaten auf dem Gebiet der Entwicklungszusammenarbeit ergänzen und verstärken sich gegenseitig.

[2] ¹Hauptziel der Unionspolitik in diesem Bereich ist die Bekämpfung und auf längere Sicht die Beseitigung der Armut. ²Bei der Durchführung politischer Maßnahmen, die sich auf die Entwicklungsländer auswirken können, trägt die Union den Zielen der Entwicklungszusammenarbeit Rechnung.

(2) Die Union und die Mitgliedstaaten kommen den im Rahmen der Vereinten Nationen und anderer zuständiger internationaler Organisationen gegebenen Zusagen nach und berücksichtigen die in diesem Rahmen gebilligten Zielsetzungen.

Art. 209 [Mehrjahres- und thematische Programme; Vertragsschlusskompetenz; Rolle der EIB] (1) Das Europäische Parlament und der Rat erlassen gemäß dem ordentlichen Gesetzgebungsverfahren die zur Durchführung der Politik im Bereich der Entwicklungszusammenarbeit erforderlichen Maßnahmen; diese Maßnahmen können Mehrjahresprogramme für die Zusammenarbeit mit Entwicklungsländern oder thematische Programme betreffen.

(2) *[1]* Die Union kann mit Drittländern und den zuständigen internationalen Organisationen alle Übereinkünfte schließen, die zur Verwirklichung der Ziele des Artikels 21 des Vertrags über die Europäische Union[1]) und des Artikels 208 dieses Vertrags beitragen.

[2] Unterabsatz 1 berührt nicht die Zuständigkeit der Mitgliedstaaten, in internationalen Gremien zu verhandeln und Übereinkünfte zu schließen.

(3) Die Europäische Investitionsbank trägt nach Maßgabe ihrer Satzung zur Durchführung der Maßnahmen im Sinne des Absatzes 1 bei.

Art. 210 [Koordinierung] (1) ¹Die Union und die Mitgliedstaaten koordinieren ihre Politik auf dem Gebiet der Entwicklungszusammenarbeit und stimmen ihre Hilfsprogramme aufeinander ab, auch in internationalen Organisationen und auf internationalen Konferenzen, damit ihre Maßnahmen einander besser ergänzen und wirksamer sind. ²Sie können gemeinsame Maßnahmen ergreifen. ³Die Mitgliedstaaten tragen erforderlichenfalls zur Durchführung der Hilfsprogramme der Union bei.

(2) Die Kommission kann alle Initiativen ergreifen, die der in Absatz 1 genannten Koordinierung förderlich sind.

Art. 211 [Internationale Zusammenarbeit] Die Union und die Mitgliedstaaten arbeiten im Rahmen ihrer jeweiligen Befugnisse mit dritten Ländern und den zuständigen internationalen Organisationen zusammen.

Kapitel 2. Wirtschaftliche, finanzielle und technische Zusammenarbeit mit Drittländern

Art. 212[2]) **[Grundsätze der Zusammenarbeit mit Nicht-Entwicklungsländern]** (1) ¹Unbeschadet der übrigen Bestimmungen der Verträge, insbesondere der Artikel 208 bis 211, führt die Union mit Drittländern, die keine Entwicklungsländer sind, Maßnahmen der wirtschaftlichen, finanziellen und technischen Zusammenarbeit durch, die auch Unterstützung, insbesondere

[1]) Nr. **13**.
[2]) Vgl. zu dieser Vorschrift auch die Erklärung Nr. 10 zur Schlussakte v. 16.2.2001 (ABl. C 80 S. 70) der Konferenz von Nizza.

im finanziellen Bereich, einschließen. ²Diese Maßnahmen stehen mit der Entwicklungspolitik der Union im Einklang und werden im Rahmen der Grundsätze und Ziele ihres auswärtigen Handelns durchgeführt. ³Die Maßnahmen der Union und die Maßnahmen der Mitgliedstaaten ergänzen und verstärken sich gegenseitig.

(2) Das Europäische Parlament und der Rat erlassen gemäß dem ordentlichen Gesetzgebungsverfahren die zur Durchführung des Absatzes 1 erforderlichen Maßnahmen.

(3) *[1]* ¹Die Union und die Mitgliedstaaten arbeiten im Rahmen ihrer jeweiligen Zuständigkeiten mit Drittländern und den zuständigen internationalen Organisationen zusammen. ²Die Einzelheiten der Zusammenarbeit der Union können in Abkommen zwischen dieser und den betreffenden dritten Parteien geregelt werden.

[2] Unterabsatz 1 berührt nicht die Zuständigkeit der Mitgliedstaaten, in internationalen Gremien zu verhandeln und internationale Abkommen zu schließen.

Art. 213 [Finanzielle Hilfe für Drittländer] Ist es aufgrund der Lage in einem Drittland notwendig, dass die Union umgehend finanzielle Hilfe leistet, so erlässt der Rat auf Vorschlag der Kommission die erforderlichen Beschlüsse.

Kapitel 3. Humanitäre Hilfe

Art. 214 [Maßnahmen; Europäisches Freiwilligenkorps] (1) ¹Den Rahmen für die Maßnahmen der Union im Bereich der humanitären Hilfe bilden die Grundsätze und Ziele des auswärtigen Handelns der Union. ²Die Maßnahmen dienen dazu, Einwohnern von Drittländern, die von Naturkatastrophen oder von vom Menschen verursachten Katastrophen betroffen sind, gezielt Hilfe, Rettung und Schutz zu bringen, damit die aus diesen Notständen resultierenden humanitären Bedürfnisse gedeckt werden können. ³Die Maßnahmen der Union und die Maßnahmen der Mitgliedstaaten ergänzen und verstärken sich gegenseitig.

(2) Die Maßnahmen der humanitären Hilfe werden im Einklang mit den Grundsätzen des Völkerrechts sowie den Grundsätzen der Unparteilichkeit, der Neutralität und der Nichtdiskriminierung durchgeführt.

(3) Das Europäische Parlament und der Rat legen gemäß dem ordentlichen Gesetzgebungsverfahren die Maßnahmen zur Festlegung des Rahmens fest, innerhalb dessen die Maßnahmen der humanitären Hilfe der Union durchgeführt werden.

(4) *[1]* Die Union kann mit Drittländern und den zuständigen internationalen Organisationen alle Übereinkünfte schließen, die zur Verwirklichung der Ziele des Absatzes 1 und des Artikels 21 des Vertrags über die Europäische Union[1]) beitragen.

[2] Unterabsatz 1 berührt nicht die Zuständigkeit der Mitgliedstaaten, in internationalen Gremien zu verhandeln und Übereinkünfte zu schließen.

(5) ¹Als Rahmen für gemeinsame Beiträge der jungen Europäer zu den Maßnahmen der humanitären Hilfe der Union wird ein Europäisches Freiwilligenkorps für humanitäre Hilfe geschaffen. ²Das Europäische Parlament und

[1]) Nr. 13.

der Rat legen gemäß dem ordentlichen Gesetzgebungsverfahren durch Verordnungen die Rechtsstellung und die Einzelheiten der Arbeitsweise des Korps fest.

(6) Die Kommission kann alle Initiativen ergreifen, die der Koordinierung zwischen den Maßnahmen der Union und denen der Mitgliedstaaten förderlich sind, damit die Programme der Union und der Mitgliedstaaten im Bereich der humanitären Hilfe wirksamer sind und einander besser ergänzen.

(7) Die Union trägt dafür Sorge, dass ihre Maßnahmen der humanitären Hilfe mit den Maßnahmen der internationalen Organisationen und Einrichtungen, insbesondere derer, die zum System der Vereinten Nationen gehören, abgestimmt werden und im Einklang mit ihnen stehen.

Titel IV. Restriktive Maßnahmen

Art. 215 [Wirtschaftsembargo; Beschlussfassung; Rechtsschutz]

(1) [1] Sieht ein nach Titel V Kapitel 2 des Vertrags über die Europäische Union[1]) erlassener Beschluss die Aussetzung, Einschränkung oder vollständige Einstellung der Wirtschafts- und Finanzbeziehungen zu einem oder mehreren Drittländern vor, so erlässt der Rat die erforderlichen Maßnahmen mit qualifizierter Mehrheit auf gemeinsamen Vorschlag des Hohen Vertreters der Union für Außen- und Sicherheitspolitik und der Kommission. [2] Er unterrichtet hierüber das Europäische Parlament.

(2) Sieht ein nach Titel V Kapitel 2 des Vertrags über die Europäische Union erlassener Beschluss dies vor, so kann der Rat nach dem Verfahren des Absatzes 1 restriktive Maßnahmen gegen natürliche oder juristische Personen sowie Gruppierungen oder nichtstaatliche Einheiten erlassen.

(3) In den Rechtsakten nach diesem Artikel müssen die erforderlichen Bestimmungen über den Rechtsschutz vorgesehen sein.

Titel V. Internationale Übereinkünfte

Art. 216 [Vertragsschlusskompetenz] (1) Die Union kann mit einem oder mehreren Drittländern oder einer oder mehreren internationalen Organisationen eine Übereinkunft schließen, wenn dies in den Verträgen vorgesehen ist oder wenn der Abschluss einer Übereinkunft im Rahmen der Politik der Union entweder zur Verwirklichung eines der in den Verträgen festgesetzten Ziele erforderlich oder in einem verbindlichen Rechtsakt der Union vorgesehen ist oder aber gemeinsame Vorschriften beeinträchtigen oder deren Anwendungsbereich ändern könnte.

(2) Die von der Union geschlossenen Übereinkünfte binden die Organe der Union und die Mitgliedstaaten.

Art. 217 [Assoziierungsabkommen] Die Union kann mit einem oder mehreren Drittländern oder einer oder mehrerer internationaler Organisationen Abkommen schließen, die eine Assoziierung mit gegenseitigen Rechten und Pflichten, gemeinsamem Vorgehen und besonderen Verfahren herstellen.

Art. 218 [Vertragsschlussverfahren; Gutachten des EuGH] (1) Unbeschadet der besonderen Bestimmungen des Artikels 207 werden Übereinkünfte

[1]) Nr. 13.

zwischen der Union und Drittländern oder internationalen Organisationen nach dem im Folgenden beschriebenen Verfahren ausgehandelt und geschlossen.

(2) Der Rat erteilt eine Ermächtigung zur Aufnahme von Verhandlungen, legt Verhandlungsrichtlinien fest, genehmigt die Unterzeichnung und schließt die Übereinkünfte.

(3) Die Kommission oder, wenn sich die geplante Übereinkunft ausschließlich oder hauptsächlich auf die Gemeinsame Außen- und Sicherheitspolitik bezieht, der Hohe Vertreter der Union für Außen- und Sicherheitspolitik legt dem Rat Empfehlungen vor; dieser erlässt einen Beschluss über die Ermächtigung zur Aufnahme von Verhandlungen und über die Benennung, je nach dem Gegenstand der geplanten Übereinkunft, des Verhandlungsführers oder des Leiters des Verhandlungsteams der Union.

(4) Der Rat kann dem Verhandlungsführer Richtlinien erteilen und einen Sonderausschuss bestellen; die Verhandlungen sind im Benehmen mit diesem Ausschuss zu führen.

(5) Der Rat erlässt auf Vorschlag des Verhandlungsführers einen Beschluss, mit dem die Unterzeichnung der Übereinkunft und gegebenenfalls deren vorläufige Anwendung vor dem Inkrafttreten genehmigt werden.

(6) *[1]* Der Rat erlässt auf Vorschlag des Verhandlungsführers einen Beschluss über den Abschluss der Übereinkunft.

[2] Mit Ausnahme der Übereinkünfte, die ausschließlich die Gemeinsame Außen- und Sicherheitspolitik betreffen, erlässt der Rat den Beschluss über den Abschluss der Übereinkunft

a) nach Zustimmung des Europäischen Parlaments in folgenden Fällen:
 i) Assoziierungsabkommen;
 ii) Übereinkunft über den Beitritt der Union zur Europäischen Konvention zum Schutz der Menschenrechte und Grundfreiheiten[1];
 iii) Übereinkünfte, die durch die Einführung von Zusammenarbeitsverfahren einen besonderen institutionellen Rahmen schaffen;
 iv) Übereinkünfte mit erheblichen finanziellen Folgen für die Union;
 v) Übereinkünfte in Bereichen, für die entweder das ordentliche Gesetzgebungsverfahren oder, wenn die Zustimmung des Europäischen Parlaments erforderlich ist, das besondere Gesetzgebungsverfahren gilt.

Das Europäische Parlament und der Rat können in dringenden Fällen eine Frist für die Zustimmung vereinbaren.

b) nach Anhörung des Europäischen Parlaments in den übrigen Fällen. Das Europäische Parlament gibt seine Stellungnahme innerhalb einer Frist ab, die der Rat entsprechend der Dringlichkeit festlegen kann. Ergeht innerhalb dieser Frist keine Stellungnahme, so kann der Rat einen Beschluss fassen.

(7) [1] Abweichend von den Absätzen 5, 6 und 9 kann der Rat den Verhandlungsführer bei Abschluss einer Übereinkunft ermächtigen, im Namen der Union Änderungen der Übereinkunft zu billigen, wenn die Übereinkunft vorsieht, dass diese Änderungen im Wege eines vereinfachten Verfahrens oder durch ein durch die Übereinkunft eingesetztes Gremium anzunehmen sind.

[1] Nr. 3.

EU-Arbeitsweisevertrag **Art. 219 AEUV 14**

² Der Rat kann diese Ermächtigung gegebenenfalls mit besonderen Bedingungen verbinden.

(8) *[1]* Der Rat beschließt während des gesamten Verfahrens mit qualifizierter Mehrheit.

[2] ¹ Er beschließt jedoch einstimmig, wenn die Übereinkunft einen Bereich betrifft, in dem für den Erlass eines Rechtsakts der Union Einstimmigkeit erforderlich ist, sowie bei Assoziierungsabkommen und Übereinkünften nach Artikel 212 mit beitrittswilligen Staaten. ² Auch über die Übereinkunft über den Beitritt der Union zur Europäischen Konvention zum Schutz der Menschenrechte und Grundfreiheiten beschließt der Rat einstimmig; der Beschluss zum Abschluss dieser Übereinkunft tritt in Kraft, nachdem die Mitgliedstaaten im Einklang mit ihren jeweiligen verfassungsrechtlichen Vorschriften zugestimmt haben.

(9) Der Rat erlässt auf Vorschlag der Kommission oder des Hohen Vertreters der Union für Außen- und Sicherheitspolitik einen Beschluss über die Aussetzung der Anwendung einer Übereinkunft und zur Festlegung der Standpunkte, die im Namen der Union in einem durch eine Übereinkunft eingesetzten Gremium zu vertreten sind, sofern dieses Gremium rechtswirksame Akte, mit Ausnahme von Rechtsakten zur Ergänzung oder Änderung des institutionellen Rahmens der betreffenden Übereinkunft, zu erlassen hat.

(10) Das Europäische Parlament wird in allen Phasen des Verfahrens unverzüglich und umfassend unterrichtet.

(11) ¹ Ein Mitgliedstaat, das Europäische Parlament, der Rat oder die Kommission können ein Gutachten des Gerichtshofs über die Vereinbarkeit einer geplanten Übereinkunft mit den Verträgen einholen. ² Ist das Gutachten des Gerichtshofs ablehnend, so kann die geplante Übereinkunft nur in Kraft treten, wenn sie oder die Verträge geändert werden.

Art. 219[1] [Wechselkursfestlegung nach außen; Internationale Vereinbarungen] (1) *[1]* ¹ Abweichend von Artikel 218 kann der Rat entweder auf Empfehlung der Europäischen Zentralbank oder auf Empfehlung der Kommission und nach Anhörung der Europäischen Zentralbank in dem Bemühen, zu einem mit dem Ziel der Preisstabilität im Einklang stehenden Konsens zu gelangen, förmliche Vereinbarungen über ein Wechselkurssystem für den Euro gegenüber den Währungen von Drittstaaten treffen. ² Der Rat beschließt nach dem Verfahren des Absatzes 3 einstimmig nach Anhörung des Europäischen Parlaments.

[2] ¹ Der Rat kann entweder auf Empfehlung der Europäischen Zentralbank oder auf Empfehlung der Kommission und nach Anhörung der Europäischen Zentralbank in dem Bemühen, zu einem mit dem Ziel der Preisstabilität im Einklang stehenden Konsens zu gelangen, die Euro-Leitkurse innerhalb des Wechselkurssystems festlegen, ändern oder aufgeben. ² Der Präsident des Rates unterrichtet das Europäische Parlament von der Festlegung, Änderung oder Aufgabe der Euro-Leitkurse.

(2) ¹ Besteht gegenüber einer oder mehreren Währungen von Drittstaaten kein Wechselkurssystem nach Absatz 1, so kann der Rat entweder auf Emp-

[1] Vgl. zu dieser Vorschrift auch die Erklärung Nr. 7 zur Schlussakte v. 16.2.2001 (ABl. C 80 S. 70) der Konferenz von Nizza.

fehlung der Kommission und nach Anhörung der Europäischen Zentralbank oder auf Empfehlung der Europäischen Zentralbank allgemeine Orientierungen für die Wechselkurspolitik gegenüber diesen Währungen aufstellen. [2] Diese allgemeinen Orientierungen dürfen das vorrangige Ziel des ESZB, die Preisstabilität zu gewährleisten, nicht beeinträchtigen.

(3) [1] Wenn von der Union mit einem oder mehreren Drittstaaten oder internationalen Organisationen Vereinbarungen im Zusammenhang mit Währungsfragen oder Devisenregelungen auszuhandeln sind, beschließt der Rat abweichend von Artikel 218 auf Empfehlung der Kommission und nach Anhörung der Europäischen Zentralbank die Modalitäten für die Aushandlung und den Abschluss solcher Vereinbarungen. [2] Mit diesen Modalitäten wird gewährleistet, dass die Union einen einheitlichen Standpunkt vertritt. [3] Die Kommission wird an den Verhandlungen in vollem Umfang beteiligt.

(4) Die Mitgliedstaaten haben das Recht, unbeschadet der Unionszuständigkeit und der Unionsvereinbarungen über die Wirtschafts- und Währungsunion in internationalen Gremien Verhandlungen zu führen und internationale Vereinbarungen zu treffen.

Titel VI. Beziehungen der Union zu internationalen Organisationen und Drittländern sowie Delegationen der Union

Art. 220 [Beziehungen zu internationalen Organisationen]

(1) [1] Die Union betreibt jede zweckdienliche Zusammenarbeit mit den Organen der Vereinten Nationen und ihrer Sonderorganisationen, dem Europarat, der Organisation für Sicherheit und Zusammenarbeit in Europa und der Organisation für wirtschaftliche Zusammenarbeit und Entwicklung.

[2] Die Union unterhält ferner, soweit zweckdienlich, Beziehungen zu anderen internationalen Organisationen.

(2) Die Durchführung dieses Artikels obliegt dem Hohen Vertreter der Union für Außen- und Sicherheitspolitik und der Kommission.

Art. 221 [Vertretung der Union in Drittländern] (1) Die Delegationen der Union in Drittländern und bei internationalen Organisationen sorgen für die Vertretung der Union.

(2) [1] Die Delegationen der Union unterstehen der Leitung des Hohen Vertreters der Union für Außen- und Sicherheitspolitik. [2] Sie werden in enger Zusammenarbeit mit den diplomatischen und konsularischen Vertretungen der Mitgliedstaaten tätig.

Titel VII. Solidaritätsklausel

Art. 222 [Gegenseitige Unterstützung bei Terroranschlägen und Katastrophen] (1) [1] Die Union und ihre Mitgliedstaaten handeln gemeinsam im Geiste der Solidarität, wenn ein Mitgliedstaat von einem Terroranschlag, einer Naturkatastrophe oder einer vom Menschen verursachten Katastrophe betroffen ist. [2] Die Union mobilisiert alle ihr zur Verfügung stehenden Mittel, einschließlich der ihr von den Mitgliedstaaten bereitgestellten militärischen Mittel, um

a) – terroristische Bedrohungen im Hoheitsgebiet von Mitgliedstaaten abzuwenden;

- die demokratischen Institutionen und die Zivilbevölkerung vor etwaigen Terroranschlägen zu schützen;
- im Falle eines Terroranschlags einen Mitgliedstaat auf Ersuchen seiner politischen Organe innerhalb seines Hoheitsgebiets zu unterstützen;

b) im Falle einer Naturkatastrophe oder einer vom Menschen verursachten Katastrophe einen Mitgliedstaat auf Ersuchen seiner politischen Organe innerhalb seines Hoheitsgebiets zu unterstützen.

(2) [1] Ist ein Mitgliedstaat von einem Terroranschlag, einer Naturkatastrophe oder einer vom Menschen verursachten Katastrophe betroffen, so leisten die anderen Mitgliedstaaten ihm auf Ersuchen seiner politischen Organe Unterstützung. [2] Zu diesem Zweck sprechen die Mitgliedstaaten sich im Rat ab.

(3) [1] [1] Die Einzelheiten für die Anwendung dieser Solidaritätsklausel durch die Union werden durch einen Beschluss festgelegt, den der Rat aufgrund eines gemeinsamen Vorschlags der Kommission und des Hohen Vertreters der Union für Außen- und Sicherheitspolitik erlässt. [2] Hat dieser Beschluss Auswirkungen im Bereich der Verteidigung, so beschließt der Rat nach Artikel 31 Absatz 1 des Vertrags über die Europäische Union[1]. [3] Das Europäische Parlament wird darüber unterrichtet.

[2] Für die Zwecke dieses Absatzes unterstützen den Rat unbeschadet des Artikels 240 das Politische und Sicherheitspolitische Komitee, das sich hierbei auf die im Rahmen der Gemeinsamen Sicherheits- und Verteidigungspolitik entwickelten Strukturen stützt, sowie der Ausschuss nach Artikel 71, die dem Rat gegebenenfalls gemeinsame Stellungnahmen vorlegen.

(4) Damit die Union und ihre Mitgliedstaaten auf effiziente Weise tätig werden können, nimmt der Europäische Rat regelmäßig eine Einschätzung der Bedrohungen vor, denen die Union ausgesetzt ist.

Sechster Teil. Institutionelle Bestimmungen und Finanzvorschriften

Titel I. Vorschriften über die Organe

Kapitel 1.[2] Die Organe

Abschnitt 1. Das Europäische Parlament

Art. **223** [Einheitliches Wahlverfahren; Abgeordneten-Statut]

(1) [1] Das Europäische Parlament erstellt einen Entwurf der erforderlichen Bestimmungen für die allgemeine unmittelbare Wahl seiner Mitglieder nach einem einheitlichen Verfahren in allen Mitgliedstaaten oder im Einklang mit den allen Mitgliedstaaten gemeinsamen Grundsätzen.

[2] [1] Der Rat erlässt die erforderlichen Bestimmungen einstimmig gemäß einem besonderen Gesetzgebungsverfahren und nach Zustimmung des Europäischen Parlaments, die mit der Mehrheit seiner Mitglieder erteilt wird. [2] Diese Bestimmungen treten nach Zustimmung der Mitgliedstaaten im Einklang mit ihren jeweiligen verfassungsrechtlichen Vorschriften in Kraft.

[1] Nr. **13**.
[2] Vgl. zu diesem Kapitel auch die „Erklärung zur Erweiterung der Europäischen Union" (Erklärung Nr. 20) zur Schlussakte v. 16.2.2001 (ABl. C 80 S. 70) der Konferenz von Nizza.

14 AEUV Art. 224–228

(2) ¹Das Europäische Parlament legt aus eigener Initiative gemäß einem besonderen Gesetzgebungsverfahren durch Verordnungen nach Anhörung der Kommission und mit Zustimmung des Rates die Regelungen und allgemeinen Bedingungen für die Wahrnehmung der Aufgaben seiner Mitglieder fest. ²Alle Vorschriften und Bedingungen, die die Steuerregelung für die Mitglieder oder ehemaligen Mitglieder betreffen, sind vom Rat einstimmig festzulegen.

Art. 224[1]) **[Politische Parteien]** Das Europäische Parlament und der Rat legen gemäß dem ordentlichen Gesetzgebungsverfahren durch Verordnungen die Regelungen für die politischen Parteien auf europäischer Ebene nach Artikel 10 Absatz 4 des Vertrags über die Europäische Union[2]) und insbesondere die Vorschriften über ihre Finanzierung fest.

Art. 225 [Indirektes Initiativrecht] ¹Das Europäische Parlament kann mit der Mehrheit seiner Mitglieder die Kommission auffordern, geeignete Vorschläge zu Fragen zu unterbreiten, die nach seiner Auffassung die Ausarbeitung eines Unionsakts zur Durchführung der Verträge erfordern. ²Legt die Kommission keinen Vorschlag vor, so teilt sie dem Europäischen Parlament die Gründe dafür mit.

Art. 226 [Untersuchungsausschuss] *[1]* Das Europäische Parlament kann bei der Erfüllung seiner Aufgaben auf Antrag eines Viertels seiner Mitglieder die Einsetzung eines nichtständigen Untersuchungsausschusses beschließen, der unbeschadet der Befugnisse, die anderen Organen oder Einrichtungen durch die Verträge übertragen sind, behauptete Verstöße gegen das Unionsrecht oder Missstände bei der Anwendung desselben prüft; dies gilt nicht, wenn ein Gericht mit den behaupteten Sachverhalten befasst ist, solange das Gerichtsverfahren nicht abgeschlossen ist.

[2] Mit der Vorlage seines Berichtes hört der nichtständige Untersuchungsausschuss auf zu bestehen.

[3] Die Einzelheiten der Ausübung des Untersuchungsrechts werden vom Europäischen Parlament festgelegt, das aus eigener Initiative gemäß einem besonderen Gesetzgebungsverfahren durch Verordnungen nach Zustimmung des Rates und der Kommission beschließt.

Art. 227 [Petitionsrecht] Jeder Bürger der Union sowie jede natürliche oder juristische Person mit Wohnort oder satzungsmäßigem Sitz in einem Mitgliedstaat kann allein oder zusammen mit anderen Bürgern oder Personen in Angelegenheiten, die in die Tätigkeitsbereiche der Union fallen und die ihn oder sie unmittelbar betreffen, eine Petition an das Europäische Parlament richten.

Art. 228 [Bürgerbeauftragter] (1) *[1]* ¹Ein vom Europäischen Parlament gewählter Europäischer Bürgerbeauftragter ist befugt, Beschwerden von jedem Bürger der Union oder von jeder natürlichen oder juristischen Person mit Wohnort oder satzungsmäßigem Sitz in einem Mitgliedstaat über Missstände bei der Tätigkeit der Organe, Einrichtungen oder sonstigen Stellen der Union,

[1]) Vgl. zu dieser Vorschrift auch die Erklärung Nr. 11 zur Schlussakte v. 16.2.2001 (ABl. C 80 S. 70) der Konferenz von Nizza.
[2]) Nr. **13**.

mit Ausnahme des Gerichtshofs der Europäischen Union in Ausübung seiner Rechtsprechungsbefugnisse, entgegenzunehmen. ²Er untersucht diese Beschwerden und erstattet darüber Bericht.

[2] ¹Der Bürgerbeauftragte führt im Rahmen seines Auftrags von sich aus oder aufgrund von Beschwerden, die ihm unmittelbar oder über ein Mitglied des Europäischen Parlaments zugehen, Untersuchungen durch, die er für gerechtfertigt hält; dies gilt nicht, wenn die behaupteten Sachverhalte Gegenstand eines Gerichtsverfahrens sind oder waren. ²Hat der Bürgerbeauftragte einen Missstand festgestellt, so befasst er das betreffende Organ, die betreffende Einrichtung oder sonstige Stelle, das bzw. die über eine Frist von drei Monaten verfügt, um ihm seine bzw. ihre Stellungnahme zu übermitteln. ³Der Bürgerbeauftragte legt anschließend dem Europäischen Parlament und dem betreffenden Organ, der betreffenden Einrichtung oder sonstigen Stelle einen Bericht vor. ⁴Der Beschwerdeführer wird über das Ergebnis dieser Untersuchungen unterrichtet.

[3] Der Bürgerbeauftragte legt dem Europäischen Parlament jährlich einen Bericht über die Ergebnisse seiner Untersuchungen vor.

(2) *[1]* ¹Der Bürgerbeauftragte wird nach jeder Wahl des Europäischen Parlaments für die Dauer der Wahlperiode gewählt. ²Wiederwahl ist zulässig.

[2] Der Bürgerbeauftragte kann auf Antrag des Europäischen Parlaments vom Gerichtshof seines Amtes enthoben werden, wenn er die Voraussetzungen für die Ausübung seines Amtes nicht mehr erfüllt oder eine schwere Verfehlung begangen hat.

(3) ¹Der Bürgerbeauftragte übt sein Amt in völliger Unabhängigkeit aus. ²Er darf bei der Erfüllung seiner Pflichten von keiner Regierung, keinem Organ, keiner Einrichtung oder sonstigen Stelle Weisungen einholen oder entgegennehmen. ³Der Bürgerbeauftragte darf während seiner Amtszeit keine andere entgeltliche oder unentgeltliche Berufstätigkeit ausüben.

(4) Das Europäische Parlament legt aus eigener Initiative gemäß einem besonderen Gesetzgebungsverfahren durch Verordnungen nach Stellungnahme der Kommission und nach Zustimmung des Rates die Regelungen und allgemeinen Bedingungen für die Ausübung der Aufgaben des Bürgerbeauftragten fest.

Art. 229 [Ordentliche und außerordentliche Sitzungsperiode]

[1] ¹Das Europäische Parlament hält jährlich eine Sitzungsperiode ab. ²Es tritt, ohne dass es einer Einberufung bedarf, am zweiten Dienstag des Monats März zusammen.

[2] Das Europäische Parlament kann auf Antrag der Mehrheit seiner Mitglieder sowie auf Antrag des Rates oder der Kommission zu einer außerordentlichen Sitzungsperiode zusammentreten.

Art. 230 [Anhörungsrecht von Kommission; Rat und Europäischem Rat]
[1] Die Kommission kann an allen Sitzungen des Europäischen Parlaments teilnehmen und wird auf ihren Antrag gehört.

[2] Die Kommission antwortet mündlich oder schriftlich auf die ihr vom Europäischen Parlament oder von dessen Mitgliedern gestellten Fragen.

[3] Der Europäische Rat und der Rat werden vom Europäischen Parlament nach Maßgabe der Geschäftsordnung des Europäischen Rates und der Geschäftsordnung des Rates gehört.

Art. 231 [Abstimmung; Beschlussfähigkeit] *[1]* Soweit die Verträge nicht etwas anderes bestimmen, beschließt das Europäische Parlament mit der Mehrheit der abgegebenen Stimmen.

[2] Die Geschäftsordnung legt die Beschlussfähigkeit fest.

Art. 232 [Geschäftsordnung; Verhandlungsniederschriften] *[1]* Das Europäische Parlament gibt sich seine Geschäftsordnung; hierzu sind die Stimmen der Mehrheit seiner Mitglieder erforderlich.

[2] Die Verhandlungsniederschriften des Europäischen Parlaments werden nach Maßgabe der Verträge und seiner Geschäftsordnung veröffentlicht.

Art. 233 [Jährlicher Gesamtbericht] Das Europäische Parlament erörtert in öffentlicher Sitzung den jährlichen Gesamtbericht, der ihm von der Kommission vorgelegt wird.

Art. 234 [Misstrauensantrag gegen die Kommission] *[1]* Wird wegen der Tätigkeit der Kommission ein Misstrauensantrag eingebracht, so darf das Europäische Parlament nicht vor Ablauf von drei Tagen nach seiner Einbringung und nur in offener Abstimmung darüber entscheiden.

[2] [1] Wird der Misstrauensantrag mit der Mehrheit von zwei Dritteln der abgegebenen Stimmen und mit der Mehrheit der Mitglieder des Europäischen Parlaments angenommen, so legen die Mitglieder der Kommission geschlossen ihr Amt nieder, und der Hohe Vertreter der Union für Außen- und Sicherheitspolitik legt sein im Rahmen der Kommission ausgeübtes Amt nieder. [2] Sie bleiben im Amt und führen die laufenden Geschäfte bis zu ihrer Ersetzung nach Artikel 17 des Vertrags über die Europäische Union[1)] weiter. [3] In diesem Fall endet die Amtszeit der zu ihrer Ersetzung ernannten Mitglieder der Kommission zu dem Zeitpunkt, zu dem die Amtszeit der Mitglieder der Kommission, die ihr Amt geschlossen niederlegen mussten, geendet hätte.

Abschnitt 2. Der Europäische Rat

Art. 235 [Verfahrensfragen; Geschäftsordnung] (1) *[1]* Jedes Mitglied des Europäischen Rates kann sich das Stimmrecht höchstens eines anderen Mitglieds übertragen lassen.

[2] [1] Beschließt der Europäische Rat mit qualifizierter Mehrheit, so gelten für ihn Artikel 16 Absatz 4 des Vertrags über die Europäische Union[1)] und Artikel 238 Absatz 2 dieses Vertrags. [2] An Abstimmungen im Europäischen Rat nehmen dessen Präsident und der Präsident der Kommission nicht teil.

[3] Die Stimmenthaltung von anwesenden oder vertretenen Mitgliedern steht dem Zustandekommen von Beschlüssen des Europäischen Rates, zu denen Einstimmigkeit erforderlich ist, nicht entgegen.

(2) Der Präsident des Europäischen Parlaments kann vom Europäischen Rat gehört werden.

[1)] Nr. **13**.

(3) Der Europäische Rat beschließt mit einfacher Mehrheit über Verfahrensfragen sowie über den Erlass seiner Geschäftsordnung.

(4) Der Europäische Rat wird vom Generalsekretariat des Rates unterstützt.

Art. 236 [Beschlüsse zur Zusammensetzung und Vorsitz des Rates]
Der Europäische Rat erlässt mit qualifizierter Mehrheit

a) einen Beschluss zur Festlegung der Zusammensetzungen des Rates, mit Ausnahme des Rates „Allgemeine Angelegenheiten" und des Rates „Auswärtige Angelegenheiten" nach Artikel 16 Absatz 6 des Vertrags über die Europäische Union[1)];
b) einen Beschluss nach Artikel 16 Absatz 9 des Vertrags über die Europäische Union zur Festlegung des Vorsitzes im Rat in allen seinen Zusammensetzungen mit Ausnahme des Rates „Auswärtige Angelegenheiten".

Abschnitt 3.[2)] Der Rat

Art. 237 [Einberufung] Der Rat wird von seinem Präsidenten aus eigenem Entschluss oder auf Antrag eines seiner Mitglieder oder der Kommission einberufen.

Art. 238 [Beschlussfassung; Mehrheiten] (1) Ist zu einem Beschluss des Rates die einfache Mehrheit erforderlich, so beschließt der Rat mit der Mehrheit seiner Mitglieder.

(2) Beschließt der Rat nicht auf Vorschlag der Kommission oder des Hohen Vertreters der Union für Außen- und Sicherheitspolitik, so gilt ab dem 1. November 2014 abweichend von Artikel 16 Absatz 4 des Vertrags über die Europäische Union[1)] und vorbehaltlich der Vorschriften des Protokolls über die Übergangsbestimmungen als qualifizierte Mehrheit eine Mehrheit von mindestens 72 % der Mitglieder des Rates, sofern die von ihnen vertretenen Mitgliedstaaten zusammen mindestens 65 % der Bevölkerung der Union ausmachen.[3)]

(3) In den Fällen, in denen in Anwendung der Verträge nicht alle Mitglieder des Rates stimmberechtigt sind, gilt ab dem 1. November 2014 vorbehaltlich der Vorschriften des Protokolls über die Übergangsbestimmungen für die qualifizierte Mehrheit Folgendes:

a) Als qualifizierte Mehrheit gilt eine Mehrheit von mindestens 55 % derjenigen Mitglieder des Rates, die die beteiligten Mitgliedstaaten vertreten, sofern die von ihnen vertretenen Mitgliedstaaten zusammen mindestens 65 % der Bevölkerung der beteiligten Mitgliedstaaten ausmachen.
Für eine Sperrminorität bedarf es mindestens der Mindestzahl von Mitgliedern des Rates, die zusammen mehr als 35 % der Bevölkerung der beteiligten

[1)] Nr. 13.
[2)] Siehe auch Art. 5 EUV (Nr. 13). Beachte ferner den Beschluss (93/591/EU, Euratom, EGKS, EG) des Rates über seine Bezeichnung im Anschluss an das Inkrafttreten des Vertrags über die Europäische Union v. 8.11.1993 (ABl. L 281 S. 18, ber. ABl. L 285 S. 41): „Der Rat wird nunmehr ‚Rat der Europäischen Union' genannt und als solcher insbesondere in den von ihm erlassenen Rechtsakten, einschließlich derjenigen im Rahmen der Titel V und VI des Vertrags über die Europäische Union, bezeichnet; desgleichen werden die politischen Erklärungen, die der Rat im Rahmen der gemeinsamen Außen- und Sicherheitspolitik annimmt, im Namen der ‚Europäischen Union' abgegeben."
[3)] Näheres siehe hierzu im Beschluss 2009/857/EG v. 13.12.2007 (ABl. 2009 L 314 S. 73).

Mitgliedstaaten vertreten, zuzüglich eines Mitglieds; andernfalls gilt die qualifizierte Mehrheit als erreicht.

b) Beschließt der Rat nicht auf Vorschlag der Kommission oder des Hohen Vertreters der Union für Außen- und Sicherheitspolitik, so gilt abweichend von Buchstabe a als qualifizierte Mehrheit eine Mehrheit von mindestens 72 % derjenigen Mitglieder des Rates, die die beteiligten Mitgliedstaaten vertreten, sofern die von ihnen vertretenen Mitgliedstaaten zusammen mindestens 65 % der Bevölkerung der beteiligten Mitgliedstaaten ausmachen.

(4) Die Stimmenthaltung von anwesenden oder vertretenen Mitgliedern steht dem Zustandekommen von Beschlüssen des Rates, zu denen Einstimmigkeit erforderlich ist, nicht entgegen.

Art. 239 [Stimmrechtsübertragung] Jedes Mitglied kann sich das Stimmrecht höchstens eines anderen Mitglieds übertragen lassen.

Art. 240 [Ausschuss der Ständigen Vertreter; Generalsekretariat; Geschäftsordnung] (1) [1] Ein Ausschuss, der sich aus den Ständigen Vertretern der Regierungen der Mitgliedstaaten zusammensetzt, trägt die Verantwortung, die Arbeiten des Rates vorzubereiten und die ihm vom Rat übertragenen Aufträge auszuführen. [2] Der Ausschuss kann in Fällen, die in der Geschäftsordnung des Rates vorgesehen sind, Verfahrensbeschlüsse fassen.

(2) *[1]* Der Rat wird von einem Generalsekretariat unterstützt, das einem vom Rat ernannten Generalsekretär untersteht.

[2] Der Rat beschließt mit einfacher Mehrheit über die Organisation des Generalsekretariats.

(3) Der Rat beschließt mit einfacher Mehrheit über Verfahrensfragen sowie über den Erlass seiner Geschäftsordnung.

Art. 241 [Indirektes Initiativrecht] [1] Der Rat, der mit einfacher Mehrheit beschließt, kann die Kommission auffordern, die nach seiner Ansicht zur Verwirklichung der gemeinsamen Ziele geeigneten Untersuchungen vorzunehmen und ihm entsprechende Vorschläge zu unterbreiten. [2] Legt die Kommission keinen Vorschlag vor, so teilt sie dem Rat die Gründe dafür mit.

Art. 242 [Regelung der Rechtsstellung der Ausschüsse] Der Rat, der mit einfacher Mehrheit beschließt, regelt nach Anhörung der Kommission die rechtliche Stellung der in den Verträgen vorgesehenen Ausschüsse.

Art. 243 [Festsetzung von Gehältern und Vergütungen] [1] Der Rat setzt die Gehälter, Vergütungen und Ruhegehälter für den Präsidenten des Europäischen Rates, den Präsidenten der Kommission, den Hohen Vertreter der Union für Außen- und Sicherheitspolitik, die Mitglieder der Kommission, die Präsidenten, die Mitglieder und die Kanzler des Gerichtshofs der Europäischen Union sowie den Generalsekretär des Rates fest. [2] Er setzt ebenfalls alle als Entgelt gezahlten Vergütungen fest.

Abschnitt 4. Die Kommission

Art. 244 [Rotationsprinzip] Gemäß Artikel 17 Absatz 5 des Vertrags über die Europäische Union[1)] werden die Kommissionsmitglieder in einem vom Europäischen Rat einstimmig festgelegten System der Rotation ausgewählt, das auf folgenden Grundsätzen beruht:

a) Die Mitgliedstaaten werden bei der Festlegung der Reihenfolge und der Dauer der Amtszeiten ihrer Staatsangehörigen in der Kommission vollkommen gleich behandelt; demzufolge kann die Gesamtzahl der Mandate, welche Staatsangehörige zweier beliebiger Mitgliedstaaten innehaben, niemals um mehr als eines voneinander abweichen.

b) Vorbehaltlich des Buchstabens a ist jede der aufeinander folgenden Kommissionen so zusammengesetzt, dass das demografische und geografische Spektrum der Gesamtheit der Mitgliedstaaten auf zufrieden stellende Weise zum Ausdruck kommt.

Art. 245 [Amtspflichten der Kommissare; Amtsenthebung] *[1]* [1] Die Mitglieder der Kommission haben jede Handlung zu unterlassen, die mit ihren Aufgaben unvereinbar ist. [2] Die Mitgliedstaaten achten ihre Unabhängigkeit und versuchen nicht, sie bei der Erfüllung ihrer Aufgaben zu beeinflussen.

[2] [1] Die Mitglieder der Kommission dürfen während ihrer Amtszeit keine andere entgeltliche oder unentgeltliche Berufstätigkeit ausüben. [2] Bei der Aufnahme ihrer Tätigkeit übernehmen sie die feierliche Verpflichtung, während der Ausübung und nach Ablauf ihrer Amtstätigkeit die sich aus ihrem Amt ergebenden Pflichten zu erfüllen, insbesondere die Pflicht, bei der Annahme gewisser Tätigkeiten oder Vorteile nach Ablauf dieser Tätigkeit ehrenhaft und zurückhaltend zu sein. [3] Werden diese Pflichten verletzt, so kann der Gerichtshof auf Antrag des Rates, der mit einfacher Mehrheit beschließt, oder der Kommission das Mitglied je nach Lage des Falles gemäß Artikel 247 seines Amtes entheben oder ihm seine Ruhegehaltsansprüche oder andere an ihrer Stelle gewährte Vergünstigungen aberkennen.

Art. 246 [Neubesetzung während der Amtszeit] *[1]* Abgesehen von den regelmäßigen Neubesetzungen und von Todesfällen endet das Amt eines Mitglieds der Kommission durch Rücktritt oder Amtsenthebung.

[2] Für ein zurückgetretenes, seines Amtes enthobenes oder verstorbenes Mitglied wird für die verbleibende Amtszeit vom Rat mit Zustimmung des Präsidenten der Kommission nach Anhörung des Europäischen Parlaments und nach den Anforderungen des Artikels 17 Absatz 3 Unterabsatz 2 des Vertrags über die Europäische Union[1)] ein neues Mitglied derselben Staatsangehörigkeit ernannt.

[3] Der Rat kann auf Vorschlag des Präsidenten der Kommission einstimmig beschließen, dass ein ausscheidendes Mitglied der Kommission für die verbleibende Amtszeit nicht ersetzt werden muss, insbesondere wenn es sich um eine kurze Zeitspanne handelt.

[4] [1] Bei Rücktritt, Amtsenthebung oder Tod des Präsidenten wird für die verbleibende Amtszeit ein Nachfolger ernannt. [2] Für die Ersetzung findet das

[1)] Nr. 13.

Verfahren des Artikels 17 Absatz 7 Unterabsatz 1 des Vertrags über die Europäische Union Anwendung.

[5] Bei Rücktritt, Amtsenthebung oder Tod des Hohen Vertreters der Union für die Außen- und Sicherheitspolitik wird für die verbleibende Amtszeit nach Artikel 18 Absatz 1 des Vertrags über die Europäische Union ein Nachfolger ernannt.

[6] Bei Rücktritt aller Mitglieder der Kommission bleiben diese bis zur Neubesetzung ihres Sitzes nach Artikel 17 des Vertrags über die Europäische Union für die verbleibende Amtszeit im Amt und führen die laufenden Geschäfte weiter.

Art. 247 **[Amtsenthebung]** Jedes Mitglied der Kommission, das die Voraussetzungen für die Ausübung seines Amtes nicht mehr erfüllt oder eine schwere Verfehlung begangen hat, kann auf Antrag des Rates, der mit einfacher Mehrheit beschließt, oder der Kommission durch den Gerichtshof seines Amtes enthoben werden.

Art. 248 **[Zuständigkeitsaufteilung durch den Präsidenten]** ¹Die Zuständigkeiten der Kommission werden unbeschadet des Artikels 18 Absatz 4 des Vertrags über die Europäische Union[1] von ihrem Präsidenten nach Artikel 17 Absatz 6 des genannten Vertrags gegliedert und zwischen ihren Mitgliedern aufgeteilt. ²Der Präsident kann diese Zuständigkeitsverteilung im Laufe der Amtszeit ändern. ³Die Mitglieder der Kommission üben die ihnen vom Präsidenten übertragenen Aufgaben unter dessen Leitung aus.

Art. 249 **[Geschäftsordnung; Jährlicher Gesamtbericht]** (1) ¹Die Kommission gibt sich eine Geschäftsordnung, um ihr ordnungsgemäßes Arbeiten und das ihrer Dienststellen zu gewährleisten. ²Sie sorgt für die Veröffentlichung dieser Geschäftsordnung.

(2) Die Kommission veröffentlicht jährlich, und zwar spätestens einen Monat vor Beginn der Sitzungsperiode des Europäischen Parlaments, einen Gesamtbericht über die Tätigkeit der Union.

Art. 250 **[Beschlussfassung]** *[1]* Die Beschlüsse der Kommission werden mit der Mehrheit ihrer Mitglieder gefasst.

[2] Die Beschlussfähigkeit wird in ihrer Geschäftsordnung festgelegt.

Abschnitt 5. Der Gerichtshof der Europäischen Union

Art. 251 **[Spruchkörper des Gerichtshofs]** *[1]* Der Gerichtshof tagt in Kammern oder als Große Kammer entsprechend den hierfür in der Satzung des Gerichtshofs der Europäischen Union vorgesehenen Regeln.

[2] Wenn die Satzung es vorsieht, kann der Gerichtshof auch als Plenum tagen.

Art. 252 **[Generalanwälte]** *[1]* ¹Der Gerichtshof wird von acht Generalanwälten unterstützt. ²Auf Antrag des Gerichtshofs kann der Rat einstimmig die Zahl der Generalanwälte erhöhen.

[1] Nr. 13.

[2] Der Generalanwalt hat öffentlich in völliger Unparteilichkeit und Unabhängigkeit begründete Schlussanträge zu den Rechtssachen zu stellen, in denen nach der Satzung des Gerichtshofs der Europäischen Union seine Mitwirkung erforderlich ist.

Art. 253 [Ernennung der Richter, Generalanwälte und des Kanzlers; Amtsdauer; Verfahrensordnung]

[1] Zu Richtern und Generalanwälten des Gerichtshofs sind Persönlichkeiten auszuwählen, die jede Gewähr für Unabhängigkeit bieten und in ihrem Staat die für die höchsten richterlichen Ämter erforderlichen Voraussetzungen erfüllen oder Juristen von anerkannt hervorragender Befähigung sind; sie werden von den Regierungen der Mitgliedstaaten im gegenseitigen Einvernehmen nach Anhörung des in Artikel 255 vorgesehenen Ausschusses auf sechs Jahre ernannt.

[2] Alle drei Jahre findet nach Maßgabe der Satzung des Gerichtshofs der Europäischen Union eine teilweise Neubesetzung der Stellen der Richter und Generalanwälte statt.

[3] ¹Die Richter wählen aus ihrer Mitte den Präsidenten des Gerichtshofs für die Dauer von drei Jahren. ²Wiederwahl ist zulässig.

[4] Die Wiederernennung ausscheidender Richter und Generalanwälte ist zulässig.

[5] Der Gerichtshof ernennt seinen Kanzler und bestimmt dessen Stellung.

[6] ¹Der Gerichtshof erlässt seine Verfahrensordnung. ²Sie bedarf der Genehmigung des Rates.

Art. 254 [Zusammensetzung des Gerichts; Verfahrensordnung]

[1] ¹Die Zahl der Richter des Gerichts wird in der Satzung des Gerichtshofs der Europäischen Union festgelegt. ²In der Satzung kann vorgesehen werden, dass das Gericht von Generalanwälten unterstützt wird.

[2] ¹Zu Mitgliedern des Gerichts sind Personen auszuwählen, die jede Gewähr für Unabhängigkeit bieten und über die Befähigung zur Ausübung hoher richterlicher Tätigkeiten verfügen. ²Sie werden von den Regierungen der Mitgliedstaaten im gegenseitigen Einvernehmen nach Anhörung des in Artikel 255 vorgesehenen Ausschusses für sechs Jahre ernannt. ³Alle drei Jahre wird das Gericht teilweise neu besetzt. ⁴Die Wiederernennung ausscheidender Mitglieder ist zulässig.

[3] ¹Die Richter wählen aus ihrer Mitte den Präsidenten des Gerichts für die Dauer von drei Jahren. ²Wiederwahl ist zulässig.

[4] Das Gericht ernennt seinen Kanzler und bestimmt dessen Stellung.

[5] ¹Das Gericht erlässt seine Verfahrensordnung im Einvernehmen mit dem Gerichtshof. ²Sie bedarf der Genehmigung des Rates.

[6] Soweit die Satzung des Gerichtshofs der Europäischen Union nichts anderes vorsieht, finden die den Gerichtshof betreffenden Bestimmungen der Verträge auf das Gericht Anwendung.

Art. 255 [Ausschuss „Bewerberprüfung"]

[1] Es wird ein Ausschuss eingerichtet, der die Aufgabe hat, vor einer Ernennung durch die Regierungen der Mitgliedstaaten nach den Artikeln 253 und 254 eine Stellungnahme zur Eignung der Bewerber für die Ausübung des Amts eines Richters oder Generalanwalts beim Gerichtshof oder beim Gericht abzugeben.

[2] ¹Der Ausschuss setzt sich aus sieben Persönlichkeiten zusammen, die aus dem Kreis ehemaliger Mitglieder des Gerichtshofs und des Gerichts, der Mitglieder der höchsten einzelstaatlichen Gerichte und der Juristen von anerkannt hervorragender Befähigung ausgewählt werden, von denen einer vom Europäischen Parlament vorgeschlagen wird. ²Der Rat erlässt einen Beschluss zur Festlegung der Vorschriften für die Arbeitsweise und einen Beschluss zur Ernennung der Mitglieder dieses Ausschusses. ³Er beschließt auf Initiative des Präsidenten des Gerichtshofs.

Art. 256[1] **[Gericht, Zuständigkeiten; Rechtszug; Verweisung in Grundsatzfragen]** (1) *[1]* ¹Das Gericht ist für Entscheidungen im ersten Rechtszug über die in den Artikeln 263, 265, 268, 270 und 272 genannten Klagen zuständig, mit Ausnahme derjenigen Klagen, die einem nach Artikel 257 gebildeten Fachgericht übertragen werden, und der Klagen, die gemäß der Satzung dem Gerichtshof vorbehalten sind. ²In der Satzung kann vorgesehen werden, dass das Gericht für andere Kategorien von Klagen zuständig ist.

[2] Gegen die Entscheidungen des Gerichts aufgrund dieses Absatzes kann nach Maßgabe der Bedingungen und innerhalb der Grenzen, die in der Satzung vorgesehen sind, beim Gerichtshof ein auf Rechtsfragen beschränktes Rechtsmittel eingelegt werden.

(2) *[1]* Das Gericht ist für Entscheidungen über Rechtsmittel gegen die Entscheidungen der Fachgerichte zuständig.

[2] Die Entscheidungen des Gerichts aufgrund dieses Absatzes können nach Maßgabe der Bedingungen und innerhalb der Grenzen, die in der Satzung vorgesehen sind, in Ausnahmefällen vom Gerichtshof überprüft werden, wenn die ernste Gefahr besteht, dass die Einheit oder Kohärenz des Unionsrechts berührt wird.

(3) *[1]* Das Gericht ist in besonderen in der Satzung festgelegten Sachgebieten für Vorabentscheidungen nach Artikel 267 zuständig.

[2] Wenn das Gericht der Auffassung ist, dass eine Rechtssache eine Grundsatzentscheidung erfordert, die die Einheit oder die Kohärenz des Unionsrechts berühren könnte, kann es die Rechtssache zur Entscheidung an den Gerichtshof verweisen.

[3] Die Entscheidungen des Gerichts über Anträge auf Vorabentscheidung können nach Maßgabe der Bedingungen und innerhalb der Grenzen, die in der Satzung vorgesehen sind, in Ausnahmefällen vom Gerichtshof überprüft werden, wenn die ernste Gefahr besteht, dass die Einheit oder die Kohärenz des Unionsrechts berührt wird.

Art. 257 [Fachgerichte] *[1]* ¹Das Europäische Parlament und der Rat können gemäß dem ordentlichen Gesetzgebungsverfahren dem Gericht beigeordnete Fachgerichte bilden, die für Entscheidungen im ersten Rechtszug über bestimmte Kategorien von Klagen zuständig sind, die auf besonderen Sachgebieten erhoben werden. ²Das Europäische Parlament und der Rat beschließen durch Verordnungen entweder auf Vorschlag der Kommission nach Anhörung des Gerichtshofs oder auf Antrag des Gerichtshofs nach Anhörung der Kommission.

[1] Vgl. zu dieser Vorschrift auch die Erklärungen Nr. 12, 13, 14 und 15 zur Schlussakte v. 16.2.2001 (ABl. C 80 S. 70) der Konferenz von Nizza.

[2] In der Verordnung über die Bildung eines Fachgerichts werden die Regeln für die Zusammensetzung dieses Gerichts und der ihm übertragene Zuständigkeitsbereich festgelegt.

[3] Gegen die Entscheidungen der Fachgerichte kann vor dem Gericht ein auf Rechtsfragen beschränktes Rechtsmittel oder, wenn die Verordnung über die Bildung des Fachgerichts dies vorsieht, ein auch Sachfragen betreffendes Rechtsmittel eingelegt werden.

[4] [1] Zu Mitgliedern der Fachgerichte sind Personen auszuwählen, die jede Gewähr für Unabhängigkeit bieten und über die Befähigung zur Ausübung richterlicher Tätigkeiten verfügen. [2] Sie werden einstimmig vom Rat ernannt.

[5] [1] Die Fachgerichte erlassen ihre Verfahrensordnung im Einvernehmen mit dem Gerichtshof. [2] Diese Verfahrensordnung bedarf der Genehmigung des Rates.

[6] [1] Soweit die Verordnung über die Bildung der Fachgerichte nichts anderes vorsieht, finden die den Gerichtshof der Europäischen Union betreffenden Bestimmungen der Verträge und die Satzung des Gerichtshofs der Europäischen Union auf die Fachgerichte Anwendung. [2] Titel I und Artikel 64 der Satzung gelten auf jeden Fall für die Fachgerichte.

Art. 258 [Vertragsverletzungsverfahren] *[1]* Hat nach Auffassung der Kommission ein Mitgliedstaat gegen eine Verpflichtung aus den Verträgen verstoßen, so gibt sie eine mit Gründen versehene Stellungnahme hierzu ab; sie hat dem Staat zuvor Gelegenheit zur Äußerung zu geben.

[2] Kommt der Staat dieser Stellungnahme innerhalb der von der Kommission gesetzten Frist nicht nach, so kann die Kommission den Gerichtshof der Europäischen Union anrufen.

Art. 259 [Vertragsverletzungsverfahren; Anrufung durch einen Mitgliedstaat] *[1]* Jeder Mitgliedstaat kann den Gerichtshof der Europäischen Union anrufen, wenn er der Auffassung ist, dass ein anderer Mitgliedstaat gegen eine Verpflichtung aus den Verträgen verstoßen hat.

[2] Bevor ein Mitgliedstaat wegen einer angeblichen Verletzung der Verpflichtungen aus den Verträgen gegen einen anderen Staat Klage erhebt, muss er die Kommission damit befassen.

[3] Die Kommission erlässt eine mit Gründen versehene Stellungnahme; sie gibt den beteiligten Staaten zuvor Gelegenheit zu schriftlicher und mündlicher Äußerung in einem kontradiktorischen Verfahren.

[4] Gibt die Kommission binnen drei Monaten nach dem Zeitpunkt, in dem ein entsprechender Antrag gestellt wurde, keine Stellungnahme ab, so kann ungeachtet des Fehlens der Stellungnahme vor dem Gerichtshof geklagt werden.

Art. 260 [Wirkung und Durchsetzung von Urteilen; Zwangsgeld]

(1) Stellt der Gerichtshof der Europäischen Union fest, dass ein Mitgliedstaat gegen eine Verpflichtung aus den Verträgen verstoßen hat, so hat dieser Staat die Maßnahmen zu ergreifen, die sich aus dem Urteil des Gerichtshofs ergeben.

(2) *[1]* [1] Hat der betreffende Mitgliedstaat die Maßnahmen, die sich aus dem Urteil des Gerichtshofs ergeben, nach Auffassung der Kommission nicht getrof-

14 AEUV Art. 261–263

fen, so kann die Kommission den Gerichtshof anrufen, nachdem sie diesem Staat zuvor Gelegenheit zur Äußerung gegeben hat. ²Hierbei benennt sie die Höhe des von dem betreffenden Mitgliedstaat zu zahlenden Pauschalbetrags oder Zwangsgelds, die sie den Umständen nach für angemessen hält.

[2] Stellt der Gerichtshof fest, dass der betreffende Mitgliedstaat seinem Urteil nicht nachgekommen ist, so kann er die Zahlung eines Pauschalbetrags oder Zwangsgelds verhängen.

[3] Dieses Verfahren lässt den Artikel 259 unberührt.

(3) *[1]* Erhebt die Kommission beim Gerichtshof Klage nach Artikel 258, weil sie der Auffassung ist, dass der betreffende Mitgliedstaat gegen seine Verpflichtung verstoßen hat, Maßnahmen zur Umsetzung einer gemäß einem Gesetzgebungsverfahren erlassenen Richtlinie mitzuteilen, so kann sie, wenn sie dies für zweckmäßig hält, die Höhe des von dem betreffenden Mitgliedstaat zu zahlenden Pauschalbetrags oder Zwangsgelds benennen, die sie den Umständen nach für angemessen hält.

[2] ¹Stellt der Gerichtshof einen Verstoß fest, so kann er gegen den betreffenden Mitgliedstaat die Zahlung eines Pauschalbetrags oder eines Zwangsgelds bis zur Höhe des von der Kommission genannten Betrags verhängen. ²Die Zahlungsverpflichtung gilt ab dem vom Gerichtshof in seinem Urteil festgelegten Zeitpunkt.

Art. 261 [Ermessensnachprüfung; Zwangsmaßnahmen] Aufgrund der Verträge vom Europäischen Parlament und vom Rat gemeinsam sowie vom Rat erlassene Verordnungen können hinsichtlich der darin vorgesehenen Zwangsmaßnahmen dem Gerichtshof der Europäischen Union eine Zuständigkeit übertragen, welche die Befugnis zu unbeschränkter Ermessensnachprüfung und zur Änderung oder Verhängung solcher Maßnahmen umfasst.

Art. 262¹⁾ [Rechtsstreitigkeiten im Bereich des geistigen Eigentums]
¹Unbeschadet der sonstigen Bestimmungen der Verträge kann der Rat gemäß einem besonderen Gesetzgebungsverfahren nach Anhörung des Europäischen Parlaments einstimmig Bestimmungen erlassen, mit denen dem Gerichtshof der Europäischen Union in dem vom Rat festgelegten Umfang die Zuständigkeit übertragen wird, über Rechtsstreitigkeiten im Zusammenhang mit der Anwendung von aufgrund der Verträge erlassenen Rechtsakten, mit denen europäische Rechtstitel für das geistige Eigentum geschaffen werden, zu entscheiden. ²Diese Bestimmungen treten nach Zustimmung der Mitgliedstaaten im Einklang mit ihren jeweiligen verfassungsrechtlichen Vorschriften in Kraft.

Art. 263 [Nichtigkeitsklage] *[1]* ¹Der Gerichtshof der Europäischen Union überwacht die Rechtmäßigkeit der Gesetzgebungsakte sowie der Handlungen des Rates, der Kommission und der Europäischen Zentralbank, soweit es sich nicht um Empfehlungen oder Stellungnahmen handelt, und der Handlungen des Europäischen Parlaments und des Europäischen Rates mit Rechtswirkung gegenüber Dritten. ²Er überwacht ebenfalls die Rechtmäßigkeit der

¹⁾ Vgl. zu dieser Vorschrift auch die Erklärung Nr. 17 zur Schlussakte v. 16.2.2001 (ABl. C 80 S. 70) der Konferenz von Nizza.

Handlungen der Einrichtungen oder sonstigen Stellen der Union mit Rechtswirkung gegenüber Dritten.

[2] Zu diesem Zweck ist der Gerichtshof der Europäischen Union für Klagen zuständig, die ein Mitgliedstaat, das Europäische Parlament, der Rat oder die Kommission wegen Unzuständigkeit, Verletzung wesentlicher Formvorschriften, Verletzung der Verträge oder einer bei ihrer Durchführung anzuwendenden Rechtsnorm oder wegen Ermessensmissbrauchs erhebt.

[3] Der Gerichtshof der Europäischen Union ist unter den gleichen Voraussetzungen zuständig für Klagen des Rechnungshofs, der Europäischen Zentralbank und des Ausschusses der Regionen, die auf die Wahrung ihrer Rechte abzielen.

[4] Jede natürliche oder juristische Person kann unter den Bedingungen nach den Absätzen 1 und 2 gegen die an sie gerichteten oder sie unmittelbar und individuell betreffenden Handlungen sowie gegen Rechtsakte mit Verordnungscharakter, die sie unmittelbar betreffen und keine Durchführungsmaßnahmen nach sich ziehen, Klage erheben.

[5] In den Rechtsakten zur Gründung von Einrichtungen und sonstigen Stellen der Union können besondere Bedingungen und Einzelheiten für die Erhebung von Klagen von natürlichen oder juristischen Personen gegen Handlungen dieser Einrichtungen und sonstigen Stellen vorgesehen werden, die eine Rechtswirkung gegenüber diesen Personen haben.

[6] Die in diesem Artikel vorgesehenen Klagen sind binnen zwei Monaten zu erheben; diese Frist läuft je nach Lage des Falles von der Bekanntgabe der betreffenden Handlung, ihrer Mitteilung an den Kläger oder in Ermangelung dessen von dem Zeitpunkt an, zu dem der Kläger von dieser Handlung Kenntnis erlangt hat.

Art. 264 [Nichtigkeitsklage; Urteilswirkung]

[1] Ist die Klage begründet, so erklärt der Gerichtshof der Europäischen Union die angefochtene Handlung für nichtig.

[2] Erklärt der Gerichtshof eine Handlung für nichtig, so bezeichnet er, falls er dies für notwendig hält, diejenigen ihrer Wirkungen, die als fortgeltend zu betrachten sind.

Art. 265 [Untätigkeitsklage]

[1] [1] Unterlässt es das Europäische Parlament, der Europäische Rat, der Rat, die Kommission oder die Europäische Zentralbank unter Verletzung der Verträge, einen Beschluss zu fassen, so können die Mitgliedstaaten und die anderen Organe der Union beim Gerichtshof der Europäischen Union Klage auf Feststellung dieser Vertragsverletzung erheben. [2] Dieser Artikel gilt entsprechend für die Einrichtungen und sonstigen Stellen der Union, die es unterlassen, tätig zu werden.

[2] [1] Diese Klage ist nur zulässig, wenn das in Frage stehende Organ, die in Frage stehende Einrichtung oder sonstige Stelle zuvor aufgefordert worden ist, tätig zu werden. [2] Hat es bzw. sie binnen zwei Monaten nach dieser Aufforderung nicht Stellung genommen, so kann die Klage innerhalb einer weiteren Frist von zwei Monaten erhoben werden.

[3] Jede natürliche oder juristische Person kann nach Maßgabe der Absätze 1 und 2 vor dem Gerichtshof Beschwerde darüber führen, dass ein Organ oder

14 AEUV Art. 266–270

eine Einrichtung oder sonstige Stelle der Union es unterlassen hat, einen anderen Akt als eine Empfehlung oder eine Stellungnahme an sie zu richten.

Art. 266 [Verpflichtung aus dem Urteil] *[1]* Die Organe, Einrichtungen oder sonstigen Stellen, denen das für nichtig erklärte Handeln zur Last fällt oder deren Untätigkeit als vertragswidrig erklärt worden ist, haben die sich aus dem Urteil des Gerichtshofs der Europäischen Union ergebenden Maßnahmen zu ergreifen.

[2] Diese Verpflichtung besteht unbeschadet der Verpflichtungen, die sich aus der Anwendung des Artikels 340 Absatz 2 ergeben.

Art. 267 [Vorabentscheidungsverfahren] *[1]* Der Gerichtshof der Europäischen Union entscheidet im Wege der Vorabentscheidung
a) über die Auslegung der Verträge,
b) über die Gültigkeit und die Auslegung der Handlungen der Organe, Einrichtungen oder sonstigen Stellen der Union.

[2] Wird eine derartige Frage einem Gericht eines Mitgliedstaats gestellt und hält dieses Gericht eine Entscheidung darüber zum Erlass seines Urteils für erforderlich, so kann es diese Frage dem Gerichtshof zur Entscheidung vorlegen.

[3] Wird eine derartige Frage in einem schwebenden Verfahren bei einem einzelstaatlichen Gericht gestellt, dessen Entscheidungen selbst nicht mehr mit Rechtsmitteln des innerstaatlichen Rechts angefochten werden können, so ist dieses Gericht zur Anrufung des Gerichtshofs verpflichtet.

[4] Wird eine derartige Frage in einem schwebenden Verfahren, das eine inhaftierte Person betrifft, bei einem einzelstaatlichen Gericht gestellt, so entscheidet der Gerichtshof innerhalb kürzester Zeit.

Art. 268 [Schadenersatzklage] Der Gerichtshof der Europäischen Union ist für Streitsachen über den in Artikel 340 Absätze 2 und 3 vorgesehenen Schadensersatz zuständig.

Art. 269 [Eingeschränkte Zuständigkeit bei Suspendierung von Mitgliedschaftsrechten] *[1]* Der Gerichtshof ist für Entscheidungen über die Rechtmäßigkeit eines nach Artikel 7 des Vertrags über die Europäische Union[1)] erlassenen Rechtsakts des Europäischen Rates oder des Rates nur auf Antrag des von einer Feststellung des Europäischen Rates oder des Rates betroffenen Mitgliedstaats und lediglich im Hinblick auf die Einhaltung der in dem genannten Artikel vorgesehenen Verfahrensbestimmungen zuständig.

[2] [1] Der Antrag muss binnen eines Monats nach der jeweiligen Feststellung gestellt werden. [2] Der Gerichtshof entscheidet binnen eines Monats nach Antragstellung.

Art. 270 [Dienstrechtliche Streitigkeiten] Der Gerichtshof der Europäischen Union ist für alle Streitsachen zwischen der Union und deren Bediensteten innerhalb der Grenzen und nach Maßgabe der Bedingungen zuständig, die im Statut der Beamten der Union und in den Beschäftigungsbedingungen für die sonstigen Bediensteten der Union festgelegt sind.

[1)] Nr. 13.

Art. 271 [Zuständigkeit für gewisse Streitigkeiten betreffend EIB und EZB] Der Gerichtshof der Europäischen Union ist nach Maßgabe der folgenden Bestimmungen zuständig in Streitsachen über

a) die Erfüllung der Verpflichtungen der Mitgliedstaaten aus der Satzung der Europäischen Investitionsbank. Der Verwaltungsrat der Bank besitzt hierbei die der Kommission in Artikel 258 übertragenen Befugnisse;
b) die Beschlüsse des Rates der Gouverneure der Europäischen Investitionsbank. Jeder Mitgliedstaat, die Kommission und der Verwaltungsrat der Bank können hierzu nach Maßgabe des Artikels 263 Klage erheben;
c) die Beschlüsse des Verwaltungsrats der Europäischen Investitionsbank. Diese können nach Maßgabe des Artikels 263 nur von Mitgliedstaaten oder der Kommission und lediglich wegen Verletzung der Formvorschriften des Artikels 19 Absatz 2 und Absätze 5 bis 7 der Satzung der Investitionsbank angefochten werden;
d) die Erfüllung der sich aus den Verträgen und der Satzung des ESZB und der EZB ergebenden Verpflichtungen durch die nationalen Zentralbanken. Der Rat der Gouverneure der Europäischen Zentralbank besitzt hierbei gegenüber den nationalen Zentralbanken die Befugnisse, die der Kommission in Artikel 258 gegenüber den Mitgliedstaaten eingeräumt werden. Stellt der Gerichtshof der Europäischen Union fest, dass eine nationale Zentralbank gegen eine Verpflichtung aus den Verträgen verstoßen hat, so hat diese Bank die Maßnahmen zu ergreifen, die sich aus dem Urteil des Gerichtshofs ergeben.

Art. 272 [Zuständigkeit aufgrund einer Schiedsklausel] Der Gerichtshof der Europäischen Union ist für Entscheidungen aufgrund einer Schiedsklausel zuständig, die in einem von der Union oder für ihre Rechnung abgeschlossenen öffentlich-rechtlichen oder privatrechtlichen Vertrag enthalten ist.

Art. 273 [Zuständigkeit aufgrund eines Schiedsvertrags] Der Gerichtshof ist für jede mit dem Gegenstand der Verträge in Zusammenhang stehende Streitigkeit zwischen Mitgliedstaaten zuständig, wenn diese bei ihm aufgrund eines Schiedsvertrags anhängig gemacht wird.

Art. 274 [Zuständigkeit einzelstaatlicher Gerichte] Soweit keine Zuständigkeit des Gerichtshofs der Europäischen Union aufgrund der Verträge besteht, sind Streitsachen, bei denen die Union Partei ist, der Zuständigkeit der einzelstaatlichen Gerichte nicht entzogen.

Art. 275 [Unzuständigkeit in der Außen- und Sicherheitspolitik; Ausnahmen] *[1]* Der Gerichtshof der Europäischen Union ist nicht zuständig für die Bestimmungen hinsichtlich der Gemeinsamen Außen- und Sicherheitspolitik und für die auf der Grundlage dieser Bestimmungen erlassenen Rechtsakte.

[2] Der Gerichtshof ist jedoch zuständig für die Kontrolle der Einhaltung von Artikel 40 des Vertrags über die Europäische Union[1] und für die unter den Voraussetzungen des Artikels 263 Absatz 4 dieses Vertrags erhobenen Klagen im Zusammenhang mit der Überwachung der Rechtmäßigkeit von Beschlüs-

[1] Nr. 13.

sen über restriktive Maßnahmen gegenüber natürlichen oder juristischen Personen, die der Rat auf der Grundlage von Titel V Kapitel 2 des Vertrags über die Europäische Union erlassen hat.

Art. 276 [Unzuständigkeit für mitgliedstaatliche Polizeimaßnahmen]
Bei der Ausübung seiner Befugnisse im Rahmen der Bestimmungen des Dritten Teils Titel V Kapitel 4 und 5 über den Raum der Freiheit, der Sicherheit und des Rechts ist der Gerichtshof der Europäischen Union nicht zuständig für die Überprüfung der Gültigkeit oder Verhältnismäßigkeit von Maßnahmen der Polizei oder anderer Strafverfolgungsbehörden eines Mitgliedstaats oder der Wahrnehmung der Zuständigkeiten der Mitgliedstaaten für die Aufrechterhaltung der öffentlichen Ordnung und den Schutz der inneren Sicherheit.

Art. 277 [Inzidente Normenkontrolle] Ungeachtet des Ablaufs der in Artikel 263 Absatz 6 genannten Frist kann jede Partei in einem Rechtsstreit, bei dem die Rechtmäßigkeit eines von einem Organ, einer Einrichtung oder einer sonstigen Stelle der Union erlassenen Rechtsakts mit allgemeiner Geltung angefochten wird, vor dem Gerichtshof der Europäischen Union die Unanwendbarkeit dieses Rechtsakts aus den in Artikel 263 Absatz 2 genannten Gründen geltend machen.

Art. 278 [Keine aufschiebende Wirkung; Aussetzung] [1] Klagen bei dem Gerichtshof der Europäischen Union haben keine aufschiebende Wirkung. [2] Der Gerichtshof kann jedoch, wenn er dies den Umständen nach für nötig hält, die Durchführung der angefochtenen Handlung aussetzen.

Art. 279 [Einstweilige Anordnungen] Der Gerichtshof der Europäischen Union kann in den bei ihm anhängigen Sachen die erforderlichen einstweiligen Anordnungen treffen.

Art. 280 [Vollstreckbarkeit der Urteile] Die Urteile des Gerichtshofs der Europäischen Union sind gemäß Artikel 299 vollstreckbar.

Art. 281 [Satzung] *[1]* Die Satzung des Gerichtshofs der Europäischen Union wird in einem besonderen Protokoll festgelegt.

[2] [1] Das Europäische Parlament und der Rat können gemäß dem ordentlichen Gesetzgebungsverfahren die Satzung mit Ausnahme ihres Titels I und ihres Artikels 64 ändern. [2] Das Europäische Parlament und der Rat beschließen entweder auf Antrag des Gerichtshofs nach Anhörung der Kommission oder auf Vorschlag der Kommission nach Anhörung des Gerichtshofs.

Abschnitt 6. Die Europäische Zentralbank

Art. 282 [Aufgaben und Maßnahmen; Rechtspersönlichkeit; Unabhängigkeit; Anhörungsrecht] (1) [1] Die Europäische Zentralbank und die nationalen Zentralbanken bilden das Europäische System der Zentralbanken (ESZB). [2] Die Europäische Zentralbank und die nationalen Zentralbanken der Mitgliedstaaten, deren Währung der Euro ist, bilden das Eurosystem und betreiben die Währungspolitik der Union.

(2) [1] Das ESZB wird von den Beschlussorganen der Europäischen Zentralbank geleitet. [2] Sein vorrangiges Ziel ist es, die Preisstabilität zu gewährleisten.

[3] Unbeschadet dieses Zieles unterstützt es die allgemeine Wirtschaftspolitik in der Union, um zur Verwirklichung ihrer Ziele beizutragen.

(3) [1] Die Europäische Zentralbank besitzt Rechtspersönlichkeit. [2] Sie allein ist befugt, die Ausgabe des Euro zu genehmigen. [3] Sie ist in der Ausübung ihrer Befugnisse und der Verwaltung ihrer Mittel unabhängig. [4] Die Organe, Einrichtungen und sonstigen Stellen der Union sowie die Regierungen der Mitgliedstaaten achten diese Unabhängigkeit.

(4) [1] Die Europäische Zentralbank erlässt die für die Erfüllung ihrer Aufgaben erforderlichen Maßnahmen nach den Artikeln 127 bis 133 und Artikel 138 und nach Maßgabe der Satzung des ESZB und der EZB. [2] Nach diesen Artikeln behalten die Mitgliedstaaten, deren Währung nicht der Euro ist, sowie deren Zentralbanken ihre Zuständigkeiten im Währungsbereich.

(5) Die Europäische Zentralbank wird in den Bereichen, auf die sich ihre Befugnisse erstrecken, zu allen Entwürfen für Rechtsakte der Union sowie zu allen Entwürfen für Rechtsvorschriften auf einzelstaatlicher Ebene gehört und kann Stellungnahmen abgeben.

Art. 283 [Organstruktur] (1) Der Rat der Europäischen Zentralbank besteht aus den Mitgliedern des Direktoriums der Europäischen Zentralbank und den Präsidenten der nationalen Zentralbanken der Mitgliedstaaten, deren Währung der Euro ist.

(2) *[1]* Das Direktorium besteht aus dem Präsidenten, dem Vizepräsidenten und vier weiteren Mitgliedern.

[2] Der Präsident, der Vizepräsident und die weiteren Mitglieder des Direktoriums werden vom Europäischen Rat auf Empfehlung des Rates, der hierzu das Europäische Parlament und den Rat der Europäischen Zentralbank anhört, aus dem Kreis der in Währungs- oder Bankfragen anerkannten und erfahrenen Persönlichkeiten mit qualifizierter Mehrheit ausgewählt und ernannt.

[3] Ihre Amtszeit beträgt acht Jahre; Wiederernennung ist nicht zulässig.

[4] Nur Staatsangehörige der Mitgliedstaaten können Mitglieder des Direktoriums werden.

Art. 284 [Teilnahmerechte; Jahresbericht] (1) [1] Der Präsident des Rates und ein Mitglied der Kommission können ohne Stimmrecht an den Sitzungen des Rates der Europäischen Zentralbank teilnehmen. [2] Der Präsident des Rates kann dem Rat der Europäischen Zentralbank einen Antrag zur Beratung vorlegen.

(2) Der Präsident der Europäischen Zentralbank wird zur Teilnahme an den Tagungen des Rates eingeladen, wenn dieser Fragen im Zusammenhang mit den Zielen und Aufgaben des ESZB erörtert.

(3) *[1]* [1] Die Europäische Zentralbank unterbreitet dem Europäischen Parlament, dem Rat und der Kommission sowie auch dem Europäischen Rat einen Jahresbericht über die Tätigkeit des ESZB und die Geld- und Währungspolitik im vergangenen und im laufenden Jahr. [2] Der Präsident der Europäischen Zentralbank legt den Bericht dem Rat und dem Europäischen Parlament vor, das auf dieser Grundlage eine allgemeine Aussprache durchführen kann.

[2] Der Präsident der Europäischen Zentralbank und die anderen Mitglieder des Direktoriums können auf Ersuchen des Europäischen Parlaments oder auf

ihre Initiative hin von den zuständigen Ausschüssen des Europäischen Parlaments gehört werden.

Abschnitt 7.[1)] Der Rechnungshof

Art. 285 [Aufgabe; Zusammensetzung] *[1]* Der Rechnungshof nimmt die Rechnungsprüfung der Union wahr.

[2] [1] Der Rechnungshof besteht aus einem Staatsangehörigen je Mitgliedstaat. [2] Seine Mitglieder üben ihre Aufgaben in voller Unabhängigkeit zum allgemeinen Wohl der Union aus.

Art. 286 [Anforderungen an die Mitglieder; Ernennung und Ausscheiden aus dem Amt] (1) [1] Zu Mitgliedern des Rechnungshofs sind Persönlichkeiten auszuwählen, die in ihren Staaten Rechnungsprüfungsorganen angehören oder angehört haben oder die für dieses Amt besonders geeignet sind. [2] Sie müssen jede Gewähr für Unabhängigkeit bieten.

(2) *[1]* [1] Die Mitglieder des Rechnungshofs werden auf sechs Jahre ernannt. [2] Der Rat nimmt die gemäß den Vorschlägen der einzelnen Mitgliedstaaten erstellte Liste der Mitglieder nach Anhörung des Europäischen Parlaments an. [3] Die Wiederernennung der Mitglieder des Rechnungshofs ist zulässig.

[2] [1] Sie wählen aus ihrer Mitte den Präsidenten des Rechnungshofs für drei Jahre. [2] Wiederwahl ist zulässig.

(3) [1] Die Mitglieder des Rechnungshofs dürfen bei der Erfüllung ihrer Pflichten Anweisungen von einer Regierung oder einer anderen Stelle weder anfordern noch entgegennehmen. [2] Sie haben jede Handlung zu unterlassen, die mit ihren Aufgaben unvereinbar ist.

(4) [1] Die Mitglieder des Rechnungshofs dürfen während ihrer Amtszeit keine andere entgeltliche oder unentgeltliche Berufstätigkeit ausüben. [2] Bei der Aufnahme ihrer Tätigkeit übernehmen sie die feierliche Verpflichtung, während der Ausübung und nach Ablauf ihrer Amtstätigkeit die sich aus ihrem Amt ergebenden Pflichten zu erfüllen, insbesondere die Pflicht, bei der Annahme gewisser Tätigkeiten oder Vorteile nach Ablauf dieser Tätigkeit ehrenhaft und zurückhaltend zu sein.

(5) *[1]* Abgesehen von regelmäßigen Neubesetzungen und von Todesfällen endet das Amt eines Mitglieds des Rechnungshofs durch Rücktritt oder durch Amtsenthebung durch den Gerichtshof gemäß Absatz 6.

[2] Für das ausscheidende Mitglied wird für die verbleibende Amtszeit ein Nachfolger ernannt.

[3] Außer im Fall der Amtsenthebung bleiben die Mitglieder des Rechnungshofs bis zu Neubesetzung ihres Sitzes im Amt.

(6) Ein Mitglied des Rechnungshofs kann nur dann seines Amtes enthoben oder seiner Ruhegehaltsansprüche oder anderer an ihrer Stelle gewährter Vergünstigungen für verlustig erklärt werden, wenn der Gerichtshof auf Antrag des Rechnungshofs feststellt, dass es nicht mehr die erforderlichen Voraussetzungen erfüllt oder den sich aus seinem Amt ergebenden Verpflichtungen nicht mehr nachkommt.

[1)] Vgl. zu diesem Abschnitt auch die Erklärung Nr. 18 der Schlussakte v. 16.2.2001 (ABl. C 80 S. 70) der Konferenz von Nizza.

(7) ¹Der Rat setzt die Beschäftigungsbedingungen für den Präsidenten und die Mitglieder des Rechnungshofs fest, insbesondere die Gehälter, Vergütungen und Ruhegehälter. ²Er setzt alle sonstigen als Entgelt gezahlten Vergütungen fest.

(8) Die für die Richter des Gerichtshofs der Europäischen Union geltenden Bestimmungen des Protokolls über die Vorrechte und Befreiungen der Europäischen Union gelten auch für die Mitglieder des Rechnungshofs.

Art. 287 [Rechnungsprüfung] (1) *[1]* ¹Der Rechnungshof prüft die Rechnung über alle Einnahmen und Ausgaben der Union. ²Er prüft ebenfalls die Rechnung über alle Einnahmen und Ausgaben jeder von der Union geschaffenen Einrichtung oder sonstigen Stelle, soweit der Gründungsakt dies nicht ausschließt.

[2] ¹Der Rechnungshof legt dem Europäischen Parlament und dem Rat eine Erklärung über die Zuverlässigkeit der Rechnungsführung sowie die Rechtmäßigkeit und Ordnungsmäßigkeit der zugrunde liegenden Vorgänge vor, die im *Amtsblatt der Europäischen Union* veröffentlicht wird. ²Diese Erklärung kann durch spezifische Beurteilungen zu allen größeren Tätigkeitsbereichen der Union ergänzt werden.

(2) *[1]* ¹Der Rechnungshof prüft die Rechtmäßigkeit und Ordnungsmäßigkeit der Einnahmen und Ausgaben und überzeugt sich von der Wirtschaftlichkeit der Haushaltsführung. ²Dabei berichtet er insbesondere über alle Fälle von Unregelmäßigkeiten.

[2] Die Prüfung der Einnahmen erfolgt anhand der Feststellungen und der Zahlungen der Einnahmen an die Union.

[3] Die Prüfung der Ausgaben erfolgt anhand der Mittelbindungen und der Zahlungen.

[4] Diese Prüfungen können vor Abschluss der Rechnung des betreffenden Haushaltsjahrs durchgeführt werden.

(3) *[1]* ¹Die Prüfung wird anhand der Rechnungsunterlagen und erforderlichenfalls an Ort und Stelle bei den anderen Organen der Union, in den Räumlichkeiten der Einrichtungen oder sonstigen Stellen, die Einnahmen oder Ausgaben für Rechnung der Union verwalten, sowie der natürlichen und juristischen Personen, die Zahlungen aus dem Haushalt erhalten, und in den Mitgliedstaaten durchgeführt. ²Die Prüfung in den Mitgliedstaaten erfolgt in Verbindung mit den einzelstaatlichen Rechnungsprüfungsorganen oder, wenn diese nicht über die erforderliche Zuständigkeit verfügen, mit den zuständigen einzelstaatlichen Dienststellen. ³Der Rechnungshof und die einzelstaatlichen Rechnungsprüfungsorgane arbeiten unter Wahrung ihrer Unabhängigkeit vertrauensvoll zusammen. ⁴Diese Organe oder Dienststellen teilen dem Rechnungshof mit, ob sie an der Prüfung teilzunehmen beabsichtigen.

[2] Die anderen Organe der Union, die Einrichtungen oder sonstigen Stellen, die Einnahmen oder Ausgaben für Rechnung der Union verwalten, die natürlichen oder juristischen Personen, die Zahlungen aus dem Haushalt erhalten, und die einzelstaatlichen Rechnungsprüfungsorgane oder, wenn diese nicht über die erforderliche Zuständigkeit verfügen, die zuständigen einzelstaatlichen Dienststellen übermitteln dem Rechnungshof auf dessen Antrag die für die Erfüllung seiner Aufgabe erforderlichen Unterlagen oder Informationen.

14 AEUV Art. 288, 289

[3] ¹Die Rechte des Rechnungshofs auf Zugang zu Informationen der Europäischen Investitionsbank im Zusammenhang mit deren Tätigkeit bei der Verwaltung von Einnahmen und Ausgaben der Union werden in einer Vereinbarung zwischen dem Rechnungshof, der Bank und der Kommission geregelt. ²Der Rechnungshof hat auch dann Recht auf Zugang zu den Informationen, die für die Prüfung der von der Bank verwalteten Einnahmen und Ausgaben der Union erforderlich sind, wenn eine entsprechende Vereinbarung nicht besteht.

(4) *[1]* ¹Der Rechnungshof erstattet nach Abschluss eines jeden Haushaltsjahrs einen Jahresbericht. ²Dieser Bericht wird den anderen Organen der Union vorgelegt und im *Amtsblatt der Europäischen Union* zusammen mit den Antworten dieser Organe auf die Bemerkungen des Rechnungshofs veröffentlicht.

[2] Der Rechnungshof kann ferner jederzeit seine Bemerkungen zu besonderen Fragen vorlegen, insbesondere in Form von Sonderberichten, und auf Antrag eines der anderen Organe der Union Stellungnahmen abgeben.

[3] ¹Er nimmt seine jährlichen Berichte, Sonderberichte oder Stellungnahmen mit der Mehrheit seiner Mitglieder an. ²Er kann jedoch für die Annahme bestimmter Arten von Berichten oder Stellungnahmen nach Maßgabe seiner Geschäftsordnung Kammern bilden.

[4] Er unterstützt das Europäische Parlament und den Rat bei der Kontrolle der Ausführung des Haushaltsplans.

[5] ¹Der Rechnungshof gibt sich eine Geschäftsordnung. ²Diese bedarf der Genehmigung des Rates.

Kapitel 2. Rechtsakte der Union, Annahmeverfahren und sonstige Vorschriften

Abschnitt 1. Die Rechtsakte der Union

Art. 288 [Rechtsakte; Katalog] *[1]* Für die Ausübung der Zuständigkeiten der Union nehmen die Organe Verordnungen, Richtlinien, Beschlüsse, Empfehlungen und Stellungnahmen an.

[2] ¹Die Verordnung hat allgemeine Geltung. ²Sie ist in allen ihren Teilen verbindlich und gilt unmittelbar in jedem Mitgliedstaat.

[3] Die Richtlinie ist für jeden Mitgliedstaat, an den sie gerichtet wird, hinsichtlich des zu erreichenden Ziels verbindlich, überlässt jedoch den innerstaatlichen Stellen die Wahl der Form und der Mittel.

[4] ¹Beschlüsse sind in allen ihren Teilen verbindlich. ²Sind sie an bestimmte Adressaten gerichtet, so sind sie nur für diese verbindlich.

[5] Die Empfehlungen und Stellungnahmen sind nicht verbindlich.

Art. 289 [Ordentliches und besonderes Gesetzgebungsverfahren; Initiativrecht in besonderen Fällen] (1) ¹Das ordentliche Gesetzgebungsverfahren besteht in der gemeinsamen Annahme einer Verordnung, einer Richtlinie oder eines Beschlusses durch das Europäische Parlament und den Rat auf Vorschlag der Kommission. ²Dieses Verfahren ist in Artikel 294 festgelegt.

(2) In bestimmten, in den Verträgen vorgesehenen Fällen erfolgt als besonderes Gesetzgebungsverfahren die Annahme einer Verordnung, einer Richtlinie

oder eines Beschlusses durch das Europäische Parlament mit Beteiligung des Rates oder durch den Rat mit Beteiligung des Europäischen Parlaments.

(3) Rechtsakte, die gemäß einem Gesetzgebungsverfahren angenommen werden, sind Gesetzgebungsakte.

(4) In bestimmten, in den Verträgen vorgesehenen Fällen können Gesetzgebungsakte auf Initiative einer Gruppe von Mitgliedstaaten oder des Europäischen Parlaments, auf Empfehlung der Europäischen Zentralbank oder auf Antrag des Gerichtshofs oder der Europäischen Investitionsbank erlassen werden.

Art. 290 [Delegation von Rechtsetzungsbefugnissen auf die Kommission] (1) *[1]* In Gesetzgebungsakten kann der Kommission die Befugnis übertragen werden, Rechtsakte ohne Gesetzescharakter mit allgemeiner Geltung zur Ergänzung oder Änderung bestimmter nicht wesentlicher Vorschriften des betreffenden Gesetzgebungsaktes zu erlassen.

[2] [1] In den betreffenden Gesetzgebungsakten werden Ziele, Inhalt, Geltungsbereich und Dauer der Befugnisübertragung ausdrücklich festgelegt. [2] Die wesentlichen Aspekte eines Bereichs sind dem Gesetzgebungsakt vorbehalten und eine Befugnisübertragung ist für sie deshalb ausgeschlossen.

(2) *[1]* Die Bedingungen, unter denen die Übertragung erfolgt, werden in Gesetzgebungsakten ausdrücklich festgelegt, wobei folgende Möglichkeiten bestehen:

a) Das Europäische Parlament oder der Rat kann beschließen, die Übertragung zu widerrufen.

b) Der delegierte Rechtsakt kann nur in Kraft treten, wenn das Europäische Parlament oder der Rat innerhalb der im Gesetzgebungsakt festgelegten Frist keine Einwände erhebt.

[2] Für die Zwecke der Buchstaben a und b beschließt das Europäische Parlament mit der Mehrheit seiner Mitglieder und der Rat mit qualifizierter Mehrheit.

(3) In den Titel der delegierten Rechtsakte wird das Wort „delegiert" eingefügt.

Art. 291 [Durchführungsrechtsakte] (1) Die Mitgliedstaaten ergreifen alle zur Durchführung der verbindlichen Rechtsakte der Union erforderlichen Maßnahmen nach innerstaatlichem Recht.

(2) Bedarf es einheitlicher Bedingungen für die Durchführung der verbindlichen Rechtsakte der Union, so werden mit diesen Rechtsakten der Kommission oder, in entsprechend begründeten Sonderfällen und in den in den Artikeln 24 und 26 des Vertrags über die Europäische Union[1] vorgesehenen Fällen, dem Rat Durchführungsbefugnisse übertragen.

(3) Für die Zwecke des Absatzes 2 legen das Europäische Parlament und der Rat gemäß dem ordentlichen Gesetzgebungsverfahren durch Verordnungen im Voraus allgemeine Regeln und Grundsätze fest, nach denen die Mitgliedstaaten die Wahrnehmung der Durchführungsbefugnisse durch die Kommission kontrollieren.

[1] Nr. 13.

(4) In den Titel der Durchführungsrechtsakte wird der Wortteil „Durchführungs-" eingefügt.

Art. 292 [Rechtsgrundlage für Empfehlungen] ¹Der Rat gibt Empfehlungen ab. ²Er beschließt auf Vorschlag der Kommission in allen Fällen, in denen er nach Maßgabe der Verträge Rechtsakte auf Vorschlag der Kommission erlässt. ³In den Bereichen, in denen für den Erlass eines Rechtsakts der Union Einstimmigkeit vorgesehen ist, beschließt er einstimmig. ⁴Die Kommission und, in bestimmten in den Verträgen vorgesehenen Fällen, die Europäische Zentralbank geben Empfehlungen ab.

Abschnitt 2. Annahmeverfahren und sonstige Vorschriften

Art. 293 [Kommissionsvorschlag; Änderungsrecht] (1) Wird der Rat aufgrund der Verträge auf Vorschlag der Kommission tätig, so kann er diesen Vorschlag nur einstimmig abändern; dies gilt nicht in den Fällen nach Artikel 294 Absätze 10 und 13, nach Artikel 310, Artikel 312, Artikel 314 und nach Artikel 315 Absatz 2.

(2) Solange ein Beschluss des Rates nicht ergangen ist, kann die Kommission ihren Vorschlag jederzeit im Verlauf der Verfahren zur Annahme eines Rechtsakts der Union ändern.

Art. 294 [Ordentliches Gesetzgebungsverfahren] (1) Wird in den Verträgen hinsichtlich der Annahme eines Rechtsakts auf das ordentliche Gesetzgebungsverfahren Bezug genommen, so gilt das nachstehende Verfahren.

(2) Die Kommission unterbreitet dem Europäischen Parlament und dem Rat einen Vorschlag.

Erste Lesung

(3) Das Europäische Parlament legt seinen Standpunkt in erster Lesung fest und übermittelt ihn dem Rat.

(4) Billigt der Rat den Standpunkt des Europäischen Parlaments, so ist der betreffende Rechtsakt in der Fassung des Standpunkts des Europäischen Parlaments erlassen.

(5) Billigt der Rat den Standpunkt des Europäischen Parlaments nicht, so legt er seinen Standpunkt in erster Lesung fest und übermittelt ihn dem Europäischen Parlament.

(6) ¹Der Rat unterrichtet das Europäische Parlament in allen Einzelheiten über die Gründe, aus denen er seinen Standpunkt in erster Lesung festgelegt hat. ²Die Kommission unterrichtet das Europäische Parlament in vollem Umfang über ihren Standpunkt.

Zweite Lesung

(7) Hat das Europäische Parlament binnen drei Monaten nach der Übermittlung

a) den Standpunkt des Rates in erster Lesung gebilligt oder sich nicht geäußert, so gilt der betreffende Rechtsakt als in der Fassung des Standpunkts des Rates erlassen;

b) den Standpunkt des Rates in erster Lesung mit der Mehrheit seiner Mitglieder abgelehnt, so gilt der vorgeschlagene Rechtsakt als nicht erlassen;

c) mit der Mehrheit seiner Mitglieder Abänderungen an dem Standpunkt des Rates in erster Lesung vorgeschlagen, so wird die abgeänderte Fassung dem Rat und der Kommission zugeleitet; die Kommission gibt eine Stellungnahme zu diesen Abänderungen ab.

(8) Hat der Rat binnen drei Monaten nach Eingang der Abänderungen des Europäischen Parlaments mit qualifizierter Mehrheit

a) alle diese Abänderungen gebilligt, so gilt der betreffende Rechtsakt als erlassen;

b) nicht alle Abänderungen gebilligt, so beruft der Präsident des Rates im Einvernehmen mit dem Präsidenten des Europäischen Parlaments binnen sechs Wochen den Vermittlungsausschuss ein.

(9) Über Abänderungen, zu denen die Kommission eine ablehnende Stellungnahme abgegeben hat, beschließt der Rat einstimmig.

Vermittlung

(10) Der Vermittlungsausschuss, der aus den Mitgliedern des Rates oder deren Vertretern und ebenso vielen das Europäische Parlament vertretenden Mitgliedern besteht, hat die Aufgabe, mit der qualifizierten Mehrheit der Mitglieder des Rates oder deren Vertretern und der Mehrheit der das Europäische Parlament vertretenden Mitglieder binnen sechs Wochen nach seiner Einberufung eine Einigung auf der Grundlage der Standpunkte des Europäischen Parlaments und des Rates in zweiter Lesung zu erzielen.

(11) Die Kommission nimmt an den Arbeiten des Vermittlungsausschusses teil und ergreift alle erforderlichen Initiativen, um auf eine Annäherung der Standpunkte des Europäischen Parlaments und des Rates hinzuwirken.

(12) Billigt der Vermittlungsausschuss binnen sechs Wochen nach seiner Einberufung keinen gemeinsamen Entwurf, so gilt der vorgeschlagene Rechtsakt als nicht erlassen.

Dritte Lesung

(13) [1] Billigt der Vermittlungsausschuss innerhalb dieser Frist einen gemeinsamen Entwurf, so verfügen das Europäische Parlament und der Rat ab dieser Billigung über eine Frist von sechs Wochen, um den betreffenden Rechtsakt entsprechend diesem Entwurf zu erlassen, wobei im Europäischen Parlament die Mehrheit der abgegebenen Stimmen und im Rat die qualifizierte Mehrheit erforderlich ist. [2] Andernfalls gilt der vorgeschlagene Rechtsakt als nicht erlassen.

(14) Die in diesem Artikel genannten Fristen von drei Monaten beziehungsweise sechs Wochen werden auf Initiative des Europäischen Parlaments oder des Rates um höchstens einen Monat beziehungsweise zwei Wochen verlängert.

Besondere Bestimmungen

(15) [1] Wird in den in den Verträgen vorgesehenen Fällen ein Gesetzgebungsakt auf Initiative einer Gruppe von Mitgliedstaaten, auf Empfehlung der Europäischen Zentralbank oder auf Antrag des Gerichtshofs im ordentlichen Gesetzgebungsverfahren erlassen, so finden Absatz 2, Absatz 6 Satz 2 und Absatz 9 keine Anwendung.

[2] [1] In diesen Fällen übermitteln das Europäische Parlament und der Rat der Kommission den Entwurf des Rechtsakts sowie ihre jeweiligen Standpunkte in

erster und zweiter Lesung. ²Das Europäische Parlament oder der Rat kann die Kommission während des gesamten Verfahrens um eine Stellungnahme bitten, die die Kommission auch von sich aus abgeben kann. ³Sie kann auch nach Maßgabe des Absatzes 11 an dem Vermittlungsausschuss teilnehmen, sofern sie dies für erforderlich hält.

Art. 295 [Interinstitutionelle Vereinbarungen] ¹Das Europäische Parlament, der Rat und die Kommission beraten sich und regeln einvernehmlich die Einzelheiten ihrer Zusammenarbeit. ²Dazu können sie unter Wahrung der Verträge interinstitutionelle Vereinbarungen schließen, die auch bindenden Charakter haben können.

Art. 296 [Wahl der Handlungsform; Begründung] *[1]* Wird die Art des zu erlassenden Rechtsakts von den Verträgen nicht vorgegeben, so entscheiden die Organe darüber von Fall zu Fall unter Einhaltung der geltenden Verfahren und des Grundsatzes der Verhältnismäßigkeit.

[2] Die Rechtsakte sind mit einer Begründung zu versehen und nehmen auf die in den Verträgen vorgesehenen Vorschläge, Initiativen, Empfehlungen, Anträge oder Stellungnahmen Bezug.

[3] Werden das Europäische Parlament und der Rat mit dem Entwurf eines Gesetzgebungsakts befasst, so nehmen sie keine Rechtsakte an, die gemäß dem für den betreffenden Bereich geltenden Gesetzgebungsverfahren nicht vorgesehen sind.

Art. 297 [Unterzeichnung; Veröffentlichung; Inkrafttreten]
(1) *[1]* Gesetzgebungsakte, die gemäß dem ordentlichen Gesetzgebungsverfahren erlassen wurden, werden vom Präsidenten des Europäischen Parlaments und vom Präsidenten des Rates unterzeichnet.

[2] Gesetzgebungsakte, die gemäß einem besonderen Gesetzgebungsverfahren erlassen wurden, werden vom Präsidenten des Organs unterzeichnet, das sie erlassen hat.

[3] ¹Die Gesetzgebungsakte werden im *Amtsblatt der Europäischen Union* veröffentlicht. ²Sie treten zu dem durch sie festgelegten Zeitpunkt oder anderenfalls am zwanzigsten Tag nach ihrer Veröffentlichung in Kraft.

(2) *[1]* Rechtsakte ohne Gesetzescharakter, die als Verordnung, Richtlinie oder Beschluss, der an keinen bestimmten Adressaten gerichtet ist, erlassen wurden, werden vom Präsidenten des Organs unterzeichnet, das sie erlassen hat.

[2] ¹Verordnungen, Richtlinien, die an alle Mitgliedstaaten gerichtet sind, sowie Beschlüsse, die an keinen bestimmten Adressaten gerichtet sind, werden im *Amtsblatt der Europäischen Union* veröffentlicht. ²Sie treten zu dem durch sie festgelegten Zeitpunkt oder anderenfalls am zwanzigsten Tag nach ihrer Veröffentlichung in Kraft.

[3] Die anderen Richtlinien sowie die Beschlüsse, die an einen bestimmten Adressaten gerichtet sind, werden denjenigen, für die sie bestimmt sind, bekannt gegeben und durch diese Bekanntgabe wirksam.

Art. 298 [Europäische Verwaltung] (1) Zur Ausübung ihrer Aufgaben stützen sich die Organe, Einrichtungen und sonstigen Stellen der Union auf eine offene, effiziente und unabhängige europäische Verwaltung.

EU-Arbeitsweisevertrag **Art. 299–301 AEUV 14**

(2) Die Bestimmungen zu diesem Zweck werden unter Beachtung des Statuts und der Beschäftigungsbedingungen nach Artikel 336 vom Europäischen Parlament und vom Rat gemäß dem ordentlichen Gesetzgebungsverfahren durch Verordnungen erlassen.

Art. 299 [Entscheidungen als vollstreckbare Titel; Zwangsvollstreckung] *[1]* Die Rechtsakte des Rates, der Kommission oder der Europäischen Zentralbank, die eine Zahlung auferlegen, sind vollstreckbare Titel; dies gilt nicht gegenüber Staaten.

[2] ¹Die Zwangsvollstreckung erfolgt nach den Vorschriften des Zivilprozessrechts des Staates, in dessen Hoheitsgebiet sie stattfindet. ²Die Vollstreckungsklausel wird nach einer Prüfung, die sich lediglich auf die Echtheit des Titels erstrecken darf, von der staatlichen Behörde erteilt, welche die Regierung jedes Mitgliedstaats zu diesem Zweck bestimmt und der Kommission und dem Gerichtshof der Europäischen Union benennt.

[3] Sind diese Formvorschriften auf Antrag der die Vollstreckung betreibenden Partei erfüllt, so kann diese die Zwangsvollstreckung nach innerstaatlichem Recht betreiben, indem sie die zuständige Stelle unmittelbar anruft.

[4] ¹Die Zwangsvollstreckung kann nur durch eine Entscheidung des Gerichtshofs der Europäischen Union ausgesetzt werden. ²Für die Prüfung der Ordnungsmäßigkeit der Vollstreckungsmaßnahmen sind jedoch die einzelstaatlichen Rechtsprechungsorgane zuständig.

Kapitel 3. Die beratenden Einrichtungen der Union

Art. 300 [Wirtschafts- und Sozialausschuss; Ausschuss der Regionen]

(1) Das Europäische Parlament, der Rat und die Kommission werden von einem Wirtschafts- und Sozialausschuss sowie einem Ausschuss der Regionen unterstützt, die beratende Aufgaben wahrnehmen.

(2) Der Wirtschafts- und Sozialausschuss setzt sich zusammen aus Vertretern der Organisationen der Arbeitgeber und der Arbeitnehmer sowie anderen Vertretern der Zivilgesellschaft, insbesondere aus dem sozialen und wirtschaftlichen, dem staatsbürgerlichen, dem beruflichen und dem kulturellen Bereich.

(3) Der Ausschuss der Regionen setzt sich zusammen aus Vertretern der regionalen und lokalen Gebietskörperschaften, die entweder ein auf Wahlen beruhendes Mandat in einer regionalen oder lokalen Gebietskörperschaft innehaben oder gegenüber einer gewählten Versammlung politisch verantwortlich sind.

(4) ¹Die Mitglieder des Wirtschafts- und Sozialausschusses und des Ausschusses der Regionen sind an keine Weisungen gebunden. ²Sie üben ihre Tätigkeit in voller Unabhängigkeit zum allgemeinen Wohl der Union aus.

(5) ¹Die Vorschriften der Absätze 2 und 3 über die Art der Zusammensetzung dieser Ausschüsse werden in regelmäßigen Abständen vom Rat überprüft, um der wirtschaftlichen, sozialen und demografischen Entwicklung in der Union Rechnung zu tragen. ²Der Rat erlässt auf Vorschlag der Kommission Beschlüsse zu diesem Zweck.

Abschnitt 1. Der Wirtschafts- und Sozialausschuss

Art. 301 [Zusammensetzung] *[1]* Der Wirtschafts- und Sozialausschuss hat höchstens dreihundertfünfzig Mitglieder.

[2] Der Rat erlässt einstimmig auf Vorschlag der Kommission einen Beschluss über die Zusammensetzung des Ausschusses.

[3] Der Rat setzt die Vergütungen für die Mitglieder des Ausschusses fest.

Art. 302 [Ernennung der Mitglieder] (1) ¹Die Mitglieder des Ausschusses werden für fünf Jahre ernannt. ²Der Rat nimmt die gemäß den Vorschlägen der einzelnen Mitgliedstaaten erstellte Liste der Mitglieder an. ³Die Wiederernennung der Mitglieder des Ausschusses ist zulässig.

(2) ¹Der Rat beschließt nach Anhörung der Kommission. ²Er kann die Meinung der maßgeblichen europäischen Organisationen der verschiedenen Zweige des Wirtschafts- und Soziallebens und der Zivilgesellschaft einholen, die von der Tätigkeit der Union betroffen sind.

Art. 303 [Präsident; Präsidium; Geschäftsordnung; Einberufung]

[1] Der Ausschuss wählt aus seiner Mitte seinen Präsidenten und sein Präsidium auf zweieinhalb Jahre.

[2] Er gibt sich eine Geschäftsordnung.

[3] ¹Der Ausschuss wird von seinem Präsidenten auf Antrag des Europäischen Parlaments, des Rates oder der Kommission einberufen. ²Er kann auch von sich aus zusammentreten.

Art. 304 [Anhörungsrechte] *[1]* ¹Der Ausschuss wird vom Europäischen Parlament, vom Rat oder der Kommission in den in den Verträgen vorgesehenen Fällen gehört. ²Er kann von diesen Organen in allen Fällen gehört werden, in denen diese es für zweckmäßig erachten. ³Er kann von sich aus eine Stellungnahme in den Fällen abgeben, in denen er dies für zweckmäßig erachtet.

[2] ¹Wenn das Europäische Parlament, der Rat oder die Kommission es für notwendig erachten, setzen sie dem Ausschuss für die Vorlage seiner Stellungnahme eine Frist; diese beträgt mindestens einen Monat, vom Eingang der Mitteilung beim Präsidenten des Ausschusses an gerechnet. ²Nach Ablauf der Frist kann das Fehlen einer Stellungnahme unberücksichtigt bleiben.

[3] Die Stellungnahmen des Ausschusses sowie ein Bericht über die Beratungen werden dem Europäischen Parlament, dem Rat und der Kommission übermittelt.

Abschnitt 2. Der Ausschuss der Regionen

Art. 305 [Zusammensetzung; Auswahl und Ernennung der Mitglieder] *[1]* Der Ausschuss der Regionen hat höchstens dreihundertfünfzig Mitglieder.

[2] Der Rat erlässt einstimmig auf Vorschlag der Kommission einen Beschluss über die Zusammensetzung des Ausschusses.

[3] ¹Die Mitglieder des Ausschusses sowie eine gleiche Anzahl von Stellvertretern werden auf fünf Jahre ernannt. ²Wiederernennung ist zulässig. ³Der Rat nimmt die gemäß den Vorschlägen der einzelnen Mitgliedstaaten erstellte Liste der Mitglieder und Stellvertreter an. ⁴Die Amtszeit der Mitglieder des Ausschusses endet automatisch bei Ablauf des in Artikel 300 Absatz 3 genannten Mandats, aufgrund dessen sie vorgeschlagen wurden; für die verbleibende Amtszeit wird nach demselben Verfahren ein Nachfolger ernannt. ⁵Ein Mit-

glied des Ausschusses darf nicht gleichzeitig Mitglied des Europäischen Parlaments sein.

Art. 306 [Präsidium; Geschäftsordnung; Einberufung] *[1]* Der Ausschuss der Regionen wählt aus seiner Mitte seinen Präsidenten und sein Präsidium auf zweieinhalb Jahre.

[2] Er gibt sich eine Geschäftsordnung.

[3] [1] Der Ausschuss wird von seinem Präsidenten auf Antrag des Europäischen Parlaments, des Rates oder der Kommission einberufen. [2] Er kann auch von sich aus zusammentreten.

Art. 307 [Anhörungsrechte] *[1]* Der Ausschuss der Regionen wird vom Europäischen Parlament, vom Rat oder von der Kommission in den in den Verträgen vorgesehenen Fällen und in allen anderen Fällen gehört, in denen eines dieser Organe dies für zweckmäßig erachtet, insbesondere in Fällen, welche die grenzüberschreitende Zusammenarbeit betreffen.

[2] [1] Wenn das Europäische Parlament, der Rat oder die Kommission es für notwendig erachten, setzen sie dem Ausschuss für die Vorlage seiner Stellungnahme eine Frist; diese beträgt mindestens einen Monat, vom Eingang der diesbezüglichen Mitteilung beim Präsidenten des Ausschusses an gerechnet. [2] Nach Ablauf der Frist kann das Fehlen einer Stellungnahme unberücksichtigt bleiben.

[3] [1] Wird der Wirtschafts- und Sozialausschuss nach Artikel 304 gehört, so wird der Ausschuss der Regionen vom Europäischen Parlament, vom Rat oder von der Kommission über dieses Ersuchen um Stellungnahme unterrichtet. [2] Der Ausschuss der Regionen kann, wenn er der Auffassung ist, dass spezifische regionale Interessen berührt werden, eine entsprechende Stellungnahme abgeben.

[4] Er kann, wenn er dies für zweckdienlich erachtet, von sich aus eine Stellungnahme abgeben.

[5] Die Stellungnahme des Ausschusses sowie ein Bericht über die Beratungen werden dem Europäischen Parlament, dem Rat und der Kommission übermittelt.

Kapitel 4. Die Europäische Investitionsbank

Art. 308 [Rechtspersönlichkeit; Mitglieder; Satzung] *[1]* Die Europäische Investitionsbank besitzt Rechtspersönlichkeit.

[2] Mitglieder der Europäischen Investitionsbank sind die Mitgliedstaaten.

[3] [1] Die Satzung der Europäischen Investitionsbank ist den Verträgen als Protokoll beigefügt. [2] Der Rat kann auf Antrag der Europäischen Investitionsbank und nach Anhörung des Europäischen Parlaments und der Kommission oder auf Vorschlag der Kommission und nach Anhörung des Europäischen Parlaments und der Europäischen Investitionsbank die Satzung der Bank einstimmig gemäß einem besonderen Gesetzgebungsverfahren ändern.

Art. 309 [Aufgabe der EIB] *[1]* [1] Aufgabe der Europäischen Investitionsbank ist es, zu einer ausgewogenen und reibungslosen Entwicklung des Binnenmarkts im Interesse der Union beizutragen; hierbei bedient sie sich des Kapitalmarkts, sowie ihrer eigenen Mittel. [2] In diesem Sinne erleichtert sie ohne

Verfolgung eines Erwerbszwecks durch Gewährung von Darlehen und Bürgschaften die Finanzierung der nachstehend bezeichneten Vorhaben in allen Wirtschaftszweigen:

a) Vorhaben zur Erschließung der weniger entwickelten Gebiete;
b) Vorhaben zur Modernisierung oder Umstellung von Unternehmen oder zur Schaffung neuer Arbeitsmöglichkeiten, die sich aus der Errichtung oder dem Funktionieren des Binnenmarkts ergeben und wegen ihres Umfangs oder ihrer Art mit den in den einzelnen Mitgliedstaaten vorhandenen Mitteln nicht vollständig finanziert werden können;
c) Vorhaben von gemeinsamem Interesse für mehrere Mitgliedstaaten, die wegen ihres Umfangs oder ihrer Art mit den in den einzelnen Mitgliedstaaten vorhandenen Mitteln nicht vollständig finanziert werden können.

[2] In Erfüllung ihrer Aufgabe erleichtert die Bank die Finanzierung von Investitionsprogrammen in Verbindung mit der Unterstützung aus den Strukturfonds und anderen Finanzierungsinstrumenten der Union.

Titel II. Finanzvorschriften

Art. 310 [Haushaltsplan; Grundsätze; Haushaltsdisziplin; Betrugsbekämpfung] (1) *[1]* Alle Einnahmen und Ausgaben der Union werden für jedes Haushaltsjahr veranschlagt und in den Haushaltsplan eingesetzt.

[2] Der jährliche Haushaltsplan der Union wird vom Europäischen Parlament und vom Rat nach Maßgabe des Artikels 314 aufgestellt.

[3] Der Haushaltsplan ist in Einnahmen und Ausgaben auszugleichen.

(2) Die in den Haushaltsplan eingesetzten Ausgaben werden für ein Haushaltsjahr entsprechend der Verordnung nach Artikel 322 bewilligt.

(3) Die Ausführung der in den Haushaltsplan eingesetzten Ausgaben setzt den Erlass eines verbindlichen Rechtsakts der Union voraus, mit dem die Maßnahme der Union und die Ausführung der entsprechenden Ausgabe entsprechend der Verordnung nach Artikel 322 eine Rechtsgrundlage erhalten, soweit nicht diese Verordnung Ausnahmen vorsieht.

(4) Um die Haushaltsdisziplin sicherzustellen, erlässt die Union keine Rechtsakte, die erhebliche Auswirkungen auf den Haushaltsplan haben könnten, ohne die Gewähr zu bieten, dass die mit diesen Rechtsakten verbundenen Ausgaben im Rahmen der Eigenmittel der Union und unter Einhaltung des mehrjährigen Finanzrahmens nach Artikel 312 finanziert werden können.

(5) [1] Der Haushaltsplan wird entsprechend dem Grundsatz der Wirtschaftlichkeit der Haushaltsführung ausgeführt. [2] Die Mitgliedstaaten arbeiten mit der Union zusammen, um sicherzustellen, dass die in den Haushaltsplan eingesetzten Mittel nach diesem Grundsatz verwendet werden.

(6) Die Union und die Mitgliedstaaten bekämpfen nach Artikel 325 Betrügereien und sonstige gegen die finanziellen Interessen der Union gerichtete rechtswidrige Handlungen.

Kapitel 1. Die Eigenmittel der Union

Art. 311 [Finanzierung aus Eigenmitteln; Eigenmittelbeschluss]

[1] Die Union stattet sich mit den erforderlichen Mitteln aus, um ihre Ziele erreichen und ihre Politik durchführen zu können.

[2] Der Haushalt wird unbeschadet der sonstigen Einnahmen vollständig aus Eigenmitteln finanziert.

[3] ¹Der Rat erlässt gemäß einem besonderen Gesetzgebungsverfahren einstimmig und nach Anhörung des Europäischen Parlaments einen Beschluss, mit dem die Bestimmungen über das System der Eigenmittel der Union festgelegt werden. ²Darin können neue Kategorien von Eigenmitteln eingeführt oder bestehende Kategorien abgeschafft werden. ³Dieser Beschluss tritt erst nach Zustimmung der Mitgliedstaaten im Einklang mit ihren jeweiligen verfassungsrechtlichen Vorschriften in Kraft.

[4] ¹Der Rat legt gemäß einem besonderen Gesetzgebungsverfahren durch Verordnungen Durchführungsmaßnahmen zu dem System der Eigenmittel der Union fest, sofern dies in dem nach Absatz 3 erlassenen Beschluss vorgesehen ist. ²Der Rat beschließt nach Zustimmung des Europäischen Parlaments.

Kapitel 2. Der mehrjährige Finanzrahmen

Art. 312 [Mehrjähriger Finanzrahmen] (1) *[1]* Mit dem mehrjährigen Finanzrahmen soll sichergestellt werden, dass die Ausgaben der Union innerhalb der Grenzen ihrer Eigenmittel eine geordnete Entwicklung nehmen.

[2] Er wird für einen Zeitraum von mindestens fünf Jahren aufgestellt.

[3] Bei der Aufstellung des jährlichen Haushaltsplans der Union ist der mehrjährige Finanzrahmen einzuhalten.

(2) *[1]* ¹Der Rat erlässt gemäß einem besonderen Gesetzgebungsverfahren eine Verordnung zur Festlegung des mehrjährigen Finanzrahmens. ²Er beschließt einstimmig nach Zustimmung des Europäischen Parlaments, die mit der Mehrheit seiner Mitglieder erteilt wird.

[2] Der Europäische Rat kann einstimmig einen Beschluss fassen, wonach der Rat mit qualifizierter Mehrheit beschließen kann, wenn er die in Unterabsatz 1 genannte Verordnung erlässt.

(3) *[1]* ¹In dem Finanzrahmen werden die jährlichen Obergrenzen der Mittel für Verpflichtungen je Ausgabenkategorie und die jährliche Obergrenze der Mittel für Zahlungen festgelegt. ²Die Ausgabenkategorien, von denen es nur wenige geben darf, entsprechen den Haupttätigkeitsbereichen der Union.

[2] Der Finanzrahmen enthält auch alle sonstigen für den reibungslosen Ablauf des jährlichen Haushaltsverfahrens sachdienlichen Bestimmungen.

(4) Hat der Rat bis zum Ablauf des vorangegangenen Finanzrahmens keine Verordnung zur Aufstellung eines neuen Finanzrahmens erlassen, so werden die Obergrenzen und sonstigen Bestimmungen des letzten Jahres des vorangegangenen Finanzrahmens bis zum Erlass dieses Rechtsakts fortgeschrieben.

(5) Das Europäische Parlament, der Rat und die Kommission treffen während des gesamten Verfahrens zur Annahme des Finanzrahmens alle erforderlichen Maßnahmen, um den Erlass des Rechtsakts zu erleichtern.

Kapitel 3. Der Jahreshaushaltsplan der Union

Art. 313 [Haushaltsjahr] Das Haushaltsjahr beginnt am 1. Januar und endet am 31. Dezember.

Art. 314 [Jahreshaushaltsplan; Verfahren zur Annahme] Das Europäische Parlament und der Rat legen den Jahreshaushaltsplan der Union im

14 AEUV Art. 314

Rahmen eines besonderen Gesetzgebungsverfahrens nach den folgenden Bestimmungen fest:

(1) *[1]* [1] Jedes Organ, mit Ausnahme der Europäischen Zentralbank, stellt vor dem 1. Juli einen Haushaltsvoranschlag für seine Ausgaben für das folgende Haushaltsjahr auf. [2] Die Kommission fasst diese Voranschläge in einem Entwurf für den Haushaltsplan zusammen, der abweichende Voranschläge enthalten kann.

[2] Dieser Entwurf umfasst den Ansatz der Einnahmen und den Ansatz der Ausgaben.

(2) *[1]* Die Kommission legt dem Europäischen Parlament und dem Rat spätestens am 1. September des Jahres, das dem entsprechenden Haushaltsjahr vorausgeht, einen Vorschlag mit dem Entwurf des Haushaltsplans vor.

[2] Die Kommission kann den Entwurf des Haushaltsplans während des laufenden Verfahrens bis zur Einberufung des in Absatz 5 genannten Vermittlungsausschusses ändern.

(3) [1] Der Rat legt seinen Standpunkt zu dem Entwurf des Haushaltsplans fest und leitet ihn spätestens am 1. Oktober des Jahres, das dem entsprechenden Haushaltsjahr vorausgeht, dem Europäischen Parlament zu. [2] Er unterrichtet das Europäische Parlament in vollem Umfang über die Gründe, aus denen er seinen Standpunkt festgelegt hat.

(4) Hat das Europäische Parlament binnen 42 Tagen nach der Übermittlung

a) den Standpunkt des Rates gebilligt, so ist der Haushaltsplan erlassen;

b) keinen Beschluss gefasst, so gilt der Haushaltsplan als erlassen;

c) mit der Mehrheit seiner Mitglieder Abänderungen angenommen, so wird die abgeänderte Fassung des Entwurfs dem Rat und der Kommission zugeleitet. Der Präsident des Europäischen Parlaments beruft im Einvernehmen mit dem Präsidenten des Rates umgehend den Vermittlungsausschuss ein. Der Vermittlungsausschuss tritt jedoch nicht zusammen, wenn der Rat dem Europäischen Parlament binnen zehn Tagen nach der Übermittlung des geänderten Entwurfs mitteilt, dass er alle seine Abänderungen billigt.

(5) *[1]* Der Vermittlungsausschuss, der aus den Mitgliedern des Rates oder deren Vertretern und ebenso vielen das Europäische Parlament vertretenden Mitgliedern besteht, hat die Aufgabe, binnen 21 Tagen nach seiner Einberufung auf der Grundlage der Standpunkte des Europäischen Parlaments und des Rates mit der qualifizierten Mehrheit der Mitglieder des Rates oder deren Vertretern und der Mehrheit der das Europäische Parlament vertretenden Mitglieder eine Einigung über einen gemeinsamen Entwurf zu erzielen.

[2] Die Kommission nimmt an den Arbeiten des Vermittlungsausschusses teil und ergreift alle erforderlichen Initiativen, um eine Annäherung der Standpunkte des Europäischen Parlaments und des Rates zu bewirken.

(6) Einigt sich der Vermittlungsausschuss innerhalb der in Absatz 5 genannten Frist von 21 Tagen auf einen gemeinsamen Entwurf, so verfügen das Europäische Parlament und der Rat ab dieser Einigung über eine Frist von 14 Tagen, um den gemeinsamen Entwurf zu billigen.

(7) Wenn innerhalb der in Absatz 6 genannten Frist von 14 Tagen

a) der gemeinsame Entwurf sowohl vom Europäischen Parlament als auch vom Rat gebilligt wird oder beide keinen Beschluss fassen oder eines dieser Organe den gemeinsamen Entwurf billigt, während das andere Organ keinen

Beschluss fasst, so gilt der Haushaltsplan als entsprechend dem gemeinsamen Entwurf endgültig erlassen, oder

b) der gemeinsame Entwurf sowohl vom Europäischen Parlament mit der Mehrheit seiner Mitglieder als auch vom Rat abgelehnt wird oder eines dieser Organe den gemeinsamen Entwurf ablehnt, während das andere Organ keinen Beschluss fasst, so legt die Kommission einen neuen Entwurf für den Haushaltsplan vor, oder

c) der gemeinsame Entwurf vom Europäischen Parlament mit der Mehrheit seiner Mitglieder abgelehnt wird, während er vom Rat gebilligt wird, so legt die Kommission einen neuen Entwurf für den Haushaltsplan vor, oder

d) der gemeinsame Entwurf vom Europäischen Parlament gebilligt wird, während er vom Rat abgelehnt wird, so kann das Europäische Parlament binnen 14 Tagen ab dem Tag der Ablehnung durch den Rat mit der Mehrheit seiner Mitglieder und drei Fünfteln der abgegebenen Stimmen beschließen, alle oder einige der in Absatz 4 Buchstabe c genannten Abänderungen zu bestätigen. Wird eine Abänderung des Europäischen Parlaments nicht bestätigt, so wird der im Vermittlungsausschuss vereinbarte Standpunkt zu dem Haushaltsposten, der Gegenstand der Abänderung ist, übernommen. Der Haushaltsplan gilt als auf dieser Grundlage endgültig erlassen.

(8) Einigt sich der Vermittlungsausschuss nicht binnen der in Absatz 5 genannten Frist von 21 Tagen auf einen gemeinsamen Entwurf, so legt die Kommission einen neuen Entwurf für den Haushaltsplan vor.

(9) Nach Abschluss des Verfahrens dieses Artikels stellt der Präsident des Europäischen Parlaments fest, dass der Haushaltsplan endgültig erlassen ist.

(10) Jedes Organ übt die ihm aufgrund dieses Artikels zufallenden Befugnisse unter Wahrung der Verträge und der Rechtsakte aus, die auf der Grundlage der Verträge insbesondere im Bereich der Eigenmittel der Union und des Gleichgewichts von Einnahmen und Ausgaben erlassen wurden.

Art. 315 [Nothaushalt] *[1]* Ist zu Beginn eines Haushaltsjahres der Haushaltsplan noch nicht endgültig erlassen, so können nach der gemäß Artikel 322 festgelegten Haushaltsordnung für jedes Kapitel monatliche Ausgaben bis zur Höhe eines Zwölftels der im betreffenden Kapitel des Haushaltsplans des vorangegangenen Haushaltsjahres eingesetzten Mittel vorgenommen werden, die jedoch ein Zwölftel der Mittelansätze des gleichen Kapitels des Haushaltsplanentwurfs nicht überschreiten dürfen.

[2] [1] Der Rat kann auf Vorschlag der Kommission unter Beachtung der sonstigen Bestimmungen des Absatzes 1 entsprechend der nach Artikel 322 erlassenen Verordnung genehmigen, die über dieses Zwölftel hinausgehen. [2] Er leitet seinen Beschluss unverzüglich dem Europäischen Parlament zu.

[3] In dem Beschluss nach Absatz 2 werden unter Beachtung der in Artikel 311 genannten Rechtsakte die zur Durchführung dieses Artikels erforderlichen Maßnahmen betreffend die Mittel vorgesehen.

[4] Der Beschluss tritt 30 Tage nach seinem Erlass in Kraft, sofern das Europäische Parlament nicht innerhalb dieser Frist mit der Mehrheit seiner Mitglieder beschließt, diese Ausgaben zu kürzen.

Art. 316 [Übertragbarkeit; Spezialität] *[1]* Nach Maßgabe der aufgrund des Artikels 322 erlassenen Vorschriften dürfen die nicht für Personalausgaben

vorgesehenen Mittel, die bis zum Ende der Durchführungszeit eines Haushaltsplans nicht verbraucht worden sind, lediglich auf das nächste Haushaltsjahr übertragen werden.

[2] Die vorgesehenen Mittel werden nach Kapiteln gegliedert, in denen die Ausgaben nach Art oder Bestimmung zusammengefasst sind; die Kapitel werden nach der gemäß Artikel 322 festgelegten Haushaltsordnung unterteilt.

[3] Die Ausgaben des Europäischen Parlaments, des Europäischen Rates und des Rates, der Kommission sowie des Gerichtshofs der Europäischen Union werden unbeschadet einer besonderen Regelung für bestimmte gemeinsame Ausgaben in gesonderten Teilen des Haushaltsplans aufgeführt.

Kapitel 4. Ausführung des Hauhaltsplans und Entlastung

Art. 317 [Vollzug des Haushaltsplans] *[1]* [1] Die Kommission führt den Haushaltsplan zusammen mit den Mitgliedstaaten gemäß der nach Artikel 322 festgelegten Haushaltsordnung in eigener Verantwortung und im Rahmen der zugewiesenen Mittel entsprechend dem Grundsatz der Wirtschaftlichkeit der Haushaltsführung aus. [2] Die Mitgliedstaaten arbeiten mit der Kommission zusammen, um sicherzustellen, dass die Mittel nach dem Grundsatz der Wirtschaftlichkeit der Haushaltsführung verwendet werden.

[2] [1] In der Haushaltsordnung sind die Kontroll- und Wirtschaftsprüfungspflichten der Mitgliedstaaten bei der Ausführung des Haushaltsplans sowie die damit verbundenen Verantwortlichkeiten geregelt. [2] Darin sind ferner die Verantwortlichkeiten und die besonderen Einzelheiten geregelt, nach denen jedes Organ an der Vornahme seiner Ausgaben beteiligt ist.

[3] Die Kommission kann nach der gemäß Artikel 322 festgelegten Haushaltsordnung Mittel von Kapitel zu Kapitel oder von Untergliederung zu Untergliederung übertragen.

Art. 318 [Rechnungslegung] *[1]* [1] Die Kommission legt dem Europäischen Parlament und dem Rat jährlich die Rechnung des abgelaufenen Haushaltsjahres für die Rechnungsvorgänge des Haushaltsplans vor. [2] Sie übermittelt ihnen ferner eine Übersicht über das Vermögen und die Schulden der Union.

[2] Die Kommission legt dem Europäischen Parlament und dem Rat ferner einen Evaluierungsbericht zu den Finanzen der Union vor, der sich auf die Ergebnisse stützt, die insbesondere in Bezug auf die Vorgaben erzielt wurden, die vom Europäischen Parlament und vom Rat nach Artikel 319 erteilt wurden.

Art. 319 [Entlastung der Kommission] (1) [1] Auf Empfehlung des Rates erteilt das Europäische Parlament der Kommission Entlastung zur Ausführung des Haushaltsplans. [2] Zu diesem Zweck prüft es nach dem Rat die Rechnung, die Übersicht und den Evaluierungsbericht nach Artikel 318 sowie den Jahresbericht des Rechnungshofs zusammen mit den Antworten der kontrollierten Organe auf dessen Bemerkungen, die in Artikel 287 Absatz 1 Unterabsatz 2 genannte Zuverlässigkeitserklärung und die einschlägigen Sonderberichte des Rechnungshofs.

(2) [1] Das Europäische Parlament kann vor der Entlastung der Kommission sowie auch zu anderen Zwecken im Zusammenhang mit der Ausübung ihrer Haushaltsbefugnisse die Kommission auffordern, Auskunft über die Vornahme der Ausgaben oder die Arbeitsweise der Finanzkontrollsysteme zu erteilen.

²Die Kommission legt dem Europäischen Parlament auf dessen Ersuchen alle notwendigen Informationen vor.

(3) *[1]* Die Kommission trifft alle zweckdienlichen Maßnahmen, um den Bemerkungen in den Entlastungsbeschlüssen und anderen Bemerkungen des Europäischen Parlaments zur Vornahme der Ausgaben sowie den Erläuterungen, die den Entlastungsempfehlungen des Rates beigefügt sind, nachzukommen.

[2] ¹Auf Ersuchen des Europäischen Parlaments oder des Rates erstattet die Kommission Bericht über die Maßnahmen, die aufgrund dieser Bemerkungen und Erläuterungen getroffen wurden, insbesondere über die Weisungen, die den für die Ausführung des Haushaltsplans zuständigen Dienststellen erteilt worden sind. ²Diese Berichte sind auch dem Rechnungshof zuzuleiten.

Kapitel 5. Gemeinsame Bestimmungen

Art. 320 [Rechnungseinheit Euro] Der mehrjährige Finanzrahmen und der Jahreshaushaltsplan werden in Euro aufgestellt.

Art. 321 [Transferleistungen; Kommunikation auf dem Finanzsektor]
[1] ¹Die Kommission kann vorbehaltlich der Unterrichtung der zuständigen Behörden der betreffenden Mitgliedstaaten ihre Guthaben in der Währung eines dieser Staaten in die Währung eines anderen Mitgliedstaats transferieren, soweit dies erforderlich ist, um diese Guthaben für die in den Verträgen vorgesehenen Zwecke zu verwenden. ²Besitzt die Kommission verfügbare oder flüssige Guthaben in der benötigten Währung, so vermeidet sie soweit möglich derartige Transferierungen.

[2] ¹Die Kommission verkehrt mit jedem Mitgliedstaat über die von diesem bezeichnete Behörde. ²Bei der Durchführung ihrer Finanzgeschäfte nimmt sie die Notenbank des betreffenden Mitgliedstaats oder ein anderes von diesem genehmigtes Finanzinstitut in Anspruch.

Art. 322 [Haushaltsvorschriften] (1) Das Europäische Parlament und der Rat erlassen gemäß dem ordentlichen Gesetzgebungsverfahren durch Verordnungen nach Anhörung des Rechnungshofs

a) die Haushaltsvorschriften, in denen insbesondere die Aufstellung und Ausführung des Haushaltsplans sowie die Rechnungslegung und Rechnungsprüfung im Einzelnen geregelt werden;

b) die Vorschriften, die die Kontrolle der Verantwortung der Finanzakteure und insbesondere der Anweisungsbefugten und der Rechnungsführer regeln.

(2) Der Rat legt auf Vorschlag der Kommission und nach Anhörung des Europäischen Parlaments und des Rechnungshofs die Einzelheiten und das Verfahren fest, nach denen die Haushaltseinnahmen, die in der Regelung über die Eigenmittel der Union vorgesehen sind, der Kommission zur Verfügung gestellt werden, sowie die Maßnahmen, die zu treffen sind, um gegebenenfalls die erforderlichen Kassenmittel bereitzustellen.

Art. 323 [Sicherung der Finanzmittel] Das Europäische Parlament, der Rat und die Kommission stellen sicher, dass der Union die Finanzmittel zur Verfügung stehen, die es ihr ermöglichen, ihren rechtlichen Verpflichtungen gegenüber Dritten nachzukommen.

Art. 324 [Konsultationen der am Haushaltsverfahren beteiligten Organe] ¹ Auf Initiative der Kommission werden im Rahmen der nach diesem Titel vorgesehenen Haushaltsverfahren regelmäßige Treffen der Präsidenten des Europäischen Parlaments, des Rates und der Kommission einberufen. ² Diese treffen alle erforderlichen Maßnahmen, um die Abstimmung und Annäherung der Standpunkte der Organe, denen sie vorstehen, zu fördern und so die Durchführung dieses Titels zu erleichtern.

Kapitel 6. Betrugsbekämpfung

Art. 325 [Schutz der finanziellen Interessen der Union] (1) Die Union und die Mitgliedstaaten bekämpfen Betrügereien und sonstige gegen die finanziellen Interessen der Union gerichtete rechtswidrige Handlungen mit Maßnahmen nach diesem Artikel, die abschreckend sind und in den Mitgliedstaaten sowie in den Organen, Einrichtungen und sonstigen Stellen der Union einen effektiven Schutz bewirken.

(2) Zur Bekämpfung von Betrügereien, die sich gegen die finanziellen Interessen der Union richten, ergreifen die Mitgliedstaaten die gleichen Maßnahmen, die sie auch zur Bekämpfung von Betrügereien ergreifen, die sich gegen ihre eigenen finanziellen Interessen richten.

(3) ¹ Die Mitgliedstaaten koordinieren unbeschadet der sonstigen Bestimmungen der Verträge ihre Tätigkeit zum Schutz der finanziellen Interessen der Union vor Betrügereien. ² Sie sorgen zu diesem Zweck zusammen mit der Kommission für eine enge, regelmäßige Zusammenarbeit zwischen den zuständigen Behörden.

(4) Zur Gewährleistung eines effektiven und gleichwertigen Schutzes in den Mitgliedstaaten sowie in den Organen, Einrichtungen und sonstigen Stellen der Union beschließen das Europäische Parlament und der Rat gemäß dem ordentlichen Gesetzgebungsverfahren nach Anhörung des Rechnungshofs die erforderlichen Maßnahmen zur Verhütung und Bekämpfung von Betrügereien, die sich gegen die finanziellen Interessen der Union richten.

(5) Die Kommission legt in Zusammenarbeit mit den Mitgliedstaaten dem Europäischen Parlament und dem Rat jährlich einen Bericht über die Maßnahmen vor, die zur Durchführung dieses Artikels getroffen wurden.

Titel III. Verstärkte Zusammenarbeit

Art. 326 [Grundsätze] *[1]* Eine Verstärkte Zusammenarbeit achtet die Verträge und das Recht der Union.

[2] ¹ Sie darf weder den Binnenmarkt noch den wirtschaftlichen, sozialen und territorialen Zusammenhalt beeinträchtigen. ² Sie darf für den Handel zwischen den Mitgliedstaaten weder ein Hindernis noch eine Diskriminierung darstellen noch darf sie zu Verzerrungen des Wettbewerbs zwischen den Mitgliedstaaten führen.

Art. 327 [Nichtbeteiligte Mitgliedstaaten] ¹ Eine Verstärkte Zusammenarbeit achtet die Zuständigkeiten, Rechte und Pflichten der nicht an der Zusammenarbeit beteiligten Mitgliedstaaten. ² Diese stehen der Durchführung der Verstärkten Zusammenarbeit durch die daran beteiligten Mitgliedstaaten nicht im Wege.

Art. 328 [Offenheit für weitere Mitgliedstaaten] (1) *[1]* ¹Bei ihrer Begründung steht eine Verstärkte Zusammenarbeit allen Mitgliedstaaten offen, sofern sie die in dem hierzu ermächtigenden Beschluss gegebenenfalls festgelegten Teilnahmevoraussetzungen erfüllen. ²Dies gilt auch zu jedem anderen Zeitpunkt, sofern sie neben den genannten Voraussetzungen auch die in diesem Rahmen bereits erlassenen Rechtsakte beachten.

[2] Die Kommission und die an einer Verstärkten Zusammenarbeit teilnehmenden Mitgliedstaaten tragen dafür Sorge, dass die Teilnahme möglichst vieler Mitgliedstaaten gefördert wird.

(2) Die Kommission und gegebenenfalls der Hohe Vertreter der Union für die Außen- und Sicherheitspolitik unterrichten das Europäische Parlament und den Rat regelmäßig über die Entwicklung einer Verstärkten Zusammenarbeit.

Art. 329 [Ermächtigungsverfahren] (1) *[1]* ¹Die Mitgliedstaaten, die in einem der Bereiche der Verträge – mit Ausnahme der Bereiche, für die die Union die ausschließliche Zuständigkeit besitzt, und der Gemeinsamen Außen- und Sicherheitspolitik – untereinander eine Verstärkte Zusammenarbeit begründen möchten, richten einen Antrag an die Kommission, in dem der Anwendungsbereich und die Ziele aufgeführt werden, die mit der beabsichtigten Verstärkten Zusammenarbeit angestrebt werden. ²Die Kommission kann dem Rat einen entsprechenden Vorschlag vorlegen. ³Legt die Kommission keinen Vorschlag vor, so teilt sie den betroffenen Mitgliedstaaten ihre Gründe dafür mit.

[2] Die Ermächtigung zur Einleitung einer Verstärkten Zusammenarbeit nach Unterabsatz 1 wird vom Rat auf Vorschlag der Kommission und nach Zustimmung des Europäischen Parlaments erteilt.

(2) *[1]* ¹Der Antrag der Mitgliedstaaten, die untereinander im Rahmen der Gemeinsamen Außen- und Sicherheitspolitik eine Verstärkte Zusammenarbeit begründen möchten, wird an den Rat gerichtet. ²Er wird dem Hohen Vertreter der Union für die Außen- und Sicherheitspolitik, der zur Kohärenz der beabsichtigten Verstärkten Zusammenarbeit mit der Gemeinsamen Außen- und Sicherheitspolitik der Union Stellung nimmt, sowie der Kommission übermittelt, die insbesondere zur Kohärenz der beabsichtigten Verstärkten Zusammenarbeit mit der Politik der Union in anderen Bereichen Stellung nimmt. ³Der Antrag wird ferner dem Europäischen Parlament zur Unterrichtung übermittelt.

[2] Die Ermächtigung zur Einleitung einer Verstärkten Zusammenarbeit wird mit einem Beschluss des Rates erteilt, der einstimmig beschließt.

Art. 330 [Beratungen; Stimmberechtigung] *[1]* Alle Mitglieder des Rates können an dessen Beratungen teilnehmen, aber nur die Mitglieder des Rates, die die an der Verstärkten Zusammenarbeit beteiligten Mitgliedstaaten vertreten, sind stimmberechtigt.

[2] Die Einstimmigkeit bezieht sich allein auf die Stimmen der Vertreter der an der Verstärkten Zusammenarbeit beteiligten Mitgliedstaaten.

[3] Die qualifizierte Mehrheit bestimmt sich nach Artikel 238 Absatz 3.

Art. 331 [Beitritt weiterer Staaten] (1) *[1]* ¹Jeder Mitgliedstaat, der sich einer bestehenden Verstärkten Zusammenarbeit in einem der in Artikel 329

Absatz 1 genannten Bereiche anschließen will, teilt dem Rat und der Kommission seine Absicht mit.

[2] ¹Die Kommission bestätigt binnen vier Monaten nach Eingang der Mitteilung die Beteiligung des betreffenden Mitgliedstaats. ²Dabei stellt sie gegebenenfalls fest, dass die Beteiligungsvoraussetzungen erfüllt sind, und erlässt die notwendigen Übergangsmaßnahmen zur Anwendung der im Rahmen der Verstärkten Zusammenarbeit bereits erlassenen Rechtsakte.

[3] ¹Ist die Kommission jedoch der Auffassung, dass die Beteiligungsvoraussetzungen nicht erfüllt sind, so gibt sie an, welche Bestimmungen zur Erfüllung dieser Voraussetzungen erlassen werden müssen, und legt eine Frist für die erneute Prüfung des Antrags fest. ²Nach Ablauf dieser Frist prüft sie den Antrag erneut nach dem in Unterabsatz 2 vorgesehenen Verfahren. ³Ist die Kommission der Auffassung, dass die Beteiligungsvoraussetzungen weiterhin nicht erfüllt sind, so kann der betreffende Mitgliedstaat mit dieser Frage den Rat befassen, der über den Antrag befindet. ⁴Der Rat beschließt nach Artikel 330. ⁵Er kann außerdem auf Vorschlag der Kommission die in Unterabsatz 2 genannten Übergangsmaßnahmen erlassen.

(2) *[1]* Jeder Mitgliedstaat, der an einer bestehenden Verstärkten Zusammenarbeit im Rahmen der Gemeinsamen Außen- und Sicherheitspolitik teilnehmen möchte, teilt dem Rat, dem Hohen Vertreter der Union für die Außen- und Sicherheitspolitik und der Kommission seine Absicht mit.

[2] ¹Der Rat bestätigt die Teilnahme des betreffenden Mitgliedstaats nach Anhörung des Hohen Vertreters der Union für die Außen- und Sicherheitspolitik und gegebenenfalls nach der Feststellung, dass die Teilnahmevoraussetzungen erfüllt sind. ²Der Rat kann auf Vorschlag des Hohen Vertreters ferner die notwendigen Übergangsmaßnahmen zur Anwendung der im Rahmen der Verstärkten Zusammenarbeit bereits erlassenen Rechtsakte treffen. ³Ist der Rat jedoch der Auffassung, dass die Teilnahmevoraussetzungen nicht erfüllt sind, so gibt er an, welche Schritte zur Erfüllung dieser Voraussetzungen notwendig sind, und legt eine Frist für die erneute Prüfung des Antrags auf Teilnahme fest.

[3] Für die Zwecke dieses Absatzes beschließt der Rat einstimmig nach Artikel 330.

Art. 332 [Budgetlast] Die sich aus der Durchführung einer Verstärkten Zusammenarbeit ergebenden Ausgaben, mit Ausnahme der Verwaltungskosten der Organe, werden von den beteiligten Mitgliedstaaten getragen, sofern der Rat nicht nach Anhörung des Europäischen Parlaments durch einstimmigen Beschluss sämtlicher Mitglieder des Rates etwas anderes beschließt.

Art. 333 [Abstimmungsregeln] (1) Wenn nach einer Bestimmung der Verträge, die im Rahmen einer Verstärkten Zusammenarbeit angewendet werden könnte, der Rat einstimmig beschließen muss, kann der Rat nach Artikel 330 einstimmig einen Beschluss dahin gehend erlassen, dass er mit qualifizierter Mehrheit beschließt.

(2) ¹Wenn nach einer Bestimmung der Verträge, die im Rahmen einer Verstärkten Zusammenarbeit angewendet werden könnte, Rechtsakte vom Rat gemäß einem besonderen Gesetzgebungsverfahren erlassen werden müssen, kann der Rat nach Artikel 330 einstimmig einen Beschluss dahin gehend erlassen, dass er gemäß dem ordentlichen Gesetzgebungsverfahren beschließt. ²Der Rat beschließt nach Anhörung des Europäischen Parlaments.

(3) Die Absätze 1 und 2 gelten nicht für Beschlüsse mit militärischen oder verteidigungspolitischen Bezügen.

Art. 334 [Wahrung der Kohärenz] Der Rat und die Kommission stellen sicher, dass die im Rahmen einer Verstärkten Zusammenarbeit durchgeführten Maßnahmen untereinander und mit der Politik der Union im Einklang stehen, und arbeiten entsprechend zusammen.

Siebter Teil. Allgemeine und Schlussbestimmungen

Art. 335 [Rechts- und Geschäftsfähigkeit der Union] [1] Die Union besitzt in jedem Mitgliedstaat die weitestgehende Rechts- und Geschäftsfähigkeit, die juristischen Personen nach dessen Rechtsvorschriften zuerkannt ist; sie kann insbesondere bewegliches und unbewegliches Vermögen erwerben und veräußern sowie vor Gericht stehen. [2] Zu diesem Zweck wird sie von der Kommission vertreten. [3] In Fragen, die das Funktionieren der einzelnen Organe betreffen, wird die Union hingegen aufgrund von deren Verwaltungsautonomie von dem betreffenden Organ vertreten.

Art. 336 [Beamtenstatut; Beschäftigungsbedingungen] Das Europäische Parlament und der Rat erlassen gemäß dem ordentlichen Gesetzgebungsverfahren durch Verordnungen nach Anhörung der anderen betroffenen Organe das Statut der Beamten der Europäischen Union und die Beschäftigungsbedingungen für die sonstigen Bediensteten der Union.

Art. 337 [Auskunfts- und Nachprüfungsrecht der Kommission] Zur Erfüllung der ihr übertragenen Aufgaben kann die Kommission alle erforderlichen Auskünfte einholen und alle erforderlichen Nachprüfungen vornehmen; der Rahmen und die nähere Maßgabe hierfür werden vom Rat, der mit einfacher Mehrheit beschließt, gemäß den Bestimmungen der Verträge festgelegt.

Art. 338 [Unionsstatistiken] (1) Unbeschadet des Artikels 5 des Protokolls über die Satzung des Europäischen Systems der Zentralbanken und der Europäischen Zentralbank beschließen das Europäische Parlament und der Rat gemäß dem ordentlichen Gesetzgebungsverfahren Maßnahmen für die Erstellung von Statistiken, wenn dies für die Durchführung der Tätigkeiten der Union erforderlich ist.

(2) Die Erstellung der Unionsstatistiken erfolgt unter Wahrung der Unparteilichkeit, der Zuverlässigkeit, der Objektivität, der wissenschaftlichen Unabhängigkeit, der Kostenwirksamkeit und der statistischen Geheimhaltung; der Wirtschaft dürfen dadurch keine übermäßigen Belastungen entstehen.

Art. 339 [Geheimhaltungspflicht] Die Mitglieder der Organe der Union, die Mitglieder der Ausschüsse sowie die Beamten und sonstigen Bediensteten der Union sind verpflichtet, auch nach Beendigung ihrer Amtstätigkeit Auskünfte, die ihrem Wesen nach unter das Berufsgeheimnis fallen, nicht preiszugeben; dies gilt insbesondere für Auskünfte über Unternehmen sowie deren Geschäftsbeziehungen oder Kostenelemente.

Art. 340 [Amtshaftung der Union] *[1]* Die vertragliche Haftung der Union bestimmt sich nach dem Recht, das auf den betreffenden Vertrag anzuwenden ist.

[2] Im Bereich der außervertraglichen Haftung ersetzt die Union den durch ihre Organe oder Bediensteten in Ausübung ihrer Amtstätigkeit verursachten Schaden nach den allgemeinen Rechtsgrundsätzen, die den Rechtsordnungen der Mitgliedstaaten gemeinsam sind.

[3] Abweichend von Absatz 2 ersetzt die Europäische Zentralbank den durch sie oder ihre Bediensteten in Ausübung ihrer Amtstätigkeit verursachten Schaden nach den allgemeinen Rechtsgrundsätzen, die den Rechtsordnungen der Mitgliedstaaten gemeinsam sind.

[4] Die persönliche Haftung der Bediensteten gegenüber der Union bestimmt sich nach den Vorschriften ihres Statuts oder der für sie geltenden Beschäftigungsbedingungen.

Art. 341[1] **[Sitz der Organe der Union]** Der Sitz der Organe der Union wird im Einvernehmen zwischen den Regierungen der Mitgliedstaaten bestimmt.

Art. 342 [Sprachenfrage] Die Regelung der Sprachenfrage für die Organe der Union wird unbeschadet der Satzung des Gerichtshofs der Europäischen Union vom Rat einstimmig durch Verordnungen getroffen.

Art. 343 [Vorrechte und Befreiungen der Union] [1]Die Union genießt im Hoheitsgebiet der Mitgliedstaaten die zur Erfüllung ihrer Aufgabe erforderlichen Vorrechte und Befreiungen nach Maßgabe des Protokolls vom 8. April 1965 über die Vorrechte und Befreiungen der Europäischen Union. [2]Dasselbe gilt für die Europäische Zentralbank und die Europäische Investitionsbank.

Art. 344 [Exklusivität der unionsrechtlichen Streitbeilegungsmechanismen] Die Mitgliedstaaten verpflichten sich, Streitigkeiten über die Auslegung oder Anwendung der Verträge nicht anders als hierin vorgesehen zu regeln.

Art. 345 [Eigentumsordnung] Die Verträge lassen die Eigentumsordnung in den verschiedenen Mitgliedstaaten unberührt.

Art. 346 [Ausnahme bei wesentlichen Sicherheitsinteressen; Rüstungsgüter] (1) Die Vorschriften der Verträge stehen folgenden Bestimmungen nicht entgegen:

a) Ein Mitgliedstaat ist nicht verpflichtet, Auskünfte zu erteilen, deren Preisgabe seines Erachtens seinen wesentlichen Sicherheitsinteressen widerspricht;

b) jeder Mitgliedstaat kann die Maßnahmen ergreifen, die seines Erachtens für die Wahrung seiner wesentlichen Sicherheitsinteressen erforderlich sind, soweit sie die Erzeugung von Waffen, Munition und Kriegsmaterial oder den Handel damit betreffen; diese Maßnahmen dürfen auf dem Binnenmarkt

[1] Siehe hierzu das Europolsitz-Protokoll v. 2.10.1997 (ABl. C 340 S. 112), geänd. durch Protokoll v. 13.12.2007 (ABl. C 306 S. 165).

die Wettbewerbsbedingungen hinsichtlich der nicht eigens für militärische Zwecke bestimmten Waren nicht beeinträchtigen.

(2) Der Rat kann die von ihm am 15. April 1958 festgelegte Liste der Waren, auf die Absatz 1 Buchstabe b Anwendung findet, einstimmig auf Vorschlag der Kommission ändern.

Art. 347 [Notstandsvorbehalt] Die Mitgliedstaaten setzen sich miteinander ins Benehmen, um durch gemeinsames Vorgehen zu verhindern, dass das Funktionieren des Binnenmarkts durch Maßnahmen beeinträchtigt wird, die ein Mitgliedstaat bei einer schwerwiegenden innerstaatlichen Störung der öffentlichen Ordnung, im Kriegsfall, bei einer ernsten, eine Kriegsgefahr darstellenden internationalen Spannung oder in Erfüllung der Verpflichtungen trifft, die er im Hinblick auf die Aufrechterhaltung des Friedens und der internationalen Sicherheit übernommen hat.

Art. 348 [Anpassungsmaßnahmen; besonderes Vertragsverletzungsverfahren] *[1]* Werden auf dem Binnenmarkt die Wettbewerbsbedingungen durch Maßnahmen aufgrund der Artikel 346 und 347 verfälscht, so prüft die Kommission gemeinsam mit dem beteiligten Staat, wie diese Maßnahmen den Vorschriften der Verträge angepasst werden können.

[2] [1] In Abweichung von dem in den Artikeln 258 und 259 vorgesehenen Verfahren kann die Kommission oder ein Mitgliedstaat den Gerichtshof unmittelbar anrufen, wenn die Kommission oder der Staat der Auffassung ist, dass ein anderer Mitgliedstaat die in den Artikeln 346 und 347 vorgesehenen Befugnisse missbraucht. [2] Der Gerichtshof entscheidet unter Ausschluss der Öffentlichkeit.

Art. 349 [Sonderregelungen für bestimmte außereuropäische Territorien der Mitgliedstaaten] *[1]* [1] Unter Berücksichtigung der strukturbedingten sozialen und wirtschaftlichen Lage von Guadeloupe, Französisch-Guayana, Martinique, Mayotte, Réunion und Saint-Martin, der Azoren, Madeiras und der Kanarischen Inseln, die durch die Faktoren Abgelegenheit, Insellage, geringe Größe, schwierige Relief- und Klimabedingungen und wirtschaftliche Abhängigkeit von einigen wenigen Erzeugnissen erschwert wird, die als ständige Gegebenheiten und durch ihr Zusammenwirken die Entwicklung schwer beeinträchtigen, beschließt der Rat auf Vorschlag der Kommission nach Anhörung des Europäischen Parlaments spezifische Maßnahmen, die insbesondere darauf abzielen, die Bedingungen für die Anwendung der Verträge auf die genannten Gebiete, einschließlich gemeinsamer Politiken, festzulegen. [2] Werden die betreffenden spezifischen Maßnahmen vom Rat gemäß einem besonderen Gesetzgebungsverfahren erlassen, so beschließt er ebenfalls auf Vorschlag der Kommission und nach Anhörung des Europäischen Parlaments.

[2] Die Maßnahmen nach Absatz 1 betreffen insbesondere die Zoll- und Handelspolitik, Steuerpolitik, Freizonen, Agrar- und Fischereipolitik, die Bedingungen für die Versorgung mit Rohstoffen und grundlegenden Verbrauchsgütern, staatliche Beihilfen sowie die Bedingungen für den Zugang zu den Strukturfonds und zu den horizontalen Unionsprogrammen.

[3] Der Rat beschließt die in Absatz 1 genannten Maßnahmen unter Berücksichtigung der besonderen Merkmale und Zwänge der Gebiete in äußerster Randlage, ohne dabei die Integrität und Kohärenz der Rechtsordnung der

Union, die auch den Binnenmarkt und die gemeinsamen Politiken umfasst, auszuhöhlen.

Art. 350 [Benelux-Union] Die Verträge stehen dem Bestehen und der Durchführung der regionalen Zusammenschlüsse zwischen Belgien und Luxemburg sowie zwischen Belgien, Luxemburg und den Niederlanden nicht entgegen, soweit die Ziele dieser Zusammenschlüsse durch Anwendung der Verträge nicht erreicht sind.

Art. 351 [Frühere Abkommen der Mitgliedstaaten] *[1]* Die Rechte und Pflichten aus Übereinkünften, die vor dem 1. Januar 1958 oder, im Falle später beigetretener Staaten, vor dem Zeitpunkt ihres Beitritts zwischen einem oder mehreren Mitgliedstaaten einerseits und einem oder mehreren dritten Ländern andererseits geschlossen wurden, werden durch die Verträge nicht berührt.

[2] [1] Soweit diese Übereinkünfte mit den Verträgen nicht vereinbar sind, wenden der oder die betreffenden Mitgliedstaaten alle geeigneten Mittel an, um die festgestellten Unvereinbarkeiten zu beheben. [2] Erforderlichenfalls leisten die Mitgliedstaaten zu diesem Zweck einander Hilfe; sie nehmen gegebenenfalls eine gemeinsame Haltung ein.

[3] Bei Anwendung der in Absatz 1 bezeichneten Übereinkünfte tragen die Mitgliedstaaten dem Umstand Rechnung, dass die in den Verträgen von jedem Mitgliedstaat gewährten Vorteile Bestandteil der Errichtung der Union sind und daher in untrennbarem Zusammenhang stehen mit der Schaffung gemeinsamer Organe, der Übertragung von Zuständigkeiten auf diese und der Gewährung der gleichen Vorteile durch alle anderen Mitgliedstaaten.

Art. 352 [Kompetenzergänzungsklausel] (1) [1] Erscheint ein Tätigwerden der Union im Rahmen der in den Verträgen festgelegten Politikbereiche erforderlich, um eines der Ziele der Verträge zu verwirklichen, und sind in den Verträgen die hierfür erforderlichen Befugnisse nicht vorgesehen, so erlässt der Rat einstimmig auf Vorschlag der Kommission und nach Zustimmung des Europäischen Parlaments die geeigneten Vorschriften. [2] Werden diese Vorschriften vom Rat gemäß einem besonderen Gesetzgebungsverfahren erlassen, so beschließt er ebenfalls einstimmig auf Vorschlag der Kommission und nach Zustimmung des Europäischen Parlaments.

(2) Die Kommission macht die nationalen Parlamente im Rahmen des Verfahrens zur Kontrolle der Einhaltung des Subsidiaritätsprinzips nach Artikel 5 Absatz 3 des Vertrags über die Europäische Union[1)] auf die Vorschläge aufmerksam, die sich auf diesen Artikel stützen.

(3) Die auf diesem Artikel beruhenden Maßnahmen dürfen keine Harmonisierung der Rechtsvorschriften der Mitgliedstaaten in den Fällen beinhalten, in denen die Verträge eine solche Harmonisierung ausschließen.

(4) Dieser Artikel kann nicht als Grundlage für die Verwirklichung von Zielen der Gemeinsamen Außen- und Sicherheitspolitik dienen, und Rechtsakte, die nach diesem Artikel erlassen werden, müssen innerhalb der in Artikel 40 Absatz 2 des Vertrags über die Europäische Union festgelegten Grenzen bleiben.

[1)] Nr. 13.

Art. 353 [Änderung der Einstimmigkeit] Artikel 48 Absatz 7 des Vertrags über die Europäische Union[1] findet keine Anwendung auf die folgenden Artikel:

– Artikel 311 Absätze 3 und 4,
– Artikel 312 Absatz 2 Unterabsatz 1,
– Artikel 352 und
– Artikel 354.

Art. 354 [Stimmrechtsaussetzung] *[1]* ¹Für die Zwecke des Artikels 7 des Vertrags über die Europäische Union[1] über die Aussetzung bestimmter mit der Zugehörigkeit zur Union verbundener Rechte ist das Mitglied des Europäischen Rates oder des Rates, das den betroffenen Mitgliedstaat vertritt, nicht stimmberechtigt und der betreffende Mitgliedstaat wird bei der Berechnung des Drittels oder der vier Fünftel der Mitgliedstaaten nach den Absätzen 1 und 2 des genannten Artikels nicht berücksichtigt. ²Die Stimmenthaltung von anwesenden oder vertretenen Mitgliedern steht dem Erlass von Beschlüssen nach Absatz 2 des genannten Artikels nicht entgegen.

[2] Für den Erlass von Beschlüssen nach Artikel 7 Absätze 3 und 4 des Vertrags über die Europäische Union bestimmt sich die qualifizierte Mehrheit nach Artikel 238 Absatz 3 Buchstabe b dieses Vertrags.

[3] Beschließt der Rat nach dem Erlass eines Beschlusses über die Aussetzung der Stimmrechte nach Artikel 7 Absatz 3 des Vertrags über die Europäische Union auf der Grundlage einer Bestimmung der Verträge mit qualifizierter Mehrheit, so bestimmt sich die qualifizierte Mehrheit hierfür nach Artikel 238 Absatz 3 Buchstabe b dieses Vertrags oder, wenn der Rat auf Vorschlag der Kommission oder des Hohen Vertreters der Union für die Außen- und Sicherheitspolitik handelt, nach Artikel 238 Absatz 3 Buchstabe a.

[4] Für die Zwecke des Artikels 7 des Vertrags über die Europäische Union beschließt das Europäische Parlament mit der Mehrheit von zwei Dritteln der abgegebenen Stimmen und mit der Mehrheit seiner Mitglieder.

Art. 355 [Geltungsbereich der Verträge; Sonderfälle] Zusätzlich zu den Bestimmungen des Artikels 52 des Vertrags über die Europäische Union[1] über den räumlichen Geltungsbereich der Verträge gelten folgende Bestimmungen:

(1) Die Verträge gelten nach Artikel 349 für Guadeloupe, Französisch-Guayana, Martinique, Mayotte, Réunion, Saint-Martin, die Azoren, Madeira und die Kanarischen Inseln.

(2) *[1]* Für die in Anhang II aufgeführten überseeischen Länder und Hoheitsgebiete gilt das besondere Assoziierungssystem, das im Vierten Teil festgelegt ist.

[2] Die Verträge finden keine Anwendung auf die überseeischen Länder und Hoheitsgebiete, die besondere Beziehungen zum Vereinigten Königreich Großbritannien und Nordirland[2] unterhalten und die in dem genannten Anhang nicht aufgeführt sind.

[1] Nr. **13**.
[2] Seit dem 1.2.2020 ist das Vereinigte Königreich aus der Europäischen Union ausgetreten und ist seitdem ein Drittland (Nicht-EU-Land).

(3) Die Verträge finden auf die europäischen Hoheitsgebiete Anwendung, deren auswärtige Beziehungen ein Mitgliedstaat wahrnimmt.

(4) Die Verträge finden entsprechend den Bestimmungen des Protokolls Nr. 2 zur Akte über die Bedingungen des Beitritts der Republik Österreich, der Republik Finnland und des Königsreichs Schweden auf die Ålandinseln Anwendung.

(5) Abweichend von Artikel 52 des Vertrags über die Europäische Union und von den Absätzen 1 bis 4 dieses Artikels gilt:

a) Die Verträge finden auf die Färöer keine Anwendung.

b) Die Verträge finden auf die Hoheitszonen des Vereinigten Königreichs[1] auf Zypern, Akrotiri und Dhekelia, nur insoweit Anwendung, als dies erforderlich ist, um die Anwendung der Regelungen des Protokolls über die Hoheitszonen des Vereinigten Königreichs Großbritannien und Nordirland in Zypern, das der Akte über die Bedingungen des Beitritts der Tschechischen Republik, der Republik Estland, der Republik Zypern, der Republik Lettland, der Republik Litauen, der Republik Ungarn, der Republik Malta, der Republik Polen, der Republik Slowenien und der Slowakischen Republik zur Europäischen Union beigefügt ist, nach Maßgabe jenes Protokolls sicherzustellen.

c) Die Verträge finden auf die Kanalinseln und die Insel Man nur insoweit Anwendung, als dies erforderlich ist, um die Anwendung der Regelung sicherzustellen, die in dem am 22. Januar 1972 unterzeichneten Vertrag über den Beitritt neuer Mitgliedstaaten zur Europäischen Wirtschaftsgemeinschaft und zur Europäischen Atomgemeinschaft für diese Inseln vorgesehen ist.[2]

(6) [1]Der Europäische Rat kann auf Initiative des betroffenen Mitgliedstaats einen Beschluss zur Änderung des Status eines in den Absätzen 1 und 2 genannten dänischen, französischen oder niederländischen Landes oder Hoheitsgebiets gegenüber der Union erlassen. [2]Der Europäische Rat beschließt einstimmig nach Anhörung der Kommission.

Art. 356 [Geltungsdauer] Dieser Vertrag gilt auf unbegrenzte Zeit.

Art. 357 [Ratifizierung und Inkrafttreten] *[1]* [1]Dieser Vertrag bedarf der Ratifizierung durch die Hohen Vertragsparteien gemäß ihren verfassungsrechtlichen Vorschriften. [2]Die Ratifikationsurkunden werden bei der Regierung der Italienischen Republik hinterlegt.

[2] [1]Dieser Vertrag tritt am ersten Tag des auf die Hinterlegung der letzten Ratifikationsurkunde folgenden Monats in Kraft. [2]Findet diese Hinterlegung weniger als fünfzehn Tage vor Beginn des folgenden Monats statt, so tritt der Vertrag am ersten Tag des zweiten Monats nach dieser Hinterlegung in Kraft.

Art. 358 [Verbindlicher Wortlaut; Hinterlegung] Die Bestimmungen des Artikels 55 des Vertrags über die Europäische Union[3] sind auf diesen Vertrag anwendbar.

[1] Seit dem 1.2.2020 ist das Vereinigte Königreich aus der Europäischen Union ausgetreten und ist seitdem ein Drittland (Nicht-EU-Land).
[2] Mit dem Austritt des Vereinigten Königreichs aus der Europäischen Union zum 1.2.2020 finden die Verträge auf die Kanalinseln und die Insel Man keine Anwendung mehr.
[3] Nr. 13.

EU-Arbeitsweisevertrag **Anh. I AEUV 14**

ZU URKUND DESSEN haben die unterzeichnenden Bevollmächtigten ihre Unterschriften unter diesen Vertrag gesetzt.
Geschehen zu Rom am fünfundzwanzigsten März neunzehnhundertsiebenundfünfzig.
(Aufzählung der Unterzeichner nicht wiedergegeben)

Anhänge
Anhang I. Listen zu Artikel 38 des Vertrags

–1– Nummer des Brüsseler Zolltarifschemas	–2– Warenbezeichnung
Kapitel 1	Lebende Tiere
Kapitel 2	Fleisch und genießbarer Schlachtabfall
Kapitel 3	Fische, Krebstiere und Weichtiere
Kapitel 4	Milch und Milcherzeugnisse, Vogeleier; natürlicher Honig
Kapitel 5	
05.04	Därme, Blasen und Mägen von anderen Tieren als Fischen, ganz oder geteilt
05.15	Waren tierischen Ursprungs, anderweit weder genannt noch inbegriffen; nicht lebende Tiere des Kapitels 1 oder 3, ungenießbar
Kapitel 6	Lebende Pflanzen und Waren des Blumenhandels
Kapitel 7	Gemüse, Pflanzen, Wurzeln und Knollen, die zu Ernährungszwecken verwendet werden
Kapitel 8	Genießbare Früchte, Schalen von Zitrusfrüchten oder von Melonen
Kapitel 9	Kaffee, Tee und Gewürze, ausgenommen Mate (Position 09.03)
Kapitel 10	Getreide
Kapitel 11	Müllereierzeugnisse, Malz; Stärke; Kleber, Inullin
Kapitel 12	Ölsaaten und ölhaltige Früchte; verschiedene Samen und Früchte; Pflanzen zum Gewerbe- oder Heilgebrauch, Stroh und Futter
Kapitel 13	
ex 13.03	Pektin
Kapitel 15	
15.01	Schweineschmalz; Geflügelfett, ausgepreßt oder ausgeschmolzen
15.02	Talg von Rindern, Schafen oder Ziegen, roh oder ausgeschmolzen, einschließlich Premier Jus
15.03	Schmalzstearin; Oleostearin; Schmalzöl, Oleomargarine und Talgöl, weder emulgiert, vermischt noch anders verarbeitet
15.04	Fette und Öle von Fischen oder Meeressäugetieren, auch raffiniert
15.07	Fette pflanzliche Öle, flüssig oder fest, roh, gereinigt oder raffiniert
15.12	Tierische und pflanzliche Fette und Öle, gehärtete, auch raffiniert, jedoch nicht weiter verarbeitet
15.13	Margarine, Kunstspeisefett und andere genießbare verarbeitete Fette
15.17	Rückstände aus der Verarbeitung von Fettstoffen oder von tierischen oder pflanzlichen Wachsen

14 AEUV Anh. I EU-Arbeitsweisevertrag

–1– Nummer des Brüsseler Zolltarifschemas		–2– Warenbezeichnung
Kapitel 16		Zubereitungen von Fleisch, Fischen, Krebstieren und Weichtieren
Kapitel 17		
	17.01	Rüben- und Rohrzucker
	17.02	Andere Zucker; Sirupe; Kunsthonig, auch mit natürlichem Honig vermischt; Zucker und Melassen, karamellisiert
	17.03	Melassen, auch entfärbt
	17.05(*)	Zucker, Sirupe und Melassen, aromatisiert und gefärbt (einschließlich Vanille- und Vanillinzucker), ausgenommen Fruchtsäfte mit beliebigem Zusatz von Zucker
Kapitel 18		
	18.01	Kakaobohnen, auch Bruch, roh oder geröstet
	18.02	Kakaoschalen, Kakaohäutchen und anderer Kakaoabfall
Kapitel 20		Zubereitungen von Gemüse, Küchenkräutern, Früchten und anderen Pflanzen oder Pflanzenteilen
Kapitel 22		
	22.04	Traubenmost, teilweise vergoren, auch ohne Alkohol stummgemacht
	22.05	Wein aus frischen Weintrauben; mit Alkohol stummgemachter Most aus frischen Weintrauben
	22.07	Apfelwein, Birnenwein, Met und andere gegorene Getränke
	ex 22.08(*) ex 22.09(*)	Ätylalkohol und Sprit, vergällt und unvergällt mit einem beliebigen Ätylalkoholgehalt, hergestellt aus landwirtschaftlichen Erzeugnissen, die in Anhang I aufgeführt sind (ausgenommen Brandwein, Likör und andere alkoholische Getränke, zusammengesetzte alkoholische Zubereitungen – Essenzen – zur Herstellung von Getränken)
	ex 22.10(*)	Speiseessig
Kapitel 23		Rückstände und Abfälle der Lebensmittelindustrie; zubereitetes Futter
Kapitel 24		
	24.01	Tabak, unverarbeitet; Tabakabfälle
Kapitel 45		
	45.01	Naturkork, unbearbeitet, und Korkabfälle; Korkschrot, Korkmehl
Kapitel 54		
	54.01	Flachs, roh, geröstet, geschwungen, gehechelt oder anders bearbeitet, jedoch nicht versponnen; Werg und Abfälle (einschließlich Reißspinnstoff)
Kapitel 57		
	57.01	Hanf (Cannabis sativa), roh, geröstet, geschwungen, gehechelt oder anders bearbeitet, jedoch nicht versponnen; Werg und Abfälle (einschließlich Reißspinnstoff)

(*) **Amtl. Anm.:** Position eingefügt gemäß Artikel 1 der Verordnung Nr. 7a des Rates der Europäischen Wirtschaftsgemeinschaft vom 18.12.1959 (ABl. 7 vom 30.1.1961, S. 71/61).

Anhang II. Überseeische Länder und Hoheitsgebiete, auf welche der vierte Teil des Vertrags Anwendung findet

- Grönland,
- Neukaledonien und Nebengebiete,
- Französisch–Polynesien,
- Französische Süd- und Antarktisgebiete,
- Wallis und Futuna,
- St. Pierre und Miquelon,
- Saint-Barthélemy,
- Aruba,
- Niederländische Antillen:
 - Bonaire,
 - Curaçao,
 - Saba,
 - Sint Eustatius,
 - Sint Maarten,
- Anguilla,
- Kaimaninseln,
- Falklandinseln,
- Südgeorgien und südliche Sandwichinseln,
- Montserrat,
- Pitcairn,
- St. Helena und Nebengebiete,
- Britisches Antarktis-Territorium,
- Britisches Territorium im Indischen Ozean,
- Turks- und Caicosinseln,
- Britische Jungferninseln,
- Bermuda.

15. Charta der Grundrechte der Europäischen Union[1]

(2007/C 303/01)

Vom 12. Dezember 2007[2]

(ABl. C 303 S. 1)

Celex-Nr. 1 2007 P/TXT

Präambel

Die Völker Europas sind entschlossen, auf der Grundlage gemeinsamer Werte eine friedliche Zukunft zu teilen, indem sie sich zu einer immer engeren Union verbinden.

[1] In dem Bewusstsein ihres geistig-religiösen[3] und sittlichen Erbes gründet sich die Union auf die unteilbaren und universellen Werte der Würde des Menschen, der Freiheit, der Gleichheit und der Solidarität. [2] Sie beruht auf den Grundsätzen der Demokratie und der Rechtsstaatlichkeit. [3] Sie stellt den Menschen in den Mittelpunkt ihres Handelns, indem sie die Unionsbürgerschaft und einen Raum der Freiheit, der Sicherheit und des Rechts begründet.

[1] Die Union trägt zur Erhaltung und zur Entwicklung dieser gemeinsamen Werte unter Achtung der Vielfalt der Kulturen und Traditionen der Völker Europas sowie der nationalen Identität der Mitgliedstaaten und der Organisation ihrer staatlichen Gewalt auf nationaler, regionaler und lokaler Ebene bei. [2] Sie ist bestrebt, eine ausgewogene und nachhaltige Entwicklung zu fördern und stellt den freien Personen-, Dienstleistungs-, Waren- und Kapitalverkehr sowie die Niederlassungsfreiheit sicher.

Zu diesem Zweck ist es notwendig, angesichts der Weiterentwicklung der Gesellschaft, des sozialen Fortschritts und der wissenschaftlichen und technologischen Entwicklungen den Schutz der Grundrechte zu stärken, indem sie in einer Charta sichtbarer gemacht werden.

[1] Diese Charta bekräftigt unter Achtung der Zuständigkeiten und Aufgaben der Union und des Subsidiaritätsprinzips die Rechte, die sich vor allem aus den gemeinsamen Verfassungstraditionen und den gemeinsamen internationalen Verpflichtungen der Mitgliedstaaten, aus der Europäischen Konvention zum Schutz der Menschenrechte und Grundfreiheiten[4], aus den von der Union und dem Europarat beschlossenen Sozialchartas sowie aus der Rechtsprechung des Gerichtshofs der Europäischen Union und des Europäischen Gerichtshofs für Menschenrechte ergeben. [2] In diesem Zusammenhang erfolgt die Auslegung

[1] Die Verweise/Bezugnahmen auf Vorschriften des AEUV und/oder EUV sind gemäß Art. 5 des Vertrags von Lissabon iVm den Übereinstimmungstabellen an die neue Nummerierung angepasst worden.

[2] Der hier wiedergegebene Wortlaut übernimmt mit Anpassungen die am 7.12.2000 proklamierte Charta. Inkrafttreten am 1.12.2009, siehe die Bek. v. 13.11.2009 (BGBl. II S. 1223). Der Wortlaut entspricht der konsolidierten Fassung ABl. 2016 C 202 S. 389.

[3] In den Fassungen fast aller anderen Amtssprachen fehlt ein ausdrücklicher Hinweis auf die Religiösität. So heißt es etwa im Englischen: „spiritual and moral heritage", im Französischen: „patrimoine spirituel et moral". Die Wendung „spiritual and moral" wurde im Übrigen bewusst aus der Präambel der Satzung des Europarates idF der Bek. v. 5.5.1949 (BGBl. 1950 S. 263), zuletzt geänd. durch Satzung v. 17.2.2016 (BGBl. II S. 292) übernommen, wo sie in der amtlichen deutschen Übersetzung mit „geistig und moralisch" wiedergegeben wird.

[4] Nr. 3.

der Charta durch die Gerichte der Union und der Mitgliedstaaten unter gebührender Berücksichtigung der Erläuterungen, die unter der Leitung des Präsidiums des Konvents zur Ausarbeitung der Charta formuliert und unter der Verantwortung des Präsidiums des Europäischen Konvents aktualisiert wurden.

Die Ausübung dieser Rechte ist mit Verantwortung und mit Pflichten sowohl gegenüber den Mitmenschen als auch gegenüber der menschlichen Gemeinschaft und den künftigen Generationen verbunden.

Daher erkennt die Union die nachstehend aufgeführten Rechte, Freiheiten und Grundsätze an.

Titel I. Würde des Menschen

Art. 1 Würde des Menschen. [1] Die Würde des Menschen ist unantastbar. [2] Sie ist zu achten und zu schützen.

Art. 2 Recht auf Leben. (1) Jeder Mensch hat das Recht auf Leben.

(2) Niemand darf zur Todesstrafe verurteilt oder hingerichtet werden.

Art. 3 Recht auf Unversehrtheit. (1) Jeder Mensch hat das Recht auf körperliche und geistige Unversehrtheit.

(2) Im Rahmen der Medizin und der Biologie muss insbesondere Folgendes beachtet werden:

a) die freie Einwilligung des Betroffenen nach vorheriger Aufklärung entsprechend den gesetzlich festgelegten Einzelheiten,

b) das Verbot eugenischer Praktiken, insbesondere derjenigen, welche die Selektion von Menschen zum Ziel haben,

c) das Verbot, den menschlichen Körper und Teile davon als solche zur Erzielung von Gewinnen zu nutzen,

d) das Verbot des reproduktiven Klonens von Menschen.

Art. 4 Verbot der Folter und unmenschlicher oder erniedrigender Strafe oder Behandlung. Niemand darf der Folter oder unmenschlicher oder erniedrigender Strafe oder Behandlung unterworfen werden.

Art. 5 Verbot der Sklaverei und der Zwangsarbeit. (1) Niemand darf in Sklaverei oder Leibeigenschaft gehalten werden.

(2) Niemand darf gezwungen werden, Zwangs- oder Pflichtarbeit zu verrichten.

(3) Menschenhandel ist verboten.

Titel II. Freiheiten

Art. 6 Recht auf Freiheit und Sicherheit. Jeder Mensch hat das Recht auf Freiheit und Sicherheit.

Art. 7 Achtung des Privat- und Familienlebens. Jede Person hat das Recht auf Achtung ihres Privat- und Familienlebens, ihrer Wohnung sowie ihrer Kommunikation.

Art. 8 Schutz personenbezogener Daten. (1) Jede Person hat das Recht auf Schutz der sie betreffenden personenbezogenen Daten.

(2) ¹Diese Daten dürfen nur nach Treu und Glauben für festgelegte Zwecke und mit Einwilligung der betroffenen Person oder auf einer sonstigen gesetzlich geregelten legitimen Grundlage verarbeitet werden. ²Jede Person hat das Recht, Auskunft über die sie betreffenden erhobenen Daten zu erhalten und die Berichtigung der Daten zu erwirken.

(3) Die Einhaltung dieser Vorschriften wird von einer unabhängigen Stelle überwacht.

Art. 9 Recht, eine Ehe einzugehen und eine Familie zu gründen.

Das Recht, eine Ehe einzugehen, und das Recht, eine Familie zu gründen, werden nach den einzelstaatlichen Gesetzen gewährleistet, welche die Ausübung dieser Rechte regeln.

Art. 10 Gedanken-, Gewissens- und Religionsfreiheit. (1) ¹Jede Person hat das Recht auf Gedanken-, Gewissens- und Religionsfreiheit. ²Dieses Recht umfasst die Freiheit, die Religion oder Weltanschauung zu wechseln, und die Freiheit, seine Religion oder Weltanschauung einzeln oder gemeinsam mit anderen öffentlich oder privat durch Gottesdienst, Unterricht, Bräuche und Riten zu bekennen.

(2) Das Recht auf Wehrdienstverweigerung aus Gewissensgründen wird nach den einzelstaatlichen Gesetzen anerkannt, welche die Ausübung dieses Rechts regeln.

Art. 11 Freiheit der Meinungsäußerung und Informationsfreiheit.

(1) ¹Jede Person hat das Recht auf freie Meinungsäußerung. ²Dieses Recht schließt die Meinungsfreiheit und die Freiheit ein, Informationen und Ideen ohne behördliche Eingriffe und ohne Rücksicht auf Staatsgrenzen zu empfangen und weiterzugeben.

(2) Die Freiheit der Medien und ihre Pluralität werden geachtet.

Art. 12 Versammlungs- und Vereinigungsfreiheit. (1) Jede Person hat das Recht, sich insbesondere im politischen, gewerkschaftlichen und zivilgesellschaftlichen Bereich auf allen Ebenen frei und friedlich mit anderen zu versammeln und frei mit anderen zusammenzuschließen, was das Recht jeder Person umfasst, zum Schutz ihrer Interessen Gewerkschaften zu gründen und Gewerkschaften beizutreten.

(2) Politische Parteien auf der Ebene der Union tragen dazu bei, den politischen Willen der Unionsbürgerinnen und Unionsbürger zum Ausdruck zu bringen.

Art. 13 Freiheit der Kunst und der Wissenschaft. ¹Kunst und Forschung sind frei. ²Die akademische Freiheit wird geachtet.

Art. 14 Recht auf Bildung. (1) Jede Person hat das Recht auf Bildung sowie auf Zugang zur beruflichen Ausbildung und Weiterbildung.

(2) Dieses Recht umfasst die Möglichkeit, unentgeltlich am Pflichtschulunterricht teilzunehmen.

(3) Die Freiheit zur Gründung von Lehranstalten unter Achtung der demokratischen Grundsätze sowie das Recht der Eltern, die Erziehung und den Unterricht ihrer Kinder entsprechend ihren eigenen religiösen, weltanschaulichen und erzieherischen Überzeugungen sicherzustellen, werden nach den einzelstaatlichen Gesetzen geachtet, welche ihre Ausübung regeln.

Art. 15 Berufsfreiheit und Recht zu arbeiten. (1) Jede Person hat das Recht, zu arbeiten und einen frei gewählten oder angenommenen Beruf auszuüben.

(2) Alle Unionsbürgerinnen und Unionsbürger haben die Freiheit, in jedem Mitgliedstaat Arbeit zu suchen, zu arbeiten, sich niederzulassen oder Dienstleistungen zu erbringen.

(3) Die Staatsangehörigen dritter Länder, die im Hoheitsgebiet der Mitgliedstaaten arbeiten dürfen, haben Anspruch auf Arbeitsbedingungen, die denen der Unionsbürgerinnen und Unionsbürger entsprechen.

Art. 16 Unternehmerische Freiheit. Die unternehmerische Freiheit wird nach dem Unionsrecht und den einzelstaatlichen Rechtsvorschriften und Gepflogenheiten anerkannt.

Art. 17 Eigentumsrecht. (1) ¹Jede Person hat das Recht, ihr rechtmäßig erworbenes Eigentum zu besitzen, zu nutzen, darüber zu verfügen und es zu vererben. ²Niemandem darf sein Eigentum entzogen werden, es sei denn aus Gründen des öffentlichen Interesses in den Fällen und unter den Bedingungen, die in einem Gesetz vorgesehen sind, sowie gegen eine rechtzeitige angemessene Entschädigung für den Verlust des Eigentums. ³Die Nutzung des Eigentums kann gesetzlich geregelt werden, soweit dies für das Wohl der Allgemeinheit erforderlich ist.

(2) Geistiges Eigentum wird geschützt.

Art. 18 Asylrecht. Das Recht auf Asyl wird nach Maßgabe des Genfer Abkommens vom 28. Juli 1951 und des Protokolls vom 31. Januar 1967 über die Rechtsstellung der Flüchtlinge sowie nach Maßgabe des Vertrags über die Europäische Union[1] und des Vertrags über die Arbeitsweise der Europäischen Union[2] (im Folgenden „die Verträge") gewährleistet.

Art. 19 Schutz bei Abschiebung, Ausweisung und Auslieferung.

(1) Kollektivausweisungen sind nicht zulässig.

(2) Niemand darf in einen Staat abgeschoben oder ausgewiesen oder an einen Staat ausgeliefert werden, in dem für sie oder ihn das ernsthafte Risiko der Todesstrafe, der Folter oder einer anderen unmenschlichen oder erniedrigenden Strafe oder Behandlung besteht.

[1] Nr. **13**.
[2] Nr. **14**.

Titel III. Gleichheit

Art. 20 Gleichheit vor dem Gesetz. Alle Personen sind vor dem Gesetz gleich.

Art. 21 Nichtdiskriminierung. (1) Diskriminierungen insbesondere wegen des Geschlechts, der Rasse, der Hautfarbe, der ethnischen oder sozialen Herkunft, der genetischen Merkmale, der Sprache, der Religion oder der Weltanschauung, der politischen oder sonstigen Anschauung, der Zugehörigkeit zu einer nationalen Minderheit, des Vermögens, der Geburt, einer Behinderung, des Alters oder der sexuellen Ausrichtung sind verboten.

(2) Unbeschadet besonderer Bestimmungen der Verträge ist in ihrem Anwendungsbereich jede Diskriminierung aus Gründen der Staatsangehörigkeit verboten.

Art. 22 Vielfalt der Kulturen, Religionen und Sprachen. Die Union achtet die Vielfalt der Kulturen, Religionen und Sprachen.

Art. 23 Gleichheit von Frauen und Männern. *[1]* Die Gleichheit von Frauen und Männern ist in allen Bereichen, einschließlich der Beschäftigung, der Arbeit und des Arbeitsentgelts, sicherzustellen.

[2] Der Grundsatz der Gleichheit steht der Beibehaltung oder der Einführung spezifischer Vergünstigungen für das unterrepräsentierte Geschlecht nicht entgegen.

Art. 24 Rechte des Kindes. (1) [1] Kinder haben Anspruch auf den Schutz und die Fürsorge, die für ihr Wohlergehen notwendig sind. [2] Sie können ihre Meinung frei äußern. [3] Ihre Meinung wird in den Angelegenheiten, die sie betreffen, in einer ihrem Alter und ihrem Reifegrad entsprechenden Weise berücksichtigt.

(2) Bei allen Kinder betreffenden Maßnahmen öffentlicher Stellen oder privater Einrichtungen muss das Wohl des Kindes eine vorrangige Erwägung sein.

(3) Jedes Kind hat Anspruch auf regelmäßige persönliche Beziehungen und direkte Kontakte zu beiden Elternteilen, es sei denn, dies steht seinem Wohl entgegen.

Art. 25 Rechte älterer Menschen. Die Union anerkennt und achtet das Recht älterer Menschen auf ein würdiges und unabhängiges Leben und auf Teilnahme am sozialen und kulturellen Leben.

Art. 26 Integration von Menschen mit Behinderung. Die Union anerkennt und achtet den Anspruch von Menschen mit Behinderung auf Maßnahmen zur Gewährleistung ihrer Eigenständigkeit, ihrer sozialen und beruflichen Eingliederung und ihrer Teilnahme am Leben der Gemeinschaft.

Titel IV. Solidarität

Art. 27 Recht auf Unterrichtung und Anhörung der Arbeitnehmerinnen und Arbeitnehmer im Unternehmen. Für die Arbeitnehmerinnen und Arbeitnehmer oder ihre Vertreter muss auf den geeigneten Ebenen eine rechtzeitige Unterrichtung und Anhörung in den Fällen und unter den Voraussetzungen gewährleistet sein, die nach dem Unionsrecht und den einzelstaatlichen Rechtsvorschriften und Gepflogenheiten vorgesehen sind.

Art. 28 Recht auf Kollektivverhandlungen und Kollektivmaßnahmen.
Die Arbeitnehmerinnen und Arbeitnehmer sowie die Arbeitgeberinnen und Arbeitgeber oder ihre jeweiligen Organisationen haben nach dem Unionsrecht und den einzelstaatlichen Rechtsvorschriften und Gepflogenheiten das Recht, Tarifverträge auf den geeigneten Ebenen auszuhandeln und zu schließen sowie bei Interessenkonflikten kollektive Maßnahmen zur Verteidigung ihrer Interessen, einschließlich Streiks, zu ergreifen.

Art. 29 Recht auf Zugang zu einem Arbeitsvermittlungsdienst. Jeder Mensch hat das Recht auf Zugang zu einem unentgeltlichen Arbeitsvermittlungsdienst.

Art. 30 Schutz bei ungerechtfertigter Entlassung. Jede Arbeitnehmerin und jeder Arbeitnehmer hat nach dem Unionsrecht und den einzelstaatlichen Rechtsvorschriften und Gepflogenheiten Anspruch auf Schutz vor ungerechtfertigter Entlassung.

Art. 31 Gerechte und angemessene Arbeitsbedingungen. (1) Jede Arbeitnehmerin und jeder Arbeitnehmer hat das Recht auf gesunde, sichere und würdige Arbeitsbedingungen.

(2) Jede Arbeitnehmerin und jeder Arbeitnehmer hat das Recht auf eine Begrenzung der Höchstarbeitszeit, auf tägliche und wöchentliche Ruhezeiten sowie auf bezahlten Jahresurlaub.

Art. 32 Verbot der Kinderarbeit und Schutz der Jugendlichen am Arbeitsplatz. *[1]* [1] Kinderarbeit ist verboten. [2] Unbeschadet günstigerer Vorschriften für Jugendliche und abgesehen von begrenzten Ausnahmen darf das Mindestalter für den Eintritt in das Arbeitsleben das Alter, in dem die Schulpflicht endet, nicht unterschreiten.

[2] Zur Arbeit zugelassene Jugendliche müssen ihrem Alter angepasste Arbeitsbedingungen erhalten und vor wirtschaftlicher Ausbeutung und vor jeder Arbeit geschützt werden, die ihre Sicherheit, ihre Gesundheit, ihre körperliche, geistige, sittliche oder soziale Entwicklung beeinträchtigen oder ihre Erziehung gefährden könnte.

Art. 33 Familien- und Berufsleben. (1) Der rechtliche, wirtschaftliche und soziale Schutz der Familie wird gewährleistet.

(2) Um Familien- und Berufsleben miteinander in Einklang bringen zu können, hat jeder Mensch das Recht auf Schutz vor Entlassung aus einem mit der Mutterschaft zusammenhängenden Grund sowie den Anspruch auf einen bezahlten Mutterschaftsurlaub und auf einen Elternurlaub nach der Geburt oder Adoption eines Kindes.

Art. 34 Soziale Sicherheit und soziale Unterstützung. (1) Die Union anerkennt und achtet das Recht auf Zugang zu den Leistungen der sozialen Sicherheit und zu den sozialen Diensten, die in Fällen wie Mutterschaft, Krankheit, Arbeitsunfall, Pflegebedürftigkeit oder im Alter sowie bei Verlust des Arbeitsplatzes Schutz gewährleisten, nach Maßgabe des Unionsrechts und der einzelstaatlichen Rechtsvorschriften und Gepflogenheiten.

(2) Jeder Mensch, der in der Union seinen rechtmäßigen Wohnsitz hat und seinen Aufenthalt rechtmäßig wechselt, hat Anspruch auf die Leistungen der sozialen Sicherheit und die sozialen Vergünstigungen nach dem Unionsrecht und den einzelstaatlichen Rechtsvorschriften und Gepflogenheiten.

(3) Um die soziale Ausgrenzung und die Armut zu bekämpfen, anerkennt und achtet die Union das Recht auf eine soziale Unterstützung und eine Unterstützung für die Wohnung, die allen, die nicht über ausreichende Mittel verfügen, ein menschenwürdiges Dasein sicherstellen sollen, nach Maßgabe des Unionsrechts und der einzelstaatlichen Rechtsvorschriften und Gepflogenheiten.

Art. 35 Gesundheitsschutz. [1]Jeder Mensch hat das Recht auf Zugang zur Gesundheitsvorsorge und auf ärztliche Versorgung nach Maßgabe der einzelstaatlichen Rechtsvorschriften und Gepflogenheiten. [2]Bei der Festlegung und Durchführung der Politik und Maßnahmen der Union in allen Bereichen wird ein hohes Gesundheitsschutzniveau sichergestellt.

Art. 36 Zugang zu Dienstleistungen von allgemeinem wirtschaftlichen Interesse. Die Union anerkennt und achtet den Zugang zu Dienstleistungen von allgemeinem wirtschaftlichen Interesse, wie er durch die einzelstaatlichen Rechtsvorschriften und Gepflogenheiten im Einklang mit den Verträgen geregelt ist, um den sozialen und territorialen Zusammenhalt der Union zu fördern.

Art. 37 Umweltschutz. Ein hohes Umweltschutzniveau und die Verbesserung der Umweltqualität müssen in die Politik der Union einbezogen und nach dem Grundsatz der nachhaltigen Entwicklung sichergestellt werden.

Art. 38 Verbraucherschutz. Die Politik der Union stellt ein hohes Verbraucherschutzniveau sicher.

Titel V. Bürgerrechte

Art. 39 Aktives und passives Wahlrecht bei den Wahlen zum Europäischen Parlament. (1) Die Unionsbürgerinnen und Unionsbürger besitzen in dem Mitgliedstaat, in dem sie ihren Wohnsitz haben, das aktive und passive Wahlrecht bei den Wahlen zum Europäischen Parlament unter denselben Bedingungen wie die Angehörigen des betreffenden Mitgliedstaats.

(2) Die Mitglieder des Europäischen Parlaments werden in allgemeiner, unmittelbarer, freier und geheimer Wahl gewählt.

Art. 40 Aktives und passives Wahlrecht bei den Kommunalwahlen.
Die Unionsbürgerinnen und Unionsbürger besitzen in dem Mitgliedstaat, in dem sie ihren Wohnsitz haben, das aktive und passive Wahlrecht bei Kom-

munalwahlen unter denselben Bedingungen wie die Angehörigen des betreffenden Mitgliedstaats.

Art. 41 Recht auf eine gute Verwaltung. (1) Jede Person hat ein Recht darauf, dass ihre Angelegenheiten von den Organen, Einrichtungen und sonstigen Stellen der Union unparteiisch, gerecht und innerhalb einer angemessenen Frist behandelt werden.

(2) Dieses Recht umfasst insbesondere

a) das Recht jeder Person, gehört zu werden, bevor ihr gegenüber eine für sie nachteilige individuelle Maßnahme getroffen wird,

b) das Recht jeder Person auf Zugang zu den sie betreffenden Akten unter Wahrung des berechtigten Interesses der Vertraulichkeit sowie des Berufs- und Geschäftsgeheimnisses,

c) die Verpflichtung der Verwaltung, ihre Entscheidungen zu begründen.

(3) Jede Person hat Anspruch darauf, dass die Union den durch ihre Organe oder Bediensteten in Ausübung ihrer Amtstätigkeit verursachten Schaden nach den allgemeinen Rechtsgrundsätzen ersetzt, die den Rechtsordnungen der Mitgliedstaaten gemeinsam sind.

(4) Jede Person kann sich in einer der Sprachen der Verträge an die Organe der Union wenden und muss eine Antwort in derselben Sprache erhalten.

Art. 42 Recht auf Zugang zu Dokumenten. Die Unionsbürgerinnen und Unionsbürger sowie jede natürliche oder juristische Person mit Wohnsitz oder satzungsmäßigem Sitz in einem Mitgliedstaat haben das Recht auf Zugang zu den Dokumenten der Organe, Einrichtungen und sonstigen Stellen der Union, unabhängig von der Form der für diese Dokumente verwendeten Träger.

Art. 43 Der Europäische Bürgerbeauftragte. Die Unionsbürgerinnen und Unionsbürger sowie jede natürliche oder juristische Person mit Wohnsitz oder satzungsmäßigem Sitz in einem Mitgliedstaat haben das Recht, den Europäischen Bürgerbeauftragten im Falle von Missständen bei der Tätigkeit der Organe, Einrichtungen und sonstigen Stellen der Union, mit Ausnahme des Gerichtshofs der Europäischen Union in Ausübung seiner Rechtsprechungsbefugnisse, zu befassen.

Art. 44 Petitionsrecht. Die Unionsbürgerinnen und Unionsbürger sowie jede natürliche oder juristische Person mit Wohnsitz oder satzungsmäßigem Sitz in einem Mitgliedstaat haben das Recht, eine Petition an das Europäische Parlament zu richten.

Art. 45 Freizügigkeit und Aufenthaltsfreiheit. (1) Die Unionsbürgerinnen und Unionsbürger haben das Recht, sich im Hoheitsgebiet der Mitgliedstaaten frei zu bewegen und aufzuhalten.

(2) Staatsangehörigen von Drittländern, die sich rechtmäßig im Hoheitsgebiet eines Mitgliedstaats aufhalten, kann nach Maßgabe der Verträge Freizügigkeit und Aufenthaltsfreiheit gewährt werden.

Art. 46 Diplomatischer und konsularischer Schutz. Die Unionsbürgerinnen und Unionsbürger genießen im Hoheitsgebiet eines Drittlands, in dem der Mitgliedstaat, dessen Staatsangehörigkeit sie besitzen, nicht vertreten

ist, den Schutz durch die diplomatischen und konsularischen Behörden eines jeden Mitgliedstaats unter denselben Bedingungen wie Staatsangehörige dieses Staates.

Titel VI. Justizielle Rechte

Art. 47 Recht auf einen wirksamen Rechtsbehelf und ein unparteiisches Gericht. *[1]* Jede Person, deren durch das Recht der Union garantierte Rechte oder Freiheiten verletzt worden sind, hat das Recht, nach Maßgabe der in diesem Artikel vorgesehenen Bedingungen bei einem Gericht einen wirksamen Rechtsbehelf einzulegen.

[2] [1] Jede Person hat ein Recht darauf, dass ihre Sache von einem unabhängigen, unparteiischen und zuvor durch Gesetz errichteten Gericht in einem fairen Verfahren, öffentlich und innerhalb angemessener Frist verhandelt wird. [2] Jede Person kann sich beraten, verteidigen und vertreten lassen.

[3] Personen, die nicht über ausreichende Mittel verfügen, wird Prozesskostenhilfe bewilligt, soweit diese Hilfe erforderlich ist, um den Zugang zu den Gerichten wirksam zu gewährleisten.

Art. 48 Unschuldsvermutung und Verteidigungsrechte. (1) Jeder Angeklagte gilt bis zum rechtsförmlich erbrachten Beweis seiner Schuld als unschuldig.

(2) Jedem Angeklagten wird die Achtung der Verteidigungsrechte gewährleistet.

Art. 49 Grundsätze der Gesetzmäßigkeit und der Verhältnismäßigkeit im Zusammenhang mit Straftaten und Strafen. (1) [1] Niemand darf wegen einer Handlung oder Unterlassung verurteilt werden, die zur Zeit ihrer Begehung nach innerstaatlichem oder internationalem Recht nicht strafbar war. [2] Es darf auch keine schwerere Strafe als die zur Zeit der Begehung angedrohte Strafe verhängt werden. [3] Wird nach Begehung einer Straftat durch Gesetz eine mildere Strafe eingeführt, so ist diese zu verhängen.

(2) Dieser Artikel schließt nicht aus, dass eine Person wegen einer Handlung oder Unterlassung verurteilt oder bestraft wird, die zur Zeit ihrer Begehung nach den allgemeinen, von der Gesamtheit der Nationen anerkannten Grundsätzen strafbar war.

(3) Das Strafmaß darf zur Straftat nicht unverhältnismäßig sein.

Art. 50 Recht, wegen derselben Straftat nicht zweimal strafrechtlich verfolgt oder bestraft zu werden. Niemand darf wegen einer Straftat, derentwegen er bereits in der Union nach dem Gesetz rechtskräftig verurteilt oder freigesprochen worden ist, in einem Strafverfahren erneut verfolgt oder bestraft werden.

Titel VII. Allgemeine Bestimmungen über die Auslegung und Anwendung der Charta

Art. 51 Anwendungsbereich. (1) [1] Diese Charta gilt für die Organe, Einrichtungen und sonstigen Stellen der Union unter Wahrung des Subsidiaritätsprinzips und für die Mitgliedstaaten ausschließlich bei der Durchführung des

Rechts der Union. ²Dementsprechend achten sie die Rechte, halten sie sich an die Grundsätze und fördern sie deren Anwendung entsprechend ihren jeweiligen Zuständigkeiten und unter Achtung der Grenzen der Zuständigkeiten, die der Union in den Verträgen übertragen werden.

(2) Diese Charta dehnt den Geltungsbereich des Unionsrechts nicht über die Zuständigkeiten der Union hinaus aus und begründet weder neue Zuständigkeiten noch neue Aufgaben für die Union, noch ändert sie die in den Verträgen festgelegten Zuständigkeiten und Aufgaben.

Art. 52 Tragweite und Auslegung der Rechte und Grundsätze.

(1) ¹Jede Einschränkung der Ausübung der in dieser Charta anerkannten Rechte und Freiheiten muss gesetzlich vorgesehen sein und den Wesensgehalt dieser Rechte und Freiheiten achten. ²Unter Wahrung des Grundsatzes der Verhältnismäßigkeit dürfen Einschränkungen nur vorgenommen werden, wenn sie erforderlich sind und den von der Union anerkannten dem Gemeinwohl dienenden Zielsetzungen oder den Erfordernissen des Schutzes der Rechte und Freiheiten anderer tatsächlich entsprechen.

(2) Die Ausübung der durch diese Charta anerkannten Rechte, die in den Verträgen geregelt sind, erfolgt im Rahmen der in den Verträgen festgelegten Bedingungen und Grenzen.

(3) ¹Soweit diese Charta Rechte enthält, die den durch die Europäische Konvention zum Schutz der Menschenrechte und Grundfreiheiten[1] garantierten Rechten entsprechen, haben sie die gleiche Bedeutung und Tragweite, wie sie ihnen in der genannten Konvention verliehen wird. ²Diese Bestimmung steht dem nicht entgegen, dass das Recht der Union einen weiter gehenden Schutz gewährt.

(4) Soweit in dieser Charta Grundrechte anerkannt werden, wie sie sich aus den gemeinsamen Verfassungsüberlieferungen der Mitgliedstaaten ergeben, werden sie im Einklang mit diesen Überlieferungen ausgelegt.

(5) ¹Die Bestimmungen dieser Charta, in denen Grundsätze festgelegt sind, können durch Akte der Gesetzgebung und der Ausführung der Organe, Einrichtungen und sonstigen Stellen der Union sowie durch Akte der Mitgliedstaaten zur Durchführung des Rechts der Union in Ausübung ihrer jeweiligen Zuständigkeiten umgesetzt werden. ²Sie können vor Gericht nur bei der Auslegung dieser Akte und bei Entscheidungen über deren Rechtmäßigkeit herangezogen werden.

(6) Den einzelstaatlichen Rechtsvorschriften und Gepflogenheiten ist, wie es in dieser Charta bestimmt ist, in vollem Umfang Rechnung zu tragen.

(7) Die Erläuterungen, die als Anleitung für die Auslegung dieser Charta verfasst wurden, sind von den Gerichten der Union und der Mitgliedstaaten gebührend zu berücksichtigen.

Art. 53 Schutzniveau. Keine Bestimmung dieser Charta ist als eine Einschränkung oder Verletzung der Menschenrechte und Grundfreiheiten auszulegen, die in dem jeweiligen Anwendungsbereich durch das Recht der Union und das Völkerrecht sowie durch die internationalen Übereinkünfte, bei denen die Union oder alle Mitgliedstaaten Vertragsparteien sind, darunter ins-

[1] Nr. 3.

besondere die Europäische Konvention zum Schutz der Menschenrechte und Grundfreiheiten[1], sowie durch die Verfassungen der Mitgliedstaaten anerkannt werden.

Art. 54 Verbot des Missbrauchs der Rechte. Keine Bestimmung dieser Charta ist so auszulegen, als begründe sie das Recht, eine Tätigkeit auszuüben oder eine Handlung vorzunehmen, die darauf abzielt, die in der Charta anerkannten Rechte und Freiheiten abzuschaffen oder sie stärker einzuschränken, als dies in der Charta vorgesehen ist.

Der vorstehende Wortlaut übernimmt mit Anpassungen die am 7. Dezember 2000 proklamierte Charta und ersetzt sie ab dem Zeitpunkt des Inkrafttretens[2] des Vertrags von Lissabon.

Geschehen zu Strassburg am zwölften Dezember zweitausendsieben.[3]

[1] Nr. 3.
[2] Die Bundesrepublik Deutschland hat mWv 15.10.2008 durch G v. 8.1.2008 (BGBl. II S. 1038) dem Vertrag von Lissabon zugestimmt; Inkrafttreten am 1.12.2009, siehe die Bek. v. 13.11.2009 (BGBl. II S. 1223).
[3] Von der Wiedergabe der Unterschriften der Präsidenten des Europäischen Parlaments, des Rats der Europäischen Union und der Kommission der Europäischen Gemeinschaften wurde abgesehen.

Anhang

Weg der Gesetzgebung nach dem Grundgesetz

Die Gesetzesinitiative kann von der Bundesregierung, vom Bundesrat oder von Mitgliedern des Bundestages ausgehen. In der größten Zahl der Fälle werden Gesetzesentwürfe von der **BUNDESREGIERUNG** vorgelegt. Regierungsvorlagen werden von den Referenten in den Ministerien ausgearbeitet, zusammen mit einer Begründung über den federführenden Minister dem Kabinett unterbreitet und von diesem beraten. Im Falle der Billigung legt die Bundesregierung sie dem **BUNDESRAT** vor, der in diesem sog. „Ersten Durchgang" dazu Stellung nehmen und Änderungsvorschläge machen kann. Zusammen mit diesen reicht der Bundesrat die Vorlage über die Bundesregierung, die gegebenenfalls zu diesen Änderungsvorschlägen ihrerseits begründete Stellung nimmt, an den **BUNDESTAG** weiter, der in drei Lesungen über die Vorlage berät. Der Bundestag kann die Vorlage zur Vorbereitung seiner Beratungen auch an einen oder mehrere Ausschüsse verweisen. In jeder Lesung wird über die Vorlage abgestimmt. Bei einfacher Mehrheit und in Ausnahmefällen bei Zweidrittelmehrheit ist das Gesetz angenommen und wird nunmehr wiederum dem **BUNDESRAT** vorgelegt. Der weitere Gang des parlamentarischen Verfahrens ist abhängig von der Frage, ob es sich handelt um

ZUSTIMMUNGSBEDÜRFTIGE GESETZE*	oder um	**NICHT ZUSTIMMUNGSBEDÜRFTIGE GESETZE**	
Stimmt der Bundesrat nicht ausdrücklich zu, so ist das Gesetz **GESCHEITERT**	Stimmt der Bundesrat dem Gesetz zu, so wird es nach Gegenzeichnung durch den für die Vorlage zuständigen Ressortminister oder den Kanzler vom **BUNDESPRÄSIDENT** ausgefertigt und im **BUNDESGESETZBLATT** verkündet.	Verzichtet der Bundesrat auf Anrufung des Vermittlungsausschusses, so wird der Entwurf nach Gegenzeichnung durch Ressortminister oder Kanzler vom **BUNDESPRÄSIDENT** ausgefertigt und im **BUNDESGESETZBLATT** verkündet.	Ruft der Bundesrat den **VERMITTLUNGSAUSSCHUSS** an, so kann das Verfahren je nach dessen und nach der anschließenden Stellungnahme von Bundesrat und Bundestag verschiedene Wege gehen.

* Auch diese kann der Bundesrat an den *Vermittlungsausschuss* leiten, was jedoch die Zustimmungsbedürftigkeit nicht berührt. Ebenso sind Bundestag und Bundesregierung befugt, wegen solcher Vorlagen die Einberufung des Vermittlungsausschusses zu verlangen.

Sachregister

Magere Zahlen ohne Zusatz verweisen auf die Artikel des Grundgesetzes. Fette Zahlen bezeichnen die Nummern der im Anschluss an das GG abgedruckten Texte; magere Zahlen hinter den fett gedruckten verweisen auf Paragraphen, Artikel oder Ziffern der betreffenden Gesetze. Römische Zahlen verweisen auf Absätze. WV = Weimarer Verfassung.

Abfallbeseitigung 74 I Nr. 24
Abgaben 106, 108
Abgekürztes Verfahren bei Gesetzesvorlagen im Verteidigungsfall 115 d
Abgeordnete s. Bundestagsabgeordnete
Abgrenzung und Zerlegung des örtlichen Steueraufkommens 107
Ablösung der Staatsleistungen an RelGes. 140 (WV 138)
Abschaffung der Todesstrafe 102; **7** 1
Abstammung, Verbot der Bevorzugung oder Benachteiligung wegen der – 3 III
Abstimmung, keine Verfolgung eines Abgeordneten wegen seiner – 46; Ausübung der Staatsgewalt durch Wahlen und – 20 II; im Bundestag 42; im Bundesrat 52; s. Wahlen
Abstrakte Normenkontrolle 93 I Ziff., 2; **9**, 13 Ziff. 6, 76–79
Abweichungen vom Grundgesetz, Übergangsrecht 143
Abwägung der Interessen bei Enteignungsentschädigungen 14
Abwicklung, Auflösung und Überführung von Verwaltungsorganen 130
Änderung des Grundgesetzes, 79, 81 IV, der Landeszugehörigkeit 29, 118
Ärztliche Heilberufe, Zulassung, Gesetzgebungskompetenz 74 I Ziff. 19
Agrarstruktur, Gemeinschaftsaufgabe 91 a Ziff. 2
Aktenvorlage an Bundesreg. 85 IV
Allgemeine Verwaltungsvorschriften s. Verwaltungsvorschriften
Allgemeinwohl, Enteignung zum – 14
Alter, Mindest- für aktives u. passives Wahlrecht 38 II
Altersgrenze für Richter 97 II
Altschuldenhilferecht 74 I Ziff. 18
Apothekenwesen 74 I Ziff. 19
Amt, Verbot der Ausübung eines anderen – für den Bundespräs. 55
Ämter, kirchliche 140 (WV 137 III); öffentliche 33

Amtseid des Bundeskanzlers und der Bundesminister 64, II; des BPräs. 56
Amtsenthebung von Richtern 98 II, V
Amtshaftung 34
Amtshilfe 35, 44 III
Amtspflichtverletzung 34; der Richter 98 II, V
Amtszeit des Bundespräsidenten 54 II; im Verteidigungsfall 115 h
Angehörige, Benachrichtigung bei Festnahme 104 IV; des öffentlichen Dienstes 33, 73 Ziff. 8, 75 Ziff. 1 des öffentlichen Dienstes, Besoldung, Gesetzgebungskompetenz 74 a; des öffentlichen Dienstes, frühere 131; der Streitkräfte, Einschränkung von Grundrechten 17 a
Angeklagter, Grundrechte des – 103
Angestellte des öffentlichen Dienstes Beschränkung der Wählbarkeit 137 I
Angriff auf das Bundesgebiet, automatischer Eintritt des Verteidigungsfalles bei – 115 a IV
Angriffskrieg, Verbot, Vorbereitung verfassungswidrig, de lege ferenda strafbar 26 I
Anhörung von Mitgl. d. BRates 43 II
Anklage gegen den Bundespräsidenten wegen Verletzung des Bundesrechts 61; gegen Richter 98 II, V
Anleihegesetz 115
Anmeldung von Versammlungen 8
Annahme des Grundgesetzes 144 I; der Verfassungsbeschwerde **9** 93 a ff.
Anschauung, relig., polit. und weltanschaul. 3 III, 4
Anstalten des öffentlichen Rechts 86, 87 III, 130 III, 135; Eigentum der RelGes. an – 140 (WV 138 II)
Anstaltsseelsorge 140 (WV 141)
Anweisungen (s. Einzelweisungen und Weisungsrecht)
Anwendung von Rechtsvorschriften im Spannungsfall 80 a
Arbeitsbedingungen, Koalitionsfreiheit 9 III

389

Sachregister

Fette Zahlen = Registernummern

Arbeitsgerichtsbarkeit, obere Bundesgerichte 95 I
Arbeitskämpfe, Verbot von Maßnahmen gegen – 9
Arbeitslosenversicherung und -fürsorge, Zuschüsse 120; Gesetzgebungskompetenz 74 Ziff. 12
Arbeitsplatz, Freiheit der Wahl des – 12
Arbeitsrecht, -schutz, -vermittlung 74 Ziff. 12
Arbeitsruhe an Sonn- und Feiertagen 140 (WV 139)
Arbeits- und Wirtschaftsbedingungen, Recht zur Vereinigung zwecks Förderung 9 III
Arbeitsverhältnis 12 a III
Arbeitszwang, Verbot 12 I
Arzneien, Verkehr mit – 74 I Ziff. 19
Ärztl. und Heilberufe, Zulassung 74 I Ziff. 19
Asylrecht für politisch Verfolgte 16 a, **14** 78; Verwirkung 18
Atomenergie, friedl. Nutzung 74 I Ziff. 14
Aufenthaltsrecht 11; der Ausländer, Gesetzgebungskompetenz 74 Ziff. 4
Aufgelöste Länder u. a. Körp. u. Anstalten des öff. Rechts, Vermögen 135
Auflösung des Bundestags 39, 58, 63 IV, 68, 81, 136 II; Gesetzgebungsnotstand 81; im Verteidigungsfall ausgeschlossen 115 h III; bisheriger gesetzgeb. Körp. 122 II; von Verwaltungsorganen 130 I
Aufsicht der Bundesregierung 84, 85, 130; des Staates im Schulwesen 7 I, III
Aufsichtsrat, Verbot der Zugehörigkeit für Bundeskanzler und Bundesminister 66; Verbot der Zugehörigkeit zu einem – für den Bundespräsidenten 55
Aufständische, Bekämpfung organisierter und militärisch bewaffneter – 87 a IV
Aufteilung der Steuern 106, 107
Aufträge, Abgeordnete an – nicht gebunden 38 I
Auftragsverwaltung der Länder 85, 89, 90, 143 e; Ausgabentragung 104 a II; betr. Steuern 108 II–V
Ausbildung einheitl. der Beamten und Angestellten 85 II, 108 II
Ausbildungsbeihilfe, Gesetzgebungskompetenz 74 Ziff. 13
Ausbildungsstätte, Freiheit der Wahl der – 12
Ausbildungsveranstaltungen zur Vorbereitung auf Dienstleistungen im Verteidigungsfalle 12 a
Ausbürgerung 16, 116
Ausfertigung d. Bundesgesetze und Rechtsverordnungen 82

Ausfuhr, land- und forstw. Erzeugnisse 74 Ziff. 17
Ausführung der Bundesgesetze 83–91
Ausführungsvorschriften (s. RechtsVO und Allg. Verwaltungsvorschr.)
Ausgaben von Bund und Ländern 106 IV; des Bundes, Etatsierung 110; des Bundes vor Genehmigung des Etats 111; des Bundes, Erhöhung der – 113; des Bundes, außerplanmäßige 112
Ausgabenerhöhung 113
Ausgabentragung von Bund und Ländern 104 a
Ausgleichsabgaben, für Lastenausgleich 106 I Ziff. 5
Ausgleichsbeiträge und Anweisungen an leistungsschwache Länder 107 II
Auskunftswesen, Zentralstellen für das polizeil. 87 I
Ausland, Verbot der Auslieferung 16; Abwanderung deutschen Kulturgutes 74 Ziff. 5; Beziehungen zum – 32; Verträge mit dem –, 59
Ausländer, Aufenthaltsrecht 74 Ziff. 4
Auslegung des Grundgesetzes 93 Ziff. 1; 100 III; der Menschenrechtskonvention **3,** 60–62
Auslieferung 16; Gesetzgebungskompetenz 73 Ziff. 3; Verbot 16
Ausnahmegericht, Verbot 101
Ausschließliche Gesetzgebung des Bundes 71, 124; des Bundes, Katalog 73; auf dem Gebiet des Finanzwesens 105 I, Fortgeltung alten Rechts 124
Ausschluss der Öffentlichkeit im Bundestag 42 I; bei Untersuchungsausschüssen 44 I
Ausschuss, gemeinsamer des BRates u. d. BTages (Vermittlungsausschuss) 53 a, 77 II; für auswärtige Angelegenheiten 45 a; für Verteidigung 45 a; gemeinsamer – im Spannungsfall und im Verteidigungsfall 53 a; 115 e
Ausschüsse des Bundestags 42 bis 45 a; des Bundesrats 52 IV; Teilnahme der Bundesregierung an – des Bundesrats 53
Außen- und Sicherheitspolitik der EU **13** 21 ff., **14** 205 ff.
Außerkrafttreten des Grundgesetzes 146
Äußerung, keine Verfolgung eines Abgeordneten wegen einer – 46 I
Aussetzung des gerichtlichen Verfahrens 100; des Verfahrens gegen Abgeordnete 46 IV
Ausübung hoheitsrechtlicher Befugnisse 33 IV
Auswanderung, Gesetzgebungskompetenz 73 Ziff. 3

Einfache magere Zahlen = Artikel des GG **Sachregister**

Auswärtige Angelegenheiten 32, 59; Gesetzgebungskompetenz 73 Ziff. 1; Ausschuss für – 45 a
Auswärtige Beziehungen, Bundeskompetenz 32 I
Auswärtiger Dienst 87 I
Auswärtige Verträge, Abschluss seitens der Länder 32 III
Ausweiswesen 75 Ziff. 5

Baden, Notariat 138; Erstreckung des Rechts des Vereinigten Wirtschaftsgebietes auf – 127; Neugliederung 118
Bankwesen 74 Ziff. 11
Bauten, Ausgaben zur Fortsetzung von – durch den Bund 111
Bau und Unterhaltung von Fernverkehrsstraßen 74 Ziff. 22; von Wasserstraßen 89 III
Bauwesen, Beauftr. der Bundeswehrverwaltung 87 b
Bayern, Notariat 138
Beamte, Beschäftigung von – aus allen Ländern bei den Bundesbehörden 36; s. a. Bundes-; Beschränkung der Wählbarkeit 137 I; Statusrechte und -pflichten 74 I Ziff. 27; Versetzung in den Ruhestand 132
Beauftragte der Bundesregierung 43 II, 84 III, 85 IV; Weisungsrecht zur Durchführung des Bundeszwanges 37 II
Bedarfsgegenstände, Verkehr mit – 74 Ziff. 20
Befangenheit, richterliche 8 26 ff.; **9** 19
Befehlsgewalt über Streitkräfte 65 a; im Verteidigungsfall 115 b
Beförderungssteuer siehe Straßengüterverkehrsteuer
„Befreiung vom Militarismus und Nationalsozialismus", Rechtsvorschriften über – 139
Beglaubigung der Gesandten 59 I
Begnadigungsrecht des Bundespräsidenten 60
Behörden des Bundes und der Länder, Amts- u. Rechtshilfe 35; Einrichtung und Aufbau von – 84, 85; Finanz- 108 I
Beitritt zur EU **13** 49
Bekenntnis, rel.- und weltanschaul. ohne Einfluss auf Rechte und Pflichten 3, 4, 33 III; rel. und weltanschaul. 140 (WV 136)
Bekenntnis- und Weltanschauungsschulen 7 V
Bekenntnisfreiheit 4
Bekenntnisschulen 7
Beleidigung, verleumderische durch Abg. 46 I
Benachteiligung, 3 III

Bergbahnen 74, Ziff. 23
Bergbau 74 I Ziff. 11; Bergarbeiterwohnungsbaurecht 74 I Ziff. 18; Bergmannssiedlungsrecht 74 I Ziff. 18
Berichterstattung, Freiheit 5; parlamentarische 42 III; an Bundesregierung 85 IV
Berlin Groß-, Erstreckung des Rechts des Vereinigten Wirtschaftsgebietes auf – 127; Mitwirkung bei Annahme des Grundgesetzes 145 I
Beruf, freie Wahl 12; Verbot der Ausübung eines – für den Bundespräsidenten 55; Verbot der Ausübung für Bundeskanzler und Bundesminister 66
Berufsausbildung, freie 12
Berufsausübung, gesetzliche Regelung 12
Berufsbeamtentum, hergebrachte Grundsätze 33 V
Berufssoldaten, Beschränkung der Wählbarkeit 137 I
Berufsvereinigungen zur Förderung 9 III
Berufswahl, Freiheit der – 12
Berufung der Mitglieder des BVerfG 94, I; der Richter des Obersten BG 95 II; der Richter der oberen BG 96 II
Besatzungskosten, Aufwendungen für – 120
Besatzungsrecht, Abbau 79 I
Beschädigtenversorgung, Aufgabe der – 87 b
Beschäftigungspolitik abgestimmte der EU-Staaten **14** 145 ff.
Beschlagnahmen im Bundestag 40 II, von Schriftstücken bei Abgeordneten 47
Beschlüsse der Untersuchungsausschüsse 44 IV
Beschlussfassung im Bundesrat 52 III; im Bundestag 42 II; in der Bundesregierung 65
Beschränkung der Hoheitsrechte zugunsten kollektiver Sicherheit 24 II; des passiven Wahlrechts 137; s. Schranken
Beschwerderecht, Petitionsrecht 17
Beschwerde im Wahlprüfungsverfahren 41 II
Beschwerden von Soldaten 96
Besitzverhältnisse, Sonderung der Schüler nach – 7 IV
Bestand des Bundes und der Länder, Abwehr einer Gefahr für den – 10, 9, 1; Gefährdung für den – 21 II
Besteuerungsrecht der RelGes. 140 (WV 137 II)
Bestimmungen, wahlrechtliche 38
Bestrafung, allg. Voraussetzungen 103; des Bundespräsidenten 60 IV
Betäubungsmittel, Verkehr mit – 74 I Ziff. 19

391

Sachregister

Fette Zahlen = Registernummern

Beteiligungen des ehemaligen Landes Preußen, Übergang auf den Bund 135 VI

Beteiligungsverhältnis von Bund und Ländern an Einkommen- u. Körperschaftsteuer 106 III, IV, V

Beteuerung, rel. – beim Eid 140 (WV 136 IV)

Betriebsmittelrücklage des Bundes 111 II

Betriebsverfassung 74 Ziff. 12

Bevölkerung, Beteiligung bei Gebietsveränderung 29 III bis V, 118

Bevorzugung, 3 III

Beweiserhebung durch Untersuchungsausschüsse 44 II

Bewohner des Bundesgebiets, Geltung des Völkerrechts für die – 25

Beziehung zu auswärtigen Staaten 32, 59

Biersteuer 106 II

Bild, Meinungsäußerung durch – 5 I

Bildungsplanung, Finanzierung 143 c; Gemeinschaftsaufgabe 91 b

Binnenschifffahrt 74 Ziff. 21, 89

Binnenwasserstraßen, Gesetzgebungskompetenz 74 Ziff. 21

Bitten, Beschwerden und Petitionsrecht 17

Bodenrecht 74 Ziff. 18

Bodenverteilung 72 III Ziff. 3, 74 I Ziff. 30

Börsenwesen 74 Ziff. 11

Bremer Klausel 141

Briefgeheimnis 10; **3,** 8, Verwirkung 18; Postgeheimnis, Fernmeldegeheimnis 44; Schutz 10, 44

Budgetrecht 109–115

Bürgerliches Recht, Gesetzgebungskompetenz 74 Ziff. 1

Bund und Länder 20–37; Aufhebung oder Kürzung gewisser Verbindlichkeiten 135 a; Ausgabentragung 104 a; Eintritt in Rechte und Pflichten der Verwaltung des Vereinigten Wirtschaftsgebietes 133; Gemeinschaftsaufgaben mit Ländern 91 a, 91 b

Bund-Länder-Streitigkeit 93 I Ziff. 3; öff.-rechtl. – nichtverfassungsrechtlicher Art 93 I Ziff. 4

Bundesarbeitsgericht 95

Bundesaufsicht 85 IV, 93 I; über Exekutive der Länder bzgl. der Ausführung von Bundesgesetzen als eigene Angelegenheit 84; bzgl. der Ausführung von Bundesgesetzen im Auftrag des Bundes 85, 93

Bundesauftragsverwaltung 85, für Bundeswasserstraßen 89; zur Erzeugung von Kernenergie 87 c

Bundesausgaben und -einnahmen 105 bis 107, 120

Bundesausgleichsamt 120 a

Bundesautobahnen 90, 143 e

Bundesbank 88

Bundesbeamte, Ernennung und Entlassung von – 36, 60 I; Rechtsverhältnisse der – 73 Ziff. 8; Dienststrafgerichte für – 96 IV

Bundesbedienstete 73 Ziff. 8

Bundesbehörden, personelle Zusammensetzung 36

Bundesdienststrafgerichte 96 IV

Bundeseigene Verwaltung 86, 87; der Bundesstraßen 90; der Bundeswehrverwaltung 87 b; der Luftverkehrsverwaltung 87 d

Bundeseinkommen 106

Bundeseisenbahnen s. Eisenbahnen

Bundesfinanzbehörden 108 I

Bundesfinanzhof 95

Bundesfinanzminister, Haushaltsüberschreitung 112; Rechnungslegung 114; Überwachung der Finanzverwaltungen 108 III

Bundesfinanzverwaltung 87 I

Bundesflagge 22

Bundesgebiet, Freizügigkeit im ganzen – 11; Geltung des Völkerrechts für die Bewohner des – 25; Neugliederung 29

Bundesgerichte, für Angelegenheiten des gewerblichen Rechtsschutzes 96 I, für Disziplinar- und Beschwerdeverfahren 96 III, Wehrstrafgerichte 96 II

Bundesgerichtshof 95

Bundesgerichtshöfe, Oberste 95

Bundesgesetz über das Verfahren bei Neugliederung des Bundesgebietes 29 VI, VII; über Verteidigung, Anwendung im Spannungsfall

Bundesgesetzblatt, Verkündung 82; Veröffentlichung des Grundgesetzes 145 III

Bundesgesetze, Ausführung 83–91; Zustandekommen der – 78

Bundesgesetzgebung 70–82; Abgrenzung der Zuständigkeit von Bund und Ländern 70; ausschließliche, Begriff 71, Katalog 73; ausschließliche Zuständigkeit in Finanzwesen 105 I; Kompetenz zu Rahmenvorschriften 75; konkurrierende, Begriff 72, Katalog 74, im Finanzwesen 105 II; Einbringung von Gesetzesvorlagen 76; Beteiligung, Einspruch des Bundesrates, Zurückweisung des Einspruchs durch Bundestag 77; Änderung des Grundgesetzes 79; Ermächtigung zum Erlass von Rechtsverordnungen 80; Gesetzgebungsnotstand 81; Ausfertigung, Gegenzeichnung, Verkündung, Inkrafttreten der Gesetze und Rechtsverordnungen 82; s. a. Gesetzgebung

392

Einfache magere Zahlen = Artikel des GG **Sachregister**

Bundesgrenzschutz, Amtshilfe 35 II; Behörden 87 I; Unterstützung durch Streitkräfte 87 III; Verpflichtung zum Dienst im – 12 a; Einsatz im Verteidigungsfalle 115 f
Bundeshauptstadt 22 I
Bundeshaushaltsgesetz 110
Bundesjustizminister, Wehrstrafgerichte, zum Geschäftsbereich gehörig 96; Berufung der Richter des Obersten Bundesgerichts 95 III
Bundeskanzler, Befehls- und Kommandogewalt über die Streitkräfte 115 b, Gegenzeichnung 58, 82 I; Befugnisse 39 III, 64 I, 65; Frist für Gesetzgebungsnotstand während der Amtszeit eines – 81 III; Mitglied der Bundesregierung 62; Wahl und Ernennung 63; Eid 64 II; Verantwortung für die Richtlinien der Politik 65; Berufs- und Gewerbeverbot 66; Misstrauensvotum, Entlassung 67; Vertrauensvotum 68; Stellvertreter, Amtsdauer, vorl. Weiterführung der Geschäfte 69; Neuwahl durch Gemeinsamen Ausschuss 115 h; Wahl und Ernennung 63
Bundeskriminalpolizeiamt, Einrichtung 73 Ziff. 10; Terrorismusabwehr 73 I Ziff. 9 a
Bundesminister, Amtsdauer, vorl. Weiterführung der Geschäfte 69; Berufung der Richter der Obersten Gerichtshöfe 95 II; Ernennung, Vereidigung, Entlassung 64; Geschäftsbereich, Verantwortung, Meinungsverschiedenheiten 65; Berufs- und Gewerbeverbot 66; Ermächtigung zum Erlass von Rechtsverordnungen 80; Gegenzeichnen von Anordnungen des Bundespräsidenten 58
Bundesministerium der Verteidigung, Befehlsgewalt über Streitkräfte 65 a
Bundesmittel, Parteienfinanzierung **10** 21
Bundesorgane, oberste, Streit über Zuständigkeit 93 I
Bundespflichten der Länder, Bundeszwang bei Verletzung 37
Bundespost 87 I
Bundespräsident 54–61; Amtsdauer 54 II; Ablauf der Amtszeit nach Eintritt des Verteidigungsfalls 115 h; Anklage wegen Verletzung des Bundesgesetze 61; Auflösung des Bundestags 68; Ausfertigung der Gesetze 82 I; Begnadigung 60 II; Berufs- und Gewerbeverbot 55; Eid 56; Einberufung des Bundestages 39 III; Erklärung des Gesetzgebungsnotstandes 81 I; Ernennung des Bundeskanzlers 63 II; Ernennung und Entlassung der Bundesminister 64; Ernennung und Entlassung von Bundesbeamten 60; Entlassung und Ernennung des Bundeskanzlers bei Misstrauensvotum 67; Verkündung des Verteidigungsfalles 115 a III, IV; Gegenzeichnung von Anordnungen usw. 58; Genehmigung der Geschäftsordnung der Bundesregierung 65; Vertretung und vorläufige Nachfolge 57; völkerrechtliche Vertretungsmacht 59; Vorschlag des Kandidaten für die Bundeskanzlerwahl 63; Wahl, Wiederwahl 54; erste Wahl 137; Weiterführung der Geschäfte von Bundeskanzler und Bundesministern auf Ersuchen des – 69

Bundesrat 50–53; Anklage gegen Bundespräsidenten 61; Aufhebung von Polizeihilfsmaßnahmen der Bundesregierung 91 II; Ausschüsse 52 IV; Beteiligung der Bundesregierung an Verhandlungen des – 53; Beteiligung bei der Wahl der Mitglieder des BVerfG 94 I; Einbringen von Gesetzesvorlagen 76; Einspruch gegen Gesetzesbeschlüsse des Bundestags 77 III, IV; Einstellung des Einsatzes von Streitkräften 87 a IV; Entlassung der Bundesregierung 114; erstmaliges Zusammentreten 136; Feststellung der Verletzung des Rechts durch ein Land 84 IV; Funktion im allg. 50; Gemeinsamer Ausschuss 53 a; Informationsanspruch gegenüber der Bundesregierung 53; Mitwirkung bei gewissen Entscheidungen der Bundesregierung 129 I; Präsident, Einberufung, Mehrheitsprinzip, Geschäftsordnung, öffentliche Verhandlung, Ausschüsse 52; Unterrichtung über Gemeinschaftsaufgaben 91 a V; Vertreter der Länder 144; Vertretung des Bundespräsidenten; Wahl der Bundesverfassungsgerichte, 94; Zusammensetzung 51; Zustimmung zu anderen Akten der Bundesregierung 84 II, 85 II; Zustimmung zu Bundesgesetzen 29 VII, 79 II, 81 II, 84 I, 84 V, 85 I, 87 b, 91 a II, 104 a III, 105 III, 106 IV, 106 V, 107, 108, 109 II, 115 c, 115 d, 115 l, 120 a, 130 I, 134 IV, 135 V; Zustimmung zu Bundesgesetzen und anderen Regierungsakten 87 III; Zustimmung zu Bundeszwangs-Maßnahmen 37; Zustimmung zur Feststellung des Verteidigungsfalls 115 a; Zustimmung zur Geschäftsordnung des Vermittlungsausschusses 77 II; Zustimmung zum Gesetzgebungsnotstand 81 I; Zustimmung zu Rechtsverordnungen 80 II, 119, 132 IV; Zustimmung zu allg. Verwaltungsvorschriften 84 II, 85 II, 108 VII; Zutritt seiner Mitglieder zu den Sitzungen des Bundestags 43 II

Bundesrechnungshof 114; Parteienfinanzierung **10** 21

393

Sachregister

Fette Zahlen = Registernummern

Bundesrecht, Vorrang vor Landesrecht 31, Fortgeltung von Ermächtigungen 129 I
Bundesregierung 62–69; Antrag auf Erklärung des Gesetzgebungsnotstandes 81 I; Antrag auf Einberufung des Bundesrats 52 II; Antrag auf Feststellung des Verteidigungsfalls 115 a; Anwendung des Bundeszwangs 37; Anwesenheit ihrer Mitglieder in den Sitzungen des Bundestages 43; Aufsicht über Ausführung der Bundesgesetze durch die Länder, Ausgaben vor Genehmigung des Etats 111 II; Erlass von Rechtsverordnungen 80; Erlass von Verwaltungsvorschriften, Befugnisse im Verteidigungsfall 115 g; Einsatz von Streitkräften 87 a IV; Einzelanweisungen an die Länder 84, 85; Beteiligung der – an Verhandlungen des Bundesrats 53; Beschluss der Erhöhung der Ausgaben des Haushaltsplans 113; Einbringung von Gesetzesvorlagen 76; Entscheidung bei Meinungsverschiedenheiten zwischen Bundesministern 65; Ermächtigung zum Erlass von Rechtsverordnungen 80; Gegenzeichnen von Anordnungen des Bundespräsidenten 58; Genehmigung zur Herstellung zur Kriegsführung bestimmter Waffen 26 II; Gesetzesvorlagen in Verteidigungsfall 115 d II; Geschäftsordnung 65; Polizeihilfe 91 II; Teilnahme an den Verhandlungen des Bundesrats 53; Unterrichtung über Gemeinschaftsaufgaben 91 a V; Vereidigung 64 II; Zusammensetzung 62; Kompetenzen im Verteidigungsfall 115 a ff.; Verwaltungsvorschriften über die Bundeseigene Verwaltung 86; Zustimmung zu Ausgabeerhöhung und Einnahmeminderung 113
Bundesregierung 62 ff.
Bundesrepublik Deutschland 20
Bundesrichter 98; Ernennung und Entlassung 60; Rechtsstellung 98
Bundessozialgericht 95
Bundesstaat, die Bundesrepublik Deutschland als ein demokratischer, sozialer – 20 I
Bundesstaatliche Gliederung, Unzulässigkeit der Änderung 79 III
Bundesstraßen 90, 143 e
Bundestag 38–49; Anklage gegen Bundespräsidenten 61; Antrag auf Versetzung eines Bundesrichters 98 II; Anwesenheit der Regierungsmitglieder 43; Auflösung 58; Auflösung, Wahl des Bundeskanzlers 63; Auflösung, Recht zur A. 136 II; Beendigung des Verteidigungsfalls 115 l; Begr. der Mehrheit 121; Beteiligung bei der Wahl der Mitglieder des Bundesverfassungsgerichts 94 I; Beschluss der Erhöhung der Ausgaben des Haushaltsplans 113; Bundesversammlung 54; Untersuchungsausschüsse 44; Einberufung der Bundesversammlung 54 IV; Einbringen von Gesetzesvorlagen 76; Einstellung des Einsatzes von Streitkräften; Entlastung der Bundesregierung 114; Gemeinsamer Ausschuss 53 a; erste Wahl 137; Gesetzesbeschluss 77; Grundsatz der öffentlichen Verhandlung, Mehrheitsprinzip, Berichterstattung 42; Indemnität, Immunität der Abgeordneten 46; Misstrauensvotum gegen Bundeskanzler 67; Petitionsausschuss 45 c, **11;** Präsident, Geschäftsordnung, Hausrecht, Polizeigewalt, Durchsuchung oder Beschlagnahme seiner Räume 40; Urlaubsanspruch der Kandidaten zum Bundestag, Kündigungsschutz, Entschädigung der Abgeordneten 48; Vertrauensvotum für Bundeskanzler, Auflösung 68; Vertreter eines Landes 144; Wahl 38, s. a. unter Wahl; Wahl des Bundeskanzlers 63; Wahl der Bundesverfassungsrichter 94; Wahl der Richter des Obersten Bundesgerichts 95; Wahlperiode, Zusammentritt, Einberufung, Auflösung 39; Wahlprüfung, Beschwerde gegen die Entscheidung hierauf 41; Wehrbeauftragter 45 b; Zeugnisverweigerungsrecht der Abgeordneten 47; Zusammentritt 39, 69 II, 122; Zurückweisung des Einspruchs des Bundesrats gegen Gesetzesvorlagen 77 IV; Zustimmung zu Verwaltungsakten der Bundesregierung 87 III
Bundestagsabgeordnete, Allgemeine Stellung 38; Ansprüche 48; Indemnität und Immunität 46; Wahl 38 137; Zeugnisverweigerung 47
Bundesunmittelbare Körperschaften des öffentlichen Rechts 86–87
Bundesverfassungsgericht 92; Vorläufige Wahrnehmung seiner Befugnis durch das deutsche Obergericht 137 III; Zusammensetzung, Wahl der Mitglieder, Verfassung, Verfahren, Gesetzeskraft seiner Entscheidungen 94; Zuständigkeit 18, 21 II, 41, 61, 84 IV, 92, 93, 98, 99, 100, 126, 137 III; Stellung und Aufgaben im Verteidigungsfall 115 g
Bundesverfassungsgerichtsgesetz 9; Verfassung und Zuständigkeit des Bundesverfassungsgerichts **9** 1–16; Stellung und Sitz **9** 1, Senate **9** 2, Richter **9** 3, 4, 10–12, Richterwahl **9** 5–9, Zuständigkeit **9** 13–15, Plenarentscheidung **9** 16, allg. Verfahrensvorschriften – Ausschließung und Ablehnung von Richtern **9** 18, 19, Prozessvertretung **9** 22, Mündlichkeitsprinzip **9** 25, Beweisver-

Einfache magere Zahlen = Artikel des GG **Sachregister**

fahren 9 26–29, Entscheidungen 9 30–32, Aussetzung des Verfahrens 9 33, Kosten und Vollstreckung 9 34, 35; Besondere Verfahrensvorschriften: Vorverfahren 9 37, Beschlagnahme und Durchsuchung 9 38, Verwirkung von Grundrechten 9 39–41, Parteiverbot 9 43–47, Wahlprüfung 9 48, Präsidentenanklage 9 49–57, Richteranklage 9 58–62, Organstreitigkeiten 9 63–67, Streitigkeiten zwischen Bund und Ländern 9 68–70, nicht verfassungsrechtlicher Art 9 71, 72, Verfassungsstreitigkeiten innerhalb eines Landes 9 55, 73, Abstrakte Normenkontrolle 9 76–79, Konkrete Normenkontrolle 9 80–82, Prüfung von Völkerrecht 9 83, 84, Verfassungsbeschwerden 9 90–96, Vorlagebeschluss eines Landesverfassungsgerichts 9 85; Fortgeltung eines Rechts als Bundesrecht 9 86–89; Versorgung der Richter 9 98; Ruhestand Berlin-Klausel, Inkrafttreten 9 98–107; Änderung des – 9 Anh.

Bundesversammlung, Wahl des Bundespräsidenten 54; Begriff der Mehrheit 121; erste Wahl 137

Bundesverwaltung 83–91, 143 e s. a. Bundesregierung

Bundesverwaltungsgericht 95

Bundeswappen 22 Anm.

Bundeswasserstraßen 89 Verwaltung; 87 I

Bundeswehrverwaltung 87 b

Bundeszwang gegenüber Ländern 37

Bürgerliches Recht, Gesetzgebung 74 Ziff. 1

Bürgschaften des Bundes 115

Datenschutz als Grundrecht 10, **15** 8; Wohnraumüberwachung 13

Demokratische Grundordnung, freiheitl. –, Beseitigung derselben als Parteiziel 21 II; Kampf gegen sie als Grund der Verwirkung gewisser Grundrechte 18; Abwehr von Gefahr für diese 91

Demokratische Grundsätze, Berücksichtigung durch die Europäische Union 13 9 ff. Verfassung der Parteien in Übereinstimmung mit den – 21 I

Demokratische Verfassung 20; der Länder 28 I

Demokratischer Bundesstaat, Deutschland ein – 20 I

Denazifizierung 139

Deutsche in der Ostzone, Präambel; 116

Deutsche Staatsangehörigkeit 16 I, 73 Ziff. 2, 116 I; 13 s. Staatsangehörigkeit

Deutscher, Begriff 116 I; gleiche staatsbürgerliche Rechte u. Pflichten 33; Auslieferungsverbot 16 II

Deutsches Obergericht für das Vereinigte Wirtschaftsgebiet 137 III

Deutsches Reich, Staatsverträge 123 II

Deutsches Volk, Brief; Geber des Grundgesetzes: Präambel; gesamtes – Präambel; zukünftige Verfassung 146, 1 II

Deutsche Volkszugehörigkeit 116

Deutschland, Bundesrepublik, Präambel, 20

Dienst, öffentlicher 33, 73 Ziff. 8, mit der Waffe 12 a

Dienstleistung, Kein Zwang zur – 12 II, III; zivile – 12 a III in Streitkräften; keine Verwendung zum Dienst mit der Waffe 4 III, 12 II, III

Dienstleistungspflicht, allgemeine, öffentliche 12

Dienststrafgerichte des Bundes 96 IV

Dienststrafverfahren gegen Bundesbeamte, -richter, und Soldaten 96 IV

Dienstverhältnis, Dienstverpflichtung 12 a

Diskriminierungsverbot 3; 3 14, **14** 18

Disziplinarvorgesetzter, Bundesminister als oberster 130 II

Dreiteilung der Gewalten 20 II

Dringliche Gesetzesvorlagen 81

Dritte, Eingriffe in Rechte – durch Bundeswehrverwaltung 87 b

Drohung mit Gewalt, Enthaltung der D. 3 Präambel, 3

Durchführungsvorschriften s. Rechtsverordnungen und allg. Verwaltungsvorschriften

Durchsuchungen im Bundestag 40 II; von Wohnungen 13

Ehe 6 I, 3 12

Ehre, persönliche 5 II

Eidesform, religiöse 140 (WV 136 IV); Bundeskanzler und Bundesminister 64 II; Bundespräsident 56

Eigenstaatlichkeit der Länder 83, 109; in der Gesetzgebung 72 I, 74, 105 II

Eigentum Garantie, Pflichten, Enteignung 14; 74 Ziff. 14 und 15; Sozialisierung 15; der RelGes. 140 (WV 138 II); Verwirkung 18

Einberufung des Bundesrates 52 II, 136 I; des Bundestages 39; der Bundesversammlung 54 IV

Einbringung von Bundesgesetzesvorlagen 76

Einfuhrumsatzsteuer, Bundesfinanzverwaltung 108 I

Eingriffe in die Freiheitsrechte 2 II; in die Unverletzlichkeit der Wohnung 13 III; in Rechte Dritter durch Bundeswehrverwaltung 87 b I

Sachregister

Fette Zahlen = Registernummern

Einigungsvertrag, 36. Änderung **1**
Einheit, des Bundesrechts, Wahrung der – 95; Gesetzgebung über die – des Zoll- und Handelsgebietes 73 Ziff. 5; und Freiheit Deutschlands, Appell zur Vollendung der –, Präambel
Einheitliche Stimmabgabe eines Landes im Bundesrat 51 III
Einheitlichkeit der Rechtsprechung, Wahrung durch Gemeinsamen Senat 95
Einkommensteuer und Körperschaftsteuer 106 III–V, 108 II; Erg.-Abgabe 106 I Ziff. 6
Einnahmeminderung 113
Einnahmen und Ausgaben des Bundes 105 II, 106 I; von Bund und Ländern 106; des Bundes, Besatzungskosten u. Kriegsfolgelasten 120; Etatisierung 110
Einnahmen der Parteien 10 26 ff.
Einsatz der Streitkräfte 87 a
Einschränkung (Verwirkung) von Grundrechten 18, 19
Einspruch des Bundesrats gegen Gesetzesbeschlüsse des Bundestages 77
Einstweilige Anordnung des BVerfG gegen Bundespräsidenten 61 II
Ein- und Ausfuhr von land- und forstwirtschaftl. Erzeugnissen 74 Ziff. 17
Ein- und Auswanderung 73 Ziff. 3
Einzelfall, Verbot der Einschränkung von Grundrechten im – 19 I
Einzelweisungen der Bundesregierung an die obersten Landesbehörden 84 V, 119
Eisenbahner 73 Ziff. 6 a, 74 Ziff. 23, 80 II, 87 e, 106 a, 143 a; südwestdeutsche, Unterstellung unter die Bundesregierung 130 I
Elektrizitätswirtschaft 74 Ziff. 11
Eltern, Recht auf Erziehung der Kinder 6
Endgültige Verfassung 146
Energiewirtschaft 74 Ziff. 11
Enteignung 14 III; durch Sozialisierung 15; – 74 Ziff. 14; im Verteidigungsfall 115 c
Entfaltung, freie, der Persönlichkeit 2
Entlassung aus dem öffentlichen Dienst, einmalige Regelung 132; von Richtern 98 II, V; wegen Übernahme des AbgMandats, Verbot der – 48 II
Entlastung der Bundesregierung 114
Entnazifizierung 139
Entschädigung bei Enteignung 14 III; bei Überführung von Grund und Boden, Produktionsmitteln usw. in Gemeineigentum 15; von Bundestagsabgeordneten 48 III
Entspannung in Europa 3 Präambel
Entwicklung, leibliche und seelische 6 V
Entzug der Staatsangehörigkeit 16 I; Wiedereinbürgerung 116
Erbrecht, Garantie 14 I

Erbschaftsteuer 106 II Ziff. 2
Erfinderschutz 73 Ziff. 9
Ergänzungsabgabe 106 I Ziff. 6
Ergänzungszuweisungen zu Einkommens- und Körperschaftsteuer des Bundes für leistungsschwache Länder 107 II
Ermächtigung, Fortgeltung von – 129; zum Erlass von Rechtsverordnungen 80; zum Erlass von Rechtsverordnungen in Angelegenheiten der Flüchtlinge und Vertriebenen 119
Ernährung, Sicherung 74 Ziff. 17
Ernennung des Bundeskanzlers 63, – und Entlassung von Beamten 60 I
Ersatzdienst für Kriegsdienstverweigerung 12 a, 117 a
Erstreckung des Rechts des Vereinigten Wirtschaftsgebietes 127
Erziehung 6 II
Erziehungsberechtigte, Recht auf Ungetrenntsein von ihren Kindern 6; Bestimmung über Teilnahme am Religionsunterricht 5
Etatsrecht 110–115
Europa, Vereinigtes, Präambel
Europäische Kommission 14 17, 14 244 ff.; Zusammensetzung 14 245
Europäische Union 13; Beteiligung des Europäischen Parlaments 13 36; Europäischer Gerichtshof 13 19, Europäischer Rat 13 15; gemeinsame Außen- und Sicherheitspolitik 13 23 ff. verstärkte Zusammenarbeit 13 20 ff. Vertrag über die EU 13, Ziele und deren Verwirklichung 14 3
Europäische Union, Arbeitsweise 14, Angleichung von Rechtsvorschriften 14 114 ff.; Assoziierungsabkommen 14 217; Ausschuss der Regionen 14 305 ff.; Beschäftigungspolitik 14 145 ff.; Bildungspolitik 14 165 f.; Binnenmarkt 14 26; Datenschutz 14 16; Diskriminierungsverbot 14 18 f., Entwicklungspolitik 14 208 ff.; europäische Zentralbank 14 282 ff.; europäisches Parlament 14 223 ff.; Europol 14 88; freier Warenverkehr 14 28 f.; gemeinsamer Markt 14 3, 38 ff.; Gerichtshof 14 251 ff.; Grundrechte-Charta 15; Grundsätze 14 1 ff.; Haftung 14 340; Handelspolitik 14 131 ff.; internationale Beziehungen 14 220; Kommission 14 244 ff.; Niederlassungsfreiheit 14 49 ff.; Organe 14 223 ff.; Petitionsrecht 14 24; polizeiliche und justizielle Zusammenarbeit 14 81 ff., 87 ff.; Rechnungshof 14 285 ff.; staatliche Beihilfen 14 107 ff.; Subventionsverbot 14 173; Unionsbürgerschaft 14 20 ff.; Verstärkte Zusammenarbeit 14

Einfache magere Zahlen = Artikel des GG **Sachregister**

326 ff.; Vertrag über die Arbeitsweise 14 ; Wahlrecht der Unionsbürger 14 22; Wirtschafts- und Finanzausschuss 14 134; Wirtschafts- und Währungspolitik 14 119; Zentralbank 14 127 ff.; Zollunion 14 30 ff.; Zusammenarbeit mit Drittländern 14 212 f., 218
Europäischer Gerichtshof 13 19; **14;** Zuständigkeit 13 256
Europäischer Gerichtshof für Menschenrechte 3 19 ff.; **8;** s. a. Gerichtshof, Europäischer für Menschenrechte; Verfahrensordnung Europäischer Gerichtshof für Menschenrechte
Europäischer Rat 13 15, **14** 235 ff.; Entscheidungen als vollstreckbare Titel **14** 299, Rechtsgrundlagen des Handelns **13** 13, Zusammensetzung **14** 15
Europäischer Rechnungshof 14 285 ff.
Europäischer Regionalfonds 14 176
Europäischer Sozialfonds 14 162 ff.
Europäisches Parlament 13 14 **14** 223 ff.; Beteiligung bei der gemeinsamen Außen- und Sicherheitspolitik der EU **13** 36, Zusammensetzung **14** 14

Familie 3, 12; Schutz der – 6, **15** 7
Feierlichkeiten, kein Zwang zu kirchlichen – 140, (WV 136 IV)
Feiertage, Schutz der – 140 (WV 139)
Fernmeldegeheimnis, Schutz 10, 44 II; Verwirkung 18
Fernmeldewesen, Gesetzgebungskompetenz 73 Ziff. 7, 80 II
Fernverkehrstraßen 74 Ziff. 22, 90
Festnahme 104; von Abgeordneten 46; des Bundespräsidenten 60 IV
Festsetzungsverfahren 10 19 a
Feuerschutzsteuer 105 II Ziff. 1
Film, freie Berichterstattung 5
Filmrecht 75 Ziff. 2
Finanzausgleich 107, 143 g
Finanzbehörden des Bundes und der Länder, Aufbau und Verfahren 108
Finanzgerichtsbarkeit, obere Bundesgerichte 96; einheitl. Regelung 108 VI
Finanzhilfe durch Bund für Investitionen 104 a IV, 104 b, 104 c, 104 d
Finanzierung von Parteien durch den Staat **10** 18 ff.
Finanzkraft und Finanzbedarf der Gemeinden 107 II
Finanzmonopole und Zölle 105 I, 106 I Nr. 1; Verwaltung 108 I
Finanzplanung 109 III
Finanzverfassung, Sonderregelung für ehem. DDR, FN. vor 104 a
Finanzverwaltung 108

Finanzwesen 104 a–115; Aufteilung der Steuern 106, 107; Einnahmen und Ausgaben des Bundes 105 II, 106 I; Gesetzgebung 105; Monopole und Zölle 105 I, 106 I; Regelung im Verteidigungsfall 115 c III
Fischerei, Hochsee- und Küsten- 74 Ziff. 17
Flagge des Bundes 22
Flüchtlinge und Vertriebene, Gesetzgebungskompetenz 74 Ziff. 6, 131; – Deutsche 116; Staatsangehörigkeit 116; Übergangsregelung auf Verordnungsweg 119
Flugsicherung, Einbeziehung ausländischer Organisationen 87 d
Flurbereinigung 74 I Ziff. 17
Folter 3 3, **15** 4
Forschung, Freiheit 5 III; Förderung 74 Ziff. 13; Gemeinschaftsaufgabe 91 b
Forstwirtschaftliche Erzeugung, Förderung 74 I Ziff. 17
Fortgeltung des alten Rechts 117; und alter Verträge 123 ff.; der Weimarer Verfassungsrechts 140; von Ermächtigungen 129, Streit über – 127; von Weisungsrechten 128
Frauen, Gleichberechtigung 3; Dienstverpflichtung von – 12 a IV
Freie Entfaltung der Persönlichkeit 2 I
Freie Meinungsäußerung, Schutz 5; **3** 10; Verwirkung des Rechts 18
Freifahrt der Abgeordneten 48 III, 49
Freiheit, Berufs- 12, **15** 15; Vollendung der – und Einheit Deutschlands, Präambel; Beschränkung der persönlichen – eines Abgeordneten 46; des Glaubens, Gewissens und Bekenntnisses 4, **15** 10; der Meinungsäußerung von Presse, Rundfunk, Film, Kunst, Wissenschaft, Forschung, Lehre 5; der Person 2 II; der Vereinigung zu RelGes. 140 (WV 137 II); Recht auf – 3 5; Verwirkung gewisser Rechte 18
Freiheitl. demokratische Grundordnung, Gefahr für diese im Bund oder Ländern 91; Kampf gegen sie als Grund für Verwirkung gewisser Grundrechte 18, 21; Bundesgarantie der Landesverfassungen 28; Parteien als Bestandteil der – **10** 1
Freiheit, Recht 3 5, **15** 6
Freiheitsentziehung, nur auf Grund Gesetzes 2 II; Rechtsgarantien bei – 104; Zwangsarbeit nur bei gerichtlich angeordneter – 12 IV; im Verteidigungsfall 115 c
Freiheits- und Menschenrechte 1–5, 18, 19, 104
Freilassung nach vorläufiger Festnahme 104 III

397

Sachregister

Fette Zahlen = Registernummern

Freiwillige Soldaten, Beschränkung der Wählbarkeit 137 I
Freizügigkeit 11, der Arbeitnehmer in der EU **14** 45; für Bürger der EU **14** 12,Gesetzgebungskompetenz 73 Ziff. 3; des Warenverkehrs, Gesetzgebungskompetenz 73 Ziff. 5; Übergangsregelung 117 II
Frieden, Wahrung des Welt- Präambel, 26; der Welt 1 II
Friedensregelung, Änderung des Grundgesetzes 79 I
Friedensschluss, Entscheidung über – durch Bundesgesetz 115 l
Friedliche Ordnung Europas, Beschränkung der Souveränität zugunsten einer solchen 24 II
Friedliches Zusammenleben der Völker, Störung ist verfassungswidrig 26 I
Funktionen der Länder 30
Fürsorge, Anspruch der Mutter auf – 6 IV, öffentliche 74 Ziff. 7
Futtermittel, Verkehr mit – 74 I Ziff. 20

Gaststätten 74 I Ziff. 11
Gebiet des Bundes 23
Gebietsveränderungen der Länder 29; Vermögen bei – und Auflösung 135
Gebühren, BVerfG 34; Eisenbahn-, Post- u. Fernmeldewesen 80 II
Geburt, Benachteiligung oder Bevorzugung wegen – 3 III
Gedanken- u. Gewissensfreiheit 3 9, **15** 10
Gefahr für den Bestand des Bundes oder eines Landes, Abwehr einer – 91, 11, gemeine – 13, dringende – 13
Gegenseitige Vertretung, Ausschluss der g. V. 3 4
Gegenzeichnung der Bundesgesetze 82 I; des Bundeskanzlers im Verteidigungsfall 59 a II
Gehör, rechtliches 103, I
Geldbedarf des Bundes, Beschaffung durch Kredite 111 II, 115
Geldwesen, Gesetzgebungskompetenz 73 Ziff. 4
Geltungsdauer des Grundgesetzes 146
Gemeindebedienstete 75 Ziff. 1
Gemeinden, Einnahmen und Ausgaben 106 V–IX Finanzkraft 107 II; Selbstverwaltung 28 II; Investitionshilfe durch Bund 104 a IV; Steuerverwaltung 108 IV; Reichsvermögen 134 III; Volksvertretung 28 I
Gemeindeverbände, Einnahmen und Ausgaben 106 VI–IX; Finanzkraft 107 II; Investitionshilfe durch Bund 104 a IV; Steuerverwaltung 108 IV; Reichsvermögen 134 III; Selbstverwaltung 28 II
Gemeindeverkehrsfinanzierung 125 c II
Gemeindeversammlung 28 I
Gemeine Gefahr als Voraussetzung für Einschränkung des Grundrechts betr. die Wohnung 13
Gemeineigentum, Überführung von Grund und Boden, Produktionsmitteln usw. in – 15, 74 Ziff. 15
Gemeinsame Marktorganisation der EU **14** 40
Gemeinsamer Ausschuss 53 a; Stellung und Aufgaben im Verteidigungsfall 115 e, Verbot einer Grundgesetzänderung 115 e; Feststellung des Verteidigungsfalles durch den – 115 a; Wahl des Bundeskanzlers 115 h
Gemeinsamer Senat bei Obersten Gerichtshöfen 95 III
Gemeinschaft, menschliche – 1 II
Gemeinschaftsaufgaben von Bund und Ländern 91 a, 91 b
Gemeinschaftsschule 5 V
Gemeinschaftssteuern 106 III, VII
Gemeinwirtschaft, Überführung von Grund und Boden, Produktionsmitteln usw. in – 15, 74 Ziff. 15
Genehmigung des Bundestags zur Strafverfolgung von Abgeordneten 46 III
Generalsekretär 3 52
Genussmittel, Verkehr mit – 74 I Ziff. 20
Gerechtigkeit, Menschenrechte als Grundlage 1 II
Gerichte s. Bundesverfassungsgericht, Oberstes Bundesgericht, Bundesgerichte, Ländergerichte
Gerichtl. Verfahren und Gerichtsverfassung Gesetzgebungskompetenz 74 Ziff. 1
Gerichtsbarkeit, ordentliche, Verwaltungs-, Finanz-, Arbeits-, Sozial- 95 I; s. a. Rechtsprechung 92 ff.
Gerichtshof der EU 14 251 ff.
Gerichtshof, Europäischer für Menschenrechte 3 19 ff.; **8**; Amtszeit 3 23; Ausschüsse 3 27; Entlassung 3 24; Entscheidungen 3 29; Errichtung 3 19; Große Kammer 3 30 ff.; Gütliche Einigung 3 39; Gutachten 3 47 ff.; Immunität 3 51; Individualbeschwerden 3 34; Kosten 3 50; Öffentliche Verhandlung 3 40; Plenum des Gerichtshofs 3 26; Staatenbeschwerden 3 33; Urteile 3 44 ff.; Wahl der Richter 3 22; Zahl der Richter 3 20; s. a. Verfahrensordnung Europäischer Gerichtshof für Menschenrechte
Gesandte, Beglaubigung 59 I
Geschäftsbereich der Bundesminister, selbstständige Leitung 65

Einfache magere Zahlen = Artikel des GG **Sachregister**

Geschäftsordnung des Bundesrats 52 III; der Bundesregierung 65; des Bundestags 40, 42 II; des Bundesverfassungsgerichts **7** 1 III; des Vermittlungsausschusses 77 II
Geschlecht, Verbot der Bevorzugung oder Benachteiligung wegen des – 3 III
Geschlechterparität 8 14
Gesellschaften, Recht zur Bildung 9
Gesetz und Recht, Bindung der vollziehenden Gewalt und der Rechtsprechung 20 III; Gleichheit vor dem – 3
Gesetze, Verkündung, Inkrafttreten 82; Rang und Geltungsdauer während des Verteidigungsfalls beschlossener außerordentlicher – 115 k
Gesetzesbeschlüsse 77
Gesetzeskraft der Entscheidungen des Bundesverfassungsgerichts 94 II
Gesetzesvorbehalt 2 II, 5 II, 8 II, 10 II, 11 II, 12 I, 13 VII, 16 I, 17 a II, 19 I
Gesetzesvorlagen, Einbringung 76; Erklärung des Gesetzgebungsnotstandes für – 81 I; im Verteidigungsfall, Verfahren bei – 115 d
Gesetzgebung, Bindung an Grundrechte 1 III; des Bundes 70–82; Kompetenz zur – nach Zusammentritt des Bundestags 122; Mitwirkung der Länder 79 III; Organ der Staatsgewalt, Bindung an verfassungsmäßige Ordnung 20 III; s. a. Bundesgesetzgebung
Gesetzgebungskompetenz des Bundes 71, 73, 105 I; der Länder 72, 74, 74 a, 105 II; im Finanzwesen 105; im Verteidigungsfall 115 c
Gesetzgebungsnotstand 81
Gesetzlicher Richter 101 I, **3** 6
Gesundheitswesen 74 Ziff. 19
Gewährleistung der Pressefreiheit 5, der ungestörten Religionsausübung 4 I, der verfassungsmäßigen Ordnung 28 III
Gewalt, rechtsprechende 92; vollziehende 20; verfassungsgebende – Präambel; staatliche – 1 I
Gewaltenteilung 20 II
Gewerbe, Verbot der Ausübung für Bundeskanzler und Bundesminister 66; Verbot der Ausübung eines – für den Bundespräsidenten 55
Gewerberecht, Gesetzgebungskompetenz 74 Ziff. 11
Gewerbesteuer 106 VI
Gewerblicher Rechtsschutz, Gesetzgebungskompetenz 73 Ziff. 9
Gewichte und Maße 73 Ziff. 4
Gewissen, Bindung der Abgeordneten an ihr – 38 I
Gewissensfreiheit 4

Gewissensgründe, Verweigerung des Kriegsdiensts aus – 12 a II
Gifte, Verkehr mit – 74 I Ziff. 19
Glauben, Verbot der Bevorzugung oder Benachteiligung wegen des – 3 III
Glaubensfreiheit 4
Gleichbehandlung von Parteien **10** 5
Gleichberechtigtes Glied, das deutsche Volk als – in einem vereinten Europa, Präambel
Gleichberechtigung der Geschlechter 3 II; Übergangsregelung 117 I
Gleichheitsgrundsatz 3; der EU **13** 9
Gleichstellung, staatsbürgerl. aller Deutschen 33
Gliederung des Bundes, Berücksichtigung in den Wehrgesetzen 36 II
Gott, Berufung auf – in der Eidesformel 56; Verantwortung vor – Präambel
Gottesdienst in Anstalten 140 (WV 141)
Grenzschutz, Gesetzgebungskompetenz 73 Ziff. 5; Einrichtung von Behörden 87 I
Grund und Boden, Sozialisierung 15, 74 Ziff. 15
Grunderwerbsteuer 105 II
Grundfreiheiten, Konvention zum Schutze der Menschenrechte und – **2**, 5
Grundgesetz, für die Bundesrepublik Deutschland **1;** Abweichungen als Übergangsrecht im Gebiet des Einigungsvertrags Änderung 79; Annahme durch die Volksvertretungen der Länder 144; Verkündung, Inkrafttreten, Veröffentlichung 145; Außerkrafttreten 146; Auslegung 93, 100; Entscheidung des Bundesverfassungsgerichts über Unvereinbarkeit von Landesrecht mit – 100 I; Geltungsbereich 23; Geltungsdauer 146; Streit über Auslegung 93; Unzulässigkeit einer Änderung 79 III, 81 IV; vorsätzliche Verletzung durch Bundespräsidenten 61; Verstoß eines Bundesrichters gegen – 98; Weimarer Verfassung als Bestandteil 140; Zielsetzung, Präambel
Grundordnung, freiheitliche demokratische, Abwehr einer Gefahr für die – 91
Grundrechte 1–19; Bindung der Gesetzgebung, Verwaltung und Rechtsprechung 1 III; des Angeklagten 103; Einschränkung der –, 19; Enteignung 14 III; Gewährleistung der – 19; in Landesverfassungen 142; Schutz der – durch Wehrbeauftragten 45 b; Unantastbarkeit ihres Wesensgehalts 19 II; Unzulässigkeit einer Grundgesetzänderung 79 III; Verbindlichkeit als unmittelbar geltendes Recht 1 III; Verletzung der – durch die öffentliche Gewalt 19 IV; Verwirkung 18

399

Sachregister

Fette Zahlen = Registernummern

Grundrechte-Charta der EU **15**
Grundsteuer 72, 105, 125 b
Grundstücksverkehr 74 Ziff. 18
Gründung von Parteien 21 I
Grundvermögen von nicht mehr bestehenden Ländern 135 III
Gültigkeit von Gesetzen, Verfahrensvorschriften für Gerichte bei Zweifel über die – 100 I
Gutachtenkompetenz des Europ. Gerichtshofes **5**
Gutnachbarliche Beziehungen zwischen BRD und DDR 3 1

Haft, Abgeordnete 46
Haftbefehl, richterlicher 104 III
Haftpflicht des Staates oder öffentlich-rechtlicher Körperschaften für Amtspflichtverletzungen 34
Haftung der Länder für ordnungsmäßige Verwaltung der dem Bund zufließenden Steuern 104 a V; Übernahme der – durch den Bund 115
Handel Zusatzprotokoll II; Gesetzgebungskompetenz 74 Ziff. 11
Handels- und Schifffahrtsverträge, Gesetzgebungskompetenz 73 Ziff. 5
Handelsflotte 27
Handels- und Zollgebiet, Einheit des – Gesetzgebungskompetenz 73 Ziff. 5
Handlungen strafbare 1 II
Handwerk, Gesetzgebungskompetenz 74 Ziff. 11
Hauptstadt 22 I
Hauptversammlung von Parteien **10** 9
Haushaltsdisziplin 109 V
Haushaltsgesetz 110 II–IV
Haushaltsplan des Bundes 110, 111; Stärke der Streitkräfte 87 a
Haushaltstrennung in Bund und Ländern 109; Haushaltsüberschreitung 112
Haushaltswirtschaft von Bund und Ländern 109; Vermeidung von Haushaltsnotlagen 109 a
Hausrecht des Präsidenten des Bundestages 40 II
Haussuchung 13
Hebesätze, Festsetzung der – 105 II Ziff. 3
Heilberufe, Zulassung zu – 74 I Ziff. 19
Heilgewerbe, Zulassung zum – 74 I Ziff. 19
Heilmittel, Verkehr mit – 74 I Ziff. 19
Heimat, Verbot der Bevorzugung oder Benachteiligung wegen der – 3 III
Heimstättenwesen 74 I Ziff. 7
Herkunft, Verbot der Bevorzugung oder Benachteiligung wegen der – 3 III
Hinterbliebene von Kriegsteilnehmern, Versorgung 74 Ziff. 10

Hochschulwesen, Abschlüsse 72 III Ziff. 6, 74 I Ziff. 33; Ausbau u. Neubau 143 c; Förderung 91 b; Gemeinschaftsaufgaben 91 a; Zulassung 72 III Ziff. 6; 74 I Ziff. 33; Rahmengesetzgebung 72 III Ziff. 6; 74 I Ziff. 33
Hochseefischerei 74 Ziff. 17
Hochseeschifffahrt 74 Ziff. 21
Hoheitsrechte, Beschränkung zugunsten kollektiver Sicherheitssysteme 24 II; Übertragung auf zwischenstaatliche Einrichtungen 24 I
Hoheitsrechtliche Befugnisse, Ausübung ständige Aufgabe der Angehörigen des öffentlichen Dienstes 33 IV

Immunität der Abgeordneten 46; des Bundespräsidenten 60 IV
Indemnität der Abgeordneten 46 I
Individualbeschwerden, Europäischer Gerichtshof 3 34; 8 47 ff.
Industrie 74 Ziff. 11
Informationstechnische Systeme 91 c
Inkompatibilität der Mitglieder des BVerfG 94 I; des Bundespräsidenten 55 I
Inkrafttreten der Bundesgesetze 82 II; des Grundgesetzes 145
Inländische juristische Personen, Geltung der Grundrechte für – 19 III
Interesse, besonderes pädagogisches 7 V
Internationale Schiedsgerichtsbarkeit, Beitritt zu Vereinbarungen über – 24 III
Internationales Organ, Beschluss der Anwendung außerordentlicher Rechtsvorschriften 80 a
Internationale Verbrechensbekämpfung 73 Ziff. 10
Internationale Verträge des Bundes und der Länder 32
Investitionen, Finanzhilfe des Bundes 104 a; 104 b; Kreditbeschaffung des Bundes 115

Jagdwesen 72 III Ziff. 1; 74 I Ziff. 28
Jugendgefährdung, Verwahrlosung 11
Jugendschutz 5 II, 11 II, 13 III
Juristische Personen, Geltung der Grundrechte für – 19 III; RelGes. 140 (WV 137)

Kammern der BVerfG-Senate **9** 15 a
Kapitalverkehrsteuer 106 I Ziff. 4
Katastrophenhilfe 35
Kauffahrteischiffe 27
Kernenergie, Erzeugung und Nutzung 87 c; Gesetzgebungskompetenz 73 I Ziff. 14
Kinder 6, nicht-/uneheliche – 6 V
Kindererziehung, Recht der Eltern 6 II

Einfache magere Zahlen = Artikel des GG **Sachregister**

Kirchensteuern 140 (WV 137 VI)
Kirche und Staat 140 (WV 137)
Kirchliche Handlungen, kein Teilnahmezwang 140 (WV 136 IV)
Koalitionsfreiheit 9 III
Körperliche Unversehrtheit 2 II
Kollektives Sicherheitssystem, Anschluss an solches 24 II
Kommandogewalt über Streitkräfte 65 a; im Verteidigungsfall 115 b
Konfessionsschulen 7 IV, V
Konjunkturausgleichsrücklagen 109 IV Ziff. 2
Konkrete Normenkontrolle 100; 9 13 Nr. 11, 80–82
Konkurrierende Gesetzgebung des Bundes im Verteidigungsfall, 115 c, des Bundes und der Länder 72; für die Besoldung im öffentlichen Dienst 74 a; Katalog 74; auf dem Gebiete des Finanzwesens 105 II; Fortgeltung alten Rechts 125; Verwaltung der − der unterworfenen Verbrauchsteuern 108 I
Kontrolle, parlamentarische − durch Wehrbeauftragten 45 b
Konsolidierungshilfen 143 d
Konvention, Gesetz über die − zum Schutz der Menschenrechte **2**; zum Schutze der Menschenrechte und Grundfreiheiten **3**; Recht auf Leben, Todesstrafe **3** 2; Todesurteil, Folter, unmenschliche Behandlung **3** 3; Sklaverei, Leibeigenschaft, Zwangsarbeit **3** 4; Recht auf Freiheit und Sicherheit **3** 5; Haft, richterl. Gehör, gesetzlicher Richter **3** 5; öffentl. Urteilsverkündung und Verhandlung, Vermutung der Unschuld **3** 6; nulla poena sine lege, Bedingung der Strafbarkeit **3** 7; Achtung des Privat- und Familienlebens, der Wohnung und des Briefverkehrs **3** 8; Gedanken-, Gewissens-, Bekenntnis-, Religionsfreiheit **3** 9; freie Meinungsäußerung **3** 10; Versammlungs- und Vereinsrecht, Einschränkung des − **3** 11; Recht auf Eheschließung **3** 12; Verbot der Diskriminierung **3** 14; Außerkrafttreten von Grundrechten im Kriegsfall und Unterrichtung des Europarates **3** 15; politische Tätigkeit von Ausländern **3** 16; Auslegung 17; Einschränkung 11, 18; Europäische Kommission und Europ. Gerichtshof für Menschenrechte **3** 19; Zusammensetzung, Verfassung und Verfahren der Kommission **3** 20–37; Zusammensetzung, Verfassung und Verfahren des Gerichtshofes **3** 38–56; Kosten der Kommission und des Gerichtshofs, Immunität der Mitglieder, Vorbehalte gegenüber der Konvention, Kündigung, Beitritt **3** 57–66, **5** 5, **6**, 5, Zusatzprotokoll **4, 5, 6**; Eigentumsgarantie **4** 1, Recht auf Bildung, Erziehungsrecht der Eltern **4** 2, Meinungsfreiheit, getrennte Wahlen **4** 3, Freizügigkeit **5** 2, Verbot der Anweisung **5** 3
Körperliche Unversehrtheit, Recht auf − 2 II, 104 I
Körperschaften, Geltung von Grundrechten 19 III; des öffentlichen Rechts 130, Dienst in bundesunmittelbaren 73 Ziff. 8; Durchführung der Gesetze durch − 86, 87 II, III; öffentlich-rechtliche −, Personen im Dienst 75 Ziff. 1; öffentliche Vermögen bei Auflösung 135 II
Körperschaftsrechte von RelGes. 140 (WV 137 V–VIII)
Körperschaftsteuer 106 III, 107
Kraftfahrwesen 74 Ziff. 22
Kraftfahrzeugsteuer 106 II Ziff. 3
Krankenhäuser, Sanierung, Gesetzgebung 74 Ziff. 19 a
Krankenhauspflegesätze, Gesetzgebung 74 Ziff. 19 a
Krankheiten, ansteckende −, Einschränkung des Rechts auf Freiheit **3** 5; gemeingefährliche und übertragbare − als Voraussetzung der Einschränkung der Grundrechte betr. die Wohnung 13 III; Gesetzgebungskompetenz 74 I Ziff. 19; Maßnahmen bei − von Menschen und Tieren, der Pflanzen 74 I Ziff. 20
Kredit, Beschaffung durch den Bund 111 II, 115
Kreise, Volksvertretung 28 I
Kriegführung, Waffen zur − Herstellung usw. 26 II
Kriegsbeschädigte, Kriegshinterbliebene, Kriegsgefangene und Kriegsgräber, Gesetzgebungskompetenz 73 I Ziff. 13
Kriegsdienst mit der Waffe 4, 12 a
Kriegsdienst, kein Zwang 4
Kriegsdienstverweigerung aus Gewissensgründen 4; 12 a
Kriegsfolgelasten, Last des Bundes 120
Kriegsschäden, Gesetzgebungskompetenz 74 Ziff. 9
Kriegsschiffe, Wehrstrafgerichte auf − 96
Kriegsverbrechen 26
Kriegszeiten, Todesstrafe **7** 2
Kriminalpolizei, Zusammenarbeit des Bundes und der Länder, Gesetzgebungskompetenz 73 Ziff. 10; Zentralstellen für − 87 I
Kulturgut, deutsches, Schutz vor Abwanderung 73 I Ziff. 5 a
Kündigungsschutz für Bundestagsabgeordnete 48 II

Sachregister

Fette Zahlen = Registernummern

Kunst, Freiheit 5 III
Künftige Verfassungsänderung (FN) **1** Titel
Küstenfischerei, Gesetzgebungskompetenz 74 Ziff. 17
Küstenschifffahrt, Gesetzgebungskompetenz 74 Ziff. 21
Küstenschutz, Gesetzgebungskompetenz 74 Ziff 17, Gemeinschaftsaufgabe 91 a Ziff. 2

Ladenschluss 74 I Ziff. 11
Länder, Anstellung der Landesrichter 98 IV; Antrag auf Einberufung des Bundesrats 52 II; Ausführung der Bundesgesetze 83; Ausführung von Verteidigungsgesetzen durch die – 87 b II; Ausgabentragung 104 a; Beschluss des Grundgesetzes, Präambel; Bund und – 20–37; Bundesauftragsverwaltung 85; Finanzverwaltung 108; Funktionen 30; Funktionen und Staatsgewalt 30; Gebietsveränderungen 29, 118; Gefahr für Bestand oder Verfassung, Polizeihilfe 91; Gemeinschaftsaufgaben mit Bund 91 a, 91 b; Gerichte 92; Gesetzgebung 70, 71, 72 I, III; Gliederung des Bundes in – 79 III; Grunderwerbsteuer 105 II; Haftung für ordnungsmäßige Verwaltung 104 a V; Haushaltsdisziplin 109 V; Haushaltswirtschaft 109; Hochschulabschlüsse 72 III; Hochschulausbau u. Neubau 143 c; Hochschulzulassung 72 III; Hochschulförderung 91 b; Jagd 72 III; Körperschaftsteuer 107 I; Kompetenz zur Behördeneinrichtung 85; Finanzausgleich für leistungsschwache 107 II; Investitionshilfe durch Bund 104 a IV; Naturschutz und Landschaftspflege 72 III; Neugliederung des Bundes durch – 29; Mitwirkung der – bei der Gesetzgebung 79 III; Nichterfüllung von Bundespflichten, Bundeszwang 37; Raumordnung 72 III; Rechtsverhältnisse der Personen im öffentlichen Dienst der – 75 Ziff. 1; Rekrutierung der Bundesbeamten aus den –, Berücksichtigung in den Wehrgesetzen 36; Rechtstellung der Richter in den – 98 III, V; schulische Bildung, Kultur, Rundfunk 23 VI; Stimmrecht im Bundesrat 51; Umsatzsteuer 107 I; Vermögen 107 I nicht mehr bestehender – 135; Verteilung der Flüchtlinge auf die – 119; Verträge mit dem Ausland 32 III; Verwaltung von Bundeswasserstraßen 89; Verwaltung der Bundesstraßen 90; Vorschriften für die Verfassung der – 28; den – zustehendes Steueraufkommen 106 II–IX, 107; Wohnraumförderung, soziale 125 c II, 143 c; s. a. Landesgesetzgebung, Landesverfassungen

Lärmbekämpfung 74 I Nr. 24
Landesausgleichsämter 120 a
Landesbehörden 84, 85
Landesexekutive 83
Landesfinanzbehörden, Aufbau 108 III
Landesgesetze, Unvereinbarkeit mit Bundesrecht 100; **9** 13 Nr. 11, 80–82
Landesgesetzgebung, Abgrenzung der Zuständigkeit 70, 71; delegierte – 71; auf dem Gebiete des Finanzwesens 105 II; konkurrierende – 72, 74
Landeshoheit 30, 83
Landesjustizminister, Anstellung der Richter in den Ländern 98 IV; Berufung der Richter des Obersten Bundesgerichts 95 III
Landeskultur, Bedürfnisse der – 89 III
Landesminister, Berufung der Richter der oberen Bundesgerichte 96 II
Landesrecht, Fortgeltung von Ermächtigungen 129 II; Verhältnis zu Landesrecht 142; Vorrang des Bundesrechts vor – 31
Landesregierung, Erlass von Rechtsverordnungen 80 I; außerordentliche Befugnisse im Verteidigungsfall 115 i
Landesverfassungen, Grundrechte in – 142; – nach den Grundsätzen des republikanischen, demokratischen u. sozialen Rechtsstaats 28 I; Garantie des Bundes hierfür 28 III
Landesverwaltung 84
Landeszugehörigkeit einzelner Gebiete, Änderung 29, 135
Landschaftspflege 72 III Ziff. 2; 74 I Ziff. 29
Landstraßen des Fernverkehrs 74 Ziff. 22, 90
Landwirtschaft, gemeinsame Politik der EU **14** 38 ff.
Land- und forstwirtschaftliche Erzeugnisse, Ein- und Ausfuhr, Gesetzgebungskompetenz 74 Ziff. 17; Förderung 74 Ziff. 17; s. a. Agrarstruktur
Land- und forstwirtschaftliches Saat- und Pflanzgut, Verkehr mit –, Gesetzgebungskompetenz 74 Ziff. 20
Landwirtschaftliches Pachtwesen 74 Ziff. 18
Lasten, bes. – der Allgemeinheit als Grund für die Beschränkung der Freizügigkeit 11 II
Lastenausgleich, Durchführung 120 a
Lastenausgleichsabgaben 106 I Ziff. 5
Lazarettorganisation 12 a IV
Leben, Recht auf – 2 II
Lebensgefahr als Voraussetzung der Grundrechtsbeschränkung 13 III
Lebensmittel, Verkehr mit – 74 I Ziff. 20

Einfache magere Zahlen = Artikel des GG **Sachregister**

Lebensverhältnisse, Einheitlichkeit, Wahrung der – in Bund und Ländern 106 IV Ziff. 3; Einheitlichkeit 72 II
Legislaturperiode 39
Lehrer, Religionsunterrichterteilung 7 III
Lehrfreiheit, Schutz 5 III; Verwirkung 18
Lehrkräfte 7 IV
Lohn- und Arbeitsbedingungen, Koalitionsfreiheit 9 III
Lohnsteuer 107
Losverfahren bei Senatsbesetzung des BVerfG **9** 15 II
Luftreinhaltung 74 I Nr. 24
Luftverkehr, Gesetzgebungskompetenz 73 Ziff. 6
Luftverkehrsverwaltung 87 d

Machtstellung, Missbrauch wirtschaftlicher – 74 Ziff. 16
Männer, Dienstverpflichtung 12 a I; Gleichberechtigung der – 3 II
Maße und Gewichte, Gesetzgebungskompetenz 73 Ziff. 4
Medizinprodukte 74 I Ziff. 19
Mehrheit im Bundestag und in der Bundesversammlung, Begriff 121; der Mitglieder der Bundesversammlung 54 VI; qualifizierte 42 I, 61, 77 IV, 79 II; beim Volksentscheid 29 V
Mehrheitsbeschluss im Bundesrat 52 III
Meinungsäußerung, freie 5, **15** 11; Verwirkung der Freiheit der – 18
Meinungsverschiedenheiten über Grundgesetzwidrigkeiten von Bundes- oder Landesrecht 93; über Fortgelten von Recht als Bundesrecht 126; zwischen Bundesministern 65
Melde- und Ausweiswesen 73 I Ziff. 3
Menschenrechte, unverletzliche 1–5; Konvention zum Schutze der – 4, 5; Unzulässigkeit einer Grundgesetzänderung 79 III; Europäischer Gerichtshof **3** 19; Europäische Kommission **3** 19
Menschenrechte, Konventionen Achtung **3** 1 ff.; Konvention zum Schutz der M. und Grundfreiheiten **3;** Protokoll Nr. 6 zur Konvention zum Schutz der M. und Grundfreiheiten ü. Abschaffung d. Todesstrafe **7;** Wahrung **3** 53; Zusatzprotokoll zur Konvention zum Schutz der M. und Grundfreiheiten **4**
Menschenwürde, Unantastbarkeit 1 I, **15** 1
Menschlichkeit, Verbrechen gegen die – 96
Militarismus, „Befreiung von – und Nationalsozialismus" 139, 132 II
Ministerkomitee 3 54

Missbrauch von Grundrechten, Verwirkung 18; wirtschaftlicher Machtstellg 74 Ziff. 16
Misshandlung Festgehaltener, Verbot 104 I
Misstrauensvotum gegen den Bundeskanzler 67; im Verteidigungsfall 115 h
Mitglieder des Bundesrates 51; der Bundesregierung 62; des Bundestags 41; Selbstversammlungsrecht 39 III; s. Bundestagsabgeordnete; des BVerfG 94 I
Mitgliedschaft im Bundestag, Entscheidung über Verlust der – 41
Mittel der Parteien, Rechenschaft über Herkunft 21 I
Mittelbehörden 108
Monopole 105 I, 108 I; Ertrag zugunsten des Bundes 106 I
Münzwesen, Gesetzgebungskompetenz 73 Ziff. 4
Mutter, Anspruch auf Fürsorge 6 IV

Nachfolger, Wahl eines – des Bundeskanzlers 67
Nachprüfung der Beschränkung vom Brief-, Post- und Fernmeldegeheimnis 10 II
Nachrichtenwesen, polizeiliches 87 I; Kontrolle des Nachrichtendienstes 45 d
Nahrungsmittel, Verkehr mit 74 – Ziff. 20
Nationale und staatliche Einheit, Präambel
Nationalsozialismus, „Befreiung vom – und Militarismus" 132 II, 139
Naturkatastrophen, Bekämpfung 11; Hilfe durch Polizei, Bundesgrenzschutz und Streitkräfte bei – 35
Natürliche Lebensgrundlagen 20 a
Naturschätze, Überführung in Gemeineigentum 15, 74 Ziff. 15
Naturschutz 20 a; 72 III Ziff. 2, 74 I Ziff. 29
Ne bis in idem 103 III, **15** 50
Neugliederung des Bundesgebietes bzw. der Länder 29; in Baden und den württembergischen Ländern 118
Neuwahl des Bundestags 39; des Bundeskanzlers 67
Niederlassung eines Ausländers im Inland **8** 8, auf dem Gebiet der EU **14** 49; freie 11; Übergangsregelung 117 II
Niederlassungsrecht der Ausländer, Gesetzgebungskompetenz 74 Ziff. 4
Notariat, Gesetzgebungskompetenz 74 Ziff. 1
Notariate, Änderungen bzgl. der badischen, bayerischen und der württembergischen 138
Notenbank 88
„Notopfer Berlin" 106
Notstandsgesetzgebung 53 a, 87 a, 115 a ff.
Nulla poena sine lege 103 II

403

Sachregister

Fette Zahlen = Registernummern

Oberste Gerichtshöfe des Bundes 95
Obergericht, Deutsches 137 III
Oberste Bundesbehörden 85 III; personelle Zusammensetzung 36
Öffentliches Amt, Amtspflichtverletzung 34; Zulassung zu einem – 33 II, III
Öffentliche Gewalt, ordentlicher Rechtsweg bei Rechtsverletzungen durch diese 19 IV
Öffentlicher Dienst 33, 73 Ziff. 8; 75 Ziff. 1; Rechtsverhältnisse der früher in – stehenden Personen 131, FN bei 131; Angestellte im –, Beschränkung der Wählbarkeit 137
Öffentlichrechtliches Dienstverhältnis 12 a III
Öffentliche Fürsorge, Gesetzgebungskompetenz 74 Ziff. 7
Öffentliche Sicherheit und Ordnung 13 III
Öffentliche Verhandlung der Untersuchungsausschüsse 44 I
Öffentlichkeit, Bundesrat 52 III; der Verhandlungen im Bundestag 42 I; von Gerichtsverhandlungen 3 6
Öffentlich-rechtliche Körperschaften s. Körperschaften
Örtliche Verbrauchs- und Aufwandssteuern 105 II, 106 VI
Offiziere, Ernennung und Entlassung 60
Ordentliche Gerichtsbarkeit obere Bundesgerichte 96
Ordentlicher Rechtsweg 14 III, 15; für Anspruch auf Schadensersatz wegen Amtspflichtverletzung 34; s. Rechtsweg
Ordnung, neue, Präambel; verfassungsmäßige 2 I, 9 II, 18, 20 III, 21, 98 II, V; verfassungsmäßige der Länder 28 III; friedliche Europas 24 II
Organe der EU 13 13 ff.; von Parteien 10 8, 15, von der Volksvertretung bestellte – 10 II
Organe der Staatsgewalt in Bund und Ländern 20 II
Organisation der Streitkräfte 87 a
Organstreitigkeit 93 I Nr. 1

Pachtwesen, Gesetzgebungskompetenz für landwirtschaftliches – 74 Ziff. 18
Pädagogisches Interesse 7 V
Parlamentarische Kontrolle durch Wehrbeauftragten 45 b
Parlamentarischer Rat, Wahlgesetz 137 II; Verkündung des Grundgesetzes 145 I
Parteiengesetz 10; Abschlagszahlungen 10 20; Aktivlegitimation 10 3; Begriff 10 2; Einnahmen 10 26 ff.; Festsetzungsverfahren 10 19 a; Gleichbehandlung 10 5; Mitglieder 10 9 ff.; Name 10 4; Passivlegitimation 10 3; Programm 10 6; Rechenschaftsablegung 10 23; Rechenschaftsbericht 10 23 a ff.; Satzung 10 6; Spenden 10 25, 31 c; staatliche Finanzierung 10 18 f.; Strafvorschriften 10 31 d; Verfassungsrechtliche Stellung 10 1; Vermögensbilanz 10 28; Vorstand 10 11
Passwesen 73 I Ziff. 3
Pensionierung der Richter 97, 98; einmalige Regelung 132
Person, Freiheit der – 2 II, 104; juristische – 19 III
Personal der Bundesbehörden 36
Personalwesen der Bundeswehr 87 b
Personenstandswesen, Gesetzgebungskompetenz 74 Ziff. 2
Persönliche Ehre 5 II
Persönlichkeit, Recht der freien Entfaltung 2
Petitionsausschuss des Bundestages 45 c; Befugnisse 9
Petitionsrecht 17, 14 24
Pflanzenschutz, Gesetzgebungskompetenz 74 Ziff. 20
Pflanzgut, Schutz beim Verkehr mit – 74 I Ziff. 20
Pflege und Erziehung der Kinder 6 II
Pflichten und Rechte, staatsbürgerliche 1–19, 33 I–III
Politik, Richtlinien der – 65
Politische Anschauungen, Verbot der Bevorzugung oder Benachteiligung wegen 3 III
Politische Betätigung 3 16
Politische Beziehungen des Bundes, Verträge 59 II
Politisch Verfolgte 116; Asylrecht 16 II; des Nationalsozialismus, Wiedereinbürgerung 116 II; des Nationalsozialismus 132 II
Politische Willensbildung 21 I
Polizei, Befugnis zur Festhaltung 104; Einschränkung des Rechts auf Versammlungsfreiheit 3 11
Polizeigewalt des Präsidenten des Bundestages 40 II
Polizeihilfe 35
Polizeikräfte der Länder, Unterstellung unter Bundesregierung zum Zweck der Polizeihilfe 91 II; Unterstützung durch Streitkräfte 87 III
Polizeiliche Aufgaben, Verpflichtung zur Wahrnehmung von – im Verteidigungsfalle 12 a
Polizeiliche Zusammenarbeit der Mitglieder der EU 14 87 ff.

Einfache magere Zahlen = Artikel des GG

Sachregister

Polizeiliches Auskunfts- und Nachrichtenwesen, Zentralstellen 87 I
Postgeheimnis, Schutz 10, 44 II; Verwirkung 18
Post- und Fernmeldewesen im französischen Besatzungsgebiet, Unterstellung unter die Bundesregierung 130 I; ausschließl. Gesetzgebungskompetenz 73 Ziff. 7; Rechtsverordnungen 80 II
Postverwaltung 87 I
Präambel Vor 1
Präsident des Bundesrates 52; vorläufige Wahrnehmung der Funktionen des Bundespräsidenten 136; des Bundestages 39 III, 40; Weiterleitung von Gesetzesbeschlüssen an Bundesrat 77 I
Präsidenten des Bundestages und des Bundesrates, Anhörung vor Feststellung des Verteidigungsfalles 59 a II
Pressefreiheit, Schutz 5; Verwirkung 18
Presserecht 75 Ziff. 2
Preußen, ehemaliges Land, Rechtsnachfolge 135 VI; Aufhebung oder Kürzung von Verbindlichkeiten 135 a
Preußisches Staatsvermögen 135
Priorität des Völkerrechts vor Bundesrecht 25; des Bundesrechts vor Landesrecht 31
Private Schulen 7 IV, V
Privat- und Familienleben, Anspruch auf Achtung 3 8
Produktionsmittel Überführung in Gemeineigentum 15, 74 Ziff. 15
Programm von Parteien **10** 6
Protokolle Nr. 2 und Nr. 4 zur Menschenrechtskonvention **5, 6;** Zusatzprotokoll **4**
Provisorium, Grundgesetz als – Präambel
Prozesskostenhilfe 8 91 ff.
Prozessrecht 74 Ziff. 1
Prüfungsbericht von Parteien **10** 30

Quellen, allgemein zugängliche 5 I

Radioaktive Stoffe, Beseitigung, Gesetzgebungskompetenz 74 I Ziff. 14
Rahmenvorschriften des Bundes für Rechtstellung der Richter in den Ländern 98 III
Rasse, Verbot der Bevorzugung oder Benachteiligung wegen 3 III, 116 II
Rassisch Verfolgte 116, Wiedereinbürgerung 116 II
Ratifizierung des Grundgesetzes 144
Raumnot als Voraussetzung der Grundrechtsbeschränkung 13 III; Einschränkung der Freizügigkeit wegen – 117 II
Raumordnung 72 III Ziff. 4; 74 I Ziff. 31
Realsteuern 106 VI

Rechenschaftslegung von Parteien 21 I, **10** 23
Rechenschaftsbericht, Parteien **10** 23 a ff.
Rechnungshof des Bundes 114 II; der Europäischen Union **14** 285 ff.
Rechnungsjahr des Bundes 110
Rechnungslegung durch den Bundesfinanzminister 114 I
Rechnungsprüfung, Bundeshaushalt 114 II
Recht, altes, Fortgeltung als Bundesrecht 124, 125, 126; auf Leben 2 II; auf körperliche Unversehrtheit 2 II
Rechte, Verletzung durch die öffentliche Gewalt 19 IV; Verletzung – anderer 2 I
Rechte Dritter, Eingriffe der Bundeswehrverwaltung 87 b
Rechte und Pflichten, staatsbürgerliche 1– 19, 33 I–III
Rechtliches Gehör 103
Rechtsakte der EU **14** 288 ff.
Rechtsanwaltschaft u. Rechtsberatung Gesetzgebungskompetenz 74 Ziff. 1
Rechtseinheit, Wahrung der – 72 II Ziff. 3
Rechtsgarantien bei Freiheitsentziehung 104
Rechtshilfe 35, 44 III
Rechtspersönlichkeit der EU **14** 47
Rechtsprechung 20 III; Bindung an verfassungsmäßige Ordnung 92–104
Rechtsstaat, Länderverfassungen nach den Grundsätzen eines republikanischen – 28 I, III
Rechtsverhältnisse von Angehörigen des öffentlichen Dienstes 75 Ziff. 1, 131
Rechtsverordnungen, Ermächtigung zum Erlass 80, 119, 132 IV; Inkrafttreten 82; Kompetenz zum Erlass auf Grund alten Rechts 129; Übertragung der Ermächtigung zum Erlass 80 I; Verkündung 82
Rechtsweg, Ausnahmen 10 II; ordentlicher – bei Entschädigung für Enteignung 14 III, 15; bei Schadensersatzansprüchen wegen Amtspflichtverletzungen und bei Regressansprüchen 34; bei Verletzungen durch die öffentliche Gewalt 19 IV
Regierungsbildung 63, 64
Regress, Schadensersatzpflicht wegen Amtspflichtverletzungen 34
Reich, Aufhebung oder Kürzung von Verbindlichkeiten 135 a
Reichsautobahnen, Bundeseigentum 90 I
Reichsrecht, Fortgeltung 123 I
Reichsstraßen, Bundeseigentum 90 I
Reichsvermögen, Übergang auf Bund oder Länder 134
Reichswasserstraßen, Eigentum des Bundes 89 I

405

Sachregister

Fette Zahlen = Registernummern

Reisekosten der Abgeordneten 48 III, 49
Religionsausübung, ungestörte 4 II, 140 (WV 141)
Religionsfreiheit, 4, 140 (WV 136); **3** 9, 15 10
Religionsgesellschaften 140 (WV 137–141)
Religionsunterricht 7 II, III; Bremer Klausel 141
Religiöse Anschauung, 140 (WV 136, 137); Verbot der Bevorzugung oder Benachteiligung 3 III
Religiöse Eidesformel 56, 140 (WV 136 IV)
Religiöse Gründe, aus – Verfolgte 116 II
Religiöses Bekenntnis, ohne Einfluss auf Rechte und Pflichten 33 III
Republik 20, 28 I
Republikanischer usw. Rechtsstaat, Länderverfassungen nach den Grundsätzen eines solchen 28 I, III
Rheinland-Pfalz, Erstreckung des Rechts des Vereinigten Wirtschaftsgebietes auf – 127
Richter, Ablehnung beim BVerfG **9** 19; Altersgrenze 97 II; Beschränkung der Wählbarkeit 137 I; gesetzlicher 101; Inhaber der rechtsprechenden Gewalt 92; Rechtsstellung 97; Rechtsstellung, Richteranklage 98; Statusrechte und -pflichten 74 I Ziff. 27; Unabhängigkeit 97; Vorführung Festgenommener vor den – 104; Versetzung in den Ruhestand 97 II, 98 II, V, 132
Richteranklage 98 II, V
Richterlicher Haftbefehl 104 III
Richterliches Gehör 3 5
Richterwahlausschuss, Berufung der Richter der obersten Gerichtshöfe 95; Anstellung der Richter in den Ländern 98 IV
Richtlinien der Politik 65
Rückgriff bei Amtspflichtverletzungen 34
Ruhestand, Richter 97 II, 98 II, 132
Rundfunk, freie Berichterstattung 5; Länderbefugnisse 23 VI; Verwirkung des Rechts auf freie Berichterstattung 18
Rüstungsproduktion 26 II

Saatgut 74 I Ziff. 20
Sachgebiete, Gerichte für besondere – 101 II
Sanitäts- und Heilwesen 12 a IV
Satzung von Parteien **10** 6
Schadensersatzpflicht des Staates usw. wegen Amtspflichtverletzungen 34
Schädlinge, Schutz der Bäume und Pflanzen gegen – 74 I Ziff. 20
Schenkungssteuer 105 II Ziff. 2

Schiedsgerichtsbarkeit, obligatorische, internationale, Beitritt des Bundes 24 III
Schienenbahnen 74 Ziff. 23
Schiffahrt 74 Ziff. 21; Verwaltung 87 I, 89 II
Schiffahrtsverträge 73 Ziff. 5
Schlüssel für Verteilung von Steuern zwischen Bund und Ländern 106 III, IV
Schranken der Grundrechte 17 a; des Brief-, Post- und Fernmeldegeheimnisses 10; der Meinungsfreiheit 5 II; der Pressefreiheit 5 II; der Versammlungsfreiheit 8 II; der Freizügigkeit 11 II; der Unverletzlichkeit der Wohnung 13 II; des Eigentums 14 II
Schrift, freie Meinungsäußerung in – 5
Schriftführer des Bundestages 40 I
Schulen 7, Gemeinschafts-, Bekenntnis-, Weltanschauungs-, Volksschule 7; Länderbefugnisse 23 VI
Schulwesen 7
Schutz der Jugend 5 II, 11, 13; der Ehe und Familie 6 I; der Mutter 6 IV; der natürlichen Lebensgrundlagen 20 a; der Verfassung 73 Ziff. 10; der Zivilbevölkerung 12 a III, 17 a III, 87 b II; Gesetzgebungskompetenz 73 Ziff. 1; deutschen Kulturguts, Gesetzgebungskompetenz 74 Ziff. 5; Zentralstellen 87 I
Schwarz-Rot-Gold als Bundesflagge 22
Seelsorge in öffentl. Anstalten 140 (WV 141)
Seeschifffahrt 74 Ziff. 21, 89 II
Seewasserstraßen 74 Ziff. 21
Seezeichen, Gesetzgebungskompetenz 74 Ziff. 21
Selbstbestimmung, freie, Präambel
Selbstverwaltungsrecht der Gemeinden 28 II, III
Seuchengefahr, Beschränkung der Freizügigkeit bei – 11 II; Beschränkung der Unverletzlichkeit der Wohnung bei – 13 III
Sicherheit, Einordnung in ein System kollektiver – 24 I
Sicherung, Beschränkungen zur – des Bundes oder eines Landes 10 II; des Arbeitskräftebedarfs im Verteidigungsfall 12 a
Siedlungswesen 74 Ziff. 18
Simultanschulen 7 III, V
Sittengesetz als Schranke 2 I
Sitzung des Bundestages 39
Sitzungen des Bundestages 42, 43, 39
Sitzungsberichte, wahrheitsgetreue 42 III
Sklaverei 3 4
Soldaten, Beschwerden, Dienststrafverfahren 96 III; freiwillige, Beschränkung der Wählbarkeit 137; Ernennung und Entlassung 60 I

Einfache magere Zahlen = Artikel des GG **Sachregister**

Sonderbelastungen der Gemeinden durch Mehrausgaben 106 VIII
Sondergerichte, s. Ausnahmegerichte
Sondervermögen des Bundes 110 I; Kreditbeschaffung 115
Sonntagsfeier 140 (WV 139)
Souveränität, Beschränkung zugunsten kollektiver Sicherheit 24 II; der Bundesrepublik 1; der europäischen Staaten 3 Präambel, 2
Sozialer Bundesstaat, Deutschland ein – 20 I
Sozialer Rechtsstaat, Länderverfassungen nach den Grundsätzen eines solchen 28 I
Sozialgerichtsbarkeit, obere Bundesgerichte 96 I
Sozialisierung 15, 74 Ziff. 15
Sozialversicherung 74 Ziff. 12, 87 II; Zuschüsse, Bundeslast 120
Spannungsfall, Anwendung von Rechtsvorschriften im – 80 a; Aufgaben der Streitkräfte im – 87 a III
Spenden 10 25, 31 c
Spielbanken, Abgabe 106 II Ziff. 6
Spielhallen 74 I Ziff. 11
Sprache, Verbot der Bevorzugung oder Benachteiligung wegen – 3 III
Sprengstoffrecht, Gesetzgebungskompetenz 73 I Ziff. 12
Staatenbeschwerden, Europäischer Gerichtshof 3 33; 8 46 ff.
Staatenlose 16
Staatliche Funktionen der Länder 30
Staatliche Parteienfinanzierung 10 18; Rückforderungen **10** 31 a
Staatsangehörigkeit 16, 116; Gesetzgebungskompetenz 73, Ziff. 2; in den Ländern, Gesetzgebungskompetenz 74 Ziff. 8
Staatsaufsicht im Schulwesen 7
Staatsbürgerliche, Gleichstellung aller Deutschen 33; – Rechte und Pflichten 1–19, 33 I–III
Staatsform der Bundesrepublik 20
Staatsgewalt 20 II; – und Würde des Menschen 1 I
Staatshaftung 34
Staatskirche 140 (WV 137 I)
Staatsleistungen an Religionsgesellschaften 140 (WV 138 I)
Staat und Kirche 140 (WV 137, 138)
Staatsschutz 20 a
Staatsschutzdelikte, Zuständigkeiten von Gerichten der Länder 96 IV
Staatsverträge, Fortgeltung alter – 123; des Bundes und der Länder mit auswärtigen Staaten 32

Staatsverwaltung, Einschränkung des Rechts auf Versammlungsfreiheit **3** 11
Stabilitätsrat 109 a
Ständiger Ausschuss des Bundestages 45, 49
Statistik für Bundeszwecke 73 Ziff. 11
Stellenbesetzung bei Bundesbehörden 36
Stellvertreter des Bundeskanzlers 69 I
Steueraufkommen 106; in den Ländern, Abgrenzung und Zerlegung 107
Steuern, Gesetzgebung 105; Ertrag 106, 107; Verwaltung 108
Steuerschwache Länder 104 a IV, 106 IV; Finanzausgleich 107
Stiftungen, kirchliche 140 (WV 138 II)
Stimmen der Länder im Bundesrat 51 III
Stimmrecht im Bundesrat 51 II, III
Strafbarkeit, Voraussetzungen der – 103
Strafgerichte für die Streitkräfte 96 a
Strafprozess, Gesetzgebungskompetenz 74 Ziff. 1; entsprechende Anwendung der Vorschriften auf Beweiserhebungen bei Untersuchungsausschüssen 44 II
Strafrecht, Strafvollzug und Gerichtsverfassung, Gesetzgebungskompetenz 101–104
Strafverfahren, Kriegsverbrechen 96; Staatsschutz 96; Völkermord 96; völkerrechtliche Verbrechen gegen die Menschlichkeit 96
Strafverfolgung der Abgeordneten 46
Straßen, Gesetzgebungskompetenz für -benutzungsgebühren 74 Ziff. 22; Verwaltung 90
Straßenbau 74 Ziff. 22
Straßenverkehr 74 Ziff. 22
Straßengüterverkehrsteuer 106 I Ziff. 3
Streitigkeiten, zwischenstaatl. 24 III; öffentlich-rechtliche 93, 99, 100
Streitkräfte, Aufstellung, Einsatz, Stärke 87 a; Befehlsgewalt 65 a, 115 b; Bundeswehrverwaltung, Deckung des Sachbedarfs der – 87 b; Einschränkung von Grundrechten 17 a; Hilfe der – bei Naturkatastrophen 35; Kommandogewalt 115 b; Verpflichtung zum Dienst in den – 12 a; Wehrstrafgerichte als Bundesgerichte für – 96 II
Supranationale Verpflichtungen, Lastentragung bei Verwaltung 104 a VI

Tarife, Eisenbahn, Post und Fernmeldewesen 80 II
Telegraphengeheimnis 10; Verwirkung 18
Teilfinanzierung, staatliche der Parteien **10** 19
Terrorismus, Abwehr 73 I Ziff. 9 a
Tiere, Schutz 74 I Ziff. 20; übertragbare Krankheiten 74 I Ziff. 19

Sachregister

Fette Zahlen = Registernummern

Tierschutz, 20 a; 74 I Ziff. 20
Todesstrafe 3 2; Abschaffung 102; Schutz der Menschenrechte 7
Träger der Staatsgewalt 20 II
Trennung der Kinder von der Familie 6 III
Treueverhältnis, öffentlich-rechtliches 33 IV
Treue zur Verfassung 5 III

Überführung von Verwaltungsorganen 130
Übergangsrecht, Abweichungen vom Grundgesetz 143
Übergangszeit, Präambel
Übertragung der Ermächtigung zum Erlass von Rechtsverordnungen 80 I
Überzeugung, Offenbarung der religiösen und weltanschaulichen 140 (WV 136 III, 137 VII)
Umsatzsteuer 106 III, IV, 107 I
Umwelt, Schutz der 20 a, **14** 191 ff.
Unabhängigkeit der Abgeordneten 48 II, III; der Richter 97
Unantastbarkeit 1 I
Uneheliche Kinder 6 V
Unglücksfälle, schwere 11
Unschuldsvermutung 3 6, **15** 48
Unteroffiziere, Ernennung und Entlassung 60 I
Unterrichtungsrecht 5 I
Untersuchungsausschuss des Bundestages 44
Untersuchungsausschussgesetz 12; Ausschluss der Öffentlichkeit **12** 14; Beschlussfähigkeit **12** 9; Beweisaufnahme **12** 13 ff.; Einsetzung **12** 1; Ermittlungsbeauftragte **12** 10; Geheimnisschutz **12** 15; Herausgabepflicht **12** 29, Mitglieder **12** 5; Protokollierung **12** 11; Rechtliches Gehör **12** 32; Sachverständige **12** 28; Qualifizierte Minderheit **12** 2; Untersuchungsgegenstand **12** 3; Verteidigungsausschuss **12** 34; Vorsitz **12** 7 f.; Zeugen **12** 20 ff.; Zeugnisverweigerungsrecht **12** 22; Zusammensetzung **12** 4; Zugang zu Verschlusssachen u. Amtsverschwiegenheit **12** 16; s. a. 9 13, 66 a, 82 a
Untersuchungshaftvollzug 74 I Ziff. 1
Unvereinbarkeit des Amtes der Mitglieder des BVerfG mit anderen Ämtern 94 I
Unverletzlichkeit der Freiheit der Person 2 II; der Glaubens- u. Bekenntnisfreiheit, des Gewissens 4 I; der Wohnung 13
Unversehrtheit, Recht auf körperliche – 2, 104 I, **15** 3
Urheberrecht, Gesetzgebungskompetenz 73 Ziff. 9
Urlaub zur Wahlvorbereitung 48 I

Verantwortung, strafrechtliche – der Abgeordneten 46; vor Gott und den Menschen, Präambel
Verbände von Religionsgesellschaften 140 (WV 137 II und V); der Streitkräfte und des Bundesgrenzschutzes 12 a II
Verbindlichkeiten, Aufhebung oder Kürzung gewisser – des Reichs, Preußens, der DDR usw. 135 a II
Verbot des Angriffskrieges 26
Verbrauchsteuern 105 II a, 106 I Ziff. 2, 108 I
Verbrechen gegen die Menschlichkeit 96
Verbrechensbekämpfung, internationale, Gesetzgebungskompetenz 73 Ziff. 10
Verbreitungsrecht 5
Vereinbarkeit mit dem Grundgesetz, Fortgeltung alten Rechts bei – 123 I; Prüfung der – 100 I
Vereine, Recht zur Bildung 9
Vereinigtes Wirtschaftsgebiet, Geltung des Rechts im übrigen Bundesgebiet 127; Übernahme der Verwaltung durch den Bund 133; Dt. Obergericht für das – 137 III
Vereinigung zur Pflege einer Weltanschauung 140 (WV 137 VII)
Vereinigungsfreiheit, Schutz 9; Verwirkung 18
Vereinsrecht, Gesetzgebungskompetenz 74 Ziff. 3
Vereintes Europa, Präambel
Verfahrensordnung Europäischer Gerichtshof für Menschenrechte 8; Abstimmungen **8** 23; Begriffsbestimmungen **8** 1; Berichterstatter **8** 48 ff.; Geschlechterparität **8** 14; Große Kammer **8** 24 ff.; Gutachten **8** 82 ff.; Kanzler **8** 15 ff.; Komitee **8** 27; Präsident **8** 8 ff.; Prozesskostenhilfe **8** 91 ff.; Richter **8** 2 ff.; Sitz **8** 19; Sprachen **8** 34; Staatenbeschwerde **8** 46; Urteil **8** 74 ff.; Verfahren **8** 31 ff.; Vizepräsident **8** 8 ff.
Verfassung, Grundsätze 20; Weimarer, Übernahme gewisser Artikel aus dieser – 140; zukünftige des deutschen Volkes 146
Verfassungen der Länder, Garantie des Bundes hierfür 28 III; Inkraftbleiben 142; nach den Grundsätzen des republikanischen, demokratischen und sozialen Rechtsstaats 28 I
Verfassungsänderungen, künftige (FN) **1** Titel
Verfassungsbeschwerden 93 I Ziff. 4 a und 4 b, **9** 90 ff.; Verteilung auf Berichterstatter beim BVerfG **9** 15 a II

Verfassungsgebende Gewalt, Träger der –, Präambel
Verfassungsgericht eines Landes 100 III
Verfassungsgrundsätze 20; Unzulässigkeit einer Grundgesetzänderung 79 III
Verfassungsmäßige Ordnung 2 I, 20 III, 28, 91
Verfassungsschutz, Gesetzgebungskompetenz, Zusammenarbeit des Bundes und der Länder 73 Ziff. 10; Zentralstellen 87 I
Verfassungsstreitigkeiten 99, 100; **9** 13 Nr. 10 und 11, 73–75, 80–82
Verfassungstreue, Schranke der Lehrfreiheit 5 III
Verfassungswidrige Parteien 21 II
Verfassungswidrigkeit eines Gesetzes, Verfahren zur Entscheidung darüber 100; **9** 13 Nr. 11, 80–82
Verfolgte 116; Asylrecht für politisch – 16 II; des Nationalsozialismus 116 II
Verfolgung, gerichtliche, des Bundespräsidenten 60 IV; von Abgeordneten 46
Vergesellschaftung 15, 74 Ziff. 15
Verhaftung, Freiheitsentziehung von Abgeordneten 46 II–IV; des Bundespräsidenten 60 IV
Verhandlungen im Bundesrat 52 II; im Bundestag 42, 43
Verkehr, gemeinsame Verkehrspolitik in der EU **14** 90 ff.
Verkehrsmittel, freie Benutzung durch Abgeordnete 48 III
Verkehrsregelung durch Streitkräfte im Verteidigungsfall 87 a III
Verkehrsteuern 105 I, 106 II Ziff. 4
Verkehrswesen 73 Ziff. 5–6, 74 Ziff. 21–23, 143 c
Verkündung der Bundesgesetze und Rechtsverordnungen 82; des Grundgesetzes 145; des Verteidigungsfalls 115 a IV, V
Verlagsrecht, Gesetzgebungskompetenz 73 Ziff. 9
Verletzung der Menschenrechtskonvention **3** 13; von Amtspflichten 34; von Amtspflichten durch Bundes- und Landesrichter 98 II, V
Verlust der Staatsangehörigkeit 16; der Mitgliedschaft zum Bundestage 41
Vermittlungsausschuss 77
Vermögen der Gemeinden, Gemeindeverbände, Länder 134, 135; des Reichs, früheres 134; Rechenschaftspflicht von Parteien über ihr – 21 I, **10** 23 ff.
Vermögensabgabe, einmalige 106 I Ziff. 5
Vermögensteuer 106 II Ziff. 1
Versammlungsfreiheit 8, **3** 11, **15** 12; Verwirkung 18

Versammlungsrecht, Gesetzgebungskompetenz 74 Ziff. 3
Versetzung von Richtern und Beamten 97 II, 98 II, V, 132
Versicherungssteuer 106 I Ziff. 4
Versicherungsträger, soziale als bundesunmittelbare Körperschaften 87 II
Versicherungswesen, privatrechtliches 74 Ziff. 11; soziales 74 Ziff. 12
Versorgung der Kriegsbesch. und Hinterbliebenen 74 Ziff. 10; der Zivilbevölkerung 12 a
Versorgungsberechtigte, Rechtsverhältnisse der bisher nicht versorgten – 131
Verstoß gegen Sittengesetze 2 I; gegen verfassungsmäßige Ordnung 2 I
Vertagung des Bundestages 39 III
Verteidigung, Ausschuss für – 45 a; ausschließliche Gesetzgebungskompetenz des Bundes 73 Ziff. 1; Gesetze zum Schutz der Zivilbevölkerung 87 b II; Grundrechtsbeschränkungen zum Zwecke der – 17 a; völkerrechtliche Verträge betr. die – 79 I; Streitkräfte 87 a
Verteidigungsfall 12 a, 115 a ff.; Abgekürztes Verfahren bei dringlichen Gesetzesvorlagen 115 d; Anwendung von Rechtsvorschriften im Spannungsfall 80 a; Aufgaben der Streitkräfte im – 87 a; Außerordentliche Befugnisse der Bundesregierung 115 f; Außerordentliche Befugnisse der Landesregierungen 115; Außerordentliche Gesetze und Verordnungen 115 k; Befehls- und Kommandogewalt über die Streitkräfte 115 b; Einschränkung der Freiheit der Berufswahl usw. im – 12 a; Erklärung der Beendigung 115 l; Feststellung der Beendigung 115 l; Gesetzgebungskompetenz des Bundes im – 115 c; Stellung und Aufgabe des Bundesverfassungsgerichts im – 115 g; Stellung und Rechte des Gemeinsamen Ausschusses 115 e; Wahlperioden und Amtszeiten im – 115 h; zivile Dienstpflichten im – 12 a
Verteidigungsministerium, Befehlsgewalt über Streitkräfte 65 a
Verteilung der Steuern 106; des Steueraufkommens 107; der Verfassungsbeschwerden **9** 15 a II
Verträge mit auswärtigen Staaten 32, 59; der Länder 32 III
Vertrauensvotum für den Bundeskanzler 68; Gesetzgebungsnotstand 81 I, Frist 81 III
Vertreter der Länder zum Bundesrat 50, 51, 144 II; der Länder zum Bundestag 144, II; der Länder zur Bundesversammlung 54 III

409

Sachregister

Fette Zahlen = Registernummern

Vertretung des Bundespräsidenten 57
Vertriebene, Gesetzgebungskompetenz 74 Ziff. 6, – Deutsche 116; Staatsangehörigkeit 116 I; Übergangsregelung auf Verordnungsweg 119; – und Flüchtlinge als frühere Angehörige des öffentl. Dienstes 131
Verwahrlosung von Kindern 6 III; der Jugend 11 II
Verwaltung, Bindung an Grundrechte 1 III, 19, 20; bundeseigene 36, 86–90, 108; der Steuern 108; des Vereinigten Wirtschaftsgebietes, Übergang dieser auf den Bund 133; Landes- von Bundeswasserstraßen 89 II, der Bundesstraßen 90 II; Landes- 83–85, 108 III, IV; Regelung im Verteidigungsfall 115 c III; Vergleichsstudien zur Leistungsfähigkeit der – 91 d
Verwaltungsakte, Ermächtigung zur Vornahme 129
Verwaltungsausgaben v. Bund u. Ländern 104 a V
Verwaltungsgerichtsbarkeit, obere Bundesgerichte 96
Verwaltungsorgane, Abwicklung usw. 130
Verwaltungsvermögen aufgelöster Länder 135 II
Verwaltungsvorschriften, allgemeine 84 II, 85 II, 86, 108 VII, 129 I; der Bundesregierung an die Länder 84 II; allgemeine der Bundesregierung an die Länder 108
Verwirkung gewisser Grundrechte 18
Völker der Welt 24 II; friedliches Zusammenleben der – 26 I
Völkerfrieden, Störung des 26 I
Völkermord 96
Völkerrecht, allgemeines, unmittelbarer Bestandteil des Bundesrechts, Verbindlichkeit für Bundesgebietsbewohner, Priorität 25; Verfahren bei Streit über Anwendbarkeit 100 II; Verletzungen, Lastentragung 104 a VI; **9** 13 Nr. 12 a, 83, 84
Völkerrechtliche Verträge 79
Völkerrechtliche Vertretungsmacht des Bundespräsidenten 59
Völkerstrafrechtliche Verbrechen 96
Völkerverständigung, Verbot von Vereinigungen gegen – 9 II
Volksbefragung 29, VI, 118
Volksbegehren für Änderung der Landeszugehörigkeit gewisser Gebietsteile 29 IV
Volksentscheid für Neugliederung des Bundesgebiets 29 II–VI, der badischen und württembergischen Länder 118
Volksschulen, private 7 V
Volkssouveränität 20 II
Volksvertreter 38

Volksvertretungen der Länder, Kreise und Gemeinden 28 I; Teilnahme an Bundesversammlung 54 III; Petitionen an die – 17
Volkszugehörigkeit, deutsche 116 I
Vollziehende Gewalt als Organ der Staatsgewalt 20 II; Bindung an Gesetz und Recht 20 III
Vorlagepflicht der Gerichte bei Zweifel über die Gültigkeit von Gesetzen 100
Vorläufige Festnahme 104; von Abgeordneten 46 II
Vorläufige Geltung des Grundgesetzes, Präambel
Vorschulen 7 VI
Vorsitz in der Bundesregierung 65

Waffen, Gesetzgebungsbefugnis 73 I Ziff. 12; Kriegsdienst mit der Waffe 4 III, 2; zur Kriegführung, Herstellen usw. 26 II
Waffenrecht, Gesetzgebungskompetenz 74 Nr. 4 a
Wahl, allgemein, unmittelbar, frei, gleich und geheim 38; Ausübung der Staatsgewalt durch – und Abstimmungen 20 II; der Mitglieder des BVerfG 94 I; **9** 6 ff.; des Bundespräsidenten 54; des Bundestags 38; des Präsidenten des Bundesrates 52 I; des Präsidenten des Bundestages 40 I; eines anderen Bundeskanzlers 67, 68; Grundsätze für die – in Ländern, Kreisen und Gemeinden 28 I; im Bundestag 42 II; und Ernennung des Bundeskanzlers 63; zum ersten Bundestag 137 II
Wählbarkeit, Beschränkung d. – von Beamten und Angestellten des öffentlichen Dienstes sowie Richtern 137 I
Wahlbewerber von Parteien **10** 17
Wahlkampfkosten siehe Finanzierung von Parteien
Wahlperiode des Bundestags; im Verteidigungsfall 115 h, 39
Wahlperioden, Stellung der Mitglieder des Präsidiums und der Ausschüsse zwischen zwei – 49; ständiger Ausschuss zur Wahrung der Rechte des Bundestages zwischen zwei – 45; Tätigkeit der Ausschüsse für auswärtige Angelegenheiten und Verteidigung zwischen zwei – 45 a; und Amtszeiten bei Eintritt des Verteidigungsfalls 115 h
Wahlprüfung 41; **9** 48
Wahlprüfungsverfahren, Beschwerde 41 II, 137 III; **9** 48
Wahlrecht, aktives und passives zum Bundestag 38, 137; für Bürger der EU **14** 22, **15** 39
Wahlrechtliche Bestimmungen 28 I, 38, 41, 48, 137

Einfache magere Zahlen = Artikel des GG **Sachregister**

Währungs- und Notenbank 88
Währungswesen, Gesetzgebungskompetenz 73 Ziff. 4
Warenverkehr mit dem Ausland, Gesetzgebungskompetenz 73 Ziff. 5; im Bereich der EU **14** 28 ff.
Wasserhaushalt, Gesetzgebungskompetenz 72 III Ziff. 5; 74 I Ziff. 32
Wasserstraßen 74 Ziff. 21, 87 I, 89
Wasserwirtschaft, Bedürfnisse der – 89 III
Wechselsteuer 106 I Ziff. 4
Wehrbeauftragter des Bundestags 45 b
Wehrdienst 12 a; Einschränkung von Grundrechten 17 a; Verweigerung aus Gewissensgründen 12 a II
Wehrersatzwesen 87 b
Wehrgesetze, Rücksicht auf landsmannschaftliche Verhältnisse 36 II
Wehrpflicht 12 a, 17 a
Wehrstrafgerichte 96 II
Weimarer Verfassung, Übernahme gewisser Artikel aus dieser 140
Weisungen, Abgeordnete an – nicht gebunden 38 I; an Mitglieder des Bundesrats 77 II; in Angelegenheiten der Flüchtlinge und Vertriebenen 119
Weisungsbefugnis der Bundesregierung im Verteidigungsfall 115 f
Weisungsrechte des Bundes gegenüber Ländern 37 II, 84 V, 85 III; Fortgeltung bestehender gesetzlicher – 128
Weltanschauung 4, 140 (WV 136, 137); ohne Einfluss auf Rechte und Pflichten 33 III
Weltanschauungsschule 7 V
Weltfrieden, Wahrung des – 24 II, 26 I, Präambel
Wesensgehalt der Grundrechte 19 II
Wetterdienst 74 Ziff. 21
Widerstandsrecht 20; Unzulässigkeit einer Grundgesetzänderung 79 III
Wiedereinbürgerung früherer deutscher Staatsangehöriger 116
Wiedergutmachung, Gesetzgebungskompetenz 74 Ziff. 9
Wiederwahl des Bundespräsidenten 54 II
Willensbildung, politische 21 I
Wirkungskreis, Steuern mit örtlich bedingtem – 105 II Ziff. 1
Wirtschaftliche Machtstellung, Missbrauch der – 74 Ziff. 16
Wirtschaftsbedingungen, Koalitionsfreiheit 9 III
Wirtschaftseinheit, Wahrung der – 72 II Ziff. 3
Wirtschaftsführung, Kreditnahme zur Aufrechterhaltung der – des Bundes 111 II

Wirtschaftsgebiet, Vereinigtes, Erstreckung des Rechts des – auf gewisse Länder 127; Vereinigtes, Übergang der Verwaltung auf den Bund 133
Wirtschaftsrecht, Gesetzgebungskompetenz 74 Ziff. 11
Wirtschaftsstruktur, Gemeinschaftsaufgabe 91 a; Investitionshilfe des Bundes 104 a IV a Ziff. 1
Wissenschaft, Freiheit 5 III
Wissenschaftliche Forschung, Förderung 74 Ziff. 13; Gemeinschaftsaufgabe 91 b
Wohl der Allgemeinheit 14
Wohlfahrtswesen 74 Ziff. 7 u. 12
Wohltätigkeitszwecke, Vermögen der Religionsgesellschaften für – 140 (WV 138 II)
Wohnraumförderung, soziale 125 c II, 143 c I
Wohnsitz, Freizügigkeit 11, 73 Ziff. 3
Wohnung, Unverletzlichkeit 13; **3** 8
Wohnungswesen, Wohngeldrecht 74 I Ziff. 18; Wohnungsbauprämienrecht 74 I Ziff. 18
Wort, freie Meinungsäußerung 5
Würde des Menschen 1 I
Württemberg-Baden, Neugliederung 118; Notariat 138
Württemberg-Hohenzollern 118; Notariat 138

Zahlungsverkehr mit dem Ausland, Gesetzgebungskompetenz 73 Ziff. 5; auf dem Gebiet der EU **14** 63 ff.
Zeitbestimmung, Gesetzgebungskompetenz 73 Ziff. 4
Zensurverbot 5
Zentralstelle für polizeiliches Auskunfts- u. Meldewesen 87 I
Zerlegung des örtlichen Steueraufkommens 107 I
Zeugnisverweigerungsrecht der Bundestagsabgeordneten 47
Zitiergebot 19 II
Zivilbevölkerung, Schutz der – 73 Ziff. 1; Gesetze zum Schutze der – 87 b II; Einschränkung von Grundrechten zum Zwecke des Schutzes der – 17 a
Zivile Objekte, Schutz durch Streitkräfte 87 a
Zoll, Gesetzgebungskompetenz 73 Ziff. 5
Zölle, Ertrag zugunsten des Bundes 105 I, 106 I Ziff. 1; Verwaltung 108 I
Zollgebiet, Gesetzgebungskompetenz 73 Ziff. 5
Zollverwaltung 108 I
Zulassung zu ärztlichen und anderen Heilberufen 74 Ziff. 19

Sachregister

Zusammenarbeit des Bundes und der Länder in der Kriminalpolizei, im Verfassungsschutz, zum Schutz der auswärtigen Belange der Bundesrepublik Deutschland, zur Errichtung eines Bundeskriminalpolizeiamtes und zur internationalen Verbrechensbekämpfung; Gesetzgebungskompetenz 73 Ziff. 10; der Mitglieder der EU **14** 81 ff.

Zusammenleben, friedliches der Völker 26 I

Zusammenschluss zu und von Religionsgesellschaften 140 (WV 137 II, V)

Zusammensetzung des Bundesrates 51; der Bundesregierung 62; des BVerfG 94 I

Zusammentritt des Bundestages 39 II, 69 II, 122; erstmaliger –; des Bundesrats 136

Zusatzprotokoll zur Menschenrechtskonvention **4**

Zuschüsse des Bundes 120

Zustandekommen der Bundesgesetze 78

Zuständigkeiten (s. Bundesrat und BVerfG); bei Rechtsverletzungen 19 IV, der Europäischen Union **13** 4, **14** 2

Zustimmung des Bundesrates s. Bundesrat; der Bundesregierung zu internationalen Verträgen der Länder 32 III

Zutritt der Bundesregierung und des Bundesrates zu den Sitzungen des Bundestags 43

Zwang zum Kriegsdienst mit der Waffe 4 III

Zwangsarbeit 3 4, grundsätzliches Verbot 12

Zwischenausschuss (ständiger Ausschuss) des Bundestages 45, 49

Zwischenpräsidium des Bundestags 49

Zwischenstaatliche Einrichtungen, Übertragung von Hoheitsrechten auf sie 24 I

Zwischenstaatliche Streitigkeiten, Vereinbarungen über Schiedsgerichtsbarkeit 24 III